1단계 교양과정

현대사회와 윤리

시대에듀

머리말 INTRO

학위를 얻는 데 시간과 장소는 더 이상 제약이 되지 않습니다. 대입 전형을 거치지 않아도 '학점은행제'를 통해 학사학위를 취득할 수 있기 때문입니다. 그중 독학학위제도는 고등학교 졸업자이거나 이와 동등 이상의 학력을 가지고 있는 사람들에게 효율적인 학점 인정 및 학사학위 취득의 기회를 줍니다.

학습을 통한 개인의 자아실현 도구이자 자신의 실력을 인정받을 수 있는 스펙인 독학사는 짧은 기간 안에 학사학위를 취득할 수 있는 가장 빠른 지름길로써 많은 수험생들의 선택을 받고 있습니다.

이 책은 독학사 시험을 준비하는 수험생분들이 단기간에 효과적인 학습을 할 수 있도록 다음과 같이 구성하였습니다.

---

01 '핵심이론' 중 시험장에 꼭 알고 들어가야 하는 부분을 요약한 '필수 암기 키워드'를 수록하여 시험 직전에 공부한 내용을 확인할 수 있도록 하였습니다.
※ 필수 암기 키워드 특강 : www.sdedu.co.kr → 독학사 → 학습자료실 → 무료특강

02 '2024~2022 기출복원문제'를 수록하여 최근 출제 경향을 파악하고 이에 맞춰 학습할 수 있도록 하였습니다.
※ 최신기출문제 특강 : www.sdedu.co.kr → 독학사 → 학습자료실 → 무료특강

03 시행처의 평가영역을 바탕으로 시험에 출제될 수 있는 내용을 정리하여 '핵심이론'으로 구성하였으며, '더 알아두기'와 '체크 포인트'를 통해 관련 내용까지 파악할 수 있도록 하였습니다.

04 출제 경향을 철저히 분석하여 구성한 '실전예상문제'와 '최종모의고사'를 통해 본인의 실력을 점검할 수 있도록 하였습니다.

시간 대비 학습의 효율성을 높이기 위해 방대한 학습 분량을 최대한 압축하여 정리하였으며, 출제 유형을 반영한 문제들로 구성하도록 노력하였습니다. 이 책으로 학위취득의 꿈을 이루고자 하는 수험생분들의 합격을 응원합니다.

편저자 드림

독학학위제 소개 BDES

독학학위제란?

「독학에 의한 학위취득에 관한 법률」에 의거하여 국가에서 시행하는 시험에 합격한 사람에게 학사학위를 수여하는 제도

- 고등학교 졸업 이상의 학력을 가진 사람이면 누구나 응시 가능
- 대학교를 다니지 않아도 스스로 공부해서 학위취득 가능
- 일과 학습의 병행이 가능하여 시간과 비용 최소화
- 언제, 어디서나 학습이 가능한 평생학습시대의 자아실현을 위한 제도
- 학위취득시험은 4개의 과정(교양, 전공기초, 전공심화, 학위취득 종합시험)으로 이루어져 있으며 각 과정별 시험을 모두 거쳐 학위취득 종합시험에 합격하면 학사학위 취득

독학학위제 전공 분야 (11개 전공)

※ 유아교육학 및 정보통신학 전공 : 3, 4과정만 개설
(정보통신학의 경우 3과정은 2025년까지, 4과정은 2026년까지만 응시 가능하며, 이후 폐지)
※ 간호학 전공 : 4과정만 개설
※ 중어중문학, 수학, 농학 전공 : 폐지 전공으로, 기존에 해당 전공 학적 보유자에 한하여 2025년까지 응시 가능

※ 시대에듀는 현재 4개 학과(심리학과, 경영학과, 컴퓨터공학과, 간호학과) 개설 완료
※ 2개 학과(국어국문학과, 영어영문학과) 개설 중

독학학위제 시험안내 INFORMATION

과정별 응시자격

단계	과정	응시자격	과정(과목) 시험 면제 요건
1	교양	고등학교 졸업 이상 학력 소지자	• 대학(교)에서 각 학년 수료 및 일정 학점 취득 • 학점은행제 일정 학점 인정 • 국가기술자격법에 따른 자격 취득 • 교육부령에 따른 각종 시험 합격 • 면제지정기관 이수 등
2	전공기초		
3	전공심화		
4	학위취득	• 1～3과정 합격 및 면제 • 대학에서 동일 전공으로 3년 이상 수료 (3년제의 경우 졸업) 또는 105학점 이상 취득 • 학점은행제 동일 전공 105학점 이상 인정 (전공 28학점 포함) • 외국에서 15년 이상의 학교교육과정 수료	없음(반드시 응시)

응시방법 및 응시료

• 접수방법 : 온라인으로만 가능

• 제출서류 : 응시자격 증빙서류 등 자세한 내용은 홈페이지 참조

• 응시료 : 20,700원

독학학위제 시험 범위

• 시험 과목별 평가영역 범위에서 대학 전공자에게 요구되는 수준으로 출제

• 독학학위제 홈페이지(bdes.nile.or.kr) → 학습정보 → 과목별 평가영역에서 확인

문항 수 및 배점

과정	일반 과목			예외 과목		
	객관식	주관식	합계	객관식	주관식	합계
교양, 전공기초 (1～2과정)	40문항×2.5점 =100점	–	40문항 100점	25문항×4점 =100점	–	25문항 100점
전공심화, 학위취득 (3～4과정)	24문항×2.5점 =60점	4문항×10점 =40점	28문항 100점	15문항×4점 =60점	5문항×8점 =40점	20문항 100점

※ 2017년도부터 교양과정 인정시험 및 전공기초과정 인정시험은 객관식 문항으로만 출제

합격 기준

■ 1～3과정(교양, 전공기초, 전공심화) 시험

단계	과정	합격 기준	유의 사항
1	교양	매 과목 60점 이상 득점을 합격으로 하고, 과목 합격 인정(합격 여부만 결정)	5과목 합격
2	전공기초		6과목 이상 합격
3	전공심화		

■ 4과정(학위취득) 시험 : 총점 합격제 또는 과목별 합격제 선택

구분	합격 기준	유의 사항
총점 합격제	• 총점(600점)의 60% 이상 득점(360점) • 과목 낙제 없음	• 6과목 모두 신규 응시 • 기존 합격 과목 불인정
과목별 합격제	• 매 과목 100점 만점으로 하여 전 과목(교양 2, 전공 4) 60점 이상 득점	• 기존 합격 과목 재응시 불가 • 1과목이라도 60점 미만 득점하면 불합격

시험 일정

■ 1단계 시험 과목 및 시간표

구분(교시별)	시간	시험 과목명
1교시	09:00～10:40(100분)	국어, 국사(필수)
2교시	11:10～12:00(50분)	외국어(필수) : 영어, 독일어, 프랑스어, 중국어, 일본어 중 택 1과목
중식 12:00～12:50(50분)		
3교시	13:10～14:50(100분)	현대사회와 윤리, 문학개론, 철학의 이해, 문화사, 한문, 법학개론, 경제학개론, 경영학개론, 사회학개론, 심리학개론, 교육학개론, 자연과학의 이해, 일반수학, 기초통계학, 컴퓨터의 이해 중 택 2과목

※ 시험 일정 및 세부사항은 반드시 독학학위제 홈페이지(bdes.nile.or.kr)를 통해 확인하시기 바랍니다.

※ 시대에듀에서 개설된 과목은 빨간색으로 표시하였습니다.

2024년 기출 경향 분석 ANALYSIS

총평

2024년 현대사회와 윤리의 출제 경향은 작년과 비슷한 분포를 보이면서도, 일부 영역에서 약간의 변화가 있었습니다. '인간과 윤리' 영역의 출제 비중이 증가하였으며, '동양 윤리와 한국 윤리 사상'의 출제 비중은 작년과 동일했습니다. '서양 윤리 사상' 영역의 출제 비중은 작년에 비해 감소하였고, '사회 사상'의 출제 비중은 증가하였습니다.

올해에도 직접적인 내용을 묻는 문제보다는 제시문의 내용을 파악해야 하는 문제가 주를 이루었습니다. 내용을 어느 정도 숙지하고 있다면 선지를 비교해 보며 힌트를 얻을 수 있는 문제도 꽤 있었기에 난도는 그리 높지 않았던 것으로 보입니다.

학습 방법

현대사회와 윤리는 공부할 분량이 적지 않은 과목입니다. 다양한 학자와 이론이 등장하며, 고득점을 위해서라면 그와 관련된 배경지식이 필요한 경우도 있습니다.

우선적으로 기본 개념을 숙지하는 것이 가장 중요합니다. 기본 개념을 이해하고 기출 경향을 파악하는 것은 시험을 대비하는 가장 핵심적인 방법입니다.

기본 개념을 제대로 이해하고 파악했다면, 다소 낯선 내용이 문제로 출제되더라도 그 안에서 키워드를 통해 정답을 추론해 낼 수 있습니다. 객관식 문제 유형에서는 주어진 선지들을 비교하며 소거법을 통해 답을 찾아낼 수도 있으니, 문제가 어렵게 느껴지더라도 절대 포기하지 마시기 바랍니다.

현대사회와 윤리에서는 특히 학자와 이론을 묻는 문제가 자주 출제되므로, 개념 학습 시 학자별로 그 관련 내용을 정리해 보는 것이 좋습니다. 또한 각 장의 내용들은 서로 연관되는 부분이 많으므로, 전체적인 학습을 통해 유기적으로 파악해 보는 것을 추천합니다.

출제 영역 분석

출제 영역	문항 수		
	2022년	2023년	2024년
인간과 윤리	14	14	15
동양 윤리와 한국 윤리 사상	12	10	10
서양 윤리 사상	5	10	8
사회 사상	9	6	7
합계	40	40	40

합격수기 COMMENT

독학사 시험을 처음 준비하면서 학습 계획을 세우려고 경험 삼아 시험을 보러 갔을 때, 시험장에서 사람들이 무슨 책을 가지고 공부하는지 살펴볼 수 있었는데, 그때 알게 된 것이 시대에듀입니다. 시대에듀에서 출간한 문제집을 구매한 후 동영상 강의가 있다는 것도 알게 되었고, 혼자서는 막막했던 공부를 보다 수월하게 준비할 수 있었습니다. 잘 정리된 이론과 문제풀이 해설은 효율적인 학습을 하는 데 도움이 되었고, 상세한 설명이 포함된 동영상 강의는 과목에 대한 전반적인 이해도를 높여주었습니다.

독학사 시험은 워낙 공부할 내용이 방대하다 보니 이론 학습과 문제풀이 연습을 최대한 단기간에 끝내고 싶었습니다. 서점에서 여러 도서들을 비교해 보다가 시대에듀에서 출간한 교재로 공부를 시작했고, 나중에는 '1단계 5과목 벼락치기' 교재도 구입했습니다. 제가 선택한 5과목이 한 권에 다 수록되어 있어서 보다 간편하게 마무리 점검용으로 활용할 수 있었습니다. 문제를 풀어 보고도 잘 이해되지 않는 부분은 동영상 강의의 도움을 받는 편인데, 기출문제 무료 강의가 제공되니 유용하게 활용할 수 있었습니다. 필수 암기 키워드는 처음 학습하면서 주요 내용이 무엇인지 파악하는 데 많은 도움이 됐습니다.

독학사 시험에 합격하겠다는 목표는 잡았는데, 공부를 어떻게 해야 하는지 몰라서 감을 못 잡고 헤매고 있었습니다. 그러다가 인터넷 검색을 통해 시대에듀 교재를 선택하게 됐는데, 교재가 체계적으로 구성되어 있어 개념을 잡는 데 많은 도움이 되었습니다. 최신기출문제를 통해 출제 경향을 파악할 수 있었고, 출제 경향이 반영된 실전예상문제와 최종모의고사로 공부한 내용을 확실하게 점검할 수 있었습니다. 교재 앞부분에 수록된 필수 암기 키워드를 반복해서 봤는데, 주요 개념을 체크할 수 있어서 좋았습니다.

독학사는 시험을 주관하는 국가평생교육진흥원에서 관련 교재를 출간하지 않고, 기출문제도 공개하지 않아 교재를 선택하는 데 많은 어려움이 있었습니다. 여러 후기들을 비교하여 선택한 시대에듀의 독학사 기본서 시리즈는 탁월한 선택이었던 것 같습니다. 출제 경향을 반영한 핵심이론과 문제들로 기초를 탄탄하게 세울 수 있었습니다. 특히 도움이 되었던 것은 무료로 제공되는 필수 암기 키워드 특강이었습니다. 이 강의를 통해 개념 체계를 잘 세울 수 있었고, 시험 직전에 마무리 점검을 할 때에도 도움이 되었습니다.

이 책의 구성과 특징 STRUCTURES

독학사 1단계 합격을 결정하는

필수 암기 키워드

현대사회와 윤리

01 인간과 윤리

(1) 인간의 삶과 윤리

① 인간의 본성에 대한 견해

㉠ 인간의 동물적 본성

- 종족 보존을 위한 본능과 충동: 식욕 · 성욕
- 찰스 다윈의 진화론: "인간 역시 동물 존재의 한 종류로서 진화한 것이므로 그에 따른 본성을 갖고 있다."라고 주장함

㉡ 인간의 이성적 본성: 인간은 동물과 달리 이성을 가지고 있기 때문에 자기가 하는 행동을 목적에 맞게 계획하고 그 결과를 예측할 수 있음

(2) 윤리학의 기본 원리

① 윤리의 개념과 특징

㉠ 윤리: 동양 – 인간관계의 이치와 도리를 의미, 서양 – 에토스에서 유래하여 사회의 풍습이나 관습, 개인의 성품이나 품성을 의미

㉡ 윤리설: 절대론적 윤리설과 상대론적 윤리설, 목적론적 윤리설과 의무론적 윤리설

② 윤리학의 구분

㉠ 규범 윤리학: 인간이 어떻게 행동해야 하는가에 대한 보편적 원리를 탐구함

㉡ 메타 윤리학: 도덕 언어의 의미를 분석하고 도덕 추론의 타당성을 검토함

01 필수 암기 키워드

핵심이론 중 반드시 알아야 할 중요 내용을 요약한 '필수 암기 키워드'로 개념을 정리해 보세요.

출제유형 완벽파악

현대사회와 윤리

2024년 기출복원문제

▸ 온라인(www.sdedu.co.kr)을 통해 기출문제 무료 강의를 만나 보세요.

※ 기출문제를 복원한 것으로 실제 시험과 일부 차이가 있으며, 저작권은 시대에듀에 있습니다.

01 **윤리적 존재로서의 인간의 특성으로 옳지 않은 것은?**

① 생물적 본능에 따라 보편 규범을 만든다.
② 자율적 성향에 따라 옳은 것을 결정한다.
③ 이성적 사고를 바탕으로 욕망의 지배를 받는다.
④ 다양한 정신적 창조 활동을 한다.

01 유희적 존재로서의 인간의 특성에 대한 설명이다.

윤리적 존재

- 윤리는 인간을 인간답게 하는 핵심적 특성으로 인간의 본질 중에서 가장 중요한 것이다.
- 오직 인간만이 윤리적 관점에서 자신의 삶과 행위를 반성하고 바람직한 인간 상태로서의 인간다움을 추구할 수 있다.
- 인간은 스스로 가치 있다고 생각하는 것을 기준으로 자신의 삶을 개선할 수 있다.

02 최신기출문제

'2024~2022년 기출복원문제'를 풀어 보면서 출제 경향을 파악해 보세요.

제 **1** 장 **인간과 윤리**

제1절 인간의 삶과 윤리

1 인간의 삶과 윤리 사상

(1) 인간의 본성

① 인간의 동물적 본성

㉠ 종족 보존을 위한 본능과 충동 : 식욕, 성욕

㉡ **찰스 다윈(C. Darwin)의 진화론** : "인간 역시 동물 존재의 한 종류로서 진화한 것이므로 그에 따른 본성을 갖고 있다."라고 주장

더 알아두기

소피스트와 소크라테스

- **소피스트** : 인간의 문제로 관심의 방향을 돌리면서 "어떻게 사는 것이 가장 바람직한가?"라는 물음을 처음으로 던짐
- **소크라테스** : 바람직한 삶에 관한 견해를 내놓으면서 "너 자신을 알라."라고 함

03 핵심이론

시행처의 평가영역을 반영하여 꼼꼼하게 정리된 '핵심이론'을 학습하며 기초를 탄탄하게 쌓아 보세요.

제 1 장 | 실전예상문제

01 윤리는 인간을 인간답게 하는 핵심적 특성으로 인간의 본질 중에서 가장 중요한 것이다. 오직 인간만이 윤리적 관점에서 자신의 삶과 행위를 반성하고, 인간다움을 추구할 수 있다.

01 다음 글에서 공통으로 설명하고 있는 인간의 고유한 특성은?

- 바람직한 인간 상태로서의 인간다움을 추구한다.
- 인간은 스스로 가치 있다고 생각하는 것을 기준으로 자신의 삶을 개선할 수 있다.

① 윤리적 존재
② 유희적 존재
③ 이성적 존재
④ 본성적 존재

04 실전예상문제

'핵심이론'에서 공부한 내용을 바탕으로 '실전예상문제'를 풀어 보면서 문제를 해결하는 능력을 길러 보세요.

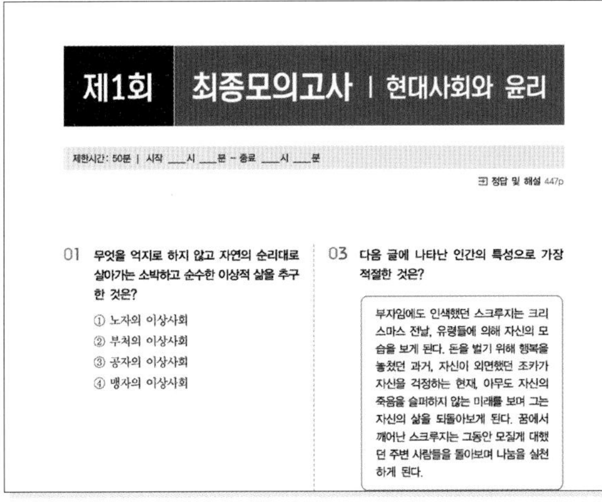

제1회 최종모의고사 | 현대사회와 윤리

제한시간 : 50분 | 시작 ___시 ___분 - 종료 ___시 ___분

정답 및 해설 447p

01 무엇을 억지로 하지 않고 자연의 순리대로 살아가는 소박하고 순수한 이상적 삶을 추구한 것은?

① 노자의 이상사회
② 부처의 이상사회
③ 공자의 이상사회
④ 맹자의 이상사회

03 다음 글에 나타난 인간의 특성으로 가장 적절한 것은?

부자임에도 인색했던 스크루지는 크리스마스 전날, 유령들에 의해 자신의 모습을 보게 된다. 돈을 벌기 위해 행복을 놓쳤던 과거, 자신이 외면했던 조카가 자신을 걱정하는 현재, 아무도 자신의 죽음을 슬퍼하지 않는 미래를 보며 그는 자신의 삶을 되돌아보게 된다. 꿈에서 깨어난 스크루지는 그동안 모질게 대했던 주변 사람들을 돌아보며 나눔을 실천하게 된다.

05 최종모의고사

'최종모의고사'를 실제 시험처럼 풀어 보며 실력을 점검해 보세요.

+P/L/U/S+

1단계 시험을 핵심자료로 보강하자!

국어/영어/국사 <핵심자료집 PDF> 제공

1단계 시험을 준비하는 수험생을 위해 교양필수과목인 국어/영어/국사 핵심 요약집을 PDF로 제공하고 있어요. 국어는 고전문학/현대문학, 영어는 중요 영단어/숙어/동의어, 국사는 표/사료로 정리했어요.

※ 경로 : www.sdedu.co.kr → 독학사 → 학습자료실 → 강의자료실

목차 CONTENTS

이성으로 비관해도 의지로써 낙관하라!

-안토니오 그람시-

현대사회와 윤리

최신기출문제

2024년 기출복원문제

2023년 기출복원문제

2022년 기출복원문제

출/ 제/ 유/ 형/ 완/ 벽/ 파/ 악/

훌륭한 가정만한 학교가 없고, 덕이 있는 부모만한 스승은 없다.

– 마하트마 간디 –

출제유형 완벽파악

2024년 기출복원문제

현대사회와 윤리

▶ 온라인(www.sdedu.co.kr)을 통해 기출문제 무료 강의를 만나 보세요.

※ 기출문제를 복원한 것으로 실제 시험과 일부 차이가 있으며, 저작권은 시대에듀에 있습니다.

01 윤리적 존재로서의 인간의 특성으로 옳지 않은 것은?

① 생물적 본능에 따라 보편 규범을 만든다.
② 자율적 성향에 따라 옳은 것을 결정한다.
③ 이성적 사고를 바탕으로 욕망의 지배를 받는다.
④ 다양한 정신적 창조 활동을 한다.

01 유희적 존재로서의 인간의 특성에 대한 설명이다.

윤리적 존재

- 윤리는 인간을 인간답게 하는 핵심적 특성으로 인간의 본질 중에서 가장 중요한 것이다.
- 오직 인간만이 윤리적 관점에서 자신의 삶과 행위를 반성하고 바람직한 인간 상태로서의 인간다움을 추구할 수 있다.
- 인간은 스스로 가치 있다고 생각하는 것을 기준으로 자신의 삶을 개선할 수 있다.

02 다음 중 윤리에 대한 설명으로 옳지 않은 것은?

① 법률, 관습과 같은 사회적인 규범을 말한다.
② 사람과 사람 간의 올바른 도리를 의미한다.
③ 종교인이 따르는 교리가 해당된다.
④ 자유의지에 따른 도덕적 책임을 말한다.

02 종교인이 따르는 교리는 윤리가 아니다. 교리와 윤리는 그 근거가 다르다. 교리의 근거는 절대적 존재이고, 윤리의 근거는 인간의 이성과 양심이다. 종교적 존재로서의 인간은 절대적 존재에 대한 믿음을 가지고 사는 존재이고, 윤리적 존재로서의 인간은 도덕적 주체로서 스스로 가치 있다고 생각하는 것을 행할 수 있는 존재이다.

정답 01 ④ 02 ③

03 사회 규범의 예시 중 그 성격이 다른 하나는?

① 설날에 어른에게 절을 하면 세뱃돈을 받는다.
② 설날에는 한복을 입는다.
③ 설날에는 여자와 남자를 차별해서는 안 된다.
④ 설날에는 어른을 먼저 찾아뵙고 인사를 해야 한다.

03 ③은 사회 규범 중 '윤리'의 예시이고, ①·②·④는 사회 규범 중 '관습'의 예시이다. 관습은 '사회적 삶의 반복을 통해 형성된 관념이나 행태'를 의미하고, 윤리는 '인간이 살아가면서 지켜야 할 도덕적 행동의 기준이나 규범'을 의미한다.

04 다음 내용에서 괄호 안에 공통으로 들어갈 용어로 옳은 것은?

(　　)은 분석 철학이 등장한 이후, 윤리학에 분석 철학의 기법을 적용함으로써 대두되었다. 윤리학적 개념의 명확화를 통해서 윤리학의 학문적 근거를 제시하려 하는 것이 특징이다. 도덕적 언어의 의미 분석을 윤리학적 탐구의 본질로 간주함에 따라 도덕적 언어 및 개념의 의미를 분석하는 데 주력하며, 도덕적 명제를 언어분석의 방법으로 분석한다. 도덕적 물음과 그 입증방법이 주요 탐구과제이며, 도덕 추론의 논증 가능성과 논리적 타당성을 규명한다. (　　)에서는 "어째서 선행을 해야 하는가?", "어째서 악행을 해서는 안 되는가?", "선행이란 무엇이며, 궁극적으로 선이란 무엇인가?", "악행이란 무엇이며, 궁극적으로 악이란 무엇인가?", "어째서 살인을 해서는 안 되는가?"와 같은 질문에 답변하고자 한다.

① 규범 윤리학
② 응용 윤리학
③ 메타 윤리학
④ 기술 윤리학

04 ① 규범 윤리학 : 인간이 어떻게 행동하여야 할 것인가에 관한 보편적 원리를 연구하는 학문이다.
② 응용 윤리학 : 삶의 실천적인 것에서 발생하는 도덕적 문제를 이해하고 해결하려 하는 윤리학으로, 실천적 윤리학이라고도 한다. 생명 윤리, 성 윤리, 정보 윤리, 환경 윤리 등이 있다.
④ 기술 윤리학 : 도덕과 관련된 양상과 문제를 객관적으로 서술함으로써 그 양상 및 문제의 원인과 결과를 설명하려 하는 윤리학으로, 도덕적 관습이나 풍습 등을 경험적으로 조사·기술한다.

정답 03 ③ 04 ③

05 **절대론적 윤리설에 대한 설명으로 옳지 않은 것은?**

① 시대와 장소를 초월하는 윤리적 기준이 있다.
② 시간이 지나도 변하지 않는 속성을 갖는다.
③ 목적론적 윤리설과 법칙론적 윤리설로 나뉜다.
④ 대부분에게 적용되어야 하나 경우에 따라 예외를 인정하기도 한다.

05 절대론적 윤리설은 어떠한 예외도 인정하지 않는다. 따라서 역사성과 시대성에 따른 가치 변화의 적응 즉, 시대 변화에 적응하기 힘들다.

06 **사회 윤리학의 등장 배경으로 가장 적절한 것은?**

① 산업사회가 발달하면서 사회 구조가 단순화되었다.
② 도덕을 판단하는 뇌의 작동영역을 연구하는 뇌과학이 발달하였다.
③ 사회가 규정한 개인 윤리에 대한 관심이 높아졌다.
④ 사회구조적 악을 개인의 도덕의식만으로 해결할 수 없다는 인식이 생겼다.

06 ① 산업사회가 발달하면서 사회구조가 복잡해짐에 따라 개인의 사회적 책임과 역할의 중요성이 대두되면서 사회 윤리학이 등장하게 되었다.
② 신경 윤리학에 대한 설명이다. 뇌과학의 발달에 따라 인간의 감정과 이성이 뇌의 어떤 부분을 자극하면서 일어나는지에 대한 연구를 진행하는 과정에서 발달한 윤리학적 시도이다.
③ 개인 윤리를 보완하는 사회 윤리의 필요성이 대두되었다.

07 **생명과학의 발달에 따라 생명윤리가 중요해지기 시작한 이유로 옳지 않은 것은?**

① 생명과학이 발달함에 따라 인간의 존엄성을 해칠 가능성이 커졌다.
② 생명과학이 삶에 끼치는 영향력이 증가했다.
③ 생명과학에 대한 신중한 사회적 합의의 필요성이 커졌다.
④ 생명윤리의 목표는 생명과학의 연구 자체를 금지하는 것이다.

07 생명윤리의 목표는 생명의 존엄성 실현이며, 신성한 생명을 함부로 조작·훼손해서는 안 된다는 것이다.

생명과학과 생명윤리의 관계
- 상호 보완적 관계 : 생명과학의 지식이 부족한 생명윤리는 현실성을 잃을 수 있고, 생명윤리를 경시하는 생명과학은 위험해질 수 있다.
- 생명과학과 생명윤리의 지향점 : 생명의 존엄성 실현을 목적으로 하는 공통점을 가진다.

정답 05 ④ 06 ④ 07 ④

08 바람직한 성 윤리에 대한 설명으로 옳지 않은 것은?

① 바람직한 성 윤리는 모든 사람에게 중요하다.
② 다른 사람과 성적 취향이 다르다고 차별해서는 안 된다.
③ 종교 교리가 금지하는 성 정체성은 존중할 필요가 없다.
④ 인간의 성을 이용하여 이윤을 창출하는 성 상품화는 비도덕적인 행위이다.

08 성적 지향 및 성 정체성과 관련된 소수자에는 동성애자, 양성애자, 트랜스젠더, 무성애자 등이 있다. 성적 소수자는 범죄인이나 정신질환자로 취급받기도 하며, 언어적으로나 신체적으로 폭력에 노출되기 쉽고 사회적 제도에서도 소외되기도 하는데, 모든 사람의 인권은 존중되어야 하므로 성적 소수자들을 차별하지 않는 사회적 노력이 필요하다. 이에 따라 세계인권선언 및 국가인권위원회에서는 성적 소수자에 대한 차별을 바로 잡기 위해 그러한 내용을 문서화하였다.

09 다음 설명에 해당하는 개념으로 가장 적절한 것은?

- 여성 혹은 남성이라는 이유만으로 정당한 근거 없이 차별대우하지 않으며, 모든 분야에 평등하게 진출할 수 있도록 하는 것
- 법적·제도적 노력, 의식의 전환, 문화 개선의 노력이 필요함
- 여성 공천 할당제, 남녀고용평등법 등의 제도가 있음

① 제도적 차별
② 선천적 격차
③ 기질적 차이
④ 양성평등

09 양성평등은 선천적 격차(②)나 기질적 차이(③)로 인한 제도적 차별(①) 등의 성차별 극복 방안으로, '사람이 살아가는 영역에서 남자와 여자 양쪽을 성별에 따른 차별 없이 동등하게 대우하는 것'이라는 개념이다. 성차별은 인간 존엄성 훼손, 사회적 갈등 발생, 능력 개발의 장애 요소로 작용, 국가적 인력 낭비, 개인의 자아실현 방해 등의 문제를 일으킨다. 양성평등은 이러한 문제를 극복하고 자신의 능력을 자유롭게 하여 동등한 기회를 부여하며, 양성의 차이와 다양성을 존중하고 상호 보완하여 하나로 화합된 사회 형성을 위해 필요하다.

정답 08 ③ 09 ④

10 다음 내용에서 언급한 네 가지 자유에 포함되지 않는 것은?

> 유엔개발계획(UNDP)은 1990년 이래 매년 인간개발보고서(Human Development Report)를 발간하고 있다. 여기에는 인간의 자유로운 선택의 확장에 초점을 맞춘 인간개발지수(Human Development Index, HDI)가 포함된다. 1994년에는 인간안보의 개념을 체계적으로 정립하면서 네 가지 자유를 제시하였다.

① 적절한 수준의 삶을 영위할 자유
② 사회적 통제가 제거된 자유
③ 잠재력을 마음껏 발휘하고 실현할 수 있는 자유
④ 생명을 위협하는 공포로부터의 자유

10 1994년 인간개발보고서에서는 인간안보의 개념을 체계적으로 정립하면서 인간의 기본적인 자유의 증진이라는 개념을 사용하여 다음과 같은 네 가지 자유를 제시하였다.
- 생명을 위협하는 공포로부터의 자유
- 적절한 수준의 삶을 영위할 자유
- 굴욕을 벗어날 수 자유
- 잠재력을 마음껏 발휘하고 실현할 수 있는 자유

11 다음 내용에서 괄호 안에 들어갈 용어로 가장 적절한 것은?

> ( )는 소득과 재산 등에 일정한 기준을 제시하여 그 자격에 맞게 분배해야 한다는 기존의 주장을 거부하고, 과정의 합리성을 중시하는 이론이다. '정의로운' 또는 '공정한' 과정을 통해 발생한 결과는 공정하다는 원리로, 과정의 투명성과 공정성을 강조한 정의 개념이다. 게임이나 스포츠 경기의 법칙이 이에 해당한다. 대표적인 사상가는 롤스이며, 그는 사회 구성원들이 사회적 상황이나 개인적인 성향에 영향을 받지 않는다고 보았다.

① 교정적 정의
② 절차적 정의
③ 교환적 정의
④ 결과적 정의

11 ① 교정적 정의 : 인간으로서 동일한 가치를 가지고 있으므로, 타인에게 해를 끼치거나 이익을 끼친 경우 같은 정도로 주거나 받는 것을 말하는 정의로, 응보적 정의라고도 한다. 법규를 위반하거나 다른 이의 권리를 침해하는 등 범죄를 일으킨 사람에 대해 처벌을 가함으로써 사회적인 정의를 실현하는 형벌 제도는 교정적 정의에 해당한다.
③ 교환적 정의 : 물건의 교환 상황에서 적용되는 정의이다.
④ 결과적 정의 : 최종적 결과에 초점을 맞추어 분배하는 원리로 능력과 성과, 노력, 사회적 효용, 필요 등을 기준으로 삼는다.

정답 10 ② 11 ②

12 다음 내용에서 괄호 안에 공통으로 들어갈 용어로 가장 적절한 것은?

> (　　)은 민족 각자의 정체성을 유지하고, 여러 문화와의 평등한 조화를 추구해야 한다고 보는 모델이다. 국가라는 큰 그릇 안에서 여러 민족의 문화가 하나의 새로운 문화를 만들어 가는 것을 의미하며, 정책의 목표를 '공존'에 두고 이민자가 그들만의 문화를 지키는 것을 인정한다. 즉, 각각의 문화가 대등한 자격으로 각각의 정체성과 고유문화를 유지·보존하면서 조화롭게 공존해야 한다는 시각이다. (　　)은 주류 문화와 비주류 문화를 구분하지 않으며 다양한 문화의 대등한 공존이 강조된다.

① 용광로 모델
② 샐러드 볼 모델
③ 차별 배제 모델
④ 동화주의 모델

12 ①·④ 용광로(동화주의) 모델 : 여러 민족의 고유한 문화들이 그 사회의 지배적인 문화 안에서 변화를 일으키고 영향을 주어서 새로운 문화를 만들어나간다고 하는 모델이다. 여러 고유문화를 섞으면 새로운 문화가 탄생하게 되고, 이민자가 출신국의 언어·문화·사회적 특성 등을 포기하고 주류 사회의 일원이 되게 하는 정책을 펼치며, 소수 문화를 주류 문화로 편입하여 통합하게 되는 모델이다.
③ 차별 배제 모델 : 경제특구나 수출자유지역과 같은 특정 지역이나 특정 직업에서만 외국이나 이민자의 유입을 받아들이고, 원치 않는 외국인의 정착을 원천적으로 차단하는 배타적인 외국인 이민 정책이 도출되는 모델이다.

13 다음 내용에서 괄호 안에 들어갈 용어로 가장 적절한 것은?

> 폭력에는 직접적 폭력과 간접적 폭력이 있다. 직접적 폭력에는 언어적 폭력과 신체적 폭력이 있다. 간접적 폭력은 사회 구조 자체에서 일어난다. 외적으로 일어나는 구조적 폭력의 두 가지 주요한 형태는 정치와 경제에서 잘 알려진 억압과 착취이다. 그 이면에는 문화적 폭력이 존재한다. 문화적 폭력의 기능은 직접적 폭력과 구조적 폭력을 정당화하는 것이다. (　　)는 인권과 정의를 보장하고, 직접적 폭력뿐만 아니라 구조적 폭력과 문화적 폭력 등의 간접적 폭력까지 제거된 것으로, 모든 사람이 인간다운 삶을 누릴 수 있는 상태를 의미한다.

① 소극적 평화
② 적극적 평화
③ 균형적 평화
④ 공존적 평화

13 갈퉁(J. Galtung)은 『평화적 수단에 의한 평화』라는 책에서 평화를 소극적인 평화와 적극적인 평화로 구분하였다. 소극적인 평화는 범죄, 테러, 전쟁 등과 같은 직접적인 폭력이 사라진 상태를 의미하며, 적극적인 평화는 직접적 폭력뿐만 아니라 구조적 폭력과 문화적 폭력 등의 간접적 폭력까지 제거된 것으로, 모든 사람이 인간다운 삶을 누릴 수 있는 상태를 의미한다고 보았다.

정답 12 ② 13 ②

14 다음 내용에서 괄호 안에 공통으로 들어갈 윤리이론으로 적절한 것은?

(　　)은(는) 무생물을 포함한 자연 전체, 모든 생명체를 그 자체로 도덕적 고려의 대상으로 본다. 또한 인간은 자연의 일부라고 하면서, 모든 생명체는 동등하며, 윤리적 인간에게 모든 생명은 거룩한 것이라고 본다. (　　)의 대표적인 이론가인 슈바이처는 인간은 자기를 도와주는 모든 생명을 도와줄 필요성을 느끼고, 살아 있는 어떤 것에게도 해를 끼치는 것을 두려워할 때만 비로소 진정으로 윤리적이라고 주장하였다.

① 대지 윤리
② 동물 해방론
③ 인간 중심 사상
④ 생명 외경 사상

14 ① 대지 윤리 : 생물과 무생물이 어우러져 있는 대지에도 도덕적 지위를 부여하였고, 도덕 공동체의 범위를 대지까지 확대하였으며, 인간은 대지의 지배자가 아닌 같은 구성원이라고 주장하는 이론이다.
② 동물 해방론 : 공리주의 철학을 기반으로 제시된 이론으로, 동물에게 도덕적 지위를 부여하고 동물을 고통으로부터 해방시켜야 한다는 이론이다.
③ 인간 중심 사상 : 인간만이 윤리적 동물이며, 자연은 인간의 도구라고 주장하는 이론이다.

15 다음 내용에서 주장하는 바와 가장 일치하는 것은?

과학적 사실이나 기술 그 자체는 철저히 중립적인 것으로서 다른 의미나 아무런 가치를 지니지 않는다. 기술은 그 자체로 선도 악도 아니며, 다만 '그 기술로 무엇을 만드느냐', '그 기술을 어떻게 활용하느냐'가 문제가 된다. 또한 과학적 지식의 객관성을 보장하기 위해서 사실과 가치판단을 엄격히 구별해야 한다.

① 과학기술에 주관적 가치의 개입은 가능하다.
② 과학기술의 발전에 도덕적 기준을 적용해서는 안 된다.
③ 과학기술과 가치판단을 항상 구분할 수 있는 것은 아니다.
④ 위 내용을 주장한 대표적인 학자로는 하이데거(M. Heidegger)가 있다.

15 제시문은 '과학기술의 가치 중립성'을 긍정하는 측면의 주장이다.
① 제시문의 견해에 따르면, 과학기술은 객관적 관찰과 실험으로 지식을 획득하므로, 주관적 가치의 개입은 불가능하다.
③ 제시문의 견해에 따르면, 사실을 다루는 과학기술과 가치판단은 엄격히 구분되기 때문에, 과학기술은 윤리적 평가와 사회적 비판이나 책임에서 자유로운 영역이다.
④ 하이데거(M. Heidegger)는 과학기술의 가치 중립성을 부정하면서 "과학기술을 가치 중립적인 것으로 고찰할 때, 우리는 무방비 상태로 과학기술에 내맡겨진다."라고 주장하였다. 과학기술의 가치 중립성을 인정한 대표적인 학자로는 야스퍼스(K. Jaspers)가 있다.

정답 14 ④ 15 ②

16 다음 내용에서 괄호 안에 공통으로 들어갈 용어로 가장 적절한 것은?

( )은 통일 전 비용이며, 한반도 전쟁 위기를 억제하고 안보 불안을 해소하기 위해 직·간접적으로 지출하는 모든 형태의 비용을 가리킨다. 또한 ( )은 통일 편익에 투자하는 비용으로 보는데, 분단 이후의 평화적인 통합을 위한 투자 비용이라 할 수 있다. 예를 들면, 북한에 식량 등을 원조하는 대북 지원 비용, 북한에 제공하는 유무상 차관 등이 포함될 수 있다.

① 분단 비용
② 평화 비용
③ 통일 비용
④ 투자 비용

16 ① 분단 비용 : 통일 전 비용이며, 분단 상태의 현상 유지를 위한 소모적 비용, 즉 남북한 사이의 대결과 갈등으로 발생하는 유·무형의 지출성 비용이다. (예 군사비, 안보비, 외교 행정비, 이산가족의 고통, 이념적 갈등과 대립 등)
③ 통일 비용 : 통일 후 비용이며, 통일 이후 남북 간의 격차를 해소하고 이질적인 요소를 통합하는 데 필요한 정치·경제·사회·문화적 비용 등이다. 통일 이후 일자리 창출에 들어가는 비용이 이에 속한다. (예 북한 경제 재건 비용, 통일 후 위기 관리 유지 비용 등)
④ 투자 비용 : 남북 경제 협력과 대북 지원 등에 쓰이는 평화 비용, 통일 이후 위기 관리 비용, 경제 재건 비용 등을 포함한다.

17 다음 내용과 가장 관련 있는 것은?

유교, 불교, 도교의 사상을 통합하여 만들어진 조선 후기 종교로, '인간은 곧 하늘[인내천(人乃天)]', '하늘의 마음이 곧 인간의 마음[천심즉인심(天心卽人心)]'이라는 사상을 설파한다. 이는 하늘과 사람과 자연은 하나이며, 모든 사람은 평등하기 때문에 근본적으로 귀천이 있을 수 없다는 의미이다.

① 동도서기
② 위정척사
③ 원불교
④ 동학

17 ① 동도서기 : 고유한 제도와 사상인 도(道)를 지켜나가면서 근대 서양의 기술인 기(器)를 받아들이는 것을 말한다.
② 위정척사 : 19세기 주자학을 지키고 가톨릭을 배척하기 위해 주장한 사상이자 국난 극복을 위한 노력으로 등장한 윤리 사상이다.
③ 원불교 : 불교의 대중화·생활화·현대화를 주장하여 개개인이 직업을 가지고 교화 사업을 하는 종교이다.

정답 16 ② 17 ④

18 다음 내용에서 괄호 안에 들어갈 용어로 가장 적절한 것은?

단군 신화는 건국 신화이며 시조 신화로, 주체적 역사의식의 표상이며 기층적 민족의식의 원형이다. 환웅과 웅녀의 만남을 통해 자연과 인간의 조화를 강조함으로써 대립보다 어울림을 추구하는 민족성 형성에 기여하였다. 천신 환웅[天]과 땅의 웅녀[地] 사이에서 단군[人]이 태어났다는 것, 자연[天]으로서 하늘과 땅이 인간과 합하여 하나가 되었다는 것, 자연과의 친화적 경향이 극대화된 형태로 표현된 것 등은 (　　) 사상을 드러낸 것으로 볼 수 있다.

① 홍익인간
② 재세이화
③ 천인합일
④ 경천

18 ① 홍익인간 : 단군 신화의 사상 중 하나로, "사람이 사는 세상인 사회를 크게 이롭게 한다."라는 의미이다. 여기서 '인간'이란 단순히 '사람'이 아니라, '사람이 사는 세상'이나 '인간의 사회'를 가리킨다.
② 재세이화 : 단군 신화의 사상 중 하나이며, 고조선의 건국 이념 중 하나로, "세상에 있으면서 다스려 교화한다."라는 의미이다.
④ 경천 : 단군 신화의 사상 중 하나로, "하늘에 정성껏 기도를 올린다, 하늘을 공경한다."라는 의미이다.

19 다음 내용에서 괄호 안에 공통으로 들어갈 용어로 가장 적절한 것은?

(　　)은(는) 공자가 제시한 개념으로 유교 사상에서 바라본 사랑, 즉 시비선악의 분별에 따른 사랑의 실천을 의미한다. 공자는 인간의 도덕적 타락을 사회 혼란의 원인으로 보아 극기복례(克己復禮), 즉 실천을 통한 (　　)의 회복을 강조하였다.

① 효제(孝悌)
② 인(仁)
③ 예(禮)
④ 충서(忠恕)

19 ① 효제(孝悌) : 공자가 인(仁)을 실천하는 가장 기본적인 덕목으로 든 것으로, 부모를 잘 섬기는 효(孝)와 형제간의 우애[悌]를 의미한다.
③ 예(禮) : 외면적인 사회 규범이며 인(仁)의 외면적 표출이다. 인은 예를 통해 실현되고 예의 바탕은 인이다.
④ 충서(忠恕) : 효제를 바탕으로 삼으며, 충(忠)은 진실하고 거짓 없는 마음씨와 태도로 타인에 대해 자신의 책임을 다하는 것이고, 서(恕)는 자기 마음을 미루어 남의 마음을 헤아리는 것을 뜻한다. 이는 소위 '역지사지'의 행위를 말한다.

정답 18 ③ 19 ②

20 다음 중 묵자의 사상으로 가장 적절한 것은?

① 전쟁은 불의한 폭력이다.
② 백성의 이익보다는 국가의 이익을 우선해야 한다.
③ 타인과 타국보다는 자신과 자국에 대한 사랑을 강조한다.
④ 손해를 보더라도 예의와 격식을 중시해야 한다.

20 ② 백성의 이익과 국가의 이익을 똑같이 우선하였다.
③ 타인과 타국, 자신과 자국에 대한 사랑을 모두 강조한다.
④ 통치자들이 예의와 격식에 얽매이지 않고 유능한 사람을 등용해야 한다고 주장했다.

21 다음 내용에서 괄호 안에 들어갈 용어가 순서대로 옳게 짝지어진 것은?

> 맹자의 (㉠)은(는) 통치자의 책무와 자세를 이르는 것으로, 군주는 백성의 뜻을 하늘의 뜻으로 알고 백성을 다스려야 함을 뜻한다. 이는 공자의 (㉡)을(를) 발전시킨 사상이다. 공자는 강제적인 법률이나 형벌보다는 도덕과 예의로 백성들을 교화시키는 정치를 강조하였고, 맹자는 백성을 나라의 근본으로 하여 인의(仁義)의 덕으로 다스려야 함을 피력하였다.

	㉠	㉡
①	정명사상	선공후사
②	선공후사	왕도정치
③	왕도정치	덕치주의
④	소국과민	대동사회

21 • 정명사상 : 공자가 제시한 사상으로, "사회 구성원들이 신분과 지위에 따라 맡은 바 역할을 다하는 것"을 의미한다.
• 선공후사 : 공적인 일을 먼저하고 사적인 일을 나중에 한다는 의미이다.
• 소국과민 : '작은 나라에 적은 백성'을 의미하며, 백성들의 평화로운 삶을 중시한다는 뜻으로, 춘추 전국 시대의 노자가 주장한 정치사상이다.
• 대동사회 : 인과 예를 통하여 올바른 도덕을 확립하고 바람직한 사회 질서를 회복함으로써 모든 사람이 더불어 잘 살 수 있는 사회이자 모든 백성들이 크게 하나되어 어우러지는 사회로, 사람이 천지 만물과 서로 융합되어 한 덩어리가 된다는 의미이다.

22 다음 중 실학에 대한 설명으로 가장 적절한 것은?

① 경험을 배척하고 이론적 내용을 중시하였다.
② 형이상학적 탐구에 치중하였다.
③ 서양 문물보다 동양의 정신에 더 집중하였다.
④ 실사구시의 태도를 강조하였다.

22 ① 이론보다 경험을 중시하였다.
② 형이하학적 탐구에 치중하였다.
③ 동양의 정신보다 서양 문물에 더 집중하였다.

정답 20 ① 21 ③ 22 ④

23 **다음 내용을 주장한 학자는 누구인가?**

> 인간의 성(性)은 선을 좋아하고 악을 싫어하는 경향성, 즉 기호로 이해하여야 한다. 인간의 마음에는 선악을 선택할 수 있는 자유의지[自主之權]가 있다. 또한 인의예지(仁義禮智)의 덕은 일상적인 행위 속에서 실천하면서 형성된다.

① 이이
② 이황
③ 박지원
④ 정약용

23 제시문은 정약용이 제시한 성기호설(性嗜好說)에 관한 내용이다.
① 이이는 경(敬)의 실천으로 성(誠)에 이름을 강조하는 수양론을 제시하였다.
② 이황은 '기'에 내재한 선의 요소를 '이'의 순선(純善)으로 수렴하기 위해 '경'을 중시해야 한다고 하였다.
③ 박지원은 토지 소유의 상한을 정하고 토지 소유의 불균등을 해소하기 위해 한전론을 주장한 실학자이다.

24 **다음 내용에서 괄호 안에 공통으로 들어갈 용어로 가장 적절한 것은?**

> (　　)은(는) 만물이 불가분의 끈으로 상호 연결되어 있다는 연기를 깨달을 때 나타나는 포괄적이고 보편적인 사랑을 의미한다. 연기란 우주 만물이나 타인들과의 불가피한 인과관계로 맺어져 있다는 상호 의존성을 말하며, 연기의 법칙을 깨달으면 (　　)이(가) 스스로 생겨난다. (　　)은(는) 평온함을 주고 괴로움을 없애주려는 마음이다.

① 해탈
② 자비
③ 사성제
④ 팔정도

24 불교의 '자비'란 '나와 남은 둘이 아니다'라는 자타불이(自他不二)의 무조건적 사랑을 말하며, 인간뿐만 아니라 살아있는 모든 생명체, 즉 미물(微物)에까지 미치는 포괄적 사랑을 의미한다.
① 해탈 : 번뇌와 미혹과 같은 괴로움에서 탈피한다는 의미로, 열반과 같이 불교의 중요한 실천 목적이다.
③ 사성제 : 인간이 달성해야 할 목표와 올바른 삶의 방법을 총체적으로 제시하는 고집멸도(苦集滅道)의 네 가지 진리를 말한다.
④ 팔정도 : 열반에 도달하기 위한 8가지의 올바른 수행의 길을 의미한다. 정어(바른말), 정업(바른 행동), 정명(바른 생활), 정정진(바른 노력), 정념(바른 관찰), 정정(바른 명상), 정견(바른 견해), 정사유(바른 생각)로 구성되어 있다.

정답 23 ④ 24 ②

25 ① 무아 : 만물에는 고정·불변하는 실체로서의 나[實我]가 없다는 의미이다.
② 오온 : 불교 용어로, 인간을 구성하는 다섯 요소를 의미한다.
④ 만행 : '온갖 행위'를 뜻하는 용어로, 무상보리(부처의 깨달음)를 구하기 위해 하는 모든 행위를 가리킨다.

25 **다음 내용에서 괄호 안에 들어갈 용어로 가장 적절한 것은?**

> 원효는 신라 시대의 승려로, 이론불교를 민중 생활 속의 실천불교로 전환하여 불교의 대중화에 기여하였다. 그는 각 종파의 다른 이론을 인정하면서도 이들을 좀 더 높은 차원에서 서로 통합할 수 있다는 이론인 화쟁 사상을 제시하였다. 또한 깨끗함과 더러움, 참과 거짓, 나와 너 등 일체의 이원적 대립에서 벗어나, 존재의 원천이며 모든 존재·모든 종파·모든 경론의 근원이자 부처의 마음인 (　　)(으)로 돌아가자고 주장했다.

① 무아(無我)
② 오온(五蘊)
③ 일심(一心)
④ 만행(萬行)

26 **도교의 인간관**
- 자연적 인간관 : 규범적 측면이 아닌 대자연의 흐름에 따라 인간다움을 찾는다.
- 무위(無爲)의 자연스러움 : 인간의 본래 모습은 무위(無爲)의 자연스러움으로, 대자연과 하나가 되어 살아가는 것이 이상적인 삶이다.
- 이상적인 인간상 : 지인(至人), 신인(神人), 천인(天人), 진인(眞人)

26 **다음 내용에서 괄호 안에 들어갈 용어로 가장 적절한 것은?**

> 도가 사상에서는 인간이 본래 소박하고 순수한 자연의 덕을 지니고 있다고 보았으며, 자연의 흐름에 따라 사는 것을 이상적으로 보았다. (　　)은(는) 장자가 제시한 도가의 이상적인 인간상으로, 물아일체의 경지에 이른 인간을 의미한다. 물아일체란 일체의 감각이나 사유 활동을 정지한 채, 사물의 변화에 임하면 절대 평등의 경지에 있는 도(道)가 그 빈 마음속에 모이게 되는 경지가 되는 것을 말한다.

① 선비
② 진인
③ 부처
④ 군자

정답 25 ③ 26 ②

27 **다음 내용에서 괄호 안에 들어갈 용어가 순서대로 옳게 짝지어진 것은?**

> 서양 윤리의 등장 배경으로 제시되는 사조는 두 가지이다. (㉠)은 폴리스 중심의 공동체적 생활양식이 점차 개인주의적 생활양식으로 전환됨에 따라 자유와 평등 및 개인을 중시하였다. (㉡)은 신에 대한 믿음과 사랑을 바탕으로 정립된 사조로, 신을 중심으로 생각하고 행동함으로써 현 세계에 부정적·비판적인 자세를 취한다.

	㉠	㉡
①	칼뱅이즘	스토이시즘
②	휴머니즘	헬레니즘
③	헬레니즘	헤브라이즘
④	글로컬리즘	헤브라이즘

27 • 칼뱅이즘 : 성경의 권위에 기초하지 않는 어떠한 교리도 용납해서는 안 된다고 주장하였으며, 개인적 믿음을 통한 구원을 강조하였다.
• 스토이시즘 : 로마의 만민법과 근대 자연법 사상의 이론적 근거가 된 사조이다.
• 휴머니즘 : 신 중심에서 벗어나 인간 현실에 바탕을 둔 진리를 추구하는 사조
• 글로컬리즘 : 지역의 고유문화와 전통을 소중히 여기면서도 세계 시민 의식을 바탕으로 인류의 공존과 화합을 도모하는 것을 말한다.

28 **다음 내용과 가장 가까운 소크라테스의 주장은?**

> 참된 앎은 덕이고 덕은 행복이므로, 참된 앎과 덕이 있는 사람은 진정한 행복을 누릴 수 있다.불행은 부지로 인한 것이다. 알아야 실천할 수 있고 그래야 행복에 이를 수 있다. 아는 것이 적으면 행하기 어렵고, 무지로 인한 잘못된 실천은 불행을 불러온다. 선한 것과 악한 것을 구별하게 해줄 수 있는 지식이 있으면 건전하게 살아갈 수 있다. 그러므로 바른 지식을 쌓아야 한다. 무지를 자각하고 참된 앎을 통해 덕을 쌓아갈 때 사람은 행복을 누릴 수 있다.

① 지행합일설
② 주지주의
③ 무지의 자각
④ 지덕복합일설

28 ① 지행합일설 : 보편적 진리와 지식을 발견하고 반드시 실천해야 한다고 주장하는 이론이다.
② 주지주의 : 지식을 주요한 기반으로 삼는 것이 행복에 이르는 길로서 옳다는 태도나 경향으로, 지행합일설과 지덕복합일설이 이에 속한다.
③ 무지의 자각 : "너 자신을 알라."라는 말로 대변되는 주장으로, 참다운 지식(眞知)을 배우라는 적극적 의미가 포함되어 있다.

정답 27 ③ 28 ④

29 다음 내용에서 괄호 안에 공통으로 들어갈 용어로 가장 적절한 것은?

> (　　)은(는) 아리스토텔레스가 주장한 개념이다. 지나치게 많지도, 지나치게 부족하지도 않은 상태를 가리키며, 극단에 치우치지 않으려는 의지를 말한다. 또한 선 의지, 도덕적 실천 의지의 함양을 위한 덕이며, 이성에 의하여 충동이나 정욕 또는 감정을 억제함으로써 한쪽으로 치우치지 않으려는 의지를 습관화한 덕(실천적인 덕)을 말한다. 행복은 지나치지도, 모자라지도 않는 '(　　)의 덕'에 의해 달성될 수 있다.

① 지혜
② 용기
③ 절제
④ 중용

29 플라톤은 지혜, 용기, 절제, 정의의 네 가지를 덕으로 제시하였다.

30 다음 중 칸트의 윤리사상에 따른 도덕적 행위에 해당하지 <u>않는</u> 것은?

① 의무 의식에서 나오는 행위
② 정언명령에 따른 행위
③ 선의지의 지배를 받는 행위
④ 행복을 증진하기 위한 행위

30 행복을 증진하기 위한 행위를 도덕적 행위로 보는 사상은 공리주의이다. 공리주의적 윤리론에서는 행위를 결정하는 판단 기준으로 쾌락과 고통을 들고, 행위의 결과가 가져다주는 쾌락이나 행복에 따라 행위의 옳고 그름이 판단된다고 본다.

정답 29 ④　30 ④

31 다음 내용에서 괄호 안에 들어갈 용어로 옳은 것은?

(　　)의 대표적인 사상가인 벤담은 쾌락이 있고 고통이 없는 상태를 행복으로 보았다. 그리고 개인의 행복을 가장 크게 만드는 것보다 더 많은 사람을 행복하게 만드는 것이 더 좋다는 유용성의 원리에 기반하여, 최대 다수의 최대 행복을 추구하는 것을 도덕과 입법의 원리로 제시하였다. 그는 모든 쾌락에는 질적 차이가 없고 양적 차이만 있으며, 쾌락의 양을 계산할 수 있다고 보았는데, 이때 고려해야 할 기준은 '강도, 지속성, 확실성, 근접성, 생산성, 순수성, 범위'의 일곱 가지라고 주장하였다.

① 정의의 원칙
② 취득의 원칙
③ 공리의 원칙
④ 선행의 원칙

31 벤담의 쾌락 기준은 다음과 같다.
- 강도 : 조건이 같을 경우 강한 쾌락 선호
- 지속성 : 오래 지속되는 쾌락을 선호
- 확실성 : 쾌락이 생겨날 가능성이 확실할수록 선호
- 근접성 : 보다 가까운 시간 내에 누릴 수 있는 쾌락 선호
- 생산성 : 다른 쾌락을 동반하는 쾌락을 선호
- 순수성 : 고통을 동반하지 않는 쾌락을 선호
- (파급) 범위 : 쾌락의 범위가 넓을수록 선호

32 다음 내용과 가장 관련 있는 사상가는 누구인가?

프랑스의 계몽사상가로서, 저서인 『사회계약론』에서 "일반의지는 늘 옳다."라고 주장하며, 일반의지에 기초한 입법을 강조하였다. 여기서 일반의지란 모든 사람의 의지를 종합하고 통일한 의지, 즉 개개인의 의지를 모두 합친 의지를 말한다. 그런 의미에서 전체의지와 유사하다. 그러나 일반의지는 또한 공공의 이익과 공동체의 복지를 최우선으로 생각하는 의지를 의미하므로, 전체의지가 곧 일반의지라고 볼 수는 없다.

① 홉스
② 로크
③ 루소
④ 토크빌

32 ① 홉스 : 인간은 악한 본성을 지닌 이기적인 존재로, 국가가 생기기 이전에는 '만인이 만인에 대해 투쟁하는 상태'였는데, 이러한 불안한 삶에서 벗어나기 위해 계약을 맺어 비로소 국가를 만들게 되었다고 주장하였다.
② 로크 : 국가보다는 국민의 자유·생명·재산을 더 중시하는 자유주의 사상을 강조하였고, 자연권의 일부 양도설과 국가에 대한 국민의 혁명권(저항권)을 인정하면서 몽테스키외의 삼권분립에 영향을 주었으며 미국의 독립선언서 작성에도 영향을 끼쳤다.
④ 토크빌 : 프랑스의 정치철학자이며 역사가로, 저서인 『미국 민주주의』에서 개인의 진보한 삶의 기준과 사회 환경을 분석하였다.

정답 31 ③ 32 ③

33 다음 내용과 가장 관련 있는 인물의 주장으로 가장 적절한 것은?

> 배려 윤리는 남성 중심의 가치관을 반영하고 있는 근대 윤리 및 정의 윤리에 대한 한계를 비판하며 등장하였다. (　　)은 배려 윤리를 주장한 대표적인 사상가로서, 여성과 남성의 도덕적 지향성이 동일하지 않다고 주장하였다. 또한 여성의 삶에 주목하여 맥락적·서사적 사고로 문제를 이해하는 것을 중요하게 생각하였다. 정의 윤리가 여성의 '다른 목소리'를 간과함으로써 여성을 열등한 존재로 규정하였다고 주장하였는데, '다른 목소리'의 특징은 책임과 인간관계라는 맥락에서 나타나는 존중, 동정심, 관계성, 보살핌 등이다. 배려 윤리는 윤리적 의사 결정을 할 때 관계 및 맥락에 대한 고려를 강조한다. 따라서 정의 중심의 추상적 도덕 원리로 해결할 수 없는 윤리 문제를 해결하는 데 도움을 준다.

① 인간이 지켜야 할 보편적 도덕 법칙이 있다.
② 원초적 입장에서 정의의 원칙을 추론한다.
③ 도덕성은 도덕적 추론 또는 판단 능력이다.
④ 공감을 통해 도덕 문제를 해결한다.

33 제시문은 배려 윤리를 주장한 길리건에 대한 설명이다. 길리건은 여성이 공감이나 타인의 감정을 생각하는 것 등을 통해 도덕 문제를 해결한다고 주장하였다.
① 칸트의 의무론에 대한 설명이다.
② 롤스의 정의론에 대한 설명이다.
③ 콜버그의 도덕성 발달 이론에 대한 설명이다.

정답 33 ④

34 다음 내용에서 괄호 안에 공통으로 들어갈 용어로 가장 적절한 것은?

> (　　)은 도덕적 제약을 전제로 하며, 무고한 사람의 인권을 보호하고 적국의 침입을 방어하기 위한 목적의 전쟁은 제한적으로 허용할 수 있다는 이론이다. 즉, 정당한 목적을 가진 전쟁은 허용될 수 있으며, 이는 윤리적 기반에 따라 도덕적으로 정당화할 수 있다는 것이다. (　　)의 대표적인 사상가로는 아우구스티누스, 아퀴나스, 왈처 등이 있다. 특히 아퀴나스는 불의를 바로잡아 선을 증진하는 것은 도덕적으로 정당하다고 하였다. 단, 정당한 원인과 의도를 가지고 합법적인 권위를 가진 군주가 수행해야 한다고 하였다.

① 현실주의론
② 영구평화론
③ 정의전쟁론
④ 세계정부론

34 ① 현실주의론 : 힘과 힘의 대결이 나타나고 무정부 상태인 국제정치로 인해 전쟁이 일어나기 쉽다는 주장이다.
② 영구평화론 : 칸트는 영구평화론을 통해 전쟁과 평화의 근원적 문제는 국가 간 신뢰가 정착되어 있느냐가 중요하다고 강조하고, 평화를 유지하기 위해 모든 국가가 자유로운 국가 간 연맹에 참여할 것을 주장하였다. 그는 연맹에 참여한 국가의 국민들은 자유와 평화를 보장받을 수 있고, 평화를 요구하는 시민들에 의해 국가 지도자가 쉽게 전쟁을 일으킬 수 없게 된다고 보았다. 그는 영구평화론에서 3개의 확정조항과 6개의 예비조항을 주장하였다.
④ 세계정부론 : 세계 모든 인류 공동의 정부, 즉 세계의 전 국가가 주권 및 군비를 없애고 그 바탕 위에 만들어지는 공동 정부를 의미한다.

35 다음 중 사상가와 그가 주장한 이상사회가 잘못 연결된 것은?

① 공자 - 대동사회
② 노자 - 소국과민
③ 모어 - 유토피아
④ 플라톤 - 공산사회

35 공산사회를 주장한 사상가는 마르크스이다. 플라톤은 완전한 사물의 본질인 이데아(Idea)의 세계를 모방해야 한다고 하였다.

정답 34 ③ 35 ④

36 다음 내용과 가장 관련 있는 것은 무엇인가?

> 롤스의 정의론에 따르면, 최소 수혜자에게 이익이 되지 않는 한 소득은 평등하게 분배되어야 한다. 사회적 혹은 경제적 불평등은 최소 수혜자에게 최대의 이익이 되도록 편성될 때 정당화될 수 있다. 즉, 최소 수혜자의 최대 이익을 보장하기 위해서라면 불평등을 허용한다.

① 원초적 입장
② 무지의 베일
③ 차등의 원칙
④ 평등한 자유의 원칙

36 롤스의 정의의 원칙은 크게 제1원칙(평등한 자유의 원칙)과 제2원칙(공정한 기회균등의 원칙과 차등의 원칙)으로 구분된다. 제1원칙은 모든 사람은 평등한 기본적 자유를 최대한 누려야 한다는 것이다. 제2원칙은 '차등의 원칙'과 '공정한 기회균등의 원칙'으로 나누어지는데, '차등의 원칙'은 사회적 혹은 경제적 불평등은 최소 수혜자에게 최대의 이익이 되도록 편성될 때 정당화될 수 있다는 것이고, '공정한 기회균등의 원칙'은 사회적 혹은 경제적 불평등의 계기가 되는 직위와 직책은 모든 사람에게 열려 있어야 한다는 것이다.

37 다음 내용과 가장 관련 있는 설명으로 옳은 것은?

> 인간 삶에 영향을 끼치는 공동체의 중요성을 강조하는 사상으로, 개인보다 공동체를 우선시한다. 다양한 사람들과 관계를 맺고 영향을 받는 것을 중시하며, 개인과 공동체의 유기적 관계 속에서 개인과 사회의 행복을 추구해야 한다고 본다. 사회와 자연과의 연대적 고리를 차단하고 무시하여 자아실현에만 몰두하는 것은 잘못이며, 역사・자연・의무 등을 중시한 후 개인의 정체성 확립이 가능하다고 주장한다. 또한 구성원 간 사회적 유대감과 책임감, 공동체 구성원에 대한 배려와 사랑 등 공동체 유지와 발전을 위해 필수적인 가치를 강조한다.

① 언제나 개인선을 중시한다.
② 개인의 자아를 중시한다.
③ 공동체와 개인은 상호 보완적 관계에 있다.
④ 전체주의의 문제점을 개선하고자 등장하였다.

37 제시문은 공동체주의에 대한 설명이다.
① 언제나 공동선을 중시한다.
② 사회적으로 구성된 자아개념을 중시한다.
④ 개인주의와 자유주의의 문제점을 개선하고자 등장하였다. 특히 자유주의 인간관을 '무연고적 자아'라고 비판하였다.

정답 36 ③ 37 ③

38 다음 내용과 가장 관련 있는 이론은?

> 시민이 동의한 국가의 권위는 올바르고 마땅하며, 시민은 이에 동의하였으므로 자발적 약속에 따라 국가의 명령에 복종해야 한다. 또한 시민과 국가의 상호 계약을 전제로 국가의 명령이 가능하다. 시민은 자신의 생명과 재산을 지키기 위해 국가의 권위에 동의한 것이므로, 만일 자신의 권리가 침해되면 계약에 의해 성립된 국가가 제재권을 행사함으로써 자신의 자연권의 완전실현을 도모한다. 만일 정당하지 못한 권력이 출현하면 시민에게는 그러한 권력에 맞설 수 있는 정당한 권리가 있다.

① 동의론
② 혜택론
③ 인간본성론
④ 자연적 의무론

38 제시문은 로크가 주장한 동의론에 대한 내용이다.
② 혜택론 : 국가는 시민에게 여러 혜택을 줌으로써 그 권위와 정당성이 인정된다고 보는 이론이다.
③ 인간본성론 : 시민은 인간 본성에 따라 정치적 의무를 이행한다.
④ 자연적 의무론 : 인간이 당연히 따라야 하고 자발성과 관계없이 적용되는 의무를 말한다.

39 다음 내용에서 밑줄 친 부분의 요건에 해당하는 것은?

> 우리는 먼저 인간이어야 하고, 그 다음에 국민이어야 한다고 나는 생각한다. 우리의 유일한 의무는 옳다고 생각하는 것을 실천하는 것이며, 불의한 법은 어겨야 한다. 법률이 기본권을 침해하거나 부당하다고 판단이 될 때 법을 변화시키기 위하여 고의로 법률을 위반하여 저항하여야 한다. 우리는 합법적인 민주주의 체제하에서 민주적 헌법 질서를 위반하거나 깨트리는 것을 막고자 능동적으로 <u>이러한 행위</u>를 하여야 한다.

① 불의한 법은 개정 전까지는 따라야 한다.
② 가벼운 폭력은 사용할 수 있다.
③ 사회에 충분히 기여한 시민이 선택해야 한다.
④ 다른 개선 노력을 시도한 후에 선택한 최후의 수단이어야 한다.

39 제시문은 헨리 데이비드 소로가 주장한 시민불복종에 대한 내용이다.
① 불의한 법은 어겨야 한다.
② 비폭력을 지향해야 한다.
③ 시민불복종은 시민이 인권을 침해당했을 때 가질 수 있는 본질적인 권리이기 때문에 '사회에의 기여 여부'와는 무관하다.

정답 38 ① 39 ④

40 **다음 중 인권의 보편적 특성에 대한 설명으로 옳지 않은 것은?**

① 누구에게도 침범될 수 없다.
② 태어나면서부터 부여받은 것이다.
③ 영구적으로 보존되는 것은 아니다.
④ 국적이나 지위 등과는 상관없다.

40 인권은 박탈당하지 않고 영구히 보장되어야 한다.

인권의 특징

- 보편성 : 인종, 피부색, 성, 언어, 종교에 관계없이 모든 사람이 누려야 한다.
- 천부성 : 인권은 태어날 때부터 가지는 권리이다.
- 불가침성 : 어떠한 경우에도 절대로 침해할 수 없다.
- 항구성 : 인권은 박탈당하지 않고 영구히 보장되어야 한다.

정답 40 ③

출제유형 완벽파악

2023년 기출복원문제

▶ 온라인(www.sdedu.co.kr)을 통해 기출문제 무료 강의를 만나 보세요.

01 다음 중 상대주의 윤리설에 대한 설명으로 가장 적절한 것은?

① 윤리는 사회 현상이자 문화적 산물이다.
② 예전에 중요했던 윤리는 앞으로도 영원히 중요할 것이다.
③ 한 나라의 윤리는 모두에게 동일하게 적용된다.
④ 사회마다 가치관은 달라도 윤리는 동일하다.

01 상대주의적 윤리설은 가치 판단 기준이 상대적·주관적·특수적이라고 말한다. 즉, 상대주의 윤리설에서는 '절대적인 선'은 없으며, 어떤 결과를 가져오는가에 따라 '올바름'이나 '그릇됨'의 기준이 바뀔 수 있다고 본다. 주의해야 하는 것은 '도둑질'이나 '범죄'가 옳다고 보는 것이 아니라, 어떠한 결과를 가져오는가에 따라 평가가 바뀔 수 있다고 생각한다는 것이다.
②·③·④는 모두 절대주의 윤리설에 해당하는 표현들이다. 절대주의 윤리설은 '절대적인 선' 또는 '절대적인 진리'가 실재한다고 생각한다. 따라서 한번 정해진 윤리적 판단 기준은 시간과 공간에 관계없이 영원히 지속되며, 모두에게 동일하게 적용되는 것이 가능하다고 본다.

정답 01 ①

02 다음 설명에 해당하는 것은 무엇인가?

> 우리는 매일 현실적인 윤리적 문제들과 마주친다. 기후 변화로 인한 위기도 그중 하나이다. 오염의 경우에 종종 적용되는 하나의 원칙은 "망가뜨린 자가 고친다."이며, 이는 "오염시킨 자가 비용을 지불한다."로도 알려져 있다. 이 원칙을 하나의 사례에 적용해 보자면, 만약 화학 공장이 강물을 오염시켰으면 공장의 주인에게 강물을 정화할 책임이 있게 된다. 그렇다면 이 원칙을 각 나라들이 배출한 이산화탄소로 인한 기후 변화에 적용해 보았을 때, 이산화탄소 배출로 인한 기후 변화에 대한 책임을 누구에게 물어야 할까? 윤리학자는 이와 같이 현실에서 발생하는 윤리 문제에 대한 구체적인 해결책을 모색하는 데 주된 관심을 가져야 하며, 현시대를 살아가고 있는 사람들이라면 누구나 이 문제에 대해 숙고하여 해결 대안을 내놓아야 한다.

① 메타 윤리학
② 실천 윤리학
③ 규범 윤리학
④ 기술 윤리학

02 제시문은 실천 윤리학에 해당하는 내용이다. 실천 윤리학은 삶의 구체적인 상황에서 발생하는 윤리 문제의 원인을 분석하고, 이에 대한 해결책을 찾고자 하며, 다양한 영역에서 제기되는 문제와 과학기술의 발달로 발생하는 새로운 문제를 다룬다. 또한, 윤리 문제의 해결을 위해 이론 윤리학의 연구 성과를 적극 활용한다. 그리고 현실적인 도덕 문제를 해결하기 위해서 '의학, 법학, 과학, 종교' 등 다양한 학문 분야의 전문지식과 기술을 활용하는 학제적 접근을 중시한다는 특징이 있다.

정답 02 ②

03 다음 중 사회 윤리학의 등장 배경으로 가장 적절한 것은?

① 사회 윤리 문제의 원인을 보는 시각이 개인 중심에서 집단 중심으로 이동하면서 생겼다.

② 철학적인 탐구가 필요한 개인 윤리의 필요성이 사라지게 되었다.

③ 개인 철학적 윤리보다는 사회 과학적 윤리가 더 우월하다는 사회적 분위기가 팽배해졌다.

④ 사회구조적 악을 개인의 도덕의식만으로 해결할 수 없다는 인식이 생겼다.

03 20C 초반까지 유럽의 대부분의 윤리학자들은 '사회 문제'의 발생 원인을 개인의 윤리의식 결여로 보았다. 그래서 개인이 지켜야 하는 보편적인 도덕 원리(양심, 윤리의식 등)를 설정하고, 개인의 도덕성을 강조하는 모습을 보였다. 하지만 20C 중반이 되면서 한나 아렌트가 『예루살렘의 아이히만』이라는 책에서 '이웃에게 친절하고 가족을 사랑하는 평범한 개인이 전체주의적인 국가의 시스템 속에서 수백만 명을 죽이는 유태인 수용소의 소장으로 독가스 버튼을 눌렀다'는 사실을 통해 '악의 평범성'이라는 개념을 처음으로 언급하면서, 평범하고 선한 개인이라고 하더라도 '집단의 이익'을 위해 악한 일을 행할 수 있다는 사실을 인식하게 되었다. 더불어 니부어는 '도덕적인 개인이 비도덕적인 사회에서 존재할 수 있음'을 언급하면서, "사회구조적인 악을 개인의 도덕의식만으로 해결할 수 없다."라는 인식을 통해 개인 윤리를 보완하는 사회 윤리의 필요성을 언급하였다.

04 다음 중 인간 복제의 반대 근거로 옳지 <u>않은</u> 것은?

① 인간을 도구화한다.

② 자연적인 출산 과정을 위배한다.

③ 인간의 고유성을 위해 금지해야 한다.

④ 불임 부부의 요구를 충족한다.

04 불임 및 난임 부부의 고통을 덜어 줄 수 있다는 것은 인간 복제의 찬성 근거이다.

인간 복제의 반대 근거

- 인간을 도구화하여 인간의 존엄성을 훼손한다.
- 자연스러운 출산의 과정에서 어긋나 인간 정체성의 혼란을 가져올 수 있다.
- 인간을 치료하기 위해 복제인간을 이용하는 수단화가 가능하다.
- 인간의 고유성과 개성을 침해할 수 있다.

정답 03 ④ 04 ④

05 온정적 간섭주의는 개인이 자신의 이익이나 공익에 부합하지 않는 선택을 할 경우, 바람직한 선택을 하도록 국가가 개인의 의사결정에 강제로 개입할 수 있다는 것을 의미한다. [문제 하단의 표 참고]

정답 05 ③

05 환자 본인이 동의한 안락사를 반대하는 근거로 옳은 것은?

① 자율성의 원리
② 존엄한 죽음
③ 온정적 간섭주의 원리
④ 생명에 대한 자기결정권

[안락사 찬성론 · 반대론의 근거]

안락사 찬성론의 근거 (환자의 자율성과 삶의 질에 관심)	안락사 반대론의 근거
• 인간의 자율성 존중 : 자기 자신의 생명, 죽음에 대한 권리를 가지고 있음 • 치료를 거부할 권리와 고통에서 벗어날 권리가 있음 • 죽음의 동기가 환자에게 최대한의 이익 • 환자 가족의 경제적 · 정신적 · 심리적 고통을 경감시켜 주어야 함 • 인간다운 존엄한 죽음을 맞이함 • 제한된 의료 자원을 효율적으로 사용(사회 전체 이익에 부합)	• 인간의 존엄성 중시 : 절대적 존엄성을 지닌 인간의 생명을 보전하기 위해서 어떠한 치료 중지도 정당화될 수 없음 • 생명 경시 풍조 우려 : 안락사가 찬성될 경우, 쉽게 생명을 포기하려는 생명 경시의 유행이 일어날 수 있음 • 온정적 간섭주의 : 개인이 자신의 이익이나 공익에 부합하지 않는 선택을 할 경우, 바람직한 선택을 하도록 국가가 개인의 의사결정에 강제로 개입할 수 있음 • 살인 반대 : 안락사는 촉탁, 승낙에 의한 살인죄임 • 안락사 허용 시 '남용' 등의 범죄가 등장할 수 있음

06 다음 중 사형 폐지 논거로 가장 적절하지 않은 것은?

① 오판의 가능성이 있다.
② 국가가 살인자가 되는 것은 비도덕적이다.
③ 교화와 갱생을 포기한 것으로, 정당성이 없다.
④ 사형 집행에 비용이 많이 든다.

[사형 제도에 대한 찬성 논거와 반대 논거]

찬성 논거(존치론)	반대 논거(폐지론)
• 응보적 관점 : 사람을 살해하는 자는 자기의 생명을 박탈당할 수도 있음 • 범죄 예방적 관점 : 흉악범 등 중대 범죄에 대하여 이를 위협하지 않으면 법익보호의 목적을 달성할 수 없음(사형 제도 = 필요악) • 사회 방위론의 관점 : 사회 방위를 위해서는 극히 유해한 범죄인을 사회로부터 완전히 격리시킬 필요가 있음 • 시기상조론의 관점 : 사형 제도의 부당성을 인정하면서도, 공동선이 개인의 권리보다 우선하기 때문에 사회 상황 등을 고려하여 그 폐지를 유보하는 견해	• 인도주의적 관점(반인권적 형벌) : 사형은 잔혹한 형벌로 생명권과 인간 존엄성을 침해함 • 응보적 관점 비판 : 피해자를 대신한 응보의 성격을 가질 뿐이고 형벌의 합리적 목표인 교화나 개선과는 무관함. 응보 욕구는 적극적으로 선이 악을 이김으로써 충족되도록 해야 함. 사형은 피해자에게 어떠한 이익도 줄 수 없음 • 범죄 억제 효과 미미 : 사형 제도가 범죄를 억제하는 효과가 미미함 • 정치적 악용의 수단 : 정치적 반대 세력이나 소수 민족 및 소외 집단에 대한 탄압도구로 악용될 수 있음 • 오판 가능성 : 오판 가능성이 있고, 오판으로 사형이 집행되면 원상회복이 불가능 • 사회구조와 관련된 범죄는 사회에도 책임이 있음 • 사형은 생명 경시 풍토를 조장함

06 사형 집행 비용은 사형을 찬성하는 논거로서도, 반대하는 논거로서도 고려의 대상이 아니다.
[문제 하단의 표 참고]

정답 06 ④

07 [문제 하단의 표 참고]

07 다음 내용에서 괄호 안에 들어갈 말로 옳은 것은?

> 인간은 이중적인 본성을 가지고 있다. 즉, 인간은 전적으로 이기적인 존재도 아니고, 전적으로 이타적인 존재도 아니다. 그리고 사회적 자원과 재화는 유한하다. 다시 말해, 인간의 욕구는 무한하지만 그 욕구를 충족시켜 주는 재화나 자원은 부족할 수밖에 없다. 이 때문에 인간이 사는 세상이 무너지지 않기 위해서는 필연적으로 '올바른 재화나 자원의 분배'가 필요하다. 그럼 어떻게 분배하는 것이 올바를까? …(중략)… 분배의 기준은 다양하다. (㉠)에 따른 분배는 약자를 보호할 수 있으나 경제적 효율이 낮고, (㉡)에 따른 분배는 객관적인 측정이 가능하고 효율이 높으나, 양과 질을 평가하거나 사회적 약자를 보호하기에는 어렵다.

	㉠	㉡
①	필요	업적
②	업적	필요
③	업적	절대적 평등
④	능력	절대적 평등

[공정한 분배의 기준]

구분	의미	장점	단점
절대적 평등	개인 간의 차이를 고려하지 않고 모두에게 똑같이 분배하는 것	사회 구성원 모두가 기회와 혜택을 균등하게 누릴 수 있음	• 생산 의욕 저하 • 개인의 자유와 효율성 감소
업적	업적이나 기여가 큰 사람에게 더 많이 분배하는 것(성과급 제도)	• 객관적 평가와 측정이 용이 • 공헌도에 따라 자신의 몫을 가짐 → 생산성을 높이는 동기 부여	• 서로 다른 종류의 업적 평가 불가능 • 사회적 약자 배려 불가능 • 과열 경쟁으로 사회적 갈등 초래

정답 07 ①

능력	능력이 뛰어난 사람에게 더 많이 분배하는 것	개인의 능력에 따라 충분한 대우와 보상을 받을 수 있음	• 우연적 · 선천적 영향을 배제하기 어려움 • 평가 기준 마련이 어려움
필요	사람들의 필요에 따라 분배하는 것	약자를 보호하는 도덕의식에 부합	• 경제적 효율성 감소 • 필요에 대한 사회 전체의 예측이 어려움 → 한정된 재화로 모든 사람의 필요를 충족시킬 수 없음

08 다음 내용에서 괄호 안에 들어갈 말로 가장 적절한 것은?

> 로크는 '다른 사람의 취득을 방해하지 않는다면 그 사람이 노동으로 얻은 것은 그 사람의 것'이라고 주장하였다. 노직은 이것이 오늘날에 그대로 적용하기에는 어려움이 있다는 점을 지적하면서 다음과 같은 사례를 들어서 비판하였다. "내가 소유한 바를 내가 소유하지 않은 바와 섞음은, 내가 소유하지 않은 바를 얻는다기보다는 내가 소유한 바의 상실이 아닌가? 만약 내가 한 통의 토마토 주스를 소유하고 있어 이를 바다에 부어 그 입자들이 바다 전체에 골고루 퍼지게 부었다면, 나는 이 행위를 통해 바다를 소유하게 되는가? 아니면 바보같이 나의 토마토 주스를 낭비한 것인가?"라고 하며 로크의 (　　)을 비판했다.

① 취득의 원칙
② 양도의 원칙
③ 교정의 원칙
④ 공감의 원칙

08 노직은 '타인의 취득을 방해하지 않는다면 그 사람이 노동으로 얻은 것은 그 사람의 것'이라고 하는 로크의 주장을 비판하며, 다음과 같이 수정할 것을 주장하였다. "타인에게 해를 끼치지 않는다면 그 사람이 노동을 통해 무언가를 개선시킨 그것은 그 사람의 소유이다."라고 수정하고, 이를 취득의 원칙의 근거로 제시하였다.

정답 08 ①

09 다음 설명에 해당하는 사상가는 누구인가?

> 법은 각 사람의 개인적 자유 중 최소한의 몫을 모은 것 이외의 어떤 것도 아니다. 법은 개개인의 특수의사의 총체인 일반의사를 대표한다. 그런데 자신의 생명을 빼앗을 권능을 타인에게 기꺼이 양도할 자가 세상에 있겠는가? 각각의 사람이 자유 가운데 최소한의 몫의 희생 속에서 어떻게 모든 가치 중 최대한의 것인 생명 그 자체가 포함된다고 해석할 수 있을까? 만일 이 같은 점을 수긍할 수 있다면, 그 원칙이 자살을 금지하는 다른 원칙과 어떻게 조화될 수 있을 것인가? 인간이 자신을 죽일 권리가 없는 이상, 그 권리를 타인이나 일반 사회에 양도하는 것 역시 불가능한 것이다. …(중략)… 형벌이 정당화되려면, 그 형벌은 타인들의 범죄를 억제시키기에 충분한 정도의 강도(强度)만을 가져야 한다. 아무리 범죄의 이득이 크다 해도 자신의 자유를 완전히 그리고 영구적으로 상실하기를 택할 자는 없다. …(중략)… 사형을 대체할 종신 노역형만으로도 가장 완강한 자의 마음을 억제시키기에 충분한 정도의 엄격성을 지니고 있다. 종신 노역형은 사형 이상의 확실한 효과를 가져 온다.

① 칸트
② 벤담
③ 루소
④ 베카리아

09 베카리아는 사형 제도에 반대하는 학자이다. 그는 사회계약설 측면과 공리주의 측면에서 사형 제도를 반대하였는데, 사회계약설 측면에서는 모든 개인 의견의 합인 '일반의사'는 오류와 오판의 가능성이 존재하므로 개인의 가장 중요한 생명권을 사회계약에 양도할 수 없다는 입장을 보인다. 그리고 그는 사형은 형벌의 강도는 높으나 지속성이 낮아서, '범죄자 교화'의 효과가 떨어진다고 생각했다. 차라리 '종신 노역형'이 상당히 높은 강도와 지속성을 가지기 때문에 '최대 다수의 최대 행복'이라는 공리주의 입장에 맞는다고 생각하였다.

① 칸트는 '죄의 무게 = 형벌의 무게'라는 '동등성의 원리'에 입각하여, 살인이라는 죄악을 저질렀다면, 사형으로 형벌을 받는 것이 정언명령에 부합하다고 생각하였다.
② 벤담은 공리주의 철학자로 '형벌 = 필요악'이라고 생각하였다. 제시문은 사형 제도를 반대하는 논점의 글인데, 공리주의는 사형 제도를 찬성하는 '일반예방주의'와 사형 제도를 반대하는 '특수예방주의'로 나누어지기 때문에 제시문과는 맞지 않다.
③ 루소는 사회계약설의 측면에서 '살인자 = 합의된 계약의 위반자'로 보았다. 사회계약은 모두의 생명을 보호하기 위해서 만들어진 것인데, 누군가를 살해했다는 것은 그 계약을 지킬 의지가 없는 것으로 판단한 것이다. 따라서 그는 계약 밖에 있는 범죄자의 죽음을 방치하는 것은 사회계약의 위반이 아니라고 보았다.

정답 09 ④

10 다음 내용에서 괄호 안에 공통으로 들어갈 말로 옳은 것은?

> 칸트는 ( )을 통해 전쟁과 평화의 근원적 문제는 국가 간 신뢰가 정착되어 있느냐가 중요하다고 강조하고, 평화를 유지하기 위해 모든 국가가 자유로운 국가들 간의 연맹에 참여할 것을 주장하였다. 그는 연맹에 참여한 국가의 국민들은 자유와 평화를 보장 받을 수 있고, 평화를 요구하는 시민들에 의해 국가 지도자가 쉽게 전쟁을 일으킬 수 없게 된다고 보았다. 그는 ( )에서 3개의 확정조항과 6개의 예비조항을 주장하였다.

① 정언명령론
② 영구평화론
③ 대동사회론
④ 존비친소론

[확정조항과 예비조항]

확정조항	예비조항
① 모든 국가의 시민적 정치 체제는 공화정체여야 한다. ② 국제법은 자유로운 국가들의 연방 체제에 기초해야 한다. ③ 세계 시민법은 보편적 우호의 조건들에 국한되어야 한다.	① 장차 전쟁의 화근이 될 수 있는 내용을 암암리에 유보한 채 맺은 어떠한 평화 조약도 결코 평화 조약으로 간주되어서는 안 된다. ② 어떠한 독립 국가도 상속, 교환, 매매 혹은 증여에 의해 다른 국가의 소유로 전락할 수 없다. ③ 상비군은 조만간 완전히 폐지되어야 한다. ④ 국가 간의 대외적인 분쟁과 관련하여 어떠한 국채도 발행되어서는 안 된다. ⑤ 어떠한 국가도 다른 국가의 체제와 통치에 폭력으로 간섭해서는 안 된다. ⑥ 어떠한 국가도 다른 나라와의 전쟁 동안에 장래의 평화 시기에 상호 신뢰를 불가능하게 할 것이 틀림없는 다음과 같은 적대 행위, 예컨대 암살자나 독살자의 고용, 항복 조약의 파기, 적국에서의 반역 선동 등을 해서는 안 된다.

10 칸트는 1795년 발간된 「영구평화론」(Zum ewigen Frieden)이라는 논문을 통해 영구평화론을 체계적으로 정리하였다. 그는 되풀이되는 전쟁은 악이며 인류를 멸망의 길로 이끌 것이라고 경고하면서, 전쟁이 없는 진정한 영구평화만이 정치상의 최고선이라고 주장했다. 그리고 그는 영구평화야말로 인류가 이성에 근거하여 지속적으로 추구해야 할 도덕적 실천 과제라고 보았고, 이를 실현하기 위한 가상의 평화조약안을 제시했다.
[문제 하단의 표 참고]

정답 10 ②

11 [문제 하단의 표 참고]

11 다음 내용에서 괄호 안에 들어갈 말로 가장 적절한 것은?

- (㉠)는 홉스적 전통에서 보았듯이 인간의 본능은 힘과 권력을 원하게 되어 있는데, 이 욕망을 제어할 국제적 체제가 존재하지 않는다는 것을 인식해야 한다고 주장한다. 한 국가의 대외 정책에 대해 도덕적으로 좋은 정책, 나쁜 정책이라는 구분은 의미가 없고, 오직 국익에 도움이 되는지 아닌지가 그것을 판별하는 기준이 된다고 본다. 그러면 이들은 어떻게 국제 평화와 생존을 보장할 수 있다고 생각할까? 그들은 국가 간의 세력 균형을 내세운다. 세력 균형 이론은 서로의 힘이 균등할 때 서로가 서로에게 공격을 자제한다고 본다. 다시 말해, 세력 균형이 무너져, 즉 한쪽의 힘이 무너질 때 다른 한쪽은 공격하고 싶은 유혹을 느낀다는 것이다. 그것은 결국 전쟁으로 이어지고 국제 평화를 깬다는 것이다. 이러한 세력 균형은 자국의 힘을 키움으로써 이룰 수 있으며, 다른 국가와 동맹을 맺음으로써 다른 세력과 힘의 균형을 이룰 수도 있다.
- (㉡)는 인간의 상호협력이 가능하다고 본다. 그리고 인간의 나쁜 행동은 인간의 주어진 악한 본성에서 나오는 것이 아니라, 인간을 이기적으로 만들고 다른 이에게 피해를 주게 만드는 국제 정치상의 구조와 제도의 문제라고 주장한다. 그러한 잘못된 제도나 구조는 국제사회라고 하는 공동체 속에서 구성된 국가들의 행동을 규제할 수 있는 기구를 통해 국제문제를 해결할 수 있다고 본다. 그래서 국제법이나 국제규범 등은 국제사회에서 매우 중요한 역할을 맡게 된다.

	㉠	㉡
①	이상주의	현실주의
②	현실주의	구성주의
③	이상주의	구성주의
④	현실주의	이상주의

[국제 관계를 바라보는 관점 - 이상주의 vs 현실주의]

구분	이상주의(자유주의)	현실주의
인간관	인간은 이성적 존재 (= 선한 존재)	인간은 이기적 존재

정답 11 ④

내용	도덕규범, 국제법, 국제기구 등이 큰 영향력을 행사함	국제관계가 권력이나 현실적인 힘에 의해 결정됨
행위주체	국가, 국제기구의 역할 강조	국가만이 행위 주체
분쟁의 원인	• 불완전한 국제제도 • 타국에 대한 상호 오해	• 국가의 이기적 속성 • 힘의 불균형
문제 해결	• 국제법, 국제기구를 통한 합의 • 집단 안보	• 세력 균형 • 군사 동맹
한계	인간과 국가의 본성에 대한 지나친 낙관	협력이 존재하는 현실에 대한 설명 부족

12 다음 설명에 해당하는 것으로 가장 적절한 것은?

> 집단 학살, 테러, 마약·무기류 거래, 납치, 인종 혐오 범죄 등과 같이 국제사회의 안녕과 질서를 해치는 반인도적 범죄 행위를 처벌하는 것을 말한다. 이를 실현하기 위한 실현 방안으로 '국제 형사 재판소, 국제 형사 경찰 기구' 등을 설치하여 직접 범죄를 처벌하고 있다.

① 절차적 정의
② 형사적 정의
③ 분배적 정의
④ 교환적 정의

12 형사적 정의는 칸트의 응보주의에 영향을 받아, '죄'를 지었다면 그에 대한 대가 즉, 형벌을 받아야 한다는 의미의 정의관이다. 특히, 개인의 자유를 침해하거나 인권을 침해하는 반인도적 행위에 대하여 그 행위를 가한 사람을 처벌하는 것을 형사적 정의라고 한다.

① 절차적 정의는 공정한 절차를 통해 발생한 결과는 정당하다고 보는 정의관이다. 기존의 분배의 정의는 능력, 필요, 업적 등 분배의 기준을 제시하고, 그에 따른 분배가 정의롭다고 보았으나, 그러한 분배의 기준들은 보편적으로 적용하기 어렵고, 서로 충돌한다는 한계가 있다. 절차적 정의는 분배 기준 자체보다는 공정한 분배를 위한 절차를 강조하여, 분배의 절차와 과정이 합리적인가를 중시한다.

③ 분배적 정의는 각자에게 각자의 정당한 몫을 돌려줌으로써 아무도 불만을 제기하지 않는 방식으로 공정하게 분배하는 것을 말한다.

④ 교환적 정의는 사람들 간의 거래에 관련된 물건의 교환 상황에서의 정의를 말한다. 동일한 가치를 지닌 두 물건이 교환되면 그 교환은 정당하다고 보는 입장이다.

정답 12 ②

13 제시문은 생태중심주의 학자인 레오폴드가 주장한 내용이다.

13 다음 내용과 관련 있는 자연을 바라보는 관점으로 적절한 것은?

- 인간과 자연을 모두 포괄하는 유기체[생태 공동체(하나의 그물망)] 안에서 개체인 인간에게 전체 공동체의 건강한 유지를 위해 도덕적 책임과 의무가 부과된다.
- 생명 공동체의 범위를 '식물, 동물, 토양, 물'을 포함하는 대지로 확장 또는 확대하는 것은 진화론적으로 가능한 일이며, 생태학적으로는 필연적이다.
- 어떤 것이 생명 공동체의 온전성, 안정성, 아름다움의 보존에 이바지한다면 그것은 옳고, 그렇지 않다면 그것은 그르다.

① 인간중심주의
② 동물중심주의
③ 생명중심주의
④ 생태중심주의

14 ② 군사력과 무기 유지에 들어가는 비용은 분단 비용이다.
③ 통일 이후 일자리 창출에 들어가는 비용은 통일 비용이다.
④ 북한과의 동해안 철도를 건설하는 것은 평화 비용이다.
[문제 하단의 표 참고]

14 다음 중 평화적 통일의 감당 비용에 대한 설명으로 가장 적절한 것은?

① 북한에 식량을 원조하는 것은 평화 비용이다.
② 군사력과 무기 유지에 투자하는 것은 통일 비용이다.
③ 통일 이후 일자리 창출에 들어가는 비용은 평화 비용이다.
④ 북한과의 동해안 철도를 건설하는 것은 분단 비용이다.

[분단 비용 vs 평화 비용 vs 통일 비용]

구분	내용
분단 비용	통일 전 비용이며, 분단 상태의 현상유지를 위한 소모적 비용
평화 비용	통일 전 비용이며, 분단 이후의 평화적인 통합을 위해 드는 투자 비용
통일 비용	통일 후 비용이며, 통일 이후 남북 간의 격차를 해소하고 이질적인 요소를 통합하는 데 필요한 비용 → 통일 후 발생하는 투자 비용

정답 13 ④ 14 ①

15 다음 내용에서 괄호 안에 들어갈 말로 가장 적절한 것은?

공자는 생활 속에서 자신이 맡은 직분에 충실해야 한다는 정신을 강조하였다. 그는 이 정신을 (　　)(이)라고 하였는데, 이는 명분에 상응하여 실질을 바르게 하는 것으로, '임금은 임금답게, 신하는 신하답게, 부모는 부모답게, 자식은 자식답게'를 주장하여 자신이 맡은 직분에 충실할 것을 강조하였다. 그래서 각 직분에 따른 덕을 실현하면 공동선이 실현된다고 보았다.

① 예치(禮治)
② 정명(正名)
③ 무위(無爲)
④ 왕도(王道)

15 ① 예치(禮治) : 예(禮)에 따르는 정치는 순자가 강조한 개념이다.
③ 무위(無爲) : 노자가 강조한 개념이다.
④ 왕도(王道) : 맹자가 강조한 개념이다.

16 다음 내용과 가장 관련 깊은 것은?

- 사람은 누구나 남의 불행을 차마 보고만 있지 못하는 마음이 있다. 그 마음을 그가 보고 있는 모든 일에 미치도록 하는 것이 인(仁)이다.
- 튀르키예에 대규모 지진이 일어났을 때, 내 일이 아니지만 돕고 싶고, 일이 손에 잡히지 않아서 구호단체에 성금을 냈다.

① 측은지심(惻隱之心)
② 수오지심(羞惡之心)
③ 사양지심(辭讓之心)
④ 시비지심(是非之心)

16 맹자는 인간의 본성이 '선'(善)하다고 보았다. 사람은 누구나 남에게 차마 어찌하지 못하는 마음인 불인인지심(不忍人之心) 또는 사덕(四德)의 단서인 사단(四端)을 가지고 태어난다는 것이다. 사단은 선천적으로 가지고 태어난 도덕적 마음의 네 가지 단(端)이다.

- 측은지심(惻隱之心) : 남을 사랑하여 측은히 여기는 마음으로, 인(仁)의 단서이다.
- 수오지심(羞惡之心) : 불의를 부끄러워하고 미워하는 마음으로, 의(義)의 단서이다.
- 사양지심(辭讓之心) : 공경하고 양보하는 마음으로, 예(禮)의 단서이다.
- 시비지심(是非之心) : 옳고 그름을 분별하는 마음으로, 지(智)의 단서이다.

정답 15 ② 16 ①

17 다음 설명에서 괄호 안에 들어갈 말로 가장 적절한 것은?

- 이(理)는 만물을 생성하는 근본이며, 기(氣)는 만물을 생성하는 도구이다. 이를 품부 받은 후에야 성(性)이 생기고, 기를 품부 받은 후에야 형체가 생긴다.
- 성은 마음의 본체[體]이며, 정(情)은 마음의 작용[用]이다. 성과 정은 모두 마음에서 나오니, 마음이 이들을 제어할 수 있다.
- 인간의 본성은 하늘이 부여한 이치이며, 이를 (   )라고 한다.

① 성즉리(性卽理)
② 치양지(致良知)
③ 심즉리(心卽理)
④ 소요유(逍遙遊)

17 성즉리는 주자가 성리학에서 주장한 심성(心性)론의 내용이다.

② 치양지 : 왕수인은 사람은 누구나 천리(天理)로서의 양지를 지니고 있고, 이 양지를 자각하고 실천할 수 있다고 보았다. 사욕을 극복하고 양지를 적극적이고 구체적으로 발휘하면[치양지(致良知)], 이론적 학습 과정을 거치지 않아도 누구나 성인(聖人)이 될 수 있다고 보았다.

③ 심즉리 : 왕수인은 사람의 마음[心]이 곧 하늘의 이치[理]라고 주장하였다. 이에 따라 마음 밖에는 이치가 없고, 마음 밖에는 사물도 없다고 생각하였다.

④ 소요유 : 도가 사상가인 장자가 언급한 개념으로, '세속을 초월하여 무엇에도 얽매이지 않는 정신적 자유의 경지, 일체의 분별과 차별을 없앰으로써 도달하게 되는 경지'를 말한다.

정답 17 ①

18 다음 내용과 가장 관련 깊은 정약용의 사상으로 옳은 것은?

- 천자는 사람들이 추대해서 된 것이다. 무릇 사람들이 추대해서 되었으니, 또한 사람들이 추대하지 않으면 되지 않는다. 그러므로 5가가 화합하지 못하면 5가에서 의논하여 인장을 교체하고, 5린이 화합하지 못하면 25가에서 의논하여 이장을 교체한다. 제후들이 화합하지 못하면 제후들이 의논하여 천자를 교체한다. 제후들이 천자를 교체하는 것은 다섯 집에서 인장으로 교체하고 25집에서 이장을 교체하는 것과 같은데, 누가 감히 "신하가 임금을 쳤다."라고 말할 수 있는가?

  －「탕론」－

- 장횡거가 '서명'(西銘)에 이르기를 "홀아비, 과부, 고아, 늙고 자식 없는 사람, 곱사등인 사람, 병자들은 모두 나의 형제 가운데서도 어려운 처지에 있으면서 하소연할 곳이 없는 사람들이다."라고 하였으니, 사람들이 진심으로 장횡거의 마음을 자기 마음으로 삼는다면 떠돌며 구걸하는 백성을 차갑게 대하지는 못할 것이다.

  －『목민심서』－

- 백성을 위하여 목(牧)(행정구역)이 존재하는가, 백성이 목(牧)을 위해 태어났는가? 백성들은 곡식과 피륙을 내어 목(牧)을 섬기고, 수레와 말을 내어 목을 영송(迎送)하며, 고혈(膏血)을 다하여 목(牧)을 살찌게 하니 백성들이 목(牧)을 위해서 태어난 것인가?

  －「원목」－

*목(牧) : 백성을 맡아 다스리는 자의 총칭

① 민주주의
② 민본주의
③ 실용주의
④ 성기호설

18 정약용은 백성이 통치자를 추대한다는 '민본주의적 발상'을 하였다. 즉, 백성이 통치자를 추대하는 것이므로 통치자는 백성을 위해 존재하는 것이고, 그 목적을 달성하지 못했을 때는 백성에 의해 교체될 수 있다는 것이 정약용의 논리였다. 이러한 논리는 하늘의 명령에 의해 군주의 권위가 확보되고, 그 군주가 제후나 관리를 임명하여 백성을 통치하게 한다는 '유교적 천명사상'이 주장하는 논리와 상반된다.

정답 18 ②

19 다음 중 불교의 삼법인에 해당하지 않는 것은?

① 제행무상(諸行無常)
② 제법무아(諸法無我)
③ 열반적정(涅槃寂靜)
④ 물아일체(物我一體)

[삼법인(三法印)]

구분	내용
제행무상(諸行無常)	이 세상의 모든 것은 고정된 것이 아니라, 끊임없이 생멸·변화한다.
제법무아(諸法無我)	모든 존재는 인연의 화합으로 이루어진 것이며, 독립적이고 불변하는 자아는 존재하지 않는다. → '나'라고 주장할 만한 고정된 실체는 존재하지 않는다.
일체개고(一切皆苦)	현실 세계의 모든 것이 고통이다.
열반적정(涅槃寂靜)	깨달음을 통해 이르게 되는 열반만이 모든 무상(無常)과 고통에서 벗어난 고요한 경지이다.

19 물아일체는 도가 사상가인 장자가 언급한 '만물과 내가 하나가 되는 경지'를 의미한다. '장자와 나비'의 비유를 통해서 잘 설명되고 있다.
삼법인(三法印)은 자연과 우주의 참 모습에 대한 가르침으로, 인생과 세상의 실상이 무상(無常), 무아(無我), 고(苦)임을 나타낸다. 여기에 '열반적정'을 더하여 '사법인설'(四法印說)이라고 부르기도 한다.
[문제 하단의 표 참고]

정답 19 ④

20 **다음 내용에서 괄호 안에 들어갈 말로 가장 적절한 것은?**

> 대승(大乘)의 진리에는 오직 한마음[一心]만 있다. 한마음 외에 다른 진리는 없다. 단지 무명(無明)의 어리석음으로 인해 이 한마음을 모르고 방황하는 탓에 여러 가지 파랑을 일으켜 온갖 윤회의 세상이 생겨나게 되는 것이다. 그러나 비록 윤회의 파도가 일지라도 그 파도는 한마음의 바다를 떠나는 게 아니다. 한마음으로 말미암아 온갖 세상 윤회의 파도가 일어나므로 널리 중생을 구원하겠다는 서원을 세우게 된다. 또한 윤회의 파도는 한마음을 떠나지 않으므로 한 몸이라는 큰 자비[同體大悲]를 실천할 수 있는 것이다. 이렇듯 대승 불교는 대중 친화적, 대중적 측면을 강조한다. 또한 이상적 인간을 (   )(으)로 보는데, 이는 위로는 깨달음을 구하고 아래로는 중생을 구제하는 존재이다.

① 보살
② 대인
③ 군자
④ 지인

20 보살은 대승 불교에서 생각하는 이상적인 인간상으로, '자신의 해탈과 중생 계도에 힘쓰는 사람'이다. 불법에 대한 온전한 깨달음을 얻어 수행 정진하지만, 중생에 대한 측은함이 있어 그들의 계도에 힘쓰는 사람을 의미한다.

②·③ 대인, 군자는 유교에서 생각하는 이상적인 인간상이다.

④ 지인(至人), 진인(眞人) 등은 도가에서 생각하는 이상적인 인간상이다. 이들은 자연과 하나가 되는 물아일체의 경지에 도달한 사람을 의미한다.

정답 20 ①

21 화쟁사상은 원효의 십문화쟁론(十門和諍論)이란 책에서 나온 말로, "부처님은 보는 사람의 관점에 따라 다르게 느껴지며 많은 종파가 만들어질 수 있다. 그러나 부처님의 뜻은 자비(慈悲) 하나이다. 그러므로 종파는 통합되어야 한다."라고 주장하였다. 고려시대 의천은 원효의 화쟁사상의 영향을 받아 천태종을 창시하였다.

② 선교일원(禪敎一元)은 '선(禪)은 부처의 마음이고, 교(敎)는 부처의 말씀이니, 선종과 교종은 본래 하나임'을 말하는 지눌 대사의 표현이다[≒ 선교일치(禪敎一致)]. 지눌은 원효의 원융회통의 전통을 계승하여 선종을 중심으로 교종과의 조화를 추구하였다.

③ 정혜쌍수(定慧雙修)는 마음이 고요하고 자취도 없는 본체인 정(定, 선정)과 깊은 지성의 작용인 혜(慧, 지혜)를 함께 수행해야 한다는 의미로, 지눌 대사가 말한 내용이다.

④ 숭유억불(崇儒抑佛)은 유교를 건국이념이자 통치사상으로 숭상한 조선왕조에서 전대 왕조인 고려의 국교였던 불교를 억압한 정책을 말한다.

정답 21 ①

21 다음 내용에서 괄호 안에 들어갈 말로 가장 적절한 것은?

> 그는 당시 중관파, 유식파 등 대립·갈등하는 여러 불교 종파의 주장들을 높은 차원에서 하나로 아우르려는 사상을 선보였다. 또한 그는 '부처의 말씀은 여러 가지이지만, 부처의 마음은 하나'라는 일심(一心)사상을 주장하였다. 일심사상을 통해 대립하는 여러 불교 종파들의 특수성을 인정하나 이들을 높은 차원에서 통합하여 종파 사이의 다툼을 화해시키려 하였다. 후대에 이러한 그의 사상을 (　　)(이)라 부른다.

① 화쟁사상
② 선교일원
③ 정혜쌍수
④ 숭유억불

22 다음 내용과 가장 관련 깊은 것은?

> • 최상의 선은 물과 같다. 물은 만물을 이롭게 하면서도 다투지 않고, 모든 사람이 싫어하는 곳에 머문다. 그러므로 도(道)에 가깝다.
> • 세상에 규제가 많을수록 백성은 더욱 가난해지고, 백성에게 날카로운 도구가 많을수록 나라는 더욱 혼란에 빠지며, 사람들이 기교를 부리면 부릴수록 기이한 물건이 더욱 많아지고, 법령이 선포되면 될수록 도둑이 더욱 들끓는다. 그러므로 성인은 다음과 같이 말한다. 내가 무위(無爲)하니 백성은 저절로 감화되고, 내가 고요히 있는 것을 좋아하니 백성이 저절로 바르게 되며, 내가 일을 도모하지 않으니 백성은 저절로 부유해지고, 내가 욕심을 내지 않으니 백성은 저절로 다듬지 않은 통나무처럼 순박하게 된다.
>
> – 『도덕경』 –

① 정혜쌍수(定慧雙修)
② 만물제동(萬物齊同)
③ 상선약수(上善若水)
④ 무위지치(無爲之治)

22 상선약수는 노자가 주장한 것으로, 노자는 최고의 선은 물과 같다고 보았다. 물은 낮은 곳에 머물면서 만물을 이롭게 하고, 남과 다투지 않기 때문에 도(道)에 가깝다는 것이다. 물이 지닌 겸허(謙虛), 이만물(利萬物), 부쟁(不爭)의 덕이 무위자연을 나타낸다고 보았다.

② 만물제동은 장자의 주장으로, 도(道)의 관점에서 본다면 만물은 모두 같다는 사상이다. 우리가 모기를 해롭다고 하고 꿀벌은 이롭다고 하지만 그것은 인간의 관점일 뿐이며, 도(道)의 관점에서 모기는 모기의 할 일을, 꿀벌은 꿀벌의 할 일을 할 뿐이다. 이러한 관점에서, 신분의 귀천이나 현실 사회의 예법도 인간의 관점에서 귀하고 지켜야 할 것일 뿐, 도(道)의 관점에서 본다면 무의미한 것이라고 생각하였다.

④ 무위지치는 노자의 주장으로, 인위적인 다스림이 없는 정치를 뜻한다. 통치자의 인위적인 조작이 없으면 백성은 스스로 자신의 일을 해 나갈 수 있다고 보았다. 부국강병(富國强兵)과 인위적인 강제를 부정하였다.

정답 22 ③

23 다음 내용에서 괄호 안에 공통으로 들어갈 말로 가장 적절한 것은?

> 소요(逍遙)란 어떠한 외물(外物)에도 얽매이지 않고 자유롭게 살아가는 것이다. 도(道)의 관점에서 만물을 봄으로써 일체의 분별과 차별을 없애는 (   )의 방법을 통해 도달하게 되는 절대자유의 경지를 의미한다. 여기서 (   )(이)란 만물을 평등하게 바라보는 것을 의미하는데, 이를 통해 나와 너의 대립이 해소되고, 모든 사건이나 사물에 대한 분별과 차별이 사라진 정신적 자유의 경지에 도달한다.

① 겸허
② 부쟁
③ 좌망
④ 제물

23 ① 겸허(謙虛)는 물이 높은 곳에서 낮은 곳으로 흐르듯, 자신을 낮추는 것을 의미한다.
② 부쟁(不爭)은 물은 바위와 다투지 않음을 의미하는 것으로, 노자는 상선약수(上善若水)를 주장하면서 '물'을 최고의 선을 갖춘 존재로 보았다. 물이 최고의 선을 갖게 되는 이유는 겸허와 부쟁의 덕을 가지고 있기 때문이라고 보았다.
③ 장자는 이상적인 인간상으로 '지인, 신인, 성인, 진인' 등을 제시하였다. 그리고 이러한 이상적인 인간이 되기 위한 수양 방법으로 자기를 구속하는 일체의 것을 잊어버리는 좌망(坐忘)과 마음을 비워 깨끗이 하는 심재(心齋)를 제시하였다.

24 다음 내용에 해당하는 도교의 가르침은?

> "오리 다리는 비록 짧지만 길게 이어주면 걱정이 될 것이며, 학 다리는 비록 길지만 짧게 자라주면 슬퍼하게 될 것이다. 그러므로 본성이 길면 잘라주지 않아도 되고, 본성이 짧으면 이어주지 않아도 된다. 아무것도 걱정할 것이 없는 것이다. 인의(仁義)가 사람들의 본래적 특성일 수 있겠는가? 인(仁)을 갖춘 사람들, 얼마나 괴로움이 많겠는가?"

① 무위지치(無爲之治)
② 만물제동(萬物齊同)
③ 물아일체(物我一體)
④ 소국과민(小國寡民)

24 만물제동(萬物齊同)은 도의 관점에서 보면 만물은 그 어떤 차별도 없이 똑같이 평등하고 소중하다는 것을 뜻한다. 이것을 '학의 다리와 오리의 다리', '용(用)과 불용(不用)'에 비유하여 설명하기도 한다.
③ 물아일체(物我一體)는 세속의 모든 구속에서 해방되어 자연의 섭리에 자신을 맡기고, 자연과 자신이 하나가 되는 경지를 의미한다.
④ 소국과민(小國寡民)은 노자가 말하는 이상적인 사회의 모습으로, '나라가 작고 인구가 적은 나라', '인위적 문명의 발달이 없는 무위와 무욕의 사회'를 의미한다.

정답 23 ④ 24 ②

25 다음 내용에서 괄호 안에 들어갈 말로 가장 적절한 것은?

> 절제 있는 사람은 중간의 방식으로 관계한다. 그는 건강에 기여하는 모든 것이나 좋은 상태를 위해 진정 즐거움을 주는 것들을 적절하게, 또 마땅히 그래야 할 방식으로 욕구하며, 이런 것들에 진정 방해가 되지 않는 다른 즐거운 것들, 혹은 고귀함을 벗어나지 않거나 자신의 힘을 넘지 않는 즐거운 것들을 원한다. 이러한 조건을 무시하는 사람은 즐거움이 갖는 가치 이상으로 그 즐거움을 좋아하는 사람이다. 절제 있는 사람은 이런 사람이 아니라 (좋아하되) 올바른 이성이 규정하는 대로 그것들을 좋아하는 사람이다. 그는 (㉠)을(를) 덕을 갖추고 품성을 갖춘 사람이 상황과 조건에 따라 최선의 선택을 하는 것이라고 생각했다. (㉠)을(를) 갖기 위해서는 덕 있는 이의 일상에서 지성적인 덕과 품성적인 덕을 가지고 항상 올바른 일을 (㉡)이 되도록 실천하는 것이 필요하다.

	㉠	㉡
①	절제	신념
②	절제	습관
③	중용	신념
④	중용	습관

25 아리스토텔레스는 목적론적인 세계관에 근거하여 모든 존재는 각각 고유의 목적이 있다고 생각하였다. 인간의 목적은 '행복'이며, 이를 얻기 위해서는 지속적인 노력을 통해 '덕'을 얻어야 한다고 생각했다. 덕은 지성적인 덕과 품성적인 덕으로 나눌 수 있다. 인간은 이를 끊임없이 습관적으로 실천하여, '의식하지 않고 행동을 하더라도, 항상 최선의 행동을 할 수 있는 상태'가 되어야 한다고 생각하였다. 아리스토텔레스는 이러한 상태를 '중용'의 상태로 보았다.

정답 25 ④

26 다음 칸트의 주장에서 괄호 안에 공통으로 들어갈 말은?

- 이 세상 안에서뿐만 아니라 이 세상 밖에서도 무제한적으로 선하다고 할 수 있는 것은 오직 (   )뿐이다.
- (   )은(는) 그것이 실현하거나 성취한 것 때문에, 또는 이미 주어진 어떤 목적을 달성하는 데 쓸모가 있기 때문에 선한 것이 아니라, 오로지 그렇게 하기로 마음먹는 그 자체로 선한 것이다.

① 행복
② 선의지
③ 실천이성
④ 실천적 지혜

26 선의지는 오직 어떤 행위가 옳다는 이유만으로 그 행위를 실천하려는 의지이며, 도덕 법칙을 따르려는 의지를 말한다.
① 칸트는 인간의 본성이 쾌락을 추구하고 고통을 피하려는 행복 추구의 성향을 가졌다는 것은 인정하지만, 그것이 삶의 목적이 될 수 없다고 주장하였다. 삶의 목적이 될 수 있는 것은 오직 도덕뿐이며, 도덕은 다른 어떤 것의 수단이 될 수 없다고 생각하였다. 즉, '올바름'을 실천하는 것과 쾌락이 서로 부딪친다면, 칸트는 '올바름'을 실천하는 것이 우선임을 주장하였다.
③ 실천이성은 도덕적인 실천의지를 규정하는 이성을 의미한다. 여기서 실천의지란 도덕 법칙을 알고 자율적으로 실천하는 능력을 의미한다. 칸트는 실천이성의 명령(= 정언명령)에 따르는 행위가 도덕적 행위라고 생각하였다.
④ 실천적 지혜는 아리스토텔레스가 말한 개념으로, 인간에게 좋은 것과 나쁜 것이 무엇인지, 구체적 상황에서 중용이 무엇인지 알게 해주는 지성적인 덕을 의미한다. 품성적인 덕을 갖추기 위해 반드시 필요한 덕이다.

정답 26 ②

27 다음 중 벤담의 쾌락 측정 척도에 해당하지 않는 것은?

① 지속성
② 확실성
③ 생산성
④ 교환성

27 벤담은 모든 쾌락은 질적으로 동일하고, 오직 양적 차이만 있으며, 양적인 계산이 가능하다고 보았다. 그는 쾌락의 계산 기준으로 '강도, 지속성, 확실성, 근접성, 생산성, 순수성, 범위'의 7가지를 제시하였다.

벤담의 쾌락 측정 척도
- 강도 : 조건이 같을 경우 강한 쾌락 선호
- 지속성 : 오래 지속되는 쾌락 선호
- 확실성 : 쾌락이 생겨날 가능성이 확실할수록 선호
- 근접성 : 보다 가까운 시간 내에 누릴 수 있는 쾌락 선호
- 생산성 : 다른 쾌락을 동반하는 쾌락 선호
- 순수성 : 고통을 동반하지 않는 쾌락 선호
- 범위 : 쾌락의 범위가 넓을수록 선호

28 다음 내용을 주장한 사상가의 윤리 이론은?

- 어떤 종류의 쾌락이 다른 종류의 쾌락보다 더 바람직하고 더 가치 있다는 사실을 인정하는 것은 공리의 원리와 양립할 수 있다. 다른 모든 것을 평가할 때는 양뿐만 아니라 질도 고려하면서, 쾌락을 평가할 때에는 양에만 의존하는 것은 불합리하다.
- 두 가지 쾌락을 경험한 모든 사람들 또는 거의 모든 사람들이 그 둘 중 특정한 쾌락을 선호해야 한다는 도덕적 의무감과 상관없이 어느 한 쾌락을 확실히 선호한다면 그 쾌락이 더 바람직한 쾌락이다.
- 만족한 돼지보다 불만족한 인간이 되는 편이 낫고, 만족한 바보보다 불만족한 소크라테스가 되는 편이 낫다.

① 질적 공리주의
② 양적 공리주의
③ 규칙 공리주의
④ 선호 공리주의

28 제시문은 밀(J. S. Mill)이 주장한 질적 공리주의에 대한 내용이다. 밀은 벤담과 달리 쾌락에는 질적인 차이가 있으며, 쾌락의 양만이 아니라 질적인 차이도 고려해야 한다는 질적 공리주의를 제시하였다. 밀은 여러 가지 쾌락을 경험한 사람이 선호하는 쾌락이 보다 바람직한 쾌락이라고 보았으며, 정상적인 사람이라면 누구나 질적으로 높고 고상한 쾌락을 선호할 것이라고 주장하였다.

정답 27 ④ 28 ①

29 홉스의 사회계약론에 대한 설명과 가장 거리가 먼 것은?

① 인간의 본성은 이기적이다.
② 짐승처럼 달려드는 자연 상태를 전제하였다.
③ 강압에 의해 권력을 뺏기는 인간을 동정하였다.
④ 개인에게 권력을 양도받은 국가를 리바이어던에 비유하였다.

29 홉스는 성악설 관점에서 인간의 본성을 파악하였다. 즉, 인간을 이기심과 공포에 의해 좌우되는 존재라고 본 것이다. 성악설을 제시한 홉스의 세계관에서 권력을 빼앗기는 인간을 동정하지는 않는다.

①·②·④ 홉스는 자연 상태에서 인간의 본성은 이기적이며, 자기 자신의 보존만을 추구하는 존재라고 보았다. 따라서 자연 상태를 '만인의 만인에 대한 투쟁 상태'라고 생각하였다. 타인은 각각 자신의 이기적인 욕망을 추구하기 때문에 언제라도 나를 배신할 수 있고, 자신의 이익을 위해서라면 짐승처럼 달려들 수 있다고 보았다. 홉스의 저서인 『리바이어던』에서 리바이어던은 구약성서 욥기 41장에 나오는 바다 괴물의 이름으로, 인간의 힘을 넘는 매우 강한 동물을 뜻한다. 홉스는 국가라는 거대한 창조물을 이 동물에 비유한 것이다.

30 다음 내용을 주장한 사상가는 누구인가?

- 현대 과학기술 발전을 통해 인간은 자연을 통째로 파괴할 수 있는 힘을 가지게 되었다. 그리고 과학기술은 지구 전체와 미래 세대에게까지 막대한 영향을 미치기 때문에 과학기술의 파급력을 고려하여 현 세대의 행위를 성찰해야 한다.
- 과학기술의 발달 속도는 빠르나, 이를 따라가지 못하는 기존 윤리와의 간극은 윤리적 공백을 불러일으키게 되었다.
- 현 세대는 미래 세대와 자연에 대해 일방적인 책임을 가져야 한다.

① 노직
② 나딩스
③ 요나스
④ 마르크스

30 제시문과 같은 주장을 한 학자는 요나스로, 그는 인간이 자연을 지배해야 한다고 주장하는 베이컨식의 전통적인 윤리관으로는 과학기술 시대에 발생하는 문제를 해결하는 데 한계가 있다고 보았다. 특히 과학기술은 인간에게 미치는 영향이 크고 강제적인데, 이러한 과학기술의 발달을 따라가지 못하는 윤리적 규범을 두고 '윤리적 공백'이라는 표현을 하였다.

정답 29 ③ 30 ③

31 다음 중 길리건의 배려 윤리학에 대한 설명으로 옳은 것은?

① 관계성과 보살핌, 구체적 맥락 등이 중요하다.
② 여성과 남성의 도덕적 지향성은 같다.
③ 여성은 정의를 지향한다.
④ 남성은 공감을 지향한다.

[정의 윤리와 배려 윤리]

구분	정의 윤리	배려 윤리
성격	남성적 윤리	여성적 윤리
도덕적 지향점	권리, 의무, 정의, 이성, 공정성, 보편성 → 객관적이고 보편적인 정의 추구	배려, 공감, 관계, 유대감, 보살핌 → 동정심, 구체적 상황, 인간관계의 맥락 중시
도덕 판단	보편적인 도덕 원리 중시	특수한 상황과 구체적 관계, 사회적 관계에 따른 판단 중시
도덕 교육	정의와 공정성을 가르침	배려와 동정심을 가르침
이상적 관계	정의 윤리와 배려 윤리가 상호보완적으로 이루어야 함을 강조	

31 배려 윤리는 그동안의 근대 윤리가 너무 이성적 측면의 '정의'의 문제에 집중하였음을 비판하고, 이성적 측면과 상반되는 감성적 측면의 '배려·공감'을 주요한 가치로 삼는 윤리 사상이다. 남성적 도덕성과 구별되는 여성적 특성으로서의 '구체적 관계에서의 배려'를 강조한다. 특히 길리건은 남성적 윤리인 '정의' 윤리와 여성적 윤리인 '배려' 윤리를 구분하여, 남성적 윤리와 여성적 윤리의 상호보완적인 측면을 강조하였다. [문제 하단의 표 참고]

32 다음 내용과 가장 관련 깊은 학자는?

> 우리는 신이 우리 모두에게 우리 삶의 모든 행위를 할 때 그의 부르심에 주목할 것을 명령하고 계시다는 점을 기억해야 한다. 신은 여러 가지 삶의 계층과 삶의 양식들을 구분해 놓음으로써 각 사람이 해야 할 일의 순서를 정해두었다. 신은 그 같은 삶의 양식들을 소명이라고 명하였다. 그러므로 각 사람은 자기 자신의 위치를 신께서 정해주신다고 생각해야 한다.

① 루소
② 칼뱅
③ 루터
④ 플라톤

32 칼뱅은 직업을 신의 부르심, 즉 소명(召命)이라고 보았다. 그는 인간의 구원 여부는 신에 의해 예정되어 있다고 보며, 근면·성실하고 검소한 생활을 통한 직업적 성공을 긍정하는 모습을 보였다.

정답 31 ① 32 ②

33 롤스의 정의의 원칙에 대한 설명으로 적절하지 않은 것은?

① 제1원칙이 제2원칙보다 우선한다.
② 제1원칙과 제2원칙은 절대 충돌하지 않는다.
③ 제1원칙은 모든 인간은 평등하게 자유를 누려야 한다는 것이다.
④ 제2원칙은 불평등이 정당화되기 위한 조건은 최소 수혜자가 최대 이익을 받을 때뿐이라는 것이다.

33 롤스의 정의의 원칙은 크게 제1원칙(평등한 자유의 원칙)과 제2원칙(공정한 기회균등의 원칙과 차등의 원칙)으로 구분되는데, 이 두 가지 원칙은 서로 충돌할 수 있다. 하지만 만약 두 가지 원칙이 충돌할 경우, '기본적 자유'를 주장하는, 즉 모든 사람에게 적용되는 자유의 원칙인 제1원칙(평등한 자유의 원칙)이 해당 인원에게만 적용되는 제2원칙보다 넓은 범위에 적용되는 원칙이므로, 제1원칙이 제2원칙보다 우선한다. 예를 들어, 사회적 약자를 보호하기 위해 개인의 기본적 자유를 침해할 수 없다.

34 다음 내용에서 괄호 안에 공통으로 들어갈 인물로 가장 적절한 것은?

(　　)은(는) 개인들의 고유한 상황을 고려하지 않고 가상적 상황에서 도출된 롤스의 단일한 정의의 원칙이 공동체 속에서 살아야 하는 대부분 사람들의 삶에서 실현되기 어렵다고 비판하면서, 소속된 공동체의 문화적 특수성에 맞는 가치 분배 기준과 절차가 필요하다고 보았다. 이에 따라 (　　)은(는) 사회적 가치들이 자신의 고유한 영역 안에서 복합평등이 실현될 때 정의로운 사회가 될 수 있다는 '복합평등으로서의 정의'를 제시하였다. 다시 말하자면, 부(富)는 경제 영역에, 권력은 정치 영역에 머물러야 하며, 부를 지닌 사람이 자신의 부를 수단으로 하여 정치권력을 장악하는 것은 정의롭지 않다고 보았다.

① 롤스
② 노직
③ 왈처
④ 마르크스

34 왈처는 공동체주의자로서 '정의' 특히 '분배적 정의'를 결정함에 있어 모든 사람에게 적용되는 일반적인 원칙을 강조하기보다는 각 사회가 개별적으로 가지는 특수하고 다원적인 분배 원칙을 중요하게 여겼다. 즉, 각 '가치 다원성'의 인정을 전제로 다양한 영역에서 각기 다른 공정한 기준을 통해 사회적 가치를 분배하는 것으로 사회 정의를 실현할 수 있다고 생각했다. 왈처는 "정의의 원칙들은 다원주의적이며, 상이한 사회적 가치들은 각기 다른 근거들에 따라 그 절차에 맞도록 각기 다른 주체에 의해 분배되어야 한다."라고 생각하였다.

정답 33 ② 34 ③

35 다음 내용과 가장 관련 깊은 개념은?

> • 민족의 주체성을 유지하면서 동시에 다른 민족의 문화와 삶의 양식을 포용하는 민족주의를 의미한다.
> • 배타적이지 않으면서도 자민족의 정체성을 지켜낸다는 특징이 있다.

① 닫힌 민족주의
② 열린 민족주의
③ 자민족 중심주의
④ 문화 사대주의

36 다음 내용에서 괄호 안에 들어갈 말로 가장 적절한 민주주의의 기본원리는?

> 국가 작용을 입법 · 사법 · 행정이라는 3개의 다른 작용으로 나누고, 각 작용을 각기 다른 구성을 가진 독립 기관이 담당하게 하여, 기관 상호 간의 견제와 균형을 유지하도록 함으로써 국가 권력의 집중과 남용을 막고, 국민의 자유를 보호하기 위한 자유주의적인 정치 조직 원리이다. "절대 권력은 절대적으로 부패한다."라는 말이 있듯이, 권력에 대한 인간의 욕망은 자칫하면 남용되기 쉬워서 권력 담당자의 자제에 일임하기에는 너무나도 많은 위험성이 도사리고 있다. 이와 같은 위험성을 방지하기 위해서 국가의 힘을 나누고 상호 견제시켜 국민의 자유와 인권을 보장하는 것이 (   )의 의의이다.

① 대의정치
② 국민주권
③ 법치주의
④ 권력분립

35 ① 닫힌 민족주의는 자민족의 이익과 발전을 위해서는 다른 민족의 희생도 당연하다는 폐쇄적 민족주의이다. 타국과의 긴장과 대립을 통해 국민을 하나로 묶고자 하는 성격을 가지고 있다.
③ 자민족 중심주의는 자기 민족과 문화의 모든 것(가치관, 도덕성, 정치 체제, 경제 제도, 생활 방식 등)이 옳고, 합리적이며 윤리적이라고 생각하고, 다른 민족의 문화를 배척 또는 경멸하는 태도를 의미한다. 자민족 중심주의는 자기 민족의 모든 것이 우월하므로 다른 민족의 종교, 가치관, 생활 방식, 여러 사회 제도, 나아가서는 생물학적인 특성까지도 배척하거나 말살하고, 자기 민족의 모든 것을 따르도록 강요하는 문화 제국주의로 확대될 수 있다.
④ 문화 사대주의는 자국 문화를 비하하고 다른 사회의 문화를 맹목적으로 추종하는 태도를 의미한다.

36 권력분립은 국가 작용(입법 · 사법 · 행정)을 각기 다른 구성을 가진 독립 기관이 담당하게 하여, 기관 상호 간 견제와 균형을 유지하도록 하는 제도이다. 국가 권력의 집중과 남용을 방지함으로써 국민의 자유와 인권을 보장하는 것에 그 목적이 있다.

정답 35 ② 36 ④

37 벌린의 자유론에 대한 설명으로 가장 적절하지 않은 것은?

① 소극적 자유는 사적 영역의 보장을 중요하게 여긴다.
② 적극적 자유는 국가 개입이 필요한 자유를 포함한다.
③ 적극적 자유 보장 후 소극적 자유를 주장하는 것이 자연스럽다.
④ 소극적 자유와 적극적 자유 모두 개인의 자유로운 선택이 전제된다.

37 벌린은 자유를 '소극적(Negative) 자유'와 '적극적(Positive) 자유'라는 두 가지 개념으로 구분하였다. 소극적 자유는 내가 누군가에게 행동을 통제받지 않는 것, 즉 간섭의 부재를 의미한다. 반면, 적극적 자유는 자기 지배(self-mastery)를 의미한다. 예를 들어, 마약 중독자의 약물 투약을 아무도 방해하지 않는다면 소극적 의미에서 그는 자유롭다. 아무도 그의 투약 행위를 간섭하지 않기 때문이다. 그러나 그가 적극적인 자유를 가졌다고 보기에는 어렵다. 적극적인 자유를 누리기 위해서는 자신의 정신과 신체를 완벽하게 자기 지배(self-mastery)해야 하는데, 중독은 자기 자신을 통제할 수 없는 경우가 대부분이기 때문이다. 따라서 이런 중독에서 벗어나 자기 자신을 통제하기 위해서는 스스로 자신의 자유(마약을 하고 싶은 것)를 임시로 제한해야 한다거나, 타인의 도움이 필요하게 된다. 즉, 마약을 하지 않을 자유를 얻기 위해서는 자신에게 어떠한 '간섭'이 필요하게 되는데, 이는 자신의 소극적 자유를 희생하는 것을 의미한다. 따라서 소극적 자유를 희생하고 얻을 수 있는 자유를 적극적 자유라고 하는 것이다.

③ 벌린은 소극적 자유와 적극적 자유를 단순히 자유에 대한 두 가지 다른 개념이 아니라, 서로 양립 불가능한 경쟁적 개념으로 보았다. 적극적 자유는 소극적 자유를 희생해야만 얻을 수 있다고 보았다.

정답 37 ③

38 다음 설명에 해당하는 국가관은 무엇인가?

> • 사회 구성원의 복지 증진을 국가의 가장 중요한 임무로 규정하고, 이를 위하여 국가의 자원을 사용하는 국가를 말한다.
> • 국가가 민간 경제 질서에 적극적으로 개입함으로써 경제적 이해의 대립을 조화롭게 만들고, 국민 생존의 실질적 보장을 추구한다.
> • 복지국가에서는 국민들이 국가의 복지 정책에 의존하여 경제 활동을 게을리하게 되는 문제가 발생하기도 한다.

① 최소 국가관
② 야경 국가관
③ 적극적 국가관
④ 소극적 국가관

38 최소 국가관, 야경 국가관, 소극적 국가관은 비슷한 의미의 국가관이다. 국가의 임무를 대외적인 국방과 대내적인 치안 유지의 확보 및 최소한의 공공사업에 국한하고, 나머지는 개인의 자유에 방임하라는 소극적 의미의 자유주의적 국가관을 말한다.

39 다음 내용에서 괄호 안에 들어갈 말로 옳게 짝지어진 것은?

> 사회계약론을 주장한 (㉠)는 인간의 본성에 대해 (㉡)의 입장을 취한다. 그의 주장에 따르면, 자연 상태의 인간은 자유롭고 평등하나 사유재산이 생기면서 예속되고 불평등해졌다. 기존에 국가 또는 권력자와 맺는 계약은 이 불평등을 심화시킬 뿐이다. 그래서 (㉠)는 사회를 향해 항상 올바른 결정을 행하는 의지체인 '일반 의지'와의 계약을 추구하였다. 자연 상태의 사람들은 자신의 생명과 안전을 확보하기 위해 자발적으로 계약을 맺어 국가를 형성한다고 생각하였는데, 그는 이러한 자발적 상호 계약을 근거로 타인의 생명을 희생시킨 사람은 자신의 생명도 희생해야 한다고 보았다.

	㉠	㉡
①	로크	성악설
②	로크	성선설
③	루소	성선설
④	루소	성악설

39 제시문은 루소에 대한 내용이다. 루소는 인간의 본성 즉, 자연 상태를 선한 상태로 보았다.
①·② 로크는 인간의 본성을 '백지 상태'로 보았다. 성악설적인 관점에서 인간의 본성을 바라본 사람은 홉스이다.

정답 38 ③ 39 ③

40 다음 중 국가의 부당한 권력이나 명령에 대한 시민의 불복종이 정당화될 수 있는 조건이 아닌 것은?

① 비폭력을 지향해야 한다.
② 위법에 대한 처벌을 감수해야 한다.
③ 사회에 충분히 기여한 시민이 선택해야 한다.
④ 다른 개선 노력을 시도한 후에 선택한 최후의 수단이어야 한다.

[시민불복종의 정당화 조건]

공공성	특정한 집단의 목적을 달성하기 위한 것이 아닌, 정의·자유·인권 등 보편가치를 추구해야 한다.
공개성	시민불복종은 공개적으로 진행되어야 한다.
처벌의 감수	시민불복종은 법을 위반하는 행위이지만 기본적으로 법을 존중하고 정당한 법 체계를 세우려는 운동이므로, 법 위반에 대한 처벌을 감수해야 한다.
비폭력성	폭력적 수단의 사용을 배제함으로써 진정한 의도가 왜곡되지 않도록 노력해야 한다.
최후의 수단	합법적인 수단을 꾸준하게 시도했지만 효과가 없을 때 이루어져야 한다.

40 시민불복종은 시민이 인권을 침해당했을 때 가질 수 있는 본질적인 권리이기 때문에 '사회에의 기여 여부'와는 무관하다.
[문제 하단의 표 참고]

정답 40 ③

2022년 기출복원문제

▶ 온라인(www.sdedu.co.kr)을 통해 기출문제 무료 강의를 만나 보세요.

※ 기출문제를 복원한 것으로 실제 시험과 일부 차이가 있으며, 저작권은 시대에듀에 있습니다.

01 다음 내용과 관련 있는 인간 특성은 무엇인가?

> 국가(Polis)는 자연의 산물이며, 인간은 본성적으로 국가 공동체를 구성하는 동물임이 분명하다. 어떤 우연이 아니라 본성으로 인하여 국가가 없는 자는 인간 이하의 존재이거나 인간 이상의 존재이다. 그런 자를 호메로스는 '친족도 없고 법률도 없으며 가정도 없는 자'라고 비난했다. 본성상 국가 안에서 살 수 없는 자는 전쟁광이며, 장기판에서 홀로 앞서 나간 말과 같다. 인간은 국가 안에 있을 때는 가장 훌륭한 동물이지만, 법과 정의가 없으면 가장 나쁜 동물로 전락하게 된다.

① 이성적 존재
② 도구적 존재
③ 사회적 존재
④ 유희적 존재

01 제시문은 아리스토텔레스의 『정치학』에 나오는 지문이다. 아리스토텔레스는 인간은 사회적 존재로서 '사회 안에서 다른 사람들과 더불어 살아가는 존재'임을 주장하였다. 때문에 아리스토텔레스는 사회 속에서 '공동선의 실현'을 인간의 가장 중요한 목표로 보았다.
① 이성적 존재 : 이성을 통해 자신과 세계를 이해하는 능력을 발휘한다. → 인간의 가장 기본적 특성
② 도구적 존재 : 여러 가지 도구나 연장을 만들어 사용할 수 있는 존재이다.
④ 유희적 존재 : 삶에 활력과 재미를 주는 다양한 놀이를 향유(享有)한다.
※ 유희(play)의 의미 : 생계 활동 이외의 정신적 창조 활동이다.

정답 01 ③

02 다음 내용에서 괄호 안에 들어갈 현대 사회의 윤리 문제는 무엇인가?

(　　)는 실적(實績)을 고려하지 않고 정치성·혈연·지연(地緣)·개인적 친분 등에 의하여 공직의 임용을 행하는 인사 관행을 말한다. 영국 절대군주제 확립 당시의 국왕은 자신의 정치세력을 확대하거나 반대세력을 회유하기 위하여 개인적으로 신임할 수 있는 의원들에게 고위 관직이나 고액의 연금을 선택적으로 부여하였으며, 장관들도 하급 관리의 임명권을 이권화(利權化)함으로써 실적과 무관한 임용, 선발 등의 문제가 확산되었다.

① 개인주의
② 정실주의
③ 이기주의
④ 물질만능주의

02 제시문은 정실주의에 대한 설명이다. 정실주의(情實主義)는 1688년 명예혁명 이후 싹터 1870년까지 영국에서 성행하였던 공무원 임용의 관행으로, 영국의 특수한 정치 발전의 과정에서 생겨난 제도이다. 의원내각제에서 정권이 교체되면 공직의 전면 교체가 단행되면서 발생한 '공무의 연속성' 문제가 발생하게 되는데, 이것을 해결하기 위해서 정권이 교체되더라도 대폭적인 인사 경질은 없었고, 일단 임용된 관료에게는 신분이 보장되는 제도를 만들게 되었다. 때문에 당시 영국의 공직은 종신적(終身的) 성격을 띠었다. 하지만 이러한 제도는 필요 이상의 공무원 수 증대를 가져오게 되면서 예산의 낭비, 무능한 공무원의 배출과 행정 능률의 저하 등 갖가지 폐단이 생겨나게 되었다.

03 다음 내용에 해당하는 윤리는 무엇인가?

- 도덕적 언어의 의미 분석을 윤리학적 탐구의 본질로 간주한다.
- 윤리학 학문으로서 성립 가능성을 모색한다.
- 도덕 추론의 논증 가능성과 논리적 타당성을 규명한다.

① 응용 윤리
② 규범 윤리
③ 신경 윤리
④ 메타 윤리

03 메타 윤리학은 도덕적 용어 개념을 분석하고 도덕적 판단의 타당성을 입증하며 정당화와 관련된 탐구를 한다. 또한 윤리학적 개념의 명확화를 통해서 윤리학의 학문적 근거를 제시하려는 특징을 가진다.

① 응용(실천) 윤리학은 도덕 원리를 응용하여 구체적 상황에서 발생하는 현실문제를 해결하는 것이 목표인 학문이다.
② 규범 윤리학은 도덕적 행위의 옳고 그름을 다루는 윤리학이며, 이론 규범 윤리학과 실천 규범 윤리학으로 구분된다.
③ 신경 윤리학은 뇌과학의 발달에 따라 인간의 감정과 이성이 뇌의 어떤 부분을 자극하면서 일어나는지에 대한 연구를 진행하는 과정에서 발달한 윤리학적 시도이다. 즉, 과학적 내용을 윤리학의 토대로 삼으려는 시도에서 시작되었다.

정답 02 ② 03 ④

04 다음 내용에서 괄호 안에 들어갈 용어는?

> (　　)은/는 인간이 자신의 성적 행동을 스스로 결정할 수 있는 권리를 의미한다. 다시 말해 외부의 부당한 압력이나 타인의 강요 없이 스스로의 의지와 판단에 따라 자신의 성적 행동을 결정하는 것을 의미한다.

① 성차별
② 성적 자기결정권
③ 성 상품화
④ 성의 생산적 가치

04 ① 성차별은 남녀 간의 차이를 잘못 이해하여 발생하는 차별을 의미한다. 주로 남자다움과 여자다움을 사회적·문화적으로 규정한 후 이를 따르게 할 때 발생하는 것이다.
③ 성 상품화는 성 자체를 상품처럼 사고팔거나, 다른 상품을 얻기 위한 수단으로 성을 이용하는 행위를 말한다(예 성매매나 성적 이미지를 제품과 연결하여 성을 도구화하는 것 등).

05 다음 내용과 관련이 깊은 것은?

> • 부모로부터 받은 자신의 신체를 훼손하지 않는 것[不敢毁傷]은 효(孝)의 시작이다.
> • 불살생(不殺生)의 계율에 따라 모든 생명을 소중히 여기고 존중해야 한다.

① 자살의 비도덕성
② 죽음을 통한 자아회복
③ 깨달음을 통한 죽음의 초월
④ 불안 현존재 자각

05 자살에 대한 다양한 견해

- 유교 : 신체를 훼손하지 않는 것이 효의 시작
- 불교 : 불살생(不殺生)의 계율에 근거하여 생명을 해치는 것을 금함
- 그리스도교 : 신으로부터 선물 받은 목숨을 끊어서는 안 됨
- 자연법 윤리(아퀴나스) : 인간은 자기 보존의 의무가 있음. 자살은 자기 보존의 의무인 자연법에 어긋나며 자살자가 속한 공동체에 상처를 줌
- 칸트 : 자살은 인간을 '고통 완화의 수단'으로 간주하는 것
- 쇼펜하우어 : 자살은 문제를 해결하는 것이 아니라 회피하는 것
- 요나스 : 인간이 존재해야 한다는 것은 정언명령임. 따라서 자살해서는 안 됨
- 아리스토텔레스 : 자살은 올바른 이치에 어긋나는 행위이며 공동체에 대한 부정의한 행위임

정답 04 ② 05 ①

06 다음 중 인권에 대한 설명으로 옳지 않은 것은?

① 특정 사회계층에 부여된 권리이다.
② 인간이 되게 하는 특성에 근거한 권리이다.
③ 헌법, 법률에 보장된 권리이다.
④ 인간이라면 마땅히 누려야 하는 도덕적 권리이다.

07 다음 내용과 관련이 깊은 것은?

- 국수와 국물이라는 '주류'와 고명이라는 '비주류'의 문화가 공존해야 한다고 보는 관점이다.
- 주류 문화와 비주류 문화를 구별하고, 주류 문화의 우선순위를 인정하는 가운데 비주류 문화 역시 고유성을 잃지 않고 공존할 수 있도록 존중해야 한다는 이론이다.
- 주류 문화와 비주류 문화를 구분하는 사회적 기준 마련이 어려울 수 있다는 비판과, 공존을 내세우지만 비주류 문화가 주류 문화에 동화되는 결과를 초래할 수 있다는 비판이 있다.

① 동화주의
② 국수 대접 모형
③ 샐러드볼 모형
④ 차별 배제 모델

06 인권은 특정 사회계층에 부여된 권리가 아닌 '인간'이기 때문에, 오직 '인간'이라는 이유로 지위, 성별, 인종, 종교 등과 무관하게 모든 사람에게 부여된 권리이다.

07 ① 동화주의는 주류 문화에 소수의 비주류 문화를 편입시켜야 한다는 관점이다. 문화의 다양성을 인정하지 않는 태도로, 우월한 주류 문화로 열등한 비주류 문화를 통합시켜야 한다는 관점이다.
③ 샐러드볼 모형은 각각의 문화가 대등한 자격으로 각각의 정체성과 고유문화를 유지·보존하면서 조화롭게 공존해야 한다는 시각이다. 이 모형에서는 주류 문화와 비주류 문화를 구분하지 않으며 다양한 문화의 대등한 공존이 강조된다.
④ 차별 배제 모델은 과거의 독일, 스위스, 오스트리아 등의 국가 유형으로 이민자들을 자기 나라 국민으로 받아들일 의지가 없고 단순 노동력으로만 취급하는 것을 의미한다. 이런 경우 일정한 기간 외국인 노동자들을 수입해서 쓰고 기간이 지나면 내보내게 된다. 우리나라의 경우 외국인 노동자 정책이 차별 배제 모델에 해당한다.

정답 06 ① 07 ②

08 다음과 같은 사형제도에 대한 입장과 관련 있는 것은?

- 형벌은 그 자체가 목적이 아니라 사회의 행복과 이익 증진의 수단이다.
- 처벌은 사람들이 처벌에 대한 두려움을 가짐으로써 범죄를 예방하고, 범죄자를 교화할 수 있기 때문에 사회 전체의 행복을 증진시킬 수 있다.

① 응보주의
② 다원주의
③ 공리주의
④ 과잉금지의 원칙

08 공리주의는 형벌의 본질을 사회적 이익을 증진하기 위한 수단으로 보고, 범죄를 예방하기 위한 목적으로 형벌이 존재해야 한다고 생각하였다. 또한 육체에 고통을 가하는 형벌은 기본적으로 '악'하지만, 사회 전체의 행복증진을 위해 필요한 '필요악'으로서 기능하기 때문에 필요하다고 보았다.

① 응보주의는 형벌의 본질을 '범죄행위에 비례한 처벌', 즉 '되갚음'으로 생각한다. 타인에게 해를 끼친 사람은 본인 역시 그 피해를 돌려받아야 마땅하다고 생각하기 때문이다. 따라서 응보주의 입장에서 형벌은 공동체의 '정의'를 실현하기 위한 수단이다. 응보주의 사상을 대표하는 사상가인 '칸트'는 "인간은 자유롭게 자신의 행위를 결정할 수 있는 이성적 존재로서 자신의 행동에 책임을 져야 하므로, 자신이 스스로 저지른 범죄에 대한 대가로 처벌을 받는 것은 당연하다."라고 말했다.

④ 과잉금지의 원칙은 '비례 원칙'을 설명하는 표현으로, 형벌은 법 위반이나 피해의 정도에 비례해야 한다는 것을 의미한다. 예를 들어 편의점에서 1,000원짜리 물건을 훔친 범죄자에게 사형을 선고한다면 과잉금지의 원칙에 어긋난 판결이 된다.

정답 08 ③

09 다음 내용과 관련 있는 평화 이론은 무엇인가?

> 직접적 폭력은 언어적 폭력과 신체적 폭력으로 나눌 수 있다. …(중략)… 간접적 폭력은 사회 구조 자체에서 일어난다. 외적으로 일어나는 구조적 폭력의 두 가지 주요한 형태는 정치와 경제에서 잘 알려진 억압과 착취이다. 이 두 가지 형태의 폭력은 몸과 마음에 작용하지만, 반드시 의도된 것은 아니다. 이러한 모든 것의 이면에는 문화적 폭력이 존재한다. 이는 모두 상징적인 것으로 종교와 사상, 언어와 예술, 과학과 법, 대중 매체와 교육의 내부에 존재하는 것이다. 이러한 문화적 폭력의 기능은 직접적 폭력과 구조적 폭력을 정당화하는 것이다.

① 적극적 평화
② 소극적 평화
③ 방어적 평화
④ 사회적 평화

09 제시문은 갈퉁의 『평화적 수단에 의한 평화』라는 책에서 발췌한 것이다. 그는 평화를 소극적인 평화와 적극적인 평화로 구분하였다. 소극적인 평화는 범죄, 테러, 전쟁 등과 같은 직접적인 폭력이 사라진 상태를 의미하며, 적극적인 평화는 직접적 폭력뿐만 아니라 구조적 폭력과 문화적 폭력 등의 간접적 폭력까지 제거된 것으로, 모든 사람이 인간다운 삶을 누릴 수 있는 상태를 의미한다고 보았다.

정답 09 ①

10 자연을 보는 관점에 대한 다음 설명에서 괄호 안에 들어갈 용어는?

> 우리가 (　　) 관점을 받아들일 때, 그리고 우리가 그 관점에서 자연계와 생명을 볼 때, 우리는 각 생명체의 존재를 매순간 예리하고 명확하게 인식한다. 특정 유기체에 주의를 집중하면 우리가 개체로서 그 유기체와 공유하는 어떤 특징이 드러난다. 우리 자신과 마찬가지로 다른 생명체도 목적론적 삶의 중심이다. 그들의 행동과 내적 과정은 그들의 선의 실현을 중심으로 어떤 경향성을 끊임없이 형성한다. 우리의 선의 내용과 우리가 선을 추구하는 수단이 그들과 다르더라도, 우리의 삶과 그들의 삶에서 실증되는 목적론적 질서는 우리 모두에게 공통되는 근본적인 현실을 의미한다.

① 인간중심 철학
② 생명중심 철학
③ 동물중심 철학
④ 생태중심 철학

10 생명중심 철학은 모든 생명체는 그 자체로서 가치를 지니므로 도덕적 고려의 범위를 모든 생명체로 확대해야 한다고 보는 시각이다. 생명중심 철학은 도덕적 지위를 가지는 기준은 생명이며, 인간과 동물뿐만 아니라 식물을 포함한 모든 생명체는 생명이라는 점에서 내재적 가치를 지닌다고 보았다.

정답 10 ②

11 다음 내용에 해당하는 편향의 종류로 적절한 것은?

> 자신의 견해 또는 주장에 도움이 되는 정보만(그것의 사실 여부를 떠나) 선택적으로 취하고, 자신이 믿고 싶지 않은 정보는 의도적으로 외면하는 성향을 말한다. 예를 들어, 한 당의 정책을 지지하는 유권자가 그 정책을 지지하는 연구결과, 신문기사 칼럼 등을 읽으면 당연히 그러하다고 느끼는 반면, 그 정책을 비판하는 연구결과나 기사 등을 읽을 때에는 불쾌감을 느끼거나 심지어 그 연구결과 등이 올바른 연구방식과 근거에 기초해 나온 결과라고 하더라도, 덮어놓고 '잘못된 것'이라고 치부해 버리게 된다. 따라서 이러한 성향은 열린 사고에 방해가 된다.

① 확증 편향
② 자기고양적 편향
③ 근접 편향
④ 사후확신 편향

11 확증 편향이란 자신의 견해 또는 주장에 도움이 되는 정보만(그것의 사실 여부를 떠나) 선택적으로 취하고, 자신이 믿고 싶지 않은 정보는 의도적으로 외면하는 성향을 말한다. 다른 말로 자기중심적 왜곡(myside bias)이라 부르기도 한다. 한마디로 '믿고 싶은 것만 믿는 것'을 의미한다.
② 자기고양적 편향(self-serving bias)은 어떤 개인이 단체의 성공은 자신으로 인한 것으로 여기는 반면, 단체의 실패는 다른 구성원의 탓으로 돌리는 경향을 말한다. 일반적으로 자기고양적 편견은 공동체 사회에서 성공을 자신의 입신양명을 위해 가로채려는 반면, 실패의 책임을 회피하려는 모양으로 자주 발견할 수 있다. 유쾌한 정서와 결합되면 이러한 편견은 더욱 증가한다.
③ 근접 편향은 물리적·심리적으로 자신에게 친숙하고 가까울수록 그것에 호의적인 정보만을 찾으려 하는 것을 의미한다.
④ 사후확신 편향은 이미 일어난 일에 대해 "나는 원래 모두 알고 있었다."라고 말하거나 생각하는 경향을 의미한다. 이러한 편향은 후에 일어날 사건을 이미 예측하고 있었다는 것을 과시하기 위해 사용되기도 한다.

정답 11 ①

12 다음 내용에서 괄호 안에 들어갈 용어로 적절한 것은?

요나스는 기존의 전통적인 윤리적 세계가 동시대인들로 구성되어 있으며, 이 세계의 미래에 대한 전망은 예견될 수 있는 삶의 기간으로 제한되어 있다고 지적하였다. 그는 현대 과학기술이 산출한 행위들의 규모가 너무나 새롭고 이로 인하여 새로운 윤리 문제들이 발생하고 있기 때문에 기존의 전통 윤리로는 이러한 부분을 해결할 수 없다고 보고, 자연과 미래 세대를 포함하는 새로운 (   )의 필요성을 제기하였다.

① 담론 윤리
② 책임 윤리
③ 생명 윤리
④ 직업 윤리

12 요나스는 현대 과학기술이 ㉠ 결과 예측의 어려움, ㉡ 전지구적 영향성, ㉢ 새로운 과학기술의 등장에 적응하기 싫은 사람도 강제로 적응시킴 등의 특징이 있다고 보았다. 때문에 기존의 전통적인 윤리 체계에서는 '윤리적 공백'이 발생할 수밖에 없으며, 이를 극복하기 위해 생태학적 정언명령에 근거하고, 미래의 결과를 예측하는 새로운 '책임 윤리'가 필요하다고 보았다.
① 담론 윤리는 하버마스가 '의사소통의 합리성(communicative rationality)'에 근거하여 주장한 윤리학의 한 분야이다.

13 다음 내용과 가장 관련 깊은 것은?

- 통일로 인해서 얻게 되는 경제적 · 비경제적 보상과 혜택이 크다.
- 통일 이후 지속적으로 발생하는 혜택이다.

① 분단 비용
② 통일 비용
③ 통일 편익
④ 통일 효과

13 ① 분단 비용은 분단으로 인해 남북한이 부담하는 유무형의 모든 비용을 의미한다(예 국방비, 외교적 경쟁 비용, 이산가족의 고통 등). 이는 분단이 지속되는 동안 영구적으로 발생하는 비용으로, 남북한 민족 구성원 모두의 손해로 이어지는 소모적인 성격을 가진다.
② 통일 비용은 통일 과정과 이후 남북한 간 격차를 해소하고 이질적인 요소를 통합하는 데 부담해야 하는 비용을 말한다(예 화폐 통합 비용, 생산 시설 구축 비용, 실업 등 초기 사회 문제 처리 비용). 이 비용은 통일 이후 일정 기간 동안 한시적으로 발생하는 비용이며, 통일 한국의 번영을 위한 투자적인 성격의 생산적 비용이다.

정답 12 ② 13 ③

14 다음 내용에서 괄호 안에 공통으로 들어갈 용어로 적절한 것은?

- 한국 윤리사상은 (　　) 사상을 기초로 하고 있다.
- 원시신앙에서 하늘을 숭배하는 (　　) 사상은 단군신화에서 인간존중 사상으로 연결되었다.

① 인의
② 홍익인간(弘益人間)
③ 재세이화(在世理化)
④ 경천(敬天)

14 ② 홍익인간(弘益人間)은 "널리 인간을 이롭게 한다."라는 의미이다.
③ 재세이화(在世理化)는 "세상을 이치로 다스린다."라는 의미이다.

15 공자의 윤리사상에 대한 다음 내용에서 괄호 안에 들어갈 용어로 적절한 것은?

자기에게 성실한 것은 충(忠)이고, 자기가 하고 싶지 않은 것을 남에게 강요하지 않는 것은 (　　)이며, 인(仁)을 실천하는 것이다.

① 지(志)　② 서(恕)
③ 사(思)　④ 의(義)

15 서(恕)는 '같을 여(如) + 마음 심(心)'으로 나누어 볼 수 있으며 이것은 "자신을 미루어 다른 사람의 마음을 헤아린다."라는 의미가 된다. 즉, "내가 욕을 먹기 싫다면, 나도 남을 욕하지 말라." 정도의 의미이다. → 추기급인(推己及人 : 내 마음을 미루어 남에게 베풀어 줌)

16 유교 사상과 관련된 개념과 설명의 연결이 옳지 않은 것은?

① 인(仁) : 다른 사람을 사랑하는 마음
② 효(孝) : 자식이 어버이를 섬김
③ 제(悌) : 친구 사이의 우애가 깊은 감정
④ 충(忠) : 진실하고 거짓됨 없는 마음씨와 태도로 타인에 대해 자신의 책임을 다하는 것

16 제(悌)는 친구 사이의 우애가 아니라 형제간의 우애이다.

정답 14 ④ 15 ② 16 ③

17 다음 내용에서 괄호 안에 들어갈 용어로 옳은 것은?

> 왕수인은 "지(知)는 행(行)의 시작이고 행(行)은 지(知)의 완성이다. 지(知)의 진절독실(眞切篤實, 진지하고 독실함)한 면이 바로 행(行)이고, 행(行)의 명각정찰(明覺精察, 밝게 깨닫고 정밀하게 살핌)한 면이 바로 지(知)이다."라고 주장하며, (　　)을(를) 강조하였다.

① 지행합일
② 존양성찰
③ 실사구시
④ 본연지성

17 왕수인이 성리학을 비판하고 유학 경전을 새롭게 재해석하면서 '양명학'이 새로운 유교 학문으로 등장하였다. 제시문은 왕수인의 『전습록』에서 언급한 지행합일(知行合一)에 대한 구절이다.

② 존양성찰(存養省察)은 양심을 보존하고 본성을 함양하여 반성하고 살핀다는 '성리학'의 핵심개념이다.
③ 실사구시(實事求是)는 우리나라 조선 후기에 등장한 실학의 핵심개념으로 "현실 문제의 해결에 도움을 줄 수 있는 학문을 해야 한다."라는 개념이다.
④ 본연지성(本然之性)은 마음의 본체를 담고 있는 하늘의 이치를 가리키는 개념이며 성리학의 핵심개념이다.

18 다음 중 맹자의 사단(四端)에 해당하지 <u>않는</u> 것은?

① 수오지심
② 사양지심
③ 양지양능
④ 시비지심

[사단]

측은지심 (惻隱之心)	남을 사랑하여 측은히 여기는 마음이다. ← 인(仁)의 단서임
수오지심 (羞惡之心)	불의를 부끄러워하고 미워하는 마음이다. ← 의(義)의 단서임
사양지심 (辭讓之心)	공경하고 양보하는 마음이다. ← 예(禮)의 단서임
시비지심 (是非之心)	옳고 그름을 분별하는 마음이다. ← 지(智)의 단서임

18 양지양능은 맹자의 사상으로, 양지(良知)는 '생각하지 않고도 알 수 있는 것'이며, 이것은 '선천적인 도덕 자각 능력'을 의미한다. 후에 왕수인의 치양지(致良知)설로 이어진다. 또한 양능(良能)은 '배우지 않고도 할 수 있는 것'이며, 이것은 '선천적인 도덕 실천 능력'을 의미한다. [문제 하단의 표 참고]

정답 17 ① 18 ③

19 한국 유교사상의 특징으로 옳지 않은 것은?

① 개인의 도덕적 완성을 탐구하지 않는다.
② 삼국 시대에 정치생활의 원리였다.
③ 조선 시대에 국가통치의 이념이었다.
④ 고려 시대 말 정치개혁 세력의 이념적 기초였다.

19 한국의 유교사상은 국가의 통치이념으로 자리 잡았고, 개인의 도덕적 완성과 이상 사회의 실현을 위한 실천적인 방안을 제공한다는 의미가 있다.

20 다음 내용에서 밑줄 친 부분과 관련이 있는 것은?

> <u>사람의 몸은 이와 기가 합하여 생겨난 까닭에 두 가지가 서로 발하여</u> 작용하고, 발할 적에 서로 소용되는 것이다. 서로 발하는 것이고 보면 각각 주가 되는 바가 있음을 알 수 있고, 서로 소용되는 것이고 보면 서로 그 속에 있는 것을 알 수 있다. 서로 그 속에 있으므로 실로 혼합하여 말할 수도 있고, 각각 주가 되는 바가 있으므로 분별하여 말해도 안 될 것이 없다.

① 이귀기천(理貴氣賤)
② 이통기국(理通氣局)
③ 기발이승(氣發理乘)
④ 이기호발(理氣互發)

20 밑줄 친 부분은 "이가 움직이면 기가 따라서 생기며, 기가 움직이면 이가 따라서 드러난다."라는 이기호발설(理氣互發說)로, 퇴계 이황의 사상이다.

정답 19 ① 20 ④

21 다음 내용과 관련이 깊은 불교 용어는?

> • "이것이 있기 때문에 저것이 있고, 이것이 생기기 때문에 저것이 생긴다. 이것이 없기 때문에 저것이 없고, 이것이 사라지기 때문에 저것이 사라진다."
> • 비유하면, 세 개의 갈대가 아무것도 없는 땅 위에 서려고 할 때 서로 의지해야 설 수 있는 것과 같다. 만일 그 가운데 한 개를 제거해 버리면 두 개의 갈대는 서지 못하고, 그 가운데 두 개의 갈대를 제거해 버리면 나머지 한 개도 역시 서지 못한다. 그 세계의 갈대는 서로 의지해야[相依] 설 수 있는 것이다. －『잡아함경』－

① 삼법인설
② 연기설
③ 사성제
④ 팔정도

»»

사물에 대한 통찰	• 정견(正見 : 불교의 근본 사상에 대한 이해) • 정사유(正思惟 : 행위에 앞선 올바른 생각)
마음의 통일과 평화	• 정념(正念 : 올바른 신념) • 정정(正定 : 마음을 고르게 평정하는 것) • 정정진(正精進 : 올바른 노력)
도덕적 행위와 삶	• 정어(正語 : 올바른 언어적 행위) • 정업(正業 : 올바른 신체적 행위) • 정명(正命 : 올바른 생활)

21 연기(緣起)란 인연생기(因緣生起)의 줄임말로, 모든 현상은 무수한 원인[因]과 조건[緣]에 의해 서로 관련되어 생겨나며, 원인과 조건이 없어지면 결과[果]도 사라지게 된다는 사상이다.
① 삼법인설은 석가모니가 처음 설법한 '자연과 우주의 참모습에 대한 가르침'으로 인생과 세상의 실상이 무상(無常), 무아(無我), 고(苦)임을 나타낸다.
③ 사성제는 석가모니가 깨달은 '네 가지의 성스러운 진리'로서 고제, 집제, 멸제, 도제를 말한다.
④ 팔정도는 깨달음을 얻기 위해 실천해야 할 여덟 가지 수행 방법으로 다음과 같다.
[문제 하단의 표 참고]

정답 21 ②

22 다음 내용에서 괄호 안에 들어갈 용어로 적절한 것은?

> 대승 불교는 초기 불교의 연기설에 근거하여 (　　) 사상을 제시하면서 모든 것이 일시적으로 존재한다고 본다. 때문에 자아(自我)나 사물(事物)에 대한 집착에서 벗어날 것을 강조하고 있다.

① 탐(貪)
② 허(虛)
③ 공(空)
④ 고(苦)

22 공(空) 사상은 모든 사물은 인연에 따라 끊임없이 나타나고 없어지기 때문에 다른 것과 혼동되지 않으며, 변하지 않는 독자적인 속성이 없이 비어있다[空]고 보는 것이다.
① 탐(貪)은 탐욕(貪慾)의 줄임말로 욕심을 의미한다. 욕심은 지혜를 어둡게 하고 악의 근원이 되기 때문에 이 번뇌가 중생을 해롭게 하는 것이 마치 독약과 같다고 석가모니는 말하였다.
④ 고(苦)는 고통을 의미한다. 석가모니는 생로병사(生老病死)라는 인생의 모든 과정이 고통의 연속임을 말하였고, '인생은 고통의 바다[苦海]'라고 칭하였다.

23 원효가 주장한 다음 내용에서 괄호 안에 들어갈 용어로 알맞은 것은?

> "바람 때문에 고요한 바다에 파도가 일어나지만 파도와 고요한 바다는 둘이 아니다."
> (　　)(이)란 무엇인가? 깨끗함과 더러움은 그 성품이 다르지 않고, 참과 거짓 또한 서로 다르지 않다. 그러므로 하나라고 한다. 둘이 없는 곳에서 모든 진리가 가장 참되고 헛되지 않아 스스로 아는 성품이 있으니 마음이라고 한다. 그러나 둘이 없는데 어찌 하나가 있으며, 하나가 없는데 무엇을 마음이라고 하는가? 이 마음은 언어와 생각을 초월했으니, 무엇이라고 할 수 없어 억지로 이름하여 볼 따름이다.

① 공(空)
② 일심(一心)
③ 화엄(華嚴)
④ 중도(中道)

23 일심(一心)은 깨끗함과 더러움, 참과 거짓, 나와 너 등 일체의 이원적 대립을 초월하는 절대불이(絕對不二)한 것이다. 인간답게 사는 길은 존재의 원천인 일심으로 돌아가는 것이다. → 모든 존재, 모든 종파, 모든 경론의 근원이자 부처의 마음인 일심(一心)으로 돌아갈 것을 강조하였다.
① 공(空) 사상은 모든 것에는 불변의 고정된 실체가 없다는 사상으로, 자아(自我)나 사물(事物)에 대한 집착에서 벗어날 것을 강조하였다.
③ 화엄(華嚴) 사상은 신라시대 의상대사가 중국에서 들여온 불교의 종파로, 『화엄경』을 주요 경전으로 삼는 경전 중심의 '교종'이다.
④ 중도(中道) 사상은 고통에서 벗어나기 위해서는 쾌락이나 고행과 같은 양 극단에 치우치지 말고 가장 올바른 길인 중도를 따라야 한다는 사상이다. → 중도는 양극단의 적절한 균형(산술적 중간)을 지향하는 것이 아니라, 최선의 길을 추구하는 것이다.

정답 22 ③ 23 ②

24 다음 내용과 관련이 깊은 수행법은?

단박에 깨치고 단박에 닦는 사람도 이미 여러 생(生)에 걸쳐 깨달음에 의지해 점진적으로 닦아 오다가, 이번 생에 이르러 듣는 즉시 깨달아 한 번에 모두 마친 것일 뿐이다. 때문에 단번에 진리를 깨친 뒤에도 나쁜 습기(習氣)를 차차 소멸해 나가는 수행이 필요하다.

① 일체개고(一切皆苦)
② 내외겸전(內外兼全)
③ 돈오점수(頓悟漸修)
④ 교관겸수(敎觀兼修)

24 제시문은 고려 후기 지눌대사의 돈오점수(頓悟漸修)에 대한 설명이다.
① 일체개고(一切皆苦)는 '삼법인' 설, 즉, 석가모니 부처가 처음으로 깨달음을 얻고 설법하신 3가지 진리 중 하나로 인생과 세상이 모두 고통스러움을 나타내는 표현이다.
②・④ 대각국사 '의천'이 이야기한 사상이다.

25 다음 내용과 관련이 깊은 장자의 사상은?

- 사람은 가축의 고기를 좋아하고 사슴은 풀을 좋아하고 지네는 뱀을 좋아하고 까마귀는 쥐의 고기를 좋아한다. 이 넷 가운데 누가 제대로 된 음식을 먹는 것인가? 여희는 모든 사람이 인정하는 미녀이다. 그런데 물고기가 그녀를 보면 물속으로 들어가 버리고, 새가 그녀를 보면 멀리 날아가 버린다. 사슴이 그녀를 보면 재빠르게 도망간다. 누가 진정한 아름다움을 아는 것인가?
- 오리의 다리가 짧다고 하여 길게 늘여 주어도 괴로움이 따르고, 학의 다리가 길다고 하여 짧게 잘라 주어도 아픔이 따른다. 그러므로 본래 긴 것은 자를 것이 아니며, 본래 짧은 것은 늘일 것이 아니다. 두려워하거나 괴로워할 일이 없다. 인의(仁義)가 사람들의 본래적 특성일 수 있겠는가? 인(仁)을 갖춘 사람들, 얼마나 괴로움이 많겠는가?

① 제물(濟物)
② 심재(心齋)
③ 좌망(坐忘)
④ 소요유(逍遙遊)

25 제시문은 '도'의 관점에서 만물을 평등하게 인식해야 한다고 주장하는 장자의 제물(濟物)론의 일부이다. 그는 도의 관점에서 사물을 보면 옳고 그름[善惡], 아름답고 더러움[美醜], 나와 남, 빈부의 분별은 상대적인 것에 불과하며 그런 모든 차별이 의미 없다고 말하고 있다.

정답 24 ③ 25 ①

26 다음 내용에서 괄호 안에 공통으로 들어갈 용어로 알맞은 것은?

> 품성적 덕은 감정과 행동에 관계하고, 이 감정과 행동 속에 과도와 부족 및 ( )이 있다. 예를 들어 두려움과 대담함, 분노나 연민, 쾌락과 고통을 느끼는 일을 너무 많이 또는 너무 적게 할 수 있는데, 양쪽 모두 잘하는 것이 아니다. 반면, 이것들을 마땅한 때에, 마땅한 일에 대해, 마땅한 사람들에 대해, 마땅히 추구해야 할 목적을 위해, 그리고 마땅한 방식으로 느끼는 것이 바로 ( )이자 최선이고, 이것이 덕의 특징이다.
>
> －『니코마코스 윤리학』－

① 지성적인 덕
② 공동선
③ 행복
④ 중용

26 중용은 지나침과 모자람의 중간 상태로 산술적인 중간이 아니라 각각의 상황에서 가장 적절한 상태라고 볼 수 있다. 물론, 그 자체로 나쁜 감정이나 행동인 질투나 도둑질 등에는 중용이 없다고 보았다. 중용은 실천적 지혜를 통해서 파악할 수 있고, 중용을 반복해서 실천할 때 품성적 덕을 갖출 수 있다고 보았다.

27 다음 내용과 가장 관련이 깊은 소크라테스의 사상은?

> • 덕이 무엇인지 알아야 덕이 있는 행동을 할 수 있으며, 참된 앎이 곧 덕이다.
> • 참된 앎에 이르기 위한 무지의 자각을 강조한다.
> • "너 자신을 알라."라는 말을 "너 자신의 무지를 자각하라."라는 의미로 이해할 수 있다.

① 주지주의
② 지행합일설
③ 윤리적 상대주의
④ 이데아론

27 제시문은 소크라테스의 '주지주의'에 대한 설명이다.
② 지행합일설 : 소크라테스는 "선(善)이 무엇인지 알면서 고의로 악을 행하는 사람은 없다."라고 말했다. 그는 또한 "어느 누구도 자발적으로 나쁜 일 또는 자신이 나쁘다고 믿는 바를 행하지는 않을 것이다."라고 말하면서 참된 선을 안다면 악한 행동을 할 수 없다고 본다.
③ 윤리적 상대주의는 선악(善惡)의 판단을 '결과'에 따라 할 수 있다는 사상이다. 때문에 쾌락 추구를 중시하는 소피스트, 에피쿠로스, 근대의 공리주의 등이 윤리적 상대주의의 흐름을 가지고 있다.
④ 이데아론은 '플라톤'의 사상이다.

정답 26 ④ 27 ①

28 **다음 주장에서 강조하는 내용으로 가장 적절한 것은?**

> 행위의 결과와 관계없이 행위 자체가 선(善)이기 때문에 무조건적으로 수행해야 하는 도덕적 명령을 도덕 법칙이라고 할 수 있다. 준칙은 도덕 법칙과 구별되는 개인의 행위 규칙으로 '격률'이라고도 한다. 그렇다면 준칙은 도덕 법칙이 될 수 있는가? 준칙이 '보편성 정식'과 '인격성 정식'이라는 두 가지 기준을 통과해야 한다. 이 기준을 통과한 준칙에 한해서만 '준칙 = 도덕 법칙'이라고 할 수 있다.

① 가언명령
② 목적의식
③ 선의지
④ 정언명령

28 제시문은 칸트의 도덕 법칙인 '정언명령'을 설명하고 있다. 정언명령이란 '행위의 결과와 관계없이 행위 자체가 선(善)이기 때문에 무조건적으로 수행해야 하는 도덕적 명령'이라고 볼 수 있다.
① 가언명령은 어떤 결과를 달성하기 위해 수단으로서 사용되는 행위 법칙을 의미한다. 칸트는 이 가언명령을 '도덕 법칙'으로 보지 않았다. '도덕 법칙'은 결과를 달성하기 위해서 존재하는 것이 아니라 그 자체가 선(善)이기 때문에 '무조건 따라야 하는 당위의 법칙'이기 때문이다.
③ 실천이성이 '선(善)'이라고 판단하고, '보편성 정식'과 '인격성 정식'이라는 두 기준을 통과한 '정언명령'을 인간의 자유의지로 따르겠다고 마음먹었을 때 그 의지를 선의지라고 한다.

29 **사회계약론의 자연상태에 대한 설명으로 옳은 것은?**

① 홉스는 인간의 본성이 이타적이며 이익추구 성향을 가지고 있다고 본다.
② 로크는 자연상태의 인간은 '자유롭지만 불평등한 존재'라고 본다.
③ 루소는 자연상태를 "악덕을 모르는 깨끗한 사람들로서 자기 보존의 관심과 함께 '공감의 정'을 자연적인 감정으로 갖고 있는 상태"로 정의한다.
④ 로크는 자연상태를 '이성에 의해 서로 신체나 재산을 존중하지만 항상 긴장하는 상태'라고 본다.

29 ① 홉스는 인간을 이기적이며, 이익추구 성향을 가진 존재로 보았다. 때문에 자기 보존의 권리(자연권)를 무제한으로 행사하여 전쟁 상태(= 만인의 만인에 대한 투쟁)에 있다고 본다.
② 로크는 자연상태의 인간은 '자유롭고 평등한 존재'라고 본다. 자연상태의 인간이 '자유롭고 평등한 상태'라는 것은 홉스, 로크, 루소 등 모든 사회계약설을 언급한 학자의 공통된 주장이다.
④ 로크는 자연상태를 '이성에 의해서 서로 신체나 재산을 존중하며 평화로이 공존하고 있는 상태'라고 본다.

정답 28 ④ 29 ③

※ 다음 내용을 읽고 물음에 답하시오. (30~31)

> 갑 : 행복은 하나의 목적으로서 유일하게 바람직한 것이며, 최대 행복의 원리는 도덕의 기초가 된다. 당사자에게 두 종류의 쾌락 가운데 어느 것이 더 질(質) 높은 가치가 있는지를 고려하는 것은 결코 최대 행복의 원리에 어긋나지 않는다.
> 을 : 행복은 언제나 쾌적함과 관계된 것으로 자신에 대한 최고의 만족 상태이고, 도덕 법칙은 자유의 법칙으로서 자연과 자연적 경향성에 전적으로 독립해 있다. 도덕 법칙 안에서 도덕성과 인간의 행복 사이에 필연적인 연관은 없다.

30 다음 중 갑의 입장으로 옳지 않은 것은?

① 행위의 동기는 도덕성을 판단하는 근거가 아니다.
② 삶의 궁극적 목적은 가능한 한 고통이 없는 최대 행복이다.
③ 실천이성은 의무를 명령할 때 행복의 모든 요구를 수용한다.
④ 개별 행위의 도덕성을 판별하는 보편적인 원리가 있다.

30 '을'의 입장에 해당하는 글이다.

31 을이 갑에게 제기할 비판으로 가장 적절한 것은?

① 도덕은 다른 무엇을 실현하기 위한 수단이 아님을 모르고 있다.
② 행위의 결과가 옳고 그름의 판단 기준임을 모르고 있다.
③ 모든 이성적 존재는 행복을 필연적으로 원한다는 것을 모르고 있다.
④ 개인의 행복과 사회의 행복이 조화되어야 한다는 것을 모르고 있다.

31 제시문에서 갑은 공리주의, 을은 칸트의 입장이다. 을의 입장(칸트)에서 갑(공리주의)에게 할 수 있는 비판은 다음과 같다.
- 도덕은 행복이나 다른 무엇을 실현하기 위한 수단이 아니라 그 자체가 목적이다.
- 쾌락을 추구하는 경향성이나 동정심은 옳고 그름을 판단하는 도덕의 기반이 될 수 없다.
- 행위의 선악을 결정하는 것은 행위의 결과가 아니라 행위의 의지이다.
- 선한 행동은 그 행동을 했을 때 '행복'하기 때문에 하는 것이 아니라, 그 행동을 해야 하기 때문에 즉, '의무'이기 때문에 하는 행동이다.

정답 30 ③ 31 ①

32 다음 내용과 가장 관련이 깊은 사상가는 누구인가?

사람들이 천성적으로 자유를 사랑하고 타인을 지배하기 좋아한다고 생각하였다. 또한 자연상태의 인간은 '이기적'이며 상호 간 신뢰가 존재하지 않는다. 때문에 이러한 '만인의 만인에 대한 투쟁' 상태에서 자신의 생명과 안전을 지키고 질서를 유지하기 위해서 '상호계약'의 형태로 국가를 건설해야 한다고 생각하였다.

① 홉스　　② 로크
③ 루소　　④ 헤겔

32 제시문은 '홉스'에 대한 설명이다. 홉스는 인간의 자연상태를 성악설로 파악하고, 모든 타인을 나에게 해를 끼칠 수 있는 잠재적인 적으로 보았으며, '만인의 만인에 대한 투쟁'이라고 표현하였다. 이러한 상태에서 사회적인 약자들은 자신의 생명과 안전을 위협받을 수밖에 없기 때문에 '강자'와의 계약을 통해서 자신의 안전을 보호받게 되고, 이것을 '사회계약'이라고 하였다.

33 다음과 같이 주장한 사상가와 이론을 연결한 것으로 옳은 것은?

(㉠)은(는) 개인이 속한 공동체의 문화적 특수성에 맞는 가치 분배의 기준과 절차에 따라야 한다고 보았다. (㉠)은(는) 사회적 가치들이 자신의 고유한 영역 안에 머무름으로써 (㉡)이(가) 실현될 때 정의로운 사회가 될 수 있다고 한다.

	㉠	㉡
①	롤스	정의의 원칙
②	노직	자유지상주의
③	왈처	복합평등
④	아리스토텔레스	일반적 정의

33 제시문은 왈처의 '복합평등'에 대한 설명이다. 왈처는 개인들의 고유한 상황을 고려하지 않고 가상적 상황(무지의 베일)에서 도출된 롤스의 단일한 정의의 원칙은 실제 삶에서 실현될 가능성이 적다고 비판하며, 개인이 속한 공동체의 문화적 특수성에 맞는 가치 분배의 기준과 절차에 따라야 한다고 보았다. 그는 사회적 가치들이 자신의 고유한 영역 안에 머무름으로써 복합평등이 실현될 때 정의로운 사회가 될 수 있다는 '복합평등으로서의 정의'를 제시하였다. 즉, 부(富)는 경제 영역에, 권력은 정치 영역에 머물러야 하며 부를 지녔다는 이유로 정치 권력까지 장악하는 것은 정의롭지 않다고 본 것이다.

정답 32 ① 33 ③

34 다음 내용은 하버마스의 담론 윤리 중 일부이다. 괄호 안에 들어갈 용어로 적절한 것은?

> 사회의 갈등을 해결하고 행정 및 경제 체계와 생활 세계가 균형을 이루기 위해서는 ( )에서 이성적인 담론과 소통을 활성화해야 한다. 이를 위해 누구나 자유롭게 대화에 참여할 수 있어야 하며, 자신의 주장은 물론 개인적 바람이나 욕구도 자유롭게 표현할 수 있어야 한다. 또한 타인의 주장이나 공적인 문제에 대해서 의문을 제기할 권리가 보장되어야 하고, 이러한 권리를 행사할 때 어떤 강요도 존재하지 않아야 한다.

① 공론장
② 토론
③ 다수결의 원리
④ 공적 문제

34 제시문은 하버마스의 담론 윤리의 핵심 개념인 '공론장'에 대한 설명이다. 하버마스는 현대사회에서 공적 의사결정의 과정이 자본과 권력에 의해 왜곡되었다고 보고, 이를 해결하기 위해서 '소통을 위한 합리성'과 '절차의 필요성'을 주장하였다. 그리고 하버마스는 '의사소통의 합리성'이 제대로 발휘되기 위해서는 모든 사람이 평등하게 대화 상황에 참여하고 자유롭게 의견을 제시할 수 있는 '공론장'이 필요하다고 보았다. 특히 담론 윤리는 토론을 통해 서로를 이해하는 '합의의 과정'을 중시하였고 이 과정을 통해 행위 규범의 정당성을 도출하고자 하는 사상이다.

35 다음 내용에서 괄호 안에 공통으로 들어갈 용어로 적절한 것은?

> 어떤 학자는 ( )을(를) "법이나 정부의 정책에 변화를 가져올 목적으로 행해지는 공공적이고 비폭력적이며, 양심적이기는 하지만 법에 반하는 비협조적 정치 행위"라고 설명한다. 즉, ( )은(는) 부정의한 법이나 정책에 대해 양심적이고 공개적으로 수행되는, 불법적이지만 비폭력적인 항의라고 할 수 있다.

① 시민불복종
② 폭력혁명론
③ 참여민주주의
④ 민주사회주의

35 롤스는 시민불복종을 합법적인 민주주의 체제하에서 '민주적 헌법 질서를 위반하거나 깨트리는 것을 막고자 하는 행위'로 정의하였다. 때문에 기본적으로 시민불복종은 '법 체제에 대한 존중감을 바탕으로 이루어지는 시민들의 능동적 행위'이다.

정답 34 ① 35 ①

36 다음 주장에 해당하는 롤스의 정의의 원칙은?

> 이 원칙은 천부적으로나 사회적으로 가장 혜택을 받지 못한 계층을 비롯한 모든 사람에게 인간다운 생활을 위한 최소한의 조건이 보장되어야 한다는 것과, 일단 그 조건이 충족된 다음에는 각자의 능력이나 업적에 따른 차등 분배가 이루어져야 한다는 것을 천명한 것이다.

① 평등한 자유의 원칙
② 기회 균등의 원칙
③ 취득의 원칙
④ 차등의 원칙

»»

제1원칙	평등한 자유의 원칙	모든 사람은 평등한 기본적 자유를 최대한 누려야 한다.
제2원칙	• 차등의 원칙 : 사회적 혹은 경제적 불평등은 최소 수혜자에게 최대의 이익이 되도록 편성될 때 정당화될 수 있다. • 공정한 기회 균등의 원칙 : 사회적 혹은 경제적 불평등의 계기가 되는 직위와 직책은 모든 사람에게 열려 있어야 한다.	

36 제시문은 '차등의 원칙'을 설명한 글이다. 롤스의 정의의 원칙은 다음과 같다.
[문제 하단의 표 참고]
③ 취득의 원칙은 노직이 '소유권으로서의 정의'를 언급할 때 등장하는 원칙으로, "노동을 통해 정당하게 획득한 재화, 즉 노동의 산물이면서도 그 산물이 타인들이 누려 왔던 혜택을 침해하지 않는 재화는 취득한 사람에게 소유 권리가 있다."라는 원칙이다.

37 정약용이 강조하는 지방관리의 윤리적 책무로 가장 적절한 것은?

① 평등
② 애민
③ 준법
④ 정의

37 정약용은 『목민심서』에서 "못 배우고 무식한 사람이 한 고을을 얻으면 건방져지고 사치스럽게 되어 절약하지 않고 재물을 함부로 써서 빚이 날로 불어나면 반드시 욕심을 부리게 된다. 욕심을 부리면 아전들과 짜고 일을 꾸며 이익을 나눠 먹게 되고, 이익을 나눠 먹다 보면 백성들의 고혈을 짜게 된다. 그러므로 절약은 백성을 사랑하는 데 있어 가장 먼저 지켜야 할 일이다."라고 언급하면서 애민(愛民) 정신을 지방관의 윤리적 책무로 강조하였다.

정답 36 ④ 37 ②

38 다음 내용에서 괄호 안에 공통으로 들어갈 용어로 적절한 것은?

(　　)민주주의는 공공 의제에 관한 토론 과정에 시민들이 직접 참여하여 합의에 도달하는 민주적 절차를 의미한다. (　　)민주주의는 시민이 직접 참여한다는 특성상 작은 공동체에 적합한 소규모 민주주의로 여겨지기도 한다. 전문가가 중심이 되는 공개 토론과 달리 이 토론은 일반 시민이 중심이 된다. 공개 토론이 서로 다른 견해를 비교하기 수월하지만 합의점을 찾기 힘든 방식이라면, 이 토론은 참가자들이 공통 지점을 찾아가는 과정에 가깝다. (　　)민주주의 이론가들은 여러 대안에 대한 사람들의 견해를 살펴보고 지식과 경험을 공유하는 숙의 과정을 통해 시민성을 기를 수 있다고 주장한다.

① 복지
② 간접
③ 수정
④ 심의

38 제시문은 심의민주주의 혹은 숙의민주주의(Deliberative Democracy)를 설명하는 글이다.
민주주의에 대한 논의는 시민혁명 시대에 왕을 대신해 국민의 의사를 반영하는 대표를 뽑기 위한 '대의민주주의'에서 시민들의 직접적인 정치과정 참여를 강조하는 '참여민주주의'로 중심축이 변화되었다. 하지만 민주주의에 '심의'가 강조된 것은 민주정치에서의 참여가 시민들의 삶에 직접적이고 신속한 효과를 줄 수 없다는 것이 드러난 다음부터이다. 즉, 단순히 다수결을 통해서 이해관계 충돌을 조절하기보다는 정치적 안건을 깊은 수준의 토의를 거치면서 그 속에서 서로의 선호를 이해하고 절충할 점은 절충함으로써 이해의 조정을 도모하자는 의도에서 등장한 새로운 민주주의의 형식이다.

39 다음 내용과 가장 관련이 깊은 것은?

독일의 바이마르 헌법은 제1차 세계대전이 끝나고 혁명으로 군주정이 붕괴된 후, 민주적으로 선출된 의회가 1919년 8월 11일 공포한 헌법이다. 바이마르 헌법과 기존 헌법의 가장 큰 차이점은 모든 국민이 인간다운 생활을 누릴 수 있도록 사회권을 명시한 점이다. 사회 불평등이 심화되어 사회적 약자의 인간다운 삶이 어려운 상황에서 최초의 사회권을 규정함으로써 인간다운 삶이 기본적 인권임을 명시하였으며, 이는 이후 여러 복지 국가의 헌법 제정에 영향을 주었다.

① 비지배 자유　　② 정치적 자유
③ 소극적 자유　　④ 적극적 자유

39 제시문에 언급된 '사회권'은 '인간다운 삶'을 지키기 위해 국가가 국민의 자유를 적극적으로 나서서 보장해 주어야 한다는 '적극적 자유'의 개념이 반영된 권리이다. 시민혁명에서 시작된 국가가 개인의 삶에 간섭하지 않는 '소극적 자유'의 개념에서 조금 더 나아간 개념이다.

정답 38 ④　39 ④

40 다음 내용과 가장 관련이 깊은 분배의 정의는?

> • 이 분배 기준은 사회적 약자를 보호해야 한다는 도덕 의식에 부합된다는 장점이 있다.
> • 하지만 모든 사람이 원하는 바에 대한 사회전체의 예측이 어렵다는 점과 한정된 재화로 모든 사람이 원하는 것을 충족시킬 수 없다는 점. 그리고 성취동기를 약화시켜 사회전체의 경제적 효율성이 감소한다는 단점을 가지고 있다.

① 업적
② 능력
③ 필요
④ 절대적 평등

구분	의미	장점	단점
절대적 평등	개인 간의 차이를 고려하지 않고 모두에게 똑같이 분배하는 것	사회 구성원 모두가 기회와 혜택을 균등하게 누릴 수 있음	• 생산 의욕 저하 • 개인의 자유와 효율성 감소
업적	업적이나 기여가 큰 사람에게 더 많이 분배하는 것(성과급 제도)	• 객관적 평가와 측정이 용이 • 공헌도에 따라 자신의 몫을 가짐 → 생산성을 높이는 동기 부여	• 서로 다른 종류의 업적 평가 불가능 • 사회적 약자 배려 불가능 • 과열 경쟁으로 사회적 갈등 초래
능력	능력이 뛰어난 사람에게 더 많이 분배하는 것	개인의 능력에 따라 충분한 대우와 보상을 받을 수 있음	• 우연적, 선천적 영향을 배제하기 어려움 • 평가 기준 마련이 어려움
필요	사람들의 필요에 따라 분배하는 것	약자를 보호하는 도덕 의식에 부합	• 경제적 효율성 감소 • 필요에 대한 사회 전체의 예측이 어려움 → 한정된 재화로 모든 사람의 필요를 충족시킬 수 없음

40 제시문은 '필요'라는 기준의 분배적 정의에 대한 설명이다.
[문제 하단의 표 참고]

정답 40 ③

교육은 우리 자신의 무지를 점차 발견해 가는 과정이다.

- 윌 듀란트 -

제 1 장

인간과 윤리

교육이란 사람이 학교에서 배운 것을 잊어버린 후에 남은 것을 말한다.

– 알버트 아인슈타인 –

제 1 장 인간과 윤리

제1절 인간의 삶과 윤리

1 인간의 삶과 윤리 사상

(1) 인간의 본성

① **인간의 동물적 본성**

㉠ 종족 보존을 위한 본능과 충동 : 식욕, 성욕

㉡ 찰스 다윈(C. Darwin)의 진화론 : "인간 역시 동물 존재의 한 종류로서 진화한 것이므로 그에 따른 본성을 갖고 있다."라고 주장

> **더 알아두기**
>
> **소피스트와 소크라테스**
>
> • 소피스트 : 인간의 문제로 관심의 방향을 돌리면서 "어떻게 사는 것이 가장 바람직한가?"라는 물음을 처음으로 던짐
>
> • 소크라테스 : 바람직한 삶에 관한 견해를 내놓으면서 "너 자신을 알라."라고 함

② **인간의 이성적 본성** : 인간이 동물과 구별되는 특징

㉠ 자연환경을 변형하기 위해 도구를 사용함

㉡ 동물적 욕구 외에도 명예욕, 권력욕, 소유욕 등의 문화적 욕구가 있음

㉢ 동물과는 다른 복잡한 사회생활을 함

㉣ 인간은 동물과 달리 이성을 가지고 있기 때문에 자기가 하는 행동을 목적에 맞게 계획하고 그 결과를 예측할 수 있음 → 그리스의 철학자 아리스토텔레스는 인간을 '이성적 동물'이라고 정의함

③ **인간의 존엄성(인간이 존엄하다는 근거)**

㉠ 인간은 이성을 가진 존재로 자율적인 도덕적 행위의 주체이기 때문임

㉡ 인간이 존엄하다는 말에는 인간이 귀중하면서도 다른 것에 비해 특히 더 귀하다는 뜻이 담겨 있음

㉢ 인간의 목숨은 유한함

④ **인간의 본성에 대한 학설**

㉠ 성선설 : 인간은 착한 성품을 가지고 태어남 → 맹자, 왕도 정치

㉡ 성악설 : 인간의 본성은 이미 만들어져 있지만 악한 본성은 선하게 교화할 수 있으며 정치는 바로 이런 교화에 초점을 맞추어야 한다고 주장 → 순자

㉢ 성무선악설 : 선함과 악함의 본성은 없다고 주장 → 고자, 로크(백지설)

(2) 인간의 본질과 특성 기출 24, 22, 20

① **사회적 존재** : 사회화 과정을 거쳐야 온전한 인간으로 성장하게 되는 존재
② **이성적 존재** : 이성적인 사고 능력을 가지고 있는 존재
③ **도구적 존재** : 여러 가지 도구를 만들어 사용하는 존재
④ **유희적 존재** : 생활상의 이해관계를 떠나 삶의 재미를 추구하는 존재
⑤ **문화적 존재** : 상징체계를 바탕으로 문화를 계승・창조하는 존재
⑥ **예술적 존재** : 예술 활동을 통해 아름다움을 추구하는 존재
⑦ **정치적 존재** : 국가를 이루며 정치 활동을 하는 존재
⑧ **종교적 존재** : 절대적 존재에 대한 믿음을 가지고 사는 존재
⑨ **윤리적 존재** : 도덕적 주체로서 스스로 가치 있다고 생각하는 것을 행할 수 있는 존재

> 체크 포인트
>
> **자유의지**
> 외부의 제약이나 구속을 받지 않고 어떤 목적을 스스로 세우고 실행할 수 있는 의지이다. 인간은 자유의지에 의해 스스로 판단하여 행위를 할 수 있으며 그에 따른 도덕적 책임을 질 수 있는 존재이다.

(3) 인간 행위에 대한 다양한 윤리적 해석

① **인간 행위에 대한 윤리적 해석이 다양한 이유**
㉠ 개인의 윤리관에 따라 윤리적 판단이 다를 수 있기 때문임
㉡ 사회가 지향하는 문화나 가치 또는 사회의 성향에 따라 윤리적 평가가 다를 수 있기 때문임

② **윤리적 삶에 대한 동양 사상의 윤리적 해석**
㉠ 불교 : 위로는 깨달음을 구하고 아래로는 중생을 구제하는 것을 중시하고, 자비를 행하는 삶
㉡ 유교 : 인의예지신(仁義禮智信)으로 표현되는 인간의 도리를 지키는 삶
㉢ 도가 : 무위자연을 바탕으로 대자연과 하나가 되는 삶

③ **윤리적 삶에 대한 서양 사상의 윤리적 해석**
㉠ 소크라테스, 플라톤, 아리스토텔레스 : 정신(영혼)의 덕을 갖춘 삶
㉡ 그리스도교 사상 : 모든 인간에 대한 조건 없는 사랑을 실천하는 삶

④ **인간 행위에 대한 다양한 해석의 공통된 관점**
㉠ 올바른 행위와 윤리가 존재하고 인간의 존엄성을 삶의 궁극적인 토대로 생각함
㉡ 윤리는 인간의 존엄성 실현을 목적으로 하고 인간의 존엄성이 도덕규범의 근본적인 토대가 됨

(4) 인간의 삶과 윤리 사상

① **윤리 사상**
㉠ 인간의 행위 규범이자 삶의 도리인 윤리에 대한 체계적인 생각
㉡ 좋음과 나쁨, 옳음과 그름, 덕과 악덕, 의무, 행복 등에 대한 사유를 체계적으로 제시한 것

② **인간의 삶에서 윤리 사상의 필요성**

㉠ 인간의 윤리적 삶에 일정한 원칙과 질서를 부여하고, 그것을 합리적으로 설명하고 정당화함

㉡ 사회적 삶의 유지와 발전에 반드시 필요함 → 이기적인 행위를 통제하고 이타적인 행위를 권장하지만 법처럼 강제력이 있는 것이 아니므로 스스로 통제하게 함

㉢ 개인의 자아실현과 행복을 위해서 필요함

㉣ 윤리적 인간은 다양한 도덕규범을 준수하고, 도덕규범에 대한 반성적 사고를 함

㉤ 우리가 새로운 윤리적 가치를 발견하고 더 나은 삶의 지침을 찾는 데 도움을 줌

㉥ 현대 사회의 복잡한 윤리적 문제들을 이해하고 해결하는 데 도움을 줌

2 인간의 삶과 사회 사상

(1) 사회 사상의 의미와 필요성

① **사회 사상의 의미** : 인간의 삶에서 나타나는 현상에 대한 해석과 인간이 바람직하다고 생각하는 사회 모습 및 그것의 구현에 관한 체계적인 사유

② **사회 사상의 필요성**

㉠ 인간의 삶에서 일관되고 체계적인 이해의 틀 제공

㉡ 우리 사회가 나아가야 할 방향을 모색하면서 이상적인 사회라는 대안을 제시

㉢ 바람직한 공동체를 만들기 위해 구성원이 해야 할 의무와 역할에 대한 이해 제공

㉣ 사회 현상을 좀 더 깊이 이해하면서 현 사회에 대한 반성과 성찰의 기회 제공

(2) 윤리 사상과 사회 사상의 관계

① **윤리 사상과 사회 사상의 공통점과 차이점**

구분	내용
공통점	인간과 사회에 대해 탐구하고 인간의 존엄성을 존중하면서 그것의 실현을 추구하고 행복을 실현하고자 함
차이점	윤리 사상은 인간 탐구를 통해 바람직한 삶을 추구하는 반면에, 사회 사상은 이상 사회를 추구하면서 바람직한 공동체의 모습을 추구함

② **윤리 사상과 사회 사상의 상호 의존성**

㉠ 윤리 사상과 사회 사상은 탐구 대상이 중첩됨

㉡ 실천적인 관점에서 윤리 사상과 사회 사상은 서로 깊이 관련되어 있음

㉢ 인간과 사회 및 국가의 정체성 측면에서도 윤리 사상과 사회 사상은 상호 의존적임

㉣ 상호 의존성을 주장한 사상가들

구분	사상가	주장
서양	플라톤	이상적인 인간과 이상적인 국가는 서로 닮은 모습이라고 주장
	아리스토텔레스	덕을 갖추면 정의로운 국가가 형성된다고 주장
동양	공자, 맹자	인과 예로 다스리는 덕치를 통해 바람직한 국가가 형성된다고 주장
	조선의 성리학자들	인간의 인격적 완성과 이상적인 국가는 분리될 수 없는 것이라고 주장

3 이상 사회의 구현

(1) 동양의 이상 사회 기출 24

① 유교 사상의 대동 사회(大同社會)

㉠ 인륜이 구현되고 복지가 실현된 이상적인 사회를 말함

㉡ 누구나 자신의 능력을 마음껏 발휘하면서도 자신만의 이익을 추구하지 않고, 또 병들고 소외된 계층이 잘살 수 있으며, 노인과 어린이가 안심하고 살 수 있는 사회

> 체크 포인트
>
> **대동 사회**
>
> 동양의 유가 사상에서는 이상 사회의 모습을 '대동 사회'라고 한다. 대동이라는 말은 『장자』, 『열자』, 『서경』에도 나오는데, 그 사상을 가장 구체적으로 말하고 있는 것은 『예기』의 '예운편'이다.

② 도가의 소국과민 사회

㉠ 주나라와 같이 거대한 통일제국의 국가 형태에 대하여 반대하고, 작은 나라와 적은 국민 지향 → 무위(無爲)와 무욕(無慾)의 사회

㉡ 인위적 사회 제도와 질서를 무시하고 소박한 생활을 하는 작은 공동체 → 분별적 지식과 욕심이 없는 구성원들이 자연의 흐름에 따라 소박하게 사는 사회

③ 불교의 정토와 미륵세상

㉠ 불교의 정토 : 부처와 보살이 중생을 구제하는 평화롭고 자비로 충만한 사회

㉡ 미륵세상 : 중생을 구제하기 위해 미래에 출현할 부처인 미륵이 다스리는 불교적 이상 사회 → 깨달음을 통해 자신의 인격을 완성시켜 나가고 평화롭고 행복하게 사는 세상

(2) 서양의 이상 사회 기출 24

① 플라톤의 이상 국가

㉠ 현명한 통치자들이 다스리는 사회

㉡ 통치자들이 '좋음의 이데아'라고 하는 도덕적 선에 관한 절대적 지식을 성취한 사회

② 그리스도교의 천국과 유토피아

㉠ 그리스도교의 천국 : 그리스도교인의 최종적인 종착점 → 하느님이 지은 높고 거룩하고 고통 없는 나라

㉡ 토마스 모어의 유토피아 : 모든 사람이 소유와 생산에 있어서 평등하고, 경제적으로 풍요로우며, 도덕적으로 타락하지 않은 사회

더 알아두기

유토피아의 개념

- 토마스 모어의 『유토피아』라는 저서에서 유래
- 근대 이래 서구에서는 이상 사회를 유토피아라고 부름
- 그리스어인 '없는(ou)'과 '장소(tops)'를 합성한 단어
- 아무 데도 없는 곳이라는 풍자적 의미를 담고 있음
- 토마스 모어의 유토피아는 소유와 생산에 있어서 평등하고, 경제적으로 풍요하며, 도덕적으로 타락하지 않은 사회임

③ **베이컨의 뉴 아틀란티스**

㉠ 과학기술의 문명을 통해 이룩되는 뉴 아틀란티스(New Atlantis)를 이상 사회로 제시

㉡ 인간의 지식과 기술, 과학 문명에 대해 무한한 신뢰를 보임 → 과학기술의 발전을 통해 빈곤이 해결되고 인간의 건강, 행복, 능력이 증진되는 과학적 유토피아 사회

④ **루소의 민주적 이상 사회**

㉠ 빈부의 차이가 없는 소농으로 구성된 정치 공동체

㉡ 직접 민주주의에 의해 스스로를 다스리는 사회

⑤ **마르크스의 공산 사회**

㉠ 생산 수단이 공유되고 계급과 사유 재산이 없는 사회

㉡ 생산력이 고도로 발전 → 구성원 각자가 능력에 따라 일하고 필요에 따라 분배받는 평등한 사회

더 알아두기

바쿠닌의 무정부 사회

- 국가의 강제력이 없는 사회
- 자유, 평등, 정의, 형제애를 누릴 수 있는 사회

(3) 이상 사회를 건설하기 위한 전제 조건

① 이념 실천을 위한 제도적 장치의 확보(예 삼권 분립, 다수결의 원리 등의 민주주의 제도)

② **제도적 장치의 밑바탕이 되는 정신의 내면화** : 우리가 원하는 사회는 서로 믿고 의지하며, 누구나 공평하게 삶을 살아갈 수 있는 동등한 권리가 인정되는 사회

③ **권리와 의무의 조화와 균형**

㉠ 각자의 권리를 내세우는 것도 중요하지만, 자신의 의무를 다하는 것도 매우 중요함을 사회 구성원이 인식해야 함

㉡ 개인의 권리와 사회에 대한 의무가 서로 조화를 이루어야 함

㉢ 권리와 의무, 자유와 책임이 균형을 이루지 못할 때, 개인과 사회의 조화는 깨어지고, 사회의 안정과 통합도 기대할 수 없게 됨

④ **전통적 가치관과 서구 시민 의식의 조화와 통합** : 전통적 덕목 위에 새로이 도입된 서구의 시민 정신이 아직 내면화되지 못하여 정신적 혼란을 겪고 있음

(4) 이상 사회가 갖추어야 할 조건

① **정치적 측면** : 민주주의를 토대로 하며, 인간의 기본적 권리를 존중하고 자유와 평등의 가치를 실현하기 위해 노력

② **경제적 측면** : 공정한 경제 제도를 바탕으로 정의로운 분배가 이루어지도록 노력

③ **사회·문화적 측면** : 다양한 삶의 양식을 수용하고, 관용과 다원성의 가치를 존중

④ **자연적인 측면** : 환경 오염이나 자연 파괴가 없는 자연을 사랑하는 마음을 가지도록 노력

(5) 이상 사회의 과제

① **국제적 차원의 협조**

㉠ 정의로운 국제 질서의 수립 : 국제적 차원의 평등한 분배 문제, 강대국에 의한 약소국의 억압 및 착취 문제 등의 해결

㉡ 인류 공동의 문제에 대한 국제적 협조 체제 구상 : 천연자원의 고갈, 인구 폭발 및 핵전쟁의 위협 등에 대한 국제적 협조

② **생태계 파괴의 위협에 대한 대처**

㉠ 인간과 자연의 공생·공영에 대한 관심

㉡ 인간 중심주의적 세계관에 대한 재검토

㉢ '환경적으로 건전하고 지속 가능한 개발'에 대한 성찰

③ **분단의 극복을 통한 통일**

㉠ 다양한 형태의 통일 또는 통일 방안 구상

㉡ 남북한 간의 인적·물적 교류

㉢ 민주적 통일 국가에 대한 적극적 구상

제 1 절 핵심예제문제

01 다음 중 인간의 본성에 대한 설명으로 옳지 않은 것은?

① 인간은 자유 의지에 따라 가치 있는 행동을 실천한다.
② 인간은 이성의 힘을 이용하여 자신의 욕구를 조절한다.
③ 사회 조직과 제도를 갖추고 다른 사람과 더불어 살아간다.
④ 종족 보존을 위한 본능과 충동은 인간과는 달리 동물만 가지고 있는 특성이다.

01 인간과 동물은 식욕, 성욕, 수면욕 등의 생물학적 욕구가 있으며 쾌락과 고통을 느낀다는 공통점이 있다.

02 다음 중 인간 존재에 대한 설명으로 옳지 않은 것은?

① 이성적 사고를 할 수 있는 존재이다.
② 태어날 때부터 신체적 능력을 완벽하게 갖춘 만물 영장의 존재이다.
③ 주변 환경을 자신의 필요에 따라 변경하거나 도구를 사용하는 존재이다.
④ 절대적 존재에 대한 믿음을 가지고 종교 활동을 하는 존재이다.

02 인간은 동물과 달리 혼자서는 자신의 살아갈 수 없을 만큼 나약한 존재로 태어난다.

정답 01 ④ 02 ②

03 다음 중 윤리 사상이 필요한 이유로 적절하지 않은 것은?

① 현대 사회의 복잡한 윤리적 문제들을 이해하고 해결하는 데 도움을 주기 때문이다.
② 윤리 사상은 도덕적 규범보다는 보편적 도덕 원리를 탐구하기 때문이다.
③ 새로운 윤리적 가치를 발견하고 더 나은 삶의 지침을 찾는 데 도움을 주기 때문이다.
④ 윤리적 질서와 원칙을 합리적·논리적으로 설명하고 정당화하는 데 필요하기 때문이다.

03 보편적 도덕 원리를 탐구하면서 일상 생활에서 실천할 수 있는 도덕적 지침을 제공하기 때문에 윤리 사상이 필요하다.

04 다음 내용이 강조하는 인간의 특성으로 가장 적절한 것은?

- 사람이면 다 사람이냐, 사람다워야 사람이지.
- 인간에게는 마땅히 지켜야 할 도리가 있으므로 배불리 먹고 잘 입고 편히 살아도 그 도리를 다하지 못하면 짐승이다.

① 유희적 존재
② 윤리적 존재
③ 종교적 존재
④ 도구적 존재

04 제시된 것들은 인간답고 올바른 삶을 살기 위해 노력하는 윤리적 존재로서의 인간의 특성을 강조한 것이다.

정답 03 ② 04 ②

05 **윤리 사상과 사회 사상의 관계에 대한 설명으로 옳지 않은 것은?**

① 윤리 사상과 사회 사상은 탐구 대상이 중첩된다.
② 실천적인 관점에서 윤리 사상과 사회 사상은 서로 깊이 관련되어 있다.
③ 윤리 사상과 사회 사상은 모두 인간과 사회에 대한 탐구를 통해 인간다움과 행복을 실현하고자 한다.
④ 윤리 사상은 이상적인 사회 및 국가에 대해 탐구하고, 사회 사상은 바람직한 인간의 모습 및 삶에 대해 탐구한다.

05 윤리 사상은 인간 본성에 대한 이해를 바탕으로 바람직한 인간의 모습 및 삶에 대해 탐구하는 데 반해, 사회 사상은 사회 현상을 설명하고 이상적인 사회 및 국가에 대해 탐구한다.

06 **윤리 및 윤리 사상의 의미와 필요성에 대한 설명으로 옳지 않은 것은?**

① 윤리란 사람과 사람 사이에서 지켜야 할 도리이다.
② 윤리는 사회적 삶을 유지하고 발전시키기 위해 필요하다.
③ 윤리 사상이란 사회 현상을 설명하고 해석하는 체계적인 사유이다.
④ 윤리 사상은 다양한 도덕 문제를 이해하고 해결하기 위해 필요하다.

06 사회 현상을 설명하고 해석하는 체계적인 사유를 의미하는 것은 사회 사상이다. 윤리 사상은 어떻게 사는 것이 올바른 것인지를 체계화한 사유이다.

07 **다음 중 동서양의 이상 사회 내용이 바르게 연결된 것은?**

① 유교 - 소국과민 사회
② 도교 - 대동 사회
③ 플라톤 - 이상 국가
④ 베이컨 - 유토피아

07 유교는 대동 사회, 도교는 소국과민 사회를 이상적인 사회로 보았다. 유토피아는 토마스 모어가 이상적인 사회로 주장한 것으로, 소유와 생산에 있어서 평등하고 경제적으로 풍족하며 도덕적으로 타락하지 않은 사회를 말한다.

정답 05 ④ 06 ③ 07 ③

08 **다음 중 이상 사회에 대한 설명으로 적절하지 않은 것은?**

① 더 나은 사회를 만들고자 하는 신념과 실천 의지를 지니게 해 준다.

② 이상 사회란 인간이 바람직하다고 생각하고 실현되기를 꿈꾸는 사회이다.

③ 부조리한 현실을 비판하고 현실을 개혁하는 데 필요한 기준과 목표를 제공해 준다.

④ 아리스토텔레스는 통치자들이 '좋음의 이데아'에 대한 지식을 성취한 철학자가 다스리는 사회를 이상적인 사회라고 보았다.

08 플라톤은 사회 구성원들이 각자 자신의 일에 헌신하고 오랜 교육을 통해 '좋음의 이데아'라고 하는 도덕적 선에 관한 절대적 지식을 성취한 현명한 통치자들이 다스리는 사회를 이상적인 사회라고 보았다.

정답 08 ④

제2절 윤리학의 기본 원리

1 윤리의 개념과 특징

(1) 윤리란 무엇인가 기출 24

① **사회 규범**

㉠ 관습

- 사회적 삶의 반복을 통해 형성된 관념이나 행태
  예 관혼상제, 의식주, 가족 및 친족 관계 등
- 에토스(Ethos) : 통찰과 숙고에 따라 행위가 성격이나 성품으로 내면화된 것으로, 습관, 풍습, 관습을 의미함

㉡ 윤리

- 동양 : 물리(物理)가 사물의 이치를 의미하는 것처럼 윤리는 인간관계의 이치와 도리를 의미함
- 서양 : 사회의 풍습 또는 관습, 개인의 성품 또는 품성
- 인간이 살아가면서 지켜야 할 도덕적 행동의 기준이나 규범
- 사회적 평가 과정에서 형성된 사회 현상으로 문제 상황의 해결 지침을 제공하는 삶의 지혜

㉢ 법 : 최소한의 윤리로 강제적인 성격을 지님

> **더 알아두기**
>
> **윤리의 의미**
>
> - 동양 : '윤(倫)'은 무리(類), 또래(輩), 질서 등의 뜻을 담고 있음. '리(理)'는 "옥을 다듬는다"라는 뜻을 가지고 있었으나 나중에 이치(理致), 이법(理法), 도리(道理)의 뜻을 가지게 되었음
> - 서양 : 서양에서 '윤리'는 '에토스(Ethos)'에서 유래하였음. 에토스는 원래 동물이 서식하는 장소, 축사, 집 등을 의미하는 말이었으나 나중에 사회의 풍습이나 관습, 개인의 성품이나 품성을 의미하게 됨

② **법과 도덕의 차이점**

㉠ 도덕은 법의 기초이며 근본임

㉡ 법은 타율적인 데 반해, 도덕은 자율적임

㉢ 법적 의무는 강제로 주어지며, 이를 수행하지 않을 때 처벌을 가하는 데 비해, 도덕적 의무는 개인의 이성적이고 자율적인 판단에 의해 이루어짐

(2) 윤리설

① 상대론적 윤리설과 절대론적 윤리설 기출 24, 23

구분	상대론적 윤리설	절대론적 윤리설
근거	심리적 가치론, 문화적 상대주의	형이상학적, 종교적 세계관
윤리 행위	인간관계를 정의롭고 평화롭게 만들며 자아를 성취할 수 있게 하는 행위	윤리 규범의 필요성을 구속적·당위적 입장에서 수용하는 행위
참된 행위	한 사회의 목표나 성원들의 욕구 충족에 도움을 주는 행위로 인정받는 행위	이상적 도덕사회 건설을 위해 언제, 누구에게나 보편타당한 절대적 행위
행동 원리	행복, 쾌락 등과 같은 결과를 중시함	의무, 당위 등과 같은 동기를 중시함
행동 기준	상대적·주관적·특수적	절대적·객관적·보편적
대표 학자	소피스트, 에피쿠로스, 홉스, 벤담, 듀이	소크라테스, 플라톤, 스피노자, 아리스토텔레스, 칸트, 헤겔
장점	급변하는 세계에 적용 유리	확고부동한 윤리적 기준이 있음
단점	가치 판단 기준이 애매함 → 도덕 자체에 대한 회의, 아노미 현상	역사성과 시대성에 따른 가치 변화의 적응이 어려움 → 시대 변화에 적응하기 힘듦

② 목적론적 윤리설과 의무론적 윤리설 중요

구분	목적론적 윤리설	의무론적 윤리설
정의	행위의 옳고 그름이 결과의 좋고 나쁨에 의존한다는 이론	한 행위의 옳고 그름은 행위의 종류나 행위자의 동기에 의존한다는 이론
근본 문제	인생의 궁극적 목적이 무엇인가	어떤 행위가 의무나 도덕 법칙과 일치하면 옳고, 위반하면 그른가
중요사항	행위의 결과를 중심으로 평가 → 특정한 목적 달성 여부가 중요	행위의 동기를 중심으로 평가 → 특정한 의무 이행 여부가 중요
핵심 원리	결과주의 → 결과성과 비례성 → 동기나 명분보다 결과 중심으로 판단	동기주의, 법칙론
장점	의무론에 비해 신축적 도덕적 딜레마 해결에 용이	목적론에 비해 결과주의의 편의주의를 초월
대표 학자	아리스토텔레스	칸트

더 알아두기

칸트의 의무론적 윤리설(도덕적 행동의 조건을 다음과 같이 제시)
- 의무 의식에서 나오는 것
- 실천 이성(인간이 자신에게 스스로 부과하는 명령)의 명령에 따르는 것
- 선의지의 지배를 받는 것(선의지 : 아무런 조건이나 제약 없이 그 자체만으로 선한 것)
- 도덕률에 대한 자발적인 존중으로부터 나온 자율적인 것
- 정언명령(定言命令) : 무조건 따라야 하는 당위의 법칙인 도덕 명령

2 윤리학의 구분

(1) 실천을 위한 학문으로서의 윤리학

① **윤리학의 의미**

㉠ '인간은 어떻게 살아야 할까?', '어떤 인간이 되어야 할까?', '어떤 행동을 하는 것이 옳은가?' 등과 같은 물음과 관련하여 도덕적인 실천을 하도록 안내해 주는 당위의 학문

㉡ 사회의 승인을 통하여 구속력을 지니고 당위의 형식으로 제시되는 규범과 가치의 총체인 도덕을 연구 대상으로 하는 학문

② **윤리학의 특징**

㉠ 도덕적 규범의 실천을 목적으로 삼음

㉡ 인간의 행위가 도덕적 차원에서 인정받기 위해 갖추어야 할 조건이나 기준을 탐구함

㉢ '도덕적으로 가치 있는 삶'의 방향을 제시하는 것을 궁극적인 목표로 삼음

③ **윤리학과 다른 학문 분야의 차이점** : 윤리학은 도덕적 삶을 위한 지침을 제시해 주는 '당위'의 학문인데 반해, 사회 과학이나 자연 과학은 현상의 원리나 원인을 탐구하는 '사실'의 학문임

더 알아두기

윤리학의 종류 기출 22, 20

- **규범 윤리학** : 인간이 어떻게 행동해야 하는가에 대한 보편적 원리 탐구
  - 이론 규범 윤리학 : 의무론적 윤리학, 공리주의 윤리학, 덕 윤리학
  - 응용(실천) 규범 윤리학(= 응용 윤리학) : 생명 윤리, 생태 윤리, 정보 윤리
- **메타 윤리학** : 도덕 언어의 의미를 분석하고 도덕 추론의 타당성 검토
- **기술(記述) 윤리학** : 도덕적 관습이나 풍습 등을 경험적으로 조사하여 기술

(2) 윤리학의 일반적 구분

① **규범 윤리학**

㉠ 의의 : 인간이 어떻게 행동하여야 할 것인가에 관한 보편적 원리를 연구하는 학문

㉡ 연구 대상 : 당위의 기준이나 근거를 탐구하고 그에 합당한 행위 규범을 세우는 것

㉢ 대표 학자

- 아리스토텔레스 : 인생의 궁극적 목적은 행복이고 행복은 중용을 지키며 살아가는 이성의 법칙에 따르는 것
- 벤담(공리주의) : **최대 다수의 최대 행복**을 가져오는지의 여부
- 칸트 : 행위 결과에 상관없이 그 자체로 옳은 선천적 선 의지에 따른 행동

㉣ 규범 윤리학에서는 "선행을 하라.", "악행을 하지 말라.", "살인을 하지 말라.", "불우이웃을 도우라."와 같은 기본적인 도덕 기준들을 제시함

② **메타 윤리학** 기출 24

㉠ 의의 : **규범 윤리학에서 제시하는 규범들을 탐구 대상**으로 하는 학문

㉡ 메타 윤리학은 분석 철학이 등장한 이후, 윤리학에 분석 철학의 기법을 적용함으로써 등장

- 무어의 자연론적 오류 : 사실 판단에서 도덕 판단을 이끌어 낼 수 없음
- 이모티비즘(Emotivism) : 현대 메타 윤리학의 조류로 윤리 인식 부정론의 입장

㉢ 메타 윤리학에서는 "어째서 선행을 해야 하는가?", "어째서 악행을 해서는 안 되는가?", "선행이란 무엇이며, 궁극적으로 선이란 무엇인가?", "악행이란 무엇이며, 궁극적으로 악이란 무엇인가?", "어째서 살인을 해서는 안 되는가?"와 같은 질문에 답변을 제시하려 함

③ **규범 윤리학과 메타 윤리학의 관계**

㉠ 현대의 규범 윤리학은 이론의 타당성을 검토하기 위해 메타 윤리학적 지식과 기술을 활용함 → 따라서 관심 분야가 다르다 할지라도 완전히 분리될 수 없음

㉡ 도덕적 언어의 의미 분석은 도덕적 행위를 파악하는 토대가 됨

더 알아두기

규범 윤리학의 대표적인 예

- **의무론적 윤리론** : 행위에 대한 도덕 판단은 행위의 결과와 무관하게 의무 이행 여부에 따라 이루어져야 한다고 봄 → 보편타당한 도덕 법칙이 존재함
- **공리주의적 윤리론** : 행위를 결정하는 판단 기준으로 쾌락과 고통을 들고, 행위의 결과가 가져다 주는 쾌락이나 행복에 따라 행위의 옳고 그름이 판단된다고 봄
- **덕 윤리론** : 행위자에 초점을 두어 도덕적 행동이 행위자의 유덕한 성품에 따라 결정된다고 봄

(3) 응용 윤리학(실천적 윤리학)의 의미와 성격 기출 23, 21

① **등장 배경** : 과학기술의 발달과 급속한 사회 변화로 인해 정치, 경제, 사회, 문화 등 다양한 영역에서 새롭게 발생하는 윤리 문제가 등장하면서, 도덕 이론을 현대 사회에서 나타나는 윤리적 문제들에 적용하여 해결하고자 함

② **성격**

㉠ 삶의 실천적인 것에서 발생하는 도덕적 문제를 이해하고 해결함

㉡ 삶에서 마주치는 도덕적 문제 해결 방법에 대한 관심 유도

㉢ 목표는 실제적인 도덕적 문제를 해결하여 실천하는 것

㉣ 학제적 성격을 가짐 → 현실적인 도덕 문제를 해결하기 위해서는 다양한 학문 분야의 전문적 지식과 기술이 필요

③ **다양한 응용 윤리 분야** : 삶의 여러 영역에서 발생하는 구체적인 문제들 → 환경 윤리, 생명 윤리, 정보 윤리, 사회 윤리, 문화 윤리, 평화 윤리

④ **이론적 윤리학과 응용 윤리학(실천적 윤리학)의 상호 보완적 관계**

㉠ 이론적 윤리학도 현실의 도덕 문제 해결에 관심을 갖고 있으며, 응용 윤리학(실천적 윤리학)은 이론적 윤리학에 토대를 두기 때문에 상호 유기적 관계에 있음

㉡ 응용 윤리학(실천적 윤리학)은 이론적 윤리학이 제시하는 도덕 이론 등을 적용하여 도덕적 문제를 다룸

㉢ 응용 윤리학(실천적 윤리학)도 이론적 윤리학처럼 어떤 도덕 이론들이 타당한 것인지를 밝혀내는 데 관심을 가짐 → 기본적으로 이론적 윤리학의 관점을 따름

더 알아두기

이론 윤리와 응용 윤리의 상호 보완적 관계

이론 윤리	응용 윤리
• 도덕적 행위에 대한 이론적 분석과 정당화 • 윤리적 판단의 이론적 근거 제공 • 현실 문제 해결의 토대	• 이론 윤리를 바탕으로 구체적 상황에서 윤리적 판단을 결론 내림 • 현실을 반영할 수 있는 실천적 규범과 원칙을 연구 • 삶에서 오는 다양한 윤리 문제 해결

3 윤리 문제의 탐구와 실천

(1) 윤리적 탐구의 의미와 특징

① **윤리적 탐구** : 도덕규범이나 윤리적 사고를 통해 도덕적 의미를 새롭게 구성하는 도덕적 행위의 지적 활동

② **윤리적 탐구의 특징**

㉠ 윤리적 탐구를 위해 선결되어야 할 조건 : 윤리적 관점을 취해야 함

㉡ 윤리적 탐구는 대체로 도덕적 딜레마를 활용한 도덕적 추론으로 이루어짐

㉢ 윤리적 탐구는 탐구 과정에서 정서적 측면을 고려해야 함 → 이성과 정서의 조화

㉣ 윤리적 탐구 과정에서 형식 논리(연역적·귀납적 사고)에 지나치게 집착하지 않도록 해야 함

(2) 윤리적 탐구의 과정

① **윤리적 쟁점 또는 딜레마 확인** : 윤리적 문제의 핵심을 파악하기 위해서 관련된 사람들과의 관계, 문제가 발생하는 이유 등을 검토함

② **자료 수집 및 분석** : 윤리적 문제를 정확하게 이해하고 해결하기 위해 다양한 자료를 수집하고 분석해야 함

③ **입장 채택 및 정당화 근거 제시** : 정당화 근거의 타당성을 확보하기 위한 도덕 원리 검사 방법으로 역할 교환 검사와 보편화 결과 검사 등을 적용함

④ **최선의 대안 도출** : 제시된 해결책의 장단점을 비교하는 상호 토론 과정을 거쳐 최선의 대안을 마련함

⑤ **반성적 성찰** : 탐구 과정에서 달라진 생각은 무엇인지, 왜 그렇게 바뀌었는지 등에 대해 반성하고 정리함

(3) 윤리적 탐구 방법

① **도덕적 추론의 정의** : 도덕적 판단을 내릴 때 그것을 지시하는 이유 또는 근거를 대면서 그 판단이 옳다고 주장하는 과정

② **도덕적 추론의 형식**

㉠ 도덕 원리 + 사실 판단 = 도덕 판단

㉡ 도덕적 추론 과정

- 도덕 원리 : 도덕 원리가 다른 사람들의 환경에서도 받아들여질 수 있는 것인지, 또는 규범적 차원에서 보편화할 수 있는지를 검토
- 사실 판단(소전제) : 개념과 사실 관계를 명확하게 해야 함
- 도덕 판단(결론) : 도덕 판단을 객관적으로 검토하고, 규범적 차원에서 보편화할 수 있는지, 전제와 결론 중간에 논리적 오류는 없는지를 점검함

㉢ 올바른 도덕 판단의 조건

- 제시된 도덕 원리는 누구나 인정할 수 있는 것이어야 함
- 제시된 사실은 참이어야 함
- 도덕 원리는 도덕적 가치를 바탕으로 하는 것이 더 바람직함

(4) 윤리적 탐구를 위한 자세

① 형식 논리에 지나치게 집착하지 말 것

② 자기 비판적 자세, 개방적 자세, 논쟁에 대해 열린 자세가 필요함

③ 도덕 판단과 그 근거에 대한 타당성을 비판적으로 검토

④ 도덕적 추론의 기술을 실제적인 삶의 문제에 적용함

⑤ 공감, 배려 등으로 정서적 측면 고려

⑥ 역지사지의 자세를 지님

더 알아두기

윤리 문제 해결에 필요한 다양한 윤리 이론

- **공리주의** : 시비선악 판단의 기준을 인간의 이익과 행복 증진에 두고 문제를 해결
- **의무론** : 도덕의 근본 원리를 도덕 법칙에 따르는 의무에 두고 문제를 해결
- **덕 윤리** : 덕을 함양하여 인격자가 됨으로써 도덕 문제를 해결하는 능력을 기름
- **배려 윤리** : 정서적으로 돌보고 보살피는 배려에 의해 도덕 문제를 해결
- **책임 윤리** : 행위가 미칠 영향과 결과에 대한 책임에 기초해서 도덕 문제를 해결
- **담론 윤리** : 의사소통을 하여 상호 이해와 정당화된 도덕규범으로 도덕 문제를 해결

(5) 윤리적 성찰과 토론

① **윤리적 성찰**

㉠ 정의 : 자신이 경험하는 일에 대해 윤리적 관점에서 깊이 생각하고 살피는 태도

㉡ 특징

- 윤리 문제에 대해 지혜로운 답을 구할 수 있게 함
- 개인 윤리가 중심이 된 전통 윤리의 주된 탐구 방법 → 도덕 원리로 작용하는 윤리적 관점이 확립되어 있어야 함

㉢ 자세 : 역지사지, 혈구지도, 충서 등 → 자신의 입장만을 고집하는 것이 아니라 상대의 처지나 입장에서 성찰하고 토론에 임함

② **토론**

㉠ 정의 : 어떤 문제에 관심을 가진 사람들이 개인적 성찰을 토대로 의견을 교환하며 문제를 공동으로 해결하는 윤리적 탐구 과정

㉡ 특징

- 윤리 문제에 대한 인식 능력과 윤리적 사고력, 판단력을 배양함
- 실천 동기를 계발함
- 주관적인 생각이 객관적이고 보편적인 앎의 형태로 나아가게 함 → 윤리 문제에 관련된 사람들에 의해 문제 해결 방안이 실제로 수용될 수 있어야 함

㉢ 토론의 과정

주장		반론(반박)		재반론(방어)		반성과 정리
주장과 근거 발표	⇨	상대방 주장 반박	⇨	반론에 대한 반박 및 근거 추가	⇨	주장 반성 및 최종 입장 발표

제 2 절 핵심예제문제

01 **규범 윤리학**
- 의의 : 인간이 어떻게 행동하여야 할 것인가에 관한 보편적 원리를 연구하는 학문
- 연구 대상 : 당위의 기준이나 근거를 탐구하고 그에 합당한 행위 규범을 세우는 것

01 규범 윤리학이 관심을 가지는 문제로 보기 어려운 것은?

① 도덕적 언어란 무엇인가?
② 우리는 어떻게 살아야 하는가?
③ 인생에서 옳고 그름, 선과 악은 무엇인가?
④ 우리는 인생에서 무엇을 추구하여야 하는가?

02 **메타 윤리학**
- 의의 : 규범 윤리학에서 제시하는 규범들을 탐구 대상으로 하는 학문
- 메타 윤리학은 분석철학이 등장한 이후, 윤리학에 분석철학의 기법을 적용함으로써 등장

02 메타 윤리학이 관심을 가지는 문제로 보기 어려운 것은?

① 정의란 무엇인가?
② 도덕적 추론이란 무엇인가?
③ 보편화가 가능한 도덕 판단이란 무엇인가?
④ 우리는 다른 사람들에게 무엇을 하여야 하는가?

03 듀이는 상대론적 윤리설을 주장한 대표적 학자이다.

03 다음 중 윤리 사상과 학자의 연결이 잘못된 것은?

① 상대론적 윤리설 – 소피스트
② 상대론적 윤리설 – 벤담
③ 절대론적 윤리설 – 플라톤
④ 절대론적 윤리설 – 듀이

정답 01 ① 02 ④ 03 ④

04 다음 중 상대론적 윤리설에 대한 설명으로 옳은 것은?

① 행복, 쾌락 등과 같은 결과를 중시한다.
② 행동 기준이 절대적 · 객관적 · 보편적 기준을 갖는다.
③ 대표적인 학자로는 소크라테스, 플라톤, 칸트, 헤겔 등이 있다.
④ 역사성과 시대성에 따른 가치 변화의 적응이 어려워 시대 변화에 대응하기 어렵다.

04 상대론적 윤리설은 행동 기준이 상대적 · 주관적 · 특수적이며, '행복, 쾌락' 등과 같은 결과를 중시하고, 급변하는 세계에 적용이 유리하다. 하지만 가치 판단의 기준이 애매하기 때문에 도덕 자체에 대한 회의, 아노미 현상 등이 생길 수 있는 우려가 있다.

05 다음 중 윤리 사상과 관련 내용의 연결이 옳은 것은?

① 목적론적 윤리설 – 칸트
② 목적론적 윤리설 – 동기주의
③ 의무론적 윤리설 – 아리스토텔레스
④ 의무론적 윤리설 – 행위의 동기를 중심으로 평가

05 의무론적 윤리설은 동기주의로 칸트가 대표 학자이고, 목적론적 윤리설은 결과주의로 아리스토텔레스가 대표 학자이다.

06 다음 내용에서 설명하고 있는 윤리 사상은 무엇인가?

> • 현대 과학기술의 급속한 발달은 예전에는 존재하지 않았던 윤리적 쟁점과 딜레마 상황을 초래하게 되었고, 시대의 변화에 따라 정치 · 경제 · 사회 · 문화 등 다양한 영역에서 나타나는 새로운 윤리 문제에 대한 해결책이 요청되면서 필요성이 제기되었다.
> • 생명 윤리, 성 윤리, 정보 윤리, 환경 윤리, 사회 윤리, 문화 윤리, 평화 윤리

① 기술 윤리학
② 규범 윤리학
③ 응용 윤리학
④ 메타 윤리학

06 새로운 윤리 문제들이 등장하면서 문제 해결에 직접적 혹은 일차적으로 관심을 기울이는 응용 윤리학의 필요성이 제기되었다.

정답 04 ① 05 ④ 06 ③

07 다음 중 윤리적 탐구 방법에 대한 설명으로 옳지 않은 것은?

① 윤리적 탐구 방법은 도덕적 추론을 통해 이루어진다.

② 도덕적 추론의 과정은 도덕 판단, 사실 판단, 도덕 원리의 과정으로 이루어진다.

③ 다양한 이론적 관점이 지닌 장단점을 알고 이를 바탕으로 상황을 해석하면서 최선의 결론을 도출해야 한다.

④ 윤리적 탐구의 질적 수준을 높이기 위해서는 인간 존중, 공정성 등과 같은 보편적 도덕 원리에 비추어 일관성 있게 도덕 판단을 해야 한다.

07 도덕 원리(대전제)가 다른 사람들의 처지에서도 받아들여질 수 있는지, 규범적 차원에서 보편화가 가능한지 검토하고, 사실 판단(소전제)에서 개념과 사실 관계를 명확하게 해야 한다. 마지막으로 도덕 판단(결론)을 객관적 입장에서 검토하고, 규범적 차원에서 보편화가 가능한지, 전제와 결론 사이에 논리적 오류를 범하지 않았는지 점검해야 한다.

정답 07 ②

제3절 실천윤리

1 생명과 성

(1) 생명에 대한 윤리 기출 24

① 생명 과학과 생명 윤리의 관계

㉠ 생명 과학의 의미와 목적

- 의미 : 생명체가 나타내고 있는 생명 현상의 본질과 그 특성을 연구하는 학문
- 목적 : 인간의 생명 연장, 건강 증진에의 기여를 통해 인류의 행복에 기여하는 것
- 부작용 : 연구 및 활동 과정에서의 가치 판단 배제, 인간 존엄성의 위협 및 생태계 문제 유발 가능성 존재 등

㉡ 생명 윤리의 의미와 목적

- 의미 : 생물학적 지식과 인간의 가치 체계에 관한 지식을 결합하는 새 학문 분야
  → 생명 과학기술의 윤리적 정당성과 그 한계를 다루는 응용 윤리의 한 분야
- 목적 : 생명 존엄성의 실현 → 신성한 생명을 함부로 조작 · 훼손해서는 안 됨

㉢ 생명 과학과 생명 윤리의 관계

- 상호 보완적 관계 : 생명 과학의 지식이 부족한 생명 윤리는 현실성을 잃을 수 있고, 생명 윤리를 경시하는 생명 과학은 위험해질 수 있음
- 생명 과학과 생명 윤리의 지향점 : 생명의 존엄성 실현을 목적으로 하는 공통점을 가짐

> **더 알아두기**
>
> **생명 의료 윤리 원칙** 기출 21
> - 자율 존중의 원칙 : 의료를 행함에 있어 환자를 위해서 하지만 환자의 자율성이 최대한 보장되어야 함
> - 악행 금지의 원칙 : 환자에게 피해를 주는 어떤 행위도 금하는 원칙
> - 선행의 원칙 : 선행이란 친절하고, 사려 깊고, 이타적인 행위로 악행 금지에 비하여 환자들에게 적극적인 도움을 주도록 하는 원칙
> - 정의의 원칙 : 의료 혜택을 분배하는 의료 정책에 필요한 원칙으로 불평등, 불균형을 없애고 정의와 공평을 갖는 원칙

② 장기 이식의 윤리적 쟁점

㉠ 장기 이식의 윤리적 의의

- 장기 이식 : 어떠한 질병이나 사고로 인해 손상이 생겨 기능이 떨어지거나 소실된 장기를 대신하기 위해서, 신체 내의 장기를 다른 부위로 옮기거나 타인에게서 받은 장기를 병든 장기 대신 옮겨 넣는 일련의 과정
- 장기 이식의 효과 : 인간의 생명을 구할 수 있고, 삶을 개선할 수 있음

체크 포인트

- 자가 이식 : 자신의 장기 혹은 조직의 일부를 떼어내어 자신의 다른 부위에 이식을 하는 방법
- 동계 이식 : 유전적으로 동일한 사람 사이에 이루어지는 장기 이식
- 동종 이식 : 유전적으로 동일하지 않은 사람으로부터 장기를 이식받는 것
- 이종 이식 : 사람이 아닌 다른 종의 장기를 이식하는 것

㉡ 장기 이식의 윤리적 문제

- 장기 분배의 문제 : 효율성과 공정성의 원칙에 따라 장기 분배가 이루어져야 함
  - 효율성(조직이 완전히 일치하는 환자, 이식이 절박하고 이식 성공률이 높은 환자)
  - 공정성(조직이 일치하는 사람이 여러 명일 경우 더 오래 기다린 환자)
- 기회 균등의 문제 : 비슷한 정도의 절박함과 성공 가능성을 가진 젊은 환자와 노인 환자 중 어느 쪽을 선택할 것인가의 문제
- 불법 장기매매 문제 : 제공 가능한 장기가 부족하여 장기매매와 같은 불법적 방법이 등장
- 장기 확보의 문제 : 기증자의 자율성 보장, 죽음에 대한 판정 기준이 모호할 수 있음
- 보상의 문제 : 보상의 적절성에 대한 검토 필요, 과도할 경우 장기매매로 갈 수 있음

③ **인체 실험과 동물 실험의 윤리적 쟁점**

㉠ 인체 실험

- 의미 : 살아 있는 사람을 직접 실험과 연구의 대상으로 삼는 일
- 인체 실험의 윤리적 원칙 : 뉘른베르크 강령, 헬싱키 선언 등 → 피험자의 자발적 동의가 필요함을 강조
- 실험 대상자의 자발성 확보를 위한 조건
  - 치료 가능성과 부작용에 대한 충분한 정보 제공
  - 충분한 판단 능력 및 법적 인정 : 판단에 영향을 끼칠 수 있는 상황과 아무 상관없는 자일 것
  - 외부적 간섭이나 강요로부터의 자유
  - 정보 내용을 이해할 수 있는 지식 수준
  - 적절한 보상 : 보상이 부족하면 착취, 과도하면 보상의 유혹으로 자율성이 훼손될 수 있음

㉡ 동물 실험

- 필요성 : 인체 실험 대상자를 구하기 힘든 현실에서의 대안 → 동물을 실험 대상으로 삼음
- 동물 실험에 대한 윤리적 쟁점

구분	내용
찬성	• 인간과 동물의 지위는 근본적으로 다름 • 인간의 생명과 건강을 보호할 수 있음 • 동물은 인간과 생물학적으로 유사하여 실험의 결과를 인간에게 적용 가능 • 다른 대안이 없음
반대	• 인간과 동물 모두 같은 지위를 가지고 있음 • 동물 실험을 통해 얻은 결과를 인간에게 그대로 적용시킬 수는 없음 • 인간의 편리를 위해 고통을 느끼는 생명체를 희생시켜서는 안 됨

더 알아두기

동물 실험에 대한 3R 원칙

- 대체(Replacement) : 가능하다면 동물 실험이 아닌 방법으로 대체
- 감소(Reduction) : 꼭 필요한 경우 실험 횟수와 동물의 수를 줄임
- 정교화(Refinement) : 동물의 고통을 덜기 위해 실험을 정교화해야 함

④ **생명 복제의 윤리적 쟁점**

㉠ 생명 복제 : 같은 유전 형질을 가진 생명체를 만드는 기술

㉡ 동물 복제에 대한 윤리적 쟁점

찬성	• 인위적인 복제로나마 멸종을 막을 수 있어 생태계의 다양성이 유지됨 • 생명 복제의 기술을 동물 복제를 통해 발달시켜 인간에게까지 도입할 수 있음
반대	• 자칫 잘못하면 생태계가 교란될 수 있어 종의 다양성을 해침 • 동물의 생명을 수단으로 여기는 윤리적 문제를 발생시킴 • 국가, 집단 간의 분쟁에 악용될 수 있음

㉢ 인간 배아 복제의 논쟁점

- 인간 배아 복제의 생명체 시기의 논쟁
- 치료 목적의 유전자 조작 및 복제 허용 여부
- 생명 과학 존재 자체에 대한 위험 인식 확산
- 유전자를 조작하거나 출생을 막을 가능성이 있음
- 원래 생명체와 복제된 생명체 사이의 권리와 의무 등의 문제

㉣ 인간 복제에 대한 구분

- 배아 복제 : 수정된 배아의 초기 상태에서 인위적으로 세포를 분리시켜 유전적으로 동일한 개체를 발생시키는 것 → 배아는 완전한 인간이 아님과 배아 역시 초기 인간의 생명임을 놓고 찬반 논쟁
- 개체 복제 : 복제로 인해 새로운 인간 개체를 만들어 내는 것 → 생명이 탄생하는 데 있어 질서가 파괴되고 생명을 경시하는 풍조가 만연, 또 생명의 도구화가 발생하여 결국 인간의 존엄성을 훼손할 우려가 있음

더 알아두기

인간 복제 금지 이유 기출 23

- **인간 존엄성 파괴** : 인간을 도구로 전락시킴 → 기술적으로 만들어지는 존재로 여겨지기 때문
- **자연 질서 파괴** : 남녀 간의 사랑과 상호 의존을 통한 생명의 탄생에 대한 질서를 파괴
- **인간 고유성 위협** : 독립된 개체로서의 가치를 상실함 → 부모와 유전 형질이 완전히 동일한 개체인 복제 인간이 존재할 수 있기 때문

⑤ 유전자 치료와 유전자 조작의 윤리적 쟁점

㉠ 유전자 치료

- 의미 : 체세포 혹은 생식 세포 안에 정상 유전자를 넣어 유전자의 기능을 바로 잡거나 이상 유전자 자체를 정상적인 방향으로 바꾸어 질병을 치료
- 유전자 치료에 대한 구분
  - 체세포 유전자 치료 : 유전자를 운반하는 바이러스를 이용하여 유전 물질을 환자의 체세포에 삽입 → 삽입한 유전자는 환자 개인에게만 영향을 끼치므로 제한적으로 허용 → 생명 윤리 관련하여 과학적 · 의학적 · 윤리적 검토가 계속하여 필요
  - 생식 세포 유전자 치료 : 수정란 혹은 발생 초기의 배아에 유전 물질이나 유전자를 삽입 → 유전적 정보가 변형되어 생식 세포에 영향을 미침 → 후대에 직접적인 영향을 미치기 때문에 윤리적으로 논란

㉡ 유전자 조작

- 의미 : 생명 공학 기술을 이용하여 특정 동식물의 유용한 유전자를 다른 동식물에 삽입하여 유전자를 재조합하는 것
- 유전자 조작에 대한 찬성과 반대
  - 찬성 : 식량 부족 해결, 경제적 이윤 창출(사회적 행복 증진)
  - 반대 : 유전자 변형 농산물의 안전성을 담보하기 어렵고, 인체의 면역 체계에 부정적인 영향을 끼침. 생태계의 순환과 생물의 상호 의존성 파괴, 생물의 다양성 파괴 등

(2) 성 · 사랑에 관한 윤리

① 성 · 사랑의 가치

㉠ 성의 의미

- 생물학적 성(sex) : 생식 작용을 중심으로 육체적인 특성에 따라 남녀를 구분하는 것
- 사회 · 문화적 성(gender) : 사회 · 문화적으로 만들어지는 여성다움과 남성다움을 통칭하는 것
- 욕망으로서의 성(sexuality) : 성적 관심, 성적 활동 등 성적 욕망과 관련되는 것

㉡ 성의 가치

- 생물학적 가치
  - 생물학적 가치의 의미 : 인간은 성을 통하여 새로운 생명을 탄생시킴 → 성적인 활동을 통해 자녀를 낳아 세대를 이어나가고 종족 보존을 해나간다는 의미에서 성은 생물학적 가치를 지님
  - 생물학적 가치가 실현되기 위한 조건 : 인간의 종족 보존은 자식을 낳는 것만을 의미하지 않고, 부모가 되어 자식을 양육해야 하는 과정까지도 포함하는 것이므로 양육이 가능한 환경과 조건뿐만 아니라 좋은 부모로서의 책임감 있는 자세가 필요
- 쾌락적 가치
  - 쾌락적 가치의 의미 : 감성의 만족 또는 욕망의 충족에서 오는 유쾌한 감정으로 좋아하고, 바라며, 구하고, 획득하여 유지하려는 감정 → 쾌락은 주관적 · 개인적 · 우연적이고, 시간적으로도 일정하지 않으며 객관적인 법칙성을 갖지 않음

- 쾌락의 순기능 : 인간은 성적 활동을 할 때 강한 쾌락을 느끼기 때문에 쾌락을 느끼기 위해 성적 활동을 하기도 함. 상대방과 서로 즐거움을 얻는 상황에서의 쾌락은 상대방에 대한 친밀감과 애정을 더욱 두터워지게 하는 긍정적인 작용을 함

• 인격적 가치 : 상대방에 대한 배려나 예의를 바탕으로 인간 사이의 인격적 교감을 가능하게 함

ⓒ 사랑의 가치

• 인간의 근원적인 정서, 인간 사이의 인격적 교감이 이루어지게 함
• 프롬(E. Fromm) : 사랑은 관심과 배려, 지식, 책임, 이해, 존경을 다 포함해야 함
• 스턴버그(R. Sternberg)의 사랑의 3요소 : 친밀감, 열정, 책임감 세 가지 요소를 다 갖추고 이 요소들이 충분히 크고 적절히 균형을 이루고 있을 때 완전한 사랑이 됨

ⓓ 성과 사랑의 관계

구분	내용
보수주의	• 성은 결혼과 출산 중심으로 이루어져야 함 • 결혼을 통해 이루어진 성적 관계만이 정당하며 혼전·혼외 관계는 부도덕하다 주장
중도주의	• 성은 사랑을 중심으로 이루어져야 함 • 꼭 결혼하지 않더라도 사랑한다면 성적 관계가 허용될 수 있다고 주장
자유주의	• 성숙한 자발적인 동의가 이루어지는 성적 관계를 옹호 • 성에 관하여 자유로운 선택이 중요하다고 주장

ⓔ 성과 관련된 윤리적 문제

• 인간의 존엄성을 훼손하는 문제가 생길 수 있음
• 성에 따르는 책임 의식의 약화 문제를 들 수 있음

② **성차별과 성적 소수자의 윤리적 문제** 기출 24

ⓐ 성차별 문제

• 성차별 : 여성 혹은 남성이라는 이유로 정당한 근거 없이 차별적으로 대우하는 것
• 성차별의 사례
  - 여성에 대한 성차별 사례 : 여성인 배우자가 가사를 전담, 직장 내 여성과 남성의 승진과 연봉 차별, 남아 선호 사상으로 여자보다 남자를 보호하는 것 등
  - 남성에 대한 성차별 사례 : 무거운 물건을 옮기고 힘을 쓰는 일은 남자가 해야 하는 것, 경제적 책임을 전적으로 지는 것 등
• 성차별의 문제점 : 인간 존엄성 훼손, 사회적 갈등 발생, 능력 개발의 장애 요소로 작용, 국가적 인력 낭비, 개인의 자아실현 방해
• 성차별의 극복 방안
  - 양성평등 : 사람이 살아가는 영역에서 남자와 여자 양쪽을 성별에 따른 차별 없이 동등하게 대우하는 것
  - 양성평등의 필요성 : 자신의 능력을 자유롭게 하여 동등한 기회가 부여되며, 양성의 차이와 다양성을 존중하고 상호 보완하여 하나로 화합된 사회 형성
  - 양성평등을 위한 노력 : 법적·제도적 노력, 의식의 전환, 문화의 개선

더 알아두기

양성평등의 핵심

- 기회의 평등 : 남성과 여성에게 동일한 기회를 제공하는 평등
- 비례적 평등 : 각자의 노력과 능력에 비례한 남성과 여성의 평등
- 수량적 평등 : 노력과 능력에 상관없는 절대적 결과의 평등

㉡ 성적 소수자 인권

- 성적 소수자 : **동성애자, 양성애자, 트랜스젠더, 무성애자 등 성적 지향과 성 정체성과 관련된 소수자**를 일컬음
- 성적 소수자에 대한 인권 침해 : 성적 소수자는 범죄인이나 정신질환자로 취급받기도 하며, 언어적으로나 신체적으로 폭력에 노출되기 쉽고 사회적 제도에서도 소외됨
- 성적 소수자에 대한 존중 : 모든 사람의 인권은 존중되어야 하므로, 성적 소수자들을 차별하지 않는 사회적 노력이 필요함

더 알아두기

성적 소수자에 대한 차별 시정

세계 인권 선언	제2조 모든 사람은 인종, 피부색, 성, 언어, 종교 등 어떤 이유로도 차별받지 않으며, 이 선언에 나와 있는 모든 권리와 자유를 누릴 자격이 있다.
국가 인권 위원회	성적 지향이 다르다는 이유로 차별하는 것은 평등권을 침해하는 행위이다.

③ **성적 자기결정권** 기출 22, 20

㉠ 의미 : 한 개인이 자기 자신의 성과 연관된 문제들에 관하여 자유롭게 선택하고 결정할 수 있는 권리

㉡ 내용

- 자신이 원하지 않는 성적 행위에 저항할 수 있는 능력 포함 : 성적 수치감이나 모욕감을 느꼈다면 상대에 대한 거부 표현으로 봄
- 타인의 성적 자기결정권 존중 : 상대가 원하지 않는 성적 행위는 사소한 것이라도 강요해서는 안 됨
- 성폭력 여부의 판단 기준 : 타인의 성적 자기결정권 침해 여부에 따라 결정

㉢ 유의점

- 타인이 가지고 있는 성적 자기결정권을 자신의 결정권과 같게 인정해야 함
- 스스로 원한다고 성적인 행동도 무제한적으로 할 수 있다는 사고방식은 안 됨
- 성적 자기결정권은 타인의 자유와 권리를 침해하지 않아야 함
- 자기 자신의 인격을 손상하지 않는 범위 안에서 사용
- 성적인 방종을 정당화하는 수단으로 악용되는 것은 옳지 않음
- 자신의 행위가 가져올 신체적, 정신적 결과를 신중하게 생각하고 책임을 져야 함

④ **성 상품화의 윤리적 문제** 기출 20

㉠ 성 상품화 : 인간의 성을 직접적 또는 간접적으로 이용하여 이윤을 추구하는 것(성매매, 성적인 영상물 판매, 소비자를 성적으로 자극하는 것)

㉡ 윤리적 문제
- 인간의 성이 지닌 본래의 가치와 의미를 변질시킴
- 타인이 내리는 성적 평가에 따라 자기 가치를 판단하는 어리석음에 빠짐
- 여성의 성적 매력을 부각함
- 왜곡된 성 의식을 갖게 만들 위험이 큼

㉢ 성 상품화에 대한 찬반 논거
- 찬성 논거
  - 성적 자기결정권과 성적 매력을 표현하는 것은 개인의 자유임
  - 이윤 극대화를 추구하는 자본주의 논리에 부합(성 상품은 소비자의 선호를 반영)
- 반대 논거
  - 성의 본질적 가치와 의미를 변질
  - 외모 지상주의 조장(과도한 성형이나 다이어트 유도)
  - 인간을 수단화·도구화하여 인격 존중 무시(칸트의 입장)

2 소수자와 인권

(1) 소수자 보호

① **소수자의 의미**

㉠ 하나의 커다란 사회 안에서 '국적, 민족, 인종, 지역, 문화, 장애, 종교, 성, 계급' 등이 다수를 차지하는 사람들과 구별되는 특징을 가지고 있어서 소외되기 쉬운 사람

㉡ 소수자란 다수가 갖는 지배적인 위치가 아닌 소수가 갖는 약자의 위치에 있는 사람을 의미하므로 단순히 그 수의 적음을 의미하지는 않음

㉢ 장애인, 여성, 동성애자, 이주 노동자 등이 모두 우리 사회의 소수자에 해당

② **소수자 집단의 조건**

㉠ 타 집단과 구별 : 신체 또는 문화적으로 다른 집단과 구별되는 뚜렷한 차이가 있음

㉡ 권력의 열세 : 정치와 경제, 사회적 권력에서 열세이거나 자원 동원 능력이 뒤처짐

㉢ 사회적인 차별 : 구성원이라는 이유만으로 사회적 차별의 대상이 됨

㉣ 집합적 정체성 : 자기가 차별받는 집단의 구성원이라는 것을 당사자가 느껴야 함

③ **소수자 차별의 원인**

㉠ 기능론 : 급격한 사회 변동에 따른 사회 제도의 일시적인 기능 장애 상태

㉡ 갈등론 : 기득권층의 소수자에 대한 일방적인 착취

더 알아두기

소수자 차별 사례

- 이주 노동자 : 국내 노동자들과 비교하여 적은 임금을 받으면서도 더 힘든 일을 감당해야 함
- 북한 이탈 주민 : 남한 사회에 대한 부적응과 북한 사투리로 인한 차별을 당함
- 다문화 가정 자녀 : 피부색이나 생김새가 달라 따돌림을 당하는 경우가 존재함
- 장애인 : 취업이나 직장 내에서 승진 시 차별이 존재함

④ **소수자를 보호해야 하는 이유**

㉠ 외모나 신분, 인종 등이 다르다는 이유로 소외를 당함과 동시에 인간이라면 당연히 누려야 하는 존엄성과 인권을 침해당할 여지가 큼

㉡ 소수자를 보호하는 것은 개인적인 인권을 신장시킬 뿐만 아니라 사회 전체적으로도 정의를 실현하고 행복을 실현하는 길임

⑤ **소수자를 우대하는 입장에 대한 찬성 논리**

㉠ 보상의 논리 : 과거의 차별로 인해 받은 고통을 보상받을 권리가 있음

㉡ 재분배의 논리 : 사회적 약자에게 유리한 기회를 부여할 필요가 있음

㉢ 공리주의 논리 : 사회적 약자를 배려하여 사회 전체의 행복 증진에 기여할 수 있음

⑥ **소수자 보호를 위한 노력**

㉠ 개인적 노력 : 소수자의 마음 공감하기, 소수자에 대한 인식의 변화, 배타적 민족주의와 순혈주의의 극복

㉡ 사회적 노력 : 차별적인 제도의 철폐, 경제적 자립 지원, 소수자 보호를 위한 정책 형성, 소수자 배려를 위한 환경 조성

㉢ 소수자 보호의 관점 : 소수자 보호는 동정의 마음으로부터 비롯되는 시혜적 관점에서 이루어져서는 안 되며, 함께 더불어 살아가는 사회를 만들고 사회 구성원 모두의 존엄성이 보장되는 사회를 만들기 위한 것이라는 관점에서 이루어져야 함

(2) 역차별 제도

① **차별과 역차별**

㉠ 차별 : 비합리적이고 정당하지 않은 이유로 다르게 대우하는 것

㉡ 역차별 : 부당한 차별을 받는 쪽을 보호하기 위하여 마련한 제도나 장치가 너무 강하여 오히려 반대편이 차별받는 것

② **역차별 제도의 특징**

㉠ 목적 : 그동안 부당하게 차별받았던 사람들을 우대하는 제도로 실질적인 평등권 실현이 목적임 → 결과의 공정성 보장

㉡ 잠정성 : 영구적으로 지속되는 것이 아니라 차별이 개선되면 없어지게 됨

③ **역차별 제도의 문제점** : 역차별 제도는 부당하게 차별을 받는 쪽을 보호하기 위한 제도이지만 반대로 지나치게 적극적일 경우에는 모든 사람에게 기회의 평등이 공평하게 주어지는 것을 저해할 수 있음

④ **역차별 제도의 정당화 요건**

㉠ 역차별 제도의 대상이 사회 제도나 관습에 의해 부당한 차별을 받아왔다는 사실이 명확해야 함

㉡ 역차별 제도 시행을 통한 차별의 시정이 기대한 만큼 효과가 있는지 명확해야 함

3 삶과 죽음

(1) 출생과 죽음의 윤리적 의미

① **출생의 윤리적 의미**

㉠ 개인 존재의 출발점과 인간의 종족 보존 : 인간은 임신과 출산을 통해 현실 세계에 나오게 되며, 자신의 자식을 낳아 종족을 보존하고자 함

㉡ 영원불변에 대한 소망 : 영원불변에 대한 소망을 자식을 통해 실현하고자 함(부모의 노력 필요)

㉢ 사회 구성원으로서의 삶의 시작 : 출생과 함께 사회적 지위를 얻어 여러 가지 인간관계 형성

② **죽음의 윤리적 의미**

㉠ 죽음의 특성 : 인간의 삶이 유한하다는 것을 알고 삶의 소중함을 깨달음 → 한 번 죽으면 다시 살아나지 못하며 죽음은 누구에게나 다가오는 것으로 빈부나 귀천의 차별이 없음

㉡ 죽음에 대한 다양한 사상의 전개

• 죽음에 대한 서양 사상의 견해

플라톤	• 육체적 즐거움은 사물을 있는 그대로 볼 수 없도록 지혜의 활동을 방해함 • 죽음은 육체로부터 벗어나 이데아(Idea)의 세계에 도달하는 과정으로 현실에서 이성적 지혜를 중요시함
에피쿠로스	• 사람은 죽음을 경험할 수 없는 존재이므로 죽음을 두려워할 필요가 없음 • 죽음은 의식이 소멸되어 고통이 없는 무(無)의 상태임
하이데거	• 인간은 자기의 죽음을 알면서 죽어가는 존재임 • 죽음을 통해 인간이 유한한 존재임을 깨닫고 삶을 의미 있고 가치 있게 살 수 있음(실존주의)

• 죽음에 대한 동양 사상의 견해

유교	• 죽음을 자연의 과정이라 여기면서도 애도하는 것은 마땅한 것으로 여김 • 공자 : 죽음보다는 현실의 도덕적 삶을 실천하는 데 주력해야 함 • 삶도 모르는데 어찌 죽음을 알 수 있냐며 현실의 삶에 대한 충실을 강조
불교	• 죽음은 대표적인 고통 중 하나이며 현실의 세계로부터 벗어나 또 다른 세계로 윤회하게 됨을 의미 – 윤회를 반복하면서 전생과 그 생 그리고 내생의 삶을 반복함 • 죽음은 그 자체로 또 다른 삶
도가	• 삶은 기(氣)가 모인 것이고 죽음은 기가 흩어지는 것 → 삶과 죽음을 자연적이고 필연적인 과정으로 이해 • 장자 : 생사를 사계절의 변화처럼 자연스러운 것으로 파악

(2) 생명의 윤리학

① **의미** : 뇌사, 인공 유산, 안락사, 장기 이식 등 주로 의학 및 생물 과학과 관련된 윤리 문제를 다루는 학문 분야

② **등장 배경** : 의학 및 생명 과학의 지식 증가와 의료 기술의 발달로 예전에는 없었던 새로운 윤리적 문제가 대두

③ **주요 논점**

㉠ 동물 복제가 허용되어야 하는가?

㉡ 뇌사를 죽음으로 받아들여야 하는가?

㉢ 안락사는 허용될 수 있는가?

(3) 생식 보조술

① **의미** : 난임 부부가 자녀를 임신할 수 있게 돕는 의료 시술

② **생식 보조술의 종류와 윤리적 문제**

㉠ 시험관 아기 : 생식 세포의 매매 가능성, 난자 추출 과정의 안정성, 남은 수정란의 이용・보관・폐기 등의 문제가 있음

㉡ 대리모 출산 : 체외에서 수정된 수정란을 난자 제공자가 아닌 대리모의 자궁에 착상시키는 것으로, 돈을 목적으로 한 대리모 고용의 문제, 생명에 대한 정체성 모호, 가족 관계의 모호성 문제 등이 있음

㉢ 비배우자 인공 수정 : 정자와 난자의 매매 문제, 부모와 유전적으로 무관한 자녀가 출생하는 문제가 있음

③ **생식 보조술의 찬성과 반대**

㉠ 찬성 : 공리주의적 관점으로 난임 부부의 고통을 덜어 주고 행복을 증진시키며 출산율을 높여 사회를 존속시키는 데 기여함

㉡ 반대 : 생명체의 탄생 과정에 인위적으로 개입해서는 안 됨, 자연법 윤리의 관점에서 생명체의 탄생 과정에 인위적으로 개입하는 것은 자연의 섭리에 어긋나며 도덕적으로 옳지 않음

(4) 인공 임신 중절(낙태)

① **의미** : 자연 분만기에 앞서서 자궁 내의 태아를 인위적으로 모체 밖으로 배출시켜 임신을 중단하는 행위

② **태아 인공 유산의 쟁점**

㉠ 보수주의자 : 도덕적으로 허용될 수 없으며 산모의 생명을 구해야 할 경우에만 허용

㉡ 자유주의자 : 태아 성장과 상관없이 항상 도덕적으로 허용

㉢ 공리주의자 : 때에 따라서 해야 할지 말아야 할지 여부의 결과를 사정하여 허용 여부를 결정

③ **우리나라 형법상 인공 임신 중절에 대한 견해**

㉠ 형법의 '낙태죄' 조항에서는 인공 임신 중절을 원칙적으로 금지

㉡ '모자보건법'에서 임신 24주 이내의 태아 중 임신의 지속이 모체의 건강을 해칠 우려가 현저한 경우나 기형아 또는 불구아를 출산할 가능성이 있는 경우, 강간이나 준강간 등 강제적인 수단에 의해 임신이 된 경우 등 부득이한 상황에 한해 허용

④ **인공 임신 중절에 대한 자율성의 원리와 간섭주의의 원리**

㉠ 자율성의 원리 : 행위 당사자의 동의에 의해 결정되어야 함

㉡ 간섭주의의 원리 : 행위 당사자가 합리적 의사결정을 할 능력이 없거나 또는 있더라도 개인이 아니라 전체 복리를 위해 주변 사람들이나 공적 기관이 그 문제에 관한 의사결정에 참여할 수 있음

㉢ 온정적 간섭주의 : "개인의 선택이 타인의 이익에 반하지 않는 한 이를 최대한 존중해야 된다."라는 자유주의의 기본 신념과는 배치

예 정부가 안전벨트 착용을 의무화하거나 공공장소에서 흡연을 금지하는 정책

⑤ **인공 임신 중절의 찬반에 대한 윤리적 쟁점**

찬성 (여성 선택권 옹호주의)	• 여성의 선택권을 우선으로 함 • 소유권 논거 : 여성은 아기 몸에 대한 소유권을 지니며 태아는 여성 몸의 일부이기 때문에 태아에 대한 권리를 가짐 • 생산 논거 : 여성은 태아를 생산하므로 태아를 마음대로 할 수 있는 권리가 있음 • 자율권 논거 : 여성은 자신의 삶을 자율적으로 영위할 수 있기 때문에 낙태에 관해 자유롭게 결정할 권리를 가짐 • 평등권 논거 : 여성은 남성과 동등한 권리를 가져야 하는데, 이를 위해서는 낙태에 대한 결정이 자유로워야 함 • 정당방위 논거 : 여성은 자기 방어와 정당방위의 권리가 있기 때문에 일정한 조건에서 낙태 권리가 있음 • 프라이버시 논거 : 낙태는 여성의 사생활 문제이므로 개인이 선택
반대 (생명 옹호주의)	• 태아의 생명권을 우선으로 함 • 존엄성 논거 : 모든 인간의 생명은 존엄하기 때문에 태아의 생명도 존엄함 • 무고한 인간의 신성불가침 논거 : 잘못이 없는 인간을 해치는 것은 부도덕함 • 잠재성 논거 : 태아는 임신 순간부터 성인으로 성장할 잠재성이 있기 때문에 인간으로서의 지위를 가짐

(5) 뇌사

① **뇌사** : 뇌 활동이 불가능하여 뇌 기능이 완전히 정지된 회복 불능의 상태, 즉 뇌의 죽음을 말함

② **뇌사에 대한 논쟁** → 우리나라는 장기 기증을 해야 하는 경우만 뇌사로 인정

㉠ 뇌사를 죽음으로 인정

• 다른 많은 생명을 살릴 수 있는 기회 제공(실용적 관점)

• 인간의 인간다움은 뇌에서 비롯되기 때문임

• 치료 연장은 가족의 경제적 고통을 가져옴

• 의료 자원의 비효율성을 막을 수 있음

ⓛ 심폐사를 죽음으로 인정
- 인간의 생명은 실용적 가치로 따질 수 없는 존엄함을 지님
- 심장 자체는 뇌의 명령 없이도 자발적으로 박동하기 때문임
- 뇌사 판정 과정에서 오류 가능성이 제기됨
- 남용되거나 악용될 위험성이 있음

(6) 안락사

① **안락사** : 극심한 고통을 받고 있는 불치의 환자에 대하여 본인이나 가족의 요구에 따라 고통이 적은 방법으로 생명을 단축하는 행위

② **안락사의 종류**

㉠ 환자의 동의 여부에 따른 구분
- 환자가 선택 능력이 있었을 때(자발적) : 자율성의 원리 적용
- 환자가 자발적・합리적 선택이나 동의할 능력이 없었을 때(비자발적) : 간섭주의 원리를 적용

ⓛ 죽음을 앞당기는 방법에 따른 구분
- 적극적 안락사 : 약물 주입 등 적극적으로 환자의 생명을 단축
- 소극적 안락사(존엄사) : 회복 불가능한 연명치료를 중단하고 자연스럽게 죽음을 맞이함

③ **안락사에 대한 윤리적 쟁점** 기출 23

구분	내용
찬성	• 죽음을 선택할 권리 인정 → 환자의 삶의 질과 자율성 강조 • 공리주의적 관점 : 가족들의 경제적 부담과 환자의 고통이 사회 전체의 이익에 반대됨
반대	• 죽음은 인간이 선택할 수 없는 문제 • 자연법 윤리와 의무론적 관점 : 자연 질서에 어긋남, 생명 존엄성을 훼손하는 것

> **더 알아두기**
>
> **안락사 찬반에 대한 논의의 필요성**
>
> 최근 무의미한 연명치료 장치 제거에 대한 우리나라 판례의 경우, 연명치료 중단의 요건으로서 환자가 회복 불가능한 사망의 단계에 진입하였고 연명치료 중단을 요구하는 환자의 의사를 추정할 수 있다면 위법하지 않다는 판례가 있는 만큼 현실적으로 논의를 해 보아야 할 단계에 와 있음

(7) 자살

① **자살** : 당사자가 자유의사에 의하여 자신의 목숨을 끊는 행위

② **자살의 유형**

㉠ 이기적 자살 : 집단과의 결속이 부족하여 개인이 견디지 못한 때

ⓛ 이타적 자살 : 국가와 민족을 위해 생명을 던지는 때

㉢ 붕괴적 자살 : 한 사회가 다른 구조로 변화되는 것을 견디지 못한 때

③ **자살에 대한 윤리적 쟁점** 기출 22

찬성	흄 : 자살을 통해 행복을 얻을 수 있다면 자살할 수도 있음(공리주의적 관점)
반대	• 그리스도교 : 자살은 신성모독임 • 칸트 : 고통스러운 상황을 벗어나기 위한 자살은 인간을 '고통 완화의 수단'으로 대우하는 것 • 쇼펜하우어 : 자살은 문제를 해결하는 것이 아니라 회피하는 것 • 공자 : 신체는 부모에게서 받은 것이므로 터럭조차도 다치지 않는 것이 효의 시작임[불감훼상(不敢毁傷)] • 불교 : 모든 생명에 대한 살생을 금지함[불살생(不殺生)]

4 분배와 정의

(1) 정의의 의미와 기능

① **정의의 의미**

㉠ 사회 제도가 추구해야 할 가장 핵심적이고 기본적인 덕목

㉡ 사회 제도를 구성하고 운영함으로써 질서 유지의 역할을 하고 구성원과 사회의 관계를 원활하게 유지시켜 줌

㉢ 정치와 정부의 가장 중요한 역할 중 하나는 정의로운 제도의 설계와 운영

② **동서양에서의 '정의'**

㉠ 동양의 '정의'

• 인간의 타고난 덕성 중 하나로 '의로움[義]', '옳음'을 의미

• 모든 인간이 마땅히 따라야 할 올바른 행동의 기준, 하늘의 뜻에 따른 올바른 도리

㉡ 서양의 '정의'

• 고대 이집트의 마아트(Ma'at) : 질서나 법을 뜻하면서 정의를 뜻하는 말

• 플라톤의 '정의' : 생산자, 수호자, 통치자 등이 각각 타고난 본성에 따라 고유한 기능을 수행하여 전체적으로 조화를 이룬 상태

• 로마의 정치가 울피아누스 : '각자에게 그의 몫을 돌려주려는 항구적 의지'라고 설명하여, 재화의 분배와 관련된 의미를 강조

• 아리스토텔레스의 '정의'

 - 사회 전체의 위계질서를 강조하면서 국가 법률의 준수와 국가 질서에 대한 순종

 - 공익 실현을 목적으로 하는 법을 준수하는 일반적(보편적) 정의와 올바른 인간관계로 사회를 화합으로 이끄는 특수적(부분적) 정의로 구분

더 알아두기

아리스토텔레스가 구분한 정의

- **일반적(보편적 정의)** : 공동선과 공익을 지향하는 사회규범을 준수하는 준법 정신과 관련된 정의
- **특수적(부분적 정의)** : 개인적인 특징과 관련한 정의
  - 분배적 정의 : 사회 구성원 각자가 상이한 능력과 가치를 가지고 있다는 것을 전제로, 그 가치에 비례하여 재화, 지위 등을 분배(기하학적 평등)
  - 교정적 정의 : 인간으로서 동일한 가치가 있으므로, 타인에게 해를 끼치거나 이익을 준 경우 같은 정도로 주거나 받는 것(산술적 평등)

③ **정의의 기능**

㉠ 옳고 그름에 대한 사회적 기준을 제공

㉡ 사회적 재화 분배 과정에서 일어나는 갈등과 분쟁의 조정

㉢ 구성원들의 화합을 도모하여 사회 통합의 기능을 제공

(2) 분배적 정의

① **의미** : 이익과 부담을 공정하게 분배하는 것

② **필요성**

㉠ 개인의 권리를 존중하고 보장하기 위해서 : 누군가 다른 사람의 몫을 빼앗을 때, 빼앗긴 사람은 인간의 기본적인 권리를 침해당함

㉡ 사회의 갈등 예방을 위해서 : 분배가 공정하게 이루어지지 않으면 여러 가지 사회 문제가 발생할 수 있음

③ **공정한 분배의 기준** 기출 23, 22

㉠ 절대적 평등에 의한 분배 : 모든 사람에게 똑같이 분배 → 기회와 혜택을 골고루 나누어 줄 수 있으나 생산 의욕 저하와 책임 의식 약화를 가져옴

㉡ 필요에 따른 분배 : 사람들의 필요에 따라 다르게 분배(사회적 약자에 우선 분배)
→ 한정된 재화로 모든 구성원들을 충족시킬 수 없고, 경제적 효율성을 높이기 어려움

㉢ 능력에 따른 분배 : 능력이 뛰어난 사람에게 더 많이 분배 → 구성원들의 자격이나 경력에 대해 대우를 보장받지만, 평가 기준을 마련하기 어려움

㉣ 업적에 따른 분배 : 업적과 기여도에 따라 분배 → 객관적 평가와 측정이 용이하나 서로 다른 업적의 양과 질을 평가하기 어려움

㉤ 노동에 따른 분배 : 일한 만큼 분배 → 노동 시간에 비례하여 결과가 나오지 않는 경우가 있음

④ **분배의 불공정성으로 인한 문제점**

㉠ 사회에 대한 불만이 늘어남

㉡ 공동체 발전에 대해 부정적임

㉢ 여러 가지 사회 문제의 발생

㉣ 공동체 유지가 어려움

⑤ **우대 정책**

㉠ 의미 : 공정한 분배를 위해 사회적 약자에게 고용, 교육 등 다양한 방면에서 혜택 제공

㉡ 긍정적인 측면 : 과거의 부당한 차별에 대한 보상, 사회적 격차 해소, 사회적 긴장 완화

㉢ 부정적인 측면 : 업적주의에 위배, 다른 집단에 대한 또 다른 차별 발생

더 알아두기

분배적 정의

구분	의미	장점	단점
절대적 평등	개인 간의 차이를 고려하지 않고 모두에게 똑같이 분배하는 것	사회 구성원 모두가 기회와 혜택을 균등하게 누릴 수 있음	• 생산 의욕 저하 • 개인의 자유와 효율성 감소
업적	업적이나 기여가 큰 사람에게 더 많이 분배하는 것(성과급 제도)	• 객관적 평가와 측정이 용이 • 공헌도에 따라 자신의 몫을 가짐 → 생산성을 높이는 동기 부여	• 서로 다른 종류의 업적 평가 불가능 • 사회적 약자 배려 불가능 • 과열 경쟁으로 사회적 갈등 초래
능력	능력이 뛰어난 사람에게 더 많이 분배하는 것	개인의 능력에 따라 충분한 대우와 보상을 받을 수 있음	• 우연적, 선천적 영향을 배제하기 어려움 • 평가 기준 마련이 어려움
필요	사람들의 필요에 따라 분배하는 것	약자를 보호하는 도덕 의식에 부합	• 경제적 효율성 감소 • 필요에 대한 사회 전체의 예측이 어려움 → 한정된 재화로 모든 사람의 필요를 충족시킬 수 없음

5 다문화와 인종

(1) 문화와 다양성

① **문화의 의미** : 인간이 이루어 놓은 유형 또는 무형의 산물로 자연 상태에서 벗어나 사회 구성원에 의해 습득된 의식주, 언어, 종교, 예술, 규범, 제도 등을 포함한 인간 삶의 행동 양식

② **문화의 특징**

㉠ 보편성 : 인간의 공통적인 생활양식 → 의식주, 희로애락의 감정 표현 등

예 적정 연령에 도달하면 남자와 여자가 혼인을 하는 문화

㉡ 특수성 : 지역이나 민족, 국가에 따라 독특하게 나타나는 생활양식 → 감정 표현의 방법 등

예 폐백을 드릴 때 시부모가 신랑 신부를 향해 밤과 대추를 던지는 문화(많은 자손을 낳기를 바라는 소망이 담겨진 우리나라의 특수한 문화)

㉢ 문화의 다양성
- 문화는 지역과 사회 구조, 시대와 역사에 대해 다른 특성을 지닌 형태로 나타남
- 인간이 살고 있는 곳은 어떤 형태로든 문화가 있음
- 사회 구성원이 추구하는 가치관에 따라 독자적으로 다르게 나타남
- 인간은 문화를 각각 독자적인 방향으로 발전시켜 나감

③ **문화 상대주의** 기출 20

㉠ 의미 : 인류의 보편적 가치를 바탕으로 **문화의 다양성을 인정하고 각 문화를 그 사회의 독특한 환경과 역사적·사회적 상황에 비추어 이해하는 태도**

㉡ 필요성
- 각각의 문화는 그 사회의 환경과 상황에 맞춰진 결과물로 나름대로의 고유한 가치를 가지고 있음
- 문화는 사람들의 삶과 사고, 환경 등 다양한 맥락이 반영된 것이기 때문에 획일화된 기준을 적용하여 문화의 우열성을 가릴 수 없음
- 문화 상대주의를 통하여 다른 문화를 이해하게 되면 자신의 문화에 대해서도 더 깊이 이해하는 것이 가능해짐
- 문화의 다양성을 인정하면 다른 문화를 이해하고 교류하는 것이 가능해짐
- 국제 사회에서 다른 사람을 이해하고 함께 살아가기 위해서는 각자의 개성과 특징을 잘 보여주는 문화교류가 반드시 필요함

㉢ 인간의 존엄성과 문화 상대주의
- 문화 상대주의의 인정 범위 : 문화 상대주의 태도가 절대적으로 항상 옳은 것은 아니며, 보편적으로 인정되는 도덕적 가치 안에서 문화 상대주의 태도를 가져야 함, 즉 모든 문화를 가치 있게 인정해야 하는 것은 아니며 비도덕적이고 인권을 침해하는 문화에 대해서는 비판이 필요함
- 문화 상대주의가 적용되기 어려운 문화 : 자유와 평등·행복·인간의 생명과 같은 기본적인 기본권을 침해하는 문화, 비도덕적인 행위 문화, 비인간적인 행위 문화
  예 식인풍습, 노예 제도, 명예 살인

④ **윤리 상대주의**

㉠ 의미 : **보편적인 도덕 법칙은 존재하지 않는다는 태도**로 도덕적인 행위도 비도덕적인 행위가 될 수 있다는 관점

㉡ 문화 상대주의의 인정과 윤리 상대주의 : 각 문화의 상대성을 인정해야 한다는 것이 문화와 관련된 도덕적 가치 또한 상대적이라는 의미는 아님 → 문화의 상대성이 인정될 수 있는 도덕적 가치는 보편적으로 인정되는 것이어야 함

더 알아두기

문화 상대주의와 윤리 상대주의
- **문화 상대주의** : 문화의 고유성과 상대적 가치를 이해하고 존중하는 태도, 문화는 다양하지만 보편적 윤리 규범이 존재한다는 것이 전제되어야 함
- **윤리 상대주의** : 도덕적 옳음과 그름의 기준이 사회에 따라 다양하여 보편적 도덕 기준은 존재하지 않는다는 태도, 자문화와 타문화에 대한 비판적 성찰을 어렵게 함

(2) 다문화 사회의 윤리

① 다문화에 대한 존중

㉠ 다문화 사회의 의미 : 피부색이나 종교, 관습 등이 서로 다른 사람이 함께 모여 사는 사회

㉡ 다문화 사회의 특징 : 통일성보다 다양성, 단일성보다 다원성, 동일성보다 차이 강조

㉢ 다문화 사회의 긍정적 영향 : 삶의 선택 폭이 넓어짐, 경제 규모 확대, 자율성·창의성 제고, 공존과 존중의 정신 습득 등

㉣ 다문화 사회의 부정적 영향 : 공공 지출 부담 증가, 규범 충돌에 의한 사회 불안, 저소득층 발생

㉤ 다문화에 대한 관용의 이유 : 인간 존중과 인권 보호의 바탕이 됨. 편견과 차별 문제 예방, 문화의 다양성 추구 등

> **더 알아두기**
>
> **관용**
>
> • **관용의 의미**
>   – 좁은 의미 : 남이 잘못을 저질렀을 때 그것을 너그럽게 용서하는 것
>   – 넓은 의미 : 우리와 의견을 달리하는 사람들을 너그럽게 받아들이는 것
>
> • **관용의 필요성** : 인간관계가 사무적이고 기능적이며 이해관계가 복잡하게 얽혀 있는 현대 사회에서 사람들끼리 정을 느끼게 하는 것이 관용
>
> • **관용의 한계** : 모든 문화에 대하여 무조건적인 관용은 옳지 않음 → '관용의 역설' 경계
>
> • **관용의 역설** : 관용을 무제한으로 허용하여 관용 자체를 부정하는 사상이나 태도까지 허용 → 오히려 인권을 침해하고 사회 질서가 무너져 아무도 관용을 보장받을 수 없음
>
> • **관용의 범위** : 타인의 인권과 자유를 침해하지 않는 범위, 사회 질서를 훼손하지 않는 범위 → 인류의 보편적 가치, 도덕적 악에 반하는 것에 대해서는 불관용할 수 있음

② 다문화와 문화적 정체성

㉠ 다문화를 대하는 태도와 정책 **기출** 24, 22, 20

- **동화모형(용광로 이론)** : 여러 민족의 고유한 문화들이 그 사회의 지배적인 문화 안에서 변화를 일으키고 영향을 주어서 새로운 문화를 만들어 나감 → 용광로에 금, 철, 구리 등 여러 다른 물질을 넣으면 새로운 물질이 탄생되듯 여러 고유 문화를 섞으면 새로운 문화가 탄생, 이민자가 출신국의 언어·문화·사회적 특성 등을 포기하고 주류 사회의 일원이 되게 하는 정책
- **다문화모형(샐러드볼 이론)** : 국가라는 큰 그릇 안에서 샐러드같이 여러 민족의 문화가 하나의 새로운 문화를 만들어 가는 것 → 국가라는 샐러드 안에서 각 문화들이 고유의 맛을 나타냄. 정책의 목표를 '공존'에 두면 이민자가 그들만의 문화를 지키는 것은 인정함
- 다원주의모형(국수 대접 이론) : 주류의 고유 문화가 중심적인 역할을 하되, 이주민의 문화는 그 안에서 문화적 정체성을 유지하면서 공존하는 것 → 국가라는 큰 그릇 안에서 주류 문화는 국수와 국물처럼 중심 역할을 하고, 이주민의 문화는 색다른 맛을 더해주는 고명의 역할을 함. 이주민의 문화를 존중하고 공존을 추구하지만 주류 문화의 우위를 인정

- 차별・배제 모형 : 경제 특구나 수출자유지역과 같은 특정 지역이나 특정 직업에서만 외국이나 이민자의 유입을 받아들이고, 원치 않는 외국인의 정착을 원천적으로 차단하는 배타적인 외국인 이민 정책

㉡ 바람직한 문화적 정체성

- 문화적 정체성 : 한 문화에 속하는 사람들이 공유하는 동질감, 자신의 문화에 대한 자긍심
- 문화적 정체성과 관련된 문제 : 문화 상대주의를 부정하는 태도

문화 사대주의	자국 문화를 비하하고 다른 사회의 문화를 맹목적으로 추종하는 태도 → 문화적 주체성의 상실
자문화 중심주의	자기 문화의 우월성에 빠져 다른 문화를 부정하는 태도 → 다른 문화에 대한 배타적 태도
문화 제국주의	자국 문화만 인정하고 타 문화에 대한 지배와 종속 강요

- 바람직한 문화적 정체성 확립
  - 타 문화의 주체적 수용(화이부동의 자세)이 요구됨
  - 외부의 문화를 받아들여 우리의 것으로 재창조하고 문화 사대주의를 경계함
  - 전통 문화를 창조적으로 계승하여 정립・발전시켜 나감

체크 포인트

화이부동(和而不同) 기출 21

'남과 사이좋게 지내기는 하나 무턱대고 어울리지는 않음. 이익을 위해 도리를 저버리면서까지 남에게 부화뇌동(附和雷同)하지 않음', 이 말은 화합을 하되 사사로운 이익이나 계파의 이해 관계가 걸린 탐욕, 즉 그릇된 것과는 결코 함께하지 않는다는 의미

6 형벌과 사형 제도

(1) 교정적 정의(법적 정의)와 형벌

① **교정적 정의의 의미** : 법규를 위반하거나 다른 이의 권리를 침해하는 등 범죄를 일으킨 사람에 대해 처벌을 가함으로써 사회적인 정의를 실현하고 공정성을 확보하는 것

② **교정적 정의의 처벌에 관한 관점** 기출 22

공리주의 관점	응보주의 관점
• 의미 : 처벌을 통해 장래의 범죄를 예방할 수 있으며, 처벌을 사회의 이익을 위한 수단으로 여기는 법적 정의 관점 • 공리의 원리에 따라 형벌과 위법 행위 간에는 비례의 규칙이 성립해야 하며, 형벌은 목적 달성에 필요한 정도 이상으로 가해져서는 안 됨 • 한계 : 경험적으로 범죄 예방 효과 증명 어려움, 인간 존엄성	• 의미 : 인간 존엄성을 훼손한 범죄는 사형을 통해 처벌하는 것이 정당하다고 보는 법적 정의 관점 • 칸트 : 자유롭게 자신의 행위를 결정할 수 있는 이성적 존재는 자신의 행동에 책임을 져야 하므로 범죄에 대한 대가로 처벌을 받는 것이 마땅하다고 주장 • 한계 : 범죄 예방과 범죄자 교화에 무관심

③ **공정한 처벌의 조건**

㉠ 죄가 있는 유죄 : 죄가 법률상 명백하게 규정되어 있어야만 처벌 → **죄형 법정주의**를 근거로 함

- 응보주의 관점 : 다른 사람에게 해악을 준 사실만을 놓고 유죄라고 판단하고 처벌해야 한다고 봄
- 공리주의 관점 : 처벌을 사회 전체의 이익의 관점에서 판단함

㉡ 비례 조건 : 위반이나 침해의 정도에 비례해서 처벌이 정해져야 함 → 처벌 시 '목적의 정당성, 수단의 적합성, 침해의 최소성, 법익의 균형성'을 고려해야 함

- 응보주의 관점 : 처벌의 경중을 범죄의 해악 정도에 비례하여 정해야 함
- 공리주의 관점 : 범죄의 해악 정도를 중요시하지 않고 사회 전체의 이익 증진을 목표로 범죄 억제력을 고려하여 처벌해야 함

(2) 사형 제도

① **사형 제도의 의미** : 국가가 범죄자의 생명을 인위적으로 박탈하는 행위

② **사형 제도에 관한 여러 관점** 기출 21, 20

㉠ 칸트 : 다른 사람의 생명을 빼앗은 중한 범죄이므로 그 당사자의 생명을 빼앗아야 하는 것은 정당하며 인간의 존엄성을 존중하는 행위임, 지은 죄와 동일한 수준의 벌을 받는 평등의 원리에도 부합(응보주의의 관점)

㉡ 공리주의(예방주의) : 사형 제도가 범죄를 예방하여 더 높은 행복한 삶을 살게 한다면 정당함

㉢ 루소 : 계약자의 생명권을 보존해 주는 사회계약설의 관점에 따라, 자신의 생명을 보전하기 위해 정당한 사회 구성원이 아닌 살인자에 대한 사형 동의

㉣ 베카리아 기출 23 : 생명권 양도는 계약자의 생명권을 중요시하는 사회계약의 내용이 아니므로 반대, 범죄 예방을 위해 사형보다 종신 노역형과 같이 지속적 효과를 가진 처벌을 주장

③ **사형 제도를 둘러싼 쟁점** 기출 23

사형 제도 존속	사형 제도 폐지
• 사형 제도는 극악한 범죄에 대한 처벌로 적합함 • 범죄 억제의 효과가 매우 큼 • 피해자의 생명을 앗아간 흉악범의 생명을 박탈하는 것은 정당함(응보주의) • 종신형은 경제적으로 부담이 크고 비인간적일 수 있음 • 사회 방위를 위해서는 범죄인을 완전히 격리해야 함	• 범죄 억제 효과가 미미 • 예방 효과가 없는 처벌이라는 점에서 적합한 처벌이 아님 • 교화와 개선이 중요함 • 생명권과 인간 존엄성을 침해함 • 오판 가능성이 있음 • 정치적 이유에서 악용될 수 있음

7 전쟁과 평화

(1) 평화와 폭력

① **평화의 의미**

㉠ 국가나 민족 간에 전쟁이나 분쟁, 갈등 등이 없는 상태

㉡ 물리적인 폭력이 없을 뿐 아니라 인간의 기본적인 욕구가 충족되는 상태로, 인간이 목표로 하는 가장 완전한 상태

② **폭력의 의미** : 신체적인 공격행위 등 직접적인 물리적 강제력을 불법한 방법으로 행사하는 것

③ **요한 갈퉁(J. Galtung)의 폭력론과 평화론**

㉠ 폭력론의 개념

- 폭력을 인간의 기본적인 욕구를 모독하는 모든 것으로 정의
- 특정한 인간이나 세력이 다른 사람의 현실을 저해하는 직접적 폭력과 문화적 폭력으로 구분 → 법률과 제도에 의해 가해지는 피해(구조적 폭력)까지 포함하여 폭력을 정의

> **더 알아두기**
>
> **갈퉁의 폭력론**
>
> - **직접적 폭력** : 폭행, 구타, 고문, 테러, 전쟁 등 폭력의 결과를 의도한 행위자(가해자)가 존재하는 의도적인 폭력
> - **구조적 폭력** : 사회 제도나 관습, 법률 등 사회 구조로부터 비롯되는 폭력
> - **문화적 폭력** : 종교나 사상, 언어, 예술, 과학 등 문화적 영역이 직접적 폭력과 구조적 폭력을 정당화하는 기능을 수행하는 것

㉡ 평화론의 개념

- 평화의 개념을 소극적 평화와 적극적 평화로 구분하였음
- 소극적 평화
  - 전쟁, 테러와 같이 사람의 목숨과 신체에 위협을 가하는 직접적 폭력이 없는 상태
  - 전쟁과 평화는 상호 배타적이라는 견해에 기초한 평화
- 적극적 평화 기출 22, 19
  - 직접적 폭력뿐만 아니라 빈곤, 정치적 억압, 인종 차별과 같은 간접적 폭력까지 모두 없는 상태
  - 전쟁이 없는 상태일지라도 빈곤, 억압 등 인간의 잠재적 능력이 억압되는 경우가 존재한다면 적극적 평화가 실현되었다고 볼 수 없음
- 진정한 의미의 평화 : **진정한 평화는 직접적 폭력뿐만 아니라 간접적인 폭력까지 모두 제거된 적극적인 평화를 의미** → 사회 통합의 단계

(2) 동서양의 평화 사상

① 동양의 평화 사상

㉠ 유교의 평화 사상

- 도덕적 타락으로 인해 불화와 갈등이 생김 → 도덕성을 회복하여 인(仁)과 의(義)를 실현한다면 해소
- 화평(和平) : 사람들 간의 조화와 화합을 말함, 화평한 세계는 개인의 도덕적 수양을 통해 가능
- 수제치평(修齊治平) : 수신제가치국평천하(修身齊家治國平天下), 몸을 닦고 집을 안정시킨 후 나라를 다스리며 천하를 경영해야 한다는 말로 윤리적 실천의 단계를 자신, 가정, 국가로 확대

㉡ 불교의 평화 사상

- 삼독(三毒) : 탐욕[貪慾], 화냄[瞋恚], 어리석음[愚癡] 등 불교에서 말하는 세 가지 번뇌 → 수양을 통하여 마음속의 삼독을 제거해야 함
- 연기설(緣起說) : 연기는 만물의 인과관계와 상호의존성을 말함 → 연기에 대한 자각은 무차별적 사랑인 자비로 이어짐
- 불살생(不殺生) : 살아 있는 존재를 죽이지 않음 → 인간을 비롯하여 모든 생명체에 대한 비폭력을 실천해야 함

㉢ 도가의 평화 사상

- 인간의 그릇된 인식과 가치관, 인위적인 제도가 사회 혼란의 원인 → 개인, 사회, 자연이 자연의 섭리에 따라 조화를 이루며 소박한 삶을 살 것
- 소국과민(小國寡民) : 무위(無爲)와 무욕(無慾)의 이상 사회로, 모두가 편안해하며 생활하므로 주변국과 교류를 할 필요도 없고 서로를 침략하지 않고 평화롭게 살아감

㉣ 묵자의 비공과 겸애

- 유교의 인은 존비친소(尊卑親疎 : 지위나 신분의 높낮이, 친분의 적고 많음)를 분별하는 사랑이므로 사회적인 혼란을 초래한다고 주장
- 겸애(兼愛)와 비공(非攻)을 주장하며 전쟁을 반대
  - 겸애 : 나와 남을 구별하지 않고 모든 인간을 똑같이 사랑하라는 것 → 모든 사람을 자기를 사랑하듯 사랑한다면 세상에 다툼이 없어지고 평화로워질 것
  - 비공 : 침략 전쟁을 해서는 안 된다는 것 → 전쟁은 다른 나라를 해치고 자신의 나라에도 인명과 비용 등 많은 손실을 가져옴

② 서양의 평화 사상

㉠ 에라스무스의 평화론

- 평화는 인간 상호 간의 우애로 모든 선의 근원이며, 전쟁은 선보다 악을 초래하므로 반드시 피해야 함
- 전쟁은 평화를 추구하는 종교 정신에 위배되므로 도덕적이지 않음
- 전쟁은 하찮은 갈등에서 일어나며, 그 결과 인명 및 경제적으로 큰 손실을 가져옴

㉡ 생피에르의 평화론
- 전쟁의 원인은 인간의 욕망에 따른 이기심 때문 → 이기심이 대립하며 무력에 호소할 수밖에 없는 상태가 됨
- 평화를 실현하기 위해서는 합리적 이성에 따라야 함
- 공리적 관점에서 군주들이 조약을 맺고 국가간 연합을 만들어 전쟁이라는 유해한 수단을 포기시키고 항구적인 평화를 실현한다는 시스템 구상

㉢ 칸트의 평화론
- 전쟁이란 인간을 국가적인 이해관계를 실현하기 위한 수단으로만 대우하는 것 → 도덕적으로 정당화될 수 없음
- 영구평화론 기출 23 : 반복되는 전쟁이 인류를 멸망으로 이끌 것이라고 경고 → 전쟁을 막기 위해 각국이 주권의 일부를 양도하여 국제법 및 전쟁을 막는 국제조직(국제연맹)을 설치 → 영구평화의 실현에 장해가 되는 일을 금지한 예비조항(6항)과 영구평화를 실현하기 위한 조건을 논한 확정조항(3항) 제시

더 알아두기

칸트의 영구평화를 위한 확정 조항
- 제1항 : 모든 국가의 정치 체제는 공화정에 기초해야 함(국내법 측면)
- 제2항 : 국제법은 자유로운 국가들의 연방 체제(국제연맹)에 기초하여야 함
- 제3항 : 세계 시민법은 보편적 우호의 조건에 국한되어야 함

㉣ 정의 전쟁론 기출 20
- 정당한 목적을 가진 전쟁은 허용될 수 있음 → 윤리적 기반에 따라 도덕적으로 정당화
- 대표 사상가 : 아우구스티누스, 아퀴나스, 왈처

(3) 국제 평화에 대한 여러 가지 관점

① 현실주의와 이상주의 관점의 국제 평화 기출 23

구분	현실주의	이상주의
분쟁의 원인	인간의 이기적 본성으로 자국의 이익만을 극대화하려는 정책으로 인해 갈등과 분쟁이 생김	인간의 본성은 선하며 대화와 협력이 가능한 이성적 존재 → 분쟁은 잘못된 제도로 인한 것임
해결 방안	국가 간 세력의 균형을 통해 전쟁 방지	국제 기구나 국제법, 국제 규범을 통해 잘못된 제도를 바로잡음
장점	현실적 설명 → 국제 평화는 힘의 논리를 벗어날 수 없음	인간 본성에 대한 신뢰, 도덕과 규범을 통한 평화 추구
한계	세력 균형이 평화를 보장하지 못함(군비 경쟁), 국제사회의 유동성으로 확실한 평화를 보장 못함	인간 본성 및 국가적 대립에 관해 지나치게 낙관적이며, 국가 간 갈등이 생겨도 국제법이 실질적 구속력을 발휘하기 힘듦

② **헌팅턴과 뮐러의 이론**

㉠ 헌팅턴(S. Huntington)의 『문명의 충돌』

- 국제정치에서 가장 심각한 분쟁은 이념의 차이가 아니라 문명 간의 충돌
- 종교와 전통, 문화적 차이에서 비롯한 문명 간의 충돌이 세계의 평화를 위협
- 공통성보다 차이, 융합이나 공생보다 마찰과 대립의 측면을 부각

㉡ 뮐러(H. Müller)의 『문명의 공존』

- 헌팅턴의 입장을 비판하며, 문명의 공존은 낯선 상대를 이해하는 것에서 출발한다고 주장
- 인간의 합리성, 관용, 이성적인 화합 의지로 문명 간 갈등의 극복이 가능하다고 생각

(4) 국제 평화에 대한 책임과 기여

① **국제 정의**

㉠ 국제 정의의 필요성 : 전 세계가 단일한 사회 체계로 나아가고 있는 세계화 현상이 가속되면서 보편적 가치를 보장하기 위한 국제 협력이 이루어지고 있는 추세 → 지구촌 구성원 모두의 인간다운 삶을 위해 필요

㉡ 국제 정의의 종류

- 형사적 정의 기출 23
  - 전쟁이나 집단 학살, 테러, 인신 매매, 납치 등과 같은 반(反)인도주의적 범죄의 가해자를 정당하게 처벌
  - 국제 형사 재판소, 국제 형사 경찰 기구 등을 통해 범죄자 처벌 및 수사 공조
- 분배적 정의
  - 지구촌의 절대 빈곤을 해결하기 위해 재화를 공정하게 분배함
  - 선진국이 빈곤국에 공적 개발 원조를 통해 경제적 지원을 하여 빈부 격차를 줄임

② **국제 정의를 실현하기 위한 해외 원조**

㉠ 해외 원조의 목적 : 인류의 존엄성 및 지구 평화, 국가 이미지 제고, 해외 자원 확보 등

㉡ 해외 원조의 방식 : 식량과 의약품 보급, 구조대 파견 등 긴급 구호, 교육 지원 등을 통한 인적 개발, 인권 보호, 정보 통신 지원 등을 통한 기술 협력

㉢ 해외 원조에 대한 여러 가지 관점

- 칸트 : 타인의 곤경에 무심한 태도가 보편적인 윤리로 통용될 수 없으므로 선행의 실천이 도덕적인 의무임
- 싱어 : 공리주의적 관점에서 해외 원조는 인류에게 주어진 의무이므로 누구나 차별 없이 도움을 받아야 함 → 지구촌 전체를 대상으로 원조해야 함
- 롤스 : 해외 원조는 정의 실현을 위한 의무로, 고통받는 사회가 질서 정연한 사회가 되도록 돕는 것 → 단, 차등의 원칙이 국제 사회에 적용되는 것은 반대, 국가 간의 부와 복지 수준은 다양하므로 해외 원조가 부의 재분배나 복지의 향상을 의미하는 것은 아님
- 노직 : 의무가 아닌 선의를 베푸는 자선 → 개인은 정당한 절차를 통해 취득한 재산에 관하여 절대적인 소유권을 가지므로 자신의 부를 어떻게 이용할지는 개인의 자유

더 알아두기

차등의 원칙
롤스가 주장한 사회 정의론으로, 천부적으로나 사회적으로 가장 혜택받지 못한 계층을 비롯한 모든 사람에게 인간다운 생활을 위한 최소한의 조건이 보장되어야 한다는 것과, 일단 그 조건이 충족된 다음에는 각자의 능력이나 업적에 따른 차등 분배가 이루어져야 한다는 것

8 환경

(1) 인간과 자연의 관계

① 동양과 서양의 자연관

㉠ 동양의 자연관

- 유학 : 만물은 모두 본래의 가치를 지니고 있고, 인간과 자연의 조화를 이루는 **천인합일(天人合一)**의 경지를 추구함
- 불교 : 우주 만물이 **연기(緣起)**의 원리에 따라 서로 상호 의존한다고 보며 자비를 베풀어야 함
- 도가 : **무위자연(無爲自然)**을 추구하며, 인간의 욕구나 의지에 관계없이 인간을 자연의 한 부분으로 보면서 자연의 아름다움을 강조

㉡ 서양의 자연관

- 도구적 자연관 : 자연의 도덕적 가치를 부정하고 인간의 욕구나 필요에 따라 도구적으로 자연을 사용한다고 보는 인간 중심주의적 논리
- 사상적 근원
  - 아리스토텔레스 : 식물은 동물을 위하여, 동물은 인간을 위하여 존재
  - 아퀴나스 : 신의 섭리에 의해 동물은 자연의 과정에서 인간이 사용하도록 운명 지어져 있음
  - 데카르트 : 인간과 자연을 분리 → 모든 존재를 정신과 물질로 구분, 자연은 기계에 불과하며 자연과학의 목표는 인간을 자연의 주인으로 만드는 데 있다고 주장
  - 베이컨 : **'지식은 힘'**, 자연은 인간에게 순종해야 하고 정복되어야 하는 대상 → 인간의 자연 지배와 정복을 정당화, 자연 정복을 위한 도구로서의 지식 강조
  - 칸트 : **이성적 존재만이 자율적이고 도덕적 존재**임 → 자연을 도덕적으로 고려해야 하는 이유는 도덕성 실현과 인간에 대한 의무에서 도출되는 간접적 의무로 규정
- 기계론적 자연관 : 사상을 기계적 운동으로 환원시켜 설명하려는 입장으로 자연의 모든 현상을 물리적 개념으로 설명 → 자연은 인과 법칙에 따라 작동되는 기계와 같음

② 인간과 자연의 관계에 대한 윤리

㉠ 인간 중심주의 윤리

- 인간만이 윤리적 동물이며 자연은 인간의 도구
- 이성을 지닌 인간은 자연적 존재보다 우월하고 귀한 존재

- 인간의 필요 충족을 위해 자연을 도구화, 자연에 대한 정복을 정당화
- 인간과 자연을 분리하는 이분법적 세계관
- 한계점 : 인간의 필요로 자연을 훼손하고 남용하는 것을 허용함으로써 현재 문제가 되고 있는 생태적 위기나 환경문제의 주범으로 비판받고 있음

더 알아두기

인간 중심주의 자연관
- **인식론적 차원** : 자연은 기계 법칙에 의해 작동되는 맹목적 현상
- **행위론적 차원** : 자연은 과학적으로 관찰되고 분석될 수 있는 가치 중립적 세계
- **윤리학적 차원** : 자연은 인간의 욕구, 목적, 의지에 종속되는 존재

㉡ 감정 중심주의 윤리
- 쾌락과 고통을 감수하는 능력을 지닌 동물도 도덕적 대상으로 삼음 → 동물까지 도덕적 범위를 넓혀 동물의 도덕적 지위를 강조
- 사상적 근원 중요
  - **벤담** : 중요한 것은 '그들이 이성을 가지는가, 그들이 말을 하는가'가 아니라 그들이 '고통을 느낄 수 있는가'임
  - **싱어** : 공리주의적 관점에서 '이익의 평등한 고려 원칙'에 근거하여 인간과 동물을 동등하게 대해야 함
  - **레건** : 동물도 삶의 주체로서 자신의 삶을 누릴 권리가 있으므로 인간을 위한 수단으로 간주해서는 안 됨
- 한계점
  - 인간과 동물로 인한 충돌은 명확한 답을 내기가 어려움
  - 고통을 느끼는 동물 이외에는 생명을 고려하지 못함

㉢ 생명 중심주의 윤리 기출 24, 22
- 모든 생명체를 그 자체로 도덕적 고려의 대상으로 봄, 즉 무생물을 포함한 자연 전체를 도덕적 고려의 대상으로 봄 → 인간은 자연의 일부
- 사상적 근원
  - 슈바이처 : **생명에 대한 외경을 도덕의 근본 원리라고 봄**
  - 테일러 : 모든 생명체는 '목적론적 삶의 중심', 인간은 본질에서 다른 생명체보다 우월하지 않음 → 불침해의 의무, 불간섭의 의무, 성실의 의무, 보상적 정의의 의무
- 한계점
  - 개별 생명체의 가치를 존중하기 때문에 생태계 전체를 고려 못함
  - 생명과 자연에 대해 간섭하지 않는 것을 강조
  - 인간과 자연은 엄격하게 분리되기 어려움

더 알아두기

슈바이처의 생명 외경 사상
- 인간은 자기를 도와주는 모든 생명을 도와줄 필요성을 느끼고, 살아있는 어떤 것에게도 해를 끼치는 것들을 두려워할 때에만 비로소 진정으로 윤리적임
- 생명은 그 자체로서 인간에게 신성한 것
- 생명을 유지하고 고양하는 것은 '선(善)', 생명을 파괴하고 억압하는 것은 '악(惡)'
- 필연적으로 죽음을 선택한다면 생명에 대해 책임이 발생한다는 것을 인정

㉣ 생태 중심주의 윤리 기출 23
- 생태 전체 중심주의 : 상호 의존성에 근본을 둔 생명 공동체 그 자체에 대한 관심으로 무생물을 포함한 생태계 전체를 도덕적 고려의 대상으로 여기는 입장
- **레오폴드의 대지 윤리** : 생물과 무생물이 어우러져 있는 대지에도 도덕적 지위를 부여함, 도덕 공동체의 범위를 대지까지 확대, 인간은 대지의 지배자가 아닌 같은 구성원임
- 네스의 심층 생태학 : 인간 중심적인 자아를 넘어 큰 자아실현, 인간이 자연과 함께 서로 관련을 맺고 있으며 상호 평등한 관계 속에서 더불어 사는 내재적 가치를 실현
- 한계점
  - 개별 구성원의 희생을 강요하는 환경 파시즘으로 비판
  - 선진국보다 후진국의 경제적 희생이 강요됨
  - 가치 실현에 인간의 개입이 절대 허용되지 않는 비현실적인 성격을 지님

더 알아두기

레오폴드(A. Leopold)
"어떤 것이 생명 공동체의 온전함, 안정성 그리고 아름다움의 보전에 이바지하는 경향이 있다면 옳고, 그렇지 않다면 그르다."라는 원리로 대지 윤리를 요약함

(2) 환경 문제에 대한 윤리적 접근

① 현대 환경 문제의 유형과 특징

㉠ 환경 문제의 유형 : 전 지구적 차원으로 인간의 과도한 자원 소비와 대량 오염 물질 배출로 인해 발생함

구분	내용
오염	• 대기 오염 : 자동차 배기가스 → 호흡기 질환, 산성비 • 수질 오염 : 물의 오염 → 정화 비용 증가, 물 부족 사태 발생 • 토양 오염 : 땅의 오염 → 중금속 물질 축적, 농작물 잘 자라지 않음
파괴	습지·산림·갯벌 등이 파괴됨, 자원 고갈, 동식물 멸종, 생물 종 다양성 감소 등
변화	사막화, 지구 온난화, 해수면 상승 등

㉡ 환경 문제의 특징

- 생태계 자정 능력 초과 : 오염이나 파괴를 복구하기 어려운 정도로 발생
- 전 지구적 영향 : 지구 온난화나 오존층 파괴 등의 환경 문제는 세계적인 노력이 꼭 필요함
- 책임 소재 불분명 : 책임 소재가 어려워 해결 비용을 부담할 대상을 가리기 힘듦

체크 포인트

자정 능력

오염이나 변화가 발생할 때, 생태계가 그러한 오염과 변화에 적응하고 균형을 유지하여 생태계에 미치는 해악을 줄일 수 있는 능력을 일컫는다.

② 기술 결정론과 사회 결정론

㉠ 기술 결정론

- 과학기술의 발달이 현재의 환경위기를 가져왔지만, 환경위기의 해결책은 과학기술을 더 발달시킴으로써 해결할 수밖에 없다고 주장하며, 과학기술의 미래에 대해 낙관하고 있음
- 인간이 환경오염의 방지를 위해 세심한 관리를 할 수만 있다면 자신의 목적에 알맞게 자연환경을 조절할 수 있고, 그 수단은 역시 과학기술밖에 없다는 견해
- 문제점 : 과학기술이 지금까지 환경을 크게 파괴하는 방향으로 발달해 왔는데, 환경위기의 심각성이 널리 알려졌다고 해서 이제부터 환경을 보호하는 방향으로 발달하리라는 보장이 없으며, 과학기술이 이 환경위기를 해결할 수 있다는 입장은 지나치게 낙관적인 것임

㉡ 사회 결정론

- 기업이 이윤을 추구하지 않을 수 없는 자본주의 사회가 환경오염의 주범이라고 주장
- 자본의 논리에 따라 이윤을 추구하는 과정에서 생태계와 자연이 파괴되었다고 주장하며, 자본주의 체제의 변화를 도모해야 한다고 주장
- 문제점 : 소련, 동독 등 사회주의 국가들의 붕괴 후 오히려 사회주의 사회에서 환경오염이 더 심각했다는 사실이 밝혀짐으로써 많은 비판을 받음

③ 기후 변화의 윤리적 문제

㉠ 기후 변화에 따른 문제 : 기후 변화로 지구 생태계 파괴, 인간의 삶에 대한 위협, 선진국에 비해 후진국에게 더 큰 피해

㉡ 기후 변화에 따른 국제적 노력

- **리우 환경 회의(1992)**에서 기후 변화 협약 : 온실가스 배출 억제 규정
- **교토 의정서(1997)**를 통한 온실가스 감축 : 탄소 배출권 거래제 실시

㉢ 윤리적 쟁점

- 전 지구적 차원의 협력 필요 : 선진국이 개발 도상국이나 후진국에 대한 적극적 보상, 자발적 탄소 배출량 감소, 생태 친화적 대안 에너지로 전환
  - 기후 변화 문제 해결에 대한 국가 간 협력과 의견이 조율되지 못함

체크 포인트

탄소 배출권 거래제
국가나 기업별로 탄소 배출량을 미리 정해 놓고, 허용치의 미달분을 탄소 배출권 거래소에서 팔거나 초과분을 사는 제도이다. 유럽연합(EU)은 자체적으로 배출권 거래제도(ETS)를 만들어 1단계(2005~2007년), 2단계(2008~2012년), 3단계(2013~2020년)로 나누어 실시하고 있다. 국제 사회가 기후 변화를 막기 위해 제시한 대표적인 협력 방안이다.

④ **미래 세대에 대한 책임**

㉠ 미래 세대에 대한 책임 : 미래에 미칠 영향을 고려하여 행동, 미래 세대에게 인간답게 살 수 있는 자연환경을 물려줄 책임이 있음 → 미래 세대를 권리 주체로 여겨야 함

㉡ 인류는 연속적 세대로 이루어진 도덕 공동체 : 전 인류가 건강하게 사는 것은 당위적 · 윤리적 의무임

㉢ 책임 윤리와 배려 윤리 강조 기출 22

- 요나스 : 인류가 존재해야 한다는 당위적 요청을 근거로 인류 존속에 대한 현세대의 책임을 강조 → '우리의 책임은 일차적으로 미래 세대의 존재를 보장하는 것이며, 이차적으로는 그들의 삶의 질을 배려하는 것'
- 나딩스 : 실생활에서 생각하게 되는 윤리의 문제는 배려의 문제라고 주장 → '현세대가 에너지를 아끼고 동식물을 보호하는 행위는 미래 세대에게 이익을 주는 행동'

더 알아두기

미래 세대의 권리를 바라보는 시점
- 벤담(공리주의) : 확실하고 가까이 있는 쾌락이 더욱 중요 → 현세대가 더 중요함을 강조, 현세대가 자원 사용을 최소화하면서 고통을 겪어서는 안 된다는 주장
- 칸트(의무론) : 미래 세대도 현세대가 누리는 것과 같은 삶을 누려야 한다는 도덕적 권리를 강조
- 롤스(분배의 정의) : 누구나 따를 수 있는 합의 가능한 도덕 원리 도출 → 모든 세대가 동등한 권리를 가져야 함

⑤ **환경적으로 건전하고 지속 가능한 발전** 기출 20

㉠ 보존과 개발의 조화

- 개발론 : 다수의 이익과 행복의 증진을 옹호 → 공리주의적 관점에 기초
- 보전론 : 자연은 본래적 가치를 가지므로 자연을 보전해야 함 → 인간의 행복을 위하여 자연 보전은 필수

㉡ 지속 가능성 추구 : 인간, 사회, 경제, 생태계 지속 가능성을 지향

㉢ 지속 가능한 발전을 위한 실현 방안

- 개인적 차원 : 모든 생물의 가치를 존중, 공존의 삶 추구, 자원을 아끼고 환경친화적인 생활 유지
- 국가적 차원 : 저탄소 녹색 성장 지향, 삼림 자원 조성, 자연 휴식년제 도입, 건전한 환경 기술 발전
- 국제적 차원 : 몬트리올 의정서, 바젤 협약, 생물 다양성 보존 협약, 람사르 협약 등의 국제 협약 필요

더 알아두기

환경적으로 건전하고 지속가능한 개발을 위한 국제 협약

- **람사르 협약** : 물새 서식지로서 국제적으로 중요한 습지를 보호하기 위한 국제 협약 → 국제적으로 중요한, 소위 람사르 사이트에 포함시킬 수 있는 습지 한 곳 이상 지정, 지정한 습지의 생태학적 특성 유지, 자신들의 영역에서 모든 습지를 현명하게 이용하기 위한 기획을 조직, 습지의 자연보호구 지정
- **몬트리올 의정서** : 오존층 파괴 물질인 염화불화탄소(CFCs)의 생산과 사용을 규제하려는 목적에서 제정한 국제 협약 → 국가적・지역적 차원에서 취하여진 특정 염화불화탄소의 배출을 규제하기 위한 예방 조치에 주목, 개발도상국의 수요를 유념하여 오존층 파괴 물질의 배출 규제 및 배출 감축과 관련된 과학・기술을 연구・개발하기 위한 국제 협력 증진의 중요성을 고려하여 합의
- **바젤 협약** : 유해 폐기물의 국가 간 이동과 처리의 규제에 관한 국제 협약 → 유해 폐기물 이동 시 발생 가능한 사고 예방을 위해 폐기물 이동 절차 통제, 유해 폐기물 생산 최소화와 교역 극소화, 불법 교역 규제 등
- **사막화 방지 협약** : 무리한 개발과 오남용으로 인한 사막화 방지를 위해 체결된 협약 → 사막화로 인한 피해 지역에 재정적・기술적 측면의 국제적 노력을 통한 사막화 방지와 나아가 지구 환경 보호를 목표로 함
- **생물 다양성 보호 협약** : 지구상의 다양한 생물종 보호를 위해 마련된 국제 협약 → 생물 다양성의 보전과 지속 가능한 이용 및 유전 자원의 이용을 통하여 얻어지는 이익의 공평한 분배를 목적으로 함

9 과학기술과 정보

(1) 과학기술의 발달과 윤리

① 과학기술의 의미와 관계

㉠ 과학기술의 의미 : 관찰, 실험, 조사 등의 객관적 방법으로 얻은 자연현상에 대한 체계적 지식을 활용하여 인간에게 유용하도록 가공하는 것으로 그 본질은 인간의 존엄성 구현과 삶의 질 향상에 있음

㉡ 과학기술 윤리 : 지식과 이념의 체계인 과학기술로 인해 새롭게 대두된 군사무기, 환경오염 등의 문제들을 다루는 데 필요한 기본 도덕적 관념

더 알아두기

과학기술의 의미

구분	과학	기술
어원	스키엔티아(Scientia)	테크네(Techne)
전통적 의미	정신 활동으로 간주하며 인간 정신의 일부로 봄	인간 정신이 외적인 것을 생산하기 위한 활동을 말함
현대적 의미	과학과 기술을 함께 봄(과학기술이라고 말함). 이상적으로 추구해야 할 바람직한 관념 체계로 확대됨	

② 과학기술의 가치 중립성 중요 기출 24

㉠ 가치 중립성의 의미

- 의미 : 과학적 사실이나 기술 그 자체는 철저히 중립적인 것으로서 다른 의미나 아무런 가치를 지니지 않는다는 것으로, 여러 가지 가치 주장이나 가치관에 찬성하거나 반대하지 않으려는 무관심의 상태 또는 개입하기를 거부하는 상태
- 베버 : 과학적 지식의 객관성을 보장하기 위해서 사실과 가치판단을 엄격히 구별해야 함

㉡ 과학기술은 가치 중립적이다.

- 과학기술은 객관적 관찰과 실험으로 지식 획득 → 주관적 가치의 개입 불가능
- 사실을 다루는 과학기술과 가치판단은 엄격히 구분됨 → 윤리적 평가와 사회적 비판이나 책임에서 자유로운 영역

㉢ 과학기술은 가치 중립적이지 않다.

- 과학기술은 그 자체로 좋은 것도 나쁜 것도 아님 → 과학기술이 자유롭게 발전하도록 간섭하면 안 됨
- 연구 목적 설정, 연구 결과의 현실 적용 시 가치판단이 개입됨
- 과학기술도 가치판단에서 자유로울 수 없음 → 윤리적 검토나 통제 필요
- 과학 연구와 기술 개발에 대한 기업, 국가 등의 후원으로 인해 가치 중립성을 유지하기 어려움

㉣ 과학기술의 가치 중립성 논란

- 과학기술의 가치 중립성 주장 : 야스퍼스(K. Jaspers) → "기술은 그 자체로 선하지도 악하지도 않은 수단이다. 그것은 인간이 기술로부터 무엇을 만드느냐, 기술이 인간의 무엇을 위해 기여하느냐, 그리고 어떤 조건하에서 기술이 만들어지느냐에 달려 있다."
- 과학기술의 가치 중립성 부정 : 하이데거(M. Heidegger) → "과학기술을 가치 중립적인 것으로 고찰할 때, 우리는 무방비 상태로 과학기술에 내맡겨진다."

③ **과학기술의 성과와 윤리적 문제**

긍정적 성과	• 인간의 물질적 풍요와 풍요로운 생활 가능 • 생명 연장과 기아 문제 해결에 기여 • 시·공간적 제약을 극복하게 함 • 대중문화를 발달시킴
부정적 성과	• 환경 윤리적 측면 : 자원 고갈, 생태계 오염 및 파괴, 기상 이변 등 • 생명 윤리적 측면 : 낙태, 안락사, 생명 복제 등 생명의 존엄성을 훼손, 인간의 정체성 규정에 부정적 영향을 미치는 윤리적 문제 발생 • 정보 윤리적 측면 : 인격적 인간관계의 파괴, 개인 정보 유출 등 사생활 침해, 거대한 감시 체제(Panopticon)의 운영에 대한 우려 • 경제 윤리적 측면 : 국가 간, 계층 간의 부(富)의 격차 심화 가능성 증대

④ **과학기술의 윤리적 과제**

㉠ 과학기술 탐구의 윤리적 과제

- 시대나 적용 대상이 달라져 과학적 사실이 진실이 아님을 안 경우 과학적 사실의 객관적 성격을 유지하기 어려움
- 연구 대상과 영역 선택에 있어 과학자의 흥미나 지원 및 보상, 실제 응용 가능성 등에 영향을 받아 과학의 가치 중립성 유지에 어려움이 있음
- 과학기술이 인간의 삶에 미치는 영향이 크므로 윤리적 책임이 확대됨
- 과학기술이 어떤 영향을 끼치는지 예측할 수 없음
- 인격적인 인간관계 파괴, 사생활 침해 등의 문제 야기 → 판옵티콘과 같은 거대 감시 체제가 등장할 수 있음

체크 포인트

판옵티콘

영국의 공리주의 철학자 제러미 벤담(J. Bentham)이 제안한 원형 모양의 감옥 건축 양식이다. 프랑스의 철학자 미셸 푸코가 1975년 그의 저서 『감시와 처벌(Discipline and Punish)』에서 현대의 컴퓨터 통신망과 데이터베이스가 마치 죄수들을 감시하는 '판옵티콘'처럼 개인의 일거수일투족을 감시할 수 있다고 주장하였다.

㉡ 과학기술자의 책임 한계와 관련된 견해
- 과학기술 자체에 대한 책임만 강조하는 견해 : 과학기술자는 엄격한 자기 검열을 통해 연구에 거짓이나 속임이 없어야 하며, 연구 결과에 대해서는 책임이 없음
- 과학기술과 관련한 사회적 책임까지 강조하는 견해 : 과학기술자는 자신의 연구 개발의 결과에 대해서도 책임을 져야 함

⑤ 과학기술에 대한 윤리적 책임

㉠ 개인적 차원의 노력
- 자신의 연구 개발과 관련하여 사회적 책임을 다해야 함
- 자신의 연구가 가져올 수 있는 사회적 부작용을 인지하고, 연구 과정과 결과를 적극적으로 사회에 알려야 함
- 여러 가지 정보나 자료를 날조하거나 표절해서는 안 됨
- 과학적 지식의 발견이 윤리적이고 학문적이어야 함
- 자신의 연구가 삶의 질을 향상하고 인간의 존엄성을 구현해야 하는지 알아야 함
- 전문 직업인으로서 사회적 책임 의식이 무엇보다 강해야 함

㉡ 사회 제도적 차원의 노력
- 과학기술의 연구・개발 과정과 결과를 평가・감시・통제할 수 있는 국가 또는 기관 단위의 윤리위원회 활동
- 과학기술 연구・개발에 대한 개별적・집단적 책임을 물을 수 있는 제도적 장치 마련
- 일반 시민도 과학기술 연구・개발에 관련된 사회적 토론에 참여할 수 있는 제도를 마련하고 사회적 합의 장치를 마련

⑥ 과학기술의 활용을 위한 윤리 의식

㉠ 동양의 순천절물(順天節物)의 자연관 : 자연에 따르고 절도에 맞게 행동하는 것으로 자연을 온전한 질서를 갖춘 것으로 보고, 인간의 이기심과 욕망을 줄이고 자연 속에서 균형과 조화를 이루며 소박하게 살아가야 한다는 것

㉡ 요나스(H. Jonas)의 책임 윤리
- 과학기술의 발달과 그것을 따라가지 못하는 윤리의 차이를 '윤리적 공백'이라 부름
  → 전통적인 윤리로는 새로운 변화를 충분히 고려하지 못하여 새로운 윤리의 필요성을 강조
- 인류와 미래에 대한 책임의 한계 규정 : 생명이 살 수 있는 미래를 파괴하지 않도록 행위해야 함
- 책임의 범위 설정 문제 : 자연과 생태 문제를 다루는 데 있어 책임의 범위를 어떻게 설정하느냐에 따라 인류의 미래가 달라질 수 있음 → 책임의 범위를 확장해야 한다고 주장함
- 연대적 존재 : 인간은 다른 생명체와 어울려 살 수밖에 없는 존재 → 자신을 포함한 다른 사람, 다른 존재에 대한 연대 책임이 있다고 봄
- 예견적 책임 강조 : 과학기술의 발전이 먼 미래를 파괴하지 않도록 생명에 대한 도덕적 책임을 져야 함

(2) 정보 사회의 윤리

① 정보 통신 기술 사회의 특성

㉠ 정보의 특성

- 무한 복제가 가능함
- 남에게 전하거나 판매해도 없어지거나 줄어들지 않음
- 하나의 정보로써 모든 수요를 충족시킬 수 있기 때문에 대량 생산이 필요하지 않음
- 다른 정보와 합치거나 그 일부를 빼거나 형태를 바꿈으로써 얼마든지 새로운 정보로 바꿀 수 있음

㉡ 정보 통신 기술 사회의 특성

- 정보량의 기하급수적 팽창, 정확한 정보의 신속한 확산, 엘리트 전유물이 아니라 일반인들에게 일상생활의 필수적인 재화가 됨
- 정보를 수집・처리・전달하는 일이 경제 활동의 중심이 됨
- 정보를 만들어 낼 인간의 지식이 가치를 창출하는 주요인이 됨

㉢ 정보 통신 기술 발달에 따른 사회 변화

구분	낙관적 전망	비관적 전망
정치	보다 참여적이고 분권적인 의사 결정, 정보 접근 기회의 확대 등을 통해 권력 분산이 이루어짐으로써 민주화의 진전을 기대할 수 있음	새로운 정보 통신 기술을 이용하여 미증유의 집중화된 통제가 가능할 것임
경제	집중화, 팽창, 표준화, 획일화, 착취 등과 같은 내재적 결함을 지니고 있는 자본주의적 생산 구조에 새로운 전환의 계기를 만들어 줄 수 있음	정보 통신 기술은 자본주의적 생산 양식을 영속화시키기 위한 새로운 도구에 불과하기 때문에 비효용적인 분업과 생산 과정의 분산, 생산 국면의 통합된 통제 등의 문제를 초래할 것임
사회	정보 통신 기술은 사회생활 전반에 걸쳐 창의력을 신장시키는 동시에 조직을 위시한 사회 체계가 수평적이고 다원적인 체계로 변화하게 됨에 따라 평등성을 키우게 될 것임	첨단 정보 통신 기술이나 정보가 정치권력이 대중을 통제하거나, 기업가와 자본가가 이윤 축적을 극대화하는 도구로 이용되어, 정치・경제적 지배 계층 구조의 고질적 불평등의 문제가 심화될 것임
문화	자동화에 의해 기술적 노동 대치가 확대됨으로써 늘어난 여가 시간을 통해 개별적인 문화의 향유 기회가 증가될 것임	자율적이고 다양한 문화의 향수보다는 문화적 획일화를 초래할 것이며, 소비와 향락의 소모적 문화 환경을 확장시켜 사회 환경에 대처하는 인간의 자기 규정적 메커니즘이 상실되는 결과를 가져올 것임

② **정보화에 대한 다양한 관점**

㉠ 정보화의 두 가지 측면

긍정적 측면	부정적 측면
• 여러 네트워크가 서로 자발적으로 연결되어 있어 포괄적인 지배력을 갖는 관리자 등장이 어려움 • 중앙 집중적, 수직적 조직 원리를 분권적이고 유연한 조직 원리로 나아가게 촉진 • 가상공간의 공동체와 시민 사회의 영향력을 강화 • 개인동영상방송, 블로그, SNS 등을 통해 일반인들도 전문적인 정보 습득이 쉬워짐 • 새롭고 다양한 인간관계의 형성 가능 • 생산과 관리의 효율성 제고로 능률과 생산성 향상 • 다품종 소량 생산으로 소비자의 선택 가능성을 확대	• 간접적 접촉이 늘어나면서 인간관계가 비인격적·피상적으로 변질될 수 있음 • 익명성으로 인한 비윤리적 행위(컴퓨터 범죄) 증가 • 개인의 정보가 유출되어 부정하게 이용(개인의 사생활 침해) • 부유한 사람들은 고급 정보에 접근할 기회를 많이 가지게 되어 정보의 '빈익빈 부익부' 현상 심화 • 국가나 개인이 정보를 통제하기 때문에 개인의 권리와 충돌 • 선진국과 후진국 간의 정보 격차 심화

㉡ 정보 사회의 윤리적 쟁점

• 정보 격차 문제로 정보 접근권 문제 발생 : 정보 통신 활용이나 정보 처리 능력에 따른 것
• 불법 복제나 불법 파일 거래 등으로 **지적 재산권 침해** 문제 발생 : 저작권법으로 보호되는 저작물을 무단으로 사용하여 저작권자의 배타적 권리 침해 → 저작물의 무단 사용은 저작자의 창작 의욕을 감소시켜 결과적으로 정보의 질을 하락시킴

더 알아두기

카피레프트와 카피라이트의 주장 대립

• **카피레프트(정보 공유)** : 더 많은 사람이 쉽게 사용할 수 있도록 무료로 정보 공유, 정보를 공유할 때 정보의 질적인 발전 가능
• **카피라이트(정보 사유)** : 정보를 생산하는 데 노력의 대가를 충분히 제공하여 저작자의 창작 의욕과 정보의 질 높임

• **사생활 침해**와 개인 정보 보호 문제 : 감시나 침해·남용으로부터 개인 정보를 보호(소극적), 자신의 정보 유통에 대해 결정하고 통제해야 함(적극적) → 정보의 자기결정권이나 잊힐 권리로 확대
• 언론이나 포털 사이트에서 개개인의 의견 등을 조작하거나 왜곡할 가능성 우려

체크 포인트

• 정보의 자기결정권 : 자신에 관한 정보를 보호받기 위하여 자신에 관한 정보를 자율적으로 결정하고 관리할 수 있는 권리를 뜻함
• 잊힐(잊혀질) 권리 : 정보 주체가 온라인상 자신과 관련된 모든 정보에 대한 삭제 및 확산 방지를 요구할 수 있는 자기결정권 및 통제 권리를 뜻함

③ 사이버 공간에서의 윤리

㉠ 사이버 공간의 특징

- 등장 배경 : 개인용 컴퓨터 보급과 초고속 인터넷 망의 확산
- 특징
  - 익명성 : 자신의 정체가 드러나지 않는 익명성의 특징을 지니므로 더욱 솔직하게 의견을 주고 받으며 활발하게 활동
  - 개방성 : 성별, 국적, 연령과 무관하게 누구든지 접근 가능한 개방된 공간으로 시간적·공간적 제약이 없음
  - 다양성 : 수많은 정보가 넘쳐나는 공간으로 검색만 하면 내가 원하는 다양한 정보를 얻을 수 있음
  - 자율성 : 누군가의 강요가 아니라 자발적으로 자신이 원하는 활동에 참여하여 다양한 지식과 정보를 공유함

㉡ 사이버 공간이 인간 심리에 끼치는 영향

- 익명성 : 새로운 성격 창조, 다양한 자아 탐색 → 사람의 말과 행동이 급변할 수 있음
- 몰입의 체험 : 인터넷 채팅, 게임, 동호회 활동 → 몰입 체험을 통해 행복감을 느끼고 성장할 수 있음
- 집단행동의 논리 : 동호회 등 군중 속의 개인 → 자신의 언행에 대한 도덕적 심사숙고의 가능성이 적음
- 정서적 유대 : 자유로운 의사소통과 평등관계를 유지하여 정서적으로 유대감을 느낌
- 일회적 인간관계에 집착 : 충동적 행동 성향을 보이기 쉽고, 지속적인 인간관계가 어려움
- 현실 도피 가능성 : 사이버 공간의 자아로 끝까지 살고 싶어함

㉢ 사이버 공간에서의 자아 정체성

- 사이버 공간에서의 자아 정체성 문제
  - 현실의 자아와 사이버 공간에서의 자아 착각
  - '나'라는 동일성과 연속성을 유지하기 힘듦
  - 일회적인 인간관계로 인한 충동적 행동 성향 표출
- 바람직한 자아 정체성을 위한 노력
  - 사이버 공간에 적응할 수 있도록 다양한 정체성의 표현
  - 가상 공간의 익명성과 자유로움 활용
  - 자아 정체성에 대한 탐색을 통해 신념과 가치관을 찾을 수 있도록 함
  - 사이버 자아를 현실 자아의 한 모습으로 인식
  - 사이버 공간에서도 반드시 책임이 요구됨을 인식

㉣ 사이버 공간에서의 표현의 자유와 한계

- 사이버 공간에서의 표현의 자유
  - 표현의 자유는 헌법상 기본권의 하나
  - 표현의 자유는 참여와 연대로 이어져 민주주의 사회의 기반이 됨
  - 자신의 생각을 자유롭게 표현할 수 있어 자아실현이 가능

• 표현의 자유에 대한 한계
  - 스스로 정화되는 능력이 부족하여 발생하는 문제점 : 무책임한 정보의 홍수, 불건전한 정보의 유통, 은밀하게 훔쳐보고 싶은 욕망
  - 표현의 자유가 허용될 수 있는 범위 : 다른 사람의 권리를 침해하지 않고, 사회 질서를 지키는 범위 내에서 배려하고 존중하는 마음이 중요
• 사이버 공간에서 가져야 하는 도덕적 책임
  - 상호존중 : 나 자신이 소중하듯 상대방도 소중한 사람으로 대하는 상호존중의 태도를 가져야 함
  - 정의 : 모든 사람에게 사이버 공간이 주는 혜택과 이익을 공정하게 배분하도록 하는 정의를 이루어야 함
  - 책임감 : 자신의 정체가 드러나지 않는 사이버 공간일수록 더욱 책임감 있는 행동을 해야 함

ⓜ 사이버 폭력
• 의미 : 사이버 범죄의 일종으로, 인터넷이나 인터넷과 관련된 기술상에서 다른 사람에게 피해를 입히는 모든 행위
• 사이버 폭력의 유형
  - 모욕 : 인터넷 상에서 특정인에 대하여 모욕적인 언사나 욕설 등을 하는 행위
  - 명예훼손 : 비방을 목적으로 인터넷상에 구체적인 내용의 허위 또는 사실이 유포되어 피해를 입은 경우
  - 성폭력 : 인터넷을 통해 성적 수치심이나 혐오감을 일으키는 말이나 음향, 글이나 사진, 그림, 영상 등을 받은 경우
  - 스토킹 : 공포심이나 불안감을 일으키게 하는 음성, 문자, 화상 등을 반복적으로 받아 피해를 입은 경우
  - 사이버 불링(사이버 따돌림) : 사이버 폭력의 대표적 유형으로 인터넷에서 특정인을 괴롭히는 행동 또는 그러한 현상, 즉 소셜네트워크서비스(SNS), 카카오톡 등 스마트 폰 메신저와 휴대 전화 문자메시지 등을 이용해 상대를 지속적으로 괴롭히는 행위
• 사이버 폭력의 특징
  - 가해 행위의 집단성 : 사이버 공간은 접근의 용이성과 비대면성, 익명성이라는 속성을 지니고 있어 다수의 가해자가 손쉽게 폭력 행위에 가담
  - 빠른 전파성 : 인터넷, SNS의 빠른 전파성과 무한 복제성으로 피해자를 공격하는 소문, 허위 사실 등이 빠르게 확산되어 피해 확대
  - 시공간 제약 없는 가해 : 시공간 경계가 없는 사이버 공간의 특성으로 24시간 장소의 구애 없이 사이버 폭력에 노출
  - 피해 기록의 영속성 : 인터넷상에 노출된 사이버 폭력의 내용은 삭제가 어려워 평생 피해 기록에 대한 두려움에 시달림
  - 은밀한 폭력 방식 : 현실의 대면 공간에서 발생하는 물리적 폭력 행위에 비해 비대면
• 사이버 폭력의 예방 및 대응 방안
  - 학교에서 다양한 인터넷 윤리 교육 진행
  - 정부 차원에서 책임의식을 갖고 인터넷 문화 개선

- 개인 정보를 공개하는 것을 주의함
- 주변인이나 관계 기관에 도움을 요청
- 법적·제도적으로 처벌을 강화하는 장치를 마련

④ **정보 통신 윤리의 기본 원칙**

㉠ 존중의 원칙 : 자신에 대한 존중과 타인에 대한 존중 → 자신에 대한 존중이란 스스로를 본래적 가치를 지닌 것으로 대우하는 것이고 타인에 대한 존중은 타인의 인격과 사생활, 지적 재산권 등을 존중하는 것임

㉡ 책임의 원칙 : 정보 제공자 및 이용자는 자신의 행동이 가져올 결과를 신중히 생각하고 책임 있게 행동해야 함

㉢ 정의의 원칙 : 정보의 진실성과 공정성, 완전성을 추구하며 다른 사람의 기본적 자유와 권리를 침해하지 않아야 함

㉣ 해악 금지의 원칙 : 사이버상에서의 비도덕적 행동을 지양하고 타인에게 피해를 끼치지 않아야 함

⑤ **정보 사회에서의 매체 윤리**

㉠ 매체 : 다양한 정보를 신속하게 전달하기 위한 매개체로 신문, 서적 등의 인쇄 매체, 텔레비전과 라디오 등의 방송 매체 등 기존의 매체뿐 아니라, 정보 통신 기술의 발전으로 다양한 유형의 뉴 미디어가 개발되고 있음

- 뉴 미디어(new media) : 인터넷 등 전자통신의 새로운 기술을 통하여 정보를 가공, 전송, 소비하는 새로운 수단의 정보 매체

㉡ 국민의 알 권리와 인격권

- 알 권리 : 국민은 정보를 제한 없이 알 수 있는 알 권리가 있음 → 인간의 존엄성을 실현하고 헌법에 명시된 행복 추구권을 보장하기 위해 필요 → 시민 혼자 정보를 수집하는 것에는 한계가 있으므로, 언론에 객관적이고 공정한 정보 전달의 의무를 부여
- 인격권 : 인간의 존엄성에 바탕을 둔 사적 권리 → 국민의 알 권리 보장을 위한 매체의 보도가 개인의 인격권을 침해하면 안 됨
- 알 권리와 인격권의 관계
  - 모든 정보의 공개를 요구하는 것은 오히려 공익을 실현하는 데 방해가 될 수도 있으므로 알 권리와 공익 사이의 조화가 필요
  - 개인의 사생활 보장은 국민의 알 권리 보장을 위해 일부 제한될 수도 있음
  - 매체의 보도는 국민의 알 권리를 위해 필요하지만, 정보가 개인의 인격권을 침해하지 않도록 신중히 다루어야 함

㉢ 표현의 자유에 대한 한계 : 뉴 미디어는 다수에게 영향을 끼칠 수 있는 공적인 영역이므로, 표현의 자유는 타인의 권리를 침해하지 않고 공익을 해치지 않는 내에서 허용되어야 함

㉣ 매체에 대한 이용자의 자세 : 매체가 언제나 객관적 진실만을 제공하는 것은 아님 → 매체가 전달하는 정보를 비판적으로 수용하며, 능동적으로 참여할 수 있는 주체가 되어야 함

10 남북한 관계와 통일

(1) 남북한 통일의 의미와 필요성

① **조국 분단의 배경과 원인**

㉠ 국제적 요인

- 한반도의 지정학적 위치의 중요성 : **강대국들의 세력 경쟁의 장(場)**
- 제2차 세계 대전의 전후 처리 : 북위 38도선을 경계로 미·소군이 진주하여 일본군 무장 해제 → 분단의 결정적 계기

㉡ 국내적 요인

- **자주 독립 역량과 통일 역량 부족**
- 독립 운동을 위한 구심점과 **통합된 세력 형성 미흡**
- 민족의 이념적 분열 : 민족 내부의 응집력·자주 독립 역량 약화로 강대국의 한반도 문제 개입 명분 제공 → 분단의 고착화 원인

② **조국 통일에 대한 견해**

㉠ 찬성 의견

- 이산가족의 고통을 해소할 수 있음
- 민족의 동질성을 회복하고 민족 공동체를 실현
- 군사비 감소
- 전쟁에 대한 공포 해소
- 늘어난 인구와 영토를 통해 경제적 번영 및 국제적 위상 제고

㉡ 반대 의견

- 오랜 기간 분단으로 인해 커진 문화적인 이질감
- 북한의 군사 도발 등으로 인한 거부감
- 통일 비용으로 인한 조세 증가에 대한 부담감
- 남북한 사이의 사회적 갈등 발생에 대한 우려

③ **조국 통일의 의미**

㉠ **민족의 동질성 회복**

- 외면상의 통합이 아닌 내면적인 민족 공동체의 형성
- 이념과 사상, 제도와 생활양식, 사고방식 등 남북한 간의 이질성을 극복하는 사회·문화적 통합

㉡ **민주적 체제로의 통합**

- 2개의 체제를 하나로 통합하여 단일 주권 국가가 되는 상태
- 국민 통합이 이루어져 국민들이 동등한 권리를 지님
- 생활공간의 통일과 법, 군대의 통일

더 알아두기

통일을 위한 실천적 합의에 도달하지 못한 이유
- 국내외 여건의 미성숙
- 통일 문제에 대한 남북한 간의 기본적 인식과 절차, 방법 등의 차이

④ **조국 통일의 당위성** 중요 기출 22

㉠ 민족사적 요청 : 민족 문화의 전통 계승·발전, 민족적 자부심 회복

㉡ 민족 동질성 회복의 요청 : 민족 간의 다른 이념과 사상 속에서 걸어온 정치·경제·사회·문화의 이질화 현상 극복

㉢ 인도주의적 요청
- 동족상잔의 전쟁 재발에 대한 불안 제거
- 이산가족들의 생이별의 고통과 불행 해소

㉣ 민족 발전의 요청 : 민족적 역량 낭비 방지 → 민족 번영의 기반 확립

㉤ 개인적 요청 : 취업 및 소득 증대 등 기회의 확산, 자유의 확산

㉥ 국제 정치적 요청
- 평화 통일은 민족의 자주적인 역량을 세계에 발휘하게 함
- 동북아시아와 세계 평화의 안정에 기여

㉦ 기타 경제 규모 확대·통합으로 새로운 성장 동력 확보

㉧ 남북한 공간통합으로 생활공간을 대륙으로 확장

㉨ 금전적으로 추정할 수 없는 무형의 이익 생산

(2) 민족 통합의 윤리적 과제

① **남북한 동질성 회복을 위한 민족 정체성의 형성**

㉠ 민족 정체성의 의미와 중요성 중요
- 의미 : 다른 민족과 구별되는 우리 민족만의 특징
- 중요성 : 남북한의 갈등 완화와 동질성 회복, 민족에 대한 소속감 인식을 통한 화합과 통합의 가능성 확대

㉡ 남북한의 동질성 회복을 위한 노력
- 사회·문화적 교류를 통한 동질성 회복 : 비정치적이고 친근한 스포츠 교류, 이산가족 교류와 같은 사회·문화적 교류를 통하여 한민족임을 확인하고 동질성을 회복
- 민족애의 함양 : 민족 구성원을 믿고 사랑하는 마음을 가지고 서로 어려운 환경에서는 도움을 줄 수 있도록 노력
- 교류와 협력의 단계적 추진 : 동질성 회복을 위한 과정에서 부작용과 저항을 최소한으로 줄이기 위해 남과 북의 비슷한 부분을 찾아서 쉽게 접근할 수 있는 분야부터 단계적으로 교류해야 함

② 남북한의 차이와 다름에 대한 이해

㉠ 다문화적인 사고방식 : 서로의 다름을 이해할 수 있도록 **다문화적인 사고**를 가져야 하며, 다양성을 통일 과정의 장애물이 아니라 우리 사회와 문화를 더욱 가치 있게 만들어주는 자산으로 인식해야 함

㉡ 차이점을 '**긍정적 다름**'으로 인식 : 남한과 북한의 이질적인 면은 서로를 돌아볼 수 있는 계기가 될 수 있으므로 부정적으로만 보지 말고 긍정적 효과를 불러오는 차이점으로 인식해야 함

③ 민족 공동체 형성을 위한 노력

㉠ 민족 공동체 : 민족의식을 지니고 있는 구성원들이 민족의 발전과 존속을 함께하는 공동체 집단

㉡ 민족 공동체 건설의 중요성

- 소속감과 유대감을 제공하여 구성원이 상호 신뢰를 가질 수 있음
- 민족 공동체는 민족의 발전과 성장의 밑거름이 됨

㉢ 민족 공동체 건설을 위한 노력

- 남한 내에서도 북한과 통일에 대하여 개인과 집단마다 가지고 있는 이념의 차이가 존재함
  → 이러한 남남갈등을 민족 공동체 회복을 위한 필수적 과정으로 인식하고 국민의 민주적 합의를 존중하는 자세를 지녀야 함
- 한민족 공동체가 형성될 때 남북통일에 도움이 되고 국제 사회에서의 위상 역시 달라질 것임

(3) 통일의 의미와 방법 및 문제점

① 진정한 의미의 통일

㉠ 기본적 의미

지리적 통일	국토가 하나로 통합되어 자유로운 왕래가 가능해지는 것
정치적 통일	대립되었던 제도를 같은 체제 속에 같은 정치 시스템으로 구축하는 것
경제적 통일	서로 다른 경제 체제를 하나로 거듭나게 하는 것
문화적 통일	이질화된 문화를 하나로 다시 탄생시키는 것

㉡ 궁극적 의미

- 사회적 통일을 이루는 것으로 한민족으로서의 동질성이 회복되어 민족 전체가 같은 민족으로 느끼면서 동질적인 삶의 양식과 정신문화를 공유하게 되는 것
- 어느 한 쪽의 일방적인 흡수통일이 되어서는 안 되고, 남북한 주민 모두가 행복해지는 통일이 되어야 함

② 통일 방법과 비용

㉠ 통일 방법

- 한반도 상황에 대한 정확한 이해 : 남한과 북한에 존재하는 두 체제에 대하여 정확히 이해를 하고, 체제의 차이로 인한 차이점에 대해 알고 있어야 통일이 되었을 때 서로를 이해할 수 있음
- 정신적·제도적 준비 : 분단 상황이 고착화되면서 발생된 이념과 체제의 대립을 해소하여 남북한이 함께 살아가기 위한 정신적·제도적 준비가 이루어져야 함
- 내면적 동질성 회복을 위한 노력 : 통일이 된 후에 남북한 사람 모두의 마음이 하나가 될 수 있도록 지속적으로 교류와 협력을 통하여 내면적 동질성을 회복할 수 있어야 함

- 남북한의 상호 신뢰와 화해 : 남한과 북한 모두가 통일을 위해 적극적인 협력을 할 수 있도록 상호 신뢰를 회복해야 하며 상대방을 이해하고 존중하면서 대화의 상대로 인정해야 함

㉡ 남북 분단과 통일에 따른 비용 기출 23

- **분단 비용** : 분단으로 인해 소요되는 비용, 즉 남북한 사이의 대결과 갈등으로 발생하고 있는 유무형의 지출성 비용
  예 군사비, 안보비, 외교 행정비, 이산가족의 고통, 이념적 갈등과 대립 등
- **평화 비용** 기출 24, 20 : 평화를 지키고 창출하기 위한 비용, 한반도 전쟁 위기를 억제하고 안보 불안을 해소하기 위해 직·간접적으로 지출하는 모든 형태의 비용
  예 대북 지원 비용, 남북의 이념적 대결로 인한 우리 사회의 민주주의의 후퇴도 포함
- **통일 비용** : 통일에 따라 발생하게 되는 비용, 다시 말해 통일 과정 및 통일 이후 남북 간의 격차를 해소하고 이질적인 요소를 통합하는 데 소요되는 정치, 경제, 사회, 문화적 비용 등
  예 북한 경제 재건 비용, 통일 후 위기 관리 유지 비용 등
- **투자 비용** : 남북 경제 협력과 대북 지원 등에 쓰이는 평화 비용, 통일 이후 위기 관리 비용, 경제 재건 비용

㉢ 대북 지원 문제

- 대북 지원 : 정부와 민간이 인도적 차원에서 식량 및 각종 물품부터 농업개발 지원, 피해 복구 지원, 영양 결핍 아동과 노약자 지원 등 다양한 방식으로 어려운 북한 주민의 생활을 개선시키기 위해 지원하는 것
- 대북 지원에 대한 관점
  - 인도주의적 관점 : 대북 지원은 남북의 정치나 군사 등 여러 상황과 무관하게 이루어져야 함
  - 상호주의적 관점 : 대북 지원은 북한에 일정한 변화를 요구하면서 이루어져야 함
- 대북 지원에 대한 논의 : 통일을 이루기 위해 대북 지원의 방향에 대한 국민적 합의가 필요

③ 북한 이탈 주민의 정착에 따른 윤리적 문제

㉠ 북한 이탈 주민이 겪는 어려움

- 경제적 어려움 : 북한에서 취득한 학력이나 자격은 남한에서 인정받기 힘듦, 자신이 원하는 안정된 직장을 구하기 힘듦, 비정규직으로 채용될 가능성이 높음, 자본주의 경쟁 체제에 적응하는 데 어려움
- 심리적 어려움 : 북한에 남은 가족에 대한 그리움과 죄책감, 새로운 생활에 대한 불안감, 남한 사람들의 편견과 무시
- 문화적 어려움 : 언어가 다름, 남한의 개인주의적 가치관에 대한 부적응

㉡ 북한 이탈 주민 정착에 대한 해결 방안

- 사회·국가적 차원 : '북한 이탈 주민의 보호 및 정착 지원에 관한 법률' 등에 따른 정착금, 주거, 취업 등 다양한 지원, 주거 알선 등 자립과 자활 지원
- 개인적 차원 : 북한 이탈 주민은 사회적 약자이므로 그들의 인격과 개성을 존중하고 배려하는 자세 필요, 편견을 갖고 무시하거나 지나치게 동정하지 않는 자세 필요

(4) 통일의 실현을 위한 우리의 대응

① 통일 국가 실현의 전제 조건 중요

㉠ 국가적 차원의 조건

- **대내적 통일 기반 구축**
  - 지방 자치제 등의 민주 제도 발전
  - 세계화 이념에 바탕을 둔 경제적 도약, 복지 국가 추구 등을 통해 통일 역량 신장
- **민족의 동질성 회복**
  - 남북한 간의 교류와 협력 기반 구축 → 민족의 동질성과 순수성을 회복
  - 6·25 전쟁 이후 쌓여 온 적대와 불신을 해소하기 위해서는 비정치적 분야에서부터 민족 교류와 의사소통이 이루어져 서로의 정보를 교환해야 함
- **국제적인 통일 지원 분위기 조성**
  - 한반도의 통일이 아시아의 평화에 기여한다는 확신 확산
  - 남북한과 주변국들이 안보적 측면에 대해 협의하고 현안 문제를 논의할 수 있는 여건 조성

㉡ 국민적 차원의 조건

- **통일 의식 강화** : 통일이 곧 나의 일이며 언제든 현실로 다가올 수 있다는 인식 형성
- **소통과 배려** : 북한의 생활 의식에 대한 공감대를 형성하려는 마음
- **희생의 각오** : 통일을 위해 물질적·정신적 대가를 치를 각오
- **양면성 인식** : 북한은 경계의 대상이자 동반자라는 양면성에 대해 올바른 인식 필요

② 통일 과정과 우리의 자세

㉠ 예상되는 통일 과정

- 평화 통일의 점진적 절차
  - 흡수 통일 배제 : 화해·협력 → 남북 연합 → 1민족 1국가의 완전한 통일 조국 이룩
  - 점진적 해결 문제 : 이산가족 상봉 등 인도주의적 문제 → 사회·경제적 문제 → 정치 분야 문제 → 군사 문제 등의 순서로 해결
- 단일 민족 사회 형성 : 남북 연합 구성 → 통일 헌법에 따른 총선거 실시 → 통일 국회와 정부 구성 → 1민족 1국가의 단일 민족 국가
- 통일의 주체 : 민족 성원 전체
- 통일의 절차 : 민족 성원이 모두 참여하고 화합하는 순리적·민주적 절차

더 알아두기

3단계 통일 방안

- **화해·협력 단계** : 남북한이 적대와 불신의 관계를 청산하고 신뢰 속에서 협력을 모색하는 첫 단계
- **남북 연합 단계** : 평화의 기틀이 마련되고 동질화가 촉진되며, 여러 공통 기구들을 설치하여 통일 헌법을 마련하는 둘째 단계
- **통일 국가 단계** : 확정된 통일 헌법에 따라 하나의 정부와 의회가 구성되어 통일을 완성하는 단계

㉡ 다양한 통일 유형과 교훈

- 중립화 통일 : 오스트리아
  - 분단 배경 : 제2차 세계 대전 후 미・영・프・소의 강대국들에 의하여 분할
  - 통일 과정 : 강대국들과의 협상 끝에 '독립적이고 민주적인 영세 중립국'으로서 통일 정부의 지위 획득(1955년 5월)
  - 통일 이후의 노선 : 자유 민주주의에 바탕을 둔 복수 정당 제도, 시장 경제 원리 추구
- 공산화 무력 통일 : 베트남
  - 분단 이후의 문제점 : 민족 내부 결속에 실패하여 분열과 대결이 심화됨
  - 통일 과정 : 월맹 공산 정부의 폭력 혁명 노선 → 월남 부패・독재・비능률, 반외세, 민족주의 감정 등을 이용하여 월남 정부의 정통성 약화 → 베트남 전체의 공산화
  - 통일 후 노선 : 폐쇄적인 독재 체제와 경제 침체 지속
- 외형적 합의에 의한 불안정한 통일 : 예멘
  - 통일의 성격 : 서로 다른 두 체제가 협상을 통해서 통합
  - 통합 방법 : 남북 예멘의 지도층이 서로 기득권을 인정하는 방향에서 새로운 정부를 구성
  - 문제점 : 군대의 통합이 이루어지지 않아 내전 상태의 무력 충돌을 거쳐 북예멘에 의해 무력 통일(1994)
- 흡수 통합 : 독일
  - 통일 과정 : 동독 주민들이 투표를 통해서 스스로 서독으로의 흡수 통합을 선택 → 서독이 주도권을 가지고 동독을 통합
  - 동독의 통합 선택 이유 : 공산당의 억압과 탄압, 사회주의 경제의 비효율성에 따른 빈곤, 서독의 자유 민주주의의 발전 및 경제 성장
  - 통일 독일의 노선 : 자유 민주주의, 시장 경제 원리, 친서방주의 채택
  - 통일 전 동서독 간의 활발한 문화・경제적 교류가 통일의 기초가 됨
- 분단국의 통일 유형이 주는 교훈 : 바람직한 통일이란 무력을 사용하지 않으며, 분단 지역 주민 모두의 자유의사를 바탕으로 한 타협에 의해야 한다는 것

더 알아두기

독일 통일 과정의 교훈

- 점진적・단계적 통일 접근
- 대내적 통일 기반 완비
- 대외적 통일 여건의 조성
- 통일에서의 주도력 발휘
- 정치 지도자의 역할 발휘

㉢ 조국 통일을 위한 우리의 역할과 자세

- 국제 정세 변화의 지혜로운 활용
  - 주변국들의 기본 입장 : 한반도의 현상 유지를 통한 자국의 실리 확보를 추구
  - 주변 국가들의 입장을 적극 활용하여 통일에 유리한 여건 창출
  - 외세 의존적이 아닌, 우리 힘으로 통일 추구
- 분단 상황 및 북한에 대한 올바른 인식
  - 통일 문제의 성격 : 미・소의 분할 점령과 우리의 자주독립 역량 부족에서 비롯, 민족 공동체의 회복・발전을 위한 통일 역량과 의지 배양, 민족적 동포애, 대화와 타협 실천
  - 북한의 통일 정책 의도 간파 : 북한이 주장하는 통일 방안의 무비판적 수용이나 통일 지상주의를 경계

더 알아두기

남한 내부에서의 통일 조건

- 자유 민주주의의 정착
- 지속적인 경제 성장
- 북방 외교의 전개
- 남한의 국제적 지위 향상
- 남북 경제 교류와 공동 시장의 형성
- 민족적 합의를 위한 공동체 기반의 마련

- 자유 민주주의 체제의 지속적인 발전 추구
  - 통일 국가의 이념 : 자유 민주주의와 시장 경제 제도
  - 자유 민주주의의 추구 : 자유・평등・인권 등 기본적 권리 보장, 대화・타협・관용을 통한 민주적・평화적 방법으로 갈등 해소, 정의 사회 구현 노력, 부정부패와 부조리 타파 및 부의 적절한 재분배

㉣ 폐쇄된 북한 체제를 개방 체제로 유도

- 북한 체제의 문제점 : 개혁・개방의 세계적 변화의 흐름에 역행
- 북한의 개방 유도 방안 : 남북한 경제 협력을 통하여 침체된 북한 경제를 회복하고, 세계 각국과의 경제 교류를 통하여 북한이 평화 우호적인 국가로 변화할 수 있도록 적극 지원

제 3 절 핵심예제문제

01 **생명 윤리 영역의 윤리 문제로 보기 <u>어려운</u> 것은?**

① 낙태, 생식 보조술
② 안락사, 뇌사
③ 인체 실험, 생명 복제, 유전자 조작
④ 사형 제도의 존폐

01 **생명의 윤리학**
뇌사, 인공 유산, 안락사, 장기 이식 등 주로 의학 및 생물과학과 관련된 윤리 문제를 다루는 학문 분야

02 **다음 내용에서 공통적으로 설명하고 있는 윤리적 쟁점은 무엇인가?**

> • 난치병 치료, 질병 퇴치, 의약품 개발에 도움이 된다.
> • 수확량이 높고 병충해에 강한 농축산물 개발, 식량 생산 증대를 통한 기아 문제 해결이 가능하다.
> • 인간 건강과 생명에의 위협, 환경 파괴와 생태계 교란, 식량 안보의 위협 등의 문제점이 발생할 수 있다.

① 인체 실험
② 생명 복제
③ 장기 이식
④ 유전자 조작

02 유전자 조작이란 생명 공학 기술을 이용하여 유전자를 인공적으로 재배합하거나 돌연변이를 일으켜서 유전자의 성질을 바꾸는 것으로 식량 부족 문제를 해결하고 경제적 이윤 창출이 가능하다. 그러나 생태계의 순환과 생물의 상호 의존성과 다양성 등을 파괴할 수 있다는 문제점을 지니고 있다.

정답 01 ④ 02 ④

03 갑은 성의 상품화를 반대하는 입장으로 성을 상품화하면 성의 인격적 가치가 훼손되고 성의 본래적 의미와 가치를 변질시키며, 외모 지상주의를 조장한다고 보았다.

03 다음 갑과 을의 대화에서 ㉠에 들어갈 내용으로 가장 적절한 것은?

> 갑 : 성(性)을 이윤 추구에 이용하는 것은 인간을 목적이 아닌 수단으로 취급하는 것입니다.
> 을 : 성적인 이미지를 이용한 성의 상품화는 이제 금기의 대상이 아닙니다. 따라서 그러한 방법을 이용한 기업의 이윤 추구를 비난해서는 안 됩니다.
> 갑 : 제 생각에 당신의 주장은 (㉠   )

① 성의 인격적 가치를 존중해야 함을 간과하고 있습니다.
② 성적 표현의 자유를 제한해야 함을 강조하고 있습니다.
③ 성이 지닌 쾌락적 가치의 중요성을 경시하고 있습니다.
④ 성도 일반적인 상품과 동일한 것임을 간과하고 있습니다.

04 소수자 보호에 대한 제도는 부당하게 차별을 받는 쪽을 보호하기 위한 제도이지만, 반대로 지나치게 적극적일 경우에는 모든 사람에게 공평한 기회의 평등을 저해하는 역차별이 발생할 수 있다.

04 다음 중 소수자 보호에 대한 설명으로 옳지 않은 것은?

① 장애인, 여성, 동성애자, 이주 노동자 등이 우리 사회의 소수자에 해당된다.
② 소수자 보호를 위해서는 소수자의 마음에 공감하고 소수자에 대한 인식의 변화를 통해 가능하다.
③ 소수자 보호에 대한 제도나 장치는 지나치게 적극적인 편이 오히려 공정성을 보장한다.
④ 소수자를 보호하는 것은 개인적인 인권을 신장시킬 뿐만 아니라 사회 전체적으로 정의를 실현하고 행복을 실현하는 방법이다.

정답 03 ① 04 ③

05 **죽음에 대한 다양한 사상과 그 견해가 바르게 연결된 것은?**

① 유교 – 죽음은 그 자체로 또 다른 삶이다.
② 불교 – 삶과 죽음은 필연적이고 자연적이므로 죽음에 대하여는 초연해야 한다.
③ 플라톤 – 인간은 동물과 달리 죽음을 알기 때문에 삶을 의미 있고 가치 있게 살아가야 한다.
④ 에피쿠로스 – 죽음은 경험에서 오는 것이 아니기 때문에 인간은 죽음에 대하여 두려워할 필요가 없다.

05 ①은 불교의 견해이고, ②는 장자의 입장이며, ③은 하이데거의 주장이다.

06 **안락사의 윤리적 쟁점과 관련하여 찬성의 입장에 대한 설명으로 옳지 않은 것은?**

① 공리주의적 관점의 입장이다.
② 자연법 윤리와 의무론적 관점의 입장이다.
③ 죽음을 선택할 권리를 인정함으로써 환자의 삶의 질과 자율성을 강조하고 있다.
④ 가족들의 경제적 부담과 환자의 고통이 사회 전체의 이익에 반대되기 때문이다.

06 자연법 윤리와 의무론적 관점의 입장에서는 자연 질서에 어긋나고 생명 존중성을 훼손한다고 보아 안락사를 반대한다.

07 **공정한 분배의 기준에 대한 논의 중 옳지 않은 것은?**

① 절대적 평등에 의한 분배는 기회와 혜택을 골고루 나누어 줄 수 있으나 생산 의욕과 책임 의식을 약화시킨다.
② 필요에 따른 분배는 한정된 재화로 구성원들의 필요치를 최대한 충족해 줄 수 있으나 경제적 효율성에 있어서는 문제가 있다.
③ 능력에 따른 분배는 구성원들의 자격이나 경력에 대한 대우를 보장받지만, 그 적절한 평가 기준을 마련하는 것이 어렵다.
④ 업적에 따른 분배는 같은 업적의 경우 객관적인 평가와 측정이 용이하나, 서로 다른 업적에 있어서는 양과 질을 평가하기 힘든 부분이 있다.

07 필요에 따른 분배는 사람마다 다르게 분배한다는 것으로, 한정된 재화로 모든 구성원들을 충족시킬 수 없으며 경제적 효율성을 높이기 어렵다.

정답 05 ④ 06 ② 07 ②

08 다음 내용에 해당하는 다문화 사회의 정책 모형은?

> • 여러 민족의 고유한 문화들이 그 사회의 지배적인 문화 안에서 변화를 일으키고 영향을 주어서 새로운 문화를 만들어 나감
> • 여러 고유 문화를 섞으면 새로운 문화가 탄생, 이민자가 출신국의 언어·문화·사회적 특성 등을 포기하고 주류 사회의 일원이 되게 하는 정책

① 모자이크 이론
② 용광로 이론
③ 샐러드볼 이론
④ 차별·배제 모형

08 **동화모형(용광로 이론)**
소수문화를 주류 문화로 편입하여 통합시키는 것

09 다문화 사회의 윤리에 대한 설명 중 성격이 다른 하나는?

① 각각의 문화는 나름대로의 고유한 가치를 갖고 있다.
② 다른 문화를 이해하게 되면 자신의 문화에 대해서도 더 깊이 이해하는 것이 가능하다.
③ 도덕적 옳음과 그름의 기준이 사회에 따라 다양하여 보편적인 도덕 법칙은 존재하지 않는다.
④ 국제 사회에서 다른 사람을 이해하고 함께 살아가기 위해서는 각자의 개성과 특징을 잘 보여주는 문화 교류가 반드시 필요하다.

09 ①·②·④는 모두 문화 상대주의에 대한 설명으로, 문화의 다양성과 상대적 가치를 이해하고 존중하는 태도이며, 문화는 다양하지만 보편적 윤리 규범이 존재한다는 입장이다. 그에 비해 ③의 윤리 상대주의는 보편적 도덕 기준은 존재하지 않는다는 입장으로 비판적 성찰을 어렵게 한다.

정답 08 ② 09 ③

10 다음 내용과 가장 가까운 주장은?

처벌을 통해 장래의 범죄를 예방할 수 있으며, 처벌을 사회의 이익을 위한 수단으로 보는 관점이다. 또한 형벌은 목적 달성에 필요한 정도 이상으로 가해져선 안 되며 처벌의 경중은 위법 행위의 해악 정도에 따라 비례하여 성립되어야 한다고 주장한다.

① 인간의 존엄성을 훼손한 범죄는 사형을 통해 처벌되어야 한다.
② 사형 제도가 범죄 예방률을 높이고 더 행복한 삶을 살게 한다면 정당하다.
③ 범죄 예방과 범죄자의 교화에 무관심하다는 한계가 있다.
④ 이성적 존재는 자신의 행동에 책임을 져야 하므로, 범죄에 대한 대가로 처벌을 받는 것은 당연하다는 입장이다.

10 제시문의 내용은 공리주의 관점에서 설명한 교정적 정의의 처벌에 관한 내용으로, 공리주의 관점에서 사형 제도를 설명한 ②와 같은 입장을 가지고 있다.
①·③·④는 응보주의 관점에서 설명한 교정적 정의의 처벌에 관한 내용이다.

11 다음 중 갈퉁이 주장한 내용으로 옳지 않은 것은?

① 평화의 개념을 소극적 평화와 적극적 평화로 구분하였다.
② 문화적 폭력이란 종교나 사상 등 문화적 영역이 직접적 폭력이나 구조적 폭력을 정당화하는 데 이용되는 것이다.
③ 적극적인 평화란 문화적인 폭력만 사라진 단계를 말한다.
④ 갈퉁은 폭력을 직접적 폭력과 구조적 폭력, 문화적 폭력으로 구분하였다.

11 적극적인 평화란 문화적 폭력과 간접적 폭력까지 사라진 사회통합의 단계를 말한다.

정답 10 ② 11 ③

12 다음 중 사상가와 이론이 잘못 연결된 것은?

① 묵자 : 유교의 인은 존비친소(尊卑親疎)를 분별하는 사랑으로 사회적인 혼란을 초래하니 차별없는 사랑을 행해야 한다.
② 노자 : 소국과민의 정부는 주변국과 교류를 할 필요도 없으므로 서로를 침략하지 않고 평화롭게 살아갈 수 있다.
③ 칸트 : 반복되는 전쟁은 인류를 멸망으로 이끌 수 있으며, 이를 막기 위해 각국이 주권의 일부를 양도하여 국제조직을 설치해야 한다.
④ 아퀴나스 : 전쟁은 평화를 추구하는 종교 정신에 위배되므로 도덕적이지 않다.

12 아퀴나스는 불의를 바로잡아 선을 증진하는 정의로운 전쟁은 도덕적으로 정당하다는 '정의 전쟁론'을 주장하였다. 단, 정당한 원인과 의도를 가지고 합법적인 권위를 가진 군주가 수행해야 한다고 하였다.
④는 에라스무스의 평화론에 대한 내용이다.

13 다음 내용과 같이 주장한 사상가는?

> 신의 섭리에 의해 동물은 자연의 과정에서 인간이 사용하도록 운명 지어져 있다.

① 아리스토텔레스
② 아퀴나스
③ 데카르트
④ 베이컨

13 ① 아리스토텔레스 : 식물은 동물을 위하여, 동물은 인간을 위하여 존재
③ 데카르트 : 인간과 자연을 분리 → 모든 존재를 정신과 물질로 구분
④ 베이컨 : "지식은 힘", 자연은 인간에게 순종해야 하고 정복되어야 하는 대상 → 인간의 자연 지배와 정복을 정당화하여 자연 정복을 위한 도구로서의 지식 강조

14 다음의 환경문제와 관련한 주장과 가장 관계가 깊은 것은?

> "이윤만을 추구하게 만드는 자본주의 사회의 구조 자체가 환경오염의 주요 원인이다."

① 공리주의
② 사회 진화론
③ 사회 결정론
④ 기술 결정론

14 **사회 결정론**
- 기업이 이윤을 추구하지 않을 수 없는 자본주의 사회가 환경오염의 주범이라고 주장
- 자본의 논리에 따라 이윤을 추구하는 과정에서 생태계와 자연이 파괴되었으므로 자본주의 체제의 변화를 도모해야 한다고 주장

정답 12 ④ 13 ② 14 ③

15 다음 글에서 설명하고 있는 국제협약은 무엇인가?

> 오존층 파괴 물질인 염화불화탄소(CFCs)의 생산과 사용을 규제하려는 목적에서 제정한 국제 협약이다. 국가적 · 지역적 차원에서 취해진 특정 염화불화탄소의 배출을 규제하기 위한 예방 조치에 주목하고 개발도상국의 수요를 유념하여 오존층 파괴 물질의 배출 규제 및 배출 감축과 관련된 과학 · 기술을 연구 · 개발하기 위한 국제협력 증진의 중요성을 고려하여 합의한 것이다.

① 바젤 협약
② 람사르 협약
③ 몬트리올 의정서
④ 생물 다양성 협약

15 제시문은 오존층 파괴 물질인 염화불화탄소(CFCs)의 생산과 사용을 규제하려는 목적에서 제정한 몬트리올 의정서에 대한 내용이다.

16 다음 중 과학기술에 대한 설명으로 옳지 않은 것은?

① 자연 현상을 관찰하고 이해하여 진리나 법칙으로 체계화한 학문이다.
② 기술의 발전이 과학 발전을 촉진한다.
③ 과학과 기술은 상호 작용의 관계이다.
④ 과학기술에 대해서 비판적인 태도를 보이는 것은 옳지 않다.

16 과학 연구에서 바람직하지 못한 가치가 개입된다면 인간의 삶에 돌이킬 수 없는 결과가 초래되므로 과학기술에 대해서는 비판적인 태도가 요구된다.

정답 15 ③ 16 ④

17 다음 (가) 사상의 입장에서 (나) 사상에 대해 제시할 조언으로 가장 적절한 것은?

(가) 프로메테우스는 과학을 통해 이제까지 알려지지 않았던 힘을 부여받아 마침내 사슬로부터 풀려났지만, 그는 자신의 힘이 불행을 자초하지 않도록 스스로를 제어해야 한다.
(나) 과학은 관찰과 실험에 기초해 자연을 객관적으로 이해한다. 우리는 이러한 과학을 활용하여 자연을 지배하고 통제함으로써 인간의 복지를 무한히 증대할 수 있다.

① 과학은 경제적 생산성과 효율성을 증진하는 데 공헌해야 한다.
② 과학의 발전이 가져올 위험들에 대해 경각심을 가져야 한다.
③ 과학은 정치의 간섭 없이 독립적으로 발전해야 한다.
④ 과학자는 객관적인 가치 중립적 태도를 지녀야 한다.

17 (가)는 책임 윤리를 강조한 요나스의 입장이고, (나)는 과학기술의 힘을 강조한 베이컨의 입장이다. 요나스의 입장에서는 베이컨의 견해에 대해 자연과 미래 세대에 대한 책임 있는 자세로 과학기술을 활용하라고 조언할 것이다.
① (나)의 입장에서 지지할 견해이다.
③ (가)는 과학기술의 독립성을 경계할 것이다.
④ 과학기술의 가치 중립성을 강조하는 입장이므로, (가)의 주장과 거리가 멀다.

18 다음에 나타난 정보 사회의 문제점을 해결하기 위한 방안으로 가장 적절한 것은?

현실 공간이냐 사이버 공간이냐에 따라 동일한 행위를 다르게 판단하는 사람들이 있다. 게임을 좋아하는 A는 현실 공간에서 남의 물건을 훔치는 것은 잘못된 일이라고 생각하면서도 사이버 공간에서 남의 게임 아이템을 훔치는 것에 대해서는 양심의 가책을 느끼지 않는다.

① 정보에 접근할 수 있는 기회를 동등하게 부여한다.
② 정보를 자유롭게 사용할 수 있는 권리를 보장한다.
③ 표현의 자유를 확대하기 위하여 익명성을 보장한다.
④ 사이버 공간의 윤리도 현실의 윤리와 다르지 않음을 가르친다.

18 A는 현실 세계에서 지켜지는 규범이 사이버 공간에서도 지켜져야 한다는 것을 모르고 있다. 따라서 사이버 공간의 윤리도 현실의 윤리와 다르지 않음을 가르쳐야 한다.

정답 17 ② 18 ④

19 **다음 설명에서 괄호 안에 들어갈 용어로 알맞은 것은?**

> (　　) 비용은 통일 과정 및 통일 이후 남북 간의 격차를 해소하고 이질적인 요소를 통합하는 데 소요되는 정치・경제・사회・문화적 비용 등이다.

① 분단
② 통일
③ 평화
④ 남북

19 **통일 비용**
통일에 따라 발생하게 되는 비용, 즉 통일 과정 및 통일 이후 남북 간의 격차를 해소하고 이질적인 요소를 통합하는 데 소요되는 정치・경제・사회・문화적 비용 등
㉮ 북한 경제 재건 비용, 통일 후 위기 관리 유지 비용 등

20 **평화통일을 이루기 위한 기반 조성으로 옳지 않은 것은?**

① 민족 역량을 민족 공동의 발전을 위해 활용
② 강대국을 통한 통일로 세계 평화에 기여
③ 남북한 민족 문화의 계승과 상호 교류
④ 남북한 신뢰 회복과 평화 정착

20 강대국을 이용한 통일이 아닌 남북한 상호 교류와 협력으로 인한 평화 통일이 이루어져야 한다.

정답 19 ② 20 ②

제 1 장 실전예상문제

01 다음 글에서 공통으로 설명하고 있는 인간의 고유한 특성은?

> • 바람직한 인간 상태로서의 인간다움을 추구한다.
> • 인간은 스스로 가치 있다고 생각하는 것을 기준으로 자신의 삶을 개선할 수 있다.

① 윤리적 존재
② 유희적 존재
③ 이성적 존재
④ 본성적 존재

01 윤리는 인간을 인간답게 하는 핵심적 특성으로 인간의 본질 중에서 가장 중요한 것이다. 오직 인간만이 윤리적 관점에서 자신의 삶과 행위를 반성하고, 인간다움을 추구할 수 있다.

02 다음 중 인간의 특성에 대한 설명으로 옳은 것을 〈보기〉에서 모두 고른 것은?

> 보기
> ㄱ. 자신의 삶과 행위에 대해 당위를 생각한다.
> ㄴ. 유형 · 무형의 도구를 만들어 사용한다.
> ㄷ. 삶의 재미를 적극적으로 추구하여 활력을 얻는다.
> ㄹ. 생물학적 욕구를 가지며 본능에 의해 기계적으로 행동한다.

① ㄱ, ㄴ, ㄷ
② ㄱ, ㄷ, ㄹ
③ ㄴ, ㄷ, ㄹ
④ ㄱ, ㄴ, ㄷ, ㄹ

02 동물은 본능에 따라 행동하지만 인간은 이성적 존재이며 올바른 삶을 의식적으로 추구하려는 윤리적 존재이다. 또한 도구를 사용하며, 삶의 재미를 추구한다.

정답 01 ① 02 ①

03 인간의 본성에 대한 맹자의 입장으로 옳은 것은?

① 인간의 본성이 악하다는 성악설을 주장하였다.
② 모든 사람에게 사단이라는 선한 마음이 있다.
③ 인간은 본성적으로 이기심을 가지고 있다.
④ 악한 본성을 변화시키기 위해 인위(人爲)를 일으켜야 한다.

03 맹자는 모든 인간에게는 사단(四端)이라는 네 가지 선한 마음이 있다고 보았으며, 인간은 선한 마음을 가지고 태어난다는 성선설을 주장하였다.

04 다음 글에 제시된 인간의 특성은?

> 어린왕자가 "길들인다는 것이 무슨 뜻이야?"라고 묻자 여우가 대답했다.
> "길들인다는 것은 관계를 맺는다는 거야. 네가 나를 길들이면 우리는 서로 아쉬워질 거야."
> 어린왕자가 말했다.
> "이제 좀 알아 듣겠어. 나에게 장미꽃이 하나 있는데 그 꽃이 나를 길들였나봐. 이제 나의 장미꽃이 있는 별로 돌아가야겠어."

① 도구적 존재
② 유희적 존재
③ 사회적 존재
④ 문화적 존재

04 제시된 부분에서 서로 길들임을 통해 관계를 유지한다고 하였으므로 인간은 다른 사람과 교류를 하며 상호 보완적 관계를 이룬다는 '사회적 존재'라는 것을 보여준다.
① 도구적 존재 : 인간은 도구를 활용하여 살아가는 존재이다.
② 유희적 존재 : 인간은 적극적인 삶을 추구하는 의지적인 활동이나 다양한 정신적 창조 활동을 하는 존재이다.
④ 문화적 존재 : 인간은 문화를 통해 자신을 표현하는 존재이다.

05 메타 윤리학에 대한 설명으로 옳지 않은 것은?

① 사실 판단에서 도덕 판단을 이끌어 내는 것은 잘못됐다고 주장했다.
② 무어의 주장을 자연론적 오류라고 불렀다.
③ 규범 윤리학과 뿌리가 같은 학문으로 보다 발전한 형태이다.
④ 대표적인 메타 윤리학의 조류는 이모티비즘(Emotivism)이다.

05 메타 윤리학은 규범 윤리학이 학문으로 성립할 수 없다고 주장하였다.

정답 03 ② 04 ③ 05 ③

06 **규범 윤리학의 대표적인 예에 해당하지 않는 것은?**

① 덕 윤리론
② 기술 윤리론
③ 의무론적 윤리론
④ 공리주의적 윤리론

06 ① 덕 윤리론은 행위자에 초점을 두어 도덕적 행동이 행위자의 유덕한 성품에 따라 결정된다고 본다.
③ 의무론적 윤리론은 행위에 대한 도덕적 판단은 행위의 결과와 무관하게 의무 이행 여부에 따라 이루어져야 한다고 본다.
④ 공리주의적 윤리론은 행위를 결정하는 판단 기준으로 쾌락과 고통을 들고, 행위의 결과가 가져다주는 쾌락이나 행복에 따라 행위의 옳고 그름이 판단된다고 본다.

07 **의학 및 생명 과학의 지식 증가와 의료기술의 발달이 배경이 된 윤리학의 분야는?**

① 규범 윤리학
② 생의 윤리학
③ 메타 윤리학
④ 사회 윤리학

07 생의 윤리학
의학 및 생명 과학의 지식 증가와 의료기술의 발달에 따라 부각되었으며 뇌사, 인공 유산, 안락사, 장기 이식 등 주로 의학 및 생명 과학과 관련된 윤리 문제를 다루는 학문 분야이다.

08 **베이컨의 "아는 것이 힘이다."라는 말이 과학을 통해 자연을 아는 것이 바로 자연을 지배할 수 있는 힘이라는 뜻을 가지고 있다고 주장하며, 이를 반대한 환경학적 사상은 무엇인가?**

① 생태주의
② 간섭주의
③ 기술결정론
④ 보수주의

08 생태주의
인간은 지구라는 거대한 생태계의 일부이며, 인간 이외의 다른 동식물, 대기, 강, 대지 등 지구의 모든 것과 긴밀한 연관을 맺고 있기 때문에 자연에 대한 위해가 곧바로 인간 자신에게 영향을 미친다는 입장의 이론이다.

정답 06 ② 07 ② 08 ①

09 불교의 죽음에 대한 관점으로 옳은 것은?

① 윤회의 한 과정이다.
② 삶과 뚜렷이 구별되는 것이다.
③ 슬퍼할 이유가 없는 자연적인 것이다.
④ 인간이 피할 수 없는 한계 상황이다.

10 다음의 밑줄 친 (가)를 지지하는 입장으로 옳은 것을 〈보기〉에서 모두 고른 것은?

낙태는 스스로 생존할 능력을 갖추지 못한 태아를 모체로부터 인공적으로 분리하여 임신을 종결시키는 행위로 인공 임신 중절이라고도 한다. 이러한 낙태에 대하여 태아의 생명권을 강조하며 낙태를 법으로 엄격하게 금지하자는 (가) '친생명론'과 여성의 선택권을 강조하며 낙태를 폭넓게 허용하자는 '친선택론'이 대립하고 있다.

보기

ㄱ. 태아는 무고한 인간이므로 태아를 죽이는 행위는 잘못이다.
ㄴ. 태아는 완전한 인간이 아니므로 낙태를 살인이라고 간주할 수 없다.
ㄷ. 수정란이 태아로 성장해서 성숙한 인간이 되므로 태아를 죽이는 것은 살인이다.
ㄹ. 여성은 자신의 신체에서 일어난 일을 선택할 권리를 지니는데, 태아는 여성 몸의 일부이다.

① ㄱ, ㄴ　　② ㄱ, ㄷ
③ ㄴ, ㄷ　　④ ㄷ, ㄹ

09 불교에서는 윤회 과정에서 인간의 선행과 악행이 죽음 이후의 삶을 결정한다고 본다.

10 친생명론은 생명 옹호주의 입장으로, 모든 생명은 존엄하며 태아는 인간이므로 생명을 보호해야 한다고 보기 때문에 낙태를 반대한다. 즉, 잘못이 없는 인간을 해치는 것은 도덕적으로 옳은 일이 아니며, 태아는 잘못이 없는 인간이므로 해쳐서는 안 되고, 태아는 임신 순간부터 한 인간으로 성장할 잠재성을 가지므로 태아도 인간으로서의 지위를 가진다는 것이다.

정답 09 ① 10 ②

11 다음 내용에 대해 반대의 주장을 한 학자는?

> 자살은 '살인하지 말라'는 신의 계명을 분명히 어긴 것이다. '살인하지 말라'는 계명은 모든 인간, 즉 다른 사람뿐 아니라 자신에게도 적용되기 때문이다. 따라서 자살은 자신에 대한 살인이다.

① 흄
② 칸트
③ 공자
④ 쇼펜하우어

11 제시문은 아우구스티누스의 자살에 대한 입장으로, 자살에 대해 부정적이다. 그에 반해 흄은 자살을 찬성하는 입장이다. 즉, 자살을 통해 행복을 얻을 수 있다면 자살을 할 수도 있다는 공리주의적 관점이다.

12 안락사에 대한 설명으로 옳지 않은 것은?

① 환자가 선택 능력이 있을 때에는 자율성의 원리를 적용한다.
② 환자가 자발적·합리적 선택이나 동의할 능력이 없을 때에는 간섭주의 원리를 적용한다.
③ 직접적 안락사는 피해자의 생명을 단축시킴으로써 피해자의 고통을 제거하는 행위이다.
④ 소극적 안락사는 불치나 빈사의 사람이 자연사에 이르도록 생명유지 조치를 취하는 것이다.

12 소극적 안락사는 불치나 빈사의 사람이 자연사에 이르도록 생명유지 조치를 취하지 않는 것이다. 안락사는 불치의 중병에 걸리는 등의 이유로 치료 및 생명 유지가 무의미하다고 판단되는 생물에 대하여 직·간접적 방법으로 생물을 고통 없이 죽음에 이르게 만드는 행위를 말한다.

13 다음 글과 관련된 죽음에 대한 입장으로 옳은 것은?

> 삶은 죽음에 이어져 있고, 죽음은 새로운 삶의 기적이다. 그러니 그 어느 쪽이 그 근원이고 시작인지 알 수 있겠는가. 기가 모이면 삶이 되고 흩어지면 죽음이 된다.

① 죽음이 아쉽지 않도록 도덕적으로 충실하게 살아야 한다.
② 죽음은 자연적인 것이므로 슬퍼할 이유가 없다.
③ 죽음은 인과응보의 윤회로 설명하여야 한다.
④ 선행과 악행은 죽음 이후의 삶을 결정한다.

13 제시문은 죽음에 관련된 도가의 입장이다. 도가에서는 죽음을 자연적인 현상으로 여기고 슬퍼할 필요가 없다고 보았다.

정답 11 ① 12 ④ 13 ②

14 **다음 내용에서 ㉠, ㉡에 대한 설명으로 가장 적절한 것은?**

> 20세기 초에 등장한 (㉠)은 도덕적 언어의 분석과 도덕적 추론의 규칙 검토에 집중하였다. 하지만 이 윤리학은 현대 사회의 다양한 윤리적 문제에 대한 해결책을 마련해야 한다는 요구를 수용하지 못하는 한계를 노출하였다. 이에 따라 환경, 생명, 정보 등 삶의 실천적인 영역에서 제기되는 도덕적 문제들의 해결책을 모색하는 (㉡)이 필요하게 되었다.

① ㉠은 삶에서 추구해야 할 규범의 제시를 목표로 삼는다.
② ㉡은 도덕적 관습에 대한 객관적 조사 및 서술에 주력다.
③ ㉠은 ㉡의 이론을 적용하여 현실의 문제를 해결하려 한다.
④ ㉡은 이론적 타당성 검토를 위해 ㉠의 지식을 활용할 수 있다.

14 ㉠은 메타 윤리학, ㉡은 실천 윤리학이다. 실천 윤리학은 적용하는 이론의 타당성 검토를 위해 메타 윤리학을 활용할 수 있다. 실천 윤리학은 규범 윤리학의 이론을 적용하여 현실의 문제를 해결하려 한다.

15 **다음과 같은 윤리적인 문제가 발생할 수 있는 것은?**

> • 비배우자 간의 경우 가족 관계에 혼란이 발생할 수 있다.
> • 우성 유전자 확보를 위한 정자와 난자의 매매에 따른 문제가 발생할 수 있다.

① 낙태
② 안락사
③ 인공 수정
④ 성적 소수자 문제

15 생식 보조술은 난임 부부가 인공적으로 임신할 수 있도록 유도하는 의료 시술을 말하는데 인공 수정, 시험관 아기 시술 등이 이에 해당한다. 인공 수정은 인공적인 방법으로 여성 체내에서 수정하여 임신에 이르게 하는 방법으로 제시문과 같은 윤리적 쟁점이 있다.

정답 14 ④ 15 ③

16 제시문은 출생의 윤리적 의미에 대한 설명이다. ④는 관례에 대한 설명이다.

16 다음 글에 대한 설명으로 옳지 않은 것은?

> 출생은 부모의 생식 세포가 수정된 후 임신 기간을 거쳐 모체에서 분리된 태아가 독립된 생명체가 되는 것이다.

① 생명을 보존하고 종족을 보존하는 자연적 성향을 실현하는 것이다.
② 가족 및 사회 구성원으로서의 인간관계의 시작이다.
③ 도덕적 주체로서 한 인간의 삶으로 성장해 가는 출발점이다.
④ 성인으로서의 책임과 긍지를 일깨우는 시작점이다.

17 ㄷ. 죽음은 육체로부터 벗어나 이데아의 세계에 도달하는 과정이라고 주장한 것은 플라톤이다. 하이데거는 인간은 자기의 죽음을 알면서 죽어가는 존재로 죽음을 통해 인간이 유한한 존재임을 깨닫고 삶을 의미 있고 가치 있게 살 수 있다고 보았다.

17 죽음에 대한 사상과 학자가 바르게 연결된 것을 〈보기〉에서 모두 고른 것은?

보기

ㄱ. 장자 – 생사를 사계절의 변화처럼 자연스러운 것이라고 여김
ㄴ. 공자 – 죽음보다는 현실의 도덕적 삶을 실천하는 데 주력해야 함
ㄷ. 하이데거 – 죽음은 육체로부터 벗어나 이데아의 세계에 도달하는 과정
ㄹ. 에피쿠로스 – 사람은 죽음을 경험할 수 없는 존재이므로 죽음을 두려워할 필요가 없음

① ㄱ, ㄴ
② ㄷ, ㄹ
③ ㄱ, ㄴ, ㄷ
④ ㄱ, ㄴ, ㄹ

정답 16 ④ 17 ④

18 **다음 글을 통해 알 수 있는 인간의 종족 보존 활동의 윤리적 의미로 가장 적절한 것은?**

> 우리 조상들은 임신을 하였을 경우에는 온 정성을 기울여 태교를 함으로써 훌륭한 자식을 낳고자 하였다. 그리고 아기가 태어난 후에는 삼신상, 금줄 치기, 백일, 돌잔치 등을 통해서 아이들의 생일을 축하해 주었다.

① 자녀의 출생을 효(孝)와 연결지었다.
② 남아 선호 사상을 부추긴다는 비판을 받는다.
③ 자신의 개체를 보존하기 위한 본능적 활동이다.
④ 인간은 영원불멸에 대한 소망을 자식을 통해 실현하고자 한다.

18 우리 조상들은 새로운 생명의 출생에 대해 태어나기 전에는 태교를, 태어난 후에는 아이를 위한 다양한 행사를 하며 온 정성을 기울였다. 이는 자손 번영을 통해 종족의 영원불멸에 대한 소망을 실현하고자 하는 의미로 해석된다.

19 **생명 윤리에 대한 설명으로 옳지 않은 것은?**

① 생명 과학과 서로 상호 대립적 관계에 있다.
② 생명의 존엄성 실현을 목적으로 한다.
③ 윤리학적 접근을 통해 실현하려 한다.
④ 응용 윤리의 한 분야이다.

19 생명 윤리와 생명 과학은 상호 보완적 관계이다. 생명 과학과 생명 윤리는 공통적으로 생명의 존엄성 실현이 목적이지만 생명 과학은 과학적 접근을 통해, 생명 윤리는 윤리학적 접근을 통해 실현하는 것이다.

20 **다음 중 소수자 차별 사례가 아닌 것은?**

① 국내 노동자보다 더 적은 임금을 받으면서 힘든 일을 하는 이주 노동자
② 무거운 물건을 옮기고 힘을 쓰는 일을 전적으로 해야 하는 남성
③ 남한 사회에 대한 부적응과 북한 사투리로 차별을 당하는 북한 이탈 주민
④ 피부색이 달라 따돌림을 당하는 다문화 가정 자녀

20 소수자는 하나의 커다란 사회 안에서 문화, 종교, 신체 등이 다수를 차지하는 사람들과 구별되는 특징을 가지고 있어서 소외되기 쉬운 사람을 말한다.
② 성차별 사례에 해당한다.

정답 18 ④ 19 ① 20 ②

21 다음에서 설명하는 장기 이식의 종류는?

유전자가 동일한 사람의 것을 옮기는 것이다.

① 동계 이식
② 동종 이식
③ 이종 이식
④ 자가 이식

21 ② 동종 이식 : 유전적으로 다른 개체의 것을 이식하는 것
③ 이종 이식 : 종이 다른 동물의 기관이나 조직, 세포 등을 이식하는 것
④ 자가 이식 : 자기 자신의 조직이나 장기의 위치를 옮기는 것

22 다음 글의 관점에 대해 설명한 것으로 가장 적절한 것은?

인간 존재는 수정 이후의 모든 단계에서 인격체가 될 수 있는 잠재성을 갖는 한 인간으로서의 지위를 갖는다. 따라서 인간 배아도 생성된 순간부터 인간으로서의 지위를 갖는다. 인간으로서의 지위를 갖는 존재를 마치 물건처럼 취급하면서 과학적 실험 대상으로 사용해서는 안 된다.

① 배아는 온전한 인간 생명으로 절대적 권리를 갖는다.
② 배아가 의학 연구에 사용될 수 있음을 설명하고 있다.
③ 배아가 인간 생명으로서 도덕적 지위를 지님을 부정하고 있다.
④ 배아는 어떤 감각과 의식 작용도 할 수 없는 존재임을 설명하고 있다.

22 배아는 온전한 인간 생명으로 절대적 권리를 갖는다는 입장으로, 배아가 인간 생명으로서의 지위를 갖고 있음을 주장하고 있다.

정답 21 ① 22 ①

23 **다음 글과 관련하여 생식용 인간 복제를 허용할 때 생기는 문제점이 아닌 것은?**

> 성교가 없다는 점과 자의적으로 생식을 조작한다는 점에서 체외 수정이나 인간 복제는 다르지 않기 때문에 체외 수정이 허용되듯이 인간 복제도 허용해야 한다. 그리고 인간 복제술이 어느 누구에게도 해악을 입히지 않는다면, 인간은 인간 복제술을 통해 자녀를 얻을 수 있다고 생각한다.

① 인간의 생식의 자유를 침해할 수 있다.
② 인간 종의 유전적 다양성을 훼손할 수 있다.
③ 전통적인 가족 관계에 혼란을 가져올 수 있다.
④ 양쪽 부모를 가질 수 있는 아기의 기회를 제한할 수 있다.

23 오히려 생식의 자유 차원에서 인간 복제를 주장하는 것이라 할 수 있다.
② 복제된 아이는 원본 인간과 유전적으로 동일하기 때문에 복제가 확대되면 인간의 유전적 다양성이 훼손될 수 있다.
③ 원본 인간과 복제 인간 사이의 관계가 모호해지고, 양쪽 부모가 없는 가정이 늘어날 수 있어 전통적인 가족 관계에 혼란을 가져올 수 있다.
④ 생식용 인간 복제의 경우에는 양쪽 부모가 없이도 가능하다. 따라서 아이에게는 양쪽 부모를 가질 권리가 있다는 주장은 생식용 인간 복제를 비판하는 근거가 될 수 있다.

24 **생명 의료 윤리의 4원칙에 해당하지 않는 것은?**

① 환자에게 선행을 베풀어야 한다.
② 의료 서비스나 자원을 분배할 때 공정하게 한다.
③ 가치 중립적인 입장에서 생명 의료 기술을 활용한다.
④ 환자를 치료할 때 자율적 의사를 존중한다.

24 생명 의료 기술은 인간의 존엄성과 생명 때문에 가치 중립적일 수 없다.

생명 의료 윤리의 4원칙
- 선행의 원칙
- 정의의 원칙
- 자율성 존중의 원칙
- 악행 금지의 원칙

25 **대량 생산을 위해 유전자를 조작하여 농산물의 종을 표준화하게 될 때의 문제점을 환경적 차원에서 옳게 설명한 것은?**

① 인간의 존엄성을 훼손한다.
② 빈부 격차와 차별이 심해진다.
③ 개인의 정체성 혼란이 온다.
④ 생물의 다양성을 파괴하게 된다.

25 유전자 조작이란 생명 공학 기술을 이용하여 특정 동식물의 유용한 유전자를 다른 동식물에 접합하여 재조합하는 것이다. 대량 생산을 위해 유전자를 조작하여 농산물의 종을 표준화하게 되면 생물의 다양성이 파괴되어 결국 환경적 재앙으로 이어질 것이다.

정답 23 ① 24 ③ 25 ④

26 다음은 배아의 도덕적 지위를 인정하는 입장의 논거를 정리한 것이다. ㉠~㉢에 들어갈 말을 바르게 연결한 것은?

종의 구성원 논증	인간이라는 종(種)에 속하는 배아 세포가 도덕적 주체가 될 수 있으므로 인간으로서의 존엄성을 가짐
(㉠) 논증	인간의 발달 과정은 선명한 경계선이 없는 연속 과정이므로 배아 세포는 인간으로서의 존엄성을 가짐
(㉡) 논증	배아 세포는 나중에 성장할 존재와 도덕적 측면에서 동일함
(㉢) 논증	배아는 인간이 될 수 있는 잠재적 가능성이 있으므로 인간으로서의 존엄성을 가짐

	㉠	㉡	㉢
①	동일성	연속성	잠재성
②	연속성	동일성	잠재성
③	잠재성	동일성	연속성
④	동일성	잠재성	연속성

26 인간 배아의 도덕적 지위를 인정하고 정당화하는 논거들은 배아 세포의 도덕적 지위를 인간이 져야 하는 책임의 대상에 포함시킨다는 특징을 갖는다.

27 성의 생물학적 가치에 대한 설명으로 옳지 않은 것은?

① 생물학적 가치가 실현되기 위해서는 양육이 가능한 환경과 조건뿐만 아니라 좋은 부모로서의 책임감 있는 자세가 필요하다.
② 청소년기에는 부모가 될 만한 능력과 조건을 갖추지 못하므로 생물학적 가치를 실현할 수 없다.
③ 성적인 활동을 통해 자녀를 낳아 세대를 이어나가고 종족 보존을 해나간다는 의미에서 성은 생물학적 가치를 지닌다.
④ 인간의 종족 보존은 자식을 낳는 것만을 의미한다.

27 **성의 생물학적 가치가 실현되기 위한 조건**
인간의 종족 보존은 자식을 낳는 것만을 의미하지 않는다. 부모가 되어 자식을 양육해야 하는 과정까지도 포함하는 것이므로, 양육이 가능한 환경과 조건뿐만 아니라 좋은 부모로서의 책임감 있는 자세가 필요하다. 청소년기에는 부모가 될 만한 능력과 조건을 갖추지 못하므로 생물학적 가치를 실현할 수 없다.

정답 26 ② 27 ④

28 **성의 쾌락적인 가치에 대한 설명으로 옳지 않은 것은?**

① 상대방과 상호적인 즐거움을 얻는 상황에서의 쾌락은 항상 부정적인 작용을 한다.
② 쾌락은 주관적 · 개인적 · 우연적이고, 시간적으로도 일정하지 않으며 객관적인 법칙성을 갖지 않는다.
③ 쾌락과 절제 사이에서 본인 스스로가 본능을 조절하려는 노력을 해야 한다.
④ 쾌락은 감성의 만족 또는 욕망의 충족에서 오는 유쾌한 감정으로 좋아하고, 바라며, 구하고, 획득하여 유지하려는 감정을 말한다.

28 상대방과 상호적인 즐거움을 얻는 상황에서의 쾌락은 상대방에 대한 친밀감과 애정을 더욱 두터워지게 하는 긍정적인 작용을 한다.

29 **다음 내용에서 강조하는 인체 실험의 요건으로 가장 적절한 것은?**

> 인체 실험에 참여하는 실험 대상자는 실험에 대해 명확한 이해와 지식에 근거하여 결정할 수 있도록 충분한 지식과 실험과 관련된 요소들을 제공받아야 한다. 그리고 어떠한 폭력, 사기, 속임, 협박, 술책의 요소도 개입되지 않고 배후의 압박이나 강제가 존재하지 않는 가운데 스스로 자유롭게 선택할 수 있는 권한이 주어져야 한다.

① 인체 실험 전에 동물 실험을 충분히 해야 한다.
② 충분한 정보에 근거한 피험자의 자발적 동의가 필요하다.
③ 과학적으로 적절한 자격을 갖춘 자만 실험을 수행해야 한다.
④ 사회적으로 유용한 결과를 예견할 수 있을 때에만 이루어져야 한다.

29 실험 대상자의 자발성 확보를 위한 조건
- 치료 가능성과 부작용에 대한 충분한 정보 제공
- 충분한 판단 능력 및 법적 인정 : 판단에 영향을 끼칠 수 있는 상황과 아무 상관없는 자일 것
- 외부적 간섭이나 강요로부터의 자유
- 정보 내용을 이해할 수 있는 지식 수준
- 적절한 보상이 필요하며, 만약 보상이 부족하면 착취, 과도하면 보상의 유혹으로 자율성이 훼손될 수 있음

30 **성과 사랑에 대한 설명으로 옳지 않은 것은?**

① 성은 쾌락적, 인격적 가치를 가진다.
② 도덕적 배려를 중시한다.
③ 정서적인 유대 관계를 형성한다.
④ 동물과 달리 생식적 가치는 중요하지 않다.

30 인간의 성은 생식적 · 쾌락적 · 인격적 가치를 가진다. 성은 그 자체가 생식의 과정이므로, 새로운 생명을 탄생시켜 종족 보존의 기능을 가진다.

정답 28 ① 29 ② 30 ④

31 쾌락의 역설을 설명한 주장으로 가장 알맞은 것은?

① 감각적 쾌락이 곧 행복은 아니다.
② 쾌락을 많이 느낄수록 행복하다.
③ 절제하는 삶은 불행하다.
④ 육체적 쾌락이 행복한 쾌락이다.

31 감각적 쾌락만 추구하게 되면 쾌락보다는 권태와 고통을 겪는다. 쾌락의 역설이란 쾌락을 추구하면 추구할수록 쾌락보다는 오히려 권태와 고통을 얻게 되는 것이다.

32 다음 〈뉴스〉에 등장하는 유명배우 A에 관한 갑과 을의 평가에 대한 설명으로 옳은 것은?

〈뉴스〉

최근 동성애자 결혼이 합법화된 ○○국에서 유명 배우 A가 자신도 동성애자임을 밝혀 화제가 되고 있습니다.

갑 : 동성애는 잘못된 행동이야. 인정해줘서는 안 돼.
을 : 그렇지 않아. 이제는 동성애도 인정해줘야 해.

① 갑 : 성적 소수자의 권리를 인정하고 있다.
② 갑 : 정상적인 성적 성향을 지니고 있다고 본다.
③ 을 : 타인을 많이 의식하며 주체성이 결여되어 있다.
④ 을 : 다양한 성적 지향 중 하나를 가지고 있다고 본다.

32 동성애를 사회적으로 인정할 수 없다는 입장은 동성애자들이 정상적인 성적 성향을 지니지 않았을 뿐만 아니라 동성애가 사회에 부정적 영향을 끼치고 있다고 본다. 반면 동성애를 사회적으로 인정해야 한다는 입장은 동성애도 다양한 성적 지향 중 하나이기 때문에 존중해야 한다고 본다.

33 다음 중 성 역할에 대한 설명으로 옳은 것은?

① 성 역할은 고정된 것이다.
② 성 역할은 어느 사회나 뚜렷하다.
③ 남녀의 성 역할은 바뀔 수 없다.
④ 성 역할은 만들어지는 것이다.

33 성 역할은 절대적인 것이 아니며 시대와 사회에 따라 바뀔 수 있다. 또한 성 역할의 구분이 명확한 사회가 있고 명확하지 않은 사회가 있는 것처럼 성 역할은 사회 내에서 만들어지는 것이다.

정답 31 ① 32 ④ 33 ④

34 성 차별에 대한 문제점으로 옳지 않은 것은?

① 성별을 이유로 인간의 존엄성이 훼손될 수 있다.
② 사회적으로 갈등과 대립이 발생한다.
③ 사회적으로 일반화된 성 역할이 사라진다.
④ 능력 개발의 장애 요소가 된다.

34 성 차별은 개인이 지닌 다양한 잠재력을 발휘할 수 없게 만들며, 자신이 진정으로 원하는 일을 마음껏 펼칠 수 없는 제약 요인으로 작용한다.

35 다음과 같은 제도가 만들어진 이유로 가장 적절한 것은?

• 여성 공천 할당제
• 남녀 고용 평등법

① 양성이 동등하게 대우받기 위함이다.
② 여성의 권익 증진을 위해서이다.
③ 성 역할을 고려해서이다.
④ 역차별 문제를 해결하기 위함이다.

35 제시된 제도는 여성의 진출이 상대적으로 부족한 부분에서 양성평등의 실질적인 보장을 위하여 실시하게 된 제도이다.

36 성적 자기결정권의 행사 조건에 대한 설명으로 옳지 않은 것은?

① 자율성 : 스스로의 이성적 판단에 따라 자기 행동을 결정함
② 책임 : 자기 판단에 따른 행동의 결과에 대해 책임을 짐
③ 타인의 결정권 존중 : 자신의 것과 마찬가지로 타인의 성적 자기결정권을 존중해야 함
④ 성적 방종 인정 : 성적 자기결정권이 자신과 타인의 인격을 훼손하는 성적 자기결정을 지지하는 것은 아님

36 성적 자기결정권이란 외부의 강요 없이 자신의 의지나 판단에 의해 자율적이고 책임감 있게 성적 활동을 결정하고 선택할 권리를 말한다. 성적 자기결정권은 자신과 타인의 인격을 훼손하는 성적 자기결정을 지지하는 것이 아니므로 성적 방종을 경계한다.

정답 34 ③ 35 ① 36 ④

37 성의 생식 가치를 온전하게 실현하기 위해서는 자신이 성행위를 하기 전에 그로 인해 나타날 결과(출산)를 미리 예측하고 정상적인 출산과 바람직한 양육으로 이어질 수 있도록 부모로서 책임을 다하려는 자세가 필요하다.

37 다음 글에서 ㉠에 들어갈 내용으로 가장 적절한 것은?

> 성행위는 그 자연적 결과로서 생식이라는 생물학적 가치를 지닌다. 우리는 성행위의 결과가 출산으로 이어질 가능성이 있음을 인식하고, 성행위와 관련하여 좋은 결과가 나올 수 있도록 최선을 다해야 한다. 성행위의 결과 임신이 된다 하더라도 부모로서의 역할을 수용할 용의와 준비가 없다면, 임신은 출산으로 이어지지 못하고 낙태로 종결될 가능성이 크며, 설혹 출산으로 이어진다 할지라도 아이 인생의 전망이 어둡게 될 가능성이 크다. 따라서 우리가 성행위를 하게 될 경우에는 (㉠)

① 상대방의 인격을 존중해야 한다.
② 자유로운 선택을 최대한 존중해야 한다.
③ 상대방의 성적 자기결정권을 존중해야 한다.
④ 그 결과를 예상하고 책임을 다하려는 자세가 필요하다.

38 성적 소수자들이 가족을 구성하는 것은 전통적인 가족 제도를 파괴하는 것으로 보며, 그 가족 내에서 자라날 아이가 훗날 받게 될 충격을 고려해서 성적 소수자들의 가족 구성권을 인정하지 않으려는 입장이다.

38 다음 글의 관점으로 가장 적절한 것은?

> 성전환자나 동성애자들은 부모가 되어서는 안 된다. 만약 그들이 부모가 된다면 전통적인 가족 제도가 파괴될 것이며, 그들 밑으로 입양이 되어 자란 아이들은 정신적·신체적으로 건강하게 자라기가 쉽지 않고 성장한 후에도 커다란 충격을 받을 것이므로 위험하다.

① 성적 소수자들도 부모로서의 자격을 누릴 수 있다고 본다.
② 동성(同性) 간의 결혼과 가족 구성을 자연스러운 것으로 본다.
③ 입양을 통한 성적 소수자들의 가족 구성권을 인정하고 있다.
④ 전통적인 가족 제도를 파괴하는 것이라고 본다.

정답 37 ④ 38 ④

39 성적 자기결정권이 남용될 경우 발생하는 문제점이 아닌 것은?

① 다른 사람에게 정신적 고통을 줄 수 있다.
② 다른 사람이 갖는 성적 자기결정권을 침해할 수 있다.
③ 상대방의 동의 없이 성적 행위가 강요된다.
④ 인간의 성이 가진 생식적 가치만을 강조한다.

39 성적 자기결정권이 남용될 경우에는 쾌락적 가치를 추구할 가능성이 높다. 성의 생식적 가치를 존중하는 것은 성의 종족 보존 본능에 해당된다.

40 다음 갑과 을의 대화에서 ㉠에 들어갈 내용으로 가장 적절한 것은?

> 갑 : 요즘 나오는 걸 그룹의 가수들 중에 노출이 심한 선정적인 의상을 입고 무대에 오르는 경우가 많아졌는데, 그런 일은 경쟁이 치열한 가요계에서 부와 인기를 얻기 위해서는 어쩔 수 없는 일이라고 생각해.
> 을 : 아니야. 그것은 인격을 수단으로 취급하는 행위야. 그러한 행위는 (㉠)

① 성적 표현의 자유를 심각하게 침해하고 있어.
② 성이 지니고 있는 인격적 가치를 강조하고 있어.
③ 성적 표현에 있어 엄격한 절제를 강조하고 있어.
④ 성을 상품화시켜 인간의 존엄성을 훼손하고 있어.

40 제시문은 성 상품화 현상에 관한 대화이다. 을은 성 상품화 현상이 인간을 목적이 아니라 수단으로 취급함으로써 인간의 존엄성을 훼손하는 것으로 보았다.

정답 39 ④ 40 ④

41 아리스토텔레스가 구분한 정의에 대한 설명으로 옳지 않은 것은?

① 아리스토텔레스는 정의를 크게 보편적 정의와 부분적 정의로 구분하였다.
② 분배적 정의에서는 사회 구성원들이 모두 동일한 능력과 가치를 가지고 있다고 전제한다.
③ 일반적 정의란 준법 정신과 관련된 정의를 말한다.
④ 교정적 정의는 인간의 가치가 모두 동일하므로 타인에게 해를 끼치거나 이익을 끼친 경우 같은 정도로 주거나 받는 것을 말한다.

41 분배적 정의에서는 사회 구성원이 모두 각자 상이한 능력과 가치를 가지고 있다는 것을 전제로 하며, 그 가치에 비례하여 재화와 지위 등을 분배한다.
아리스토텔레스는 정의를 공익 실현을 목적으로 하는 일반적(보편적) 정의와 올바른 인간관계를 바탕으로 사회를 화합으로 이끄는 특수적(부분적) 정의로 구분하였으며, 특수적 정의는 다시 분배적 정의와 교정적 정의로 구분하였다.

42 다음 중 분배의 불공정성으로 인한 문제점이 아닌 것은?

① 사회에 대한 불만이 늘어나 여러 가지 사회 문제가 발생한다.
② 구성원들의 화합을 방해하여 사회적 긴장이 심화된다.
③ 공동체 발전에 부정적인 사고가 늘어나 공동체 유지가 어려워진다.
④ 업적주의에 위배되어 또 다른 차별이 발생한다.

42 ④는 공정한 분배를 위하여 사회적 약자에게 다양한 방면에서 혜택을 주는 우대정책에 대한 문제점이다.

43 다음 글에서 밑줄 친 '이것'이 공통적으로 의미하는 개념은?

- 이것은 우리와 의견을 달리하는 사람들을 너그럽게 받아들이는 것이다.
- 인간관계가 사무적이고 기능적이며 이해관계가 복잡하게 얽혀 있는 현대 사회에서 정을 느끼게 하는 것이 이것이다.
- 이것은 타인의 인권과 자유가 침해되지 않는 범위, 사회질서를 훼손하지 않는 범위에서 인정된다.

① 관용
② 책임
③ 문화
④ 정체성

43 관용이란 좁은 의미에서는 남이 잘못을 저질렀을 때 그것을 너그럽게 용서하는 것이고, 넓은 의미에서는 우리와 의견을 달리하는 사람들을 너그럽게 받아들이는 것이다.

정답 41 ② 42 ④ 43 ①

44 문화의 다양성에 대한 내용으로 옳은 것을 〈보기〉에서 모두 고른 것은?

> ㄱ. 인간이 살고 있는 곳은 어떤 형태로든 문화가 있다.
> ㄴ. 인간은 문화를 각각 독자적인 방향으로 발전시켜 나간다.
> ㄷ. 사회 구성원이 추구하는 가치관에 따라 독자적으로 다르게 나타난다.
> ㄹ. 인간의 공통적인 생활 양식에 따라 의식주, 희로애락 등의 감정을 표현한다.

① ㄱ, ㄴ, ㄷ
② ㄱ, ㄴ, ㄹ
③ ㄱ, ㄷ, ㄹ
④ ㄴ, ㄷ, ㄹ

44 문화는 지역과 사회 구조, 시대와 역사에 따라 서로 다른 특성을 지닌 형태로 나타나는데, 이것을 문화의 다양성이라고 한다.
ㄹ. 문화의 보편성에 대한 설명이다.

45 용광로 이론에 대한 내용으로 틀린 것을 〈보기〉에서 모두 고른 것은?

> 보기
> ㄱ. 정책의 목표를 '공존'에 두면서 이민자가 그들만의 문화를 지키는 것을 인정한다.
> ㄴ. 여러 고유문화가 섞이면서 새로운 문화가 탄생한다.
> ㄷ. 이민자가 출신국의 언어・문화・사회적 특성을 포기하고 주류 사회의 일원이 된다.
> ㄹ. 이민자의 유입을 받아들이지 않고 원치 않는 외국인의 정착을 원천적으로 차단한다.

① ㄱ, ㄴ
② ㄱ, ㄹ
③ ㄴ, ㄷ
④ ㄷ, ㄹ

45 **동화모형(용광로 이론)**
여러 민족의 고유한 문화들이 그 사회의 지배적인 문화 안에서 변화를 일으키고 영향을 주어서 새로운 문화를 만들어 나가는 것이다.
ㄱ은 다문화 모형(샐러드볼 이론), ㄹ은 차별・배제 모형에 대한 설명이다.

정답 44 ① 45 ②

46 (가)는 불교의 연기 사상을, (나)는 자연 그대로의 순리를 강조한 도가 사상을 제시하고 있다. 불교에서는 만물이 서로에 대한 원인과 조건이 되는 상호 의존성을 강조한 반면, 도가에 서는 자연 그 자체를 무위(無爲)로 파악하고 이에 따르는 삶을 강조하였다는 특징이 있다.

정답 46 ①

46 **다음 (가), (나) 사상에 대한 설명으로 옳은 것을 〈보기〉에서 모두 고른 것은?**

(가)	인드라망은 끝없는 큰 그물로서 이음새마다 보석처럼 투명하게 빛나는 구슬이 자리 잡고 있다. 구슬들은 혼자 빛날 수 없으며 반드시 다른 구슬의 빛을 받아야만 세상을 밝힐 수 있다.
(나)	하늘과 땅은 편애하지 않아 모든 것을 짚으로 만든 개처럼 취급한다. 하늘과 땅 사이는 커다란 풀무*의 바람통처럼 비어 있으나 다함이 없다. *풀무 : 대장간에서 불을 지피기 위해 바람을 일으키는 도구

보기

ㄱ. (가)는 만물이 원인과 조건에 의해 생멸(生滅)한다고 주장한다.
ㄴ. (나)는 자연을 목적이 없는 무위(無爲)의 체계로 파악한다.
ㄷ. (가)는 (나)와 달리 자연의 순리에 따라야 한다고 강조한다.
ㄹ. (가)는 인간과 자연의 엄격한 분리를, (나)는 합일을 추구한다.

① ㄱ, ㄴ
② ㄱ, ㄷ
③ ㄴ, ㄷ
④ ㄷ, ㄹ

47 문화 상대주의의 필요성에 대한 설명으로 옳지 않은 것은?

① 기본적인 인권을 침해하는 비도덕적인 문화까지도 이해하고 인정하기 위해서 필요하다.
② 각각의 문화는 그 사회의 환경과 상황에 맞춰진 결과물로 나름대로의 고유한 가치를 가지고 있다.
③ 문화 상대주의를 통하여 다른 문화를 이해하게 되면 자신의 문화에 대해서도 더 깊이 이해하는 것이 가능해진다.
④ 문화는 사람들의 삶과 사고, 환경 등 다양한 맥락이 반영된 것이기 때문에 획일화된 기준을 적용하여 문화의 우열성을 가릴 수 없기 때문이다.

47 보편적으로 인정되는 도덕적 가치 안에서 문화 상대주의 태도를 가져야 한다. 즉, 모든 문화를 가치 있게 인정해야 하는 것이 아니며, 비도덕적이고 인권을 침해하는 문화에 대해서는 비판이 필요한 것이다.

48 바람직한 문화적 정체성 확립을 위한 노력으로 옳지 않은 것은?

① 타 문화를 주체적으로 수용한다.
② 전통문화를 창조적으로 계승하여 정립하고 발전시켜 나간다.
③ 문화를 수용함에 있어 화이부동(和而不同)의 자세는 피하도록 노력한다.
④ 외부의 문화를 받아들여 우리의 것으로 재창조하고 문화 사대주의를 경계한다.

48 화이부동(和而不同)이란 남과 사이좋게 지내기는 하나 무턱대고 어울리지는 않는다는 의미로, 이익을 위해 도리를 저버리면서까지 남에게 부화뇌동하지 않는다는 말이다. 즉, 화합을 하되 사사로운 이익이나 계파의 이해 관계가 걸린 탐욕, 다시 말해 그릇된 것과는 결코 함께하지 않는다는 의미이다.

49 다문화에 대해 관용을 베풀어야 하는 이유로 옳은 것을 〈보기〉에서 모두 고른 것은?

보기
ㄱ. 공공 지출의 부담 증가
ㄴ. 인간 존중과 인권 보호의 바탕
ㄷ. 편견과 차별 문제 예방
ㄹ. 문화의 다양성 추구

① ㄱ, ㄴ, ㄷ ② ㄱ, ㄴ, ㄹ
③ ㄱ, ㄷ, ㄹ ④ ㄴ, ㄷ, ㄹ

49 ㄱ. 공공 지출의 부담 증가, 규범 충돌에 의한 사회 불안, 저소득층 발생 등은 다문화 사회의 부정적 영향에 해당한다.

정답 47 ① 48 ③ 49 ④

50 황금률이란 수많은 종교, 도덕, 철학에서 볼 수 있는 원칙으로 '다른 사람이 너에게 해 주었으면 하는 행위를 하라'는 윤리 원칙이다.
① 관용에 대한 의미이다.

50 황금률의 원칙에 대한 설명으로 옳지 않은 것은?

① 우리와 의견을 달리하는 사람들을 너그럽게 받아들이는 것을 의미한다.
② 유교에서는 '네가 원하지 않는 일을 남에게 행하지 마라'고 말한다.
③ 힌두교에서는 '너에게 고통을 일으키는 일을 남에게 하지 마라'고 말한다.
④ 불교에서는 '어떤 일로 고통받은 때가 있다면 그 방식으로 남에게 상처주지 마라'고 말한다.

51 자기 문화의 우월성에 빠져 다른 문화에 대해 배타적인 태도, 부정적 태도를 보이는 것은 자문화 중심주의이다. 문화 사대주의는 문화적 주체성을 상실하는 것이다.

51 다음 내용에서 공통적으로 설명하고 있는 문화에 대한 입장은 무엇인가?

- 자기 문화의 우월성에 빠져 다른 문화를 부정하는 태도
- 다른 문화에 대해 배타적인 태도

① 문화 사대주의
② 윤리 상대주의
③ 문화 상대주의
④ 자문화 중심주의

정답 50 ① 51 ④

52 다음 글의 입장에 대한 분석으로 옳은 것을 〈보기〉에서 모두 고른 것은?

> 사회의 공익을 위하여 극악한 범죄를 저지른 사람의 생명권을 박탈하는 것은 정당하다. 이성적 존재는 자신의 행동에 책임을 져야 하므로 범죄에 대한 대가로 그에 상응하는 처벌을 받는 것은 당연하다.

보기

ㄱ. 범죄자의 교화와 개선 가능성을 무시해서는 안 된다.
ㄴ. 공권력이 인간의 생명을 침해해서는 안 된다.
ㄷ. 오판 가능성이 있을 수도 있다.
ㄹ. 죽음에 대한 두려움 때문에 범죄 억제의 효과가 매우 크다.

① ㄱ
② ㄹ
③ ㄴ, ㄷ
④ ㄷ, ㄹ

52 ㄹ. 사형 제도 존속을 주장하는 응보주의적 관점에 대한 논거로, 범죄 억제의 효과가 매우 크고, 흉악범의 생명을 박탈하는 것은 정당하며, 사회 방위를 위해서는 범죄인을 완전히 격리하는 것이 좋다고 주장한다.
ㄱ·ㄴ·ㄷ은 사형 제도 폐지 주장에 대한 의견이다.

53 사형 제도에 대하여 다음과 같이 주장한 사상가는?

> • 생명권 양도는 계약자의 생명권을 중요시하는 사회계약의 내용이 아니므로 반대한다.
> • 범죄 예방을 위해서는 사형보다 종신 노역형과 같이 지속적인 효과를 가진 처벌이 적당하다.

① 루소
② 칸트
③ 베카리아
④ 벤담

53 베카리아는 제시문의 내용을 근거로 사형 제도의 폐지를 주장하였다. 루소와 칸트는 사형 제도 존치를 주장하였으며 벤담은 공리주의의 관점에서 사형 제도에 대해 찬반이 아닌 기준만을 제시하였다.

정답 52 ② 53 ③

54 정의와 관련된 내용으로 가장 적절하지 않은 것은?

① 동양에서는 정의가 '의로움', '옳음'을 의미하며, 인간의 타고난 덕성 중 하나로 보았다.
② 플라톤은 생산자, 수호자, 통치자 등이 모두 동등한 상태에서 동등한 업무를 수행하는 것을 정의로 보았다.
③ 울피아누스는 정의에 대해 특히 재화의 분배와 관련된 의미를 강조하였다.
④ 아리스토텔레스는 국가 법률의 준수와 국가 질서에 대한 순종을 강조하였다.

54 플라톤은 생산자, 수호자, 통치자 등이 각각 타고난 본성에 따라 고유한 기능을 수행하여 전체적으로 조화를 이룬 상태를 '정의'라 보았다.

55 형벌 제도는 다음 중 어느 것에 해당하는가?

① 일반적 정의
② 절차적 정의
③ 분배적 정의
④ 교정적 정의

55 교정적 정의
인간으로서 동일한 가치를 가지고 있으므로, 타인에게 해를 끼치거나 이익을 끼친 경우 같은 정도로 주거나 받는 것을 말한다. 법규를 위반하거나 다른 이의 권리를 침해하는 등 범죄를 일으킨 사람에 대해 처벌을 가함으로써 사회적인 정의를 실현하는 형벌 제도는 교정적 정의에 해당한다.

정답 54 ② 55 ④

56 다음 〈보기〉에서 견해가 다른 하나를 고르면?

보기

ㄱ. 인간의 본성은 선하며 대화가 가능한 이성적 존재이다.
ㄴ. 국제 평화는 힘의 논리를 벗어날 수 없으므로 국가 간 세력의 균형이 이루어져야 한다.
ㄷ. 국제기구나 국제법을 통해서 잘못된 제도를 바로잡으면 국제 평화를 이룩할 수 있다.
ㄹ. 분쟁이 생기는 것은 제도적인 문제가 크다.

① ㄱ
② ㄴ
③ ㄷ
④ ㄹ

구분	현실주의	이상주의
분쟁의 원인	인간의 이기적 본성으로 자국의 이익만을 극대화하려는 정책으로 인해 갈등과 분쟁이 생김	인간의 본성은 선하며 대화와 협력이 가능한 이성적 존재 → 분쟁은 잘못된 제도로 인한 것임
해결 방안	국가 간 세력의 균형을 통해 전쟁 방지	국제기구나 국제법을 통해 잘못된 제도를 바로잡음
장점	현실적 설명 → 국제 평화는 힘의 논리를 벗어날 수 없음	인간 본성에 대한 신뢰, 도덕과 규범을 통한 평화 추구
한계	세력 균형이 평화를 보장하지 못함(군비 경쟁), 국제사회의 유동성으로 확실한 평화를 보장하지 못함	인간 본성 및 국가적 대립에 관해 지나치게 낙관적, 국가 간 갈등이 생겨도 국제법이 실질적 구속력을 발휘하기 힘듦

56 현실주의와 이상주의 관점에서 본 국제 평화에 대한 견해이다.
ㄴ은 현실주의 관점을 반영하고 있으며, ㄱ·ㄷ·ㄹ은 이상주의 관점을 반영하고 있다.
[문제 하단의 표 참고]

정답 56 ②

57 다음 중 (가)와 (나)의 공통적인 의견은 무엇인가?

(가) 형벌은 보편 법칙을 입법하려는 의지의 형태로 범죄자의 자유의지를 범죄자 자신에게 실현시켜 주는 것이다. 형벌은 스스로가 한 행위에 응분의 책임을 부과하는 것이다.
(나) 공공 의사의 표현인 법은 살인을 증오하고 그 행위를 처벌한다. 살인범에게 지속적인 고통을 주는 형벌이 범죄 억제에는 가장 확실한 효과를 가져온다.

① 사형은 사적인 보복이 아닌, 공적인 차원의 형벌이다.
② 형벌로 얻는 공공 이익은 형벌이 가져올 해악보다 커야 한다.
③ 사형은 살인범의 인간으로서의 존엄을 지켜주는 형벌이다.
④ 형벌은 범죄와의 응보적 관계에 따라 부과해야 한다.

57 제시문에서 (가)는 칸트, (나)는 베카리아가 주장한 내용으로, 칸트는 형벌의 목적이 범죄 행위와 비례하는 형벌을 줌으로써 정의를 실현하며 인간으로서의 존엄성을 존중하는 것이라고 주장하고, 베카리아는 형벌의 목적이 범죄자의 교화를 통해 범죄를 예방하는 것이라고 말한다. 칸트와 베카리아 모두 형벌의 부과에 대해 공적인 차원에서 이야기하였다. ②는 베카리아, ③·④는 칸트의 주장이다.

58 다음에 제시된 내용은 칸트의 주장이다. 칸트의 주장과 가장 일치하는 것은 무엇인가?

- 제1항 : 모든 국가의 정치 체제는 공화정에 기초하여야 한다.
- 제2항 : 국제법은 자유로운 국가들의 연방 체제에 기초하여야 한다.
- 제3항 : 세계 시민법은 보편적 우호의 조건에 국한되어야 한다.

① 전쟁을 막기 위해 각국이 모든 주권을 국제기구에 양도해야 한다.
② 전쟁을 방지하기 위해 국가 간 세력 균형을 이루어야 한다.
③ 국제 사회의 갈등을 해결하기 위해서 국제기구를 설치해야 한다.
④ 전쟁 방지를 위해 국제법 대신 자연법을 강화해야 한다.

58 제시문은 칸트의 '영구평화론' 중 '영구 평화를 위한 확정 조항'의 내용이다. 칸트는 반복되는 전쟁이 인류를 멸망으로 이끌 것이라 경고하며, 이를 방지하기 위해 각국이 주권의 일부를 양도하여 전쟁을 막는 국제법 및 국제조직(국제연맹)을 설치해야 한다고 주장하였다.

정답 57 ① 58 ③

59 다음 내용과 같은 입장을 가진 사상가가 주장한 내용으로 옳은 것은?

> 고통 받는 사회의 빈곤 해결을 위해서는 인권이 보장되고 민주적 의사 결정이 이루어지는 질서정연한 사회가 될 수 있게 도와야 해. 질서정연한 사회로 진입한 이후에는 그 사회가 여전히 빈곤하더라도 원조를 중단해야 하지.

① 해외 원조는 인류에게 주어진 의무이므로 누구나 차별 없이 도움을 받아야 해.
② 해외 원조는 정의 실현을 위한 의무이지만 국제 사회에 차등의 원칙이 적용되는 것은 반대야.
③ 해외 원조는 의무가 아닌 선의를 베푸는 자선이야.
④ 가난한 국가들에 대한 해외 원조의 수준은 동일해야 해.

59 제시문은 롤스의 주장이다. 롤스는 해외 원조를 고통 받는 사회가 질서정연한 사회가 되도록 돕는 것으로 정의 실현을 위한 의무라고 하였다. 단, 국가 간의 부와 복지 수준이 다양하므로 국제 사회에 차등의 원칙이 적용되는 것에는 반대하였다.
① 싱어의 주장이다.
③ 노직의 주장이다.

60 (가)와 (나)의 입장에 대한 설명으로 옳지 않은 것은?

> (가) 문명의 충돌은 세계 평화의 가장 큰 위협이다. 냉전 이후 서로 다른 문명에 속한 집단, 인접 국가, 핵심 국가들 사이의 갈등이 지속되고 있다. 문명 충돌은 종교와 같은 신념의 차이에서 비롯된다.
> (나) 문명의 차이로 발생한 국제적 갈등과 분쟁은 관용과 화합의 의지로 극복될 수 있다. 문명 간의 개방과 소통을 위한 노력은 문명 충돌이 아닌 공존으로 이어질 수 있다.

① (가) : 국제 정치에서 가장 심각한 분쟁은 이념의 차이가 아닌 문명 간의 충돌이야.
② (가) : 충돌이 일어나는 원인은 서로 다른 문명의 이질성 때문이야.
③ (나) : 문명의 충돌은 소통 단절로 일어나므로 교류를 통해 공존을 이루어야 해.
④ (나) : 개방과 소통을 위해 모든 종교를 통합하면 평화를 이룩할 수 있어.

60 (가)는 헌팅턴의 '문명의 충돌'에 관한 내용이며, (나)는 뮐러의 '문명의 공존'에 관한 내용이다.
헌팅턴은 종교와 전통, 문화적 차이에서 비롯한 문명 간의 충돌이 세계의 평화를 위협하며 분쟁 해결을 위해 문명의 조화가 필요하다고 말했다. 뮐러는 헌팅턴의 입장을 비판하며 문명의 공존은 낯선 상대를 이해하는 것에서부터 출발하며 인간의 합리성, 관용, 이성적인 화합 의지로 문명 간 갈등의 극복이 가능하다고 주장했다.
뮐러는 종교의 통합이 아닌, 타 문명의 이해를 통해 갈등을 극복하자고 주장하였다.

정답 59 ② 60 ④

61 다음 주장에 대한 설명으로 가장 적절한 것은?

세계 평화는 받는 것이 아니라 성취해야 하는 것이다. 평화란 모든 전쟁의 종결을 의미하므로 그 앞에 '영원한'이라는 수식어를 붙이는 것은 용어의 중복일 따름이다. 평화는 도덕적 입법의 최고 자리에 위치한 이성이 명령하는 보편적 의무이다. 국가들은 서로를 하나의 인격체로 대하고, 무력과 기만을 근절해 평화를 예비해야 한다. 공화국으로 전환한 계몽된 자유 국가들이 연방을 결성하고, 호혜적인 질서를 수립함으로써 평화를 확정해야 한다.

① 전쟁은 평화를 추구하는 종교 정신에 위배되므로 도덕적이지 않다.
② 평화는 보편적 의무이므로 정치적 의무로 설정해야 하나, 실제로 완전한 평화를 가져오는 것은 불가능하다.
③ 각국이 주권의 일부를 양도하여 국제 조직을 설치해야 한다.
④ 영원한 평화를 위해 전 세계를 하나로 통합한 세계 정부를 구성해야 한다.

61 제시문은 칸트의 '영구평화론'을 다루고 있다.
① 에라스무스가 주장한 내용이다.
② 칸트는 완전한 평화가 가능하다고 보았다.
③·④ 권력이 집중된 하나의 세계 정부가 아니라, 각국이 주권의 일부를 양도하여 국제 조직을 설치하여야 한다고 주장하였다.

62 다음 사례에 제시된 문제가 발생하게 된 배경으로 가장 알맞은 것은?

지구에서 가장 평화로운 나라인 9개의 일직선으로 이루어진 남태평양의 아름다운 산호섬 '투발 루'라는 나라는 산호섬을 무리하게 깎아 활주로를 만드는 무분별한 개발 이후에 해수면이 높아져 지구상에서 사라질 위기에 처하게 되었다. 국토의 90%가 바다에 침수되자, 2001년 투발루 왕국은 국토를 포기하는 선언까지 하게 되었고, 이 상태로 간다면 2050년 안에 물에 모두 잠겨 지구상에서 사라지게 되는 첫 번째 나라가 된다고 한다.

① 인간의 이기심
② 환경에 대한 지식 부족
③ 자연 중심적인 사고
④ 자원 고갈

62 자신의 편리함과 이익만을 위해 환경을 이용하고 개발하는 인간의 이기심은 환경 파괴를 더욱 부추길 수 있다. 하지만 이러한 이기심으로 인해 발생한 환경오염의 피해는 고스란히 우리에게 다시 되돌아오게 된다.

정답 61 ③ 62 ①

63 다음 사례에서 설명하고 있는 것은?

> 과거에는 환경오염이 거의 진행되지 않아서 강물이 자연스럽게 정화되었지만, 오늘날에는 산업화가 진행되고 인구가 급격하게 증가함에 따라 각종 오염물질이 과다하게 배출되어 하수 처리 시설 없이는 강물을 이용할 수 없게 되었다.

① 자원 고갈
② 자정 능력의 한계
③ 물질주의
④ 균형성

63 환경오염이 심각하게 진행되어 생태계가 더 이상 스스로 재생할 수 없는 상태를 의미하는 자정 능력의 한계에 대한 설명이다.

64 다음과 같이 주장한 사상가는?

> 모든 생명체는 '목적론적 삶의 중심', 즉 인간은 본질에서 다른 생명체보다 우월하지 않다.

① 테일러
② 싱어
③ 벤담
④ 슈바이처

64 테일러는 '목적론적 삶의 중심'을 강조하며, 인간은 본질에서 다른 생명체보다 우월하지 않다고 주장했다.

65 생명 중심주의의 윤리에 대한 설명으로 옳지 않은 것은?

① 개별 생명체의 존재론적 가치를 강조한다.
② 모든 생명체를 그 자체로 도덕적 고려의 대상으로 본다.
③ 동식물까지도 도덕적 고려의 대상이 된다.
④ 즐거움과 고통을 느낄 수 있는 것을 도덕적 기준으로 삼는다.

65 즐거움과 고통을 느낄 수 있는 능력을 도덕적 기준으로 삼아야 한다고 주장하는 것은 환경 윤리이다.

정답 63 ② 64 ① 65 ④

66 상호 의존성에 근본을 둔 생명 공동체 그 자체에 대한 관심으로 무생물을 포함한 생태계 전체를 도덕적 고려의 대상으로 여기는 입장은?

① 생태 중심주의 입장
② 생명 중심주의 입장
③ 감정 중심주의 입장
④ 이성 중심주의 입장

66 생태 중심주의 윤리는 무생물을 포함한 생태계 전체를 도덕적 고려의 대상으로 삼는다.

67 동물도 삶의 주체로서 자신의 삶을 누릴 권리가 있으므로 인간을 위한 수단으로 간주해서는 안 된다고 주장한 동물 중심주의 윤리의 대표적 사상가는?

① 싱어
② 벤담
③ 레건
④ 아퀴나스

67 레건은 인간과 동물은 자기의 삶의 주체일 수 있기 때문에 동물은 고유의 가치를 가지며, 그들을 존중해야 한다고 주장하였다.

68 다음 주장을 비판하는 내용으로 가장 적절한 것은?

> 인간은 목적을 이루기 위해 자연을 마음대로 사용하고, 자연의 주인이라고 생각한다. 따라서 자연을 인간의 하나의 도구로 본다.

① 생명에 대한 불간섭은 생명에 대한 존중이 될 수 없다.
② 인간이 아닌 존재를 윤리적 대상으로 보는 것은 옳지 않다.
③ 자연 훼손을 정당화하여 생태계를 위협하는 환경 문제가 초래된다.
④ 모든 생명체를 도덕적으로 판단한다면 인간의 생존에 위협이 온다.

68 자연에 대한 지배를 정당화하는 인간 중심주의는 인간이 마음대로 자연을 휘두르는 것을 옳다고 여기며, 이는 생태계 전체를 위협하는 환경 문제를 초래할 수 있다.

정답 66 ① 67 ③ 68 ③

69 생태 중심주의 윤리 사상가인 레오폴드가 주장한 대지 윤리에 대한 설명으로 옳지 않은 것은?

① 생물과 무생물이 어우러져 있는 대지에도 도덕적 지위를 부여하였다.

② 도덕 공동체의 범위를 대지까지 존중하였다.

③ 인간은 대지의 지배자가 아닌 같은 구성원이라고 주장하였다.

④ 대지를 경제적 가치로만 인식하는 태도를 강조하였다.

69 레오폴드는 대지를 경제적 가치로만 인식하는 태도를 비판하였고, 인간, 고통과 쾌락을 느끼는 능력을 지닌 존재, 모든 생명체, 무생물과 생태계까지 모두 도덕적 고려의 대상이 된다고 보았다.

70 다음 내용에서 괄호 안에 공통적으로 들어갈 말로 알맞은 것은?

> 슈바이처는 (　　)을(를) 도덕의 근본 원리라고 주장하였다. (　　)은(는) 생명의 신비를 두려워하고 존경하는 마음을 말한다.

① 생명 외경

② 생명 불간섭

③ 지식의 힘

④ 신의 섭리

70 슈바이처가 주장한 생명 외경은 생명의 신비를 두려워하고 존경하는 마음으로 생명을 매우 소중하게 여기는 태도를 일컫는다.

정답 69 ④ 70 ①

71 다음의 가상 설문 결과에 대한 분석으로 옳은 것을 〈보기〉에서 모두 고른 것은?

질문	응답(단위 : %)	
	예	아니요
인간은 동물을 연구용으로 사용할 근본적 권리가 있는가?	33	67
동물을 연구하여 인간의 질병에 관한 정보를 얻는다면 이를 허용하겠는가?	75	25
동물 실험을 거쳐 효능이 검증된 의약품이 개발되면 구입하겠는가?	81	19

보기

ㄱ. 동물 실험의 유용성을 인정하는 경향이 있다.
ㄴ. 인간은 동물보다 절대적으로 우월한 지위를 갖고 있다고 본다.
ㄷ. 인간의 생명 연장을 위한 노력보다는 동물의 권리를 우선시하고 있다.
ㄹ. 동물의 생명을 존중하면서도 실용성을 추구하는 이중적인 태도를 보이고 있다.

① ㄱ, ㄴ
② ㄱ, ㄹ
③ ㄴ, ㄷ
④ ㄷ, ㄹ

71 제시문의 설문 결과에 따르면, 현대인들은 동물의 생명에 대한 권리를 근본적으로는 인정하면서도 인간의 질병 극복 등의 현실적 이익을 위해서는 동물 실험을 인정하는 이중적 태도를 보이고 있다. 이러한 태도는 현대인들이 생명의 가치를 존중하면서도 인간 중심의 윤리를 갖고 있음을 보여준다.

72 다음 내용에서 설명하는 자연관은?

인간의 지식이 곧 인간의 힘이다. 원인을 밝히지 못하면 어떤 효과도 낼 수 없다. 자연은 오로지 복종함으로써만 복종시킬 수 있기 때문이다. 자연의 고찰에서 원인으로 인정되는 것이 작업에서는 규칙의 역할을 한다.

① 인간 중심주의
② 동물 중심주의
③ 생명 중심주의
④ 생태 중심주의

72 베이컨의 주장으로 인간 중심주의적 자연관을 보여주고 있다. 베이컨은 인간과 자연을 구분하며, 인간을 자연보다 우월한 존재로 본다.

정답 71 ② 72 ①

73 다음과 같은 신념을 가진 사상가가 제시할 수 있는 주장으로 옳지 않은 것은?

> • 인간은 내재적으로 다른 생명체보다 우월하지 않다.
> • 인간은 다른 생명체와 동일한 의미에서의 지구 생명 공동체의 구성원이다.
> • 모든 생명체는 자신의 선(善)을 자신의 방식대로 추구하는 독특한 개체라는 점에서 '목적론적 삶의 중심'이다.

① 무생물도 도덕적 지위를 갖는다.
② 동물을 단순한 자원으로 규정해서는 안 된다.
③ 인간은 생명체가 지닌 고유한 선을 침해해서는 안 된다.
④ 인간은 생태계 내의 모든 생명들을 도덕적으로 고려해야 한다.

73 제시문은 테일러의 입장으로, 테일러는 모든 생명체의 도덕적 지위를 주장하지만, 생태계의 모든 존재들이 도덕적 지위를 갖는다고 주장하지는 않는다.

74 다음 설명에서 괄호 안에 들어갈 말로 알맞은 것은?

> 교토 의정서는 (　　) 규제와 방지를 위한 국제 협약이다. 1997년 12월, 일본 교토에서 개최된 기후변화협약 제3차 당사국 총회에서 채택되어 2005년 2월 16일 공식 발효됐다. 선진국 38개국은 1990년을 기준으로 2008~2012년까지 평균 5.2%의 온실가스를 감축해야 한다.

① 오존층 파괴
② 지구 사막화
③ 지구 온난화
④ 지구 황폐화

74 교토 의정서는 지구 온난화를 규제하고 방지하기 위한 국제 협약으로, 환경 문제 해결을 위한 국제적 차원의 협력에 해당한다.

정답 73 ① 74 ③

75 환경적으로 건전하고 지속 가능한 발전의 실현 방안으로 볼 수 없는 것은?

① 친환경적인 경제 생활을 한다.
② 자연을 보전하면서 경제 성장을 해야 한다.
③ 화석 연료를 대체할 수 있는 에너지를 개발한다.
④ 인간의 행복과 복지를 위해 자연 자정 능력 훼손도 감수한다.

75 인간의 행복과 복지를 위한 활동은 필요하나 그것이 지나쳐 자연 자정 능력을 훼손해서는 안 된다.

76 에너지와 자원을 절약하고 효율적으로 사용하여 기후변화와 환경훼손을 줄이고 경제와 사회의 성장도 꾸준히 이루어간다는 개념을 일컫는 용어는?

① 신재생 에너지
② 동반 성장
③ 녹색 성장
④ 청정 개발

76 녹색 성장
공동체 또는 지역 환경의 개발과의 관련성을 포함하는 토지 이용 계획으로, 현장 특유의 녹색 건물의 개념과 밀접한 관련이 있다. 이는 도시 계획, 환경 계획, 건축, 공동체 건물 등을 포함한다.

77 다음 내용에서 설명하는 인간의 유형은?

> 인간은 불편한 점을 개선하고 보완하기 위하여 도구를 사용한다.

① 기술적 인간
② 도구적 인간
③ 발전형 인간
④ 과학적 인간

77 동물과 다르게 인간이 자신의 부족한 점을 보완하기 위해 주어진 환경에 만족하지 않고 도구를 사용하는 것을 가리켜 '도구적 인간'이라고 한다.

정답 75 ④ 76 ③ 77 ②

78 과학기술에 대해 다음과 같이 주장한 학자는?

> 기술은 그 자체로 선하지도 악하지도 않은 수단이다. 그것은 인간이 기술로부터 무엇을 만드느냐, 기술이 인간의 무엇을 위해 기여하느냐, 그리고 어떤 조건 하에서 기술이 만들어지느냐에 달려 있다.

① 칸트 ② 벤담
③ 야스퍼스 ④ 하이데거

78 야스퍼스는 과학기술의 가치 중립성을 강조하면서 인간이 과학기술을 어떻게 이용하느냐에 따라 가치가 결정된다고 보았다.

79 과학기술 발달로 인한 문제점 중 다음 내용과 가장 관련 있는 것은?

> 디지털 정보 사회가 되면서 사람들이 직접 얼굴을 마주하며 인간적인 관계를 맺지 않고 정보 통신 매체를 통하여 간접적으로 접촉하는 경우가 많다.

① 피상적 인간관계
② 세대 간 격차
③ 기술 지배 현상
④ 생명 경시 문제

79 과학기술의 발전에는 양면성이 있어서 사람들 사이의 간접적인 접촉으로 인한 비인격적이고 피상적인 인간관계를 만드는 문제점을 발생시키기도 한다.

80 현재 인류가 처해 있는 생태계 위기를 궁극적으로 과학기술 발전을 통해 충분히 해결할 수 있다고 낙관하는 환경 윤리 입장은?

① 사회생태론
② 대지 윤리
③ 심층생태론
④ 기술결정론

80 ① 사회생태론 : 생태계 위기는 사회에서의 위계적인 지배관계 때문이므로 이에 대한 해결을 위해서는 사회 구조가 변해야 한다는 입장이다.
② 대지 윤리 : 생물과 무생물이 어우러져 있는 대지에도 도덕적 지위를 부여함으로써 인간은 대지의 지배자가 아닌 같은 구성원이라고 본다.
③ 심층생태론 : 생태계 위기는 인간중심적 세계관 때문이므로 이에 대한 해결을 위해서는 생태계 중심적인 세계관으로 바꾸어야 한다고 주장한다.

정답 78 ③ 79 ① 80 ④

81 다음 내용과 가장 관계 깊은 과학 분야는?

- 줄기세포 치료
- 인간 게놈(Genome) 지도

① 의료 과학
② 생명 과학
③ 사이버 과학
④ 사회 과학

81 생명 과학은 생명에 관계되는 여러 가지를 연구하여 의료와 같은 인류 복지에 사용되는 과학 분야이다.

인간 게놈(Genome) 지도
인간의 유전자 정보를 포함하고 있는 게놈(Genome) 지도의 완성은 불치병이나 난치병의 치료를 가능하게 하며 질병 유발 유전자를 제거할 수 있도록 해 준다.

82 생명 과학으로 인한 긍정적 효과가 아닌 것은?

① 손상된 인체기관을 다시 만들 수 있다.
② 의학용 나노 로봇을 개발할 수 있다.
③ 불치병의 치료가 가능하다.
④ 유전자 조작을 이용한 곡식의 대량 생산이 가능하다.

82 의학용 나노 로봇의 개발은 생명 과학 기술의 발전이 아닌 나노 기술의 발전으로 가능하다.

정답 81 ② 82 ②

83 **과학의 가치 중립성에 대한 입장이 다른 하나는?**

① 폭탄이 전쟁에 사용되었다고 해서 폭탄을 만든 사람을 벌할 수는 없다.
② 과학기술은 그 사용 결과를 미리 예측하기가 어렵다.
③ 과학자는 과학기술이 사회에 미치는 영향에 대해 책임을 지지 않아도 된다.
④ 과학기술의 발달은 도덕적 가치 판단으로부터 자유롭지 못하다.

83 ①·②·③은 과학의 가치 중립성을 인정하는 입장인 반면, ④는 과학의 가치 중립성을 부정하는 입장으로, 과학이 바람직하지 못한 결과를 초래했다면 결과에 책임을 져야 한다는 견해이다.

84 **다음과 같은 노력들의 공통적인 목적으로 알맞은 것은?**

- 각종 윤리 위원회 활동 강화
- 기술 영향 평가 제도 시행
- 과학기술 연구 및 개발 관련 토론에 시민의 참여가 가능하도록 제도 마련

① 과학기술 지상주의 확립을 위한 노력
② 과학기술 혐오주의 확립을 위한 노력
③ 과학기술의 가치 중립성 확립을 위한 노력
④ 과학기술의 윤리적 책임 의식 확립을 위한 노력

84 과학기술은 긍정적인 측면과 함께 여러 가지 윤리적인 문제 등을 포함한 부정적인 영향이 있으므로 이를 극복하고 윤리적인 책임 의식 확립을 위한 노력이 필요하다.

정답 83 ④ 84 ④

85 과학지상주의에 대한 설명으로 옳지 않은 것은?

① 모든 과학의 산물, 과학적 인식과 사고방식을 지나치게 높이 평가한다.
② 도구적 이성을 과도하게 중시한 나머지 인간의 도덕성과 심미성은 무시한다.
③ 도덕적·종교적 신념은 과학적으로 증명될 수 없다는 이유로 무시한다.
④ 과학지상주의의 관점에서 도덕규범은 '인간으로서 마땅히 해야 할 것'으로 설명된다.

85 과학지상주의의 관점에서 도덕규범은 '인간으로서 마땅히 해야 할 것'이 아니라, '대부분의 사람들이 하고 있는 것'으로 설명된다. 즉, 도덕규범은 객관적 사실일 수는 있지만, 당위의 법칙은 아니라는 것이다.

86 요나스의 책임 윤리에 대한 설명으로 옳지 않은 것은?

① 인간 중심적 자연관을 옹호한다.
② 자연에 대한 책임을 주장한다.
③ 불확정적인 미래에 대한 책임도 제기한다.
④ 미래 세대에 대한 환경도 보전해야 한다고 강조한다.

86 요나스는 인간 중심적 자연관을 비판한다. 그는 도덕적 의무만을 강조하는 전통 윤리에서 벗어나 인간과 자연의 관계로 윤리의 영역을 넓히고, 불확실한 미래까지 책임의 범위를 넓혀야 한다고 강조한다.

정답 85 ④ 86 ①

87 다음 글에 나타난 입장에 대한 설명으로 가장 적절한 것은?

> 과학기술은 삶의 조건을 스스로 결정하려는 인간의 욕망을 충족시킴으로써 인류에게 혜택을 줄 수도 있지만 심각한 부작용을 초래할 수 있다. 예를 들어 미래 자녀의 유전적 조건을 직접 결정하고자 하는 욕망은 유전 과학기술의 놀라운 발달을 가져왔지만, 이는 다음 세대들의 계획되지 않을 권리를 심각하게 침해할 수 있다.

① 과학기술이 사회의 발전을 결정해야 한다고 본다.
② 과학기술은 그 자체가 목적이 되어야 한다고 본다.
③ 과학기술이 인간의 존엄성을 훼손해서는 안 된다고 본다.
④ 과학기술은 도덕적 판단으로부터 자유로워야 한다고 본다.

87 제시문은 과학기술을 도덕적으로 성찰하지 못했을 때 나타날 수 있는 문제점을 보여주고 있다. 도덕적 성찰이 결여된 과학기술은 인간의 기본적 권리를 침해하고 인간을 도구화시키는 심각한 문제를 초래할 수 있다. 따라서 과학 기술이 인간의 존엄성을 구현하는 방향으로 나아가야 한다고 본다.

88 다음과 같은 입장을 지닌 사람이 제시할 주장으로 가장 적절한 것은?

> 과학이란 대상을 주관의 개입 없이 사실 그대로를 파악하는 것이다. 그리고 가치란 있는 그대로의 대상과는 본질적으로 다른 것으로 인간 주체의 산물이다. 따라서 과학 연구에 있어서는 가치가 개입되어서는 안 된다.

① 과학기술은 그 자체로 좋은 것도 나쁜 것도 아니다.
② 과학기술은 인간의 삶의 질을 개선하는 데 기여해야 한다.
③ 과학자는 자신의 연구・개발과 관련하여 사회에 대한 책임을 다해야 한다.
④ 과학자는 연구 결과가 가져올 수 있는 부작용에 주의해야 한다.

88 제시문은 과학이란 있는 그대로의 사실을 탐구하는 것으로 가치 판단의 대상이 아니라는 입장이다. 따라서 과학의 가치 중립성을 주장하고 있다.

정답 87 ③ 88 ①

89 **판옵티콘**
영국의 공리주의 철학자 벤담이 제안한 원형 모양의 감옥이다. 프랑스의 철학자 미셸 푸코가 1975년 그의 저서 『감시와 처벌(Discipline and Punish)』에서 현대의 컴퓨터 통신망과 데이터베이스가 마치 죄수들을 감시하는 '판옵티콘'처럼 개인의 일거수일투족을 감시할 수 있다고 주장하였다.

90 갑은 정보 사유론의 입장, 을은 정보 공유론의 입장이다. 정보 사유론자들은 저작권 보호가 창작 의욕을 고취한다고 주장하는 반면, 정보 공유론자들은 공공재인 정보를 사유재로 독점하는 것은 정당하지 않다고 주장한다.
ㄴ. 을은 정보는 무한히 복제될 수 있다는 특성이 있으므로, 정보를 공유한다고 해서 소모되지 않는다고 주장한다.
ㄹ. 정보 소유에 대한 배타적 권리를 주장하는 것은 갑만의 주장이다.

정답 89 ③ 90 ①

89 다음 설명에서 괄호 안에 공통으로 들어갈 말로 알맞은 것은?

- (　　)은 영국의 철학자인 벤담이 제안한 원형 모양의 감옥이다.
- (　　)은 정보 통신 사회가 개인의 일거수일투족을 감시하는 것을 비유한 것이다.

① 시놉티콘
② 사이언티콘
③ 판옵티콘
④ 테크네콘

90 다음 갑과 을의 입장에 대한 옳은 설명을 〈보기〉에서 모두 고른 것은?

갑 : 우리의 법은 어떤 것을 발견하거나 합법적 절차를 거쳐 그것을 소유한 사람에게 소유권을 부여한다. 따라서 어떤 아이디어를 발견하거나, 그것을 구현해 주는 소프트웨어를 개발한 사람에게 소유권을 주는 것은 당연하다.
을 : 정보의 복제 가능성은 무한하다. 하지만 정보를 자유롭게 복제할 수 없도록 한다면 정보는 더 이상 무한한 것이 아니라 유한한 것이 된다. 그렇게 되면 정보의 고유한 특성은 사라지고 그것은 사람들에게도 불행한 일이 된다.

보기

ㄱ. 갑은 저작권 보호가 창작 의욕을 고취한다고 본다.
ㄴ. 을은 정보의 공유가 정보의 소모를 초래한다고 본다.
ㄷ. 갑은 생산된 정보를 사유재로, 을은 공공재로 본다.
ㄹ. 갑, 을은 정보의 소유에 대한 배타적 권리가 있다고 본다.

① ㄱ, ㄷ　　② ㄱ, ㄹ
③ ㄱ, ㄴ, ㄹ　　④ ㄴ, ㄷ, ㄹ

91 **다음과 같이 주장한 사상가는?**

> "과학기술을 가치 중립적인 것으로 고찰할 때, 우리는 무방비 상태로 과학기술에 내맡겨진다."

① 야스퍼스
② 하이데거
③ 요나스
④ 하이젠베르크

91 과학기술의 가치 중립성
- 과학기술의 가치 중립성 주장 : 야스퍼스(K. Jaspers) → "기술은 그 자체로 선하지도 악하지도 않은 수단이다. 그것은 인간이 기술로부터 무엇을 만드느냐, 기술이 인간의 무엇을 위해 기여하느냐, 그리고 어떤 조건 하에서 기술이 만들어지느냐에 달려 있다."
- 과학기술의 가치 중립성 부정 : 하이데거(M. Heidegger) → "과학기술을 가치 중립적인 것으로 고찰할 때, 우리는 무방비 상태로 과학기술에 내맡겨진다."

92 **정보 사회의 긍정적 측면이 아닌 것은?**

① 의사소통의 편리
② 지식의 보편화
③ 소외 현상의 가속화
④ 인간관계나 사회 구조의 민주화

92 비인간화, 인간 소외 현상의 심화는 정보 사회의 문제점이다.

93 **사이버 공간의 존재를 실제 세계와 같은 수준으로 창조해 낼 수 있게 되고, 개인의 인성을 구성하는 요소들조차 디지털 정보에 의해서 분석 · 조작 · 변형하는 것이 가능하게 된다. 이때 가장 심각한 문제는?**

① 정체성의 혼란
② 심신의 불균형 발전
③ 기술 습득의 어려움
④ 전인격적인 관계의 형성

93 정보 사회에서는 가상공간이라는 제2의 생활공간이 등장하면서 생활의 이중성이 초래되어 정체성의 위기가 심화된다.

정답 91 ② 92 ③ 93 ①

94 카피레프트에 대한 설명으로 옳은 것은?

① 지적 창작물을 모든 사람과 함께 공유하자는 것이다.
② 지적 재산권을 인정하자는 것이다.
③ 인터넷의 정보는 개인의 것이라는 입장이다.
④ 창작자에게 저작권을 주어야 한다는 입장이다.

94 • 카피레프트 : 더 많은 사람이 쉽게 사용할 수 있도록 무료로 정보 공유
• 카피라이트 : 정보를 생산하는 데 있어 노력의 대가를 충분히 주어 정보의 질 향상 추구

95 사이버 폭력의 유형과 그 설명이 바르게 연결되지 않은 것은?

① 모욕 – 비방을 목적으로 인터넷상에 구체적인 내용의 허위 또는 사실이 유포되어 피해를 입은 경우
② 스토킹 – 공포심이나 불안감을 일으키게 하는 음성, 문자, 화상 등을 반복적으로 받아 피해를 입은 경우
③ 사이버 폭력 – 사이버 범죄의 일종으로, 인터넷이나 인터넷과 관련된 기술상에서 다른 사람에게 피해를 입히는 모든 행위
④ 성폭력 – 인터넷을 통해 성적 수치심이나 혐오감을 일으키는 말이나 음향, 글이나 사진, 그림, 영상 등을 받은 경우

95 ①은 명예훼손에 관한 설명이다. 모욕은 인터넷상에서 특정인에 대하여 모욕적인 언사나 욕설 등을 하는 행위이다.

정답 94 ① 95 ①

96 다음 설명에서 괄호 안에 공통적으로 들어갈 말로 알맞은 것은?

> • (　　)은 현대 사회에서 대중이 옆에 있는 사람이 누구인지를 모르는 현상을 말한다.
> • (　　)은 표현의 자유를 극대화하는 장점이 있으나 악의적 행동을 하게 하는 원인이 된다.

① 대중성
② 익명성
③ 포괄성
④ 자율성

96 익명성은 사이버 공간의 가장 일반적인 특징으로서 무책임한 글과 말 등을 인터넷에 올려 큰 물의를 일으키는 원인이 된다.

97 통일 비용에 대한 설명으로 옳은 것은?

① 소모적 비용이기 때문에 민족의 경쟁력을 약화시킨다.
② 비경제적 비용은 포함시키지 않는다.
③ 분단 상황에 필요한 경제적 비용과 사회·문화적 손실을 말한다.
④ 정치 및 행정 제도를 통합할 때 드는 비용이다.

97 ①·③ 분단 비용에 대한 설명이다.
② 경제적·비경제적 비용이 모두 포함된다.

정답 96 ② 97 ④

98 북한 이탈 주민을 대하는 태도로 옳지 않은 것은?

① 편견을 버리고 바라본다.
② 함께 살아가야 할 구성원으로 대한다.
③ 같은 민족, 같은 국민으로 본다.
④ 사회 적응 교육은 부담감을 느끼므로 삼간다.

98 북한 이탈 주민을 대상으로 남한 사회에 조기 적응할 수 있도록 사회 적응 훈련, 직업 훈련을 실시한다. 사회 적응 교육에는 남한의 이해와 문화 충격 해소 교육, 초기 정착 지원 제도와 관련된 교육 등이 있다.

99 남북 분단으로 인한 문제점이 아닌 것은?

① 이산가족이 서로 만나지 못하고 헤어져 살아야 한다.
② 분단 상태 유지로 인한 소모적 비용인 통일 비용이 발생한다.
③ 한반도를 남북이 나눠서 이용함으로 경제적 손실이 발생한다.
④ 전쟁 발발의 가능성으로 인해 정신적인 고통을 받게 된다.

99 남북 분단으로 인한 소모적 비용은 통일 비용이 아닌 분단 비용이다. 분단 비용은 남북의 분단 상태를 유지하기 위한 소모적 비용으로 과도하게 들어가는 국방비가 대표적이다.

분단으로 인한 국가적 손실
- 분단 비용의 낭비
- 인력의 낭비
- 영토의 일부 사용으로 인한 경제적 손실
- 남북한 대결로 인한 민족적 역량 낭비

정답 98 ④ 99 ②

100 통일의 의의를 가장 올바르게 이해하고 있는 내용은?

① 통일은 남북한 어느 한쪽으로 합쳐지는 것이다.
② 통일은 남북한이 하나의 정치 체제 아래에서 살게 되는 것이다.
③ 통일은 남북한이 국토를 하나로 합치는 일이다.
④ 통일은 우리 민족의 삶을 하나로 묶어 한민족 국가를 만드는 것이다.

100 통일은 단순히 어느 한쪽으로 합쳐지는 것이 아니라 우리 민족의 삶을 하나로 묶어 완전한 한민족 국가를 만드는 것이다.

통일의 의의
- 남북한 동포들이 한마음이 되어가는 과정
- 우리 민족의 새로운 역사를 창조하는 작업
- 정치, 경제, 사회, 문화, 교육 등 우리 민족의 삶을 하나로 묶어 완전한 한민족 국가를 만드는 것
- 남북한 주민은 물론이고 세계에 퍼져 있는 한민족 모두가 함께 번영하는 민족 공동체를 이루는 것

101 인류의 보편적 가치를 바탕으로 문화의 다양성을 인정하고 각 문화를 그 사회의 독특한 환경과 역사적 · 사회적 상황에 비추어 이해하는 태도는?

① 문화 상대주의
② 문화 사대주의
③ 윤리 상대주의
④ 자문화 중심주의

101 ② 문화 사대주의 : 자문화를 비하하고 다른 사회의 문화를 맹목적으로 추종하는 태도 → 문화적 주체성의 상실
③ 윤리 상대주의 : 도덕적 옳음과 그름의 기준이 사회에 따라 다양하여 보편적 도덕 기준은 존재하지 않는다는 태도로 비판적 성찰을 어렵게 함
④ 자문화 중심주의 : 자기 문화의 우월성에 빠져 다른 문화를 부정하는 태도 → 다른 문화에 대한 배타적 태도

정답 100 ④ 101 ①

102 다음 글의 사상가들이 공통적으로 설명하고 있는 인간의 특성은?

- 소크라테스 – 검토되지 않은 삶은 살 가치가 없다.
- 맹자 – 인간에게는 마땅한 도리가 있으니, 배불리 먹고 따뜻한 옷을 입고 편안하게 살아도 그 도리를 배우지 않는다면 짐승과 같다.
- 칸트 – 그에 대해서 자주 그리고 계속 숙고하면 할수록, 점점 더 새롭고 점점 더 큰 경탄과 외경으로 마음을 채워주는 두 가지가 있다. 그것은 내 위의 별이 빛나는 하늘과 내 안의 도덕 법칙이다.

① 이성적 존재
② 사회적 존재
③ 윤리적 존재
④ 유희적 존재

102 제시문에서는 윤리적 존재로서의 인간에 대해 공통적으로 설명하고 있다.

103 다음과 같은 주장을 한 사상가는?

나라 크기는 작고 백성들 수는 적다. 갖가지 기물이 있으나 쓰이지 않는다. 백성은 생명을 중히 여겨 멀리 이사 가는 일이 없다. 비록 탈 것이 있어도 탈 일이 없고, 갑옷과 무기가 있어도 내보일 일이 없다. 사람들은 새끼줄을 다시 매어 쓰고, 음식을 달게 여기고, 옷을 아름답게 여기고, 거처를 편안하게 여기고, 풍속을 즐거워한다. 이웃 나라가 서로 바라다보이고 닭과 개 소리가 서로 들려도 백성들은 늙어 죽을 때까지 서로 왕래하지 않는다.

① 공자
② 노자
③ 모어
④ 플라톤

103 제시문은 노자의 '도덕경'에 있는 글이다. 노자가 추구한 이상 사회는 나라의 규모가 작고 인구는 적은 공동체, 즉 소국과민 사회이다. 이곳 백성들은 욕심이 적고, 분별적 지혜가 없으며, 인위적 문명의 이기(利器)에는 무관심하고, 생명을 소중히 여기며, 스스로 질서를 이루어 만족하며 산다.

정답 102 ③ 103 ②

104 **다음 〈보기〉에서 학자와 그가 추구하는 이상 사회를 바르게 연결한 것은?**

보기

ㄱ. 모어 – 유토피아
ㄴ. 플라톤 – 공산 사회
ㄷ. 공자 – 소국과민 사회
ㄹ. 노자 – 대동 사회

① ㄱ
② ㄴ
③ ㄷ
④ ㄹ

104 ㄱ. 모어는 생산과 소유에 있어서 평등이 실현되고, 경제적으로 풍요로운 사회, 사람들이 필요 이상의 노동을 하지 않음에 따라 여유로우며, 도덕적으로 타락하지 않은 사회를 유토피아, 즉 이상 사회로 보았다.

105 **다음 내용에서 공통적으로 추구하는 삶의 자세로 가장 적절한 것은?**

- 군자는 위로 통달하고 소인은 아래로 통달하고자 한다.
- 보살은 진리가 아무리 많다고 해도 모두 배우고자 하고, 불도(佛道)가 아무리 높아도 모두 이루고자 한다.
- 지인은 일체의 구속을 벗어나 절대적 자유의 경지에 오르고자 한다.

① 도덕 법칙에 따른 행위만을 선한 행위로 인정한다.
② 타고난 성정을 교정하기 위하여 규범을 준수한다.
③ 세속에서 벗어나 자연에 은둔하는 삶을 추구한다.
④ 더 높은 정신적 경지에 이르고자 자기 수양에 힘쓴다.

105 인간은 윤리적 존재이기 때문에 자신의 삶을 반성적으로 검토하고 의식적으로 인간다움을 추구한다. 그리고 자유 의지에 따라 자발적으로 가치 있는 행동을 실천하는데 이것이 인간을 인간답게 해주는 본질적 특성에 해당한다.

정답 104 ① 105 ④

106 다음은 상대론적 윤리설과 절대론적 윤리설을 비교한 표이다. 옳지 않은 것은?

구분	상대론적 윤리설	절대론적 윤리설
① 대표 학자	플라톤, 아리스토텔레스, 칸트, 헤겔	소피스트, 에피쿠로스, 홉스, 벤담
② 행동 기준	상대적, 주관적, 특수적	절대적, 객관적, 보편적
③ 장점	급변하는 세계에 적용이 유리	확고부동한 윤리적 기준이 있음
④ 단점	가치 판단의 기준이 애매함	시대 변화에 적응하기 어려움

106 상대론적 윤리설은 행복, 쾌락 등의 결과를 중시하며 대표적 학자로는 '소피스트, 에피쿠로스, 홉스, 벤담, 듀이' 등이 있다. 절대론적 윤리설은 의무, 당위 등과 같은 동기를 중요시하고, 대표적인 학자로는 '소크라테스, 플라톤, 아리스토텔레스, 칸트, 헤겔' 등이 있다.

107 메타 윤리학에 대한 설명으로 옳은 것은?

① 도덕적 언어 및 개념의 의미를 분석하는 데 주력한다.
② 실제적인 도덕 문제를 해결하여 실천하는 것을 목표로 한다.
③ 현대 사회의 여러 문제들에 도덕 이론을 적용하여 해결하고자 한다.
④ 삶에서 직면하는 '도덕적 문제를 어떻게 해결할 것인가'의 대답에 관심을 갖는다.

107 메타 윤리학은 도덕적 언어 및 개념의 의미 분석에 중점을 두면서 윤리적 물음에 앞서 학문적 타당성부터 다루는 학문으로, 인간의 삶을 안내하거나 도덕적 문제를 해결하는 데 있어서 실질적 도움을 주지는 못한다.
②·③·④는 실천적 윤리학(응용 윤리학)에 대한 설명이다.

정답 106 ① 107 ①

108 다음 내용에서 공통적으로 설명하고 있는 것은?

> • 어떤 문제에 관심을 가진 사람들이 개인적 성찰을 토대로 의견을 교환하며 문제를 공동으로 해결하는 윤리적 탐구 과정이다.
> • 윤리 문제에 대한 인식 능력과 윤리적 사고력과 판단력을 배양한다.
> • 주관적인 생각이 객관적이고 보편적인 앎의 형태로 나아가게 하여 윤리 문제에 관련된 사람들에 의해 문제 해결 방안이 실제로 수용될 수 있어야 한다.

① 토론
② 사실 판단
③ 도덕 판단
④ 도덕적 추론

108 사회 윤리 문제 탐구에서의 성찰은 주로 토론에 의해 이루어질 수 있다. 토론은 어떤 문제에 대해 관심을 갖고 있는 사람들이 개인적 성찰을 토대로 서로 의견을 교환하며 문제를 공동으로 해결하기 위한 윤리적 탐구 방법이기 때문이다.

109 프롬이 주장한 사랑의 요소에 대한 설명으로 옳지 <u>않은</u> 것은?

① 존경 - 상대방을 있는 그대로 보면서 존중함
② 책임 - 자발적으로 자신의 행동에 대해 책임을 짐
③ 지식 - 사랑하는 과정에서 상대방을 알아가고 이해함
④ 관심과 배려 - 상대방과 가깝고 정서적으로 연결되어 있는 것처럼 느끼고 깊이 있는 대화를 나눌 수 있음

109 스턴버그가 주장한 사랑의 요소 중에서 친밀감에 대한 설명이다. 프롬은 상대방의 생명과 성장에 대해 적극적으로 관심을 갖고 돌보는 것을 관심과 배려라고 하였다.

정답 108 ① 109 ④

110 다음 설명에서 괄호 안에 들어갈 수 있는 내용으로 옳은 것을 〈보기〉에서 모두 고른 것은?

> 유전자 조작은 특정 동식물의 유용한 유전자를 다른 동식물에 삽입하여 재조합하는 것을 말한다. 즉, 특정 생물체에 다른 생물체의 유전자를 주입하여 원래의 생물체에 존재하지 않는 새로운 유전 형질을 갖도록 하는 것이다. 사람들은 유전자 조작 기술이 인류에게 많은 혜택을 가져다 줄 것으로 기대하고 있다. 하지만 유전자 조작 기술의 경우 (   )는 문제점을 지니고 있다.

보기

ㄱ. 식량 생산의 증대를 가져올 수 있다
ㄴ. 인간의 건강과 생명에 위협을 줄 수 있다
ㄷ. 환경과 생태계에 좋지 않은 영향을 미칠 수 있다
ㄹ. 거대 자본을 가진 국가나 기업의 영향력이 감소할 수 있다

① ㄱ, ㄴ
② ㄱ, ㄷ
③ ㄴ, ㄷ
④ ㄷ, ㄹ

110 유전적 조작은 난치병 치료, 질병 퇴치, 의약품 개발 등 의학적 도움이 되며 경제적으로는 수확량이 높고 병충해에 강한 농축산물 개발, 식량 생산 증대를 통한 기아 문제 해결이 가능하다. 그러나 유전자 풀(Pool)의 다양성을 훼손하고, 열성 인류의 존재 권리를 박탈할 수 있으며, 농축산물 유전자 조작으로 인간 건강과 생명에의 위협, 환경 파괴와 생태계 교란, 식량 안보 위협 등의 문제점이 발생할 수 있다.

정답 110 ③

111 인체 실험과 관련된 다음 선언에 대한 설명으로 옳지 않은 것은?

- 연구 대상자의 이익에 대한 고려는 과학 발전과 사회의 이익에 앞서야 한다.
- 약자의 입장에 있는 연구 대상자들은 특별히 보호해야 한다.
- 연구 대상자가 연구자와 종속 관계에 있는 경우 특히 주의해야 한다.
- 연구 자체의 목적과 방법, 예견되는 이익과 내재하는 위험성 등에 관하여 연구 대상자에게 사전에 충분히 알려 주어야 하며, 그들로부터 충분한 설명에 근거한 자발적인 동의를 받아야 한다.

① 헬싱키 선언의 내용이다.
② 뉘른베르크 강령의 정신을 이어받고 있다.
③ 인체 실험에 관련된 윤리적 원칙의 모범으로 인정된다.
④ 피험자의 자발적 동의가 필요하긴 하나 필수적이진 않다는 입장이다.

111 헬싱키 선언은 뉘른베르크 강령의 정신을 이어 받고 있으며, 인체 실험에 관련된 윤리적 원칙의 모범으로 인정된다. 이러한 헬싱키 선언은 인간의 건강 증진, 피험자의 권익과 안전 등의 보장을 강조한다.

112 다음 내용이 설명하는 용어는?

어떤 사람들은 신체와 사회적 지위를 연관하여 생각하고 신체가 예쁘지 않은 사람을 열등하게 보기도 한다.

① 외모 지상주의
② 물질 만능주의
③ 학벌 지상주의
④ 이기주의

112 외모 지상주의는 외모가 개인 간의 우열과 성패를 가름한다고 믿어 외모에 지나치게 집착하는 것으로 루키즘(Lookism)이라고도 한다.

정답 111 ④ 112 ①

113 다음 내용과 일치하는 주장으로 옳은 것을 〈보기〉에서 모두 고른 것은?

성적 소수자들은 우리 대다수의 사람들과 성 정체성이 다를 뿐이다. '나와 다르다'는 것은 '틀린 것'이고, '틀린 것'은 '나쁜 것이다'라는 생각의 틀을 바꿔야 한다. 성적 소수자들의 성 정체성을 전통적인 시각에서 부정적으로 평가하는 것이 과연 옳은가?

보기

ㄱ. 성적 소수자도 행복 추구권을 가지고 있다.
ㄴ. 다수의 선택이 모든 판단의 기준이 되어야 한다.
ㄷ. 성 정체성에 따른 개인의 결정과 선택을 존중해야 한다.
ㄹ. 성 정체성은 개인의 도덕성을 평가하는 절대적인 기준이다.

① ㄱ, ㄴ
② ㄱ, ㄷ
③ ㄴ, ㄷ
④ ㄷ, ㄹ

113 제시문은 성적 소수자에 대한 편견을 버릴 것을 주장하고 있다. 성적 소수자를 옹호하는 사람들은 성 정체성과 모든 질병은 서로 무관하며, 성 정체성은 자기 의지와 관계없이 만들어진다고 본다. 따라서 성적 소수자는 도덕적으로 문제가 없으며, 다른 사람들처럼 가족 구성권을 인정받고 자녀를 입양할 수 있다고 본다. ㄴ・ㄹ은 성적 소수자에 대한 차별을 인정하는 주장으로, 제시문의 내용과 반대된다.

114 다음 글에서 밑줄 친 주장을 따를 경우 나타날 수 있는 부작용으로 옳지 않은 것은?

최근에 생명공학의 안정성과 윤리 문제를 심의하기 위한 생명공학윤리 위원회가 열렸다. 관련 보고서를 검토한 후, A 위원은 "생명공학의 육성과 발전을 위해서는 유전자 연구나 생명 복제 등에 대한 각종 규제를 풀어야 하고, 윤리적 논의는 다음 과제로 남겨두어야 한다."라고 주장하였다.

① 인간의 존엄성이 훼손될 수 있다.
② 생태계의 질서가 교란될 수 있다.
③ 과학적 사고방식이 경시될 수 있다.
④ 생명의 본래적 가치가 경시될 수 있다.

114 A 위원은 생명 공학에 대한 윤리적 논의는 뒤로 미루고 생명 공학의 육성과 발전을 위해서 각종 규제를 풀어야 한다고 주장하였다. A 위원의 주장을 따른다고 해서 과학적 사고방식이 경시되는 것은 아니다.

정답 113 ② 114 ③

115 다음 중 정의의 기능이 아닌 것은?

① 옳고 그름에 대한 사회적 기준을 제공한다.
② 사회적 재화 분배 과정에서 일어나는 갈등과 분쟁의 조정한다.
③ 구성원들의 화합을 도모하여 사회 통합의 기능을 제공한다.
④ 도덕 판단의 이론적 근거를 제공한다.

115 ④는 도덕 이론의 역할에 대한 내용이다.

116 다음 중 범죄와 이에 따른 형벌은 미리 법률상에 규정되어 있어야 한다는 원칙을 말하는 것은?

① 분배적 정의
② 죄형 법정주의
③ 관습형법 주의
④ 죄형 전단주의

116 • 죄형 법정주의 : 어떠한 행위가 범죄로 인정되는지와 이에 대한 처벌에 관한 내용이 법률상 명백하게 규정되어 있어야 한다는 형법상의 원칙을 말한다. 이는 개인의 자유와 권리를 제약하기 위해서는 법률에 의해야만 한다는 주권재민 사상을 반영한 것으로 공정한 처벌의 조건이 된다.
• 죄형 전단주의 : 범죄와 형벌에 대해 법률의 규정 없이 영주나 군주에 의해 임의적으로 결정될 수 있다는 것이다.

117 다음 중 불교에서 말하는 평화의 개념이 아닌 것은?

① 수양을 통하여 탐욕, 화냄, 어리석음을 제거해야 한다.
② 인간을 비롯하여 모든 생명체에 대한 비폭력을 실현해야 한다.
③ 개인의 도덕적 수양을 통해 화평(和平)한 세계를 만들어야 한다.
④ 인간을 비롯한 만물은 서로 밀접하게 연관되어 있으며 이를 깨닫는 것은 자비로 이어진다.

117 화평(和平)은 유교에서 말하는 사람들 간의 조화와 화합을 의미한다. ①은 불교의 삼독(三毒), ②는 불교의 불살생(不殺生), ④는 불교의 연기설(緣起說)에 대한 내용이다.

정답 115 ④ 116 ② 117 ③

118 다음 〈사례〉에 관한 갑의 주장 중 ㉠에 들어갈 진술로 가장 적절한 것은?

〈사례〉

- 과거 의약품 개발을 위한 임상 실험 단계에서 사회적 약자를 대상으로 한 인체 실험이 이루어졌다.
- 나치는 제2차 세계대전 중에 저체온증의 치료법을 연구하기 위해서 아우슈비츠에서 선정된 수감자들을 3시간 동안 얼음물 속에 들어가 있도록 하거나 영하의 온도에서 몇 시간 동안 나체로 서 있도록 하였다.

갑 : 우리는 인체 실험이 가져올 심각한 부작용에 대해 충분히 고려해야 합니다. 그래서 인체 실험을 하기 전에는 반드시 (㉠)

① 연구의 자유를 보장하여야 합니다.
② 피실험자의 자발적 동의가 있어야 합니다.
③ 연구 비용을 최소화하는 방안을 모색해야 합니다.
④ 공동체의 이익 증진을 최우선으로 생각해야 합니다.

118 제시문은 정당하지 못한 인체 실험의 구체적 사례이다. 임상 실험 혹은 인체 실험을 실시하기 전에는 반드시 실험에 대한 충분한 정보 제공, 피실험자의 자발적 동의, 적절한 보상 등이 이루어져야 한다.
①·③·④는 연구자 중심이며 이를 바탕으로 실행된 인체 실험은 피실험자의 인권을 침해할 우려가 있다.

119 다음 대화를 통해 알 수 있는 인터넷 사용자들의 문제 행동에 대한 공통적 원인으로 가장 적절한 것은?

갑 : 남의 블로그에서 자료를 무단으로 도용해도 아무도 모르겠지?
을 : 그럼! 나도 과제 제출을 위해 자료를 도용한 적이 있는 데 별 문제가 없었어.
병 : 당연하지! 난 남의 카페에 들어가 비방하는 글을 자주 올리는데 누가 알겠어.

① 사이버 공간은 시공간의 제약이 강하기 때문이다.
② 건전한 자아 정체성이 확고히 확립되었기 때문이다.
③ 사이버 공간은 현실을 반영한 물리적 공간이기 때문이다.
④ 현실보다 사이버 공간에서 구속감을 적게 느끼기 때문이다.

119 현실에서와 마찬가지로 사이버 공간에서도 각 개인이 지켜야 할 규범이 있다. 그러나 사이버 공간은 익명성으로 인해 컴퓨터 사용자들이 현실 생활보다는 양심의 규제를 덜 받게 된다. 따라서 구속감을 적게 느끼게 되어 부정적인 행동을 할 가능성이 크다.

정답 118 ② 119 ④

120 다음 사상가들의 입장에 대한 설명으로 옳은 것을 〈보기〉에서 모두 고른 것은?

> 갑 : 식물은 동물을 위해, 동물은 인간을 위해 존재한다. 자연은 목적이 없거나 헛된 일을 하지 않는다. 자연은 이성적 존재인 인간을 위해 모든 동물을 만들었다.
> 을 : 살아 있는 모든 것은 자신의 고유한 방식으로 자신의 목적을 추구한다. 자기 보존과 행복을 위해 움직인다는 점에서 모든 생명체는 동등하다.
> 병 : 대지는 단순한 토양이 아니며, 식물, 동물과 서로 연결되어 흐르는 에너지의 원천이다. 이러한 생명 공동체는 통합성과 안정성, 아름다움을 보전하려고 한다.

보기

ㄱ. 갑은 을과 달리 기계론적 자연관을 바탕으로 생명을 이해한다.
ㄴ. 갑은 병과 달리 인간 중심주의적 관점에서 자연을 바라본다.
ㄷ. 병은 을과 달리 윤리적 고려의 대상을 무생물에게까지 확대한다.
ㄹ. 갑, 을, 병 모두 자연의 모든 존재가 도덕적 가치를 지닌다고 본다.

① ㄱ, ㄷ
② ㄱ, ㄹ
③ ㄴ, ㄷ
④ ㄷ, ㄹ

120 제시문은 인간과 자연에 대한 여러 가지 입장을 보여준다. 갑은 인간 중심주의적 관점의 아리스토텔레스, 을은 생명 중심주의적 관점의 테일러, 병은 생태주의적 관점의 레오폴드이다.

ㄱ. 아리스토텔레스는 목적론적 자연관을 전개하였다. 기계론적 자연관을 전개한 철학자는 데카르트이다.
ㄹ. 개체 중심적 사고에서 벗어난 레오폴드만이 무생물을 포함한 모든 존재가 도덕적 가치를 지닌다고 본다.

정답 120 ③

121 현대 환경문제는 산업화와 도시화로 인한 화석 연료의 무분별한 사용으로 초래되었으며, 생태계 자정 능력을 초과하였다. 전 지구적인 영향 때문에 국내에서뿐만 아니라 세계적인 노력이 필요하다. 또한 책임 소재가 불분명하기 때문에 그 해결 비용을 부담할 대상을 가리기가 어렵다.

121 현대 환경문제의 특징에 대한 설명으로 옳은 것은?

① 오염이나 파괴가 복구하기 어려운 정도로 발생하였다.
② 산업화와 도시화로 인한 화석 연료의 분별력 있는 사용으로 문제가 심각하지는 않다.
③ 책임 소재가 분명하기 때문에 당해 문제를 해결할 비용을 부담할 대상이 정해져 있다.
④ 지구 온난화나 오존층 파괴 등의 환경문제는 국내 전문가들의 노력을 통해 극복할 수 있다.

122 제시문에서는 과학자는 자신의 연구가 사회에 미칠 영향을 고려해야 한다고 주장하고 있다. 과학기술 사용자에게 책임을 전가하며 과학기술은 가치 중립적인 것이라고 보는 견해에 대해, 필자는 과학자의 사회적 책무를 강조할 것이다.

122 다음 내용에서 ㉠에 들어갈 내용으로 가장 적절한 것은?

> 과학기술은 인간의 삶에 위험을 초래할 수도 있기 때문에 과학자는 연구를 수행할 때 사회에 미칠 영향을 염두에 두어야만 한다. … 그런데 어떤 사람들은 "과학기술이 초래한 결과에 대한 책임은 과학자가 아니라 전적으로 과학기술을 사용한 사람들에게 있다."라고 주장한다. 나는 이러한 견해에 대해 (　　　㉠　　　)고 생각한다.

① 연구의 성과는 도덕적 가치로 판단됨을 강조하고 있다.
② 과학자의 연구 그 자체는 가치 중립적임을 간과하고 있다.
③ 연구의 자율성보다 사회적 규제의 중요성을 강조하고 있다.
④ 연구를 수행하는 과학자의 사회적 책무성을 경시하고 있다.

정답 121 ① 122 ④

123 사이버 공간에서 가져야 하는 도덕적 책임에 대한 설명으로 옳지 않은 것은?

① 익명성 – 새로운 성격을 창조하고 다양한 자아를 탐색하도록 하는 것이다.

② 상호 존중 – 나 자신이 소중하듯 상대방도 소중한 사람으로 대하는 자세이다.

③ 정의 – 모든 사람에게 사이버 공간이 주는 혜택과 이익을 공정하게 배분하도록 하는 것이다.

④ 책임감 – 자신의 정체가 드러나지 않는 사이버 공간일수록 더욱 책임감 있는 행동을 해야 한다.

123 사이버 공간에서는 익명성을 갖게 되면서 말과 행동에도 상당한 변화를 초래하지만, 그것은 사이버 공간의 특징일 뿐 사이버 공간에서 가져야 하는 도덕적 책임과 관련된 내용은 아니다.

124 한반도에 평화를 정착시키기 위한 올바른 자세가 아닌 것은?

① 우리 사회 내부의 안정과 발전을 이루어야 한다.

② 외부의 침략을 막을 수 있는 안보 능력을 갖추어야 한다.

③ 화해와 협력으로 북한을 개혁과 개방으로 유도해야 한다.

④ 주변 국가들의 관심을 철저히 배제하고 남북한 주도의 평화가 되어야 한다.

124 남북한의 통일은 국내 문제이지만 동북아 평화와 세계 평화에 공헌하는 길이기 때문에 국제적인 관심의 대상이 되고 있다.

정답 123 ① 124 ④

125 제시문은 동독과 서독의 급작스러운 통일 후 서로 다른 체제와 정서의 차이로 인해 일어난 문제점에 대한 내용이다. 남한과 북한도 통일 후 발생될 갈등에 대비하여 사회, 문화, 경제 등 다양한 분야의 교류를 통해 이질성을 줄이고 동질성을 회복해야 한다.

정답 125 ②

125 한반도의 통일과 관련하여 다음 사례에서 참고할 수 있는 내용은?

> 갑작스럽게 통일이 이루어진 후, 동서독 주민들은 통일 이전의 상이한 체제에서 비롯된 사고방식과 정서의 차이로 심각한 갈등을 겪었다. 서독인은 동독인을 가난하고 게으르다는 의미인 '오씨(Ossi)'로, 동독인은 서독인을 거만하고 잘났다는 의미인 '베씨(Wessi)'로 부르는 현상이 나타났다.

① 국제 정세의 변화에 따라 주변국들을 적극 활용하여 통일에 유리한 여건을 창출해야 한다.
② 정치, 경제, 사회, 문화, 교육 등 전 분야에서 교류를 확대하여 이질성을 줄여야 한다.
③ 남북 경제 교류와 공동 시장을 형성하기 위해 노력해야 한다.
④ 북한과의 원활한 통일을 위해 남한의 국제적 지위를 향상시켜야 한다.

제 2 장

동양 윤리와 한국 윤리 사상

우리 인생의 가장 큰 영광은 결코 넘어지지 않는 데 있는 것이 아니라
넘어질 때마다 일어서는 데 있다.

- 넬슨 만델라 -

제 2 장 동양 윤리와 한국 윤리 사상

제1절 동양 및 한국 윤리 사상의 흐름

1 동양 윤리 사상의 흐름

(1) 유교 윤리 사상의 흐름

① **춘추 전국 시대**

㉠ 공자

- 사회 혼란의 원인 : 인간의 도덕적 타락이 사회 혼란의 원인 → 극기복례(克己復禮), 실천을 통한 인(仁)의 회복 강조
- 예(禮) : 외면적인 사회 규범, 인의 외면적 표출 → 인은 예를 통해 실현, 예의 바탕은 인
- 정명(正名) 사상 기출 23 : 사회 구성원들이 신분과 지위에 따라 맡은 바 역할을 다하는 것
- 덕치(德治) : 도덕과 예의로 교화하는 정치 → 수기안인(修己安人)
- 대동(大同) 사회 : 재화가 고르게 분배되어 모든 사람이 더불어 잘사는 사회

㉡ 맹자 기출 21

- 성선설 : 양지(良知)와 양능(良能), 사단(四端)과 사덕(四德)
- 인의(仁義) : 사랑의 마음[仁] + 옳고 그름을 분명하게 구분하는 사회적 정의[義]
  - 정의를 밝혀 사회 혼란 극복
  - 이상적인 인간상 : 대인, 대장부 → 호연지기(浩然之氣) 함양
- 정치사상 : 왕도(王道) 정치, 민본주의적 혁명 사상(역성혁명론)

㉢ 순자

- 성악설 : 인간의 악한 본성이 사회 혼란의 원인
- 사회 혼란의 극복 방안 : 화성기위(化性起僞) → 악한 본성을 선하게 변화시킴
- 예치(禮治) : 인간의 악한 본성을 예를 통해 선하게 교화시키는 정치

② **진나라** : 부국강병책 중시, 분서갱유 → 유학의 침체

③ **한(漢) 대** : 경학과 훈고학의 발달

㉠ 배경 : 한 무제 때 유학의 부활 → 분서갱유 당시 없어진 경전의 복원 중시

㉡ 발달 : 경전의 복원(경학), 복원된 경서에 대한 주석(훈고학)

④ **수·당 대** : 유교의 국교화, 불교와 도교의 발달

⑤ **송(宋) 대** : 주희의 성리학(주자학)

㉠ 주자 : 맹자의 성선설과 여러 도학자들의 성즉리설(性卽理說) 집대성 → 성리학 정립

㉡ 본성론 : 인간의 본성을 이기론에 근거하여 형이상학적 체계를 갖추어 설명

㉢ 수양론 : 성인군자가 되기 위한 도덕적 수양과 실천 방법에 대한 이론 → 격물치지(格物致知), 거경궁리(居敬窮理), 존양성찰(存養省察), 존천리거인욕(存天理去人欲)

⑥ **명(明) 대** : 왕수인의 양명학

㉠ 주희의 성즉리설과 격물치지설 비판 → 심즉리설 주장 → 양명학 수립

㉡ 사상 체계 : 심즉리설(心卽理說), 치양지설(致良知說), 지행합일설(知行合一說)

⑦ **청(淸) 대** : 고증학

㉠ 배경 : 성리학과 양명학이 구체적인 현실 문제를 해결하지 못했다고 비판

㉡ 특징 : 실사구시(實事求是)의 방법론, 경전 연구에만 치중하여 이론적인 발전 미비

㉢ 발전 : 실학으로 계승, 경세치용의 학문 경향 전개

(2) 도교 윤리 사상의 흐름

① **춘추 전국 시대**

㉠ 도가 사상의 연원

- 목표 : 무위(無爲)로서의 본래 상태인 자연의 질서 회복
- 특징 : 인위적인 노력의 비판·부정, 자연의 질서에 순응 → 절대 자유의 경지 추구

㉡ 노자

- 사회 혼란의 원인 : 인간의 그릇된 인식과 가치관, 인위적인 사회 제도
- 도(道) : 우주 만물의 근원, 참된 자연의 원리, 형이상학적 진리
- 덕(德) : 덕은 도를 따르는 것, 도는 곧 자연 → 덕은 자연을 따르는 것
- 이상적인 삶 : 물이 갖추고 있는 덕과 겸허(謙虛)와 부쟁(不爭)의 덕 강조
  - 무위자연(無爲自然) : 인위적으로 하지 않고 자연의 본성을 따르는 상태
  - 상선약수(上善若水) : '으뜸이 되는 선은 물과 같다.' → 가장 이상적인 무위자연
- 정치사상 : 통치자가 백성의 삶에 개입하지 않는 무위 정치의 이상 사회 추구
  - 소국과민(小國寡民) : '작은 나라에 적은 백성' → 백성들의 평화로운 삶을 중시
  - 무위(無爲)의 정치 : 강압과 인위가 사라져 통치자가 있는지 없는지도 모르는 정치

㉢ 장자

- 사회 혼란의 원인 : 시비선악의 분별과 차별, 자기만 옳고 남은 그르다는 이기적인 편견
- 도(道) : 만물에 존재하는 원리, 덕의 근본 → 차별이 없고, 모든 사물에 내재
  - 이상적인 삶 : 공을 내세우지 않고, 무엇을 하려고 꾀하지 않고, 일이 잘되어도 자만하지 않는 삶
  - 만물의 평등성 : 도의 차원에서 만물은 모두 평등함 → 만물제동(萬物齊同) 기출 23
- 수양 방법 : 심재(心齋)와 좌망(坐忘)을 통해 소요유(逍遙遊)와 제물(齊物)의 경지에 이름
- 이상적 인간상 기출 24 : 지인(至人), 진인(眞人), 신인(神人), 천인(天人) → 물아일체(物我一體)의 경지에 이른 도가의 이상적 인간상

② **한(漢) 대**

㉠ 도교 사상의 연원

• 성립 : 도가 사상 + 민간 신앙적 요소 → 장생을 추구하는 종교적 색채가 강함

• 목표 : 육체적인 한계를 극복하고 수련을 통해 불로불사의 선인(仙人)이 되고자 함

㉡ 황로학파(黃老學派, 한 초기)

• 신선 사상과 노장 사상이 황로학으로 체계화

• 유가, 법가, 묵가 등의 학파가 지닌 일부 관점을 수용하여 노자의 무위 사상을 개조하고 보충 → 청정무위(淸淨無爲)를 바탕으로 한 이상 사회 추구

㉢ 태평도(太平道)

• 수탈을 일삼는 권력층을 비판함으로써 궁핍한 백성의 마음을 움직임

• 자신의 잘못을 뉘우치는 기도를 통해 복을 추구 → 부적과 맑은 물로써 병을 치료한다고 선전

㉣ 오두미교(五斗米敎, 한 말기)

• 사회적 혼란기에 탐관오리를 비판하며 교단의 형태를 갖춘 종교로 발전

• 신선 사상과 노자에 대한 신격화를 바탕으로 삼는 종교

• 태평도와 함께 도가 사상을 바탕으로 '태평경'을 신봉

③ **위 · 진 시대** : 현학(玄學)

㉠ 노장 사상을 숭상하고 경학(經學)에 반대하는 사상적 경향

㉡ 청담(淸談), 죽림칠현(竹林七賢)

㉢ 세속적 가치를 넘어서는 철학적 · 예술적 사유와 가치 중시

(3) 불교 윤리 사상의 흐름

① **초기 불교의 핵심 사상** 기출 21

㉠ 인연(因緣) 사상 : 모든 현상은 무수한 원인[因]과 조건[緣]에 의해 발생 → 연기법

㉡ 사성제(四聖諦) : 석가모니가 깨달은 네 가지 진리 → 고성제, 집성제, 멸성제, 도성제

㉢ 삼법인(三法印) : 불교의 세 가지 근본 교설 → 제행무상, 제법무아, 열반적정(또는 일체개고)

② **불교 사상의 전개**

㉠ 소승 불교와 대승 불교의 발전

구분	소승 불교	대승 불교
성립 배경	계율의 해석을 둘러싼 교파의 분열	소승 불교의 대중적 기반 상실
특징	• 사회와는 분리된 엄격한 종교성 강조 • 개인의 해탈 강조	• 대중의 구원 강조 • 이상적 인간상 제시
성격	개인적 · 은둔적	대중적 · 사회적

㉡ 대승 불교의 사상적 배경 : 『반야경』, 공(空) 사상, 중도(中道) 사상

• 공(空) 사상 : 자아에 대한 집착으로부터 탈피 → 무아(無我)의 인식 강조

• 중도(中道) 사상 : 우주의 본질과 현실의 양면을 객관적으로 관찰

㉢ 대승 불교의 이상적인 인간상 : 보살(菩薩)
- 위로는 깨달음을 구하고 아래로는 중생을 구제하는 사람
- 자비로운 마음을 가지고 바라밀을 실천하는 사람

③ **중국 불교의 전개**

㉠ 전개 : 6・7세기경 인도의 대승 불교가 중국으로 전래 → 교종과 선종으로 변화・발전

구분	교종	선종
수행 배경	교리, 경전에 대한 학습과 지식 축적	직관적 종교 체험을 통한 깨달음
특징	• 경전과 교리 공부 중시 • 대표적 종파 : 천태종, 화엄종	• 돈오(頓悟) 사상 제시 • '단박에', '갑자기' 깨닫는 수양법 강조

㉡ 특징 : 노장 사상의 개념을 받아들여 불교를 이해, 인과응보(因果應報)의 윤회 사상 정착

㉢ 영향 : 사상적・문화적으로 중국 문화의 다변화에 이바지

(4) 한국 윤리 사상의 흐름

① **유교** : 인간 내면 그리고 성품, 도덕적 가치의 문제를 탐구 → 이황, 이이, 실학 사상

② **불교** : 다양한 교리를 종합하고 선종과 교종의 조화의 방향으로 전개 → 원효, 의천, 지눌

③ **도가・도교** : 한국의 전통 사상과 융합, 민간 신앙이나 각종 기복 신앙, 신흥 종교에 영향을 미침

(5) 한국 사회와 전통

① **한국 전통의 특징**

㉠ 오랜 역사에 따라 질적인 측면이나 양적인 측면이 모두 풍부함

㉡ 고유한 전통과 외래 전통이 혼합되어 다양한 유형의 모습으로 구체화됨

② **한국 전통의 중심부를 이루는 사상**

㉠ 고유한 전통 : 신화와 무속

㉡ 외래 문화에서 들어와 중심부의 전통이 된 것 : 유교, 불교, 도교

③ **전통이 근대 이후 외적인 것과 갈등을 일으킨 이유**

㉠ 기독교의 유입

㉡ 외세의 조선 침략과 민족 전통의 말살 정책

더 알아두기

문헌에 나타난 우리의 민족성

- 『후한서』 : 천성이 유순하고, 사리 분별도 밝을 뿐만 아니라 노래와 춤을 통해 멋과 여유를 즐김
- 『예기』 : 동방에 있는 한민족을 동이(東夷)라고 하였는데 이(夷)는 우리 민족이 수렵에 능할 뿐만 아니라 성품이 유순하고 어질다는 것을 의미함
- 『산해경』 : 우리나라를 군자지국(君子之國)이라 하고 의관을 깨끗이 하고 칼을 찼으며 짐승을 기르고 성격이 겸손하다고 함
- 『동이열전』 : 동방예의지국에서 유래한 말로 공자가 그 나라에 가서 살고 싶다고 함

2 동양 윤리 사상의 특징

(1) 유기체적 세계관

① 인간과 자연이 하나로 연결되어 있는 하나의 유기체 → 인간과 자연의 조화 합일을 주장

② **윤리 사상**

㉠ 유교

- 천인합일(天人合一)을 주장 → 천(天), 인(人)이 서로 대립하는 것이 아니라, 본래 일체의 것이라는 사상
- "인간과 만물은 모두 인(仁) 혹은 양지(知)가 깃들어 있으므로 일체가 된다."

㉡ 불교

- 자타불이(自他不二)와 연기설(緣起說)을 바탕으로 인간과 자연, 우주의 긴밀한 관계 강조
- "천지와 나는 같은 근원을 가지고 있고, 만물과 나는 일체가 된다."

㉢ 도가・도교

- 천지 만물의 발생 원리를 자연으로 보고, 인간의 의지나 욕구와 관계없이 존재하는 자연의 가치를 있는 그대로 존중하는 무위자연을 추구
- "천지와 나는 병존하고, 만물과 나는 하나가 된다."

(2) 이상 사회

① **유교** : 대동 사회(大同社會) → 인륜(人倫)이 구현되고, 복지(福祉)가 실현된 사회

② **불교** : 불국 정토

㉠ 불교의 정토 : 부처와 보살이 중생을 구제하는 평화롭고 자비로 충만한 사회

㉡ 미륵 세상 : 중생을 구제하기 위해 미래에 출현할 부처인 미륵이 다스리는 불교적 이상 사회 → 깨달음을 통해 자신의 인격을 완성시켜 나가고 평화롭고 행복하게 사는 세상

③ **도가・도교** : 소국과민 사회(노자)

㉠ 주나라와 같이 거대한 통일 제국의 국가 형태에 대하여 반대하고, 작은 나라와 적은 국민 지향으로 무위(無爲)와 무욕(無慾)의 사회 건설

㉡ 인위적 사회 제도와 질서를 무시하고 소박한 생활을 하는 작은 공동체를 지향

> 체크 포인트
>
> **대동 사회**
>
> 평등 사회, 정의 사회, 신뢰 사회, 정과 예가 넘치는 사회, 복지 사회, 도덕 사회

(3) 이상적 인간상

① **유교의 인간관(윤리적)** 기출 21

㉠ 중간적 존재 : 천(天)의 기품과 지(地)의 형상을 부여받은 존재

㉡ 선한 본성 소유 : 우주 만물의 이치가 선천적으로 구비되어 있음

㉢ 윤리적 존재 : 사욕(私慾)이 본성을 가리지 못하게 항상 자신을 억제하고 사람의 도리를 다해야 함

㉣ 이상적 인간으로서의 군자(君子) : 도덕적 실천과 학문의 연마를 통해 날로 상달(上達)을 추구하는 사람

② **불교의 인간관(인생론적)**

㉠ '고(苦)' : 인간의 심성은 본래 청정(淸淨)한 것이나, 무지(無知)와 탐욕으로 인해 인생은 '고(苦)'로 나타남

㉡ 깨달음 중시 : 깨달음을 통해 고통을 극복하고 해탈·열반의 경지에 이르게 됨

㉢ 이상적 인간으로서의 보살(菩薩) : 위로는 깨달음을 구하고 아래로는 중생을 가르쳐 자비(慈悲)를 실천하는 사람

체크 포인트

열반

범어로 '니르바나(Nirvana)', 즉 '불어서 끈다'는 뜻으로, 불교에서 수행에 의해 진리를 체득하여 일체의 속박에서 해탈(解脫)한 최고의 경지이다. 완성된 깨달음의 세계인 최고의 이상향을 말한다.

③ **도교의 인간관(자연적)**

㉠ 자연적 인간관 : 규범적 측면이 아닌 대자연의 흐름에 따라 인간다움을 찾음

㉡ 무위(無爲)의 자연스러움 : 인간의 본래 모습은 무위(無爲)의 자연스러움으로, 대자연과 하나가 되어 살아가는 것이 이상적인 삶

㉢ 이상적인 인간상 : 지인(至人), 신인(神人), 천인(天人), 진인(眞人)

더 알아두기

동양의 인간관

- 유교 : 현실에서 끊임없이 자신의 수양에 공을 들임 → 윤리적 인간관
- 불교 : 수행을 통해 자신의 참모습을 깨달음 → 해탈적 인간관
- 도교 : 자연에 순응하며 자연과 더불어 사는 삶 → 자연적 인간관

3 한국 윤리 사상의 흐름

(1) **고유 사상** : 외래 사상을 주체적으로 수용하는 토대가 됨

① **의미** : 우리 민족이 공유하고 있던 자연환경과 역사적 현실 속에서 만들어 온 독특한 사상 체계 → 민족의식의 원형

② **건국 신화** : 우리 민족의 역사적 기원과 함께 고유성과 정체성 확인

③ **무속 신앙** : 우리 민족이 이 땅에 적응하면서 형성해 온 고유한 믿음 체계로, 우리 민족 정서의 밑바탕 형성

(2) **외래 사상** : 중국으로부터 전래한 유・불・도 사상은 고대 국가 형성기부터 서서히 우리의 윤리 사상으로 자리 잡음

(3) 한국 윤리 사상에서의 이상적 인간관

① **홍익인간의 인간관** : 인간 존중, 이타주의, 평등사상, 천지조화 사상(묘합의 원리)

② **불교의 인간관** : 화쟁(和諍)과 오수(悟修)에 따른 조화를 중시함

③ **성리학의 인간관** : 선한 본성이 육체적 욕망 때문에 악의 유혹에 빠질 가능성이 있으므로 부단히 수행하여야 함(극기복례)

④ **실학의 인간관** : 우주의 기(氣)와 인간의 혈기를 구분한 기혈적 존재

⑤ **동학의 인간관** 기출 24 : 사람이 곧 하늘이라는 인내천(人乃天) 사상과 평등・인간 존중 사상

(4) 한국 윤리 사상의 시대별 전개

① **통일 신라 이후~고려 시대**

㉠ 불교가 중심을 이루었지만, 유교 역시 국가 운영의 원리로서 기능함

㉡ 원효의 화쟁 사상을 계승하여 교종과 선종의 조화 노력 → 의천의 교관겸수, 지눌의 돈오점수와 정혜쌍수

㉢ 유교는 민본 사상에 근거하여 위민 정치 도모 → 사회 및 개인 윤리로서 큰 역할을 함

② **조선 시대**

㉠ 성리학이 국가 운영의 중심 이념이자 개인과 사회의 윤리 사상으로 정착

㉡ 인간의 도덕성에 대한 확신과 이에 따른 도덕적 실천과 예(禮)에 대한 강조를 통해 사회 질서를 공고히 하고자 함

㉢ 실학의 등장 : 성리학에 대한 비판적 성찰을 통해 실질적이고 실용적인 학문 추구 → 당시 사회 문제를 해결하는 데 주목함

㉣ 19세기 국난 극복을 위한 노력으로 위정척사 사상, 개화사상, 강화 학파 등이 등장함

③ **조선 시대 이후**

㉠ 다양한 사상들이 의병 운동과 애국 계몽 운동으로 이어짐

㉡ 신흥 종교의 출현 : 고유 사상을 바탕으로 유・불・도 사상을 융합해 백성들에게 새로운 이상을 제시함

㉢ 20세기에 이르러 서양 사상의 본격적 수용과 전통 윤리 사상에 대한 새로운 변화 모색

4 한국 윤리 사상의 특징

(1) 한국 사회사상의 탐구 자세

① 현실에 대한 역사의식, 시대의식, 사회의식을 가져야 함

② 우리 사상에 대한 자긍심을 출발점으로 삼아야 함

③ 창의적인 자세를 가져야 함

(2) 전통 사상과 외래 사상

① 전통 사상은 외래 사상과의 관계 속에서 파악되어야 함

② 사상은 주체적인 입장에서 수용되어야 함

(3) 한국 사상의 형성 배경

① **언어** : 고유 언어(표현 도구 + 사유 도구) → 동질성, 고유 사상의 존재

② **단일 민족** : 혈연적 동질성, 보편적 정감의 토대, 공동의 이익 추구 계기 → 통일 의지, 민족 경제 추구, 민족 문화 발전

③ **민족성** : 유순한 민족성[군자의 나라(『논어』), 천성이 유순(『한서지리지』)] → 신화에서부터 고도의 철학적 사유까지 중심축으로 자리 잡고 있음

(4) 한국 윤리 사상의 특징

① **현세 지향적 가치관** : 현세에서의 행복한 삶을 추구하는 경향 → 단군 신화, 유교, 호국 불교, 풍수 사상 등

② **화합과 조화 정신** : 단군 신화의 천인합일 사상, 원효의 화쟁 사상, 유・불・도 사상을 융합한 동학, 사회적 안정을 추구했던 한국 유교의 사회 원리 등이 조화 정신을 보여 줌

③ **평화 애호 정신** : 역사적으로 평화와 선린 정신을 지켜 옴 → 자연 세계로까지 확대되어 생명 존중 의식과 자연 친화 의식이 일찍부터 자리 잡음

④ **인격 완성의 추구** : 현세에서의 깨달음을 중시한 불교, 이상적인 도덕적 인간이 되는 것을 목표로 한 유교 등에서 확인할 수 있음

5 현대 사회와 동양 및 한국의 윤리 사상

(1) 한국 윤리 사상의 전통

① 개인의 도덕적 신장과 개인 및 집단 간의 화해, 공동체의 번영을 추구하는 도덕적 정신이 강함

② 개인과 공동체의 조화를 추구하는 의식이 높음

③ 인간과 자연의 조화, 인격 완성의 추구, 물질 만능주의에 대한 경계, 인류의 공영 지향 등 동양 윤리 사상의 전통에서 형성된 정신도 두드러짐

(2) 동양 및 한국 윤리 사상의 현대적 의의

① **양보와 겸손의 가치** : 개인, 집단 간의 갈등과 대립을 해결하고, 개인의 행복한 삶을 이끄는 기반이 될 수 있음

② **욕망의 절제와 무소유의 전통** : 끝없는 욕망 추구가 빚어낸 여러 사회 문제와 물질 만능 주의를 극복하는 데 긍정적으로 작용함

③ **인간과 자연의 조화 정신** : 인류가 당면한 환경 문제, 자원 고갈 문제 등을 극복하는 정신적 기반으로 작용할 수 있으며, 인류의 공존과 공영을 이끄는 역할을 담당함

(3) 동양 및 한국 윤리 사상을 바라보는 자세 : 전통 사상에 대한 일방적인 옹호나 부정이 아니라 합리적인 사고를 통해 비판적으로 수용하려는 자세가 필요함

제 1 절 핵심예제문제

01 **유교**
- 공자, 맹자, 순자 등이 본격적으로 강조
- 인간과 사회의 본질에 대한 성찰
- 인격 수양과 도덕적 실천을 강조함
- 동양 윤리 사상(성리학, 양명학)에 큰 영향을 끼침

01 다음과 같은 관점을 가진 사상으로 옳은 것은?

> 인간의 내면과 성품, 도덕적 가치를 탐구하였다.

① 유교
② 불교
③ 도교
④ 동학

02 **도교의 인간관(자연적)**
- 자연적 인간관 : 규범적 측면이 아닌 대자연의 흐름에 따라 인간다움을 찾음
- 무위(無爲)의 자연스러움 : 인간의 본래 모습은 무위(無爲)의 자연스러움으로, 대자연과 하나가 되어 살아가는 것이 이상적인 삶
- 이상적인 인간상 : 지인(至人), 신인(神人), 천인(天人), 진인(眞人)

02 다음과 같은 특징을 가진 동양의 윤리 사상은?

> - 자연적 인간관 : 규범적 측면이 아닌 대자연의 흐름에 따라 인간다움을 찾음
> - 이상적인 인간상 : 지인(至人), 신인(神人), 천인(天人), 진인(眞人)

① 유교
② 도교
③ 불교
④ 증산교

정답 01 ① 02 ②

03 **단군 신화에 담겨 있는 전통 사상의 특징이 아닌 것은?**

① 인본주의
② 경천사상
③ 조화 정신
④ 선비 정신

03 단군 신화에는 인간 세상을 널리 보살피는 인본주의, 하늘에 정성껏 기도를 올리는 경천사상, 하늘과 땅 및 인간이 함께 살아가는 조화 정신, 천인합일 정신 등이 골고루 나타나 있다.

04 **다음에서 공통적으로 설명하는 동양 윤리 사상의 특징은?**

> (가) 인간과 만물은 모두 인(仁) 혹은 양지(知)가 깃들어 있으므로 일체가 된다.
> (나) 천지와 나는 같은 근원을 가지고 있고, 만물과 나는 일체가 된다.
> (다) 천지와 나는 병존하고, 만물과 나는 하나가 된다.

① 인간의 존엄성 존중
② 평화 지향
③ 유기체적 세계관
④ 인본주의

04 유기체적 세계관은 우주를 상호 유기적 연결 속에서 통일된 전체로 파악하는 입장으로 세계를 분리된 부분들의 단순한 집합체가 아니라 통합된 전체로 보는 것이다.
(가) 유교 사상
(나) 불교 사상
(다) 도가·도교 사상

05 **다음에서 공통적으로 설명하는 한국 윤리 사상의 특징은?**

> • 단군 신화의 천인합일 사상
> • 원효의 화쟁 사상
> • 유·불·도 사상을 융합한 동학
> • 사회적 안정을 추구했던 한국 유교의 사회 원리

① 인격 완성의 추구
② 화합과 조화 정신
③ 내세 중심적 가치관
④ 평화 애호 정신

05 **한국 사상의 전개 과정에서 나타난 조화 정신의 계승·발전**
• 풍류나 동학 사상에 나타난 유·불·도 3교의 조화성
• 원효의 화쟁 사상
• 한국 윤리 사상의 전개 과정에서 다양한 사상들을 조화롭게 수렴하는 역할 담당
• 조화의 전통을 계승·발전시켜 현대의 다원 사회를 살아가는 지혜로 삼아야 함

정답 03 ④ 04 ③ 05 ②

06 공자의 유교 윤리에 대한 설명으로 옳지 않은 것은?

① 극기복례 실천을 통한 인의 회복을 강조하였다.
② 민본주의적 혁명 사상인 역성혁명론을 주장하였다.
③ 도덕과 예의로 교화하는 정치인 덕치를 주장하였다.
④ 인간의 도덕적 타락으로 인하여 사회적 혼란이 야기되었다고 보았다.

06 맹자는 정치적으로 왕도 정치와 민본주의적 혁명 사상인 역성혁명론을 주장하였다.

07 다음 내용은 중국의 어느 시대에 해당하는가?

- 성즉리설의 집대성
- 격물치지, 존양성찰 주장
- 인간의 본성을 이기론에 근거하여 형이상학적 체계 갖추어 설명

① 진　　② 한
③ 송　　④ 명

07 송나라 때 주자가 맹자의 성선설과 여러 도학자들의 성즉리설을 집대성하여 성리학을 정립하면서 성인군자가 되기 위한 도덕적 수양과 실천 방법에 대한 이론으로 격물치지, 존양성찰 등을 주장하였다.

08 한국 윤리사상의 특징에 대한 설명으로 옳지 않은 것은?

① 현세에서의 행복한 삶을 추구하는 경향이 있다.
② 심즉리설, 화성기위 등은 한국 윤리 사상의 조화 정신을 보여주는 대표적인 예이다.
③ 생명 존중 의식과 자연 친화 의식이 일찍부터 자리잡았다.
④ 현세에서의 깨달음을 중시한 불교와 도덕적 인간이 되는 것을 목표로 한 유교 등을 통해 인격 완성의 추구를 중시했음을 알 수 있다.

08 심즉리설은 중국 명나라 때 양명학을 수립한 양수인이 주장한 내용이고, 화성기위는 춘추전국시대에 순자가 사회 혼란의 극복 방안으로 제시한 내용이다.

정답 06 ② 07 ③ 08 ②

09 **노자의 도가 사상에 대한 설명으로 옳지 않은 것은?**

① 통치자가 백성의 삶에 개입하지 않는 무위 정치의 이상 사회를 추구하였다.

② 인위적으로 하지 않고 자연의 본성을 따르는 상태인 무위자연을 주장하였다.

③ 사회 혼란의 원인을 인간의 그릇된 인식과 가치관, 인위적인 사회 제도로 보았다.

④ 심재와 좌망을 통해 소요유(逍遙遊)와 제물(祭物)의 경지에 이르는 것이라고 하였다.

09 심재(心齋)는 마음을 비워서 깨끗이 하는 것이고, 좌망(坐忘)은 조용히 앉아서 자신을 구속하는 일체의 것을 잊어버리는 것으로 장자가 주장한 수양 방법이다.

10 **한국의 대표 승려들의 사상에 대한 설명 중 옳지 않은 것은?**

① 원효는 화쟁의 원리를 주장하였다.

② 의천은 불교의 대중화에 이바지하였다.

③ 지눌은 선종을 중심으로 교종을 통합하자는 입장이었다.

④ 의천과 지눌은 교종과 선종의 균형과 조화를 위해 노력하였다.

[의천과 지눌의 비교]

구분	의천	지눌
입장	교종을 중심으로 선종 통합	선종을 중심으로 교종 통합
수행 방법	• 교관겸수(敎觀兼修) • 선교합일(禪敎合一) : 경전 공부(교) + 마음 공부(선)	• 돈오점수(頓悟漸修) : 깨달음 + 점진적 수양 • 정혜쌍수(定慧雙修) : 선정(선) + 지혜(교)

10 모든 종파와 모든 사상을 보다 높은 차원에서 하나로 통합할 수 있다는 화쟁 사상을 주장한 원효는 불교의 대중화에 이바지하였다.
[문제 하단의 표 참고]

정답 09 ④ 10 ②

제2절 고유 사상

1 우리 신화에 나타난 고유 사상

(1) 한국의 고유 사상

① **의미** : 유·불·도의 외래 사상이 전래하기 이전 우리 민족이 형성하고 발전시켜 온 사상

② **특징** : 외래 사상 수용의 토대 → 민족의식의 원형, 윤리 의식의 바탕

③ **종류** : 건국 설화 → 단군의 건국 이야기, 주몽 설화, 박혁거세 설화, 수로 설화 등

(2) 단군 신화 중요

① **특징**

㉠ 건국 신화이며 시조 신화

㉡ 기원이 없으며 현세적 신화

㉢ 상보적 관계이며 **농본 사회적 사고**를 반영

② **단군 신화의 영향**

㉠ 주체적 역사의식의 표상

㉡ 남북통일의 이념적 기반

㉢ 외세에 저항하는 민족의식의 근원

> **더 알아두기**
>
> **단군 신화**
>
> 옛날에 환인(桓因)의 아들 환웅(桓雄)이 천하에 자주 뜻을 두어 인간세상을 구하고자 하였다. 아버지가 아들의 뜻을 알고 삼위태백(三危太伯)을 내려다보니 인간을 널리 이롭게[홍익인간(弘益人間)] 할 만한지라, 이에 천부인(天符印) 3개를 주며 인간 세상에 내려가서 다스리게 하였다. 환웅이 무리 3천을 이끌고 태백산(太白山) 꼭대기 신단수(神壇樹) 밑에 내려와 여기를 신시*(神市)라고 하니 이로부터 환웅천왕이라 불렀다.
>
> – 일연, 『삼국유사』
>
> *신시(神市) : 환웅이 세웠다고 전해지는 고조선 이전의 신화적인 도읍지 또는 국가이다.

③ **사상적 의의** : 기층적 **민족의식의 원형**이며, 윤리 의식의 바탕

④ **윤리적 의의**

㉠ 인본주의 사상

- 환웅(천신)은 천상에 있으면서도 인간 세상에서 내려와 살기를 원함[탐구인세(貪求人世)]
- 곰과 호랑이도 인간이 되기를 원함[원화위인(願化爲人)]
- 인간을 중심으로 하는 사고 경향

㉡ 천인합일(天人合一) 사상 기출 24

- 천신 환웅[天]과 땅의 웅녀[地] 사이에서 단군[人]이 태어났다는 것
- 자연[天]으로서 하늘과 땅이 인간과 합하여 하나가 되었다는 것
- 자연과의 친화적 경향이 극대화된 형태

㉢ 조화 정신

- 자연과 인간의 조화 강조
- 한국 윤리 사상의 전개 과정에서 다양한 사상들을 조화롭게 수렴
- 농경 문화적인 속성과 더불어 대립보다 조화나 어울림을 추구하는 민족성 형성에 기여
- 풍류나 동학사상에 나타난 유·불·도(儒·佛·道) 삼교의 조화성, 원효의 화쟁(和諍) 사상 등으로 계승·발전함

더 알아두기

고조선의 건국 이념 기출 20

- **홍익인간(弘益人間)** : 널리 인간 세상을 이롭게 한다.
- **재세이화(在世理化)** : 세상에 있으면서 다스려 교화시킨다.
- **이도여치(以道與治)** : 도로써 세상을 다스린다.
- **광명이세(光明理世)** : 밝은 빛으로 세상을 다스린다.

⑤ **홍익인간의 이념** 중요

㉠ 인간 중심적 : '홍익인간'에서 '인간'이란 단순히 '사람'이 아니라, '사람이 사는 세상'이나 '인간의 사회'를 의미 → "사람이 사는 세상인 사회를 크게 이롭게 한다."

㉡ 사회상 : 고조선의 사회 규범은 매우 정제되고 엄격했음(8조법)

㉢ 광명이세(光明理世)의 이념 : 홍익인간과 함께 우리나라를 세우신 국조 단군이 바로 선견성의 성주인, 환인 천제의 아들이므로 단군의 개국이념임

체크 포인트

홍익인간의 이념적 요소

인간존중, 이타주의, 선타후아, 대아, 평화애호, 만민평등의 정신이 담겨 있음

더 알아두기

고조선의 8조법

- 사람을 죽인 자는 사형에 처한다.
- 상해를 입힌 자는 곡물로 배상한다.
- 남의 물건을 도둑질한 자는 노비로 삼는다. 스스로 용서를 받고자 하는 자는 한 사람마다 50만 전을 내야 한다.

㉣ 사회 복지와 정의
- 홍익인간을 실천하기 위해서 환웅이 곡식, 생명, 질병, 형벌, 선악 등 인간 사회의 360여 가지 일을 다스렸다는 기록
- 곡식은 경제적 가치, 생명은 모든 생명의 가치, 질병은 사회 복지, 형벌은 사회 정의, 선악은 도덕을 의미

㉤ 평화 애호 사상
- 홍익인간 자체가 평화적 이념
- 맹수인 호랑이와 곰도 단지 사람이 되기를 기원하는 소박한 품성을 가진 동물로 등장

⑥ 『삼국유사』, 『제왕운기』, 『세종실록지리지』 등에 단군 신화가 기록됨

2 무속 신앙과 화랑도

(1) 무속 신앙

① 정의

㉠ 샤머니즘이라고도 하며 샤먼이 중심이 된 종교 신앙
㉡ 무속의 형식은 굿으로 나타나는데 굿은 농어촌의 공동 행사
㉢ 무속의 본래 의미는 집단의 공동선을 이루기 위한 어우러짐
㉣ 우리 민족이 이 땅에 적응하면서 형성해 온 민족 고유의 믿음 체계

> **체크 포인트**
>
> **샤머니즘(Shamanism)**
> 신(神)을 불러들이는 무당(巫堂), 곧 샤먼(Shaman)을 중심으로 한 신앙 체계이다. 샤머니즘에서는 춤, 노래, 주문 등을 반복하고 엑스터시 같은 이상심리 상태로 몰입하여 초자연적 신령계에서 나오는 정보를 전달하거나 길흉을 점치고, 악령을 제거하며 병을 고친다. 한국에서는 샤머니즘이 무속 신앙으로 일컬어지며, 백성들의 정신생활에 적지 않은 영향을 가져다 주었다.

② 무속 신앙의 특징

㉠ 무속 신앙의 가치관
- 현세적 성격
- 무속의 미분화 현상
- 공동체적 측면이 강함

㉡ 한국 사상에서의 무속의 흐름 : 신화는 무속적 요소를 가진 가장 오래된 것 → 무속과 융합된 불교 행사로 고려의 팔관회나 연등회가 있음 → 무속과 융합된 유교 행사로 조선의 나례가 있음

㉢ 무속의 평가
- 긍정적 평가 : 두레 같은 공동체 문화의 기반이 되었고 정화기능을 했음
- 부정적 평가 : 이성적 윤리의식의 약화, 역사의식의 부족, 배타의식 등을 가져옴

(2) 풍류도와 화랑도 정신

① **풍류의 등장과 의미**

㉠ 풍류의 등장 : 최치원의 '난랑비서'에 처음 등장 → 난랑비서의 전문은 전하여지지 않고 일부만이 『삼국사기』의 「신라본기」 진흥왕 37년(576) 기사에 인용됨 → 한국인의 풍류 정신에 대한 정의와 해석을 한 글

㉡ 최치원은 풍류와 유불도 삼교의 사상을 연계하여 이해

㉢ 풍류도가 화랑도로 제도화된 것

② **화랑도** 기출 20

㉠ 의미 : 청소년들의 자발적 민간 수련 단체, 국선도라고도 함

㉡ 목적 : 집단생활을 통해 몸과 마음을 단련하고 교양을 쌓아 사회의 중심인물이 되며, 전투원이 될 인재양성을 위해 설립

㉢ 최치원의 '난랑비서' : 화랑도는 유교, 불교, 도교의 정신을 포용하여 조화된 것

③ **원광법사의 '세속오계'** : 화랑이 지켜야 했던 다섯 가지 계율 기출 20

㉠ 사군이충(事君以忠) : 충성으로써 임금을 섬긴다.

㉡ 사친이효(事親以孝) : 효도로써 어버이를 섬긴다.

㉢ 교우이신(交友以信) : 믿음으로써 벗을 사귄다.

㉣ 임전무퇴(臨戰無退) : 싸움에 있어서는 물러남이 없다.

㉤ 살생유택(殺生有擇) : 함부로 살생해서는 안 된다.

④ **의의** : 화랑도의 사상에서 예(禮)와 악(惡)의 조화 정신을 확인 → 조화 정신, 평화애호, 자연 친화 추구

> **체크 포인트**
>
> **화랑(화랑도)**
>
> 국선도, 풍월도, 화주, 풍류도라고도 한다. 한국 고유의 사상과 도교, 불교, 유교가 합해진 이념에 따른 일종의 심신 수련 단체로 소속된 청년들은 낭도라고 하였다.

제 2 절 핵심예제문제

01 무속 신앙의 긍정적인 면이 아닌 것은?

① 실적으로 두레 같은 공동체 문화의 기반이었다.
② 부정탄 것을 씻어내고 한 맺힌 것을 풀어주는 정화기능이 있었다.
③ 정화기능은 어떠한 어려움에도 굴하지 않고 다시 소생하는 끈질긴 힘이 되었다.
④ 무속은 현세를 중시해 이승적이며 현실적이다.

01 무속의 이승적·현실적인 측면은 이성적 윤리의식의 약화와 허례허식으로 나타난다. 또한, 사후세계나 미래에 대한 관심이 적기 때문에 역사의식의 부족으로도 나타난다.

02 다음 중 단군 신화와 관련이 없는 것은?

① 인본주의
② 천인합일 사상
③ 조화 정신
④ 극기복례

02 단군의 건국 신화는 민족의식의 기원이며, 윤리의식의 바탕이 되는 것으로서, 인본주의, 천인합일 사상, 조화 정신, 평화와 도덕적 가치, 평화애호의 정신이 담겨 있다.

정답 01 ④ 02 ④

03 **무속 신앙의 특징으로 옳지 않은 것은?**

① 현세적 성격을 갖는다.
② 공동체적 측면이 강하다.
③ 굿은 농어촌의 공동 행사이다.
④ 무속과 융합된 유교 행사는 조선의 팔관회가 있다.

03 팔관회는 고려 시대 무속과 불교가 융합된 행사이며, 유교와 융합된 것은 조선 시대의 나례가 있다.

04 **다음 중 화랑도와 관련이 없는 것은?**

① 제천 행사
② 풍월도
③ 국선도
④ 풍류도

04 **화랑(화랑도)**
- 국선도, 풍월도, 화주, 풍류도라고도 한다.
- 한국 고유의 사상과 도교, 불교, 유교가 합해진 이념에 따른 일종의 심신 수련 단체이다.
- 소속된 청년들을 낭도라고 하였다.

05 **다음 중 단군 신화에 나타난 정신으로 옳지 않은 것은?**

① 제정 분리
② 광명이세
③ 인간 존중
④ 재세이화

05 단군 신화의 건국 이념인 홍익인간, 재세이화, 광명이세 등에는 인간 세상을 밝은 빛으로 교화하고 다스려 널리 이롭게 한다는 인간 존중의 정신이 반영되어 있다.

정답 03 ④ 04 ① 05 ①

06 고대 건국 신화의 공통점에는 하늘과의 관련성, 동물과의 관련성, 천지인의 조화 등이 있다.
[문제 하단의 표 참고]

06 다음 글에 대한 설명으로 옳지 않은 것은?

> 시조 동명성제의 성은 고씨이고 이름은 주몽이다. 이에 앞서 북부여왕 해부루가 동부여로 피해 살았는데 해부루가 세상을 떠나자 금와가 왕위를 계승하였다. 금와가 태백산 남쪽에서 한 여자를 만나 물으니 여자는 하백의 딸 유화이며 천제의 아들 해모수를 만나 정을 통하여 부모의 꾸짖음으로 이곳으로 귀양을 왔다고 하였다. 금와가 그녀를 데려와 방에 가두었는데 햇빛이 비치고, 그로 인해 유화는 임신을 하여 알을 하나 낳았다. 왕은 그것을 개와 돼지에게 주었으나 모두 먹지 않아 길에 내다 버렸더니 소와 말이 모두 그 알을 피해서 지나갔다. 그것을 쪼개려 해도 깨지지 않아 유화에게 돌려주었다. 유화가 알을 천에 싸서 따뜻한 곳에 두니 한 아이가 껍질을 깨고 나왔는데 골격과 외양이 비범하여 스스로 활과 화살을 만들어 백 번 쏘면 백 번 다 맞았다. 풍속에 활 잘 쏘는 사람을 주몽이라 하여 이름으로 삼았다.

① 고구려의 시조인 주몽에 대한 건국 신화이다.
② 동물과의 관련성이 있는 토테미즘이 반영되어 있다.
③ 천지인의 조화로움은 단군 신화에서만 나타나는 특징이다.
④ 하늘과의 관련성이 있으며 경천사상이 밑바탕에 깔려 있다.

[건국 설화에 나타난 사상적 특징]

사상적 특징	내용
인본주의	인간 중심, 인간의 존엄 강조
자주적 · 주체적 사고	중국의 제후국이 아닌 천자(天子)의 나라임을 강조
현세 중심적인 윤리 규범적 가치 의식	현재하는 인간과 인간 세계에 관심
천인합일과 조화 정신	양극단을 뛰어넘는 조화 추구

정답 06 ③

07 다음 중 우리 고유 신앙에 대한 설명으로 옳지 않은 것은?

> 신령을 매개하는 주술사가 앞날을 예언하고, 복을 빌고 병을 물리치며, 죽은 자의 영혼을 다른 세계로 불러내는 등의 일을 한다. 또한 자연 앞에서 나약한 인간이 거대한 자연이자 초월자인 하늘에 대해 두려움을 갖고 주술사를 통해 인간의 안녕을 기원한다는 것은 자연에 대해 경외심을 가졌다는 것을 의미한다.

① 삶의 의지를 북돋우며 정신세계의 다양성을 드높였다.
② 외세에 대한 저항 정신과 강한 자주 정신을 보여주었다.
③ 무당들이 신과 인간의 중재 역할을 수행하며 펼쳤던 의식이다.
④ 신앙, 노동, 놀이가 한데 어우러진 종교 행사이자 집단적인 연희(演戲)라고 할 수 있다.

07 외세에 대한 저항 정신과 강한 주체 의식을 보여주는 것은 근대 신흥 민족 종교의 특징이다.

08 다음 글에 가장 잘 나타난 우리 건국 신화의 사상적 특징은?

> 단군이 하느님의 아들인 환웅의 소생이라는 점은 우리 민족의 기원이 하늘에 있음을 의미한다. 주몽도 해모수, 즉 하늘에 기원을 두고 있으며, 박혁거세도 하느님의 아들로 불렸다. 이것은 우리 민족이 중국의 제후국이 아닌 천자의 나라임을 나타내는 것이다.

① 조화 정신이 나타난다.
② 인본주의적 성향이 있다.
③ 현세주의적 성격이 뚜렷하다.
④ 자주적 · 주체적 사고의 경향이 보인다.

08 제시문은 단군의 건국 신화 의의 중 우리 민족이 중국의 제후국이 아니라 천자의 나라임을 보여줌으로써 주체성과 자주성을 보이는 근거가 된다.

정답 07 ② 08 ④

09 세속오계의 의미를 설명한 것으로 옳지 않은 것은?

① 사군이충(事君以忠) – 임금을 충성으로 섬김
② 교우이신(交友以信) – 벗을 믿음으로써 사귐
③ 사친이효(事親以孝) – 어버이를 효도로써 섬김
④ 살생유택(殺生有擇) – 싸움에 임해서 절대 물러나지 않음

09 살생유택(殺生有擇)은 함부로 살생하지 않는다는 의미이고, 싸움에 임해서 절대 물러나지 않는다는 것은 임전무퇴(臨戰無退)이다.

10 화랑도의 특징에 대한 설명으로 옳지 않은 것은?

① 세속오계를 지침으로 삼고 집단 훈련을 하였다.
② 신라 법흥왕 때 국가적 인재 양성 기구로 전환하였다.
③ 평화 애호, 자연 친화, 조화 정신이 밑바탕에 깔려 있다.
④ 전국의 명산과 강을 순례하며 몸과 마음을 수양하고 단련하였다.

10 화랑도는 신라에서 청소년을 대상으로 조직한 민간 교육 단체로 진흥왕 때 국가적 인재 양성 기구로 전환되었다.

정답 09 ④ 10 ②

제3절 유교 사상

1 유교 윤리 사상의 연원

(1) 공자(孔子)의 윤리 사상 중요

① **유학 사상의 출현 배경**

㉠ 춘추 전국 시대는 기존 사회 제도의 붕괴에 따른 사회적·정치적 혼란의 시기로 사회 지배층의 전횡(專橫)이 극심

㉡ 제후국 간의 이익을 추구하기 위한 전쟁으로 개개인의 도덕성 상실

② **핵심적인 사상**

㉠ 사회 혼란의 근원적 원인은 인간의 도덕적 타락

㉡ 인간의 내면적 도덕성인 인(仁)의 회복 중요

③ **인(仁) 사상(내면적 도덕성)** 기출 24

㉠ 인(仁)의 의미

- 인간의 본질을 이루고 있는 사랑의 정신
- 사회적 존재로 완성된 인격체의 인간다움
- 맹목적·무조건적인 사랑이 아닌, 선행을 좋아하고 악을 미워하는 사람이 행하는 참된 사랑
- "참으로 어진 사람만이 남을 좋아할 수도 있고 남을 미워할 수도 있다[유인자 능호인 능오인(惟仁者 能好人 能惡人)]."

㉡ 인(仁)의 실천 방법

- 기본적인 덕목 : 부모에 대한 효도[孝]와 형제간의 우애[悌]
- 남을 사랑하는 것[愛人]
- 자기 자신의 마음을 미루어 남에게 베푸는 것[恕]
- 인간관계에서 성실과 신뢰를 위주로 사는 것[主忠信]

㉢ 인(仁)의 실천 덕목 기출 22, 21

- 효제(孝悌) : 공자는 인(仁)을 실천하는 가장 기본적인 덕목으로, 부모를 잘 섬기는 효(孝)와 형제간의 우애[悌]를 들었음
- 충서(忠恕) 기출 22, 21, 20 : 효제를 바탕으로 삼아, 충(忠)은 진실하고 거짓 없는 마음씨와 태도로 타인에 대해 자신의 책임을 다하는 것이고, 서(恕)는 자기 마음을 미루어 남의 마음을 헤아리는 것을 뜻함. 이는 소위 '역지사지'의 행위를 말함
- 정명(正名) : "임금은 임금답고, 신하는 신하다우며, 아비는 아비답고, 자식은 자식다워야 한다."는 의미임. 명(名)을 바로잡는다는 뜻으로, 주로 명실 관계에 대한 정치적·윤리적 개념임

더 알아두기

인(仁)의 본질
- 인이란 인간다움[仁者人也] - 중용
- 인이란 남을 사랑하는 것[仁愛人] - 논어
- 내가 하기 싫은 일은 남에게 강요하지 않음[己所不欲勿施於人]
- 내 마음을 미루어서 남을 헤아리는 마음가짐[推己及人]

④ **예(禮) 사상** : 외면적 사회 규범
㉠ 자신의 사욕을 극복한 진정한 예(禮)를 회복하는 것[克己復禮]
㉡ 진정한 예는 인을 바탕으로 함
- 자신의 자율적인 의지에 따르는 것으로 인(仁)과 예(禮)는 건전한 사회 질서 유지의 필수적 원리임
- **군자(君子)** : 인(仁)을 바탕으로 예(禮)를 실천하는 이상적인 인간형

더 알아두기

극기복례 중요
- **의미** : 인(仁)의 체현을 위해 공자가 제시한 구체적 실천 방법으로서, 자기를 이겨 예(禮)로 돌아가는 것을 의미한다[克己復禮爲人].
- 극(克)이란 '극복한다'는 뜻이고, 기(己)는 '생물학적 자아'를 뜻하며, 예(禮)는 '천리에 의해 규정된 인간 행동의 고유한 질서'를 의미한다. 따라서 극기복례는 생물학적 자아를 극복하여 자신의 생활을 예에 부합시키려는 것이며, 이러한 노력에 의해 인간은 생물학적 자아의 욕구를 통제하고 도덕적 생활을 영위할 수 있게 된다.
- **극기복례의 구체적 실천 방법** : 시청언동(視聽言動)을 예에 의해 훈련시키는 것으로, 즉 "예가 아니면 보지도 듣지도 말하지도 행동하지도 마라."라는 것이다.

⑤ **사회 · 정치 사상**
㉠ **정명(正名) 사상** : 사회 성원들이 각자의 신분과 지위에 따라 맡은 바 역할을 다할 때 평화롭고 안정된 사회가 이룩된다는 것
㉡ **덕치(德治) 사상** 기출 24
- 진정한 사회 질서는 강제된 법률이나 형벌보다 도덕과 예의로 교화함으로써 이루어짐
- 도덕과 예의가 주된 사회 규범이 되려면, 백성들이 편안하게 살아갈 수 있도록 통치자가 군자다운 인격을 닦고서 다스려야 함[수기이안인(修己以安人)]
- 통치자는 재화의 적음보다 분배가 균등하지 못한 점을 걱정해야 한다는 경제적인 분배의 형평성을 강조

㉢ **대동 사회(大同社會)** 기출 20 : 인과 예를 통하여 올바른 도덕을 확립하고 바람직한 사회 질서를 회복하여 모든 사람이 더불어 잘 살 수 있는 이상적인 사회상

더 알아두기

인과 예의 관계

- 인간의 내면적 도덕성을 인(仁)이라고 한다면 외면적인 사회 규범이 예(禮)이다.
- 진정한 예의 실현은 인을 바탕으로 해야 하는데 예의 실천은 남의 강요에 의한 것이 아니라 자율적인 의지에 따르는 것이다.

(2) 맹자(孟子)의 윤리 사상 중요

① 성선설

㉠ 인간이 본래부터 가지고 있는 착한 본성

㉡ 사단(四端) : 남에게 차마 어찌하지 못하는 착한 마음씨 기출 23, 22

- 남을 사랑하여 측은히 여기는 마음[**측은지심(惻隱之心)**] → 인(仁)
- 불의를 부끄러워하고 미워하는 마음[**수오지심(羞惡之心)**] → 의(義)
- 서로 양보하고 공경하는 마음[**사양지심(辭讓之心)**] → 예(禮)
- 옳고 그름을 판단하는 마음[**시비지심(是非之心)**] → 지(智)

② 인(仁)과 의(義)

㉠ 인(仁) 사상 : 따뜻하고 포용적인 사랑

㉡ 의(義) 사상 : **맹자가 강조한 덕목**

- 옳고 그름을 분명하게 구분하는 사회적 정의
- 공자의 생존 당시보다 더욱 혼란해진 전국 시대에 사회 혼란을 극복하려는 맹자의 의지가 담겨 있던 사상

㉢ 공자가 인을 강조한 데 비해 맹자는 의를 더욱 강조함

③ 이상적 인간상

㉠ 인간이 착한 본성을 잃지 않고 사단(四端)을 확충하여 본래의 인간성을 실현

㉡ 본심의 회복 : 시비를 올바르게 분별할 수 있는 능력 함양(호연지기)

㉢ 호연지기를 갖춘 사람 : 대장부(또는 대인)

체크 포인트

호연지기(浩然之氣)

지극히 크고 굳세며 올곧은 도덕적 기개, 언제나 옳은 일을 추구함으로써 형성되는 도덕적 기개

④ 정치 사상

㉠ 왕도(王道) 사상 기출 24 : 백성을 나라의 근본으로 하여 인의(仁義)의 덕으로 다스리는 덕치, 왕도 정치는 백성들의 경제적 안정이 바탕이 되어야 실현할 수 있음

㉡ 민본주의적 혁명 사상 기출 20 : 백성이 가장 귀하고 국가가 그 다음이며 군주는 가장 가벼운 존재로 군주가 군주답지 못하면 군주도 바꾸어야 한다고 주장

(3) 순자(荀子)의 윤리 사상 기출 21

① **성악설** : 인간은 자신의 욕구 충족만을 추구하는 옳지 못한 성품을 가지고 태어난다고 주장

② **사회 혼란의 극복 방안** : 화성기위(化性起僞) 중요

㉠ 인간의 본성을 변화시켜 선하게 만들려는 인위적인 노력 시도

㉡ 예법을 만들어 욕구 절제

③ **예(禮) 사상** 기출 20

㉠ 예의 의미 : 인간의 질서 있는 생활을 외적으로 규제하는 도덕규범

㉡ 예의 필요성 : 인의(仁義)의 도덕이 실현되려면 외적인 행동을 규제하는 예가 필요

㉢ 예치(禮治) : 예를 통하여 인간의 욕구를 절제함으로써 국가 사회의 안정을 도모

(4) 기타 사상가의 윤리 사상

① **양주(楊朱)** 중요

㉠ 춘추 전국 시대 초기의 사상가

㉡ 하나의 생명이야말로 가장 귀중하다고 생각하여 생활의 일체는 이 하나의 생명을 기르고자 존재한다고 주장

㉢ 생명의 주체는 '나[我]'임. '나'를 소중하게 하는 바로 그것이 가장 중요하다고 주장

㉣ 묵자가 말하는 '겸애'의 생각과 상이하게 대비됨

② **묵자(墨子)** 기출 24

㉠ 중국 춘추 전국 시대의 송 허난성에서 탄생한 사상가이자 철학자로 본명은 묵적

㉡ 핵심 사상은 '겸애'이고, 유교・도교와 대립

㉢ 겸애(兼愛) : 세상의 모든 사람을 차별 없이 똑같이 사랑하는 것 → 평등주의, 박애주의

㉣ 사회적 혼란은 나와 남을 구별하는 차별[별애(別愛)]에서 비롯된다고 주장, 서로 이익이 되는 상리(相利) 관계를 만들어 나가야 함

③ **한비(韓非)**

㉠ 『한비자』를 저술한 춘추 전국 시대 중국의 정치 철학자, 사상가, 작가

㉡ 인간은 본질적으로 사악한 존재이며 교육과 법으로 인간을 교화・통제해야 된다고 주장

㉢ 공자의 이상향을 실현하기 위해서는 집권제와 같은 강력한 제도가 뒷받침되어야 한다고 주장

㉣ 법치주의와 실용주의를 강조

더 알아두기

패도정치(覇道政治)

- 힘이 있는 제후가 권세와 무력으로 천하를 장악하고 백성을 다스리는 정치
- 맹자는 왕도(王道)정치가 인의(仁義)를 실천하여 백성을 다스리는 정치라면, 패도정치는 권세와 무력으로 백성을 다스리는 것을 인(仁)으로 가장하는 것이라고 비판하였음
- 한비의 법가가 대표적임

2 유교 사상의 전개

(1) 한대(漢代)의 유학 사상

① **우주론적 사상**

㉠ 춘추 전국 시대 말기에 발달된 음양오행설(陰陽五行說)을 중시

㉡ 본래 유학[선진유학(先秦儒學)]의 실천적·도덕적 정신을 소홀히 함

② **경학(經學)과 훈고학(訓詁學)**

㉠ 진시황의 분서갱유로 인하여 없어진 경서(경학)의 복원이나 그 내용에 대한 주석(훈고학)에 주력하는 경향

㉡ 당나라 때까지 지속

> **체크 포인트**
>
> **분서갱유**
> 진시황이 학자들의 정치적 비평을 막고 사상을 통일하기 위해 민간 서적, 특히 유교 서적을 불태우고 460명의 유학자를 구덩이에 암매장한 사건이다.

(2) 당대(唐代)의 유학 사상

① **유학의 쇠퇴**

㉠ 노장 사상과 불교가 일반 백성들의 정신생활 주도

㉡ 유교는 관학(官學)으로 머물러, 형식적인 예교(禮敎)로서의 역할만 담당

② **유학의 부흥** : 당나라 말기에 한유(韓愈)가 유학의 입장에서 도가와 불교를 비판하고 유학의 부흥을 꾀함

(3) 송대(宋代)의 유학 사상

① **주자학의 성립 배경 및 성격**

㉠ 신유학(新儒學) : 도가와 불교의 영향을 받은 유학자(儒學者)들이 선진(先秦) 유학을 체계화·이론화

㉡ 주자학(朱子學) : 남송(南宋) 때에 주희(朱熹)가 도학을 집대성한 데서 유래한 호칭

㉢ 성리학(性理學) : 맹자의 성선설과 도학자들의 성즉리설(性卽理說)을 집대성 → 인간의 순수한 본성을 바탕으로 인격 수양과 실천 강조(주자학을 '성리학'이라 호칭)

> **더 알아두기**
>
> **성즉리(性卽理)** 기출 23
> 성리학의 기본 명제로, 기에 의해 혼탁해지지 않은 순수한 본연지성으로서의 성(性)이 곧 이치[理]라는 것이다. 이는 인간이 나면서부터 하늘의 이치(理致)를 성품으로 부여받았음을 말한다.

㉣ 성학(聖學) : 인격적으로 완성된 성인(聖人)이 되는 것을 학문의 목표로 삼는 데서 비롯된 호칭

② **주자학의 핵심 사상** : 형이상학적(形而上學的) 체계

이기론 (理氣論)	우주의 존재 문제를 탐구, 우주 만물의 구조를 근본 원인인 이(理)와 만물을 구성하는 재료인 기(氣)로 설명
심성론 (心性論)	인간의 내면적 구조와 본질을 분석
거경궁리론 (居敬窮理論)	도덕을 실천하는 방법론
경세론 (經世論)	정치와 사회 문제의 해결 방법론

③ **주자학의 윤리 사상**

㉠ 윤리적 이상 : 개인의 지나친 욕망을 조절하여 중용(中庸) 상태를 유지 → 인간의 기질을 변화시켜 본래의 모습 회복(인격 완성)

- 중용 : 지나치거나 모자라지 아니하고 한쪽으로 치우치지 않는 바르고 적절한 상태

㉡ 성인(聖人)이 되기 위한 방법(노력)

- **격물치지(格物致知)** : 자기 자신을 포함한 세계의 참모습에 대하여 밝게 아는 것(외적 수양방법)
- 존양성찰(存養省察) : 양심을 보존하고 본성을 함양하면서 나쁜 마음이 스며들지 않게 잘살펴 단호하게 물리치는 것
- 욕심의 제거 : 경(敬)의 태도로 '천리를 보존하고 인욕을 제거할 것[存天理去人慾]'을 강조('천리'란 인간의 본성을 이루는 하늘의 근본 이치)

(4) 원대(元代)의 유학 사상

① 주자학은 관학으로 크게 높아짐

② 고려 말기에는 우리나라에 전래되어 많은 영향을 줌

(5) 명대(明代)의 유학 사상

① **양명학(陽明學)의 성립 배경** : 왕수인(양명)이 주자의 성리학을 비판하여 성립

② **양명학의 핵심 사상**

㉠ 심즉리설(心卽理設) : 본래 타고난 인간의 마음인 심(心)을 중심으로 삼음

체크 포인트

심즉리(心卽理)

'심(心)이 곧 이(理)'라는 말로서, 사욕이 완전히 극복된 순수한 마음일 때, 그것이 곧 이(理)라는 것이다.

㉡ 지행합일설(知行合一設) 기출 22

- 본래부터 타고난 참된 앎[良知]을 근거로 하여 양심을 바르게 깨닫고 그에 따라 실천하는 것이 중요
- "앎은 행함의 시작이요, 행함은 앎의 완성이다."

• 인식으로서의 지(知)와 실천으로서의 행(行)은 본래 하나라는 것

㉢ **치양지설(致良知說)** : 인간이 본래부터 타고난 앎[良知]을 구체적이고 적극적으로 발휘하는 것

③ **주자학과 양명학의 비교**

㉠ 주자학 : 도덕적 실천과 이론적 탐구로서 지식의 확충을 주장

㉡ 양명학 : 사욕을 극복하고 순수한 본래성만을 유지한다면 누구나 지선(至善)의 경지에 이를 수 있음을 강조

(6) 청대(清代)의 유학 사상

① **송명 시대 학문에 대한 비판** : 인간의 도덕성 문제에만 치우쳐서 구체적인 현실 문제를 해결하지 못하는 점

② **고증학의 발달** : 고전과 역사에 대한 넓은 지식을 토대로 객관적이고 실증적인 태도로 학문 연구 → 실사구시(實事求是)와 경세치용(經世致用) 사상 전개

㉠ 영조·정조 때 일어난 한국 실학에 직접적인 영향

㉡ 학문의 전문화 : 금석학 발달, 사고전서(四庫全書) 등의 서적 간행

㉢ 고전과 역사에 대한 넓은 지식을 토대로 하여, 객관적·실증적 태도로 학문을 연구

3 유교 사상의 특징

(1) 인본주의

① **현세적 삶 강조** : 현실에서 살아가는 현재 인간의 삶을 강조함

② **인간의 주체성 중시** : 인간을 천도(天道)를 내면화하고 스스로 실현하는 존재로 보아 맹목적이고 순종적인 인간이 아님을 강조

③ 유교의 이상적 인간상을 성인(聖人), 군자(君子)로 봄

④ **천인합일(天人合一)을 주장** : 천(天)·인(人)이 대립하는 것이 아니라, 본래 일체의 것이라는 사상

더 알아두기

유교의 인간관 중요

• 군자는 천도를 내면화하여 천지운행을 주도하고, 만물의 화육(化育)을 도모하는 사람

• 군자는 철저한 자기 수양을 하여 하늘의 이치와 같은 삶을 사는 사람, 즉 높은 도덕적 인격을 갖춘 사람(중용을 실천하는 사람)

• **공자** : 군자(君子)는 수기안인(修己安人)으로서 자신을 수양하여 모든 사람들에게 인(仁)을 이루어 평안케 하는 사람이며 성인(聖人)은 인격완성의 최고 경지에 이르는 상태로 제시

• **군자가 되기 위한 인격 수양** : 사사로운 욕심을 버리고 타고난 인의예지의 덕을 수행 → 극기복례(克己復禮)

(2) 도덕주의

① **윤리적 인간관** : 도덕적으로 완성되어 군자(君子)나 성인(聖人)이 되는 것이 목표

② **인간의 도덕성을 강조** : 인간의 본성에는 도덕성이 있음

③ **수신과 수양** : 도덕적 인간상에 이르는 구체적 방법 → 학문의 목적이 원래 자기 수양에 있음을 주장 [수신제가 치국평천하(修身齊家 治國平天下)]

(3) 공동체 중시와 공익 추구

① **공동체 중시** : 인간을 공동체 사회와 분리하지 못하는 유기체적 존재로 봄. 인간관계의 도리 중시 [오륜(五倫)]

② **사익보다 공익을 우선시** : 개인의 도덕적 완성과 더불어 사회적 책임도 강조, 공동선 추구, 절제와 겸양을 강조

㉠ 선공후사(先公後私) : 공적인 일을 먼저하고 사적인 일을 나중에 함

㉡ 여민동락(如民同樂) : 임금이 백성과 함께 즐김

③ **유교의 공동체 윤리 덕목**

㉠ 효제와 충서를 중요시

㉡ 정명 사상(正名思想)을 제시

㉢ '공익을 받든다[멸사봉공(滅私奉公)]'의 정신

더 알아두기

오륜(인간관계에서 지켜야 할 도리)

- 父子有親(부자유친) : 어버이와 자식 사이에는 친함이 있어야 한다.
- 君臣有義(군신유의) : 임금과 신하 사이에는 의로움이 있어야 한다.
- 夫婦有別(부부유별) : 부부 사이에는 구별이 있어야 한다.
- 長幼有序(장유유서) : 어른과 아이 사이에는 차례와 질서가 있어야 한다.
- 朋友有信(붕우유신) : 친구 사이에는 믿음이 있어야 한다.

4 한국 유교 사상의 특징과 의의

(1) 유교 사상의 전래와 발전 기출 22

① **유학의 전래**

㉠ 유학의 본격적인 전래는 한사군의 설치 이후라고 보는 것이 타당함

㉡ 유학 수용의 모습은 고대 국가의 체제를 정비하는 데 분명하게 나타남

② **통일 신라의 유학**

㉠ 유학의 이념적 측면에서 수용 : 국학과 독서삼품과의 과목 중 『논어』와 『효경』을 공통 과목으로 삼았음

㉡ 후기 : 도당 유학생 중심으로 유학 전개

③ **고려의 유학**

㉠ 시대적 특징

- 고려 초기(광종, 성종) 중앙 집권화의 수요에 부응, 과거제 실시, 최승로의 '시무 28조'
- 최충의 문헌공도를 비롯한 사학 12도

㉡ 유학의 특징

- 사장학 : 과거 출신의 귀족 문화가 배경
- 훈고학 : 글자 하나하나에 매달려 그 의미를 밝힘
- 의리학 : 자유로운 경전 해석

④ **주자학의 도입**

㉠ 고려 말 신진사대부들에 의해 수용

- 최초의 전래 : 안향과 백이정
- 권보가 들여온 주희의 『사서집주(四書集註)』가 과거 과목으로 채택

㉡ 특징

- 정도전 : 불교 비판(『불씨잡변』)
- 권근 : 초학자를 위한 성리학 입문서인 『입학도설』에서 심과 성, 사단과 칠정을 대비・구분하여 설명함으로써 인간의 심성 문제에 대한 해명에 주력

(2) 조선 전기의 유교 사상

① **유학 사상의 융성**

㉠ 윤리 생활을 위한 노력

- 오륜(五倫) : 기본적인 인간관계에 따른 인간으로서의 도리
- 간행물 : 『삼강행실도』, 『오륜행실도』

㉡ 숭유 억불 정책

② **성리학의 발전**

㉠ 조선 성리학의 의의 : 건국 이념의 바탕이 되었고, 한국 사상의 중요한 영역

㉡ 성리학의 학문 체계

- 본체론(本體論) : 우주나 인간의 생성과 구조를 해명
- 인성론(人性論) : 사단칠정론(四端七情論)이 대표적 사례
- 본체론을 근거로 인간의 본성과 도리를 구명 → 인간의 본연성을 밝히고 그 본연성에 근거하여 어떻게 삶을 유지해 나갈 것인가를 탐구
- 인간의 본연성(本然性) : 인간은 모두 존엄한 존재 → 인간 평등

(3) 이황과 이이의 사상 기출 20

① 퇴계 이황(退溪 李滉)의 사상

㉠ 주자의 이기론 수용 : '이(理)'란 우주 만물의 근원이 되는 이치로서 '기(氣)'의 활동 근거가 되는 것이고, '기(氣)'란 만물을 구성하는 재료로서 사물을 낳는 도구

㉡ 이기호발설(理氣互發說) 기출 22, 21 : 이황의 이기론을 대표하는 학설로 사단(四端)과 칠정(七情)을 각각 이발(理發)과 기발(氣發)로 나누어 설명하는 이론

㉢ 주리론(主理論)적 이기론

이(理)	원리적 개념 → 절대적으로 선한 것[純善] → 존귀한 것, 본연지성
기(氣)	현상적 개념 → 선과 악이 섞여 있는 것, 가선가악(可善可惡) → 비천한 것

㉣ 경(敬) 사상

- 경을 중시하는 이유 : '기'에 내재한 선의 요소를 '이'의 순선(純善)으로 수렴하기 위함
- 경의 의의 : 선한 본성을 실현하는 태도 → 엄숙하고 차분한 자세로 항상 옳은 일에 몰두하는 것 → 이황의 성리학에서 실천적인 가치 개념의 핵심
- 『성학십도』 : 선조가 성군이 되기를 바라는 뜻에서 군왕의 도(道)에 관한 학문의 요체를 도식으로 설명한 이황의 저서

> **더 알아두기**
>
> **사단과 칠정**
>
> - 사단(四端) : 인간의 본성에서 우러나오는 도덕적인 마음(측은지심, 수오지심, 사양지심, 시비지심)
> - 칠정(七情) : 사람이 갖고 있는 일곱 가지 감정[희노애구애오욕(喜怒哀懼愛惡欲)]

② 율곡 이이(栗谷 李珥)의 사상 기출 21

㉠ 이통기국(理通氣局)의 이기론

- 이(理)와 기(氣) : 보편적인 것으로서 '이'는 통하고, 특수한 것으로서 '기'는 국한됨
- 이통(理通) : 다른 특성 속에 본체로서의 '이'가 내재하고 있기 때문에 인간이나 사물이 모두 동일함
- 기국(氣局) : '기'의 국한성 때문에 인간을 포함한 모든 사물의 특성이 제각기 다른 것임
- 의의 : '이'와 '기'의 양자가 서로 의존하여 보완 관계를 유지하면서 조화됨을 강조

㉡ 이이의 사단칠정론(四端七情論)

- 사단과 칠정의 관계 : 사단과 칠정은 모두 기가 발한 것으로, 칠정 가운데 순선한 부분이 사단
- 칠정포사단(七情包四端) : 칠정은 사단을 포함함
- 기발이승일도설(氣發理乘一途說) : 발하는 기 위에 이가 올라타 있는 하나의 존재 형식만을 취한 것 → 운동·변화하는 것은 기이며, 이는 스스로 움직이지 못함

㉢ 수양론 : 경(敬)의 실천으로 성(誠)에 이름을 강조

㉣ 사회 경장론
- 배경 : 불교, 도교, 양명학 등을 심도 있게 연구 → 사회 문제를 폭넓고 명철하게 분석
- 내용 : 정치, 경제, 교육, 국방 등에 대한 전반적인 개혁 도모

㉤ 사상적 영향 : 실학 사상의 형성에 큰 영향

체크 포인트

향약

조선 시대 향촌 사회의 자치규약으로, 유교 윤리를 기반으로 한 향촌의 공동 조직

더 알아두기

이이의 사회·정치 사상

- 이이는 정치(政治)를 정치(正治)로 규정하여 민본 덕치주의를 강조하였다.
- **이이의 개혁 정치 사상** : 어질고 유능한 사람을 임용할 것, 군사와 백성을 양성할 것, 재용(財用)을 충족히 할 것, 번병(藩屛)을 튼튼히 할 것, 교화(敎化)를 밝힐 것
- **이이의 사회 경장론** : 사회 제도나 질서를 확립하기 위해서는 우선적으로 백성의 경제적 안정이 선행되어야 한다고 보고 사회 개혁을 주장하였다. 이러한 현실주의적 사상은 여러 실학자들에게 이어졌으며, 정약용에 이르러 집대성되었다.

(4) 조선 후기의 유교 사상

① **실학의 발생과 문제의식** 기출 24

㉠ 실학의 정의 : 17세기 중반부터 19세기 초반의 학풍을 의미, 유교적 경세론을 바탕으로 하는 부국강병과 국민의 화합을 추구한 점진적 개혁론

㉡ 문제의식 중요 기출 20
- 주자학의 비생산성 비판
- 북벌론에 대한 비판
- 폐쇄적인 학문 경향에 대한 비판
- 양반 계층의 비생산성 비판 : 생산 노동의 중요성 강조 → 노동과 신분 질서에 대한 새로운 견해 제시

㉢ 실학의 성격 : 부국유민을 위한 개혁, 논리적인 실용지학으로 규정하며 근대 지향 의식과 민족의식을 갖는 개신 유학의 성격이 강함

② **학파의 흐름** 중요

경세치용학파	• 대표 학자 : 이익, 정약용 • 학문은 세상을 다스리는 데 실익을 증진하는 것이어야 함 • 중농적 실학 : 농업 부문의 개혁 추구 → 농업 혁신을 통해 민생 안정과 사회 발전 등 현실 사회 문제를 해결하고자 함 • 토지 제도의 개혁 주장 : 균전제, 한전제, 정전제 등
북학파 (이용후생학파)	• 대표 학자 : 홍대용, 박지원, 박제가 • 이용은 경제적 풍요로움이고, 후생은 사회 복지와 같은 맥락을 가지며, 이용에서 후생으로의 전환은 정덕(正德)이라고 하는 도덕적 기초를 바탕으로 해야 함 → 상공업의 진흥 강조 • 중상적 실학 : 청나라의 발달된 문물을 배워서 상공업의 진흥을 통한 경제 성장과 사회 복지 달성을 주장
실사구시학파	• 대표 학자 : 김정희 • 실증적 자세로 우리의 역사, 지리, 문헌 등을 연구하여 민족에 대한 관심과 민족적 정체성의 형성에 기여 • 과학적인 연구 방법(고증학)으로 우리 고대사의 새로운 발굴에 기여

③ **실학의 개혁론**

㉠ 토지 제도의 개혁론 중요

• **유형원 : 균전론** – 전국의 토지를 재분배하려는 구상, 신분에 따른 차등 분배와 지주 소작 관계를 인정

• **이익 : 한전론** – 농가마다 일정한 면적의 사고팔 수 없는 영업전을 정하고 영업전 이외에는 무제한 자유 매매를 허락

• **박지원 : 한전론** – 토지 소유의 상한을 정하고 토지 소유의 불균등을 해소하려는 방법

• **정약용**

– **여전론** : 집단 농장제로 핵심은 **경자 유전의 원칙**에 기초

– **정전론** : 『경세유표』에서 현실적인 제안으로 제시, 국가에서 일정한 토지를 나누어 주어 자영농 육성

㉡ 상공업론

• 상공업의 발전을 통한 국가 재정 수입의 증대를 주장

• 사농공상의 신분제적 직업관의 타파

• 상공업의 발전을 위한 자본 형성론, 생산 도구와 운송 수단의 개혁을 통한 기술 혁신론, 해외 통상론

㉢ 과학 기술론 : 생산력 발전을 위한 과학 기술론에 관심, 과학 기술의 중요성 인식

㉣ 실학사상의 발전

• 성리학적 학문 풍토에서 벗어나 독자적인 학문 탐구 : 욕구에 대한 긍정적 관점을 제시함 → 인간의 욕구를 생존은 물론 도덕적인 삶을 위해 필요한 삶의 추동력으로 파악함

• 성즉리설(性卽理說)에 대한 비판적 탐구

– 우주의 기와 인간의 혈기를 엄격히 구분하여 인간을 혈기적 존재로 파악함

– 인간관 : 자연 앞에 독존하는 자율적 인간상, 평등하게 욕구를 발현하여 충족하는 인간상

㉣ 정약용(丁若鏞)의 사상

- 도의지성(道義之性) : 인간은 생명과 지각능력에 더하여 인간만의 특성인 도의지성을 지닌 존재
- 성기호설(性嗜好說) 기출 24
  - 인간의 성(性) : 선을 좋아하고 악을 싫어하는 경향, 즉 기호로 이해
  - 인간의 마음에는 선악을 선택할 수 있는 자유 의지[自主之權]가 있음
  - 인의예지(仁義禮智)의 덕 → 일상적인 행위 속에서 실천하면서 형성된다고 봄
- 수양론
  - 신독(愼獨) : 혼자 있을 때도 조심하는 것으로 매 순간 자신의 양심에 귀를 기울이는 것
  - 사천(事天) : 하늘의 뜻을 알고 이에 부합하려는 자세
  - 서(恕) : 남의 마음을 자기 마음처럼 미루어 헤아려 상대를 이해하고 배려
  - 구인(求仁) : 서(恕)의 실행을 통해 인(仁)을 추구하는 것

더 알아두기

영지(靈知)의 기호 (도심)	• 인간만이 가지는 본성(하늘이 명한 성품) • 선을 즐거워하고 악을 미워하며, 덕행을 좋아하고 더러움을 부끄럽게 여기는 마음
형구(形軀)의 기호 (인심)	• 동물도 가지는 성품 • 눈이 좋은 빛깔을 좋아하고, 입이 맛있는 요리를 즐기며, 따뜻하게 입고 배부르게 먹는 것을 좋아하는 것

제 3 절 핵심예제문제

01 다음 중 유교의 인(仁)에 대해 말한 것은?

① 자기희생적 사랑
② 조건 없는 정순한 사랑
③ 미물에게까지 미치는 사랑
④ 선악을 분별하는 사랑

01 인(仁)이란 맹목적·무조건적 사랑이 아닌 선행을 좋아하고 악을 미워하는 사람이 행하는 참된 사랑을 뜻한다.

02 사회의 질서가 확립된 이상 사회의 실현을 위해서 순자가 강조한 것은?

① 인(仁)
② 의(義)
③ 예(禮)
④ 지(智)

02 순자는 예(禮)를 각 개인의 이기적 욕구에 제한을 가할 수 있는 타당한 이유와 기준으로 사회 질서 유지를 위한 최선의 수단이라고 보았다.

03 다음 설명에서 괄호 안에 공통으로 들어갈 사상가는?

> (   )께서 양혜왕을 찾아뵈시니 왕이 말하길 "선생께서는 천리를 멀리 여기지 않고 오셨으니 또한 장차 내 나라를 이롭게 함이 있겠습니까?" (   )가 대답하길 "왕께서는 어찌 반드시 이익을 말씀하십니까? 인(仁)과 의(義)가 있을 뿐입니다."

① 주자
② 노자
③ 공자
④ 맹자

03 공자는 인(仁)과 예(禮)를 강조하였고, 맹자는 인과 의(義)를 강조하였다. 제시문은 이로움에만 관심 있는 왕에게 인과 의가 있음을 강조하는 맹자의 말이다.

정답 01 ④ 02 ③ 03 ④

04 다음 중 주자가 주장한 수양 방법이 아닌 것은?

① 격물치지
② 존양성찰
③ 거경궁리
④ 정혜쌍수

04 주자의 사상
- 격물치지(格物致知) : 자기 자신을 포함한 세계의 참모습에 대하여 밝게 아는 것(외적 수양방법)
- 존양성찰(存養省察) : 양심을 보존하고 본성을 함양하면서 나쁜 마음이 스며들지 않게 잘 살펴 단호하게 물리치는 것
- 거경궁리(居敬窮理) : 마음을 항상 경건하게 하여 사물 속에 존재하는 이치를 깊이 연구하는 것
- 존천리거인욕(存天里去人慾) : 경(敬)의 태도로 천리를 보존하고 인욕을 제거할 것

05 '이(理)'와 '기(氣)' 중 스스로 활동 · 작용하는 것을 '기'라고 주장한 사람은?

① 최제우
② 최치원
③ 이황
④ 이이

05 이이는 기대승의 견해를 이어받아 '이'로부터 운동성을 완전히 없애 버린 채 '기'에만 운동성을 부여한 '기발일도설'을 주장하였다.

06 실학사상 중에서 오늘날 경제성장과 사회복지 개념의 맥락을 같이하는 것은?

① 경세치용
② 이용후생
③ 실사구시
④ 위정척사

06 이용은 경제성장, 후생은 사회복지를 말한다.

정답 04 ④ 05 ④ 06 ②

07 다음 중 북학파(이용후생파)가 아닌 사상가는?

① 홍대용
② 박지원
③ 박제가
④ 이익

07 이익은 중농적 실학의 중요함을 주장한 경세치용 학파이다.

08 다음 중 학자와 이론이 바르게 연결된 것은?

① 유형원 – 한전론
② 정약용 – 여전론
③ 이익 – 정전론
④ 박지원 – 균전론

08 정약용은 여전론과 정전론을 제시하였으며, 가장 핵심적인 사항은 집단 농장제로 지주소작제도의 철폐를 주장하였다.
① 유형원 – 균전론
③ 이익 – 한전론
④ 박지원 – 한전론

09 다음 중 공자의 사상과 관련이 없는 것은?

① 정명(正名)
② 패도(覇道)
③ 효제(孝悌)
④ 충서(忠恕)

09 인(仁), 의(義), 예(禮), 지(知), 덕(德), 효제(孝悌), 충서(忠恕), 천명(天命), 정명(正名) 등 『논어』에서 천명된 다양한 덕목과 가치 들 가운데 가장 중요한 위치를 차지하는 것은 인(仁)이다.

정답 07 ④ 08 ② 09 ②

10 다음 글이 공통적으로 설명하고 있는 중국 유학의 시기는?

> • 유학을 국학으로 삼음
> • 경서의 복원이나 주석을 주로 하는 경학과 훈고학이 발달함
> • 본래 유학(선진유학)의 실천적 · 도덕적 정신을 소홀히 함

① 한대의 유학
② 당대의 유학
③ 송대의 유학
④ 원대의 유학

10 한대의 유학은 진시황의 분서갱유로 인하여 없어진 경서(경학)의 복원이나 그 내용에 대한 주석(훈고학)에 주력하던 시기이다.

11 명대의 양명학의 사상적 특징에 대한 설명으로 옳지 <u>않은</u> 것은?

① 본래 타고난 마음인 심을 중심으로 삼는 것은 심즉리설이다.
② 치양지설(致良知說)은 인간이 본래부터 타고난 앎을 구체적이고 적극적으로 발휘하는 것을 말한다.
③ 본래부터 타고난 참된 앎을 근거로 하여 양심을 바르게 깨닫고 그에 따라 실천하는 것이 중요하다고 보았다.
④ 양심을 보존하고 본성을 함양하면서 나쁜 마음이 스며들지 않게 잘 살펴 단호하게 물리치는 방법을 통해 수양해야 한다고 보았다.

11 ④는 주자학에서 성인이 되기 위한 방법 중에서 존양성찰(存養省察)에 대한 설명이다.

명대의 양명학의 사상적 특징
- 심즉리설(心卽理說) : 마음(心)을 윤리의 중심 개념으로 삼으며, 모든 인식의 근거를 마음에서 찾음
- 지행합일설(知行合一說) : 앎은 행함의 시작이요, 행함은 앎의 완성이라는 시각, 인식으로서의 지(知)나 실천으로서의 행(行)은 본래 하나임을 주장
- 치양지설(致良知說) : 본래부터 타고난 마음의 본체인 양지를 구체적이고 적극적으로 발휘하는 것으로, 사욕을 극복하고 순수한 본래성만 유지한다면 누구나 지선(至善)의 경지에 이를 수 있다고 봄

12 실학이 발생하게 된 문제의식에 해당하지 <u>않는</u> 것은?

① 북벌론에 대한 비판
② 주자학의 생산성 비판
③ 양반 계층의 비생산성 비판
④ 폐쇄적인 학문 경향에 대한 비판

12 실학은 주자학의 비생산을 비판하면서 부국유민을 위한 개혁 · 논리적인 실용지학으로 규정하며 근대 지향 의식과 민족의식을 갖는 개신 유학의 성격이 강하다.

정답 10 ① 11 ④ 12 ②

13 김정희는 실사구시학파로 사실에 근거하여 진리를 탐구하는 학문 태도로 연구하였다.

14 ④는 실사구시의 내용으로, 학문 그 자체를 목적으로 하고 엄격한 객관적 태도를 바탕으로 사실을 밝히려는 태도이다. 따라서 자기의 이념이나 신념에 따라 경전을 주관적으로 해석한 이전의 유학자들과는 달리, 근대적이고 과학적인 연구 태도를 확립하였다고 할 수 있다. 정약용은 경세치용학파에 속한다.

정답 13 ④ 14 ④

13 다음 내용과 관련 있는 조선시대 학자는 누구인가?

- 과학적인 연구 방법(고증학)을 가지고 우리 고대사의 새로운 발굴에 기여함
- 실증적 자세로 우리 자신의 역사, 지리, 문헌 등을 연구하여 민족에 대한 관심과 민족적 정체성의 형성에 기여함

① 이익
② 박지원
③ 유형원
④ 김정희

14 정약용의 실학사상에 대한 설명 중 옳지 않은 것은?

① 인간의 성(性)은 선을 좋아하고 악을 싫어하는 경향, 즉 기호로 이해하였다.
② 인간의 마음에는 선악을 선택할 수 있는 자유 의지[自主之權]가 있다고 보았다.
③ 인의예지(仁義禮智)의 덕은 일상적인 행위 속에서 실천하면서 형성된다고 보았다.
④ 학문 그 자체를 목적으로 하고 엄격한 객관적 태도를 바탕으로 사실을 밝히려는 태도를 보였다.

제4절 불교 사상

1 불교 윤리 사상의 연원과 전개

(1) 불교의 성립과 전개

① 불교의 발생

㉠ 고대 인도의 사상으로 **베다적 전통을 부정하는 대표적 비정통사상**

㉡ 계급적으로 짜여진 정통사회의 폐쇄화된 인간관을 부정하고 인간의 평등성을 주장

㉢ 신 중심적 세계관과 제의 중심적 해탈관을 인간 중심적 세계관과 자기 구제적 해탈관으로 전환시킴

㉣ 주된 가르침 : **사성제, 연기, 팔정도, 열반**

> **체크 포인트**
>
> **열반**
>
> 속세의 모든 속박으로부터 벗어나 자유로워지는 해탈로서, 세차게 불던 바람이 서서히 멈추는 것과 같이 번뇌가 서서히 사라지고 영원한 평안과 완전한 평화에 도달한 상태를 일컬음

② 불교의 전개

㉠ 부파 불교(소승 불교) : 지나치게 이론적 경향을 띠며 교단이 비구 중심이 되었음

㉡ 대승 불교 : 기원을 전후하여 기존 교단의 자기 구제 방식을 지양하고 타인 구제까지 고려할 것을 주장하는 보살을 강조 → 공 사상, 중도 사상

> **더 알아두기**
>
> **대승 불교의 주요 사상** 기출 23, 22
>
> • 공(空) 사상 : 자아의 아집으로부터 벗어나 너와 나를 하나로 여기는 지혜를 얻기 위한 것
> • 중도 사상 : 우주의 본질과 현실의 양면을 객관적으로 관찰하는 것
> • 보살 : 위로는 진리를 구하고 아래로는 중생을 구제하는 사람
> • 바라밀 : '저 언덕으로 간다'는 뜻으로 욕망과 고통으로 얼룩진 이쪽 언덕으로부터 해탈의 경지를 상징하는 저쪽 언덕(彼岸)으로 가는 방법

(2) 불교의 아시아 지역 특징

① 중국 불교

㉠ 불교의 수용 : 처음 소개된 것은 후한 때이지만 본격적인 수용은 위진 남북조 시기

㉡ **격의불교(格義佛敎)** : 초기에는 노장 철학을 통해 이해하고자 함

㉢ 천태종과 화엄종 : 불교 이론의 다양성을 통일적으로 재구성

㉣ **선불교(불교 내부에서 자기 개혁)** : 전체성보다는 개별성을, 이론보다는 실천을 역설

체크 포인트

격의불교
중국의 위·진 시대에 노장사상이 성행하여, 불교의 반야의 '공(空)'을 노장의 '무(無)'로 설명하고 해석하는 방법처럼 불교 이외의 가르침에 그 의미와 내용을 적용시켜 불교를 이해하는 것을 의미한다.

② **한국 불교**
㉠ 불교의 수용
• 고대 국가 형성 시기(4~5세기 경)
• 국가 불교적 성격으로 호국 불교라는 특징을 갖게 됨
㉡ 불교와 무속의 결합
• 한국 불교는 토속적이라는 측면과 주체적이며 통합적인 측면을 가짐
• 백고좌회, 점찰법회, 정토왕생 사상

(3) 불교의 세계 전파와 그 영향

① **보편적 인류애** : 중생 구제에 관심, 평등적 세계관
② **정신 수행의 길 제시** : 세계에 대한 철학적 이해를 바탕으로 자신의 내면을 성찰
③ **문화유산** : 불교 미술과 건축물의 예술적 가치가 높아 인류 문명에 기여함

2 불교 사상의 특징

(1) 연기적 세계관

① **연기설(緣起設)** 기출 22
㉠ 모든 사물은 생겨날 원인에 의하여 존재하고, 그 원인이 소멸되었을 때 소멸한다는 것
㉡ "이것이 생하면 저것이 생하고, 이것이 멸하면 저것이 멸한다.", 즉 우주 만물이나 타인들과의 불가피한 인과 관계로 맺어져 있다는 상호 의존성을 말함
㉢ 연기의 법칙을 깨달으면 자비의 마음이 스스로 생겨남

② **사성제(四聖諦)** 기출 20
㉠ 인간이 달성해야 할 목표와 올바른 삶의 방법을 총체적으로 제시하는 **고집멸도(苦集滅道)**의 네 가지 진리
㉡ 고집멸도(苦集滅道)
• **고제(苦諦)** : 현실은 고통임 → 생로병사
• **집제(集諦)** : 고통의 원인은 무명(無明), 애욕(愛慾)으로 말미암은 집착
• **멸제(滅諦)** : 고통이 멸한 이상적 경지는 열반에 관한 진리
• **도제(道諦)** : 열반에 도달하는 길 → 팔정도

③ **삼법인설(三法印設)** 기출 23 : 세상의 모든 현상과 존재의 참다운 모습에 대한 불타의 깨달음에 대하여 설명한 것

㉠ 제행무상(諸行無常) : 모든 것은 고정된 것이 아니라 항상 변화하는 것

㉡ 제법무아(諸法無我) : 고정된 실체가 없음 → 실체가 없듯이, '나'라는 존재 또한 무수한 인과 연들에 의한 작용, 그 이상 그 이하도 아니라는 말

㉢ 열반적정(涅槃寂靜) : 열반만이 모든 무상과 고통 등에서 고요할 수 있음

④ **일체개고(一切皆苦)** : 현실 세계의 고통을 낳는다는 의미 → 사람들은 자신이 현실세계에서 영원하다고 생각하는 집착으로 번뇌가 생김

⑤ **팔정도(八正道)** 기출 20 : 열반에 도달하기 위한 올바른 수행법 → 정어(바른말), 정업(바른 행동), 정명(바른 생활), 정정진(바른 노력), 정념(바른 관찰), 정정(바른 명상), 정견(바른 견해), 정사유(바른 생각)

⑥ **오온설(五蘊設)**

㉠ 인간은 색(色), 수(受), 상(想), 행(行), 식(識)의 다섯 가지 무더기[온(蘊)]로 이루어져 있음

㉡ 육체를 가리키는 '색'은 물질적 요소이며 나머지 4온인 고통과 쾌락을 가리키는 '수', 지각을 가리키는 '상', 마음의 작용을 말하는 '행', 인식 작용을 가리키는 '식'은 정신적 요소 → 정신과 육체가 합쳐져 개인이 성립됨

㉢ 오온은 끊임없이 생멸・변화하여 실체가 없음 → 무상(無常), 무아(無我), 공(空) 등 불교의 기본 개념을 설명하는 이론

(2) 주체적 인간관

① **불교의 인간관**

㉠ 부처는 석가모니를 가리키는 말이기도 하지만 깨달은 사람, 완전한 인격자, 절대적 진리를 깨달아 스스로 이치를 아는 사람 등 불교에서 추구하는 궁극적인 인격을 의미

㉡ '위로부터의 바른 깨달음을 구하고 아래로 중생을 교화한다.'라는 의미에서 현실적인 이상적 인간상으로 '보살' 제시

㉢ 이기심을 버리고 바라밀(깨달음의 세계에 도달하는 것)을 실천하며 지혜와 자비를 높이 평가

㉣ 육바라밀(보시, 지계, 인욕, 정진, 선정, 반야) 중 '보시'가 가장 중요, 보시는 남에게 베푸는 것

② **주체적 인간관** : 중도의 태도를 가지고 고통의 장애물을 스스로 헤쳐 나감 → 자각, 계율 실천

(3) 평등적 세계관

① **기본적 입장** : 모든 존재는 불성(佛性)을 지니고 있으므로 평등함 → 생명 존중

② **연기 사상**

㉠ 기본 이론

- 나는 고정불변한 존재가 아니며, 세계와 분리된 존재가 아님을 일깨움
- 모든 생명, 모든 존재가 나와 연관되어 있다는 자각을 심어 줌 → 자비와 생명에 대한 경외심을 일깨움
- 대승 불교의 자비심 : 사회적 차별을 넘어 모든 중생을 구제하는 이타행을 강조 → 평등적 세계관의 심화

③ **자비** 기출 24 : 나 자신이 소중하듯이 모든 존재가 소중하다는 것을 깨닫는 것

④ **불교의 생명 존중 사상**

㉠ 불살생(不殺生) : "인간뿐 아니라 모든 생명체를 죽이지 말고 아끼며 사랑하라."

㉡ 방생(放生) : 사람들에게 잡힌 물고기나 짐승 등의 생물을 놓아 주어 자유롭게 살게 해 주는 것

㉢ 불살생이 소극적인 계율이라면, 방생은 자비를 바탕으로 한 적극적인 계율이라고 할 수 있음

⑤ **평등적 세계관**

㉠ 갈등과 대립이 없는 평화의 세계를 지향함 → 차별이 없는 평등의 세계, 소극적인 의미의 갈등이나 대립의 부재가 아니라, 만물과 인간이 모두 평등하게 조화를 이룬 세계를 지향함

㉡ 시사점 : 연기 사상은 인간과 인간, 자연과 인간이 결코 분리될 수 없는 관계임을 깨닫게 해 줌. 이는 공동체주의와 생태주의로 확대되어 다양한 사회 갈등 및 환경 파괴 문제를 해결하고, 평화의 세계를 이루는 초석이 될 수 있음

3 한국 불교 사상의 특징 기출 20

(1) 통일 신라의 불교 중요

① **교종의 특징** : 부처의 말씀인 경전을 근본으로 하는 교단, 사성제, 삼법인, 팔정도 등과 같은 교리의 체득 강조, 교리의 계율 실천으로 성불(成佛)할 수 있다고 봄

② **원효의 불교 사상**

㉠ 『대승기신론소』 : 일심 사상, 중관학파와 유가학파의 사상적 통일

㉡ 국제불교로서의 자주성을 보임

㉢ 민중생활 속에 실천불교로 전환하여 불교의 대중화에 기여

③ **원효의 일심과 화쟁 사상** 기출 24, 23, 22, 20

㉠ 일심 사상 : 하나인 마음으로 돌아가서 모든 생명에게 이로움을 주는 삶의 중요성을 강조

㉡ 화쟁 사상 : 각 종파들의 다른 이론을 인정하면서도 이들을 좀 더 높은 차원에서 서로 통합할 수 있다는 이론

체크 포인트

원융회통사상

인간 사회의 모든 분열과 갈등은 한 마음의 진리를 깨닫지 못하고 자기 입장만을 주장한 데서 온다고 보고 모든 쟁론과 투쟁은 인간의 마음가짐을 바로 하면 화평할 수 있다.

(2) 고려의 불교

① **특징** : 고려 왕조의 정치적 본질, 호족들의 연합 세력의 사상적 이념이 선불교 → 불교를 국교로 숭앙

② **선종의 특징**

㉠ 깨달음의 주체인 불성, 즉 진리가 모든 사람의 마음속에 있다고 주장함

㉡ 스스로 수행을 통한 주체적인 자아의 완성과 해탈을 강조함

㉢ 선종과 교종의 차이

- 교종은 경전의 깨달음을 추구하는 반면, 선종은 경전에 쓰인 문자 밖에서 깨달음을 얻는 것을 중시하고 마음으로 가르침을 주고받는 것을 중요시함
- 내면의 불성을 깨닫는 것을 중시하는 선종과 경전에 의거한 교설을 중시하는 교종은 고려 시대에 접어들어 서로 대립하면서 많은 문제점이 생겨남

㉣ 선종의 주요 종지

- 불립문자(不立文子) : 참된 불법은 문자로 세우는 것이 아니라는 뜻
- 교외별전(敎外別傳) : 경전 바깥에서 전승되는 가르침, 마음과 마음으로 가르침을 전한다는 뜻
- 직지인심(直指人心) : 사람의 마음을 곧바로 가리킨다는 말로, 생각하지 말고 바로 파악하라는 뜻
- 견성성불(見性成佛) : 본성을 보면 부처가 된다는 말로, 본 마음을 깨치면 바로 깨달음의 경지에 이른다는 뜻

③ **의천** : 교종과 선종의 조화를 추구, 원효의 화쟁 사상 계승

㉠ 내외겸전(內外兼全) : 내적인 공부와 외적인 공부 양자를 골고루 갖추어 안팎으로 모두 조화를 이루어야 함

㉡ 교관겸수 : 교(敎)와 실천수행법인 지관(止觀)을 함께 닦아야 한다는 사상 → 경전 읽기와 참선을 함께 수행

④ **지눌** 중요 : 선종을 중심으로 교종과의 통합 추구

㉠ **돈오점수** 기출 22, 21, 20 : 문득 깨달음에 이르는 경지(돈오)에 이르기까지에는 반드시 점진적 수행(점수)이 필요함

㉡ **정혜쌍수** : 마음이 고요하고 자취도 없는 본체인 정(定)이나 깊은 지성의 작용인 혜(慧)를 함께 닦아야 함

⑤ **선불교** : 사상적 지도 이념

> **더 알아두기**
>
> **수선사 결사 운동**
>
> - 고려 무신 정권기에 보조국사 지눌이 수선사(修禪社)를 중심으로 전개한 선종 계통의 새로운 신앙 운동
> - 불교의 역기능과 비민중성 개혁의 실천운동 → 중국 임제종의 영향

(3) 조선 불교

① **숭유억불 정책** : 조선 왕조 유지 목적

② 지배체제의 억압 속에서 민중적이고 토착적인 모습을 띠고 발전함

(4) 한국 불교의 현대적 의의

① 자비 정신과 보시의 실천으로 사회 불평등을 해소할 수 있음

② 모든 존재가 하나로 연결되어 있다는 연기적 세계관은 환경 문제를 극복하고 생태계 파괴 문제 해결에 기반이 됨

③ 조화와 상생하는 불교 이론을 수용하여 모든 갈등을 해결하고 평화적으로 해결함

④ 무소유를 강조하는 불교 교리로 물질 만능주의를 이겨낼 수 있음

제 4 절 | 핵심예제문제

01 사성제에 대한 설명으로 옳지 않은 것은?

① 삶은 고통이다.
② 고통의 원인은 무명이다.
③ 고통이 멸한 이상적 경지는 열반에 관한 진리이다.
④ 만물을 분별할 줄 아는 지혜를 얻을 때 무명에서 벗어날 수 있다.

01 석가모니가 제시한 사성제(고집멸도)
- 고제(苦諦) : 현실은 고통임 → 생로병사
- 집제(集諦) : 고통의 원인은 무명(無明), 애욕(愛慾)으로 말미암은 집착
- 멸제(滅諦) : 고통이 멸한 이상적 경지는 열반에 관한 진리
- 도제(道諦) : 열반에 도달하는 길 → 팔정도

02 다음 내용에서 설명하고 있는 개념은 무엇인가?

> - "이것이 생하면 저것이 생하고, 이것이 멸하면 저것이 멸한다."
> - 우주만물이나 타인들과의 불가피한 인과관계로 맺어져 있다는 상호 의존성을 말한다.

① 사성제
② 연기설
③ 팔정도
④ 일체개고

02 연기설(緣起說)
- 어떤 사물도 생겨날 원인에 의하여 존재하고, 그 원인이 소멸되었을 때 소멸한다는 것
- "이것이 생하면 저것이 생하고, 이것이 멸하면 저것이 멸한다.", 즉 우주만물이 나 타인들과의 불가피한 인과관계로 맺어져 있다는 상호의 존성을 말함

03 다음 중 원효, 의천, 지눌의 공통점은 무엇인가?

① 돈오 원리 제시
② 화쟁 사상의 강조
③ 교선 일치 강조
④ 유교와 불교의 조화

03 원효, 의천, 지눌은 교종과 선종의 화합을 위한 교선 일치를 강조하였다.

정답 01 ④ 02 ② 03 ③

04 다음 중 불교와 관련이 없는 것은?

① 사성제
② 연기설
③ 팔정도
④ 극기복례

04 극기복례는 공자가 강조한 덕목이다.

05 한국의 전통 불교에 대한 특징으로 옳은 것은?

① 위민주의, 민본주의
② 도학주의, 수기치인
③ 항일 의리, 위정척사
④ 호국 불교, 정토 사상

05 한국의 전통 불교는 대승 불교로서 민중의 삶을 중시한 호국 불교이면서 정토 사상의 특징이 있다.

06 다음 중 지눌의 불교사상과 관련이 있는 것은?

① 고집멸도(苦集滅道)
② 원융회통(圓融會通)
③ 불국정토(佛國淨土)
④ 돈오점수(頓悟漸修)

06 **지눌**
- 선종을 중심으로 교종과의 통합 추구
- 돈오점수 : 문득 깨달음에 이르는 경지에 이르기까지에는 반드시 점진적 수행이 필요함
- 정혜쌍수 : 마음이 고요하고 자취도 없는 본체인 정(定)이나 깊은 지성의 작용인 혜(慧)를 닦아야 함

정답 04 ④ 05 ④ 06 ④

07 다음 설명에 해당하는 것은?

- 현실 세계의 고통을 낳는다는 의미이다.
- 사람들은 내가 현실 세계에서 영원하다고 생각하는 집착으로 번뇌가 생긴다.

① 팔정도
② 사성제
③ 일체개고
④ 삼법인설

07 일체개고는 현실 세계의 모든 것이 고통이라는 의미로, 그릇된 생각[妄念]으로 말미암아 탐욕[貪], 분노[瞋], 어리석음[癡]의 삼독(三毒)에 빠지게 된다는 것으로, 고통에서 벗어날 수 없다고 보는 것이다.

08 다음과 같은 주장을 한 사람은?

대승의 참모습이란 깊고도 고요하고, 맑고도 평화로운 것, 깊고도 깊으니 어찌 그 모양을 말할 것이며, 고요하고도 고요한 그것은 오안으로 볼 수 없고, 사변으로 능히 말할 수 없다. 크다 할까, 어느 구석에도 들어가지 못하지 않고, 작다 할까, 어떤 큰 것이라도 감싸지 못함이 없다. 있다 할까, 한결같이 텅 비어 있고, 없다 할까, 만물이 다 이것으로부터 나온다. 무어라 이름 붙일 수 없으므로 감히 이것을 대승이라 할 것이다. 도는 모든 존재에 미치지만, 결국 하나의 마음 근원으로 돌아간다.

① 원효
② 의천
③ 지눌
④ 석가모니

08 제시문은 원효가 『대승기신론소』에서 '대승' 곧, 진리의 참모습에 대해 설명한 것이다. 이에 따르면 진리는 깨달음의 바탕인 일심(一心)이며, 일심은 이원적 대립을 초월하는 절대불이(絕對不二)한 것이다. 결국 여러 종파에서 주장하는 깨달음 또한 일심으로 돌아가므로, 원융회통(圓融會通)이 가능한 것이다. 원효는 이러한 화쟁의 논리를 일관되게 주장하며 여러 종파의 사상을 지양하고 생활 속에서 생동하는 불교를 건설하고자 하였다.

정답 07 ③ 08 ①

09 불교는 자신을 포함한 모든 인간의 성불과 자유를 위해 수행할 것을 강조하고 있다.

10

원효	일심 사상, 화쟁 사상 → 조화 정신
의천	내외겸전, 교관겸수 → 교선 일치
지눌	돈오점수, 정혜쌍수 → 선교 일치

11 ①·④는 통일 신라의 불교의 특징에 해당하고, ②는 고려 시대 불교의 특징에 해당한다. 조선 시대 불교는 숭유 억불 정책으로 인해 이전 시대와 달리 국가적 차원에서 수용되지 않았다.

정답 09 ② 10 ① 11 ③

09 한국 불교의 특징에 대한 설명 중 옳지 않은 것은?

① 일상생활에서 자비의 실천을 강조하였다.
② 자신을 제외한 모든 인간의 성불과 자유를 위해 수행할 것을 강조하였다.
③ 불교의 창조적 발전 소유와 집착 및 분별의 굴레에서 벗어나는 길을 제시하였다.
④ 통합 불교의 성향으로 부처의 중도설에 근거하여 여러 종파를 통합하려고 하였다.

10 우리나라 대표 승려들과 주장하는 내용이 바르게 연결된 것은?

① 원효 – 화쟁 사상
② 의천 – 일심 사상
③ 지눌 – 교관겸수
④ 지눌 – 교선 일치

11 조선 시대 불교에 대한 설명으로 옳은 것은?

① 국제 불교로서 자주성을 보인다.
② 호국 불교의 성격을 띠면서 팔만대장경을 축조하게 되었다.
③ 지배 체제의 억압 속에서 민중적이고 토착적인 모습으로 발전하였다.
④ 민중 생활 속에서 실천 불교로 전화하여 불교의 대중화에 기여하였다.

제5절 도가 · 도교 사상

1 도가 사상의 연원과 전개

(1) 노자의 윤리 사상 중요 기출 20

① **도(道) 사상**

㉠ 도(道)의 의미 : 우주 만물을 존재하게 만드는 본질로 절대적 실체

㉡ 도(道)에 따르는 삶 : 가장 이상적인 삶

- 자연의 섭리대로 살아가는 소박한 삶
- 인간 본래의 자기 모습대로 살아가는 삶 : **무위자연(無爲自然)**
- 무위자연의 도(道)와 겸허와 부쟁(不爭)의 덕을 갖춘 삶
- 삼보(三寶), 즉 자비, 검소, 겸손을 강조

> **체크 포인트**
>
> **상선약수(上善若水)** 기출 23, 21
>
> 으뜸의 선은 물과 같고 물은 생성의 근원으로서 만물을 이롭게 하며 더러운 것을 씻어 주고 모두가 싫어하는 가장 낮은 곳에 처하는 겸손의 덕이 있음을 역설하고 무위자연적 삶의 모범적인 모습이라 하였다.

② **정치 사상**

㉠ 국가관 : 인간이 좀 더 잘 살기 위해서 인위적으로 만든 것

㉡ **소국과민(小國寡民)** : 주나라와 같이 거대한 통일 제국의 국가 형태에 대하여 반대하고, 작은 나라와 적은 국민 지향

㉢ **무위지치(無爲之治)** : 별다른 인위적인 행위가 없는데도 잘 다스려지는 정치

㉣ 통치자보다는 백성들의 평화로운 삶을 중시

(2) 장자의 윤리 사상 중요

① **도(道) 사상**

㉠ 현상 세계의 유한성과 모순 대립을 초월한 절대적 진리

㉡ 이것과 저것의 대립이 사라져 버린 것

㉢ 천지가 생겨나기 전에 이미 존재하였고, 천지를 생겨나게 하며 이끌어 가는 것

② **제물(齊物)** 기출 23, 22, 20

㉠ 만물을 평등하게 바라보는 진정한 정신적 자유의 경지

㉡ 주객합일의 경지이자, 외물의 속박에서 벗어난 절대 자유의 상태

㉢ 소요유(逍遙遊)의 경지 : 인위적인 삶에서 벗어나 선악의 구분과 도덕 집착을 넘어선 정신적 해방 상태

③ **좌망(坐忘)과 심재(心齋)**

㉠ 의의 : 정신적 자유, 즉 제물의 경지에 도달하는 방법

㉡ **좌망** : 조용히 앉아서 우리를 구속하는 일체의 것들을 잊어버리는 것

㉢ **심재** : 마음을 비워서 깨끗이 하는 것

④ **절대 평등의 경지** : 이상적 경지

㉠ 자연과 내가 하나가 되는 **물아일체(物我一體)**의 경지

㉡ 물아일체의 경지에 이른 인간(이상적인 인간상) : **지인(至人)**, **진인(眞人)**, 천인(天人), 신인(神人), 성인(聖人)

> 체크 포인트
>
> **물아일체(物我一體)**
> 일체의 감각이나 사유 활동을 정지한 채, 사물의 변화에 임하면 절대 평등의 경지에 있는 도(道)가 그 빈 마음속에 모이게 되는 경지

2 도교 사상의 연원과 전개

(1) 도가와 도교의 구분

① **공통점** : 세속적 가치를 초월하여 무위자연의 경지 추구

② **차이점**

㉠ 도가 : 노자와 장자를 중심으로 현실을 초월하는 철학적 사상을 일컬음

㉡ 도교 : 도가 사상에 민간 신앙적 요소가 가미되어 생겨난 종교, 불로장생과 신선 사상을 믿는 현세적 종교

> 더 알아두기
>
> **도가와 도교**
> • 도가 : 노자와 장자의 사상
> • 도교 : 도가 사상 + 민간 신앙 → 종교, 장생 추구

③ **도교의 기원**

㉠ 원시 종교의 한 형태인 무속신앙 : 도교 의식 행사에 영향을 미침

㉡ 불로장수의 사상인 신선 사상 : 도교의 근간이 됨

④ **도교 · 도가 사상의 의의**

㉠ 주류 문명에 대한 비판과 견제 : 부국강병의 폐해를 비판하며, 사회적 규범에 내재한 지배 논리를 지적함

㉡ 도교의 윤리관 : 유교의 영향을 받아 충효를 강조함 → 노자와 장자는 유가에서 강조하는 인(仁)과 예(禮)를 인위적인 도덕규범으로 규정하고 배격함

㉢ 유기적 자연관 : 생태학적 위기를 진단하고 그 해결 방안을 모색하는 철학적 원천이 됨

(2) 도교 사상의 전개

① **한나라 초** : 황로학파(黃老學派) → 중국 고대 전설적 임금인 황제(黃帝)와 노자(老子)를 숭상하며, 청정무위(淸淨無爲)를 주장

② **한나라 말**

㉠ 태평도(太平道) : 사회 불안을 배경으로 일어난 종교로 같은 시기 장릉에 의해 창시된 오두미도(五斗米道)와 함께 도교의 원류가 되는 종교 → 현실 참여적이며 정치 운동으로 확장

㉡ 오두미교(五斗米敎) : 노자를 교조로 하는 도교의 한 형태, 후한의 정치적 혼란에 처해 있던 백성들에게 종교적 구원을 선전하여 교단을 형성 → 도덕경을 경전으로 삼음

③ **위진 시대의 현학(玄學)**

㉠ 노장 사상을 철학적으로 계승·발전

㉡ 진실한 세계는 인간 고정 관념을 초월하여 형이상학적이고 예술적인 것을 중시

㉢ 청담(淸談) 사상 : 세속적 가치를 넘어서 철학적·예술적인 사유와 가치를 강조 → 죽림칠현(竹林七賢)의 등장

더 알아두기

죽림칠현(竹林七賢)

위진시대의 일곱 명의 현인으로 정계(政界)에 실망하고 산림에 은거하며 철학적이고 예술적인 청담(淸談)을 주고받았다(완적, 혜강, 산도, 향수, 유령, 왕융, 완함).

④ **송대 이후** : 민중 도교 발달, 공과격(도교의 인과응보 사상)이 널리 퍼짐

더 알아두기

한국 도교 사상의 특징

- 단군신화를 뿌리로 하여 전개된 선가설(仙家說)
- 도교의 제례인 재초를 통하여 국가의 재앙을 막고 복을 비는 의례적인 도교로서의 특징
- 우리나라 지식인들 사이에 수련도교로 자리 잡음

(3) 한국 전통 사상의 융합

① **도가·도교 사상의 특징** : 상대주의적 세계관, 평등적 세계관, 개인주의, 신비주의, 도가의 예술 정신

② **도가·도교의 전개**

㉠ 도교의 전래 : 고구려(7세기)에 전래

㉡ 고유 사상 : 우리나라의 산신 사상과 신선 사상 등(약그릇을 든 신선, 단군신화, 최치원의 '난랑비서문'의 풍류도 등)

㉢ 삼국 시대 : 주로 민간 신앙의 형태로 수용
㉣ 고려 : 크게 성행하였으며, 종교적 면모를 갖춤(팔관회 등)
㉤ 조선 : 유교 통치가 국가 이념이 되면서부터 점차 쇠퇴하여 기복 신앙 형태로 유지, 조선 후기 도참과 비기 등으로 도교적 예언이 등장

더 알아두기

고려와 조선 시대 도교 사상의 전개

고려 시대	• 왕건 : 도・불 혼합 정책을 시행함 • 불교 행사인 팔관회에 도교적인 성격을 가미하여 천신(天神)과 다섯 큰 산[五嶽] 등에 제사를 지냄 • 예종 : 도사가 하늘을 비롯한 여러 신에게 재앙을 물리치고 복을 내리도록 비는 도교 제례인 재초(齋醮)를 주관하는 복원궁이라는 도관을 건립함 → 과의도교(科儀道敎)의 흐름이 나타남 • 인종 : 묘청의 건의에 따라 서경에 팔성당을 건립하고 팔선(八仙)의 초상을 안치함 • 조직화와 체계화로 영향력은 커졌으나 모든 계층을 아우르는 교단이나 사상 체계로 성장하지는 못함
조선 시대	• 전기 : 일부 사대부들과 지식인들 사이에서 수련 도교와 노장사상이 유행함. 궁중의 도관인 소격서에서 도교의식 거행 • 후기 : 권선서를 중심으로 한 민간 도교 사상이 등장함 → 양란과 당쟁을 겪으면서 유교에 회의를 품은 사대부들이 도참(圖讖), 비기(秘記)에 관심을 가짐. 소격서 폐지 • 말기 : 신흥 종교 운동으로 연결됨 → 동학, 증산교, 원불교

③ **한국의 도가・도교 사상**

㉠ 수련 도교 수용 : 불로장생을 추구하는 신선 사상 → 도교 수련법이 자리 잡음
㉡ 양생법으로 의학 발전 : 의학적・사상적 기반이 됨 → 『의방유취』나 『동의보감』에 영향을 줌
㉢ 풍수지리 사상 수용 : 자연과 조화를 강조
㉣ 민간에서 도교 수용 : 민간에서 숭배하는 대상으로 수용되어 폭넓게 자리 잡음(옥황상제 등)

체크 포인트

양생법

병에 걸리지 아니하도록 건강관리를 잘하여 오래 살기를 꾀하는 방법이다. 건강을 다스리는 양생법은 자연의 이치에 순응해야 지켜진다. 우리나라 도교는 양생법을 중심으로 수용되었으며, 의학의 사상적 기반으로 작용되었다.

④ **도가・도교 사상의 현대적 의의**

㉠ 내면 속에 있는 마음의 자유를 통해 진정한 행복을 추구하는 삶
㉡ 인간은 자연의 일부로 더불어 살아야 하며 자연의 질서에 순응하고, 조화하며 살아야 하는 존재
㉢ 건강한 삶을 추구하게 하여 편안한 삶을 추구하게 하는 존재

더 알아두기

도가 · 도교와 전통 사상의 융합

- 전통 사상과 융합 : 수련 도교, 양생법, 민간 신앙, 풍수지리
- 현대적 의의 : 내면의 진정한 자유 추구, 자연에 순응과 조화

제 5 절 핵심예제문제

01 다음 중 장자와 관련된 내용으로 잘못된 것은?

① 좌망, 심재
② 화쟁, 오수
③ 물아일체
④ 제물

01 화쟁과 오수는 불교와 관련이 있다.

02 다음 중 노자의 정치 사상은 무엇인가?

① 덕치
② 법치
③ 무위지치
④ 왕도 정치

02 노자는 무위지치(無爲之治)를 정치 사상으로, 소국과민(小國寡民)을 이상 사회로 제시하였다.

03 다음 중 장자가 추구한 이상적 인간상이 아닌 것은?

① 지인(至人)
② 진인(眞人)
③ 군자(君子)
④ 천인(天人)

03 장자의 이상적인 인간상
물아일체의 경지에 이른 인간을 지인(至人), 진인(眞人), 천인(天人), 신인(神人), 성인(聖人)이라고 하였다.

정답 01 ② 02 ③ 03 ③

04 다음과 같은 주장을 한 사상가는?

> 성인(聖人)이 조용하니 백성들이 저절로 바르게 되고, 성인이 일을 도모하지 않으니 백성들이 저절로 부유해지며, 성인이 욕심내지 않으니 백성들이 저절로 소박해진다.

① 노자
② 장자
③ 공자
④ 순자

04 제시문은 무위지치(無爲之治), 즉 '다스림이 없는 다스림'의 중요성을 강조한 노자의 주장이다.

05 다음과 같은 주장을 한 학자와 거리가 먼 것은?

> 사람은 습한 데서 자면 허리 병에 걸려 반신불수가 된다. 미꾸라지도 또한 이러한가? 사람은 나무 위에 올라가면 떨어질까 무서워서 벌벌 떤다. 원숭이도 또한 이러한가? 이 셋 중에 누가 올바른 거처를 아는가? 사람은 소나 돼지를 먹고, 사슴은 풀을 먹고, 지네는 뱀의 골을 달게 먹고, 솔개와 갈가마귀는 쥐를 맛있게 먹는다. 이 넷 중에 누가 올바른 맛을 아는가?

① 좌망(坐忘)
② 심재(心齋)
③ 소국과민(小國寡民)
④ 제물(齊物)

05 제시문은 장자가 주장한 내용으로 마음을 비우는 심재(心齋)와 인위의 구속에서 벗어나는 좌망(坐忘)을 통해 절대 자유의 상태인 '제물(齊物)의 경지'에 도달할 수 있다고 하였다. ③의 소국과민은 노자가 주장한 정치 사상으로, 주나라와 같이 거대한 통일 제국의 국가 형태에 대하여 반대하고 작은 나라와 적은 국민을 지향해야 한다는 주장이다.

06 장자가 주장한 도(道) 사상에 대한 설명으로 옳은 것은?

① 덕의 근본이며 우리 삶은 덕의 표현이다.
② 도에서 덕이 생기고 덕에서 구체적 사물이 생겨난다.
③ 도가 우리 삶을 초월해 있지 않고, 주변의 만물에 깃들어 있다고 하였다.
④ 우리의 삶을 초월한 절대적 실체이다.

06 장자는 도가 우리 삶을 초월해 있지 않고, 주변의 만물에 깃들어 있다고 하면서 만물이 서로 다른 본성을 자유롭게 발휘하였을 때 행복해질 수 있다고 보았다. 장자의 사상은 노자보다 개인의 주체적 수양과 내적 깨달음에 더 치중하였다.

정답 04 ① 05 ③ 06 ③

07 다음에서 공통적으로 설명하고 있는 도교 사상에 해당하는 것은?

- 노자를 교조로 하는 도교의 한 형태이다.
- 도덕경을 경전으로 삼는다.
- 후한의 정치적 혼란에 처해 있던 백성들에게 종교적 구원을 선전하여 교단을 형성하였다.

① 현학
② 태평도
③ 오두미교
④ 황로학파

07 한나라 말에 사회 불안을 배경으로 일어난 종교로 태평도와 오두미교가 있었는데, 태평도는 현실 참여적 성격이 강하여 정치 운동으로까지 확장되었고, 장릉에 의해 창시된 오두미교는 『도덕경』을 암송하고 삼관수서를 행하면 장생불사할 수 있다고 주장하였다.

08 위 · 진 시대의 현학에 대한 설명으로 옳지 않은 것은?

① 노자와 장자의 무위자연 철학을 따랐다.
② 후한 때인 2세기 중반 우길에 의해 조직되고, 장각에 의해 계승되었다.
③ 현실의 예속이나 법규를 떠나 만물의 근원과 초월적 세계에 관심을 두었다.
④ 죽림칠현의 학풍으로 세속적 가치를 넘어서는 철학적이고 예술적인 사유와 가치를 중시한 담론이다.

08 후한 때인 2세기 중반 우길에 의해 조직되고, 장각에 의해 계승된 것은 태평도이다.

09 삼국 시대에 도교 사상의 특징에 대한 설명으로 옳은 것은?

① 권선서를 중심으로 한 민간 도교 사상이 등장하였다.
② 불교 행사인 팔관회에 도교적인 성격을 가미하여 천신(天神)과 다섯 큰 산[五嶽] 등에 제사를 지냈다.
③ 현실 도피적이고 도교적 색채가 짙은 자연 주의적 요소가 지배적이었으며, 풍수지리나 도참 등 신비주의가 성행하였다.
④ 백제와 신라에서는 신도(神道)와 선풍 의식이 비교적 농후하였고 고구려에서는 고대의 제천 의식이 상대적으로 발달하였다.

09 ①은 조선 시대 도교 사상의 특징이고, ②와 ③은 고려 시대 도교 사상의 특징이다. 삼국 시대에는 『후한서』와 『위지동이전』 등의 중국 사서에 고구려의 제천 행사에 관한 기록이 많다는 사실에서 고구려는 고대의 제천의식이 강하게 지속되어 왔던 나라로, 백제나 신라보다 무속이나 산악신앙의 성격을 띤 종교 의식이 강하였음을 알 수 있다. 그에 비해 신라와 백제는 추상적인 '천(天)'을 숭배하는 철학적 정신이 강하였던 것으로 여겨진다.

정답 07 ③ 08 ② 09 ④

10 한국의 도교 · 도가 사상이 우리의 전통 사상과 융합된 내용에 대한 설명으로 옳지 않은 것은?

① 풍수지리 사상을 수용하여 자연과 조화를 강조하였다.
② 불로장생을 추구하는 신선 사상과 결합하여 도교 수련법이 자리 잡았다.
③ 양생법으로 의학이 발전하면서 『의방유취』나 『향약구급방』에 영향을 주었다.
④ 민간에서 도교가 수용되면서 옥황상제 등 민간에서 숭배하는 대상으로 수용되어 폭 넓게 자리 잡았다.

10 우리나라 도교는 양생법을 중심으로 수용되면서 의학의 사상적 기반으로 작용하였고 『의방유취』나 『동의보감』에 영향을 주었다.

정답 10 ③

제 2 장 실전예상문제

01 유교에서 강조하는 4덕(德)에 해당하지 않는 것은?

① 인(仁)
② 의(義)
③ 신(信)
④ 지(智)

01 **사덕(四德)**
인(仁), 의(義), 예(禮), 지(智)

02 군자(君子)가 체득해야 할 덕목으로 공자가 중시한 것은?

① 인(仁), 의(義)
② 인(仁), 예(禮)
③ 의(義), 지(智)
④ 예(禮), 지(智)

02 공자는 건전한 사회 질서 회복을 위한 필수적인 두 원리를 인과 예로 보면서 인을 바탕으로 예를 실천하는 이상적인 인간형을 군자라고 하였다.

03 다음 설명에서 밑줄 친 '그'의 사상으로 옳지 않은 것은?

> 그는 공자가 살았던 당시보다 더욱 혼란해진 춘추 전국 시대의 상황에서 옳고 그름을 판단하여 정의를 밝힘으로써 현실 사회의 혼란을 극복하려 하여 인(仁)보다 의(義)를 강조하였다.

① 인간이란 선천적으로 선한 존재라고 주장하였다.
② 인간은 누구나 사단(四端)을 가지고 태어난다고 보았다.
③ 왕도 정치를 추구하였다.
④ 이상적인 사회를 대동 사회로 보았다.

03 제시문의 밑줄 친 '그'는 맹자로 성선설을 주장하였으며, 이상적인 인간을 대인(大人) 또는 대장부로 보았다. 또한 왕도 정치를 추구하였으며, 인간은 누구나 사단을 가지고 태어난다고 보았다.
대동 사회는 공자에 대한 설명이다.

정답 01 ③ 02 ② 03 ④

04 다음 내용과 가장 관련이 깊은 정치 사상은?

> 백성이 가장 귀하고, 국가가 그 다음이며, 군주는 가장 가벼운 존재이다. 따라서 군주는 백성의 소리를 하늘의 소리로 알고, 백성의 뜻을 하늘의 뜻으로 알고 백성을 다스려야 한다.

① 왕도정치(王道政治)
② 소국과민(小國寡民)
③ 극기복례(克己復禮)
④ 예치(禮治)

04 맹자는 군주들의 부국강병책과 패도정치를 비판하고, 백성들의 삶을 안정시킨 연후에 도덕적인 교화를 펴는 왕도정치를 주장하였다.

05 맹자는 "인간이라면 남에게 차마 어찌하지 못하는 선한 마음인 사단(四端)이 있다."라고 하였다. 다음 내용에 해당하는 사단은?

> 자신의 잘못을 부끄러워하고 남의 의롭지 못한 행위를 미워하는 마음

① 측은지심(惻隱之心)
② 수오지심(羞惡之心)
③ 사양지심(辭讓之心)
④ 시비지심(是非之心)

05 ① 측은지심 : 남을 사랑하여 측은히 여기는 마음
③ 사양지심 : 서로 양보하고 공경하는 마음
④ 시비지심 : 옳고 그름을 판단하는 마음

06 노자의 도(道)에 대한 설명으로 옳지 않은 것은?

① 무위자연을 이상적인 삶의 모습으로 보았다.
② 삶의 모습을 상선약수(上善若水)라고 설명하였다.
③ 부쟁(不爭)의 덕을 갖춘 삶을 무위자연이라고 보았다.
④ 이상적 경지를 물아일체로 보았다.

06 물아일체는 장자의 윤리 사상이다.

정답 04 ① 05 ② 06 ④

07 격물치지는 주자의 사상으로 사물의 이치를 끝까지 파고들어 '참모습'을 밝게 아는 것을 뜻한다.

07 사상가의 이름과 주장이 잘못 연결된 것은?

① 노자 – 무위자연
② 장자 – 격물치지
③ 공자 – 극기복례
④ 맹자 – 호연지기

08 공자는 '군주는 강제적인 법률과 형벌보다는 도덕과 예의로 백성들을 교화해야 한다'라고 하였다.

08 다음 주장과 관련이 깊은 사상가에 대한 설명으로 옳은 것은?

- 사회 혼란의 근원적 요인은 인간의 도덕적 타락에 있다.
- 사람마다 자신의 사욕을 극복하여 진정한 예를 회복해야 한다.

① 기개를 펼치는 호연지기를 길러야 한다고 하였다.
② 통치자가 군자다운 인격을 닦고서 백성이 편안하게 살도록 해야 한다고 하였다.
③ 타고난 본성을 충분히 자유롭게 발휘하였을 때 행복할 수 있다.
④ 인간은 본래 소박하고 순수한 자연의 덕을 가지고 있다고 하였다.

09 예(禮)는 사회의 질서를 위해 만들어진 유교적 윤리 규범이다.

09 다음 내용에서 설명하고 있는 덕목은?

- 개개인의 행동부터 사회, 국가의 기강에 이르기까지 중요하게 생각되는 덕목이다.
- 천지자연의 이법이나 인성에서 유래된다.
- 형식을 갖추어야 하며 질서를 매우 중요하게 생각한다.

① 의(義) ② 예(禮)
③ 지(智) ④ 신(信)

정답 07 ② 08 ② 09 ②

10 순자의 사상에 관한 설명으로 옳지 않은 것은?

① 인간을 이익을 좋아하고 쾌락을 추구하는 본성을 지닌 존재로 보았다.
② 인간의 욕구를 제한하는 정당한 기준으로서 예(禮)를 중시하였다.
③ 차별적 예(禮)의 원칙에 따른 재화의 정당한 분배를 강조하였다.
④ 도(道)의 관점에서 보면 선악, 미추(아름다움과 추함)의 구별은 무의미하다고 보았다.

10 순자의 사상
- 성악설 : 인간의 본성은 본디 악하다고 보았으며 인간은 이익을 좋아하고 쾌락을 추구하며 자신의 욕구를 만족시키려는 본성을 가지고 있다고 보았다.
- 사회 혼란과 무질서의 원인 : 이기적 욕구가 사회적 혼란과 무질서의 원인이라고 보았다.

11 인간의 본성에 대한 노자의 사상과 거리가 먼 것은?

① 인간의 본성이 선한가 악한가는 중요한 문제가 아니다.
② 인간의 본성은 가치 판단으로부터 독립되어 있다.
③ 인간은 자기 고유 본성에 따라 자유스럽게 지낼 때 가장 행복하다.
④ 인간의 본성은 사회 규범과 조화를 이룰 때 선한 모습이 나타난다.

11 노자는 인간의 본성은 본래 소박하고 순수한 자연의 덕을 가지고 있으나 사물의 겉모습에 이끌려서 올바르게 인식하지 못한다고 보았다.

12 다음 주장에 나타난 이상적인 삶의 자세로 가장 적절한 것은?

> 으뜸이 되는 선(善)은 물과 같다. 물은 생성의 근원으로서 만물을 이롭게 하고, 더러운 것을 씻어 주며, 사람들이 싫어하는 가장 낮은 곳에 처한다.

① 자연의 본성을 따른다.
② 자신의 악한 마음을 극복한다.
③ 시비와 선악을 엄격하게 구분한다.
④ 타인의 행복을 위해 보시한다.

12 노자는 "으뜸이 되는 선(善)은 물과 같다."라는 '상선약수(上善若水)'를 가장 이상적인 무위자연의 모습으로 제시하였다. 무위자연이란 노자가 제시한 이상적인 삶의 형태로, 인위적으로 하지 않고 자연의 본성을 따르는 상태이다.

정답 10 ④ 11 ④ 12 ①

13 유가에서 말하는 서(恕)의 의미로 가장 적절한 것은?

① 내 마음을 미루어 남을 대할 것
② 자신의 사욕을 극복한 진정한 예를 회복하는 것
③ 하나인 마음으로 돌아가서 모든 생명에게 이로움을 주는 것
④ 우리를 구속하는 일체의 것들을 잊어버리는 것

13 서(恕)의 의미
- 서(恕)는 '용서하다'라는 뜻으로 '남의 마음(心)과 같아지는(如) 것'을 의미한다.
- '내 마음을 미루어 남의 처지를 헤아리는 마음'으로 추기급인(推己及人)이라고 표현하며, 입장을 바꾸어 생각하는 역지사지(易地思之)의 태도이다.
- 소극적인 서 : "자기가 하고 싶지 않은 일은 남에게 시키지 말아라(己所不欲 勿施於人)."
- 적극적인 서 : "내가 서고 싶으면 남도 세워 주고, 내가 어떤 목적을 달성하고 싶으면 남도 달성하게 한다(己欲立而立人 己欲達而達人)."

14 다음 설명에서 괄호 안에 들어갈 용어를 바르게 나열한 것은?

> (㉠)은(는) 자기에게 주어진 이름[職分]에 합당한 행동, 즉 명실상부(名實相符)한 행동을 하면 사회 혼란을 극복할 수 있음을 강조한 것이라고 볼 수 있다. 이처럼 백성들이 각자의 신분과 지위에 따라 맡은 바 역할을 다하면 평화롭고 안정된 (㉡)를 이룩할 수 있다는 것이다.

	㉠	㉡
①	정명사상	덕치주의
②	극기복례	대동사회
③	정명사상	대동사회
④	극기복례	덕치주의

14
- 극기복례 : 이기적인 자신을 극복하고 공공의 규범인 예를 회복하는 것
- 덕치주의 : 강제적인 법률이나 형벌보다는 도덕과 예의로 백성들을 교화시키는 정치
- 대동사회 : 인과 예를 통하여 올바른 도덕을 확립하고 바람직한 사회 질서를 회복함으로써 모든 사람이 더불어 잘 살 수 있는 사회이자 모든 백성들이 크게 하나되어 어우러지는 사회로, 사람이 천지 만물과 서로 융합되어 한 덩어리가 된다는 의미

정답 13 ① 14 ③

15 **다음과 같이 주장한 사상가가 추구한 삶의 자세로 옳지 않은 것은?**

> 사람은 땅을 법칙삼아 어긋나지 않고[人法地], 땅은 하늘을 법칙삼아 어긋나지 않으며[地法天], 하늘은 도를 법칙삼아 어긋나지 않고[天法道], 도는 자연을 법칙삼아 어긋나지 않는다[道法自然].

① 무위자연(無爲自然)의 삶을 중시한다.
② 사욕을 극복하고 사람의 도리를 다한다.
③ 도(道)를 체득하기 위해 마음을 비우고 고요히 한다.
④ 본성인 소박한 덕의 자연스러운 흐름에 자신을 맡긴다.

15 노자는 도(道)를 우주 만물의 근원이자 참된 자연의 원리로 보았다. 따라서 도를 체득하기 위해서는 마음을 비우고 고요히 해야 한다고 주장하였다. 또한 이상적인 삶의 모습으로 무위자연을 제시하고, 물을 최고의 선으로 보았으며, 물이 갖추고 있는 겸허와 부쟁의 덕을 강조하였다.

16 **순자의 사상에 해당하지 않는 것은?**

① 사회 혼란의 원인 – 인간의 악한 본성
② 물아일체 – 자연과 내가 하나가 됨
③ 화성기위 – 악한 본성을 변화시켜서 선하게 만듦
④ 예치 – 외적인 행동을 규제하는 예가 필요함

16 물아일체는 장자의 사상으로 자연과 내가 하나되는 경지를 의미한다.

17 **다음과 같이 말한 사상가가 주장한 내용에 해당하는 것은?**

> 사회적 혼란은 나와 남을 구별하는 차별에서 비롯되므로 세상 모든 사람을 차별 없이 똑같이 사랑해야 한다.

① 겸애(兼愛)
② 별애(別愛)
③ 위아(爲我)
④ 충서(忠恕)

17 겸애(兼愛) : 묵자의 주장으로, 세상 모든 사람을 차별없이 똑같이 사랑하자는 것이다.
② 별애(別愛) : 나와 남을 구분하여 사랑함을 이르는 것으로, 묵자는 별애가 사회적 혼란을 만든다고 비판하였다.
③ 위아(爲我) : 양주가 주장한 자신만이 쾌락하면 좋다는 극단적인 이기주의로, 묵자의 이론과 대립된다.
④ 충서(忠恕) : 공자의 사상으로, 역지사지의 행위를 말한다.

정답 15 ② 16 ② 17 ①

18 다음과 같은 주장에 영향을 준 사상가는?

- 인간은 본질적으로 사악한 존재이며 교육과 법으로 교화 및 통제되어야 한다.
- 사회적인 혼란을 바로잡기 위해서는 강력한 제도가 뒷받침되어야 한다.

① 노자
② 맹자
③ 순자
④ 묵자

18 제시문은 한비자가 주장한 법가 사상에 대한 내용이다. 한비자는 순자의 제자로, 순자가 주장한 성악설을 바탕으로 사회적인 혼란을 바로잡고 국가를 제대로 운영하기 위해서는 강력한 법과 공정하고 엄격한 법 집행이 필요하다고 주장하였다.

19 공자가 인(仁)의 체현을 위해 실천하고 주장한 덕목은?

① 극기복례
② 돈오점수
③ 상선약수
④ 일체개고

19 극기복례는 인(仁)의 체현을 위해 공자가 제시한 구체적 실천 방법으로서, 자기를 이겨 예로 돌아가는 것을 의미한다. ②·④의 돈오점수와 일체개고는 불교와 관련 있는 것이며, ③의 상선약수는 노자와 연관이 있다.

20 다음의 비유를 통해 맹자가 주장하고자 하였던 내용에 해당하는 것은?

- 송나라의 한 농부가 모내기를 하고 벼의 싹이 자라지 아니함을 안타깝게 여겨 빨리 자라도록 조금씩 뽑아 주었는데 다음 날 가 보니 다 말라죽었다.
- "스스로 반성해서 곧으면 아무리 수천만 명이 나에게 달려든다 할지라도 결코 두려워하지 않는다."는 증자의 참된 용기를 강조하였다.

① 살신성인
② 호연지기
③ 민본주의
④ 예치주의

20 호연지기는 맹자가 말한 인격의 이상적 기상으로 인간 본성의 함양에 대한 견해이다. 지극히 크고 굳세며 곧은 마음으로 진취적 기상의 바탕이 된다고 보았다. 첫 번째 내용은 호연지기는 결국 인위적인 방법이 아니라 식물을 재배하는 것처럼 자연스럽게 가꾸고 길러야 한다는 것을 강조한 것이고, 두 번째 내용은 증자의 참된 용기가 맹자가 강조한 호연지기와 유사한 것임을 말하고 있다.

정답 18 ③ 19 ① 20 ②

21 **공자의 사상에 따르면 사회 질서 회복의 원리인 인(仁)과 예(禮)를 체득한 이상적인 인간에 해당하는 것은?**

① 지인
② 보살
③ 군자
④ 자연인

21 공자가 주장한 이상적 인간상은 군자(君子)이다.

22 **노자가 주장한 사회 혼란의 원인에 해당하는 것을 〈보기〉에서 모두 고른 것은?**

보기

ㄱ. 강제적이고 강압적인 국가 권력
ㄴ. 절대적이고 참된 자연의 원리
ㄷ. 세속을 초월한 정신적인 절대 자유의 경지
ㄹ. 착하게 살아야 한다는 도덕적 명령이나 규범

① ㄱ, ㄴ
② ㄱ, ㄹ
③ ㄴ, ㄷ
④ ㄷ, ㄹ

22 노자는 사회 혼란의 원인을 착하게 살아야 하는 도덕적 명령이나 규범, 인위적인 사회 제도와 강제적이고 강압적인 국가 권력, 그리고 지배층의 그릇된 욕망과 지나친 간섭 때문이라고 보았다. 또한 유가에서 강조하는 인위적인 도덕규범, 즉 인의예지(仁義禮智) 때문에 오히려 사회가 더욱 혼란해진다고 비판하였다.

23 **다음과 같이 주장한 사상가가 추구한 삶의 자세로 옳은 것은?**

인의와 예악은 본성을 훼손하고 덕을 해친다. 그것은 마치 네모꼴을 만드는 곱자를 가지고 사물의 모양을 깎아서 곧게 하고 노끈으로 묶거나 아교풀로 붙여서 사물을 변형시키는 일과 같은 것이다.

① 인위적인 힘이 더해지지 않은 자연의 질서를 따라야 한다.
② 분배가 공정하지 못한 것을 걱정해야 한다.
③ 덕으로 다스리는 정치가 이상적인 정치이다.
④ 인간은 태어날 때부터 이익을 좋아한다.

23 노자는 인간이 태어날 때부터 순박하고 순수한 자연의 덕을 가지고 있으나 인간이 지어낸 지식이나 제도와 문화가 인간의 참된 삶을 방해한다고 보았다. 따라서 인위적인 힘이 더해지지 않은 자연의 질서를 따라야 한다고 보았다.

정답 21 ③ 22 ② 23 ①

24 공자, 맹자 등 성리학자들이 사회적인 문제에 적절히 대응하기 위해서 무엇보다 강조한 것은?

① 개인의 도덕적 완성
② 개인의 사회적 입신
③ 개인의 경제적 자립
④ 개인의 물질적 풍요

24 동양 윤리 사상에서는 개인의 도덕적 완성을 도덕적 이상 사회 실현의 기초로 보았다.

25 유학의 근본 사상인 인(仁)의 본질과 거리가 먼 것은?

① 형제 간에 우애 있게 지낸다.
② 내가 하기 싫은 일을 남에게 강요하지 않는다.
③ 연기설에 대한 자각을 통해 자비를 베푼다.
④ 내 마음을 미루어서 남을 헤아린다.

25 연기설은 불교의 사상이다.

26 〈보기〉에서 장자가 주장한 내용으로 옳지 않은 것은 모두 몇 개인가?

보기

ㄱ. 통치자의 별다른 지배 행위가 없는데도 잘 다스려지는 정치가 이상적이라고 하였다.
ㄴ. 도(道)는 현상 세계의 유한성과 모순 대립을 극복할 수 있는 절대적 진리라고 하였다.
ㄷ. 모든 사물에 대한 일체의 대립과 차별이 사라진 정신적 절대 자유의 경지를 제물이라고 하였다.
ㄹ. 나라와 같은 거대한 통일 제국의 국가 형태를 반대하고, '작은 나라에 적은 백성'이 가장 이상적 국가 형태라고 주장하였다.

① 1개
② 2개
③ 3개
④ 4개

26 노자가 나름대로 정치·사회적 혼란을 극복하기 위한 방법론에 관심을 가지고 있었던 반면, 장자는 정치적 관심보다는 세속을 초월한 정신적인 절대 자유의 경지를 추구하려는 경향, 즉 개인의 안심입명(安心立命)에 중점을 두었다. ㄱ은 노자의 통치관인 무위지치(無爲之治), ㄹ은 노자가 주장한 소국과민의 국가관에 대한 설명이다.

정답 24 ① 25 ③ 26 ②

27 다음 중 도가의 사상에서 죽음에 대한 내용이 아닌 것은?

① 죽음은 슬픔의 대상이 아니다.
② 죽음은 두려워할 필요가 없다.
③ 죽음은 자연 변화 현상이다.
④ 죽음은 고통이며 아픔이다.

27 도가의 생사관에 의하면, 자연의 흐름을 체득한 자는 죽음을 싫어하거나 두려워하지 않는다고 하였다.

28 불교의 자비에 대한 설명에 해당하는 것은?

① 원인[因]과 조건[緣]으로 모든 생성과 변화를 설명하려는 불교의 논리이다.
② 인과(원인과 결과) 법칙으로 삼라만상의 변화를 설명하는 불교의 논리이다.
③ 우주 삼라만상은 철저한 상호 연계성과 상호 의존성으로 연결되어 있다는 논리이다.
④ 만물이 불가분의 끈으로 상호 연결되어 있다는 연기를 깨달을 때 나타나는 포괄적이고 보편적인 사랑이라고 할 수 있다.

28 불교의 '자비'란 '나와 남은 둘이 아니다'라는 자타불이(自他不二)의 무조건적인 사랑을 의미하며 인간뿐만 아니라 살아있는 모든 생명체, 즉 미물(微物)에까지 미치는 포괄적 사랑을 의미한다.

29 다음 대화에서 노자가 맹자에게 제기할 수 있는 반론으로 가장 적절한 것은?

노자 : 지혜롭다고 하는 자들을 높이지 않아야 백성이 다투지 않게 된다. 욕망을 일으킬 만한 것을 보여 주지 않아야 백성의 마음이 혼란스러워지지 않는다.
맹자 : 군주가 힘으로 지배하면 백성은 진심이 아니라 힘이 약해 어쩔 수 없이 복종하는 것일 뿐이다. 인의(仁義)의 덕으로 모범을 보이면 백성은 진심으로 따르게 된다.

① 백성이 왕이나 국가보다 더 중요함을 부정하고 있다.
② 도덕을 바탕으로 한 통치가 중요함을 경시하고 있다.
③ 법과 제도가 사회 안정의 기본 조건임을 부정하고 있다.
④ 인위적 다스림이 없는 정치가 이상적임을 경시하고 있다.

29 맹자는 왕도 정치를, 노자는 인위적 다스림이 없는 무위(無爲)의 정치를 이상적인 것으로 보았다.

정답 27 ④ 28 ④ 29 ④

30 다음 내용에서 공통적으로 찾아볼 수 있는 한국 사상의 특징은?

- 한국 불교는 이론적인 교리 연구와 깨달음을 바탕으로 한 내적인 마음 수양법의 조화를 강조하였다.
- 한국 유교는 인간과 인간의 조화를 꾀하면서 사회적 안정을 추구하였다.

① 호국 정신
② 자비 정신
③ 검약 정신
④ 조화 정신

30 한국 윤리 사상에서는 대립보다 조화를 강조하였다. 이는 단군 신화의 천인합일 사상과 갈등과 논쟁을 융합하고자 했던 원효의 화쟁 사상에서 잘 나타난다. 제시문 역시 모두 한국 사상에서 지속적으로 조화 정신이 발휘되었음을 보여주고 있다.

31 무속신앙에 대한 용어 설명이 바르게 연결되지 않은 것은?

① 무당 – 신과 인간을 맺어 주어 액을 피하고 복을 받게 해 주는 사람이다.
② 굿 – 무속의 형식을 나타내는 행위이다. 집단 굿이 원형이며 과거 풍성한 수확을 비는 공동체 행사였다.
③ 몰입 의식 – 오늘날의 탈춤이나 별신굿 등이 모두 여기에서 왔다.
④ 공동선 – 무속의 본래 의미는 집단의 공동선을 이루기 위한 어우러짐에 있었다.

31 몰입 의식 : 무속에는 몰입을 위한 의식과 풀기 위한 의식 두 가지가 존재한다. 액을 피하고 복을 받기 위하여 신으로의 몰입이 필요하며, 이때 몰입을 방해하는 모든 것은 부정한 것이 된다. 몰입의 결과는 해체로 나타나며, 액이나 부정을 씻어내고 풀어 새로운 현실을 가져온다고 보는 것이다.

정답 30 ④ 31 ③

32 한국 무속의 흐름에 대한 설명으로 옳지 <u>않은</u> 것은?

① 무속은 불교나 유교가 들어오면서 많이 위축되었고, 외래 종교들과 습합해 외래 종교를 다른 형태로 바꾸는 역할을 하였다.

② 고려 시대 불교 행사인 팔관회와 연등회는 형식과 내용 모두 무속적인 행사였다.

③ 조선 시대 유교적 행사인 나례 또한 처용무를 곁들인 무속적인 형태였다.

④ 현세를 중시하는 무속적 특성은 근현대 이후 신흥 종교와 외래 종교들 속에서도 끊임없이 이어져 왔다.

32 팔관회와 연등회의 형식은 불교, 내용은 술·노래·춤을 곁들인 무속적 행사였다.

33 다음 내용에서 공통적으로 찾을 수 있는 세계관은?

> • 우주 만물은 끊임없는 상호 작용에 의해서 서로 연관되어 통일된 전체를 이룬다.
> • 자연은 생명을 잉태하고 기르며, 그 속에서 만물은 상호 의존하여 조화를 이루고 생명을 지속한다.

① 유기체적 세계관

② 기계론적 세계관

③ 인간적인 세계관

④ 유물론적 세계관

33 유기체적 세계관은 자연과 우주, 사회를 하나의 총체적인 연관 속에서 이해하려는 입장이다. 즉, 동양의 유기체적 세계관은 자연과 인간이 유기적 관계를 가지고 있는 한 덩어리라고 생각하였다.

34 다음 중 단군 신화의 특징으로 옳지 <u>않은</u> 것은?

① 우주의 기원이 없다는 점을 통해 현실 긍정을 담고 있는 현세적 신화라 할 수 있다.

② 하늘과 땅을 대립적 관계로 보았다.

③ 단군 신화의 배경은 농본사회이다.

④ 홍익인간을 통해 평화애호의 틀을 볼 수 있으며, 마늘, 쑥, 비, 구름, 바람 등의 주술적 요소도 확인할 수 있다.

34 단군 신화에서는 하늘과 땅을 상보적 관계로 본다.

정답 32 ② 33 ① 34 ②

35 다음 중 홍익인간의 이념과 거리가 먼 것은?

① 만민평등(萬民平等)
② 평화애호(平和愛護)
③ 국민자치(國民自治)
④ 인본주의(人本主義)

35 **홍익인간의 이념적 성격**
- 인본주의 : 순수한 인간애
- 이타주의 : 남을 먼저 생각하는 선타후아의 정신
- 평등주의 : 사람은 누구나 같다는 만민 평등주의 사상

36 우리나라의 불교 수용에 대한 설명으로 옳지 않은 것은?

① 중국 불교가 우리나라에 수용되었던 시기는 부족연맹체적 체제를 극복하고 고대국가를 형성해 가는 시기였다.
② 우리나라의 불교 수용은 고대 국가 형성에 필요한 보편적 지배 이데올로기로서 요청되었다.
③ 우리나라 불교는 처음부터 국가불교적 성격으로 수용되어 호국불교라는 특징을 갖게 되었다.
④ 고대 국가 건설의 주체들은 불교를 받아들이고 무속 신앙을 배척하였다.

36 우리나라의 불교 수용에 나타나는 역사적 과제는 토착의 무속적 관념과 그 권위를 극복하며, 고대 국가에 걸맞은 새로운 보편 이념을 사회 전반에 걸쳐 관철해 내는 것이었다. 고대 국가 건설의 주체들은 이러한 과제를 무속 관념의 불교적 해석과 무속 형태의 불교적 변용을 통해 해결하였다.

37 다음 건국 신화들의 공통점으로 보기 어려운 것은?

- 단군의 건국 신화
- 신라의 박혁거세 신화
- 고구려의 주몽 신화
- 가야의 김수로 신화

① 인본주의적 성향이 강하다.
② 현세주의적 성격이 강하다.
③ 조화의 정신을 찾을 수 있다.
④ 개인의 자유와 인권 보호를 추구한다.

37 건국 신화는 인본주의적이며, 현세주의적 성격이 강하고 자주적이고 주체적인 사고의 경향을 갖는다. 또한 조화의 정신이 뚜렷하며, 자연 친화적이고 생명 존중 의식이 있으며 사회 정의와 도덕에 대한 의식인 윤리관도 갖추고 있다.
개인의 자유를 강조하는 것은 서구적 가치관에 해당한다.

정답 35 ③ 36 ④ 37 ④

38 다음 글의 밑줄 친 '이 사상'의 특징이 아닌 것은?

> 공자와 맹자, 그리고 순자 등의 유학과는 달리, 이 사상은 춘추 전국 시대의 사회 혼란의 원인이 근본적으로 인간의 그릇된 인식과 가치관, 그리고 인위적으로 만들어진 사회 제도 때문이라고 생각하였다.

① 이상적인 인간상을 지인, 진인, 신인이라 불렀다.
② 자연의 흐름에 따라 사는 것을 이상적으로 보았다.
③ 인간은 인의예지(仁義禮智)의 착한 성품을 갖추고 있다고 보았다.
④ 인간은 본래 소박하고 순수한 자연의 덕을 지니고 있다고 보았다.

38 사회 혼란의 원인을 인위적인 가치관, 사회 제도 등으로 파악했다는 것에서 도가 사상을 설명한 것임을 알 수 있다. 도가에서는 인간에게 본래 소박하고 순수한 자연의 덕이 있지만, 사물의 겉모습에 이끌려 사물의 본질이나 가치를 제대로 인식하지 못한다고 보았다. 또, 도가에서는 자연의 흐름에 따라 수양을 하고 절대적 자유의 경지에 이른 사람을 진인, 지인, 신인이라 불렀다.

39 다음은 한국 불교 사상가 지눌의 주장이다. 이에 대한 설명으로 옳은 것은?

> 정(定)은 마음의 본체이고, 혜(慧)는 마음의 작용이다. 마음의 본체와 작용이 분리될 수 없듯이 정과 혜도 서로 분리되지 않는다.

① 내외겸전
② 교관겸수
③ 정혜쌍수
④ 화쟁 사상

39 지눌은 정혜쌍수(定慧雙修)를 제시하며, 경전 공부와 참선 수행의 병행을 강조하였다.

정답 38 ③ 39 ③

40 한국 불교의 특징에 대한 설명으로 옳지 않은 것은?

① 일상생활에서 자비의 실천을 강조하였다.
② 기본적으로 여러 종파의 통합에 대한 노력은 거의 없었다.
③ 자신을 포함한 모든 인간의 성불과 자유를 위해 수행할 것을 강조하였다.
④ 불교의 창조적 발전과 더불어 소유와 집착 및 분별의 굴레에서 벗어나는 길을 제시하였다.

40 역사적으로 불교의 여러 종파를 통합시키려는 노력은 계속되어 왔다. 원효는 화쟁 사상에서 각 종파들의 다른 이론을 인정하면서도 이들을 좀 더 높은 차원에서 서로 통합하려 하였고, 의천과 지눌도 교종과 선종의 통합과 조화를 위해 노력하였다.

41 기존 교단의 자기 구제 방식을 지양하고 타인 구제까지도 고려한 방식을 채택할 것과 석가의 가르침을 이해할 것이 아니라 실천할 것을 주장한 불교의 분야는?

① 대승불교
② 교학불교
③ 부파불교
④ 선불교

41 **대승불교**
대승은 '큰 수레'라는 뜻으로, 대승불교의 가르침은 모든 중생을 피안(彼岸)의 세계로 날라 주는 큰 수레와 같다는 의미이다.

42 석가모니가 추구한 삶의 목표로 가장 적절한 것은?

① 인생의 고통에서 벗어나 해탈하는 것
② 인위적 규범에서 벗어나 자연을 따르는 것
③ 사사로운 욕심을 극복하여 예법을 지키는 것
④ 존비 친소를 가려 분별적인 사랑을 베푸는 것

42 석가모니는 윤회의 굴레에서 벗어나 해탈하고자 출가하였다.

정답 40 ② 41 ① 42 ①

43 **지배계급에게 관념적으로만 수용되어 지배 이데올로기의 기능을 담당하였던 이론불교를 민중 생활 속의 실천불교로 전환시킨 신라 시대의 승려는?**

① 의상
② 일연
③ 원효
④ 지눌

44 **우리나라의 불교에 대한 설명으로 옳은 것을 〈보기〉에서 모두 고른 것은?**

보기

ㄱ. 원효는 중관학파와 유가학파의 사상적 통일이라는 대승불교 최고의 과제를 『대승기신론소』를 통해 매우 훌륭하게 해냈다.
ㄴ. 고려 시대 지눌의 돈오점수설은 교(敎)와 실천 수행법인 지관(止觀)을 함께 닦아야 한다는 사상이었다.
ㄷ. 조선 시대의 숭유 억불 정책은 조선 왕조의 유지를 위한 정치적 목표 가운데 하나였다.

① ㄱ, ㄴ
② ㄱ, ㄷ
③ ㄴ, ㄷ
④ ㄱ, ㄴ, ㄷ

45 **〈보기〉에서 지눌의 사상에만 해당하는 것으로 묶인 것은?**

보기

ㄱ. 내외겸전 ㄴ. 돈오점수
ㄷ. 정혜쌍수 ㄹ. 화쟁 사상

① ㄱ, ㄴ ② ㄴ, ㄷ
③ ㄷ, ㄹ ④ ㄱ, ㄹ

43 원효는 이론불교를 민중 생활 속의 실천불교로 전환하였으며 일심(一心)과 화쟁(和諍) 사상을 중심으로 불교의 대중화에 힘썼다.

44 ㄴ. 고려 시대 지눌의 돈오점수설은 주체를 강조하는 선 중심의 교선 일치 사상이었다. 교(敎)와 실천 수행법인 지관(止觀)을 함께 닦아야 한다는 사상은 의천의 교관겸수 사상이다.

45 지눌은 '깨닫는 것'과 '수련하는 것'은 서로 분리될 수 없으며, 정과 혜 또 한 함께 닦아야 한다고 하여, 이른바 돈오점수와 정혜쌍수라는 독창적인 불교 사상을 완성하였다.

정답 43 ③ 44 ② 45 ②

46 연기설은 불교의 우주론으로, 모든 존재는 '이것이 생하면 저것이 생하고, 이것이 멸하면 저것이 멸한다.' 라는 만물의 인과관계와 상호의존성을 강조한 이론이다.

47 불국 정토는 생로병사의 고통이 사라진 사회이다.

정답 46 ④ 47 ②

46 **다음과 같은 사상의 근저(根底)가 되는 불교의 근본 교리를 바르게 기술한 것은?**

> • 나에 대한 이기적인 집착을 버리는 공(空)의 사상을 철저히 깨닫고 실천해야 한다.
> • 나와 남을 구별하지 않으며, 모든 생명 있는 것을 사랑하며, 모든 중생을 구제하는 데 힘쓴다.

① 사실을 근거로 진리를 구한다.
② 우리가 본래 완성된 부처임을 직관해야 한다.
③ 앎은 행함의 시작이요, 행함은 앎의 완성이다.
④ 이것이 생하면 저것이 생하고, 이것이 멸하면 저것이 멸한다.

47 **불교에서 이상 사회로 제시한 '불국 정토'에 대한 설명으로 옳지 않은 것은?**

① 삶과 죽음이 끊임없이 이어지는 윤회로부터 해탈한 사회이다.
② 생로병사의 고통을 경험하는 사회이다.
③ 탐욕, 성냄, 어리석은 마음이 일어나지 않는 사회이다.
④ 고정불변의 실체란 존재하지 않는 사회이다.

48 **다음 사상에 대한 옳은 설명을 〈보기〉에서 모두 고른 것은?**

> 모든 것은 무상(無常)하여 고정된 실체는 존재하지 않는데, 사람들은 집착하여 탐욕[貪], 분[瞋], 어리석음[癡]에 빠져서 늙지 않고 죽지 않기를 바란다. 그러나 인간 역시 일시적 존재에 불과하므로 이런 욕망은 채울 길이 없다.

보기

ㄱ. 모든 존재는 무수한 원인과 조건에 의해 생멸한다고 보았다.
ㄴ. 팔정도를 실천하여 삼독(三毒)에서 벗어나야 한다고 보았다.
ㄷ. 무위자연을 이상적인 삶의 모습으로 보았다.
ㄹ. 물과 같은 삶을 살며 스스로를 드러내지 않는 것이라 보았다.

① ㄱ, ㄴ ② ㄱ, ㄷ
③ ㄴ, ㄷ ④ ㄷ, ㄹ

48 제시문은 불교 사상에 대한 글이다. 불교에서는 모든 존재가 무수한 원인과 조건에 의해 생멸한다고 보며, 현실 세계는 고통으로 가득 차 있기 때문에 팔정도의 실천을 통해 삼독(三毒)에서 벗어나 해탈할 것을 강조한다.

49 **한국 불교에 대한 설명으로 옳은 것을 〈보기〉에서 모두 고른 것은?**

보기

ㄱ. 서민 불교를 특징으로 미래 지향적인 성격을 갖는다.
ㄴ. 불교가 국가적으로 수용되면서 호국 불교의 성격을 갖는다.
ㄷ. 이상주의적 성격을 바탕으로 불국토 사상, 현실 정토 사상이 성립되었다.
ㄹ. 다양한 종파를 통섭하여 독자적인 한국 불교 체계를 수립하였다.
ㅁ. 지배 체제의 억압 속에서 민중적이고 토착적인 모습으로 발전한 시기도 있었다.

① ㄱ, ㄴ ② ㄱ, ㄴ, ㄷ
③ ㄱ, ㄴ, ㄷ, ㄹ ④ ㄱ, ㄴ, ㄷ, ㄹ, ㅁ

49 한국 불교는 중국을 통해 국가적으로 수용되면서 보편적 윤리와 통치 이념으로 수용함으로써 개인과 사회의 윤리 체계로 정립되었다. 또한 호국 불교이면서 서민 불교이고 현세구복적이면서 이상주의적 성격을 띠며 다양한 종파의 조화를 통해 독자적인 한국 불교 체계를 수립하였다.

정답 48 ① 49 ④

50 **최치원의 난랑비 서문에 나타난 풍류 사상의 핵심은?**

① 현묘지도, 접화군생
② 홍익인간, 재세이화
③ 광명이세, 이도여치
④ 군공회의, 덕치사상

50 **최치원의 난랑비 서문에 나타난 풍류 사상**
유·불·도가 전래되기 이전부터 우리 조상들이 생활지침으로 삼아 왔던 것으로 충효, 선행, 무위 등 유·불·도의 내용과 같다.
- 현묘지도 : 여러 사상이 결합된 현묘의 도
- 접화군생 : 모든 생명과 접하여 이들을 교화(감화)한다는 뜻으로 홍익인간, 재세이화, 광명이세 등과 같은 건국이념과 상통한다.

51 **우리나라의 도교와 도교 사상에 대한 설명으로 <u>틀린</u> 것은?**

① 오늘날 한국 사회에서도 불교나 기독교보다는 도교적인 요소가 뚜렷하게 드러난다.
② 양반들은 도가 사상을 이해하였고, 백성들과 천인, 부녀자들은 종교로서의 도교에 더욱 친숙하였다.
③ 도교는 도가 사상에서 이론을 빌려오지만 노장 사상과는 다른 기반에서 출발하였고, 추구하는 목적도 다르다.
④ 농민과 민중을 주체로 하는 도교를 '민중도교'라 한다.

51 오늘날의 한국 사회에서 도교는 불교나 기독교처럼 뚜렷하게 드러나지 않는다. 그러나 한국인의 의식 구조 속에는 도가 사상 또는 도교적인 요소가 깊이 깔려 있다.

52 **도가 사상에 대한 설명으로 옳지 <u>않은</u> 것은?**

① 도교의 모태가 되는 도가 사상은 노자와 장자의 사상을 중심으로 삼는 사상이다.
② 역사적으로 도가의 적극성은 항상 유가의 소극성에서 힘을 빌려갔다.
③ 도가의 도는 세상을 화평하게 하려는 도라고 할 수 있다.
④ 실제로 춘추 전국 시대라는 난세에 대응하여 나온 정치 사상으로 볼 수 있다.

52 역사적으로 유가의 적극성은 항상 도가의 소극성에서 힘을 빌려갔다. 즉, 유가 사상이 현실적 위기를 만났을 때 도가 사상으로부터 힘을 빌려 이론을 보완할 수 있었다. 그런 뜻에서 우리가 동양적 사유라고 하는 말은 도가 사상의 측면을 가리키는 경우가 많다.

정답 50 ① 51 ① 52 ②

53 다음 사상과 관련 있는 춘추 전국 시대의 사상가는?

- 사회 혼란의 근본 원인은 인간의 그릇된 인식과 가치관, 그리고 인위적인 사회 제도 때문이다.
- 이상적인 삶은 인위적인 가식과 위선에서 벗어나 본래의 자기 모습대로 살아가는 것이다.

① 공자
② 맹자
③ 노자
④ 묵자

54 우리나라의 전통 사상에 대한 설명으로 옳지 않은 것은?

① 도교에서 재초란 도사(道士)가 하늘을 비롯한 여러 신에게 재앙을 물리치고 복을 내리도록 비는 도교 제례를 가리킨다.
② 고구려는 보장왕 2년(643)에 당 태종이 숙달 등 도사 8인과 '도덕경'을 보냈고 본래부터 제천 의식과 숭신(崇神) 사상이 성행하였다.
③ 조선 시대에는 궁중의 도관인 소격서(昭格署)에서 하늘에 대한 제사와 군주를 비롯한 왕실 가족의 안위를 기원하는 도교적 의식을 거행하였다.
④ 신라 때까지 팔관회는 도교 의식 중 하나였으나, 고려 태조 때부터 토속 신에 대한 제례를 행하는 의식으로 성격이 바뀌었다.

53 노자는 무위자연의 도 실천과 무위의 정치 실현을 사회 혼란의 극복 방안으로 강조하였다. 또 소국과민의 정치 사상을 주장하였다.

54 팔관회는 본래 불교에서 주관하는 제례였다. 팔관회의 성격 변화에서 우리나라의 도교가 불교와 혼합되는 특징을 알 수 있다.

정답 53 ③ 54 ④

55 우리나라 도교의 특징으로 적절한 것을 〈보기〉에서 모두 고른 것은?

> ㄱ. 도교는 고려 시대에 처음 들어와 조선 시대까지 이어져 내려왔다.
> ㄴ. 도교의 제례인 재초를 통하여 국가의 재앙을 막고 복을 빌었다.
> ㄷ. 우리나라 지식인들 사이에 수련 도교가 자리 잡았다.

① ㄱ, ㄴ　　② ㄱ, ㄷ
③ ㄴ, ㄷ　　④ ㄱ, ㄴ, ㄷ

55 ㄱ. 한국 도교는 단군 신화를 뿌리로 하여 전개된 선가설이다. 선가설의 정착 시기는 명확하지 않지만 삼국 시대 이전부터 존재했다.

56 다음 글에 나타난 자연관에 대한 설명으로 옳은 것은?

> 지구는 유기체처럼 자기 조절 능력을 갖고 있다. 예를 들면, 오존층은 지구의 온도를 적절하게 유지시켜 주고 생물체에 유해한 자외선을 차단해 준다. 이처럼 지구는 스스로 모든 생물들에게 적합한 환경 조건을 만들어 준다.

① 인간은 자연의 주인이므로 자연을 보호해야 한다.
② 자연은 인간의 편익을 위한 도구적 존재로 파악된다.
③ 자연은 생명력이 없는 입자들의 인과관계로 파악된다.
④ 자연의 모든 존재들은 상호 의존적 관계를 이룬다.

56 지구와 지구 내의 생물이 유기체적 관계를 가지고 있으므로 자연을 하나의 생명체와 유사한 것으로 보는 것이다. 생명체의 각 기관들이 각자의 존재적 자율성을 유지하면서도 긴밀하게 유기적으로 결합되어 있듯이 하나의 통일적 전체를 이루고 있으므로, 상호 의존적 관계를 맺고 있음을 알 수 있다.

57 다음 중 실학에 대한 설명으로 옳지 <u>않은</u> 것은?

① 실학은 점진적인 사회 개혁을 추구하였다.
② 경세치용 학파는 고증학적 방법을 중시하였다.
③ 북학파는 청나라 과학 기술 수용을 주장하였다.
④ 실학은 학문 연구의 독립성과 개방성을 추구하였다.

57 과학적인 방법으로 연구할 때 고전에 대한 해석에서 나온 증거를 기초로 논증하는 고증학적 방법을 적용한 것은 실사구시파이다.

정답 55 ③ 56 ④ 57 ②

58 **다음은 이황의 주장이다. 괄호 안에 공통적으로 들어갈 말은?**

> (　　)을(를) 주로 하여 존양(存養) 공부를 하고, 마음이 이미 발하였을 때도 또한 (　　)을(를) 주로 하여 성찰하는 자세가 더욱 정밀하여야 한다.

① 인(仁)　　② 의(義)
③ 경(敬)　　④ 예(禮)

58 이황은 선한 본성을 실현하는 태도로 경(敬)을 강조하였다. 경의 태도가 아니면 올바르게 행동할 수 없고 학문도 이룰 수 없다고 하였다.

59 **다음 내용과 관련 있는 사상가의 주장으로 옳은 것은?**

> 마음의 실체는 본성이요, 또 본성이 이치이다. 그러므로 효도하는 마음이 있기 때문에 효도의 이치가 있다. 만일 어버이에게 효도하는 마음이 없다면 그러한 이치도 존재하지 않는다. 그리고 임금에게 충성하는 마음이 있기 때문에 충성하는 이치가 있다. 만일 임금에게 충성하는 마음이 없다면 그러한 이치도 없다. 어떻게 이치가 우리의 마음 밖에 있을 수 있을까?

① 고려 시대의 대표적 사상가이다.
② 타고난 앎과 마음인 양지(良知)와 양심(良心)을 주장하였다.
③ 이와 기의 상호 보완성을 강조하였다.
④ 천리를 보존하고 인욕을 제거하는 것은 오직 경(敬)의 실천에 의해 가능하였다.

59 제시문은 이이와 관련 있는 내용이다. 이이는 이와 기의 상호 보완성을 강조하였다. 이와 기는 서로 떨어질 수도 없고 서로 섞이지도 않으면서 동시에 하나이면서 둘이라고 하였다.

60 **다음 중 이이의 주장으로 볼 수 <u>없는</u> 것은?**

① 사단은 칠정을 포함할 수 없지만 칠정은 사단을 포함한다.
② 발하는 것은 기이며, 발하는 까닭은 이이다.
③ 사단과 칠정 모두 기가 발한 것이다.
④ 이가 발하면 기가 이를 따른다.

60 이이는 이황의 이와 기가 모두 발한다는 이기호발설(理氣互發說)을 비판하였다.

정답 58 ③　59 ③　60 ④

61 우리나라의 유학 전래와 관련된 설명으로 옳지 않은 것은?

① 통일 신라 시대 독서삼품과에서 오경(五經), 삼사(三史)와 제자백가(諸子百家)의 글에 두루 능통한 사람은 특별히 등급을 뛰어넘어 등용하였다.
② 고려 시대에는 '경'의 글자 하나하나의 의미를 연구하는 훈고학이 주류를 이루었다.
③ 고려 시대 과거제의 실시를 통한 중앙집권의 수요에 부응하였다.
④ 조선 시대에는 사회 전반에 유교의 영향이 미치지 않는 곳이 없었다.

61 훈고학은 한나라 때 발달한 유학과 관련된 학문으로, 당나라까지 이어졌다.

62 다음 중 유학과 관련된 설명으로 옳지 않은 것은?

① 신라 시대에는 최승로의 '시무 28조'와 과거제의 실시를 통해 중앙집권을 강화하였다.
② 한나라에서는 유교가 국교로 지정되고 황제권이 강화되었다.
③ 송・명나라에서는 우주의 궁극적인 원리를 몸소 깨달아 도덕적인 완성에 이르고자 하였다.
④ 권근의 『입학도설』에서 '천인심성합일지도'는 천인합일의 이상 아래 인간의 심성에 대한 설명을 시도하였다.

62 고려 시대의 광종(과거제)과 성종(최승로의 시무 28조)에 대한 설명이다.

63 다음 중 이황과 이이의 공통점은?

① 도덕적인 사회의 건설을 추구한다.
② 이(理)와 기(氣)는 독자적으로 발동한다.
③ 스스로 활동・작용하는 것은 기(氣)뿐이다.
④ 기대승의 견해를 반대하고 주리론의 입장을 취한다.

63 이황과 이이의 공통된 학문적 경향은 구명된 인간 심성을 실천으로 연결시켜 도덕적인 인간과 사회를 구현하고자 한 것이다.

정답 61 ② 62 ① 63 ①

64 **'이(理)'와 '기(氣)' 중 스스로 활동 · 작용하는 것은 '기'라고 주장한 사람은?**

① 최제우
② 최치원
③ 이황
④ 이이

64 이이는 기대승의 견해를 이어받아 '이(理)'로부터 운동성을 완전히 없애버린 채 '기(氣)'에만 운동성을 부여한 '기발일도설'을 주장하였다.

65 **'사단칠정논변'의 결과 이황이 내린 이(理)와 기(氣)의 운동을 모두 인정한 최종적인 결론은?**

① 입학도설
② 이기철학
③ 이기호발설
④ 기발일도설

65 ① 입학도설 : 권근의 초학자를 위한 성리학 입문서이다.
② 이기철학 : 이언적은 북송 주돈이와 남송 육구연의 태극설과 노장, 불선의 태극설을 비판하며 주자학을 정립하고 이선기후적 이기철학을 확립하였다.
④ 기발일도설 : 이이의 '이'로부터 운동성을 완전히 없애버린 채 '기'에만 운동성을 부여한 이론이다.

66 **다음 내용과 관련이 있는 공자의 윤리적 덕목은?**

> 윗사람이 싫어하는 것을 아랫사람이라 하여 부리지 말 것이며, 아랫사람이 좋아하지 않는 것을 윗사람을 섬긴 경우에 쓰지 말 것이다. 그리고 앞사람이 싫어하는 것을 뒷사람을 앞에서 인도할 경우에 쓰지 말 것이며, 뒷사람이 싫어하는 것을 앞사람을 좇을 경우에 쓰지 말 것이다. 그리고 오른쪽 사람이 싫어하는 것을 왼쪽 사람에게 주고받지도 말 것이며, 왼쪽 사람이 싫어하는 것을 오른쪽 사람에게 주고받지도 말 것이다.

① 정명(正名)
② 지명(知命)
③ 충서(忠恕)
④ 예지(禮知)

66 충서(忠恕)에서 '충'은 자신이 원하는 바이며, '서'는 '추기급인'이라는 것에 기초하는데, 이는 내가 원하는 바로써 남이 원하는 것을 짐작한다는 것이다.

정답 64 ④ 65 ③ 66 ③

67 왕양명의 지행합일설(知行合一說)에 대한 논리적 진술로 옳지 않은 것은?

① 앎은 행함의 시작이요, 행함은 앎의 완성이다.
② 지(知)와 행(行)은 양지(良知)가 발현되는 동일 현상에 지나지 않는다.
③ 인식과 실천은 별개의 것이 아니라 본래 하나다.
④ 사물의 이치를 바로 알고 나서야 이를 올바로 실천에 옮길 수 있다.

67 주자는 왕양명과 달리 먼저 이(理)를 밝히지 않으면 정심(正心)과 수행(修行)의 실천도 할 수 없다고 봄으로써, 이른바 선지후행(先知後行)의 입장을 취하여 왕양명의 비판 대상이 되었다.

68 조선 후기 실학에 대한 설명으로 옳지 않은 것은?

① 실학 사상은 18세기를 전후하여 재야의 진보적 지식인들에 의해 연구되었다.
② 서학의 전래가 실학 사상의 형성에 영향을 끼쳤다.
③ 토지제도의 개혁과 상공업의 육성을 주장한 개혁 사상이다.
④ 유교를 근본적으로 부정한 새로운 사회사상이다.

68 실학은 부국유민을 위한 개혁, 논리적인 실용지학으로 규정하며 근대 지향 의식과 민족의식을 갖는 개신 유학의 성격이 강하다.

69 실학 발생 당시의 문제의식으로 적절하지 않은 것은?

① 도덕적 명분론에 치중한 주자학의 비생산성을 비판하였다.
② 병자호란 이후에 사상 탄압의 도구로 주장되었던 북벌론에 대한 비판이다.
③ 격물치지의 인식론과 거경함양의 수양론을 통해 우주의 궁극적인 원리를 몸소 깨달아 도덕적인 완성에 이르고자 하였다.
④ 생산 노동과 신분 질서에 대한 새로운 견해들을 내놓았다.

69 송・명 시대의 유학에 대한 설명이다. 실학은 오직 주자의 이론만을 용납하던 폐쇄적인 학문 경향에 대한 비판이다.

정답 67 ④ 68 ④ 69 ③

70 **실학자 정약용이 주장한 내용이 아닌 것은?**

① 인간의 도덕적 자율성을 강조하였다.
② 인간의 성(性)은 선을 좋아하고 악을 싫어하는 경향성과 같다고 하였다.
③ 덕은 일상적인 행위 속에서 실천을 통해 형성된다고 하였다.
④ 인간에게 덕이 선천적으로 부여되어 있다고 하였다.

70 정약용은 인간에게 덕이 선천적으로 부여되어 있다는 성리학의 사상을 비판하며, 선을 행한 다음에 덕이 형성된다고 강조하였다.

71 **실학자들의 토지제도 개혁론에 대한 설명으로 옳지 않은 것은?**

① 이익은 가장 중심이 되는 문제는 토지경정과 지주소작제도의 확대를 막아 직접 생산자인 농민에게 땅을 돌려주는 일이라고 보았다.
② 유형원은 매우 상세하고 구체적인 토지제도 개혁안으로 균전론을 내세웠다.
③ 박지원은 백성의 재산을 고르게 하기 위한 집단농장제인 여전론을 제시하였다.
④ 정약용은 『경세유표』를 통해 좀 더 현실적인 제안인 정전론을 제시하였다.

71 박지원도 이익과 마찬가지로 한전론을 주장하였는데, 이는 토지 소유의 상한선을 법으로 정하는 방법이었다. 일정한 기준 이상의 토지를 소유하는 자의 땅은 국가가 몰수하고, 그 전에 상한선을 넘어 소유하고 있는 자는 분할상속제 등을 장려하여 토지 소유의 불균등을 없애려는 것이었다.

72 **다음 중 실학자들이 주장한 상공업론으로 옳지 않은 것은?**

① 자본형성론
② 균전론
③ 기술혁신론
④ 해외통상론

72 균전론은 중농학파 실학자인 유형원의 매우 상세하고 구체적인 토지제도 개혁안이다.

상공업론
- 공업을 천한 직업으로 보는 사농공상의 신분제적 직업관의 타파
- 상공업의 발전을 위한 자본형성론
- 상설시장 개설론
- 기술혁신론
- 해외통상론

정답 70 ④ 71 ③ 72 ②

73 과학적 학문 연구방법으로 우리 고대사의 새로운 발굴에 기여한 실학파는?

① 경세치용파
② 북학파
③ 이용후생파
④ 실사구시파

73 실사구시파
김정희에 이르러 일가를 이루게 된 실사구시파(實事求是派)는 경서 및 금석(金石)·전고(典故)의 고증을 위주로 하는 학파이다.

74 다음 중 조선 시대 실학에 대한 설명으로 <u>틀린</u> 것은?

① 북벌론의 수용
② 주자학에 대한 비판
③ 현실적 문제에 참여
④ 신분 질서에 대한 새로운 대안

74 실학은 당시 조선 사회가 가지고 있었던 이론과 명분에 대한 싸움이 아닌 현실적인 문제들에 대한 해결책을 제시하고자 하였다.
병자호란 이후 북벌론에 대한 반대 의견을 제시하고, 발달된 중국의 문화를 수용해야 한다는 입장이었다.

75 다음 중 이황의 성리학적 사상이 <u>아닌</u> 것은?

① 기발이승일도설
② 사단칠정론
③ 주리론적 이기론
④ 이기호발설

75 기발이승일도설 : 이이의 성리학으로, 퇴계의 이기호발설에 대하여 이발이란 있을 수 없고 오직 기발이승의 한 길만이 있을 뿐이라고 하였다.

정답 73 ④ 74 ① 75 ①

76 **실학의 경세치용에 대한 설명으로 옳은 것은?**

① 경제 성장과 사회 복지를 강조하는 경향이다.
② 학문의 탐구 자세로 실증적인 연구 자세를 강조하였다.
③ 토지 제도 개혁을 바탕으로 농촌 경제를 개선하고자 하였다.
④ 사회 발전은 도덕적 기초에 바탕을 두고 있다.

76 경세치용 학파는 균전제, 한전제, 정전제 등 토지 제도 개혁을 주장하였다.

77 **양명학을 받아들이면서 도교와 불교까지 수용하는 개방적인 학문 태도를 견지한 학파는?**

① 실학
② 강화학파
③ 위정 척사 사상
④ 개화학파

77 강화학파는 강화 지역에서 양명학을 기반으로 다양한 학문을 수용하였다.

78 **대동 사회에 대한 설명으로 옳지 <u>않은</u> 것은?**

① 재화의 공평한 분배가 이루어지고 만인의 신분적 평등이 이루어진 사회이다.
② 자기 부모나 자식을 특히 구분하지 않고 모두가 가족처럼 지내며 노동력이 없는 어린이와 노인을 부양하는 사회이다.
③ 사회적 약자들이 최소한의 인간다운 삶을 영위할 수 있도록 국가에서 적극적으로 지원해야 함을 강조하고 있다.
④ 작은 생선을 구울 때 자꾸 이리저리 뒤적거리면 망가지는 것처럼, 통치자가 백성들의 삶을 간섭하고 끼어들면 백성들은 더욱 혼란스럽고 망가진다고 보았다.

78 노자는 정치사상으로 간섭하지 않는 무위 정치를 강조하였다. 또한 인위적인 사회제도나 지배층의 그릇된 욕망과 간섭이 사회 혼란을 조장한다고 보았고, 가장 좋은 통치는 백성들이 자기 나라에 통치자가 있는지조차 모르게 하는 것이라고 주장하였다.

정답 76 ③ 77 ② 78 ④

79 맹자의 정치 사상과 관련 있는 내용을 〈보기〉에서 모두 고른 것은?

보기

ㄱ. 당시의 제후들이 부국강병책에만 의존하던 패도 정치를 비판하고, 덕(德)으로 다스리는 왕도 정치를 강조하였다.
ㄴ. "백성이 가장 귀하고, 국가는 그 다음이며, 군주는 가벼운 존재이다[民爲貴 社稷次 君爲輕]."라고 하면서 '정치의 근본은 백성'이라는 민본주의적 왕도 정치의 실현을 강조하였다.
ㄷ. "만일 임금이 임금답지 못하면 그런 임금은 바꾸어야 한다."면서 임금답지 못한 임금은 강제로 끌어내릴 수 있다는 역성(易姓) 혁명, 즉 민본주의적 혁명 사상을 인정하고 있다.
ㄹ. 미국 대통령 링컨이 민주주의를 국민의 정부(of the people), 국민에 의한 정부(by the people), 국민을 위한 정부(for the people)라고 정의하면서 '국민 주권의 원리'를 강조하는 것과 그 의미가 일맥상통한다고 볼 수 있다.

① ㄱ, ㄴ, ㄷ
② ㄱ, ㄴ, ㄹ
③ ㄴ, ㄷ, ㄹ
④ ㄱ, ㄴ, ㄷ, ㄹ

79 맹자의 민본주의는 서양의 민주주의와 그 의미가 다르다. 서양 민주주의의 기본 원리는 '국민 주권의 원리'를 강조하고 있지만, 맹자의 사상은 국민을 위한 정부라는 민본주의의 성격만 가지고 있다.

정답 79 ①

80 **순자와 관련 있는 내용을 〈보기〉에서 모두 고른 것은?**

보기
ㄱ. 덕치(德治)
ㄴ. 예치(禮治)
ㄷ. 화성기위(化性起僞)
ㄹ. 성선설
ㅁ. 성악설
ㅂ. 수기안인(修己安人)

① ㄱ, ㄴ, ㄷ
② ㄴ, ㄷ, ㅁ
③ ㄷ, ㄹ, ㅁ
④ ㄹ, ㅁ, ㅂ

80 순자는 예가 도덕규범의 원천이며, 도덕 생활과 정치적 통치의 표준이라면서 도덕의 기초는 도덕적 옳음을 배울 수 있는 인지 능력이므로 누구나 성인이 될 수 있다고 보았다. 또한 덕을 헤아려 지위의 순서를 정하고, 능력을 헤아려 관직을 맡겨야 한다면서 예를 사회 규범으로 배움으로써 사욕을 다스려 선한 존재가 될 수 있다고 하였다.

81 **송대의 성리학에 대한 설명으로 옳지 <u>않은</u> 것은?**

① 주자가 맹자의 성선설과 여러 도학자들의 성즉리설을 집대성한 것이다.
② 인간의 본성을 이기론에 근거하여 형이상학적 체계를 갖춰 설명하였다.
③ 경전의 복원과 복원된 경서에 대한 주석에 주력하면서 학문 연구를 하였다.
④ 성인군자가 되기 위한 도덕적 수양과 실천 방법에 대한 이론에 중점을 두었다.

81 성리학(주자학)은 사상적 바탕으로 맹자의 성선설과 북송 도학자들의 성즉리설을 계승하였는데, 심성의 수양을 철저히 하면서 자연 법칙이자 규범인 이를 깊이 연구하여 그 의미를 완전히 체득하고 현실에 구현하고자 하였다.
③ 한나라 때 분서갱유로 없어진 경전의 복원을 중시하면서 경학과 훈고학이 발달하였다는 내용이다.

82 **고증학에 대한 설명으로 옳지 <u>않은</u> 것은?**

① 훈고학을 계승하여 실증적인 연구 방법을 채택하였다.
② 경전 연구에만 치중하여 이론적인 발전이 미비하였다.
③ 성리학과 양명학이 구체적인 현실 문제를 해결하지 못하였다고 비판하였다.
④ 도덕적 수양을 강조하면서 만물은 이치와 기가 합하여 형성되는 것이라고 주장하였다.

82 청대의 고증학은 주자와 왕수인의 철학이 가진 추상적 사변을 비판하고 현실적 문제에 관심을 두었다.
④ 주자의 성리학에 대한 설명으로, 도덕적 수양을 강조하고 이기론을 주장하였던 학문적 특성에 대해 설명하고 있다.

정답 80 ② 81 ③ 82 ④

83 노자의 주장과 그 내용이 바르게 연결되지 않은 것은?

① 무위자연(無爲自然) – 인위적으로 하지 않고 자연의 본성을 따르는 상태
② 상선약수(上善若水) – 각자 자신의 직책에 맞는 역할에 최선을 다해야 함
③ 소국과민(小國寡民) – '작은 나라에 적은 백성'을 통해 백성들의 평화로운 삶을 중시
④ 무위지치(無爲之治) – 강압과 인위가 사라져 통치자가 있는지 없는지도 모르는 정도의 정치

83 상선약수(上善若水)란 '으뜸이 되는 선은 물과 같다'는 의미로 가장 이상적인 무위자연의 상태를 말하는 것이다. 각자 자신의 직책에 맞는 역할을 함으로써 질서 있고 안정된 사회를 추구하는 정명(正名) 사상은 공자가 주장한 내용 중 하나이다.

84 도가 · 도교 사상의 역사적 흐름이 바르게 연결된 것은?

① 춘추 전국 시대 – 노장사상
② 한(漢)대 – 노장사상
③ 위 · 진 시대 – 황로학
④ 위 · 진 시대 – 오두미교

84 춘추 전국 시대에는 노장사상이 발전하였고, 한(漢)대에 이르러 황로학이 대두되었으며 태평도와 오두미교로 발전하였다. 위 · 진 시대에는 노장사상을 숭상하고 경학을 반대하는 현학이 발전하였다.

85 다음 중 대승 불교에 대한 설명으로 옳은 것은?

① 개인적이고 은둔형 불교이다.
② 개인의 해탈을 강조하였다.
③ 대중의 구원을 강조하였다.
④ 계율의 해석을 둘러싸고 교파가 분열하였다.

85 대승 불교는 자연 및 초월적 세계에 대한 이해를 심화하고 인간의 삶과 밀접한 영역에서 중요한 역할을 하였다. 능동성과 주체성을 강조하였으며 인간 이해와 세계 인식에 많은 영향을 주었다.
①·②·④는 소승 불교에 대한 설명이다.

정답 83 ② 84 ① 85 ③

86 **우리나라 신화에 나타난 고유 사상에 대한 설명으로 옳지 않은 것은?**

① 외래 사상이 전래되기 이전에 우리 민족이 형성하고 발전시켜 온 사상이다.

② 외래 사상 수용의 토대이면서 민족의식의 원형이고 윤리 의식의 바탕이다.

③ 하늘과의 관련성, 동물과의 관련성, 천지인의 조화 등이 공통적으로 포함되어 있다.

④ 인간과 인간 세계에 관심을 두면서 현세적 성격보다는 내세적 성격이 강한 편이다.

86 우리나라 신화들은 세계의 기원이나 내세보다는 현재하는 인간과 인간 세계에 관심을 두는 현세주의적 성향으로, 자연 친화적이고 생명을 존중하는 의식이 반영되어 있는 윤리관을 갖추고 있다.

87 **단군 신화와 관련 있는 내용을 〈보기〉에서 모두 고른 것은?**

보기

ㄱ. 세속오계
ㄴ. 인본주의 사상
ㄷ. 천인합일(天人合一) 사상
ㄹ. 광명이세(光明理世)의 이념
ㅁ. 난랑비 서문
ㅂ. 농본 사회적 사고

① ㄱ, ㄴ, ㄷ, ㄹ

② ㄴ, ㄷ, ㄹ, ㅂ

③ ㄷ, ㄹ, ㅁ, ㅂ

④ ㄱ, ㄴ, ㄷ, ㄹ, ㅁ

87 ㄱ. 세속오계 : 원광법사가 화랑이 지켜야 할 다섯 가지 계율을 정한 것
ㅁ. 최치원의 난랑비 서문 : 현재까지 전해지는 기록으로 가장 오래된 한국인의 풍류 정신에 대한 정의와 해석을 담은 글로 풍류와 유불도 삼교의 사상을 연계하여 이해

정답 86 ④ 87 ②

88 화랑도에 대한 설명으로 옳지 않은 것은?

① 청소년들의 자발적 민간 수련 단체로 국선도라고도 하였다.
② 예와 악의 조화 정신을 확인하면서 조화 정신, 평화 애호, 자연 친화를 추구하였다.
③ 집단생활을 통해 몸과 마음을 단련하고 교양을 쌓아 사회의 중심인물이 될 수 있는 인재를 양성하기 위해 설립되었다.
④ 한국 고유의 사상과 도교, 불교, 유교가 합해진 이념으로 일종의 수련 단체이긴 하였으나 국가 차원에서 조직하거나 지원되지는 않았다.

88 화랑도는 한국 고유의 사상과 도교, 불교, 유교가 합해진 이념에 따른 일종의 심신 수련 단체로, 국가적 차원에서 관리되면서 사회 중심인물과 전투원이 될 인재의 양성을 위해 설립되었다.

89 인(仁)의 본질에 대한 설명으로 옳지 않은 것은?

① 내면적 도덕성에 해당한다.
② 공자는 인의 실천 덕목으로 효제와 충서를 제시하고 있다.
③ 맹자가 공자보다 인의 중요성을 더 강조하여 주장하였다.
④ 맹목적·무조건적인 사랑이 아니라 선행을 좋아하고 악을 미워하는 사람이 행하는 참된 사랑을 의미한다.

89 인(仁)이란 인간의 본질을 이루고 있는 사람의 정신으로 사회적 존재로 완성된 인격체의 아름다움을 의미한다.
③ 공자가 맹자에 비해 인을 강조하였고, 맹자는 의를 더욱 강조하였다.

정답 88 ④ 89 ③

90 다음 내용에서 공통적으로 설명하고 있는 학자는?

- 인간은 자신의 욕구 충족만을 추구하는 옳지 못한 성품을 가지고 태어난다고 주장하였다.
- 인간의 이기적인 욕구에 의해서 다툼이 있거나 사양함이 없어지고 인의를 해쳐서 충신이 없게 되며 음란함이 생겨서 예의가 없어진다고 보았다.
- 예(禮)를 통하여 인간의 욕구를 절제함으로써 국가 사회의 안정을 도모하는 예치(禮治)의 중요성을 주장하였다.

① 양주
② 한비
③ 공자
④ 순자

90 순자는 국가 사회의 안정이 실현되려면 외적인 행동을 규제하는 예가 필요하다면서 예치(禮治)를 주장하였다. 사회 혼란의 극복 방안으로 인간의 본성을 변화시켜 선하게 만들려는 인위적인 노력을 통해 예법을 통한 욕구 절제가 필요하다는 화성기위(化性起僞)를 역설하였다.

91 다음 설명에서 괄호 안에 들어갈 학자를 바르게 연결한 것은?

(㉠)은(는) 사물마다 깃들어 있는 천리를 탐구하여 사물 속에 담긴 이치를 끝까지 탐구하는 것을 격물이라 보았고, 이를 통해 자신의 본성에 담긴 이치를 깨닫는 것을 치지라고 보았다. 그에 비해 (㉡)은(는) 천리란 바로 자신의 마음속에 존재하며, 내 마음의 이치를 바탕으로 사물이나 현상을 바로잡는 것을 격물이라 보았고, 본래 타고난 참된 앎인 양지를 지극하게 발휘하는 것을 치지라고 보았다. 이렇게 볼 때 격물치지에 이르기 위해 (㉠)은(는) 선지후행(先知後行), (㉡)은(는) 지행합일(知行合一)의 입장을 취하였다고 볼 수 있다.

	㉠	㉡
①	주자	왕수인
②	공자	주자
③	맹자	공자
④	왕수인	주자

91 주자는 모든 사물의 이치를 끝까지 파고 들어가면 앎에 이른다고 하는, 이른바 성즉리설(性卽理說)을 확립하였고, 왕수인은 사람의 참다운 양지(良知)를 얻기 위해서는 사람의 마음을 어둡게 하는 물욕을 물리쳐야 한다고 주장하여, 격을 물리친다는 뜻으로 풀이한 심즉리설(心卽理說)을 확립하였다. 즉, 주자의 격물치지가 지식 위주인 것에 반해 왕수인은 도덕적 실천을 중시하고 있어, 오늘날 주자학을 이학(理學), 양명학을 심학(心學)이라고도 한다.

정답 90 ④ 91 ①

92 다음 설명에서 괄호 안에 들어갈 말로 알맞은 것은?

청대(淸代)에는 성리학과 양명학이 가진 추상적 사변을 비판하면서 좀 더 현실적 문제에 관심을 두려는 (　　)의 고증학이 대두하였다. 고증학자들은 글자와 구절의 음과 뜻을 실증적 · 귀납적 방법으로 치밀하게 밝혀 고전 연구 방법을 혁신하였다.

① 격물치지(格物致知)
② 거경궁리(居敬窮理)
③ 존양성찰(存養省察)
④ 실사구시(實事求是)

92 청대에는 경전의 해석이나 도덕 수양 방법에 불교와 도교의 요소가 덧붙여지면서 공자와 맹자의 참된 의도가 왜곡되었다고 판단하고 실제의 일에서 옳음을 구하는 실사구시를 바탕으로 하는 고증학이 발달하였다.

93 다음 내용과 관련 있는 조선 시대의 실학자는?

『북학의』 전편에 흐르는 수레, 배, 기와, 벽돌, 도로, 교량, 농기구, 목축 등과 관련된 이용후생론은 그가 주장한 실학사상의 백미라고 할 수 있다. 그는 "재물을 잘 다스리는 자는 위로는 천시(天時)를 잃지 않고 아래로는 지리(地利)를 잃지 않으며, 중간으로는 인사(人事)를 잃지 않는다."고 하고, 이러한 세 가지의 잃음은 이용후생을 하지 않기 때문이라고 보았다. 즉 '천시를 잃고 지리를 잃고 인사를 잃은 것'은 바로 중국을 배우지 않았기 때문이라는 것이다. 그리고 이러한 문제를 해결하기 위해서는 무엇보다도 수레와 배 등 교통수단을 혁신해야 한다고 보았다. 그는 수레와 배 등 과학 기술을 습득하기 위해서는 서양인을 초빙하여 청년들로 하여금 천문, 역학, 의약, 조선, 건축, 무기 등을 배우게 하면, 수년 내에 막대한 성과가 있을 것이라고 주장하였다.

① 정약용
② 유형원
③ 박제가
④ 박지원

93 박제가는 수레와 배를 이용한 상품의 유통은 물가를 안정시키고, 전국적 시장 형성과 생산물 공급의 확대를 가능하게 하여 농업과 수공업을 함께 발전시킨다고 주장하였다. 그는 "재물을 비유하면 우물과 같아 퍼내면 차고 내버려 두면 말라 버린다."라고 하여, 소비가 생산을 촉진시킨다고 보았다. 또 "대저 상인은 사민 중 하나인데 그 하나로서 셋[士農工]을 통하게 하는 것이므로 십분의 삼이 되지 않으면 안 된다."라고 하여 상업의 중요성을 역설하였다.

정답 92 ④ 93 ③

94 다음 글에서 괄호 안에 공통적으로 들어갈 한국 불교의 특징은?

> 신라 백성들을 불교로 귀의시키는 데 크게 기여한 신라 불국토설은 ( )를 발전시키는 데 중요한 역할을 하였다. 또 고려 시대 원나라의 침략에 대항한 삼별초의 항쟁이나 팔만대장경의 제작을 비롯하여, 조선 시대의 국가적 위기 상황에서 승장과 승군들이 펼친 활약을 통해 한국 불교가 민족 종교와 ( )로서 중요한 역할을 하였음을 알 수 있다.

① 종파 불교
② 호국 불교
③ 생활 불교
④ 장례 불교

94 한국 불교는 수용 당시부터 국가 불교의 성격으로 유입됨으로써 호국 불교의 특징을 잘 보여주고 있다. 중국 불교가 한국에 유입되면서 강력한 통치 이념의 근거를 마련하는 계기가 되었고 보편적 삶의 가치를 제공해주는 단서가 되었다. 또한 왕권 확립과 국토 확장에 따른 민심 수습과 지배 질서 확립에 기여하는 것은 물론 나라가 위기에 처했을 때 구국 이념으로 작용하였다.

95 불교 사상에 대한 설명이 바르게 연결되지 <u>않은</u> 것은?

① 삼법인설 – 제행무상, 제법무아, 열반적정 등의 내용을 포함하는 것
② 사성제 – 세상의 모든 현상과 존재의 참다운 모습에 대한 불타의 깨달음에 대하여 설명한 것
③ 연기설 – 어떤 사물도 생겨날 원인에 의하여 존재하고 그 원인이 소멸되었을 때 소멸한다는 것
④ 일체개고 – 사람들은 내가 현실 세계에서 영원하다고 생각하는 집착으로 번뇌가 생긴다는 것

95 사성제 : 인간이 달성해야 할 목표와 올바른 삶의 방법을 총체적으로 제시하는 고집멸도(苦集滅道)의 네 가지 진리로, 괴로움이 생기는 원인과 그것을 멸하는 방법을 밝히고 있다.

고집멸도
- 고제(苦諦) : 우리의 현상적 삶은 고통이며 고통의 실상을 직시할 때 그것을 해결하는 계기가 생김
- 집제(集諦) : 고통의 원인을 규명한 것으로, 고통의 원인이 존재의 실상을 모르는 무명(無明), 애욕(愛慾)으로 말미암은 집착
- 멸제(滅諦) : 고통이 멸한 상태(열반)에 관한 진리, 여기서 열반이란 타오르는 번뇌의 불을 없애서 깨달음의 경지를 완성하는 경지
- 도제(道諦) : 열반에 도달하는 길 → 팔정도, 유(有)에도 무(無)에도 집착하지 않는 중도(中道)의 수행법

정답 94 ② 95 ②

96 ㄷ. 수선사 결사 운동 : 고려 무신 정권기에 보조 국사 지눌이 수선사를 중심으로 전개한 선종 계통의 새로운 신앙 운동으로, 불교의 역기능과 비민주성 개혁의 실천 운동이었다.

97 지눌은 교학과 선(禪) 불교에 대한 올바른 이해를 통한 화해와 공존을 모색하면서 선종과 교종에서 말하는 궁극의 진리가 전혀 다르지 않음을 깨닫고, 교종의 가르침이 선 수행에도 유용한 도구적 효용성이 있다고 보았다.

정답 96 ② 97 ③

96 원효의 불교 사상과 관련 있는 것을 〈보기〉에서 모두 고른 것은?

보기
ㄱ. 불교의 대중화
ㄴ. 『대승기신론소』
ㄷ. 수선사 결사 운동
ㄹ. 민중 생활 속의 실천 불교

① ㄱ, ㄴ, ㄷ
② ㄱ, ㄴ, ㄹ
③ ㄴ, ㄷ, ㄹ
④ ㄱ, ㄴ, ㄷ, ㄹ

97 다음 내용에서 밑줄 친 '그'에 해당하는 승려는?

그는 자기 본성을 돌이켜보아 그것이 곧 부처라는 깨달음을 얻는 것을 돈오라고 하였다. 이는 이론적으로 천착하여 얻어지는 것이 아니라, 본래 자기가 곧 부처라는 것을 홀연히 깨치는 것이다. 한편, 돈오하였다고 하더라도 무명의 습기를 없애려면 오랫동안 닦아야 하기에 점수라고 하였다. 그리고 돈오와 점수의 관계를 "어린아이가 육근(六根)이 다 갖추어져있는 것이 어른과 다름이 없음을 알 때 돈오요, 어린아이의 육근이 점점 공훈(功勳)을 들여 성장하는 것이 점수다."라고 비유하여 말하였다.

① 원효
② 의천
③ 지눌
④ 의상

98 다음 설명에서 괄호 안에 들어갈 학자를 바르게 연결한 것은?

> (㉠)는 (㉡)의 사상을 계승하였지만 (㉡)보다 개인의 주체적 수양 공부와 내적 깨달음에 더 치중하였다. 그에 따라 마음을 비우는 심재(心齋)와 인위의 구속에서 벗어나는 좌망(坐忘)을 통해 절대 자유의 상태인 '제물(齊物)의 경지'에 도달할 수 있다고 하였다.

	㉠	㉡
①	장자	노자
②	공자	맹자
③	노자	장자
④	맹자	공자

98 장자는 만물을 평등하게 바라보는 진정한 정신적 자유의 경지를 주객합일의 경지이자, 외물의 속박에서 벗어난 절대 자유의 상태로 보았다. 또한 소요유(逍遙遊)의 경지는 인위적인 삶에서 벗어나 선악의 구분과 도덕적 집착을 넘어선 정신적 해방 상태로 보았다.

99 다음 내용에서 ㉠~㉣에 대한 설명으로 옳지 않은 것은?

> • 노자(老子)와 전설상의 임금인 황제(黃帝)의 이름을 딴 ㉠ 황로학이 유행하였다.
> • 종교적 색채가 뚜렷한 도교는 ㉡ 교단 도교와 ㉢ 민중 도교로 나뉘어 형성되었다.
> • 죽림칠현으로 불리는 인물들이 한자리에 모여 ㉣ 청담(淸談)을 즐겨 논하였다.

① ㉠ : 무위로써 백성을 다스린다는 제왕의 통치술을 주장하였다.
② ㉡ : 노장사상을 숭상하며, 제의(祭儀)와 수련 방법 등의 체계를 갖추었다.
③ ㉢ : 민간에서 전해오던 문화와 전통에 유교와 불교색이 가미되었다.
④ ㉣ : 정치에 적극적으로 참여하여 당시의 정치 상황을 노장사상의 입장에서 비판하였다.

99 청담(淸談)은 죽림칠현의 학풍으로 세속적 가치를 넘어서는 철학적이고 예술적인 사유와 가치를 중시한 담론으로 쾌락주의와 무정부주의에 가까운 성격을 지닌다.

정답 98 ① 99 ④

100 한국 도교 사상의 특징에 대한 설명으로 옳지 않은 것은?

① 우리의 고유 사상과 융합하여 영향을 미친다.
② 지식인들 사이에서 수련 도교로 자리 잡았다.
③ 삼국 가운데 가장 빨리 도교를 수용한 신라는 도교적 성격이 가장 풍부하였다.
④ 도교의 제례인 재초를 통하여 국가의 재앙을 막고 복을 비는 의례적인 도교로서의 성격도 있다.

100 신라는 삼국 가운데 가장 늦게 도교를 수용하였으나 도교적 성격은 가장 풍부하였다. 일월 신앙과 박혁거세 설화(초기), 노장사상의 유행(중기), 당나라 유학생을 중심으로 한 심신 수련의 유행(말기) 등에서 도교 사상의 영향을 찾아볼 수 있다.

정답 100 ③

제 3 장

서양 윤리 사상

얼마나 많은 사람들이 책 한 권을 읽음으로써

인생에 새로운 전기를 맞이했던가.

– 헨리 데이비드 소로 –

제 3 장 서양 윤리 사상

제1절 서양 윤리 사상의 흐름

1 서양 윤리 사상의 뿌리

(1) 서양 윤리 사상의 흐름

① **고대 그리스**

㉠ 도시 국가의 발달 → 아테네의 민주주의 발달로 인간과 사회를 주제로 한 이성적이고 합리적인 논의가 전개

㉡ 대표 사상 : 소피스트의 상대주의, 소크라테스의 보편주의, 플라톤의 이상주의, 아리스토텔레스의 현실주의

② **헬레니즘**

㉠ 도시 국가의 붕괴로 인한 정치적·사회적 혼란 → 개인의 안심입명 추구 경향을 띰

㉡ 대표 사상 : 에피쿠로스 학파의 쾌락주의, 스토아 학파의 금욕주의

③ **중세**

㉠ 신 중심의 그리스도교가 서양 사회 전반에 큰 영향

㉡ 대표 사상 : 아우구스티누스의 교부 철학, 아퀴나스의 스콜라 철학

④ **근대**

㉠ 중세의 신 중심 윤리에 대한 반성 → 인간 중심 윤리 사상 전개

㉡ 대표 사상 : 경험주의(베이컨, 홉스, 흄), 공리주의(벤담, 밀), 합리론(데카르트, 스피노자), 칸트의 의무론

⑤ **현대**

㉠ 근대 윤리 사상의 계승과 비판이 공존 → 다양한 윤리 사상 전개

㉡ 대표 사상 : 실용주의(듀이), 실존주의(키르케고르, 사르트르), 덕 윤리, 배려 윤리

(2) 인간 본성에 대한 두 가지 접근

① **이성에 의한 사유 활동** : 소크라테스, 플라톤, 아리스토텔레스 → 스토아 학파 → 근세의 합리론, 칸트, 헤겔로 연결

② **감각적이고 육체적인 본능이나 욕구를 충족시키는 활동** : 소피스트 → 에피쿠로스 학파 → 근세의 경험론, 공리주의, 실용주의로 연결

2 서양 윤리 사상의 특징과 현대적 의의

(1) 서양 윤리 사상의 특징 중요

① 인간의 본성에 의한 활동을 두 가지로 제시 → 이성을 중시한 윤리, 경험을 중시한 윤리
② 의무론적 윤리설과 목적론적 윤리설로 양분
③ 자연, 신, 우주, 세계에 관한 진리관에 의거하여 인간관을 도출
④ 덕의 기준을 다양하게 제시
⑤ 개인의 행복한 삶 중시
⑥ 개인 차원 윤리와 사회 차원 윤리를 함께 강조

더 알아두기

서양 윤리 사상의 특징

이성 중시	감성 중시
소크라테스, 플라톤, 아리스토텔레스	소피스트
스토아 학파(이성적 금욕주의)	키레네 학파(육체적 쾌락주의), 에피쿠로스 학파(정신적 쾌락주의)
대륙의 합리론(데카르트)	영국의 경험론(베이컨)
독일의 관념론(칸트, 헤겔)	공리주의(벤담, 밀), 실증주의(콩트)
바르게 사는 것이 의무인 의무론적 윤리학설	잘사는 것이 목적인 목적론적 윤리학설
절대론적 윤리학설	상대론적 윤리학설
동기주의	결과주의
도덕 법칙을 중시한다는 점에서 법칙론(法則論)이라고 함	도덕 법칙에 예외를 허용하려는 자세

(2) 서양 윤리 사상의 현대적 의의

① 윤리적 존재로서 인간의 본질에 대한 이해를 바탕으로 인간이 추구해야 할 올바르고 절대적인 가치가 무엇이고, 어떻게 하면 그것을 실현할 수 있는가에 대해 진지하게 탐구하고 성실하게 실천하였던 자세를 배워야 함
② 오늘날 우리가 겪고 있는 윤리적 상대주의의 오류와 도덕성 붕괴로부터 벗어날 수 있는 토대를 찾을 수 있어야 함
③ 바람직한 가치관, 생활관, 윤리관을 정립하고 우리 사회의 발전을 위한 정신적 지주로 삼아야 함

제 1 절 핵심예제문제

01 다음 중 의무론적 윤리의 특징으로 옳은 것은?

① 최선의 결과를 가져오는 행위는 옳다.
② 행위의 결과를 중시하며, 효용성을 중시한다.
③ 대표적 사상은 공리주의이다.
④ 의지나 동기에 주목한다.

01 ①·②·③은 목적론적 윤리이다.

02 다음에 제시된 윤리 사상들이 발전하였던 시대는?

에피쿠로스 학파의 쾌락주의, 스토아 학파의 금욕주의

① 고대 시대
② 헬레니즘 시대
③ 중세 시대
④ 근대 시대

02 헬레니즘 시대에는 사회적 혼란으로 자신의 내면을 바탕으로 마음의 평안을 강조한 에피쿠로스 학파와 스토아 학파가 활동하였다.

03 인간의 본성을 이성에 의한 사유 활동으로 본 사상가가 <u>아닌</u> 것은?

① 소크라테스
② 플라톤
③ 소피스트
④ 아리스토텔레스

03 **인간 본성에 대한 두 가지 접근**
- 이성에 의한 사유 활동 : 소크라테스, 플라톤, 아리스토텔레스 → 스토아 학파 → 근세의 합리론, 칸트, 헤겔로 연결
- 감각적이고 육체적인 본능이나 욕구를 충족시키는 활동 : 소피스트 → 에피쿠로스 학파 → 근세의 경험론, 공리주의, 실용주의로 연결

정답 01 ④ 02 ② 03 ③

04 다음 중 서양 윤리 사상의 특징이 아닌 것은?

① 도덕의 기준을 다양하게 제시
② 개인적 차원의 윤리만 강조
③ 개인의 행복한 삶 중시
④ 인간 본성에 대한 이해를 바탕으로 전개

04 서양 윤리 사상의 특징
- 인간의 본성에 의한 활동을 두 가지로 제시 → 이성을 중시한 윤리, 경험을 중시한 윤리
- 의무론적 윤리설과 목적론적 윤리설로 양분
- 자연, 신, 우주, 세계에 관한 진리관에 의거하여 인간관을 도출
- 도덕의 기준을 다양하게 제시
- 개인의 행복한 삶 중시
- 개인 차원 윤리와 사회 차원 윤리를 함께 강조

05 서양 윤리 사상의 흐름에서 고대 그리스의 대표 사상이 아닌 것은?

① 에피쿠로스 학파의 쾌락주의
② 소크라테스의 보편주의
③ 소피스트의 상대주의
④ 플라톤의 이상주의

05 에피쿠로스 학파의 쾌락주의는 헬레니즘 시대의 대표 사상이다.

고대 그리스의 대표 사상
소피스트의 상대주의, 소크라테스의 보편주의, 플라톤의 이상주의, 아리스토텔레스의 현실주의

06 헬레니즘 시대의 윤리 사상에 대한 설명으로 옳지 않은 것은?

① 도시 국가의 붕괴로 정치적·사회적으로 혼란을 겪었다.
② 검소하고 절제하는 삶과 욕망을 줄이는 생활을 강조하였다.
③ 국가나 사회에 대한 관심보다는 개개인의 안심입명에 더 큰 관심을 보였다.
④ 대표적인 철학 사상으로는 아우구스티누스의 교부 철학, 아퀴나스의 스콜라 철학 등이 있다.

06 헬레니즘 시대의 대표적인 철학 사상으로는 에피쿠로스 학파의 쾌락주의, 스토아 학파의 금욕주의가 있다.

정답 04 ② 05 ① 06 ④

07 서양 윤리 사상 중 이성 중심의 관점에 해당하는 것은?

① 공리주의
② 스토아 학파
③ 근대 경험주의
④ 에피쿠로스 학파

[서양 윤리 사상의 흐름]

이성 중심의 관점	소크라테스, 플라톤, 아리스토텔레스 → 스토아 학파 → 근세의 합리론, 칸트, 헤겔
경험 중심의 관점	소피스트 → 에피쿠로스 학파 → 근세의 경험론, 공리주의, 실용주의

07 [문제 하단의 표 참고]

08 고대 윤리 사상에 대한 설명으로 옳지 않은 것은?

① 소피스트는 감각적 경험과 현실을 중시하였다.
② 소크라테스는 보편적인 도덕적 진리를 추구하였다.
③ 플라톤은 이데아론, 철인 통치론, 이상 국가론 등을 주장하였다.
④ 아리스토텔레스는 신 앞에서 모든 인간이 존귀하고 평등하다는 믿음에서 진리를 추구하였다.

08 신 앞에서 모든 인간이 귀하고 평등하다는 믿음은 예수의 윤리 사상에 해당하는 설명이고, 아리스토텔레스는 현실 속에서 진리를 추구하였다.

09 다음 중 서양 윤리 사상의 특징을 비교한 표에서 잘못된 것은?

	이성 중시	감성 중시
①	결과주의	동기주의
②	독일의 관념론(칸트, 헤겔)	공리주의(벤담, 밀)
③	절대론적 윤리설	상대론적 윤리설
④	바르게 사는 것이 의무인 의무론적 윤리설	잘사는 것이 목적인 목적론적 윤리설

09 이성을 중시하는 윤리 사상은 동기주의, 감성을 중시하는 윤리 사상은 결과주의 입장이다. 또한 이성을 중시하는 입장에서는 도덕 법칙을 중시한다는 점에서 법칙론이라고 하고, 감성을 중시하는 입장에서는 도덕 법칙에 예외를 허용한다.

정답 07 ② 08 ④ 09 ①

10 서양 윤리 사상의 특징에 대한 설명으로 옳지 않은 것은?

① 도덕의 기준을 다양하게 제시하였다.
② 의무론적 윤리설과 목적론적 윤리설로 양분되었다.
③ 자연, 신, 우주, 세계에 관한 진리관에 의거하여 인간관을 도출하였다.
④ 개인의 행복한 삶을 중시하므로 개인 차원의 윤리를 우선적으로 중요시한다.

10 개인의 행복한 삶을 중시하지만 개인 차원의 윤리와 사회 차원의 윤리를 함께 강조한다.

정답 10 ④

제2절 고대 및 중세 윤리 사상

1 상대주의 윤리와 보편주의 윤리

(1) 소피스트의 윤리 사상 중요

① 소피스트 윤리 사상의 특징

상대주의적 윤리관	인간의 감각적 경험과 그 유용성이 모든 사물을 판단하는 기준
회의주의	절대적·보편적 진리를 부정, 인간은 윤리적 행위의 주체
주관주의	인식론이나 윤리학에서 개인의 주관을 강조하는 주의로 도덕적 견해들은 인간의 감정에 기초하고 있다는 이론

㉠ 인간 중심의 철학 : 가치 판단의 기준은 인간의 감각적 경험과 그 유용성(개인적인 유용성이 있는 것이 선, 쓸모없는 것은 악)

② 대표적인 소피스트 사상가

프로타고라스 기출 21	"인간은 만물의 척도이다." – 가치 판단의 기준 : 개인의 감각적 경험과 유용성, 상대적·회의적·주관적·개인적 진리관 강조
트라시마코스	"정의는 강자의 이익이다." – 철저한 이기주의, 지극히 세속적인 정의관
고르기아스	"첫째, 아무것도 존재하지 않는다. 둘째, 어떤 것이 존재한다 하더라도 그것을 알 수가 없다. 셋째, 어떤 것을 알 수가 있다 하더라도 그 지식은 전달될 수가 없다." – 회의주의적 진리관

③ 소피스트 윤리 사상의 한계

㉠ 세속적 가치를 중시하고 감각적 경험을 가치 판단으로 봄

㉡ 사회 붕괴를 초래할 위험성에 대한 대안을 제시하지 못함

㉢ 명백한 잘못에 대해서도 도덕적 비난이 어렵고 옳고 그름에 대한 객관적 판단이 어려움

㉣ 일체의 권위와 도덕을 무시하고 가치관의 혼란과 윤리의 타락을 초래함

더 알아두기

소피스트와 소크라테스

- **소피스트** : "인간은 만물의 척도이다." 절대적 진리는 있을 수 없고 인간의 사고 능력으로 파악할 수도 없다. 단지 인간들은 감각적 경험이나 자신의 유용성에 따라서 모든 가치를 판단하고 행동할 뿐이다.
- **소크라테스** : 선(善)을 아는 것은 선을 행하는 것이다. 악덕(惡德)이나 죄는 지식의 부재에서 기인한다. 무엇이 옳은 것인지를 아는 사람은 그 지식으로 인하여 옳은 것을 행할 것이며, 무지한 사람은 그른 일을 행할 것이다.

(2) 소크라테스의 윤리 사상

① 소크라테스의 윤리 사상의 특징 중요

㉠ 절대주의적 · 보편주의적 진리관 : 보편적 이성으로 실재하는 진리를 추구

㉡ 도덕적인 삶 주장 : 선(善)과 정신적인 가치 추구 → 덕을 갖춘 삶

㉢ 주지주의 기출 24, 22

- 지행합일설 : 보편적 진리와 지식을 발견하고 반드시 실천해야 함
- 지덕복합일설(知德福合一說) : 무지를 자각하고 참된 앎을 통해 덕을 쌓아갈 때 사람은 행복을 누릴 수 있음

더 알아두기

주지주의와 주의주의

- 주지주의 : "지식을 주요한 기반으로 삼는 것이 옳다."는 주장
- 주의주의 : "의지를 주요한 기반으로 삼는 것이 옳다."는 주장

※ 여기서 옳다는 것은 행복에 이르는 길로서 옳다는 것을 의미함

② 소크라테스의 교육 방법

㉠ 문답법(반어법, 산파술) : 소크라테스의 교육 방법은 묻고 학생은 대답한다는 의미에서 문답법, 학생이 대답하면 또 다른 질문을 던진다는 의미에서 반어법, 산파가 아이 낳는 것을 도와주듯이 학생들의 무지(無知)함을 이끌어 낸다는 의미에서 산파술이라고도 함 → 지식 획득의 객관적 방법으로 대화 강조

㉡ "너 자신을 알라."라는 말의 의미 : 무지의 자각, 즉 참다운 지식(眞知)을 배우라는 적극적 의미가 포함되어 있음

③ 소크라테스 사상의 한계

㉠ 정신적 '덕'이 쾌락이나 명성, 부보다 더 행복을 준다는 것은 사람들의 행복관과 다를 수 있음

㉡ 도덕적 지식이 있음에도 불구하고 의지가 없어 악(惡)한 행동을 보일 수 있음

체크 포인트

산파법

대화 방법을 아이를 낳는 것을 도와주는 산파에 비유하여 대화하는 것을 말한다.

더 알아두기

소피스트와 소크라테스

구분	소피스트(경험)	소크라테스(이성)
진리관	상대적 · 회의적 · 주관적 진리관	절대적 · 객관적 · 보편적 진리관
관심 분야	경제적인 부와 명예 등 세속적인 가치 중시	선(善)하게 사는 것과 정신적인 가치 중시
영향	경험론, 실용주의, 상대주의와 쾌락주의	이성 존중의 철학
공통점	'자연' 중심에서 '인간과 사회' 중심의 연구 자세로 전환한 점	

2 이상주의 윤리와 현실주의 윤리

(1) 플라톤의 이상주의 기출 20

① **이데아(Idea)** : 완전한 사물의 본질인 이데아의 세계를 모방해야 함

㉠ 현상 세계는 감각적 경험의 세계로, 이데아 세계의 불완전한 모임

㉡ 참된 삶은 최고의 이데아인 '선의 이데아'를 모방하고 실현해야 함

② **철인 통치와 이상 국가론** : 인격과 지혜를 구비한 철학자가 나라를 통치할 때 이상 국가가 달성될 수 있다는 것

체크 포인트

철인(철학자)

선의 이데아를 모방하고 실현하는 이상적인 인간, 4주덕(지혜, 용기, 절제, 정의)을 갖춘 사람

③ **4주덕(四主德)** : 인간의 영혼을 정욕, 기개, 이성의 세 부분으로 구분하여, 이에 각각 대응되는 절제, 용기, 지혜의 덕이 조화를 이룰 때, 정의의 덕을 이루고 행복한 삶이 실현되는 이상 국가가 실현됨

구분		덕목	육체	영혼	계급	국가 사회
4주덕	개인적 덕	지혜	머리	이성	통치자	통치계급 (철인왕)
		용기	가슴	기개	수호자	무사계급(군인)
		절제	배	욕망	생산자	생산계급(서민)
	사회적 덕	정의				

④ **플라톤의 이상주의 한계**

㉠ 통치 계급과 수호 계급은 개별적 배우자 관계를 인정하지 않음으로써 가정의 기능을 과소평가

㉡ 통치 계급에게 정치권력만 주어지고 경제권이 없다면 그들이 지배력을 계속 유지할 수 있을지에 대한 의문점

더 알아두기

플라톤의 4주덕 중요

- 지혜 : 이성에 따라 분별하고 행위하도록 하는 덕
- 용기 : 용감하게 행동하도록 하는 덕
- 절제 : 감각적 욕망을 억제하도록 하는 덕
- 정의 : 위의 3가지 덕의 조화를 통해 나타나는 덕

(2) 아리스토텔레스의 윤리 사상 중요 기출 20

① **선의 실현** : 선의 이데아 존재에 대한 의문 제기, 선은 현실 세계에만 존재하고 현실 세계에서 실현 → 선에 대한 앎을 추구

② **덕(德)에 관한 관점** : 행복하려면 필수적으로 선(善)이 요구됨

지성적인 덕	진리를 인식하는 덕
품성적인 덕	정욕을 억제하는 덕 → 이성이 정욕을 억제하여 극단적인 행위를 피하고 중용을 취하여 습관화될 때 나타나는 덕
중용의 덕 기출 24, 23, 22, 20	• 선 의지, 도덕적 실천 의지의 함양을 위한 덕 • 이성에 의하여 충동이나 정욕, 감정을 억제함으로써 한쪽으로 치우치지 않으려는 의지를 습관화한 덕(실천적인 덕) • 행복은 때에 알맞은 중용을 지키며 살아가는 이성적 활동의 과정 • '용기'는 무모함과 비겁함의 중용의 덕이고, '겸손'은 파렴치함과 수줍음의 극단을 피한 중용의 덕임

③ **목적론적 세계관(행복론)**

㉠ 행복 : 각자의 주관적인 느낌이 아니라 인간의 존재 방식, 즉 이성에 알맞은 덕스러운 활동 → 최고선(인생의 궁극적 목적)

㉡ 인간만이 가지고 있는 고유한 이성을 잘 발휘하면 가장 좋은 상태로 오를 수 있음

④ **윤리관** : 주지주의적 입장에 주의주의(主意主義)적 입장을 가미함

㉠ 주지주의적 입장 : 소크라테스와 플라톤의 입장을 수용

- 지덕복합일설의 기본 입장은 계승
- 주지주의에 대한 비판 : 인간은 선악을 알면서도 일시적인 충동에 의해서 부도덕한 행위를 저지를 수 있음을 지적

㉡ 주의주의적 입장을 가미함 : 아리스토텔레스의 입장을 수용

- 도덕적 실천 의지[善意志]의 중요성 강조 : 덕은 단순히 지식만으로 이루어지는 것이 아니라, 선의지가 있을 때 가능
- 주의주의의 의의 : 인간의 지식과 행위를 선택하는 자유 의지와 그에 따른 도덕상의 책임 문제까지 다룰 수 있는 윤리 사상 제시

⑤ **국가와 개인의 유기체적 관계 강조** : "인간은 사회적 동물이다." → 개인보다는 국가의 중요성 강조

> 체크 포인트
>
> **최고선**
>
> 인간 행위의 최고의 목적과 이상이 되며 행위의 근본 기준이 되는 선

더 알아두기

아리스토텔레스의 『니코마코스 윤리학』 기출 21

- 아리스토텔레스가 쓴 세계 최초의 체계적인 윤리학 저서로 총 10권, 아들 니코마코스가 편집하여 이렇게 불림
- 당대 그리스 철학을 자신의 방법으로 분석하여 종합적인 체계를 완성한, 그리스 철학이 보여준 도덕적 세계관의 결정판
- 인간이 추구하는 최고의 목적인 행복론을 중심으로 다룸

(3) 플라톤과 아리스토텔레스 사상이 서양 윤리에 끼친 영향

① 플라톤과 아리스토텔레스 사상의 비교 중요

플라톤	아리스토텔레스
• 이데아 세계 : 영구불변하는 참다운 세계 → 이성에 의하여 파악되는 절대적 세계 → 최고의 이데아는 선(善)의 이데아 • 현실 세계 : 감각적 경험의 세계 → 이데아의 불완전한 모상에 불과 • 철인 정치론 : 이상 국가 실현(4주덕) → 인격과 지혜를 가진 철학자에 의한 정치	• 지식 → 덕 → 행복(인간의 궁극적 목적) • 중용(中庸) : 이성에 의해 충동이나 정욕, 감정을 억제함으로써 한쪽에 치우치지 않으려는 의지를 습관화한 덕 • 도덕적 실천 의지(선의지) • 주지주의(이성)+주의주의(실천 의지) • 개인 윤리+사회 윤리(인간은 사회적 동물)

② 두 사상이 서양 윤리 사상에 미친 영향

㉠ 플라톤은 중세 그리스도교 사상에서 재정립됨(데카르트에게 영향을 줌). 이상주의는 중세의 아우구스티누스와 근대의 칸트(이성주의 사상)에 영향을 줌

㉡ 아리스토텔레스는 근대 경험주의자, 현대의 덕 윤리에 영향을 미쳤으며, 목적론적 세계관은 중세의 아퀴나스에게 영향을 줌

더 알아두기

플라톤과 아리스토텔레스의 공통점과 차이점

- 공통점 : 덕을 통해서 행복에 이르는 것임을 강조
- 차이점 : 아리스토텔레스가 더 현실적인 부분을 강조

3 헬레니즘 시대의 윤리 사상

(1) 헬레니즘 시대의 배경 기출 24

① **그리스 국력의 쇠퇴** : 폴리스 중심의 공동체적 생활양식이 점차 개인주의적 생활양식으로 전환

② **윤리적 관심** : 개인의 현실 문제, 개인주의적 · 윤리적 성격과 마음의 평정과 자유[안심입명(安心立命)] → 에피쿠로스 학파, 스토아 학파 등장

(2) 스토아(Stoa) 학파 중요

① **금욕주의**

㉠ 부동심의 경지 : 인생의 궁극적 목적인 최고선(最高善)과 행복은 모든 욕망을 끊어 버리고 어떤 것에 의해서도 마음이 움직이지 않는 **부동심(不動心)**의 경지에 있다고 주장

㉡ 아파테이아(Apatheia) : '정념이 없는 마음의 상태'를 누리기 위해서는 자연의 법칙에 따라 이성의 힘으로 욕정을 억제하는 생활을 해야 함을 강조

② **신적인 이성(Logos)** : 만물은 로고스에 의해 지배되고 인간의 본성에도 로고스가 구비되어 있기 때문에 이성에 따르는 삶만이 유일한 선(善) → 유덕(有德)하고 현명한 사람

③ **만민 평등주의** : 이성을 가진 사람은 모두 평등 → 세계 시민 주의

④ **영향** : 로마의 만민법, 중세 및 근세의 자연법, 범신론적(汎神論的) 윤리 사상의 형성(만민 평등의 세계 시민 사상)

> **체크 포인트**
>
> **아파테이아**
> 감정(pathos)이 억제되어 모든 욕구나 고통을 이겨 내는 상태로서, '부동심(不動心)'이라고도 한다.

(3) 에피쿠로스(Epikouros) 학파 중요

① **쾌락주의**

㉠ 감각적 · 본능적 욕구의 충족 중시

㉡ 쾌락은 유일한 선(善)이며 고통은 유일한 악(惡)

㉢ 쾌락은 행복한 생활의 시작이며 인생의 목적

㉣ 고통이 없는 순수하고 참된 쾌락, 즉 정신적 · 지속적 쾌락 추구

② **아타락시아(Ataraxia)**

㉠ 쾌락은 '**마음이 평온한 상태**'를 유지시켜 줄 때 바람직한 가치

㉡ 극기와 절제 있는 생활을 통하여 감각적인 충동에 지배받지 않도록 노력

체크 포인트

- **아타락시아**
  외부의 간섭이나 고통이 뒤따르지 않는 순수한 쾌락의 상태로 '평정심'이라고도 한다.

- **쾌락의 역설**
  쾌락이 고통에 반비례하여 커지는 만큼 더 만족스러운 쾌락을 얻기 위해 더 큰 고통을 감수해야 한다는 것을 말한다.

③ **플라톤의 4주덕 수용** : 공포로부터의 해방(용기), 행위의 정당한 판별(지혜), 검소한 생활(절제)
④ **영향** : 근대 영국의 경험론(베이컨, 홉스, 로크, 흄), 공리주의 윤리설(벤담, 밀) 형성에 영향

더 알아두기

스토아 학파와 에피쿠로스 학파 비교

구분	스토아 학파(이성)	에피쿠로스 학파(경험)
정의	금욕주의(이성의 힘으로 욕정 억제)	쾌락주의(쾌락은 선, 고통은 악)
관심 분야	• 선(善) : 신적인 이성에 따르는 행동 • 정념이 없는 상태 → 부동심의 경지(아파테이아)	• 키레네 학파의 쾌락의 역리 극복 → 정신적이고 지속적인 쾌락 추구 • 정신적 평정 상태(아타락시아)
인간관	이성적 존재	경험적 존재
영향	• 로마의 만민법, 근대의 자연법, 범신론 • 스피노자(운명론적 결정론)와 칸트(의무 개념) 사상에 영향	경험론, 공리주의
기타	• 신적인 이성 = 인간의 이성 • 세계 시민 주의(만민 평등주의)	행복의 실현 → 플라톤의 4주덕을 수용함
공통점	• 절제하고 검소한 삶의 방식 추구 • 진정한 행복을 감각적 쾌락이나 부와 같은 외부조건에서 찾지 않음	

더 알아두기

키레네 학파(육체적 쾌락주의)

- **대표적 학자** : 소크라테스의 제자 아리스티포스(B.C. 425~366)
- **주장 내용** : "쾌락은 선(善)이고, 고통은 악(惡)이다." → 인생의 목적은 행복이고, 행복은 쾌락을 통해 가능하다면서 육체적·순간적·일시적·현재적 쾌락 추구를 통한 행복의 실현을 주장
- **키레네 학파에 대한 에피쿠로스 학파의 비판** : 키레네 학파는 나중에 헬레니즘 시대의 에피쿠로스 학파(정신적 쾌락주의)에게 영향을 끼치지만, 에피쿠로스 학파에서는 키레네 학파의 쾌락 추구를 '쾌락주의의 역리(덫)'라고 비판함 → 육체적 쾌락을 통한 행복 추구의 결과는 행복이 아니라 고통만을 초래한다고 보았기 때문

4 중세 그리스도교의 윤리 사상

(1) 그리스도교 윤리 사상

① 초기 그리스도교 윤리 사상

㉠ 성서를 중심으로 한 유일무이한 절대자로서의 신(神) 중심의 종교

㉡ 사랑의 윤리 : "어려운 처지에 있는 이웃을 자기의 몸과 같이 평등하게 사랑하라."

② 중세 그리스도교 윤리설

㉠ 그리스와 로마 사상의 인간 중심 윤리 사상에서 신(神) 중심의 윤리 사상으로 전환 → 인간의 신성성과 무한한 본래적 가치(인간의 존엄성)

㉡ 신 중심의 윤리설 : 우주의 창조주인 하느님의 절대적 진리를 믿고 실천함으로써 인간의 행복과 영생이 실현

㉢ 신약 성서의 예수 언행 : 하느님의 의지 표현이며 인간이 지켜야 할 도덕률(그리스도교 윤리 사상의 핵심), 신이 '아버지'라고 일컫는 것은 인류의 보편적 형제애를 가르침 → "네 이웃을 네 몸처럼 사랑하라, 너의 원수까지 사랑하라."

㉣ 윤리적 행위 : 보편타당하고 절대적 권위를 지닌 신의 의지인 계율에 따라 행동하는 것

㉤ 사랑의 윤리 : 신과 이웃에 대한 절대적 · 무조건적 사랑 → 사회적 약자 배려

㉥ 그리스의 철학을 도입하여 그리스도교 사상을 체계화함 → 교부 철학과 스콜라 철학

㉦ 그리스도교 윤리의 근본 원리 : **황금률 → "내가 대접받고자 하는 대로 남을 대접하라."**

> **더 알아두기**
>
> **황금률 형식을 지닌 도덕규범**
> - 공자의 서(恕) : "내 마음을 미루어 남에게 미치게 한다."는 뜻으로 어떤 행동이나 결정을 할 때 상대방의 입장을 먼저 생각하라는 것
> - 칸트 : "네 의지의 격률이 언제나 동시에 보편적 입법의 원리가 될 수 있도록 행위하라."
> - 석가모니 : "자기의 소중함을 아는 사람은 남을 해쳐서는 안 된다."

(2) 아우구스티누스의 교부 철학

① 그리스도교에 대한 기본 입장

㉠ 플라톤의 이데아 사상을 수용하여 기독교 교리 조직에 활용 → 이성과 신앙의 조화

㉡ 이성과 신앙의 조화를 강조하면서도 이성보다는 신앙의 우월성을 강조

㉢ 세계는 신의 나라인 천상의 국가와 인간의 나라인 지상의 국가로 구분된다고 함

㉣ 신(하나님)은 이성적 인식의 대상이 아니라, 실존을 통해 만나야 할 인격적 존재

㉤ 완전한 행복에 이르는 방법 : 인간은 불완전하기 때문에 오직 신앙을 통해 절대자에게 귀의함으로써 가능

② **원죄설(原罪說)** : 인간은 신의 은총 속에서만 행복을 누릴 수 있는데 그 자유 의지를 남용하여 원죄를 짓게 됨 → 성악설에 해당

③ **구원 사상** : 원죄에서 벗어나 구원받기 위해서는 반드시 신의 은총과 사랑이 필요함을 강조 → 교회를 통한 신의 은총이 없으면 아무리 윤리적·도덕적인 선행을 베푼다 해도 구원에 이를 수 없음을 강조

④ **예정설과 선택설** : 신의 은총으로 구원받을 수 있지만 누가 선택될지는 신에 의해 이미 예정되어 있다는 주장으로, 종교 개혁가 칼뱅의 구원 예정설에 영향을 끼침

⑤ **7주덕 강조** : 플라톤의 4주덕(지혜, 용기, 절제, 정의) + 기독교의 3주덕(믿음, 소망, 사랑) → 최고의 목표

체크 포인트

교부 철학

'교부'란 '교회의 아버지' 또는 '신부'를 의미하는 것으로, 교부 철학은 신의 은총 속에서 행복을 누릴 수 있음을 강조한 중세 전반기의 철학이다.

(3) 아퀴나스의 스콜라(Schola) 철학

① **신앙과 이성의 조화 추구**

㉠ 아리스토텔레스의 철학에 입각하여 신학과 철학을 설명

㉡ 신앙과 이성은 상호 보완적 관계에 있으며, 신의 존재를 이론적으로도 증명할 수 있다고 주장

② **행복론**

㉠ 완전한 행복은 신을 따르며 인간의 본성 속에 들어 있는 자연법에 따라 행동하는 데 있음

㉡ 선을 행하고 악을 피하려면 올바른 의지를 지니고 정당한 방법으로 이성에 따르는 생활 습관을 길러야 함

③ **국가관** : 덕에 기초한 공동선(共同善)을 실현하는 것이 목적

더 알아두기

교부 철학과 스콜라 철학의 비교

구분	교부 철학	스콜라 철학
사상	• 그리스도교 교리의 체계화 • 플라톤 철학(이데아론) 수용(이원론적 세계관)	• 그리스도교 교리의 이론적·철학적 논증 • 아리스토텔레스 철학 수용(일원론적 세계관)
내용	• 원죄설과 구원설 • 행복 : 유한한 인간이 완전한 신과 하나가 될 때 가능	• 신학과 철학, 신앙과 이성, 자연과 인간의 조화 중시 • 행복 : 신의 은총, 믿음 + 소망 + 사랑의 실천
철학자	아우구스티누스	토마스 아퀴나스

(4) 프로테스탄티즘의 윤리 사상

① **종교 개혁** : 중세의 봉건적 신분 질서를 지탱하던 가톨릭의 권위주의적 전통이 무너짐 → 개인의 신앙의 자유 획득

② **칼뱅이즘** 기출 23

㉠ 루터와 칼뱅은 중세 교황의 절대적인 권위에 대항하여 성경의 권위에 기초하지 않는 어떠한 교리도 용납해서는 안 된다고 주장하였으며, 개인적 믿음을 통한 구원을 강조하였음

㉡ 칼뱅은 부의 축적이 신의 구원을 의미한다고 보고 금욕주의적 직업윤리를 확립시켰음

㉢ 구제예정설 : 개인의 운명은 신의 섭리에 따라 미리 예정되어 있어 신에 의해 구원을 받는 자가 결정됨

㉣ 직업소명설 : 신의 은총을 확인하기 위해 근면함, 검소함, 성실성 등을 통해 많은 부를 얻기 위해 노력해야 함

③ **베버의 사상** : 자본주의 사회를 성립시키는 데 공헌한 것은 금욕주의적 직업윤리를 핵심으로 하는 프로테스탄티즘의 정신이라고 주장하였음

> 직업으로서의 노동 의무의 이행을 통한 신의 나라에 대한 배타적 추구와 교회 규율이 당연하게 생각되며, 무산 계급을 강제하였던 엄격한 금욕은 자본주의적 의미에서의 노동 '생산성'을 강력히 촉진시키지 않을 수 없었다는 것이다. 영리 활동을 '소명'으로 보는 것이 근대 기업가의 특징이듯이 노동을 '소명'으로 보는 것도 근대 노동자의 특징이다.
>
> – 베버, 『프로테스탄티즘의 윤리와 자본주의 정신』

제 2 절 핵심예제문제

01 다음과 같이 주장한 고대 그리스의 사상가는?

"정의는 강자의 이익이다."

① 프로타고라스
② 소크라테스
③ 트라시마코스
④ 고르기아스

01 트라시마코스(Thrasymachos)
- '정의는 강자의 이익'이라는 말을 주장
- 스스로에게 이로운 것을 추구하고 그것을 정당화하려는 철저한 이기주의
- 보편적인 가치로서의 정의관이 아닌 지극히 세속적인 정의관을 주장

02 다음과 같이 말한 사상가와 관련이 있는 것은?

"너 자신을 알라."

① 모든 판단의 기준은 개인에게 달려 있다.
② 무엇이 옳고 그른지를 모르기 때문에 사람들이 악을 행한다.
③ 스스로의 무지(無知)에 대한 자각을 강조한다.
④ 선하게 사는 것과 정신적인 가치를 우선시하였다.

02 소크라테스의 무지에 대한 자각 강조
: "너 자신을 알라."

정답 01 ③ 02 ③

03 다음과 같이 주장한 사상가는?

> 인간의 궁극적인 목적이자 최고의 선은 행복이며, 항상 이성적으로 판단하고 행위하기 위해서는 이성적 행동을 해야 한다.

① 아리스토텔레스
② 소크라테스
③ 플라톤
④ 프로타고라스

03 아리스토텔레스는 모든 행위의 궁극적 목적(최고의 선)을 행복으로 보았다.

04 플라톤에 대한 설명으로 옳은 것은?

① 지혜를 갖춘 철인이 통치하는 국가를 정의 국가로 보았다.
② 세계의 시민이 다 같은 법을 적용해야 한다고 보았다.
③ 중용의 자세로 명예를 추구하는 것이 최고의 행복이라고 보았다.
④ 단순한 쾌락과 즐거움에서 행복의 근원을 찾고자 하였다.

04 플라톤은 선의 이데아를 깨우치고, 지혜를 갖춘 철인과 철학자가 통치하는 국가를 정의롭고 이상적인 국가로 보았다.

정답 03 ① 04 ①

05 다음 내용과 관련 있는 사상은?

> 인간은 누구나 즐거운 삶을 원한다. 따라서 인간이 추구해야 할 최고의 목표는 쾌락이므로 참다운 쾌락이란 마음에 불안이 없고 몸에 고통이 없는 상태를 말한다.

① 스토아 학파
② 에피쿠로스 학파
③ 그리스도교 학파
④ 교부 철학

05 에피쿠로스는 자연적이고 필수적인 최소한의 욕구만을 추구하면서 건강과 마음의 평온함을 유지하는, 즉 고통에서 벗어난 아타락시아의 상태에 이른 것이 삶의 목표라고 주장하였다.

06 그리스도교의 교리를 정립하고 이론이 형성되는 데 기여한 철학은?

① 교부 철학
② 스토아 철학
③ 스콜라 철학
④ 에피쿠로스 철학

06 교부 철학 : '교부'란 '교회의 아버지' 또는 '신부'를 의미하는 것으로, 그리스도교의 교리를 정립하고 이론이 형성되는 데 기여한 철학이다. 플라톤 철학을 적극 수용하여 신앙을 체계화하였다.

정답 05 ② 06 ①

07 다음과 같이 주장한 사상가는?

- 인간의 이성은 신의 은총을 통해 진리에 이를 수 있다.
- 인간은 신과의 실존적 만남을 통해 카리타스를 깨달아야 한다.

① 아리스토텔레스
② 아우구스티누스
③ 아퀴나스
④ 루터

07 아우구스티누스는 플라톤 철학을 신학에 접목시켜, 인간의 이성은 신의 은총을 통해 진리에 이를 수 있다고 주장하였고, 인간은 신과의 실존적 만남을 통해 카리타스를 깨달아야 한다고 강조하였다.

08 다음 내용에 해당하는 사상가는?

- 아리스토텔레스 철학 수용
- 궁극적인 목적은 행복
- 믿음, 소망, 사랑이라는 종교적 덕을 함께 실천

① 아리스토텔레스
② 아우구스티누스
③ 아퀴나스
④ 루터

08 아퀴나스(T. Aquinas)
- 그리스도교 교리의 이론적·철학적 논증
- 아리스토텔레스 철학 수용(일원론적 세계관)
- 신학과 철학, 신앙과 이성, 자연과 인간의 조화 중시
- 행복 : 신의 은총, 믿음·소망·사랑의 실천

정답 07 ② 08 ③

09 **다음 글에서 강조하고 있는 자본주의 정신과 부합하는 것을 〈보기〉에서 모두 고른 것은?**

> 베버는 자본주의 사회를 성립시키는 데 공헌한 것은 금욕주의적 직업윤리를 핵심으로 하는 '자본주의 정신'이었으며, 이러한 자본주의 정신은 프로테스탄티즘, 특히 칼뱅이즘의 절대적인 영향을 받았다고 주장하였다.

보기

ㄱ. 소명으로서의 직업관
ㄴ. 전문직으로서의 직업관
ㄷ. 부의 축적을 정당화
ㄹ. 세속의 직업 부정

① ㄱ, ㄴ
② ㄱ, ㄷ
③ ㄴ, ㄹ
④ ㄷ, ㄹ

09 베버는 칼뱅주의를 수용하여 근대 자본주의 정신이 프로테스탄티즘의 금욕주의에서 비롯되었다고 보았다. 개신교의 직업관은 직업을 신의 소명으로 보고 직업의 귀천을 구별하지 않고 모든 직업을 신성한 것으로 여겼으며, 부(富)의 축적을 거부하지 않고 '부'를 신의 축복의 징표로 여기고 긍정하였다.

10 **다음 중 소피스트 윤리 사상의 특징에 해당하는 것은?**

① 절대주의적 진리관
② 무지의 자각 역설
③ 감각적 경험과 관찰 중시
④ 선하게 사는 삶, 정신적 가치 중시

10 소피스트의 윤리 사상은 상대주의적 인간관, 주관주의, 회의주의 입장이다. 실제로 경험하고 관찰한 결과에 주목하면서 세속적 가치를 추구하였다.
①·②·④는 소크라테스의 윤리 사상에 해당하는 설명이다.

정답 09 ② 10 ③

11 다음 중 추구하는 사상이 다른 학자는?

① 스피노자
② 고르기아스
③ 프로타고라스
④ 트라시마코스

12 다음 글에서 사상가가 강조하는 바람직한 삶의 자세로 가장 적절한 것은?

> 제가 유죄 판결을 받게 된 것이 여러분을 설득할 말이 부족해서라고 생각하시겠죠. 하지만 결코 그렇지가 않습니다. 어쨌든 제가 부족해서 유죄 판결을 받기는 하였습니다. … 죽음을 피하기 위해서 무슨 짓거리든 무슨 말이든 하려 든다면 방도야 많이 있을 것입니다. 하지만 아테네 시민 여러분! 이것만은 명심하십시오. 죽음을 피하는 것보다 비천함을 피하는 것이 훨씬 더 어렵다는 사실을 말입니다.

① 윤리의 상대성과 변화 가능성을 인정해야 한다.
② 민주 정치의 기본원리인 다수결의 원칙을 지켜야 한다.
③ 대중 집회에서 사람들을 설득하는 기술을 익혀야 한다.
④ 절대적이고 보편적인 진리가 있음을 깨닫고 이를 추구해야 한다.

11 ②·③·④는 대표적인 소피스트 학자들이고, ①은 스토아 학파에 영향을 받은 학자이다.

12 '죽음을 피하는 것이 어려운 것이 아니라 비천함을 피하는 것이 훨씬 더 어렵다는 사실'을 통해 당장 눈앞의 문제를 해결하거나 죽음을 회피하려고 하기보다는 진리를 추구하려고 하였음을 알 수 있다.

정답 11 ① 12 ④

13 **다음 내용과 같은 비유를 통해 자신의 사상을 주장한 사상가의 입장으로 가장 적절한 것은?**

> 속에 동굴이 하나 있고, 그 안에 사는 사람들이 있다. 그 사람들은 어릴 적부터 동굴 안쪽의 벽면만을 바라보도록 손과 발, 목이 묶여 있다. 만약 그들을 동굴 밖으로 데려가 지금까지 그들이 동굴 안에서 살았다는 사실을 알려 준다면 그들은 큰 충격에 빠질 것이다. 동굴 밖에는 실제 사람들과 동물 등이 살고 있으며, 그들이 지금까지 보고 들은 것은 그것들을 본떠 만든 인형의 그림자에 불과하다는 것을 알게 된다. 그들이 동굴 밖의 세계에 점차 익숙해진다면 모든 것의 원인이 태양이라는 사실도 알게 된다.

① 통치자, 수호자, 생산자 계층의 경제적 평등 실현을 목표로 제시하였다.
② 감각을 통해서 얻은 절대적인 지식을 바탕으로 덕을 추구할 것을 주장하였다.
③ 바람직한 덕의 실천을 위해서 지속적인 습관화와 의지의 중요성을 강조하였다.
④ 존재하는 모든 것의 본질에 해당하는 이데아의 세계에서 진리를 찾으려 하였다.

13 플라톤은 동굴의 비유를 통해 선의 이데아에 의해 참된 세계가 존재하며, 거기에서 진리가 무엇인지 알 수 있게 된다고 하였다. 또한 중우 정치의 가능성을 우려하면서 민주 정치에 대해 부정적인 입장을 취하였다.

정답 13 ④

14 다음 내용과 같은 사상의 입장을 가장 잘 표현한 것은?

> 인간사에서 중요한 것은 무엇인가? 권력과 이익을 추구하는 것이 아니다. 다른 사람들을 지배하는 자는 많으나 자기 자신을 지배하는 자는 매우 드물다. 중요한 것은 운명의 위협을 극복하는 정신이며, 우리의 욕구를 충족시키는 것은 아무런 가치가 없음을 깨닫는 것이다. 무슨 일이 생기든지 마치 그것이 너에게 일어나기를 원하였던 것처럼 행동하라. 만일 네가 신의 결정에 따라 모든 것이 이루어진다는 것을 안다면 진정으로 자유로운 사람이 될 것이다.

① 아는 것이 힘이다.
② 인간은 만물의 척도이다.
③ 최대 다수의 최대 행복이 도덕과 입법의 원리이다.
④ 자연, 신, 우주와 인간은 이성에 의해 연결되어 있다.

14 제시문은 우주 만물의 본질이 이성이라고 생각하고 운명에 순응하는 입장을 강조한 스토아 학파의 사상이다.

정답 14 ④

제3절 근대 윤리 사상

1 근대 사상의 형성 배경

(1) 르네상스

① 중세의 신 중심(신본주의)에서 인간 중심(인본주의)으로 전환되는 계기

② 고대 그리스 철학(플라톤의 원전 연구)과 초기 로마 철학(스토아 학파와 에피쿠로스 학파)으로 복귀하자는 운동

③ **근본정신** : 휴머니즘(인본주의, 인문주의) → 신 중심에서 벗어나 인간 현실에 바탕을 둔 진리 추구)

(2) 종교 개혁

① 초대 교회의 순수한 신앙을 회복하자는 운동

② **의의** : 교회의 세속화와 타락에 반대한 자체 내부의 쇄신 운동, 모든 인간은 신 앞에서 평등하다는 민주 운동 → 개신교(프로테스탄티즘)의 탄생, 자유주의의 이론적 기초 제공[인간 중심적 가치관을 강조함으로써 개인주의(자유주의)가 발전할 수 있는 토대로 작용]

③ **대표적인 사상가**

㉠ 루터(Martin Luther) : 온건한 종교 개혁 강조 → 성서 지상주의(至上主義), 만인 사제주의(司祭主義)

㉡ 칼뱅(Jean Calvin) : 성서 중심주의, 구원 예정설, 직업 소명설, 사유 재산과 영리 추구 활동 인정 → 베버가 근대 자본주의의 이론적 기초를 확립하는 데 많은 영향을 끼침(근대 자본주의의 이론으로 『프로테스탄티즘의 윤리와 자본주의 정신』 발간)

(3) 자연 과학의 발달에 따른 학문 방법론

구분	귀납법	연역법
특징	• 개별적인 사실을 토대로 일반적인 원리나 법칙을 이끌어 내는 학문 방법 • 지식의 범위가 확장되지만 결론은 논리의 비약이 많기 때문에 귀납적 추리를 통한 지식은 개연적·확률적 지식(99.99%)에 불과함	• 일반적인 대원칙을 토대로 개별적인 사실을 증명해 가는 학문 방법 → 삼단 논법 • 지식의 범위를 넓혀 주지는 못하나 논리의 규칙을 잘 지키면 그에 따른 결론은 100% 옳다는 장점
지식의 근원	경험	이성
지식의 획득	경험적 관찰과 실험	과학적 논리와 추리
영향	영국 경험론	대륙 합리론
대표 학자	베이컨, 홉스, 로크, 흄	데카르트, 스피노자

2 경험 중심의 윤리 사상

(1) 베이컨(F. Bacon)의 윤리 사상 중요

① **행복한 삶의 실현** : 참다운 유용한 지식은 현실 생활에 도움을 주는 지식, 관찰과 실험에 의해 인간과 외부 사물을 인식하여 얻어 낸 지식 → 자연 과학적 지식의 유용성 강조

② **우상론** : 실제 생활에서 참된 지식을 인식하지 못하게 하는 선입견이나 편견 → 우상(偶像, Idola)의 타파 역설

종족의 우상	모든 사물을 인간 본위에 근거하여 규정하는 데서 오는 편견
동굴의 우상	개인의 특성, 습관, 환경에서 오는 편견
시장의 우상	언어의 부적당한 사용이나 오해에서 오는 편견
극장의 우상	전통, 권위, 학설의 맹종에서 오는 편견

③ **"아는 것이 힘이다."** : 과학적 지식을 통한 자연의 개척

(2) 흄(D. Hume)의 윤리 사상

① **행동의 도덕적 판단의 기준** : 이성이 아닌 감정 → 감정은 행위의 동기가 될 수 있으나 이성은 그렇지 못함. 이성은 동기를 수행하기 위한 도구적 역할로 한정

② **사회적으로 타당한 도덕** : 즐거운 감정을 가져다주는 행동 → 사회적으로 인정을 받을 수 있는 것(상대주의적 윤리관)

③ **공감 중시** : 공감(共感)을 통한 인간의 이기심의 통제 → 추후 공리주의에 영향

④ **이타심 중시** : 이기심은 공감(共感)을 통해서 억제할 수 있으며, 이타심(利他心)만이 오직 선하고 인류의 행복을 보장

⑤ 옳고 그른 행위의 구별은 공평한 관찰자로 행동할 때 가능

> **더 알아두기**
>
> **경험주의의 특징**
> - 관찰이나 실험을 중시
> - 욕구나 감정을 중시

3 이성주의 윤리 사상(대륙의 합리론)

(1) 데카르트(R. Descartes)의 윤리 사상

① **진리 인식** : 감각적 경험을 통한 지식은 불완전하며, 사유를 통해 완전하고 확실한 지식(원리)을 추구 → 경험론 비판(단편적 · 우연적 지식)

② **진리 탐구 방법** : 방법적 회의 → 확실한 지식을 찾기 위해 모든 것을 의심

③ **사유의 제1원리** : "나는 생각한다. 그러므로 나는 존재한다." 중요

④ 철학적 사유(思惟), 이성적 활동을 통한 완전하고 확실한 지식 추구

⑤ **근대 합리주의적 사고의 전형** : 이성에 근거한 보편적 지식 추구(이성적 진리관)

㉠ 인간이 인간다운 까닭은 참과 거짓을 분별해 낼 줄 아는 이성을 지녔기 때문임

㉡ 이성에 입각한 강한 의지만이 정념을 지배하여 도덕적 과오를 범하지 않음

㉢ 정념을 통제할 수 있는 가장 고매한 정신은 자신을 존중하는 의지와 실천력

더 알아두기

방법적 회의

- 확실하고 자명한 진리 영역의 출발점 : 의심할 수 없는 기본 명제
- 사유의 제1원리 : 더 이상 의심할 필요 없는 자명한 진리의 발견 → "나는 생각한다. 그러므로 나는 존재한다."

(2) 스피노자(B. Spinoza)의 윤리 사상

① **해탈의 윤리 사상** : 유한한 인간이 신의 무한성과 자유에 참여하여 완전한 능동적 상태 → 범신론을 얻는 것

체크 포인트

범신론

자연과 신의 대립을 인정하지 않고 일체의 자연이 곧 신이며, 신이 곧 자연이라고 생각하는 종교관이나 철학관

② **행복관**

㉠ 지성이나 이성을 가능하면 최대로 완성하는 일

㉡ 자연에 대한 참된 의식에서 우러나오는 마음의 평화

- 자연은 신, 정신 또는 모든 것을 포함하여 존재하는 것
- 자연의 모든 사물들이 이성과 감성의 협력에 의해 엄격히 결정되어 있다는 것을 파악하는 것

③ **인간의 삶을 영원의 한 부분으로서 인식**

㉠ 정념의 속박으로부터 벗어나 자유를 누리게 됨

㉡ 신에 대한 사랑으로 나타남

㉢ 자유정신 : 이성적 사고에 의한 정신

④ **최고선** : 모든 것을 이성적으로 관조하는 데서 오는 평온한 행복

더 알아두기

경험주의와 이성주의의 비교

구분	경험주의(경험론 - 귀납법)	이성주의(합리론 - 연역법)
영향	• 홉스의 사회계약론 : 국민 주권 사상 • 흄의 사회적 유용성에 대한 공감 능력 : 공리주의 • 경험을 통한 지식의 확장 : 실용주의 윤리의 사상적 근원	• 데카르트의 이성적 자아 능력 : 칸트의 의무론적 윤리 사상 • 스피노자의 자연의 필연적 질서에 대한 이성적 인식 : 칸트의 의무론적 윤리 사상
장점	• 인간의 경험과 욕구를 긍정적으로 봄 • 정치적 절대 권력을 견제하고 비판함	이성을 통한 도덕적·보편적 기준 확립
단점	상대주의나 회의론으로 갈 수도 있음	도덕적 행동에서 경험과 감정의 역할을 상대적으로 무시함
공통점	윤리의 근간을 인간으로부터 찾고, 이분법적으로 대립하지 않음. 경험과 이성의 상호 보완성을 인식함	

4 결과론적 윤리와 의무론적 윤리

(1) 결과론적 윤리

① **결과론적 윤리의 특징**

㉠ 의미

- 결과의 좋고 나쁨을 행위의 도덕성을 평가하는 기준으로 삼음
- 좋은 결과를 낳는 행위는 옳은 행위이고, 나쁜 결과를 낳는 행위는 그른 행위로 보기 때문에 결과론은 동기나 행위 자체보다 결과를 중시

㉡ 특징

- 행위 가치가 결정되지 않았으므로 상황에 따라 달라짐
- 좋은 결과를 내는 것에 대한 목적에 도움이 되는 것은 도덕적으로 정당화가 가능

② **벤담과 밀의 고전적 공리주의** 중요 기출 24, 22, 21

㉠ 고전적 공리주의의 기본 입장

- 유용성의 원리 : 최대 다수의 최대 행복 → 더 많은 사람이 더 많은 행복을 누리는 것
- 옳고 그름의 판단 기준 : 행위의 영향을 받는 인간에게 고통보다 더 많은 행복을 누리게 하면 그것은 옳은 행위이고, 그렇지 않으면 옳지 않은 행위임

㉡ 벤담(J. Bentham)의 윤리 사상 기출 24

- 양적(量的) 공리주의
  - 쾌락은 한 가지 종류 : 질적 차이는 없고 양적 차이만 존재
  - 쾌락의 기준 : 강도, 지속성, 확실성, 근접성, 생산성, 순수성, 범위를 기준으로 쾌락을 계산

- **제재론** : 인간의 도덕적 행위를 위한 신체적 · 도덕적 · 정치적 · 종교적 제재(制裁)의 필요성 강조
- 행위 원칙 : '**최대 다수의 최대 행복**'이 옳고 그름의 판단 원리
- 유용성의 원리 : 오직 이 원리만이 쾌락과 고통이 우리의 삶을 지배한다는 사실과 조화를 이룰 수 있음(자연은 인류를 고통과 쾌락이라는 두 군주의 지배하에 둠)

체크 포인트

공리의 원리
우리들의 행복의 증감에 따라 어떤 행위를 승인하거나 거부하는 원리로 '최대 다수의 최대 행복'이라는 구체적인 행위 원칙을 도출하는 원리임

더 알아두기

벤담의 쾌락 기준 기출 23
- **강도** : 조건이 같을 경우 강한 쾌락 선호
- **지속성** : 오래 지속되는 쾌락을 선호
- **확실성** : 쾌락이 생겨날 가능성이 확실할수록 선호
- **근접성** : 보다 가까운 시간 내에 누릴 수 있는 쾌락 선호
- **생산성** : 다른 쾌락을 동반하는 쾌락을 선호
- **순수성** : 고통을 동반하지 않는 쾌락을 선호
- **(파급) 범위** : 쾌락의 범위가 넓을수록 선호

㉢ 밀(J. S. Mill)의 윤리 사상
- **질적(質的) 공리주의** 기출 23, 20 : 쾌락의 질적인 차이도 고려
  - 쾌락의 분류 : 지성, 상상력 등 질적으로 높고 고상한 정신적 쾌락과 성, 식욕 등 질적으로 낮고 저급한 육체적 · 관능적 쾌락으로 나뉨
  - 감각적 쾌락보다 내적인 교양이 뒷받침된 정신적 쾌락을 중시
- 행복한 삶 : 인격의 존엄을 바탕으로 하는 쾌락의 추구가 행복의 근원
- 내적인 양심의 제재 : 자신의 쾌락과 행복만을 추구하지 않고 타인의 행복까지도 실현되기를 원하는 이타심, 즉 동정(同情)과 인애(仁愛)라는 사회적 감정

㉣ 도덕의 본질 : 동정과 인애를 토대로 공익과 정의를 실현하는 것

③ 현대 공리주의와 그 의의

㉠ 현대 공리주의 사상
- 규칙 공리주의 : 고전적 공리주의의 한계를 극복하기 위한 대안으로 등장, 가장 큰 행복을 주는 행위의 규칙을 따르는 것을 주장
- 선호 공리주의 : 영향을 받는 모든 이들의 선호를 가장 많이 만족시켜 주는 행위가 옳다고 주장 → 쾌락보다 더 크고 포괄적인 의미인 '선호'라는 개념을 통해 행복을 설명함
- 소극적 공리주의 : 고통의 최소화를 우선시하고, 불행 계산이 어렵고 불행을 최소화하기 위한 목적에서 어떤 수단 등이 정당화될 수 있음

더 알아두기

싱어의 공리주의 사상
- 이익 평등 고려의 원칙 제시 : 감각을 가지고 있는 모든 개체의 이익은 똑같이 고려 대상이 되어야 함
- 동물까지 배려의 대상 : 인종 차별, 성차별, 동물 차별 등에 적극 반대
- 쾌락과 고통에 대한 감각이 있는 개체들은 쾌락을 높이고 고통을 낮추는 방향으로 행동

㉡ 공리주의에 대한 평가
- 장점 : 이기적 윤리가 내포한 자기중심적 관점을 넘어 사회적 존재로서의 인간이 살아가야 할 길을 잘 제시함
- 단점 : 인간의 내면적 동기를 소홀히 하였으며, 결코 양적으로 계산할 수 없는 여러 가치를 제대로 다루지 못하였다는 비판을 받음

(2) 의무론적 윤리

① 의무론적 윤리

㉠ 우리가 마땅히 지켜야 할 도덕 법칙에 대해서 행위의 옳고 그름이 결정된다는 이론

㉡ 특징
- 인간이 언제 어디서나 지켜야 할 행위의 근본 원칙에 주목하는 윤리
- 행위의 의도와 동기를 기준으로 옳고 그름을 판단함
- 합리적 이성에 대한 신뢰를 바탕으로 함
- 의로운 삶을 중시하고, 공정한 절차와 정당한 원칙을 강조함
- 이성의 보편타당성을 추구함 → 이성을 중시하는 관점

② 칸트(I. Kant)의 윤리 사상 기출 22, 20

㉠ 윤리적 목표 : 인간의 내면적 자유의지와 인격으로부터 자율적인 도덕법칙을 확립하는 것

㉡ 인간관
- 이중적 존재 : 인간은 자연의 산물이기 때문에 다른 동물과 같이 욕구에 의해 지배를 받고 자유의지를 가지고 자신의 행동에 책임을 져야 하는 존재
- **자신의 내면에 가지고 있는 도덕률(道德律)**을 따를 때 비로소 인간다운 존재가 될 수 있음

㉢ 의무론적 윤리설(도덕적 행동의 조건을 다음과 같이 제시)
- 의무 의식에서 나오는 것
- 실천 이성의 명령에 따르는 것
- 선의지의 지배를 받는 것
- 도덕률에 대한 자발적인 존중으로부터 나온 자율적인 것

㉣ 선의지 기출 23, 21 : 아무런 조건이나 제약 없이 그 자체만으로 선한 것

㉤ 실천 이성 : 인간이 자신에게 스스로 부과하는 명령

ⓗ 정언명령(定言命令) 기출 22 : **무조건 따라야 하는 당위의 법칙인 도덕 명령**

- 제1법칙 : "네 의지의 격률(格率)이 언제나 동시에 보편적 입법의 원리가 될 수 있도록 행위하라."
- 제2법칙 : "너 자신에게 있어서나 다른 사람에게 있어서나 인격을 언제나 동시에 목적으로 대하고 결코 수단으로 대하지 말라." → 인간은 목적 자체이므로 다른 수단이 될 수 없다는 인권 존중 표현
- 제3법칙 : "인격들이 이루고 있는 단체의 일원으로서 그 단체가 잘되도록 행위하라."

ⓢ 목적의 왕국 : 각 개인이 자유롭고 평등한 목적의 주체로서 조화롭게 공존하는 이상적인 사회 체계

ⓞ 칸트에 대한 평가

- 장점 : 도덕의 정언적 성격과 인간 존엄성을 잘 표현하고 있음
- 단점 : 현실의 인간에게 구체적인 삶의 지침을 제공해 주지 못함

더 알아두기

칸트의 윤리설(비판 철학 : 3대 비판)

- 순수 이성의 비판 : 선천적인 인식 능력
- 실천 이성의 비판 : 실천 의지란 도덕 법칙을 알고 자율적으로 실천하는 능력
- 판단력 비판 : 도덕과 자연과의 조화 능력에 대한 것

더 알아두기

칸트에게 있어 도덕적 행동의 조건 기출 24

- 의무 의식(실천 이성)의 강조 : 결과와는 상관없이 실천 이성의 명령에 의한 의무 의식에서 나온 행동이야말로 도덕적인 행동임 → 의무론적 윤리설
- 선의지(선을 실천하려는 의지) 강조 : 결과가 좋았다고 하더라도, 그 과정에서 선을 실천하려는 의지가 개입되지 않은 행동이었다면 도덕적 행위가 아님 → 동기 중시
- 자율 도덕적인 행위의 강조 : 인간에게는 이성에 의해 파악된 도덕 법칙에 따라 행위할 수 있는 자율 의지가 있음 → 도덕적인 행위는 타율적인 것이 아니라 자율적인 것

(3) 현대 칸트주의와 그 의의

① **현대 칸트주의**

㉠ 롤스의 정의론 : 칸트 사상을 계승 → 보편주의와 인간 존엄성 정신 계승, 공평한 입장에서 자율적으로 정의의 원칙 선택

㉡ 로스의 조건부 의무 : 칸트 사상의 한계 극복 → 정언 명령의 엄격성 및 도덕적 의무 간의 상충 문제를 해결하기 위해 예외가 인정되는 조건부 의무 제시

② **현대 칸트주의의 의의** : 도덕의 확고한 기초 형성, 자율과 인격에 대한 존중 강조, 인권 사상이나 민주주의 발전에 기여

③ 헤겔(G. W. F. Hegel)의 관념론

㉠ 관념론적 변증법

- 중간에 멈추지 않고 끊임없이 진행되면서 이전의 형태보다 조금씩 발전된 형태로 전개된다는 점
- 마르크스는 헤겔의 변증법을 이용하여 역사 발전 5단계설이라는 유물론적 변증법을 주장 → 마르크스의 유물론적 변증법과 비교하기 위해 헤겔의 변증법을 관념론적 변증법이라고 함

체크 포인트

이성의 간지

헤겔은 역사를 현실 세계에서 인간의 행위들이 축적되는 것이라고 생각하지 않고 오히려 이성이라는 보편적 이념이 자기의 목적을 실현하는 과정이라고 생각하였다. 그리고 이 목적 실현을 위한 방법을 헤겔은 '이성의 간지'라는 말로 표현하였다.

더 알아두기

칸트와 헤겔 철학의 차이점

칸트	개인적 인격과 자율적 동기를 중시한 주관적이고 개인주의적 윤리 강조
헤겔	개인과 국가 성원 전체의 사회적·역사적 현실 속에 드러나 있는 객관주의적 윤리를 밝히려고 노력하여 국가주의적 성격을 지님

㉡ 정신 철학의 체계화

- 정신의 3단계 주장 : 주관적 정신 → 객관적 정신 → 절대 정신
- 자연계와 인간계를 포함한 전 우주의 생성 발전을 추진하는 궁극적인 최고 원리
- 절대 정신의 변증법적 자기 발전이 곧 세계 역사임을 강조, 즉 세계 역사를 변증법적으로 이끌어 가는 주체를 절대 정신이라고 표현함

㉢ 인륜(人倫)

- 객관적 정신은 또다시 3단계의 변증법적인 발전을 이룸 : 법 → 도덕 → 인륜(人倫)
- 객관적 정신의 최고 단계인 인륜(공동체)의 3단계 발전 과정 : 가족[正] → 시민 사회[反] → 국가[合]

㉣ 국가 지상주의(국가주의적 국가관)

- 인륜의 최고 단계인 국가에 이를 때 개인과 국가 성원 전체의 역사적·사회적 현실 속에 드러나는 객관주의적 윤리가 실현된다고 주장
- 개인과 국가의 유기체적 관계 강조 : 서로 대립하지 않고 조화를 이룸

5 계약론의 윤리 사상

(1) 사회계약설

① 국가나 정부는 인민의 자발적인 동의에 의해 형성된 것으로, 국가 권력의 목적은 자연권인 개인의 자유와 권리, 재산권 보장에 있다는 이론

② 17~18세기의 영국과 프랑스를 중심으로 전개된 이론으로, 정치 사회 성립의 역사적・논리적 근거를 평등하고 이성적인 인간의 계약에서 구하려는 정치 사상

(2) 홉스(T. Hobbes)의 사상 기출 22, 21, 20

① **인간 선악의 판단 기준** : 외부 사물에 대한 감각적 경험의 욕구도(欲求度)에 따라 다름(상대주의)

② **인간의 본성을 성악설로 봄** : 인간은 이기심과 공포에 의해 좌우되는 존재로, 자연 상태에서의 인간은 이기적이며 자기 자신의 보존만을 추구하는 존재

③ **윤리관** : 지식의 근원은 자연계의 감각이며, 인간이 선악을 판단하는 기준은 외부 사물에 대한 감각적 경험의 욕구도에 따라서 상대적으로 결정됨 → 자연주의적・상대주의적・경험론적 윤리설

④ **자연 상태** : 자연 상태를 '만인의 만인에 대한 투쟁 상태'라고 봄 → 이러한 불안전한 상황을 벗어나기 위해 계약을 하고 국가를 설립해야 한다고 주장

⑤ **홉스의 사회계약설** 기출 23

㉠ 자연 상태에서의 인간 사회에는 불신과 투쟁이 존재할 뿐 보편타당한 도덕 원리가 존재할 수 없음

㉡ 공공 이익을 달성하기 위해 합의나 계약에 따라 규범을 만들고 이를 지켜야 함

㉢ 인간이 가진 권력을 전부 국가에 넘기는 '전부 양도' 주장

⑥ **추구한 정치 형태** : 절대 군주제 → 국민 주권 사상으로 이어짐

⑦ **영향** : 계몽 사상가들의 국민 주권 사상과 근대 시민 국가 형성에 기여, 공리주의・실용주의 윤리 사상 형성의 이론적 토대 제공

(3) 로크(J. Locke)의 사상 기출 22, 21

① 자유주의 철학의 창시자, 18세기 유럽 계몽주의의 선구자

② 국가보다는 국민의 자유, 생명, 재산을 더 중시하는 자유주의 사상을 강조함

③ **경험론적 학문**

㉠ 데카르트의 본유 관념(태어날 때부터 지니고 있는 선천적인 관념)을 비판, 보편적인 것이 실재한다는 플라톤주의와 같은 이성 중심의 철학을 비판함

㉡ 인간의 본성을 백지설(성무선악설)로 봄 → 후천적인 감각과 경험을 통해 지식이 형성되고 관념을 소유할 수 있는 것

④ **자연 상태** : 각자의 자연권을 향유하며 살아가는 평화적 상태이나 정치권력의 부재 상황으로 어느 정도 투쟁이 내포된 불안한 상태 → 인간의 이성은 오류의 가능성을 가지고 있다고 보기 때문 → 로크의 자연 상태는 대립, 투쟁의 상태로 전환될 가능성을 내포하고 있는 것

⑤ **국가 이론 - 사회계약설**

㉠ 국가 형성의 이전 상태인 자연 상태 : 처음에는 평화와 선의(善意)의 상태이지만, 시간이 지나면 지날수록 불평등하고 부자유한 상태가 됨

㉡ 자신의 권리가 침해되면 계약에 의해 성립된 국가가 제재권을 행사함으로써 자신의 자연권의 완전 실현을 도모함

㉢ 분쟁을 해결하기 위해 조정자 역할을 할 공동체가 필요하여 만들어진 것이 국가라고 봄

㉣ 자연권의 일부 양도설, 국가에 대한 국민의 혁명권(저항권) 인정

㉤ 제한 군주제 - 국민 주권론 - 주권 재민(主權在民)의 원리 강조

㉥ 야경국가론(夜警國家論) 강조 : 자유주의 국가관 = 작은 정부론 = 소극적 국가관 = 근대적 국가관

㉦ 권력 분립설 : 권력 집중과 남용의 방지를 위하여 적어도 입법권과 행정권의 2권은 분립되어야 한다는 입장

(4) 루소의 사상 중요 기출 23, 22

① **인간의 본성을 성선설로 봄** : 자기 보존의 본능과 동료에 대한 동정심을 갖고 있는 존재

② 인간 이성은 내재되어 있는 것이 아닌 사회적 산물이라고 봄

③ **자연 상태** : 평화스러운 상태(무지의 행복 상태)이지만, 인구가 증가하고 사유재산이 늘어나면서 강자와 약자의 구별이 생기고 불평등한 관계가 성립되기에 사회계약을 통해 국가를 성립시켜야 된다고 봄

④ **사회계약** : 양도 불가설 → 불평등하고 불안한 사회에서 벗어나기 위해 인간은 계약을 맺어 자신들의 일반 의지(개인 각자가 사익을 배제하고 공공선을 고려할 때 모아진 개인 의사의 총합)를 구현할 수 있는 국가를 수립하고 이에 복종함

더 알아두기

루소의 자기 진실성

루소는 인간에겐 무엇이 옳고 그른가에 대한 직감, 즉 도덕관념이 있으므로, 자신의 내면의 목소리에 귀를 기울이면 진실한 나의 목소리가 내가 진실로 추구하는 선과 가치가 무엇인지 제시해 준다고 말함 → 자신에게 집중하고 자신만의 목소리에 의해 결정하고 행동하는 것이 중요하며, 스스로 결정할 때 자유로운 인간이 된다고 함

더 알아두기

홉스, 로크, 루소의 사회계약설 비교

구분	홉스	로크	루소
인간의 본성	잔인하고 이기적	사교·평화적	선하고 순수
자연 상태	고독, 투쟁	자유, 평등	자유, 행복
계약 당사자	국민과 국왕	국민 상호 간	국민 상호 간
주권의 소재	군주	국민	국민
옹호 체제	절대 군주제	입헌 군주제	직접 민주 정치
저항권	불인정	인정	인정

제 3 절 핵심예제문제

01 베이컨이 주장한 윤리 사상에 대한 설명으로 옳은 것은?

① 만인의 만인에 대한 투쟁 상태
② 인간은 자기 보존의 욕구를 무제한적으로 추구하는 이기적 존재
③ 아는 것이 힘
④ 도덕적 선악은 이성에 의해 판단되는 것이 아니라 감정에 의해 느껴지는 것

01 ①·②는 홉스의 주장이고, ④는 흄의 주장이다.

02 스피노자가 신에 대해 주장한 내용으로 옳은 것은?

① 아는 것이 힘
② 만인의 만인에 대한 투쟁
③ 신은 즉 자연
④ 자연을 창조한 인격적 신 인식

02 스피노자는 순수한 이성을 통해 우주에 대한 총괄적인 지식 체계의 정립을 시도하여 '신은 즉 자연'이라는 결론에 도달하였다.

03 다음 내용과 같이 주장한 서양의 사상가는?

> 선악은 지적 판단의 대상이 아니라, 우리가 어떤 행위를 바라볼 때 느끼는 시인의 감정이나 부인의 감정을 표현하는 것

① 베이컨
② 홉스
③ 데카르트
④ 흄

03 **흄의 행동의 도덕적 판단의 기준**
이성이 아니라 감정 → 감정은 행위의 동기가 될 수 있으나 이성은 그렇지 못함

정답 01 ③ 02 ③ 03 ④

04 다음 내용과 같이 주장한 서양의 사상가는?

> 쾌락에는 질적 차이는 없고 오직 양적 차이만 있을 뿐이다.

① 벤담
② 베이컨
③ 밀
④ 데카르트

04 **벤담의 양적(量的) 공리주의**
- 쾌락은 한 가지 종류 : 질적 차이는 없고 양적 차이만 존재
- 쾌락의 기준 : '강도, 지속성, 확실성, 근접성, 생산성, 순수성, 범위'를 기준으로 쾌락을 계산

05 다음 내용에서 설명하는 개념은 무엇인가?

> • 결과의 좋고 나쁨을 행위의 도덕성을 평가하는 기준으로 삼음
> • 올바른 행위란 최선의 결과를 가져오는 행위라고 주장함

① 의무론적 윤리
② 결과론적 윤리
③ 합리주의적 윤리
④ 경험주의적 윤리

05 **결과론적 윤리**
- 결과의 좋고 나쁨을 행위의 도덕성을 평가하는 기준으로 삼음
- 좋은 결과를 낳는 행위는 옳은 행위이고, 나쁜 결과를 낳는 행위는 그른 행위로 보기 때문에 결과론은 동기나 행위 자체보다 결과를 중시

06 의무론적 윤리에 대한 설명으로 옳지 <u>않은</u> 것은?

① 행위의 결과보다 행위의 원칙을 중시함
② 목적이 결코 수단을 정당화할 수 없음을 강조함
③ 행위 가치가 결정되지 않았으므로 상황에 따라 다름
④ 도덕의 보편성을 추구함

06 ③은 결과론적 윤리에 대한 설명이다.

정답 04 ① 05 ② 06 ③

07 다음과 같은 윤리적 목표를 가지고 있는 사상가는?

> 인간의 내면적 자유의지와 인격으로부터 자율적인 도덕 법칙을 확립하는 것

① 칸트
② 벤담
③ 밀
④ 베이컨

07 **칸트의 윤리 사상**
- 윤리적 목표 : 인간의 내면적 자유의지와 인격으로부터 자율적인 도덕법칙을 확립하는 것
- 도덕적 행위 : 실천 이성이 스스로에게 부과하는 명령에 따르는 것 → 선의지가 도덕적 행위의 유일한 근거

08 칸트 윤리 사상의 핵심인 보편주의와 인간 존엄성 정신을 계승한 현대 윤리 사상가는?

① 롤스
② 로스
③ 나딩스
④ 요나스

08 **롤스의 정의론**
칸트 사상을 계승 → 보편주의와 인간 존엄성 정신 계승, 공평한 입장에서 자율적으로 정의의 원칙 선택

09 자연 과학의 발달에 따른 방법론 중에서 귀납법에 대한 설명에 해당하는 것은?

① 지식의 근원을 이성이라고 본다.
② 과학적 논리와 추리를 통해서 지식을 획득한다.
③ 대표적인 학자로는 베이컨, 홉스, 로크 등이 있다.
④ 일반적인 대원칙을 토대로 개별적인 사실을 증명해 가는 학문 방법이다.

09 ①·②·④는 모두 연역법에 대한 설명이다. 귀납법은 개별적인 사실을 토대로 일반적인 원리나 법칙을 이끌어 내는 학문 방법으로 지식의 근원을 경험으로 보면서 경험적 관찰과 실험을 토대로 지식을 획득한다.

정답 07 ① 08 ① 09 ③

10 베이컨의 우상론의 예가 바르게 연결되지 않은 것은?

① 극장의 우상 – 평화를 위한 전쟁
② 동굴의 우상 – 우물 안 개구리
③ 시장의 우상 – 도깨비, 용, 봉황, 천국, 지옥 등
④ 종족의 우상 – 코스모스가 나를 보고 방긋 웃음

10 ①은 시장의 우상에 해당하는 예이다. 극장의 우상은 기존의 전통과 권위를 맹신하는 데서 오는 편견으로, 지구가 우주의 중심이라는 아리스토텔레스의 주장을 진리로 받아들이는 것 등이 그 예가 될 수 있다.

11 홉스의 윤리 사상에 해당하는 것을 〈보기〉에서 모두 고른 것은?

보기

ㄱ. 성악설
ㄴ. 절대군주제
ㄷ. 사회계약설
ㄹ. 철학적 사유
ㅁ. 방법적 회의

① ㄱ, ㄴ
② ㄱ, ㄴ, ㄷ
③ ㄱ, ㄴ, ㄷ, ㄹ
④ ㄱ, ㄴ, ㄷ, ㄹ, ㅁ

11 홉스는 인간은 이기적이며 자기 자신의 보존만을 추구하는 존재라고 보는 성악설의 입장으로 절대군주제를 추구하였다. 자연 상태에서의 인간 사회는 불신과 투쟁이 존재할 뿐 보편타당한 도덕 원리가 존재할 수 없다고 보는 것이 사회계약설의 입장이다. ㄹ과 ㅁ은 데카르트의 윤리 사상에 해당하는 내용이다.

12 벤담과 밀의 고전적 공리주의에 대한 설명으로 옳지 않은 것은?

① 유용성의 원리가 적용된다고 보았다.
② 벤담은 질적 공리주의 입장이고, 밀은 양적 공리주의 입장이다.
③ 최대 다수의 최대 행복, 즉 더 많은 사람이 더 많은 행복을 누리는 것을 말한다.
④ 행위의 영향을 받는 인간에게 고통보다 더 많은 행복을 누리게 하면 그것은 옳은 행위이고, 그렇지 않으면 옳지 않은 행위이다.

12 벤담은 쾌락은 한 가지 종류로 질적 차이는 없고 양적 차이만 있다는 양적 공리주의 입장이고, 밀은 쾌락은 질적으로 높고 고상한 정신적 쾌락과 질적으로 낮고 저급한 육체적·관능적 쾌락이 있다고 보는 질적 공리주의 입장이다.

정답 10 ① 11 ② 12 ②

제4절 현대 윤리 사상

1 실용주의 윤리와 현대적 의의

(1) 실용주의의 등장 배경 및 특징

① **등장 배경**

㉠ 19세기 말 미국에서 영국의 경험론 등 근대 사상을 계승 → 지식의 실용성이나 과학적 방법을 강조

㉡ 농업 사회에서 산업 사회, 노예 사회에서 시민 사회로의 변화 → 각종 사회 문제와 갈등 존재

㉢ 산업 사회에서 중요시되는 개척과 실험 등을 담아낸 사상이 등장

② **실용주의 사상의 특징**

㉠ 경험 중심의 철학 사상 : 17세기 영국 경험론과 19세기 공리주의를 계승

㉡ 유용성(有用性) 중시

- 모든 가치를 유용성의 입장에서 판단하기 때문에 일상생활에 도움이 되는 가치를 바람직한 가치로 여김
- 참된 지식이란, 일상생활에서 유용하다고(쓸모가 있다고) 검증된 실용적 지식을 의미함
- 행동적 · 실제적 · 현실적 · 개선적 · 미래적 성격을 지님

(2) 듀이(J. Dewey)의 사상

① **가치관**

㉠ 정적(靜的)이고 정체되어 있는 가치는 부정

㉡ 성장하고 진보하는 도덕적 가치가 최고선

㉢ 절대적으로 옳은 것은 존재하지 않음 → 상대주의적 진리관

② **윤리관**

㉠ 도덕적 선택 : 옳은 선택이 도덕적 갈등 상황을 해결하는 데 도움이 됨

㉡ 도덕의 성립 : 사람과 사회 환경과의 상호 작용에서 성립하는 것

㉢ 도덕의 기준 : 자신과 타인과의 관계를 가진 사회적 자아

㉣ 개선주의 세계관 : 사회를 개선하고 발전시키는 데 유용한 사회적 가치만이 도덕적으로 타당함

더 알아두기

듀이의 사상

- 도구주의 : 지식이나 관념은 문제 해결의 도구
- 도덕이나 윤리는 변화하고 성장
- 고정적이고 절대적인 가치의 존재 부정

(3) 퍼스(C.S. Peirce)와 제임스(W. James)의 사상

① **퍼스의 사상**

㉠ '실용주의'라는 말을 처음으로 사용한 실용주의의 창시자

㉡ 어떤 개념이 옳기 위해선 이를 가지고 실천하였을 때 쓸모 있는 실제적 결과를 만들어 내야 한다는 원칙인 '실용주의의 격률'을 제안함

② **제임스의 사상**

㉠ 이로운 것이 곧 옳은 것

㉡ 고정적이고 절대적인 진리를 부정

㉢ 현금 가치 : 지식과 신념은 우리의 삶에 이롭고 유용할 때 현금 가치를 지님 → 지식의 신념과 유용성 강조

(4) 실용주의에 대한 평가

① **부정적 평가** : 비도덕적인 행위라고 생각되는 것도 현실적으로 유용하다면 허용할 수 있음

② **긍정적 평가** : 가치의 상대성과 다양성은 인정(다원주의 사회의 도태), 합리적이고 효율적인 문제 해결로 현실 문제에 대한 대안을 찾음

2 실존주의 윤리와 생명 존중 사상, 생철학

(1) 실존주의

① **등장 배경** : 현대 과학 기술 문명과 대중 사회의 익명성 등 근대 이성주의로 인해 나타난 '비인간화 현상'과 '인간 소외 현상'을 극복하기 위한 사상

② **실존주의 윤리의 특징**

㉠ 반이성주의 · 비합리주의 철학

㉡ **주체성 회복 철학** : 비인간화되어 가는 현실에서 '나'를 중심으로 한 주체성 회복 철학

㉢ 인간의 개성을 긍정적으로 보며 인간의 주체성을 강조함으로써 인간의 존엄성 중시

③ **키르케고르(S.A. Kierkegaard)의 사상**

㉠ 실존 : '이것이냐, 저것이냐'를 매순간 선택해야 하는 상황

㉡ 실존 개념 : 불안과 죽음의 문제를 극복하고 참된 실존을 회복하기 위해서 '**신(神) 앞에 선 단독자**'로서 인간의 주체적 결단을 강조 → 이성적 · 과학적 지식에 대한 비판

㉢ '신앙'을 통한 실존 회복을 강조한 유신론적 실존주의자

㉣ "주체성이 진리이다." : 객관적인 진리보다는 주관적인 진리가 훨씬 중요한 것이며, 그 어느 누구도 대신할 수 없는 인간 자신의 주체적 결단, 곧 주체성이 진리라고 봄

④ **야스퍼스(K. Jaspers)의 사상**

㉠ 한계 상황에 대한 철저한 인식을 통해서만 자신의 실존에 대한 진정한 깨달음을 얻음

㉡ 단독자로서의 인간은 도저히 피할 수 없는 절대적인 상황, 즉 한계 상황(죽음, 고통, 싸움, 죄의식)에 직면 → 이로 인해 인간은 철저히 절망하고 좌절하는 존재

㉢ 인간은 이성에 의한 객관성과 보편성을 통해 한계 상황을 해결할 수 없는 상황을 인식 하고 이를 직시함으로써 참된 자기 실존을 이해할 수 있고, 신(神)에 대한 참된 경험도 하게 됨(키르케고르의 영향)

⑤ **사르트르(J.P. Sartre)의 사상**

㉠ 인간은 이 세상에 홀로 내던져진 존재 → 먼저 실존한 후에 자기 자신의 모습을 만들어 나감

㉡ '실존(현실적 존재로서의 인간의 구체적 삶의 모습)은 본질(인간의 일반적 특징)에 앞선다.' → 인간의 자기 결정성 강조

㉢ 인간은 자유롭게 선택하고 결과에 스스로 책임을 지는 주체적 존재

⑥ **하이데거(M. Heidegger)의 사상**

㉠ 시간의 흐름 속에서 인간 존재의 본질을 해명

㉡ 타인과의 관계에서 자기를 발견하는 공동 존재로서 자기 존재 실현

㉢ 인간은 죽음을 자각하고 직시할 때 본래적인 실존을 회복

(2) 생명 존중의 사상

① **배경** : 환경 파괴와 인간 생명에 대한 위협 증가

② **성격** : 생명에 대한 신비와 존엄성을 강조하는 사상

③ **슈바이처(A. Schweitzer)의 사상**

㉠ 우리는 살려고 하는 생명들로 둘러싸여 살아가고 있는 생명[**생명의 외경(畏敬) 사상**]

㉡ 자기 자신의 생명은 물론, 다른 모든 생명을 염려하고 존중

㉢ 생명을 유지하고 그것을 고양하는 것이 선(善)이며, 생명을 죽이고 억압하는 것은 악(惡)

④ **의의** : 현대 사회의 생명 윤리학이나 환경 윤리학에 중요한 이론적 토대를 제공

(3) 생철학

① **쇼펜하우어(A. Schopenhauer)의 부정적 생철학**

㉠ 반이성주의 = 반주지주의 = 비합리주의 철학 : 헤겔의 관념론(이성 강조)에 대해 철저히 비판

㉡ 주의주의(主意主義), 주정주의(主情主義), 직관주의 강조 → 직관적이고 비합리적인 방법으로 생(生)의 의의, 가치, 본질 등을 파악하고자 함

㉢ 염세주의(厭世主義) 세계관 : 우리가 삶에 대한 의지를 가지고 있는 한 '인생은 고통'이며, 이 세상은 고통과 고뇌의 상태일 수밖에 없다는 염세주의와 허무주의적 세계관을 주장

㉣ 허무한 인생의 고통을 극복하는 방법 : 철저한 '금욕적 생활'을 통해 열반과 해탈의 경지에 도달해야 함 → 인도 불교 철학의 영향

② **니체(F. W. Nietzsche)의 긍정적 생철학**

㉠ 생(生)에 대한 긍정적이고 적극적인 태도 강조 : '권력(힘)에의 의지' 강조, 생에 대한 창조적 · 적극적 · 능동적 의지 강조, 적극적인 삶의 태도 강조

㉡ 초인(超人, superman) : 생을 사랑하고 운명적으로 받아들이는 운명애(運命愛)적인 태도를 지닌 사람, 대지(大地), 즉 현실에 충실하고 생을 긍정적으로 사랑하는 태도를 지닌 사람

㉢ 기독교의 노예 도덕 비판 : "신은 죽었다."고 하면서 기독교의 노예 도덕을 비판하고, 힘 있는 주인(군주) 도덕 강조

더 알아두기

한나 아렌트의 '악의 평범성' 기출 21

• 미국의 정치철학자 한나 아렌트가 나치 전범 아돌프 아이히만의 재판 과정에 대해 쓴 보고서 「예루살렘의 아이히만」에 나오는 말로, 유대인 학살이 광신도나 포악한 악인에 의해 일어난 것이 아니라 권위 있는 상부의 명령에 순응한 평범한 사람들에 의해 일어났음을 일컫는 말

• 권위에 복종하여 상부에서 내리는 반인륜적인 지시나 이념에 무조건 따른다면 누구나 쉽게 '악의 평범성'에 빠질 수 있음

3 정의 윤리와 배려 윤리

(1) 정의 윤리

① **정의의 의미**

㉠ 정의란 동양 사상에서는 '의로움', 서양에서는 '각자에게 그의 몫을 주는 것'

㉡ 사회 제도가 추구해야 할 가장 핵심적이고 기본적인 덕목

㉢ 사회 제도를 구성하고 운영하므로 질서 유지의 역할을 함으로써 구성원과 사회의 관계를 원활하게 유지시켜 줌

② **정의의 기능**

㉠ 옳고 그름에 대한 사회적 기준을 제공

㉡ 사회적 재화 분배 과정에서 일어나는 갈등과 분쟁을 조정

㉢ 구성원들의 화합을 도모하여 사회를 통합

③ **정의 윤리의 특징**

㉠ 남성적이고 정의 중심적인 윤리

㉡ 보편적 윤리 중시 : 보편적인 규칙이나 원리에 따라 옳고 그름의 도덕 판단을 내리는 것에 초점을 둔 윤리

㉢ 이성, 권리, 공정성을 강조 : 칸트나 롤스 등의 윤리

④ **정의 윤리의 도덕적 고려 사항**

㉠ 개인의 자율성, 독립성, 공정성, 보편화 가능성, 도덕 원리, 권리 등의 개념을 핵심 개념으로 삼음

㉡ 어떤 상황에서 옳은 것은 그와 유사한 상황에서도 옳다는 보편화 가능성을 전제 → '네 의지의 준칙이 보편적 법칙이 되기를 의욕할 수 있도록 행위하라.'는 칸트의 정언 명법(보편화 가능성 함축)

㉢ 콜버그(Kohlberg)의 도덕 발달 이론에서 6단계 추론은 그러한 보편적인 도덕 원리에 따라 추론하는 것 → 보편화 가능성과 그에 따른 보편적인 도덕 원리와 도덕 법칙, 그리고 도덕적 의무는 정의 윤리의 핵심적인 요소

㉣ 정의 윤리에서 중요시하는 또 다른 고려 사항은 '권리' 개념임 → 권리는 그 자체의 도덕적 의무와 마찬가지로 보편화 가능성을 전제

㉤ 정의 윤리가 자율성, 공정성, 보편적인 도덕 원리, 규칙 그리고 권리를 중요한 도덕적 고려 사항으로 간주한다는 점에서 칸트나 롤스의 의무론적 윤리설뿐만 아니라 공리주의도 정의 윤리의 범주에 포함시킬 수 있음

(2) 배려 윤리 기출 20

① **배려 윤리의 등장 배경**

㉠ 근대 윤리나 정의 윤리에 대한 한계를 비판하며 등장

㉡ 남성 중심의 가치관을 반영하고 있는 근대 윤리를 비판

② **배려 윤리의 특징**

㉠ 의무론적 정의 윤리 비판(칸트, 롤스, 콜버그 등)

- **칸트의 의무론** : 인간은 보편적 도덕 법칙 주장 → 권리와 존엄성 보장
- **롤스의 정의론** : 합리적 개인이 원초적 입장 → 추상적 정의의 원칙 추론
- **콜버그의 도덕성 발달 이론** : 도덕성을 도덕적 추론 또는 판단 능력으로 규정 → 도덕성 발달 이론 전개

㉡ 정의 윤리에 없는 연민, 관계 중시, 동정, 유대감 등을 강조

㉢ 여성주의 윤리의 영향을 받음

㉣ 도덕성의 원천을 감정에서 찾음

㉤ 구체적인 상황 중시(지식적인 부분과 더불어 정서적인 부분의 중요성 부각)

③ **배려적 사고의 의미와 중요성**

㉠ 배려적 사고의 의미 : 다른 사람의 처지에서 생각하여 그 입장을 이해하고 공감하는 사고의 과정

㉡ 배려적 사고의 기능

- 현실에서 서로에 대한 배려는 보다 올바른 도덕적 판단을 가능하게 하며 역지사지 정신과 유사
- 나와 타인을 포함한 사회와의 조화를 위한 연결 고리
- 예절이나 법, 규칙 같은 것도 서로를 위한 배려적 사고에서 출발

④ **배려적 사고의 과정**

㉠ 도덕적 상상력 : 어떤 상황을 도덕적으로 민감하게 받아들여, 자신과 타인에게 미칠 결과를 예측하고 생각하는 능력

㉡ 공감 : 상대방의 입장을 이해하고 상대방의 그 생각이나 감정을 함께 느끼는 것(역지사지의 정신)

㉢ 알맞은 감정 표현 : 타인의 감정을 생각하여 알맞게 표현하는 것

⑤ **대표적인 사상가**

㉠ 길리건 기출 24, 23

- 정의 윤리가 여성의 '**다른 목소리**'를 간과하였다고 주장 → 여성을 열등적인 존재로 규정
- 다른 목소리의 특징 : 공감 및 동정심, 관계성, 배려와 보살핌, 구체적 상황 및 맥락
- 남성이 가지고 있는 것은 '정의'이고, 여성이 가지고 있는 것은 '배려'로 봄
- 여성은 인간관계를 중시하고, 공감이나 타인의 감정을 생각하는 것 등을 통해 도덕 문제를 해결한다고 주장함
- 여성과 남성의 도덕적 지향성이 동일하지 않음

㉡ 나딩스 기출 21

- 훈련된 이성은 도덕적 악을 방지해 주지 못한다고 봄. 오히려 느끼고 행동할 수 있는 '배려'가 더욱 중요한 역할을 한다고 주장함
- 어머니와 자녀 사이의 관계를 배려의 원형으로 제시함
- 도덕적 판단과 행위를 정서적 반응으로 생각함
- 친밀한 사람들뿐만 아니라 타인, 나아가 동식물과 지구 환경까지 배려를 강조함(윤리적 배려보다 자연적 배려가 우월)

⑥ **배려 윤리의 의의와 한계**

㉠ 의의

- 도덕적이라고 생각하였던 것들을 보편적인 것이 아니라 남성적인 것임을 알려줌
- 정의 윤리에서 주장하였던 도덕성 개념에 조화, 공감, 보살핌 등이 더해져 도덕성에 대한 이해를 넓힘

㉡ 한계 : 감정이나 정서에만 한정되는 감정적 요소만 강조하고, 보편성을 가지지 못하고 윤리적 상대주의에 빠질 수 있음

더 알아두기

정의 윤리와 배려 윤리

- 정의 윤리 : 정의, 권리, 독립성, 보편성
- 배려 윤리 : 배려, 의무와 책임, 상호 의존성, 맥락주의

4 덕 윤리 · 책임 윤리 · 평화 윤리

(1) 덕 윤리 기출 20

① **근대 윤리의 한계로 등장**

㉠ 보편적 원리(정언 명령)와 절대적 원리를 하나의 도덕 원리로 강조하여 현실적 도덕 문제를 해결하고자 함

㉡ 근대 윤리학은 자율적이고 이성적인 존재로서의 개인을 강조함 → 공동체의 도덕적 전통과 관습 경시

② **덕 윤리의 의미** : 덕이라는 개인의 내적 특성이나 성품이 가장 큰 도덕적 중요성을 갖는다는 주장

③ **덕 윤리의 모태** : 아리스토텔레스의 '덕' 윤리가 모태가 됨

④ **덕 윤리의 특징**

㉠ 행위자 중심의 윤리 : 행위를 하는 사람의 인품과 덕을 중시

㉡ 도덕적 공동체 지향 : 인간의 감정과 인간관계의 맥락이나 동기를 중요시함

㉢ 이상적인 인격 모델 제시 : 도덕적으로 존경받을 수 있음

⑤ **현대 덕 윤리의 한계**

㉠ 유연성을 강조하여 윤리적 상대주의로 옮겨갈 수 있음

㉡ 현시대에서 중요시하는 보편성을 대신할 수 없음

(2) 책임 윤리

① **책임 윤리의 등장 배경**

㉠ 현대 사회에서 어떤 행위의 결과에 대한 책임의 주체가 불분명해짐

㉡ 책임 윤리는 개인의 익명성이 커지는 현대 사회에서 무엇보다 자신의 행위에 대한 책임을 강조함

② **책임 윤리의 의미**

㉠ 책임 윤리는 막스 베버가 심정 윤리(행위에 선한 의도를 중시)와 대비하면서 처음 사용한 개념

㉡ 예견할 수 있는 행위의 결과에 대한 엄중한 책임을 중시함

㉢ 목적과 수단의 관계 및 직접 의도하지 않은 부수적인 결과 등을 충분히 인식하고 그러한 것을 예측하여 행동하라고 요구함

③ **요나스의 책임 윤리** 기출 23

㉠ 현대 과학 기술 문명이 초래한 위기를 극복하는 방안으로 책임 윤리 제창

㉡ 윤리적 공백 기출 20 : 과학 기술의 발달과 그것을 따라가지 못하는 윤리 간의 차이 → 기존의 윤리가 인간 삶의 전 지구적 조건과 미래, 즉 인류의 존속이라는 문제를 진지하게 고려하지 않는다고 비판

㉢ 인간은 책임을 질 수 있는 유일한 존재 → 인간이 책임질 수 있는 능력을 지녔다는 것 자체가 책임을 져야만 한다는 의무로 연결된다고 주장, 인류의 존속이라는 무조건적 명령을 이행하기 위해 자연과 미래 세대에 대한 책임을 중시

④ **윤리적 의사 결정과 책임 윤리**

㉠ 예견할 수 있는 모든 결과에 책임 및 미래 지향적 당위를 강조함

㉡ 책임의 범위는 현세대와 미래 세대의 생존 및 생태계 전체에 대한 책임까지 강조함

(3) 평화 윤리

① **세계 평화의 중요성**

㉠ 인간다운 삶의 영위 : 평화로운 삶이 유지되어야 기본적인 안전과 생명에 대한 위협 없이 인간다운 삶을 영위하는 것

㉡ 개인의 발전과 국가의 성장 : 세계 평화가 유지될 때 개인은 원하는 일과 하고 싶은 일을 하며 자기 개발의 삶을 살 수 있고, 개인이 발전할 때 국가도 성장하고 전 세계적으로도 더 살기 좋은 환경이 만들어질 수 있음

② **세계 평화를 방해하는 요인들**

㉠ 빈곤과 기아 : 가난하고 배고픈 상태는 인간의 기본적 요구가 충족되지 않은 상태

㉡ 전쟁 : 전쟁이 발발하면 삶의 터전이 파괴되고 안전과 생명 자체가 보장받지 못하게 됨(원인 : 민족과 종교 간의 갈등, 영토 확장을 위한 분쟁, 천연 자원 확보 등)

㉢ 환경 오염 : 지구의 온난화와 사막화를 초래하고 해수면을 상승시키는 등 삶의 터전을 훼손(원인 : 자동차・공장의 매연, 농약과 화학비료 및 쓰레기, 공장 폐수 등)

③ **비폭력 평화 운동** : '비폭력'은 폭력을 쓰지 않거나 반대하는 것

㉠ 시민불복종 기출 24, 22 : 법률이 기본권을 침해하거나 부당하다고 판단이 될 때 법을 변화시키기 위하여 고의적으로 법률을 위반하여 저항하는 행위

> **더 알아두기**
>
> **시민불복종의 사례**
>
> • 영국의 식민지 정책에 저항한 간디의 무저항 불복종 운동
> • 마틴 루터 킹의 흑인 민권 운동
> • 미국의 노예 제도와 멕시코 전쟁에 반대한 헨리 데이비드 소로의 운동

> **더 알아두기**
>
> **시민불복종의 정당화 조건** 기출 23
>
> • **정당성** : 개인에게 불리한 법률이나 정책이 아니라 사회 구성원의 권리를 침해하여 사회 정의를 훼손한 법이나 정책에 항의하는 것
> • **비폭력성** : 폭력적인 행동을 선동하는 것은 정당화될 수 없음
> • **최후의 수단** : 정상적인 방식을 시도하였지만 소용이 없을 때 최후의 상황에서 시도해야 함
> • **처벌의 감수** : 위법 행위에 대한 처벌을 받아들여 기본적인 법을 존중하고 정당한 법 체계를 세우기 위한 노력임을 분명히 해야 함

㉡ 평화적 시위 : 어떠한 폭력의 사용 없이 자신들의 의견과 주장을 집회나 행진과 같은 평화로운 방법으로 주장하는 것

더 알아두기

평화적 시위의 사례

우리나라의 3·1 운동은 일제의 식민지 지배와 탄압에 맞서 1919년 3월 1일을 기점으로 일어난 민족 최대 규모의 항일 운동이자 평화적 비폭력 저항 운동

㉢ 반전·반핵 운동 : 전쟁에 반대하고 핵무기 확산 및 사용을 반대하는 운동 → 핵 확산 금지 조약

체크 포인트

핵 확산 금지 조약(NPT)

1968년 7월 1일 미·소·영 등 총 56개국이 핵무기 보유국의 증가를 방지할 목적으로 체결하였다. 핵을 보유하지 않은 국가들의 핵 보유를 막고, 핵보유국 내에서의 핵무기 증가와 핵 실험 등을 방지하기 위한 조약이다.

④ **평화를 위한 노력**

㉠ 진정한 평화

- 경제적 평화 : 불공정한 분배가 없는 평화
- 군사적 평화 : 전쟁, 테러와 같은 직접적 폭력이 없는 평화
- 문화적 평화 : 가치와 사상의 왜곡이 없는 평화

㉡ 대화와 타협을 통한 노력 : 당사자 국가 간에 평화로운 방법으로 대화와 타협을 통해 해결

⑤ **세계화와 지역화의 윤리성**

㉠ 세계화

- 국제 사회의 상호 의존성이 증가하고 세계 전체가 긴밀하게 연결된 사회 체계로 통합되어 가는 현상
- 경제 분야에서 시작된 세계화는 사회적·문화적으로 확대되고 있음
- 지구촌 실현을 목표로 세계의 통합을 지향하며 인류의 공동 번영을 도모함

㉡ 지역화

- 특정 지역이 그 지역의 고유한 전통이나 특성을 살려 다른 지역과 차별화된 경쟁력을 갖추려고 노력하는 현상
- 지역 중심적 사고를 토대로 지역의 이익과 발전을 추구

㉢ 세계화와 지역화의 윤리적 문제와 해결 방안

- 세계화에 따른 윤리적 문제
  - 세계의 통합만을 지나치게 강조할 경우, 지구촌 문화의 획일화 문제 발생
  - 약소국의 경제적 종속의 문제 발생
- 지역화에 따른 윤리적 문제
  - 인류 전체의 협력과 공동 번영의 걸림돌
  - 자기 지역의 이해관계만을 고려할 때 지구촌 실현이라는 시대정신을 거스르는 것
- 세계화와 지역화에 따른 윤리적 문제의 해결 방안
  - 지역의 고유문화와 전통을 소중히 여김
  - 세계 시민 의식을 바탕으로 인류의 공존과 화합 도모
  - 글로컬리즘의 실현을 위해 노력

체크 포인트

글로컬리즘

지역의 고유문화와 전통을 소중히 여기면서도 세계 시민 의식을 바탕으로 인류의 공존과 화합을 도모하는 것을 말한다.

더 알아두기

슬로푸드 운동

음식을 대량생산, 표준화하고 전통 음식을 소멸시키는 패스트푸드에 대항하여 식사, 맛의 즐거움, 전통 음식의 보존 등의 가치를 내건 운동을 말함. 1986년에 이탈리아에서 미국계 패스트푸드점의 개점에 반대하는 운동을 계기로 시작하여 패스트푸드로 상징되는 '효율 지상주의' 사회에 대항하는 문화 운동으로 확대, 현재는 국제적 운동으로 발전함

제 4 절 핵심예제문제

01 **윤리 사상가 키르케고르에 대한 설명으로 옳지 않은 것은?**

① 신 앞에 선 단독자로서의 결단을 강조하였다.
② 맹목적 의지를 중시하였다.
③ 신과 대면한 단독자의 결단을 통해 삶의 모순을 해결하고자 하였다.
④ 주체적 삶을 통해 진리를 찾고자 하였다.

01 맹목적 의지를 중시한 사상가는 쇼펜하우어이다.

02 **다음 중 생명의 외경 사상을 주장한 사상가는?**

① 키르케고르
② 슈바이처
③ 하이데거
④ 쇼펜하우어

02 **슈바이처(A. Schweitzer)의 사상**
- 우리는 살려고 하는 생명들로 둘러싸여 살아가고 있는 생명[생명의 외경(畏敬) 사상]
- 자기 자신의 생명은 물론 다른 모든 생명을 염려하고 존중

03 **윤리 사상에 대한 설명으로 옳지 않은 것은?**

① 배려 윤리는 추상적이고 보편적인 원칙과 합리적인 문제 해결 능력 등을 중시한다.
② 정의 윤리에서는 합리적 판단 능력을 중시한다.
③ 배려 윤리를 강조하는 학자들에 따르면 정의 윤리는 남성 중심적 윤리이다.
④ 정의 윤리는 권리와 규칙에 대한 이해를 중시한다.

03 길리건에 의하면 정의 윤리가 추상적이고 보편적인 원칙과 합리적인 문제 해결 능력 등을 중시하는 데 비해, 배려 윤리는 관계성과 공감 및 동정심을 중시하고, 따뜻한 배려와 구체적 상황 및 맥락을 강조한다.

정답 01 ② 02 ② 03 ①

04 다음 중 책임 윤리를 주장한 사상가는 누구인가?

① 갈퉁
② 나딩스
③ 요나스
④ 길리건

05 실용주의 사상과 관련이 깊은 것을 〈보기〉에서 모두 고른 것은?

보기
ㄱ. 개선주의 세계관
ㄴ. 경험론과 공리주의 전통 계승
ㄷ. 고정적이고 절대적인 가치의 부정
ㄹ. '신 앞에 선 단독자'로서 인간의 주체적 결단 강조
ㅁ. '비인간화 현상'과 '인간 소외 현상' 극복을 위한 사상

① ㄱ, ㄴ
② ㄱ, ㄴ, ㄷ
③ ㄱ, ㄴ, ㄷ, ㄹ
④ ㄱ, ㄴ, ㄷ, ㄹ, ㅁ

06 다음 내용과 같이 주장한 사상가는?

• 여성을 열등적인 존재로 규정함
• 여성과 남성의 도덕적 지향성이 동일하지 않음
• 여성은 인간관계를 중시하고, 공감이나 타인의 감정을 생각하는 것 등을 통해 도덕 문제를 해결한다고 주장함

① 롤스
② 콜버그
③ 길리건
④ 나딩스

04 • 책임 윤리 : 행위가 미칠 영향과 결과에 대한 책임에 기초해서 도덕 문제를 해결
• 요나스 : 인류가 존재해야 한다는 당위적 요청을 근거로 인류 존속에 대한 현 세대의 책임을 강조 → "우리의 책임은 일차적으로 미래 세대의 존재를 보장하는 것이며, 이차적으로는 그들의 삶의 질을 배려하는 것이다."

05 실용주의 사상은 유용성을 가치 판단의 기준으로 삼으며 절대적 진리나 가치의 존재를 부정한다. ㄹ・ㅁ은 실존주의 윤리 사상의 특징에 해당한다.

06 배려 윤리의 대표적인 사상가인 길리건은 정의 윤리가 '다른 목소리'를 간과하였다고 주장하면서 여성을 열등적인 존재로 규정하고 있다. 여기서 다른 목소리란 공감 및 동정심, 관계성, 배려와 보살핌, 구체적 상황 및 맥락의 특징을 가지고 있다.

정답 04 ③ 05 ② 06 ③

07 요나스의 책임 윤리에 대한 설명으로 옳지 않은 것은?

① 현대 과학 기술 문명이 초래한 위기를 극복하는 방안으로 책임 윤리를 제창하였다.
② 과학 기술의 발달과 그것을 따라가지 못하는 윤리 간의 차이 때문에 윤리적 공백이 생긴다.
③ 인류의 존속이라는 무조건적 명령을 이행하기 위해 자연과 미래 세대에 책임을 중시하였다.
④ 개인의 자율성, 공정성, 보편화 가능성, 도덕 원리, 권리 등의 개념을 핵심 개념으로 삼는다.

07 요나스는 현대 과학 기술 문명이 초래하는 위기를 극복하는 방안으로 책임 윤리를 제창하였다. ④는 정의 윤리에 대한 설명에 해당한다.

08 다음 중 각각의 윤리에 해당하는 입장을 바르게 연결한 것은?

ㄱ. 관계적 자아관
ㄴ. 원자적 자아관
ㄷ. 책임과 의무 강조
ㄹ. 개인의 권리 강조
ㅁ. 상황적·맥락적 사고
ㅂ. 형식적·추상적 사고

① 정의 윤리 – ㄱ, ㄴ, ㄷ
② 정의 윤리 – ㄴ, ㄹ, ㅂ
③ 배려 윤리 – ㄷ, ㄹ, ㅁ
④ 배려 윤리 – ㄹ, ㅁ, ㅂ

08 정의 윤리에 해당하는 것은 ㄴ, ㄹ, ㅂ이고, 배려 윤리에 해당하는 것은 ㄱ, ㄷ, ㅁ이다.

정답 07 ④ 08 ②

제 3 장 실전예상문제

01 다음 중 서양의 인간관으로 보기 어려운 것은?

① 감각이나 감정보다는 이성을 중시하였다.
② 인간의 이성은 자연을 이용하는 도구로 생각하였다.
③ 인간을 신의 모사(模寫)로 여겼다.
④ 인간을 동물과 다름없는 존재로 보고 있다.

01 인간은 자연보다 존엄하며 자연을 정복하고 이용할 권리가 있는 것으로 여겼다.

02 소피스트와 소크라테스가 탐구하였던 공통적인 주제는 무엇인가?

① 자연
② 우주
③ 행복
④ 인간

02 소피스트와 소크라테스는 서양 사상의 역사에서 인간의 문제를 처음으로 제기하고 연구하였다.

03 다음 중 윤리설에 대한 설명으로 옳은 것은?

① 절대론적 윤리설 – 윤리 규범의 필요성을 구속적·당위적 입장에서 수용한다.
② 상대론적 윤리설 – 도덕적 권위가 확고하여 사회 질서가 정연하게 유지된다.
③ 목적론적 윤리설 – 행위의 판단 기준으로 동기와 그에 따른 의무를 중시한다.
④ 법칙론적 윤리설 – 행위의 결과에 따라 행위의 옳고 그름을 판단한다.

03 ② 절대론적 윤리설에 대한 설명이다.
③ 의무론적 윤리설에 대한 설명이다.
④ 결과주의 윤리설에 대한 설명이다.

정답 01 ④ 02 ④ 03 ①

04 **다음 내용과 같이 주장한 사상가의 입장에 해당하는 것은?**

> 아무도 자발적으로는 악한 행위를 하지 않는다. 아름다운 것과 좋은 것을 아는 사람은 결코 그 반대의 것을 택하지 않을 것이다. 그리고 아름다운 것과 좋은 것에 대하여 무지하면 그것을 행할 수 없을 것이며, 설사 그것을 추구하더라도 실패하게 될 것이다.

① 잘못된 행동은 무지에서 비롯되는 것이다.
② 사물의 본질은 바로 그 사물의 안에 있다.
③ 인간의 감각적 경험을 중시한다.
④ 덕은 지적인 덕과 도덕적인 덕으로 구분한다.

04 제시문은 소크라테스가 무지에 대한 자각을 주장한 내용이다.
②·④ 아리스토텔레스의 주장이다.
③ 소피스트의 주장이다.

05 **인간다운 삶을 위해서는 언제 어디서나 반드시 지켜야 하는 원칙이 있다고 보는 윤리설과 관련 있는 학자들로 옳게 묶인 것은?**

① 소피스트, 플라톤
② 에피쿠로스, 헤겔
③ 벤담, 칸트
④ 소크라테스, 칸트

05 절대론적 윤리설에 대한 내용으로 대표적 학자는 소크라테스, 플라톤, 스피노자, 아리스토텔레스, 칸트, 헤겔 등이 있다.

정답 04 ① 05 ④

06 다음 내용과 같이 주장한 사상가에 대한 설명으로 옳은 것은?

> 철학자들이 모든 나라의 왕이 되거나 현재의 왕 또는 최고 권력자들이 진정으로 철학을 하게 되지 않는 한, 그리하여 정치권력과 철학이 하나로 합쳐지지 않는 한, 모든 나라에 있어서, 아니 인류 전체에게 있어서 악은 종식되지 않을 것이다.

① 도덕 원리는 개인에 따라 다르게 나타난다고 하였다.
② 정의를 실현할 때 이상 국가가 성취된다고 주장하였다.
③ 인간의 감각보다 이성적 사유를 중시하였다.
④ 행복은 도덕적 삶을 위한 수단이라고 보았다.

06 제시문은 플라톤이 주장한 것이다. 플라톤에 의하면 국가는 인간의 영혼이 확대된 것으로 볼 수 있다. 지혜, 용기, 절제, 정의가 사회 속에서 실현될 때, 즉 각 계급의 사람들이 자기 본분에 해당되는 덕을 잘 발휘하여 전체적으로 조화를 이루어 정의를 실현할 때 이상 국가가 성취된다.

07 다음 설명에서 괄호 안에 들어갈 말을 바르게 나열한 것은?

> 서양 윤리 사상은 인간의 본성을 크게 두 가지 관점에서 이해한다. (㉠) 중심의 관점에서 인간의 이성은 식물이나 동물 등 다른 존재들과 인간을 구별하는 독특하고 고유한 특성이다. 반면, (㉡) 중심의 관점에서 이해된 인간은 무엇보다 감각 경험을 가지고 있고, 쾌락과 고통을 느끼는 존재이다.

	㉠	㉡
①	본능	이성
②	이성	정의
③	이성	경험
④	본능	정의

07 서양 윤리 사상은 '이성과 사유'를 중시하느냐, 아니면 '감각과 경험'을 중시하느냐에 따라 고대 그리스 시대부터 두 가지 흐름으로 전개되었다.

정답 06 ② 07 ③

08 **소피스트 윤리 사상에 대한 설명으로 옳은 것은?**

① 악행의 원인은 무지에 있다고 보았다.
② 진리의 절대성을 확신하였다.
③ 도덕 법칙을 중시하였다.
④ 보편타당한 윤리의 존재를 부정하였다.

08 ①·②·③은 소크라테스의 윤리 사상에 대한 설명이다.

09 **다음 내용과 관련이 깊은 사상가는?**

- 인간은 만물의 척도이다.
- 각 개인의 판단 기준에 따라 상대적인 진리만이 존재한다.

① 프로타고라스
② 트라시마코스
③ 고르기아스
④ 소크라테스

09 **프로타고라스(Protagoras)**

- 인간척도설 주장 : "인간은 만물의 척도이다." → 개인의 감각과 경험이 지식의 근원, 세상 모든 것의 판단 기준은 개인
- 각 개인의 판단 기준에 의해 상대적 진리만이 존재 : 자신에게 있다고 보이는 것은 있는 것이고, 자신에게 없다고 보이는 것은 없음
- 상대주의와 주관주의적 경향 : 인간을 단지 감각과 육체만을 가진 존재로 보았기 때문에 생겨남

10 **다음 내용과 관련이 깊은 사상가는?**

- 아무것도 존재하지 않는다.
- 설혹 존재한다 할지라도 알 수 없다.
- 설혹 알 수 있다 할지라도 다른 사람에게 전달할 수 없다.
- 회의주의적 진리관의 입장

① 프로타고라스
② 트라시마코스
③ 고르기아스
④ 소크라테스

10 고르기아스는 회의주의적 진리관의 입장을 펼친 사상가로, "진리는 존재하지 않으며, 무엇인가 존재한다고 해도 알 수 없고, 설령 안다 하더라도 다른 사람에게 전달할 수 없다."라고 주장하였다.

정답 08 ④ 09 ① 10 ③

11 다음 글에서 괄호 안에 들어갈 개념에 대한 설명으로 옳은 것을 〈보기〉에서 모두 고른 것은?

> 인간 생활의 궁극적 목적은 최고선이다. 그렇다면 과연 무엇이 최고선인가? 최고선은 (　　)에 있다. 그리고 이는 모든 생물이 자기의 타고난 능력을 완전히 발휘하는 데에서 달성된다. 우리는 초월적인 이데아를 쫓아갈 것이 아니라, 타고난 능력을 잘 계발해 나가기만 하면 얼마든지 최고선의 경지에 도달할 수 있다.

보기

ㄱ. 인간에게 선천적으로 부여된 덕목이다.
ㄴ. 모든 사람들이 얻으려고 노력하는 것이다.
ㄷ. 사람마다 다르게 나타나는 주관적인 것이다.
ㄹ. 그 실현을 위해서는 덕이 필수적으로 요청된다.

① ㄱ, ㄴ
② ㄱ, ㄷ
③ ㄴ, ㄹ
④ ㄷ, ㄹ

11 아리스토텔레스는 행복을 궁극적 목적으로 보았으며, 덕을 쌓아야 얻을 수 있다고 하였다.

12 다음 글의 내용과 가장 관련 깊은 학설은?

> 한 사회의 목표나 그 성원들의 욕구 충족을 위해 도움이 된다고 판단되는 행위는 인정을 받고 그렇지 못한 경우는 제재를 받음으로써 옳은 행위와 그른 행위가 구분된다.

① 절대론적 윤리설
② 객관론적 윤리설
③ 주관론적 윤리설
④ 상대론적 윤리설

12 윤리 규범이 지니는 상대적 속성을 강조하는 입장으로, 상대적·주관적·특수적 기준에 의한 상대론적 윤리설이다.

정답 11 ③ 12 ④

13 **소크라테스의 사상과 관련이 있는 것을 〈보기〉에서 모두 고른 것은?**

보기

ㄱ. 보편주의　　ㄴ. 절대주의
ㄷ. 지행합일설　　ㄹ. 지덕복합일설
ㅁ. 상대주의　　ㅂ. 개인주의

① ㄱ, ㄴ, ㅁ, ㅂ
② ㄷ, ㄹ, ㅁ, ㅂ
③ ㄱ, ㄴ, ㄷ, ㄹ
④ ㄴ, ㄷ, ㄹ, ㅁ

14 **다음과 같이 소피스트와 소크라테스를 비교한 표에서 내용이 옳지 않은 것은?**

구분	소피스트(sophists)	소크라테스(Socrates)
① 진리관	상대적・회의적・주관적 진리관	절대적・객관적・보편적 진리관
② 관심 분야	경제적인 부와 명예 등 세속적인 가치를 중시	선(善)하게 사는 것과 정신적인 가치를 중시
③ 영향	이성 존중의 철학	경험론, 실용주의, 상대주의와 쾌락주의
④ 공통점	'자연' 중심에서 '인간과 사회' 중심의 연구 자세로 전환	

13 **소크라테스의 철학**
- 보편적, 절대적 진리관
- 지행합일설 : 앎과 실천 병행
- 지덕복합일설 : 보편적
- 이성 → 참된 앎 → 덕 함양 → 행복한 삶

14 소피스트는 감각과 경험을 중요시하는 경험론, 실용주의, 상대주의와 쾌락주의의 입장인 데 반해, 소크라테스는 이성을 존중하는 철학의 입장이다.

정답 13 ③ 14 ③

15 **다음 내용은 고대 서양 사상가들의 대화이다. 갑이 을에게 제기할 수 있는 비판으로 타당한 것은?**

> 갑 : 존재하는 모든 것은 어떤 목적을 가지고 있는데, 인간의 궁극적 목적은 행복이다. 그리고 인간이 행복해지기 위해서는 덕을 쌓아야 한다. '덕'은 우리에게 본래 있는 것이 아니라, 계속적인 실천과 노력을 통해 형성되는 것이다.
> 을 : 무엇이 옳고 그른지 제대로 모르기 때문에 사람들은 악을 행하며, 그렇기 때문에 앎이 그 무엇보다도 중요하다. 이러한 앎이란 단순한 지식이 아니라, 영혼의 수련을 통해서 얻어진 깨달음이다.

① 보편적 진리란 존재하지 않는다.
② 인간의 감각적 경험을 중시해야 한다.
③ 알면서도 악을 행한다는 것은 있을 수 없다.
④ 끊임없는 습관화를 통한 덕목의 실천이 중요하다.

15 갑은 지속적인 실천을 통해 덕을 형성할 것을 강조한 아리스토텔레스이며, 을은 덕을 알면 실천할 수 있다고 주장한 소크라테스이다.

16 **〈보기〉에서 아리스토텔레스의 철학 사상만을 고른 것은?**

> 보기
> ㄱ. 목적론적 세계관을 전개하였다.
> ㄴ. 인간다운 인간은 이성에 따라 사는 인간이다.
> ㄷ. 바람직한 인간은 중용의 덕을 실천하는 사람이다.
> ㄹ. 행복은 정신의 유덕한 활동이며, 금욕이 꼭 필요하다.

① ㄱ, ㄴ, ㄷ
② ㄱ, ㄴ, ㄹ
③ ㄱ, ㄷ, ㄹ
④ ㄴ, ㄷ, ㄹ

16 **아리스토텔레스**
바람직한 인간은 중용의 덕을 실천하는 사람으로 중용의 상태를 유지하기 위해 이성의 능력을 최대한 발휘하는 삶을 살아야 한다고 주장하였다.

정답 15 ④ 16 ①

17 **자연과 우주의 본질 탐구에 주어졌던 철학적인 관심을 인간과 사회에 관한 탐구로 옮김으로써 인간 중심주의 철학의 선구가 된 것은?**

① 자연 철학
② 소크라테스의 철학
③ 스토아 학파
④ 소피스트 학파

17 인간 중심주의 철학의 선구는 프로타고라스를 대표자로 하는 소피스트(궤변) 학파이다.

18 **다음 설명에서 괄호 안에 공통으로 들어갈 말로 알맞은 것은?**

- 아리스토텔레스는 윤리적인 탁월성을 (　　)(이)라고 보고 중용의 (　　)을(를) 제시하였다.
- 플라톤은 지혜, 용기, 절제, 정의의 (　　)을(를) 제시하였다.

① 인(仁)
② 의(義)
③ 덕(德)
④ 치(治)

18 아리스토텔레스는 덕은 행위의 습관화로 생기는 상태라는 것을 지적하고, 중용에서 성립하는 용기와 같은 것을 덕이라고 하였다. 플라톤은 지혜, 용기, 절제, 정의의 네 가지를 덕으로 제시하였다.

정답 17 ④ 18 ③

19 소크라테스의 "너 자신을 알라."가 의미하는 뜻만을 〈보기〉에서 모두 고른 것은?

보기

ㄱ. 인간 자신이 만물의 여러 현상에 대한 판단 기준임을 선언한 말이다.
ㄴ. 자신의 무지에 대한 자각을 강조한 말이다.
ㄷ. 자연보다는 인간의 본질을 아는 것이 더욱 근본적인 문제라는 말이다.
ㄹ. 보편적 · 객관적 진리 인식의 중요성을 일깨운 말이다.

① ㄱ, ㄷ
② ㄴ, ㄹ
③ ㄴ, ㄷ
④ ㄱ, ㄹ

19 ㄱ. 로타고라스의 "인간은 만물의 척도이다."와 관련된 것이다.
ㄷ. 소피스트들과 소크라테스의 인간의 본질의 탐구에 대한 것이다.

20 아리스토텔레스가 주장하는 행복은 무엇을 통해서 달성되는가?

① 근면과 절약
② 중용의 덕
③ 경험적 판단
④ 정신적 만족

20 아리스토텔레스는 행복은 지나치지도, 모자라지도 않는 '중용의 덕'에 의해 달성될 수 있다고 하였다.

21 철학자와 진리 인식 방법의 연결이 잘못된 것은?

① 플라톤 – 감각적 인식
② 칸트 – 종합적 인식
③ 헤겔 – 변증법적 인식
④ 소피스트 – 경험적 인식

21 플라톤은 참다운 세계는 오직 이성에 의해서 파악될 수 있는 이데아의 세계뿐이라고 하였다.

정답 19 ② 20 ② 21 ①

22 **다음 중 스토아 학파의 사상과 거리가 먼 것은?**

① 아타락시아
② 정신의 자유
③ 만민 평등 사상
④ 이성에 따른 생활

22 스토아 학파는 이성 중시, 도덕주의, 금욕주의, 세계 시민주의, 아파테이아를 주장하였다.

23 **다음 설명에서 괄호 안에 들어갈 말로 알맞은 것은?**

> 아리스토텔레스는 (　　)가 지적인 덕으로, 어떤 행위가 중용에 맞는 행위인지를 판단하기 위해 필요한 것이라 하였다.

① 세속적 가치
② 실천적 지혜
③ 보편적 진리
④ 현상의 세계

23 아리스토텔레스는 실천적 지혜가 품성적인 덕을 갖추기 위한 필수적인 요소라고 생각하였다. 실천적 지혜 없이는 중용의 상태를 알 수 없기 때문이다. 실천적 지혜는 인간에게 좋은 것과 나쁜 것이 무엇인지를 알 수 있게 하는 지성적 덕이다. 이러한 앎에 근거해서 무엇을 할 것인가를 선택하고, 그것을 실제로 행할 때만이 덕 있는 사람이 될 수 있다고 하였다.

24 **모든 국민이 제각기 자신의 능력에 맞는 일을 분업적으로 충실하게 수행함으로써 국가 전체적으로 균형과 조화를 이루었을 경우를 플라톤의 입장에서 바르게 나타낸 것은?**

① 철인 정치론 – 정의의 실현 – 이상 국가
② 의회 정치론 – 분업의 실현 – 야경 국가
③ 군주 정치론 – 평등의 실현 – 자유 국가
④ 귀족 정치론 – 이상의 실현 – 경찰 국가

24 플라톤은 통치 계급은 지혜를, 군인·경찰 등의 계급은 용기를, 산업에 종사하는 계급은 절제의 미덕을 지님으로써 계급 간의 균형과 조화가 실현된 상태를 정의(正義)라고 보았다.

정답 22 ① 23 ② 24 ①

25 아리스토텔레스는 인간이 선악을 알면서도 일시적 충동에 의해 부도덕한 행위를 저지를 수 있다고 보고, 아는 것을 실천하고자 하는 의지(意志)를 중시하였다.

26 [문제 하단의 표 참고]

정답 25 ② 26 ①

25 아리스토텔레스가 주장한 것으로, 인간이 선악(善惡)을 알면서도 악행을 저지르게 되는 원인은?

① 외부 환경
② 의지 박약
③ 선천적 본성
④ 교육 수준

26 플라톤이 『국가(politeia)』에서 제시한 사회 구성원들의 덕목이 바르게 나열된 것은?

> 철인 통치자의 덕은 (㉠)을(를), 군인 계급의 덕은 (㉡)를, 생산자 계급의 덕은 (㉢)로 상정하였다.

	㉠	㉡	㉢
①	지혜	용기	절제
②	용기	지혜	절제
③	절제	지혜	용기
④	이성	절제	용기

[플라톤의 4주덕]

구분		덕목	육체	영혼	계급	국가 사회
4주덕	개인적 덕	지혜	머리	이성	통치자	통치계급(철인왕)
		용기	가슴	기개	수호자	무사계급(군인)
		절제	배	욕망	생산자	생산계급(서민)
	사회적 덕	정의				

27 **고대 그리스 철학의 흐름이 바르게 이어진 것은?**

① 인간 → 신 → 자연
② 자연 → 인간 → 이성
③ 이성 → 자연 → 인간
④ 신 → 인간 → 자연

27 문명이 점차 발전함에 따라 사람들의 관심은 자연보다는 인간 생활에서의 법, 제도, 관습으로 쏠리게 되었으며 소크라테스를 비롯한 그리스의 철학자들은 인간을 보편적 이성을 지닌 존재로 규정하였다. 즉, '자연 → 인간 → 이성'의 순서로 철학이 발전하였다.

28 **고대 그리스의 철학자와 그 사상이 잘못 연결된 것은?**

① 소크라테스 – 대화법 – 무지의 자각
② 플라톤 – 철인 정치 – 이상 국가
③ 아리스토텔레스 – 중용의 덕 – 행복
④ 프로타고라스 – 인간 척도설 – 보편적 이성

28 보편적 이성은 소크라테스의 주장이다.

29 **다음 내용에 해당하는 개념은?**

> 아리스토텔레스는 이성에 의하여 충동이나 정욕, 감정을 억제함으로써 한쪽으로 치우치지 않으려는 의지를 습관화한 덕을 제시하였다.

① 중용
② 의지
③ 정의
④ 행복

29 아리스토텔레스는 정념이 넘치거나 모자라지 않는 중간 상태를 '중용'이라 하였다.

정답 27 ② 28 ④ 29 ①

30 다음과 같이 고대 사상을 비교한 표에서 내용이 옳지 않은 것은?

<table>
<tr><th>구분</th><th>소피스트</th><th>소크라테스</th><th>플라톤</th><th>아리스토텔레스</th></tr>
<tr><td>공통점</td><td colspan="4">① 자연 중심의 철학</td></tr>
<tr><td rowspan="3">차이점</td><td>② • 상대 · 개인 · 주관주의
• 인간 = 만물 척도</td><td>• 절대 · 보편 · 객관주의
• 무지 = 불행</td><td>이데아,
이원론,
4주덕</td><td>일원론,
중용의 덕</td></tr>
<tr><td rowspan="2">③ 감각 · 경험</td><td colspan="3">이성 존중 철학</td></tr>
<tr><td colspan="2">④ 주지주의</td><td>주지주의
+
주의주의</td></tr>
</table>

30 자연 중심의 철학이 아니라 인간 중심의 철학이다.

31 헬레니즘 시대 윤리 사상의 특징으로 거리가 먼 것은?

① 공동체적 인간관계의 강화

② 실제적 현실 문제의 중시

③ 개인의 안심입명과 내면적 행복의 추구

④ 마음의 평정과 자유에 대한 동경

31 헬레니즘 시대에는 폴리스를 중심으로 하여 발달한 그리스인들의 공동체적 생활양식이 개인주의적 생활양식으로 전환되었다.

정답 30 ① 31 ①

32 **에피쿠로스 사상의 특징으로 옳지 않은 것은?**

① 지속적 · 감각적 쾌락을 중시하였다.
② 공리주의 윤리설의 형성에 영향을 주었다.
③ 불안이 없는 마음의 평정(平靜)을 추구하였다.
④ 아파테이아(Apatheia)의 경지를 이상으로 삼았다.

32 아파테이아는 스토아 학파의 윤리 사상에 해당된다. 에피쿠로스 학파는 정신적 · 지속적 쾌락을 강조하였으며 도덕적 이상으로 평온한 상태를 추구하였다.

33 **14~16세기의 서양 윤리 사상과 거리가 먼 것은?**

① 인간의 능력에 대한 신뢰
② 하느님 중심의 권위주의 회복
③ 자연적이고 현실적인 인간 본성의 중시
④ 합리적 사고방식과 경험의 존중

33 중세의 신(神) 중심의 권위주의에서 벗어나 인간의 합리주의적 · 현실적 삶을 중시함으로써 근대 윤리 사상 형성의 전환점을 마련해 주었다.

정답 32 ④ 33 ②

34 에피쿠로스 학파가 추구하는 삶의 태도는 욕망의 적절한 제어를 통하여 몸에 고통이 없고 마음에 불안이 없는 상태를 말한다.

35 로고스(Logos, 신적인 이성) : 스토아 학파는 우주 일체를 일관하여 지배하는 최고 궁극의 이법(理法)을 우주 이성(Logos, 신적인 이성, 인간의 이성)이라고 보았다.

정답 34 ① 35 ④

34 **다음 내용과 관련이 깊은 서양 사상가가 강조하는 삶의 태도로 옳은 것은?**

- 이상 상태 : 아타락시아(Ataraxia)
- 행복 실현 : 검소와 절제로 감각적 충동 억제

① 몸의 고통과 마음의 불안이 없는 상태
② 모든 정념이 사라진 상태
③ 육체적 쾌락이 극대화된 상태
④ 필연적인 질서에 의해 운행되는 상태

35 **다음 내용들을 포괄하고 있는 스토아 학파의 개념은?**

- 우주의 궁극 이법
- 자연의 법칙
- 인간의 이성
- 신의 섭리

① 이데아(Idea)
② 아파테이아(Apatheia)
③ 아타락시아(Ataraxia)
④ 로고스(Logos)

36 헬레니즘 시대의 사상을 정리한 내용으로 옳지 않은 것은?

구분	스토아 학파	에피쿠로스 학파
① 사상	금욕주의	쾌락주의
② 최고의 선	아파테이아	아타락시아
③ 행복 실현	이성의 힘으로 욕망 억제	검소와 절제로 감각적 충동 억제
④ 영향	공리주의 사상	칸트의 의무론

36 에피쿠로스 학파는 공리주의, 유물론, 경험론 사상에 영향을 주었고, 스토아 학파는 칸트의 의무론, 스피노자, 로마의 만민법, 자연법 등에 영향을 주었다.

37 다음 중 근대 자연법 사상의 원천이 된 것은?

① 스토이시즘
② 쾌락주의
③ 교부 철학
④ 스콜라 철학

37 로마의 만민법과 근대 자연법 사상의 이론적 근거가 된 것은 스토이시즘(Stoicism)이다.

38 스토아 학파가 강조한 외부의 어려움이나 고통에도 움직임 없이 편안한 마음 상태는?

① 평정심
② 부동심
③ 이타심
④ 정의심

38 스토아 학파는 인생의 궁극적 목적인 최고선과 행복은 모든 욕망을 끊어버리고 어떤 것에 의해서도 마음이 움직이지 않는 '부동심'의 경지에 있다고 주장하였다.

정답 36 ④ 37 ① 38 ②

39 다음 내용과 관련이 깊은 서양 사상의 세계관으로 옳은 것은?

> • 이상 상태 : 아파테이아(Apatheia)
> • 행복 실현 : 이성의 힘으로 정념 극복

① 필연적인 질서에 의해 운행되는 세계
② 인간의 의지에 의해 운행되는 세계
③ 정신적인 쾌락으로 운행되는 세계
④ 감각과 경험으로 운행되는 세계

39 제시된 내용은 스토아 학파에 대한 설명이다. 스토아 학파는 이 세계를 필연적인 질서에 따라 운행되는 것으로 생각하였으며, 인간은 우주와 세계의 질서에 복종하여야 한다고 주장하였다.

40 다음 내용과 관련 있는 적절한 설명은?

> 우리가 살아 있을 때 죽음은 우리에게 오지 않았으며, 죽음이 왔을 때 우리는 이미 존재하지 않는다.

① 소피스트들이 현실을 강조한 것이다.
② 정신적 쾌락을 강조한 에피쿠로스의 교훈이다.
③ 영혼 불멸을 설명한 플라톤의 사상이다.
④ 부동심을 강조한 스토아 학파의 교훈이다.

40 에피쿠로스 학파는 현실에서 정신적인 쾌락을 추구하면서 살기 위해서는 죽음에 대한 공포를 없애야 한다고 주장하였다.

41 아우구스티누스의 윤리 사상에 대한 설명으로 옳지 않은 것은?

① 참된 행복은 신에 대한 사랑과 신앙을 통해서 절대자에게 귀의하는 것이라고 보았다.
② 교부 시대 철학은 그리스 철학, 특히 플라톤 철학을 받아들여 신앙을 체계화하고자 하였다.
③ 신을 이성적 인식의 대상이 아니라, 실존을 통해 만나야 할 인격적 존재로 이해하였다.
④ 이성과 과학만으로는 인간의 삶을 제대로 파악할 수 없다고 하면서 이성보다는 감정과 의지를, 지식보다는 직관과 체험을 중시하는 것을 특징으로 하였다.

41 ④는 생철학에 대한 설명이다. 생철학은 근대의 이성주의적 세계관에 대한 반발로 합리적 이성에 대한 신뢰와 과학적 지식의 축적을 바탕으로 한 낙관적 세계관을 특징으로 한다. 또한 전통적 서양 철학이 강조한 본질이나 이성, 합리성 등은 공허하다고 비판하면서 이성적 인식에 대한 비판 이성은 살아 있는 생명이나 의지 등을 파악하지 못한다며 계몽 철학의 주지주의와 헤겔의 관념주의적 세계관을 비판하였다.

정답 39 ① 40 ② 41 ④

42 **키레네 학파와 에피쿠로스 학파가 각각 중시한 특성을 바르게 지적한 것은?**

	키레네 학파	에피쿠로스 학파
①	이기적 쾌락	공중적 쾌락
②	합리적 태도	정의적 태도
③	육체적 쾌락	정신적 쾌락
④	이성적 사고	경험적 사고

42 키레네 학파와 에피쿠로스 학파의 공통점은 이기적 쾌락주의라는 점이다. 키레네 학파는 육체적, 에피쿠로스 학파는 정신적 쾌락을 중시하였다.

43 **영국의 베이컨이 그의 우상론에서 학문의 전제 조건으로 강조한 것은?**

① 편견의 탈피
② 무지의 자각
③ 우상의 숭배
④ 주관적 판단

43 베이컨은 실제 생활에서 참된 지식을 인식하지 못하는 이유는 인간의 지각에 내재하는 선입견과 편견 때문이라고 보고 이를 타파할 것을 역설하였다.

44 **베이컨의 '종족의 우상'에 해당하는 것은?**

① 갑 : 나는 키 큰 사람이 좋더라.
② 을 : 하늘에 해님이 방긋 웃고 있는 걸 보아라.
③ 병 : 도깨비라는 말이 있는 건 도깨비가 있다는 증거야.
④ 정 : 저 사람은 유명한 학자야. 저 사람 말은 틀림없이 맞을 거야.

44 **종족의 우상**
모든 사물을 인간 본위로 해석하고, 인간 중심으로 유추하려는 인간의 특수성에서 비롯되는 편견이라고 하였다.

정답 42 ③ 43 ① 44 ②

45 다음 글에 해당하는 개념은 무엇인가?

> 인간의 본성에 기초하여 우주, 자연이나 인간, 사회를 지배하는 자연적 성질에 바탕을 둔 법

① 자연법
② 실정법
③ 판례법
④ 기본법

45 **자연법**
실정법(국가가 제정한 법) 외에 인간의 본성에 기초하여, 우주·자연이나 인간·사회를 지배하는 보편적·영구적인 '정의'의 법이다.

46 홉스의 사상에 해당하는 내용을 〈보기〉에서 모두 고른 것은?

보기

ㄱ. 왕권신수설 옹호
ㄴ. 자연 상태는 법도 규범도 없는 무정부 상태
ㄷ. 근대적 시민 국가 형성의 이론적 토대 제공
ㄹ. 경험할 수 있는 자연적 사실을 기초로 해서 선악을 판단하는 자연주의적 윤리설

① ㄱ, ㄴ, ㄷ
② ㄱ, ㄴ, ㄹ
③ ㄴ, ㄷ, ㄹ
④ ㄱ, ㄴ, ㄷ, ㄹ

46 홉스는 절대 군주제를 옹호하면서도 왕권신수설(왕의 권력은 신으로부터 부여받은 신성한 권리)은 반대하였는데, 그 이유는 절대 군주라 하더라도 그 권력은 국민들의 동의를 얻은 합법적인 것이어야 한다고 보았기 때문이다. 홉스의 절대 군주제는 17세기 절대 왕정을 옹호하는 역할을 하기도 하였지만, 왕권신수설과는 정반대의 의미이며 폭군 정치를 의미하는 것도 아니라는 점에 유의해야 한다.

정답 45 ① 46 ③

47 **다음 내용과 관련이 깊은 사상가는?**

- 자유주의 철학의 창시자이자 18세기 유럽 계몽주의 선구자
- 국가보다는 국민의 자유, 생명, 재산을 더 중시하는 자유주의의 사상 강조
- 개인의 생명, 자유, 재산을 보장하지 못하는 정부에 대해 대항할 권리가 있다며 영국의 명예혁명을 옹호
- 국가는 치안 유지, 국방, 최소한의 공공사업이라는 소극적 역할에 그쳐야 한다는 야경국가론 주장
- 권력 집중과 남용의 방지를 위하여 적어도 입법권과 행정권의 2권은 분립되어야 한다고 주장

① 흄
② 루소
③ 로크
④ 벤담

48 **다음과 같은 말을 남긴 사상가는?**

"배부른 돼지가 되기보다는 오히려 배고픈 인간이 더 낫고, 만족스러운 바보보다는 불만족스러운 소크라테스가 더 낫다."

① 밀
② 루소
③ 벤담
④ 에피쿠로스

47 로크는 국가보다는 국민의 자유・생명・재산을 더 중시하는 자유주의 사상을 강조하였고, 자연권의 일부양도설과 국가에 대한 국민의 혁명권(저항권)을 인정하면서 몽테스키외의 삼권분립에 영향을 주었으며 미국의 독립선언서 작성에도 영향을 끼쳤다.

48 밀은 벤담의 양적 공리주의를 질적 공리주의로 발전시켜 공리주의를 완성하였으며, 『자유론(自由論)』에서 정신적 쾌락을 강조하였다.

정답 47 ③ 48 ①

49 다음 중 공리주의 윤리 사상이 아닌 것은?

① 행위의 동기보다 결과를 중요시한다.
② 선의지, 도덕적 의무를 중시한다.
③ 인간의 내면적 동기 문제를 소홀히 취급한다.
④ 학자로는 벤담, 밀이 있다.

구분	칸트	공리주의
특징	도덕 법칙을 따르려는 동기 중시	행위의 결과 중시
장점	도덕의 정언적 성격과 인간의 존엄성을 잘 드러내고 있음	사회적 존재로서의 인간이 살아가야 할 길을 제시해 줌
단점	사회 속에서 살아가야 하는 인간들에게 구체적인 삶의 지침을 제공해주지 못함	인간의 내면적 동기 문제를 소홀히 취급하고, 양적으로 계산할 수 없는 여러 가치를 제대로 다루지 못함

49 [문제 하단의 표 참고]

50 다음 중 스피노자의 사상과 거리가 먼 것은?

① 가장 값진 삶은 이성을 최대로 완성하는 일이다.
② 행복은 자연에 대한 의식에서 나오는 마음의 평화이다.
③ 정념의 속박으로부터 벗어나는 것이 신에 대한 사랑이다.
④ 자연은 정신과 관계없이 경험되고 실증되는 것이다.

50 스피노자는 자연은 신, 정신, 혹은 모든 것을 포함하여 존재한다고 했다.

51 실용주의의 대가인 듀이의 사상으로 거리가 먼 것은?

① 도구적 실용주의
② 창조적 지성
③ 과학적 탐구 과정의 중시
④ 허무적 염세주의

51 허무적 염세주의는 쇼펜하우어의 주장이다.

정답 49 ② 50 ④ 51 ④

52 **과학과 기술에 대한 반응으로 다음과 같은 태도를 취한 철학은?**

> "인간의 행동에 의해 세계를 능동적으로 변혁시키겠다."

① 실존주의
② 공리주의
③ 실용주의
④ 실증주의

52 **실용주의**
실질, 실용을 숭상하는 현실주의를 반영한 것으로 미국을 중심으로 전개되었으며, 행동과 실증에서 진리를 발견하려는 사상이다. 대표적인 학자로는 제임스, 듀이 등이 있다.

53 **다음 내용과 관련이 있는 사상가는 누구인가?**

> • 쇼펜하우어의 의지 중심의 생철학의 영향을 받아 생철학자로 분류되기도 하고, 키르케고르와 함께 실존주의 선구자로 불리기도 한다.
> • 생에 대한 창조적 · 적극적 · 능동적 의지를 강조하면서 언제나 같은 일이 되풀이되는 영겁회귀의 현실 세계는 분명히 허무하지만, 그래도 생을 긍정하고 운명적으로 받아들여야 한다는 적극적인 삶의 태도를 강조하였다.

① 밀
② 홉스
③ 헤겔
④ 니체

53 니체는 생(生)에 대한 긍정적이고 적극적인 태도를 강조하면서, 쇼펜하우어의 삶에 대한 맹목적이고 충동적인 의지를 비판하고, '권력(힘)에의 의지'를 강조하였다. 니체도 세계의 본질을 의지에 두었으나, 니체의 의지는 '부단히 큰 힘을 추구하며 성장 · 강화하려는 의지, 즉 권력에의 의지'이다.

정답 52 ③ 53 ④

54 다음 주장과 가장 관련이 깊은 것은?

> "네 의지의 격률(준칙)이 항상 보편적 입법의 원리로서 타당하도록 행위하라."

① 조건적 명령에 따라 행동하라.
② 모든 사람이 인정하도록 행동하라.
③ 정직하면 신용을 얻게 되니 정직하라.
④ 자기 주관대로 소신껏 행동하라.

54 제시된 칸트의 말은 나 자신이 하고 싶어 하는 것이 모든 사람의 행동 원리로도 타당한 것이 될 수 있도록 행동하라는 것이다.

55 다음 중 실존주의의 주장으로 적절하지 않은 것은?

① 사회적 모순을 극복하기 위해 각 개인의 주체적인 삶의 자세를 강조
② 개인적이고 현실적이며 결코 상대화할 수 없는 인간의 실존 문제 중시
③ 현대 과학 기술 문명과 전쟁 속에서 비인간화되어 가는 인간의 현실을 고발
④ 이성보다는 감정과 의지를, 지식보다는 직관(마음속으로 사물의 이치를 바로 파악하고 판단할 수 있는 능력)과 체험을 중시

55 실존주의는 현대 과학 기술 문명과 대중 사회의 익명성으로 인해 나타난 '비인간화 현상'과 '인간 소외 현상'을 극복하기 위한 사상이다. 이는 반이성주의·비합리주의 철학으로 '나'를 중심으로 주체성을 회복하려는 철학이다. 개인적이고 현실적이며 결코 상대화할 수 없는 인간의 실존 문제를 중시하면서 '나 자신'은 다른 물건처럼 교체하거나 대체할 수 없는 유일무이한 실존적 존재이기 때문에 비인간화되어가는 현대 사회의 모순을 극복하기 위해 각 개인의 주체적인 삶의 자세를 강조하였다. ④는 생철학의 주장 내용에 해당한다.

56 다음 중 의무론적 윤리설에 대한 설명으로 옳지 않은 것은?

① 잘 사는 것이 좋고 선하다고 보아 선을 목적으로 추구하는 이론이다.
② 정(正)과 부정(不正)의 개념을 기본으로 한다.
③ 바르게 사는 것이 관심의 초점이다.
④ 크리스트교적 전통에 바탕을 두고 있다.

56 잘 사는 것이 좋고 선하다고 보아 선을 목적으로 추구하는 이론은 목적론적 윤리설에 대한 설명이다.

정답 54 ② 55 ④ 56 ①

57 **다음 내용과 같이 주장한 사상가는 누구인가?**

> "인간의 가장 위대한 임무는 어떻게 인간이 만물 중에서 그가 차지하고 있는 지위를 합당하게 실현할 것이며, 또한 그가 인간답게 존재하기 위해 어떻게 되어야 할 것인가를 올바로 이해하는 것이다."

① 칸트
② 맹자
③ 홉스
④ 루소

58 **과학 기술의 발전을 통해 빈곤이 해결되고, 인간의 건강 · 행복 · 능력이 증진되는 과학적 유토피아 사회를 제시한 사람은?**

① 루소
② 베이컨
③ 벤담
④ 밀

57 **칸트의 윤리설(비판 철학 : 3대 비판)**
- 순수 이성의 비판 : 선천적인 인식 능력
- 실천 이성의 비판 : 실천 의지란 도덕 법칙을 알고 실천하는 능력
- 판단력 비판 : 도덕과 자연과의 조화 능력에 대한 것

58 **베이컨의 '뉴아틀란티스'**
계급제와 신분제는 존재하지만, 과학기술의 발전을 통해 빈곤이 해결되고, 인간의 건강 · 행복 · 능력이 증진되는 과학적 유토피아 사회를 말한다.

정답 57 ① 58 ②

59 칸트의 도덕성에는 자율적 의무 의식에 근거한 순수한 동기에서 비롯되는 행위, 선의지에 의해서 의무가 발생한 행위, 실천 이성의 명령을 의무로 삼는 행위가 있다.

59 불우 이웃을 돕는 경우, 칸트가 가장 도덕성이 있다고 본 것은?

① 가엾다는 동정심
② 조건 없는 이타심
③ 불우 이웃을 돕는 행복감
④ 도와야 한다는 의무 의식

60 ①은 칸트의 주장이다. 헤겔은 개인과 국가 성원 전체의 사회적·역사적 현실 속에 드러나 있는 객관주의적 윤리를 밝히려고 노력하여 국가주의적 성격을 지녔다.

60 다음 중 헤겔이 주장한 내용에 해당하지 않는 것은?

① 개인적 인격과 자율적 동기를 중시한 주관적이고 개인주의적 윤리를 강조하였다.
② 절대 정신의 변증법적 자기 발전이 곧 세계 역사임을 강조하면서 세계 역사를 변증법적으로 이끌어 가는 주체를 절대 정신이라고 표현하였다.
③ 개인의 자유와 사회의 자유가 함께 실현되기 위해서는 공동체가 필요하다고 주장하면서 이러한 공동체를 인륜(사회제도)이라고 한다고 보았다.
④ '이 세상에 변화하지 않고 그대로 고정되어 있는 것은 단 하나도 없으며, 끊임없이 변화하는 과정'이라는 만물유전(만물은 고정된 것이 아니라 흐르고 굴러 변화됨)의 세계관을 기초로 하였다.

정답 59 ④ 60 ①

61 **서양 윤리 사상은 인간의 본성을 이성적 사유의 측면과 감각적 욕구의 측면으로 나누어 생각하였다. 각 측면을 중시한 윤리 사상이 바르게 짝지어진 것은?**

	이성적 사유	감각적 욕구
①	고대 그리스의 철학	대륙의 합리론
②	스토아 학파의 금욕주의	칸트의 관념론
③	칸트의 관념론	공리주의 윤리설
④	영국의 경험론	홉스의 자연주의

61 • 이성적 사유의 측면을 중시한 윤리 사상 : '고대 그리스의 철학 → 스토아 학파의 금욕주의 → 대륙의 합리론 → 칸트의 관념론'으로 이어졌다.
• 감각적 욕구의 측면을 중시한 윤리 사상 : '키레네 학파의 윤리 사상 → 에피쿠로스 학파 → 영국의 경험론 → 홉스의 자연주의 윤리설 → 영국의 공리주의'로 이어졌다.

62 **키르케고르의 실존 사상을 바르게 설명한 것은?**

① 시간의 흐름 속에서 인간 존재의 본질을 해명하고자 하였다.
② '신 앞에 선 단독자'로서 인간의 주체적 결단을 강조하였다.
③ 한계 상황 속에서의 실존을 해명하고자 하였다.
④ 죽음을 두려움 없이 받아들임으로써 본래적인 실존을 되찾을 수 있다고 보았다.

62 ①·④ 하이데거에 대한 설명이다.
③ 야스퍼스에 대한 설명이다.

정답 61 ③ 62 ②

63 다음과 같이 쾌락주의 윤리설을 비교한 표에서 내용이 옳지 않은 것은?

구분	키레네 학파	에피쿠로스 학파	공리주의
내용	① 정신적·순간적·일시적·현재적 쾌락 강조	② 정신적·은둔적·지속적 쾌락 강조	③ 사회적·이타적·공중적 쾌락 강조
학자	아리스티포스	에피쿠로스 등	④ 벤담, 밀

63 키레네 학파는 인생의 목적은 행복이고, 행복은 쾌락을 통해 가능하다면서 육체적·순간적·일시적·현재적 쾌락 추구를 통한 행복 실현을 주장하였다. 키레네 학파는 이후 헬레니즘 시대의 에피쿠로스 학파(정신적 쾌락주의)에게 영향을 끼치지만, 에피쿠로스 학파에서는 키레네 학파의 쾌락 추구를 '쾌락주의의 역리(덫)'라고 비판하였는데 육체적 쾌락을 통한 행복 추구의 결과는 행복이 아니라 고통만을 초래한다는 입장이었기 때문이다.

64 다음 중 이념과 학파의 연결이 바르게 짝지어진 것은?

① 주지주의 – 계몽 철학, 생철학
② 쾌락주의 – 스토아 학파, 에피쿠로스 학파
③ 이성주의 – 합리론, 경험론, 키레네 학파
④ 반이성주의 – 생철학, 실존주의 철학

64 스토아 학파·계몽 철학·합리론은 이성주의에 속하며, 특히 계몽 철학은 주지주의의 성격이 강하다. 실존주의와 생철학은 반이성주의에 속한다.

65 루소가 주장한 이상적 사회에 대한 설명으로 옳은 것은?

① 직접 민주주의에 의해 스스로를 다스리는 사회
② 사유 재산과 계급이 소멸한 사회
③ 통치자들이 '좋음의 이데아'라고 하는 도덕적 선에 관한 절대적 지식을 성취한 사회
④ 인간의 건강, 행복, 능력이 증진되는 과학적 유토피아 사회

65 ② 마르크스의 공산 사회
③ 플라톤의 이상 국가
④ 베이컨의 과학적 유토피아 사회

정답 63 ① 64 ④ 65 ①

66 다음과 같이 주장한 사회계약론자는?

국가가 구성원들에게 위임받은 권력을 통해 안전과 재산을 제대로 지켜 내지 못할 경우, 혁명을 통해 새로운 정부를 세울 권리를 갖는다.

① 칸트
② 루소
③ 홉스
④ 로크

66 로크는 국가의 설립 목적은 생명·자유 및 재산권을 위한 것이며, 주권의 소재는 국민에게 있다고 하였다. 또한 "입법기관이 민중으로부터 위탁받은 신탁에 반하여 행동하는 일이 있을 때는 입법기관을 해임 또는 경질하는 최고의 권력은 여전히 민중에게 남아 있다."는 말로 저항권을 인정하였다.

67 다음 중 인민주권론을 주장했던 사람은?

① 로크
② 루소
③ 홉스
④ 스피노자

67 루소는 『사회계약론』에서 개인은 태어나면서부터 자연적 자유를 부여받은 존재라고 규정하고, 전 국민의 국정에의 평등한 참여, 지배와 복종의 자동성의 원리를 주장하는 인민주권론을 주창했다.

68 윤리 사상에 대한 내용 중 주장하는 학자가 다른 하나는?

① "아는 것(과학적 지식)이 힘이다."라고 하면서 지식은 자연을 정복하는 도구임을 강조하였다.
② 인간의 이기심은 공감(共感)을 통해 얻은 이타심을 통해 억제할 수 있으며, 이러한 이타심이 바로 선(善)이고 행복을 보장한다고 주장하였다.
③ 수많은 관찰과 실험에 의해 통해 얻은 현실 생활에 도움을 주는 지식이 참되고 유용한 지식이며, 이를 통해 행복한 삶이 가능하다고 보았다.
④ 현실생활에 도움을 주는 과학적 지식을 활용하여 자연을 이용하고 정복함으로써 인간 생활의 편리함과 행복을 추구할 수 있다고 주장하였다.

68 베이컨은 '아는 것이 힘이다.'라며 학문의 목적은 과학적 지식을 이용하여 자연을 이용하고 개척함으로써 인간의 삶을 개선시키고 풍족하게 하는 데 있다고 주장하였다. 베이컨의 경험 중시의 철학은 홉스와 로크, 그리고 흄으로 계승·발전되었다. ②는 흄의 주장이다.

정답 66 ④ 67 ② 68 ②

69 다음 중 예수가 강조한 가르침이 아닌 것은?

① 인간의 신성성과 무한한 본래적 가치
② 인류의 보편적 형제애
③ 겸손, 용서, 희생의 윤리
④ 행복은 이성에 맞는 덕스러운 행동

69 ④는 아리스토텔레스가 주장한 가르침이다. 예수는 신과 이웃에 대한 사랑, 인간의 무한한 가치와 존엄성, 인류의 보편적 형제애, 겸손·용서·희생의 윤리, 형식적 율법주의 비판 등을 강조하였다.

70 다음 중 교부 철학에 대한 설명으로 옳지 않은 것은?

① 이데아의 세계에 해당하는 것은 완전한 신이라고 보았다.
② 악은 하나의 실체가 아니며 선이 결여된 상태로 보았다.
③ 아리스토텔레스의 철학을 수용하였다.
④ 인간의 구원은 신의 의지에 달렸다고 보았다.

70 교부 철학은 그리스도교의 교리를 정립하고 이론이 형성되는 데 기여한 교부들의 철학으로, 그리스 철학 중 특히 플라톤 철학을 적극 수용하였다. 아리스토텔레스의 철학은 스콜라 철학이 수용하였다.

정답 69 ④ 70 ③

71 다음 내용과 관련이 있는 그리스도교 윤리의 근본 원리는?

> "남에게 대접을 받고자 하는 대로 남을 대접하라."

① 율법주의
② 황금률
③ 행복
④ 사랑

71 예수의 황금률에 대한 설명으로 근본 정신과 형식에 있어 동서양의 여러 가르침과도 상통하는 보편적인 도덕규범이다.

72 경험주의 철학자 중 흄에 대한 설명으로 옳은 것은?

① 인간을 비롯한 만물은 물질로 구성되어 있다.
② 자연에 대한 지식을 통해 자연을 지배한다고 하였다.
③ 타고난 관념이 없기 때문에 우리 의식은 백지와 같다.
④ 도덕적 판단에 있어 기준은 이성이 아니라 감정이라고 하였다.

72 흄은 도덕적 판단과 행동에 있어서 중요한 것은 이성이 아니라 감정이라고 주장하였다. 인간은 이성을 이용하여 무엇이 도덕적 행동인지 인식할 수는 있지만 도덕에서는 '실천'이 중요한 문제이기 때문에 이성은 행위의 동기가 될 수 없고 오직 '감정'만이 도덕적 판단과 행위의 동기가 될 수 있다고 보았다.

정답 71 ② 72 ④

73 **데카르트의 방법적 회의**
- 확실하고 자명한 진리 영역의 출발점 : 의심할 수 없는 기본 명제
- 진리 탐구 방법 : 방법적 회의
- 사유의 제1원리 : 더 이상 의심할 필요 없는 자명한 진리의 발견 → "나는 생각한다. 그러므로 나는 존재한다."

73 다음 설명에서 괄호 안에 공통적으로 들어갈 말로 알맞은 것은?

> 데카르트는 더 이상 의심할 필요 없이 앎을 이루기 위해 (　　)하는 방법을 사용하였다. 데카르트는 이러한 (　　)의 과정을 거쳐서 "나는 생각한다. 그러므로 나는 존재한다."라는 철학의 제1원리를 발견하였다.

① 회의
② 쾌락
③ 경험
④ 통찰

74 제시문은 스피노자의 윤리 사상이다. 스피노자는 최고선을 '모든 것을 이성적으로 관조하는 데서 오는 평온한 행복'이라고 하였다.

74 다음과 같은 윤리 사상을 가지고 있는 사상가의 입장에서 '최고선'은 무엇인가?

> - 범신론 : 유한한 인간이 신의 무한성과 자유에 참여하여 완전한 능동적 상태에 이름
> - 우주를 필연적 질서에 따라 움직이는 하나의 거대한 기계로 생각함

① 모든 것을 이성적으로 관조하는 데서 오는 평온한 행복
② 인간의 신성성과 무한한 본래적 가치
③ 감정과 욕망에서 벗어나 금욕을 통한 행복 추구
④ 절제하고 검소한 삶의 방식 추구

정답 73 ① 74 ①

75 다음과 같은 사상가들의 주장에 대한 설명으로 옳지 않은 것은?

> 갑 : 양적 공리주의자로 '최대 다수의 최대 행복'을 도덕과 입법의 원리로 제시하였다.
> 을 : 질적 공리주의자로서 정신적이고 수준 높은 쾌락을 추구할 것을 강조하였다.

① 갑은 쾌락에는 오직 양적인 차이만 있다고 보았다.
② 갑은 개개인의 행복은 사회 전체의 행복과 연결된다고 보았다.
③ 을은 개인적 쾌락주의를 지향하였다.
④ 을은 감각적이고 육체적인 쾌락을 저급한 쾌락이라고 보았다.

75 갑은 벤담, 을은 밀이다. 개인적 쾌락주의는 에피쿠로스 학파의 주장이다. 벤담과 밀은 모두 사회적 쾌락주의를 지향하였다.

76 다음 내용과 같이 주장한 사상가의 입장에서 볼 때 옳은 것은?

> 실존은 선택이라는 구체적 상황에 처한 개인을 의미한다. 이러한 상황에서 선택의 결정을 회피하면 절망에 빠지게 된다. 이것이 '죽음에 이르는 병'이다.

① 가치 판단의 척도로 유용성을 중시하였다.
② 보편적 법칙을 기준으로 선악을 판단하였다.
③ 신 앞에 선 단독자로서 생각하고 행동하였다.
④ 합리적 이성을 통해 주관적 진리를 극복하였다.

76 제시문의 사상가는 키르케고르이다. 키르케고르는 인간이 유한한 존재이기 때문에 겪게 되는 불안과 이에 따른 절망을 '죽음에 이르는 병'이라고 보았다. 그는 신 앞에 선 단독자로서 주체적으로 결단하고 행동할 때 절망을 극복하고 참된 실존을 회복할 수 있다고 보았다.

정답 75 ③ 76 ③

77 배려적 사고 : 다른 사람의 처지에서 생각하여 그 입장을 이해하고 공감하는 사고의 과정

77 다음 내용과 관련이 깊은 사고 유형은?

- 나와 타인을 포함한 사회와의 조화를 위한 연결 고리가 됨
- 현실에서 서로에 대한 배려는 보다 올바른 도덕적 판단을 가능하게 하며 역지사지 정신과 유사함

① 분석적 사고
② 비판적 사고
③ 배려적 사고
④ 추론적 사고

78 책임 윤리의 대표적인 학자인 요나스는 과학 기술의 발달과 그것을 따라가지 못하는 윤리의 차이를 '윤리적 공백'이라 부르면서, 전통적인 윤리로는 이러한 새로운 변화를 충분히 고려하지 못하기 때문에 새로운 윤리의 필요성을 강조하였다.
④ 정의 윤리의 특징에 해당한다.

78 책임 윤리에 대한 설명으로 옳지 않은 것은?

① 자신의 행위에 대해서는 자신이 책임져야 함을 강조하는 윤리이다.
② 인간에게 도덕적 책임을 물으려면 자유 의지가 전제되어야 한다고 보았다.
③ 자연과 생태 문제를 다루는 데 있어 책임의 범위를 어떻게 설정하느냐에 따라 인류의 미래가 달라진다는 점을 강조하였다.
④ 보편적인 규칙이나 원리에 따라 옳고 그름의 도덕 판단을 내리는 보편적 윤리에 초점을 둔 윤리로 이성, 권리, 공정성을 강조하였다.

79 나딩스는 배려의 윤리학적 토대를 다지고, 배려를 고양시킬 수 있는 교육적 방법을 정립하는 데 이바지하였다. 개인의 권리를 도덕의 중심에 두는 정의 지향적 윤리와 달리, 관계에 뿌리를 두고 맥락을 고려하는 배려 지향의 윤리를 제시하였다.
④ 길리건의 주장이다.

79 다음 중 나딩스의 배려 윤리로 볼 수 없는 것은?

① 훈련된 이성은 도덕적 악을 방지해 주지 못한다고 보았다.
② 어머니와 자녀 사이의 관계를 배려의 원형으로 제시하였다.
③ 의무로 남을 돕는 '윤리적 배려'보다 '자연적 배려'가 더 우월하다고 보았다.
④ 남성이 가지고 있는 것은 '정의'이고, 여성이 가지고 있는 것은 '배려'로 보았다.

정답 77 ③ 78 ④ 79 ④

80 **다음 설명에서 괄호 안에 들어갈 말을 바르게 나열한 것은?**

> 길리건은 남성 중심의 (㉠) 윤리가 여성의 '다른 목소리'를 간과하여 여성을 열등한 존재로 규정하였다고 보았으며, 여성의 도덕적 특징을 (㉡)라고 하였다.

	㉠	㉡
①	쾌락	배려
②	배려	정의
③	정의	배려
④	쾌락	정의

81 **서양 윤리 사상을 시대순으로 분류하였을 때 시기가 다른 하나는?**

① 합리론
② 의무론
③ 공리주의
④ 실존주의

82 **서양 윤리 사상의 특징에 대한 설명으로 옳지 않은 것은?**

① 도덕의 기준을 다양하게 제시하였다.
② 개인보다는 사회의 발전을 중시하였다.
③ 의무론적 윤리설과 목적론적 윤리설로 양분된다.
④ 자연, 신, 우주, 세계에 관한 진리관에 의거하여 인간관을 도출하였다.

80 길리건의 배려 윤리
- 정의 윤리가 여성의 '다른 목소리'를 간과했다고 주장 → 여성을 열등적 존재로 규정
- 다른 목소리의 특징 : 공감 및 동정심, 관계성, 배려와 보살핌, 구체적 상황 및 맥락
- 남성이 가지고 있는 것은 '정의'이고 여성이 가지고 있는 것은 '배려'로 봄
- 여성은 인간관계를 중시하고, 공감이나 타인의 감정을 생각하는 것 등을 통해 도덕 문제를 해결한다고 주장함
- 여성과 남성의 도덕적 지향성은 동일하지 않음

81 중세의 신 중심 윤리에 대한 반성에서 시작된 근대 윤리는 인간 중심의 윤리사상을 전개하였다. 대표 사상으로는 베이컨·홉스·흄의 경험주의, 벤담·밀의 공리주의, 데카르트·스피노자의 합리론, 칸트의 의무론 등이 있다. 실존주의는 현대 윤리 사상으로 대표적인 사상가는 키르케고르이다.

82 서양 윤리 사상은 개인의 행복한 삶을 중시하면서 개인 차원 윤리와 사회 차원 윤리를 함께 강조하였다. 또한 도덕의 기준을 다양하게 제시하면서 인간의 본성에 의한 활동을 이성을 중시하는 윤리와 경험을 중시하는 윤리로 나누어 제시하였다.

정답 80 ③ 81 ④ 82 ②

83 다음과 같이 주장한 사상가가 속한 윤리 사상의 특징에 해당하는 것을 〈보기〉에서 모두 고른 것은?

> "아무것도 존재하지 않는다. 존재한다 하여도 이해되지 않는다. 이해된다 하여도 남에게 전달할 수가 없다."

보기

ㄱ. 회의주의
ㄴ. 주관주의
ㄷ. 상대주의적 진리관
ㄹ. 절대적・보편적 진리

① ㄱ, ㄴ, ㄷ
② ㄱ, ㄴ, ㄹ
③ ㄴ, ㄷ, ㄹ
④ ㄱ, ㄴ, ㄷ, ㄹ

83 제시문은 소피스트에 속하는 고르기아스의 주장이다. 소피스트는 인간 중심의 철학으로 가치 판단의 기준을 인간의 감각적 경험과 그 유용성으로 보았다. 또한 진리란 감각적 경험으로 증명되면 쓸모 있는 것이라면서 주관주의적・상대주의적 인간관의 입장으로 절대적・보편적 진리를 부정하는 회의주의 입장이다.

84 다음과 같은 교육 방법을 주장하였던 학자와 거리가 먼 것은?

> • 지식 획득의 객관적 방법으로 대화를 강조하였다.
> • 대화법, 문답법, 반어법, 산파법

① 주지주의
② 지행합일설
③ 인간 척도설
④ 지덕복합일설

84 제시문은 소크라테스의 교육법에 대한 설명이다. 인간 척도설은 대표적인 소피스트 사상가인 프로타고라스의 주장이다.

정답 83 ① 84 ③

85 **다음 내용과 같은 비유를 통해 주장한 사상가와 관련 있는 것을 〈보기〉에서 모두 고른 것은?**

> 커다란 동굴 속에 몇 사람의 죄수가 있다. 그들은 어릴 적부터 사슬에 묶인 채로 동굴 안에서 살아 왔다. 그들은 동굴 밖의 세계를 알지 못한다. 그들이 아는 유일한 세계는 동굴 벽에 비치는 그림자들의 세계이다. 그들은 그것이 세계의 진정한 모습이라고 생각할 수밖에 없다. 여기서 이 사상가는 한 죄수가 사슬에 풀려 나오는 상황을 가정한다. 그 죄수는 처음에는 강렬한 태양빛에 눈이 부시지만 점차로 익숙해지게 되고 자신이 그동안 믿고 있던 세계가 사실은 빛이 만들어 내는 그림자의 세계에 불과하다는 사실을 깨닫게 될 것이다. 그는 많은 사물을 실제로 접함으로써 많은 지식을 얻을 수 있다. 한때 그림자로만 보던 꽃의 실제 모습을 보고 그 색깔과 모양을 구분할 줄 알게 되는 것이다.

보기

ㄱ. 4주덕
ㄴ. 이데아
ㄷ. 철인 통치
ㄹ. 이상 국가론
ㅁ. 이상주의, 주지주의, 이원론

① ㄱ, ㄴ
② ㄱ, ㄴ, ㄷ
③ ㄱ, ㄴ, ㄷ, ㄹ
④ ㄱ, ㄴ, ㄷ, ㄹ, ㅁ

85 플라톤은 '동굴(洞窟)의 비유'를 통해 이데아 세계를 설명하고 있다. 여기서 동굴 안은 현실 세계이고 동굴 밖의 세상은 이데아 세계이며, 밖의 태양은 최고의 이데아이고 밖을 나간 죄수는 철학자를 비유한 것이다. 여기서 이데아란 오직 순수한 영혼의 사유, 즉 이성(로고스)에 의해서만 인식할 수 있는 참다운 세계이다. 영구불변하고 절대적이며 완전한 세계이며 현실세계에 존재하는 사물의 수만큼 완전한 사물이 이데아 세계에 무수히 존재하는데 많은 이데아 중의 이데아, 즉 최고의 이데아는 '선(善)의 이데아'라고 보았다.

86 **에피쿠로스 학파의 영향을 받은 사상에 해당하는 것은?**

① 영국의 경험론
② 로마의 만민법
③ 근세의 자연법
④ 만민 평등의 세계 시민 사상

86 에피쿠로스 학파는 근대 영국의 경험론, 공리주의 윤리설 형성에 영향을 주었다.

정답 85 ④ 86 ①

87 제시문은 스콜라 철학의 입장으로 아리스토텔레스의 목적론을 받아들여 신학 사상을 전개하였으나 거기에 머무르지 않고 종교적 차원으로 한 단계 더 나아갔다.
④ 에피쿠로스 학파의 주장이다.

87 다음 내용과 관련 있는 설명이 아닌 것은?

> "아리스토텔레스가 주장한 덕은 인간에게 현세적이고 일시적인 행복만을 가져다 줄 수 있는 것으로, 영원한 행복과는 거리가 먼 것이었다. 따라서 인간은 이러한 일시적인 행복에 만족하지 말고 종교적인 덕을 추구함으로써 신과 하나가 되는 영원한 행복을 얻어야 한다."

① 신학과 철학, 신앙과 이성, 자연과 인간의 조화에 중점을 두었다.
② 영원한 행복은 이성을 통한 이론적 관조와 신의 은총으로 가능해진다고 보았다.
③ 신의 존재를 논증하고 합리적으로 설명하고자 하면서 종교의 진리와 가치를 보편적이고 합리적인 진리로 발전시키려고 꾸준히 노력하였다.
④ 공공 생활의 복잡함을 피하여 사는 것, 빵과 물만 마시는 질박한 식사에 만족하는 것, 헛된 미신에 마음이 흔들리지 않는 것, 우애를 최고의 기쁨으로 삼는 것 등이 바람직한 삶의 자세이다.

88 교부 철학은 그리스도교 정통 교리 체계화에 목적이 있으므로 세계 종교로서 면모를 갖추고자 하였고 고대 그리스・로마 문화와 조화를 이루고자 하였다. 플라톤이 이데아의 세계를 이성적 인식의 대상으로 본 반면 아우구스티누스는 신은 이성적 인식의 대상이 아닌 실존적으로 만나야 할 인격적 존재라고 설명하였다.

88 교부 철학과 관련된 내용을 〈보기〉에서 모두 고른 것은?

보기

ㄱ. 원죄론
ㄴ. 구원론
ㄷ. 7주덕
ㄹ. 완전한 인간
ㅁ. 토마스 아퀴나스

① ㄱ, ㄴ, ㄷ
② ㄱ, ㄷ, ㄹ
③ ㄴ, ㄷ, ㄹ
④ ㄷ, ㄹ, ㅁ

정답 87 ④ 88 ①

89 **다음 중 칼뱅의 사상에 대한 설명으로 옳지 않은 것은?**

① 개인적 믿음을 통한 구원을 강조하였다.
② 절약과 근면을 통한 부의 축적은 하나님의 영광에 이르는 방법이라고 보았다.
③ 신앙과 이성은 상호 보완적 관계에 있으며 신의 존재를 이론적으로 증명할 수 있다고 주장하였다.
④ 직업은 신이 우리에게 내린 소명이며 인간의 직업 노동은 지상에서 신의 영광을 실현하는 수단이다.

89 칼뱅은 중세 교황의 절대적인 권위에 대항하여 성경의 권위에 기초하지 않는 어떠한 교리도 용납해서는 안 되며 개인적 믿음을 통한 구원을 강조하였다.
③은 아퀴나스의 스콜라 철학에 대한 설명이다.

90 **다음과 같이 주장한 사상가와 관계 깊은 것은?**

> "인간은 자연의 하인이요, 해석자에 불과하기 때문에 일이나 생각을 통해 자연의 질서를 관찰한 만큼만 알 수 있고 능력을 발휘할 수 있다. 그 이상은 결코 알 수도 없고 행할 수도 없다."

① 귀납법
② 연역법
③ 과학적 논리
④ 독일의 관념론

90 제시문은 영국 경험론의 대표학자인 베이컨의 『신기관』의 내용이다. 경험론은 경험을 지식의 근원으로 보는 귀납법의 입장으로, 이는 개별적인 사실을 토대로 일반적인 원리나 법칙을 이끌어내는 학문 방법이다.

정답 89 ③ 90 ①

91 다음 내용과 관련이 깊은 사상가는?

- 사람들은 불평등하고 부자유한 자연 상태에서 벗어나 상호 간의 평화와 안전을 희망하면서 국민들의 자발적인 계약(합의, 동의)을 통해 법과 규범을 만들고, 이것을 집행하기 위한 최고의 권력자, 즉 국가(정부)를 설립하여 상호의 안전 확보와 공공의 이익을 도모하자는 것이다.
- 계약을 맺으면서 자연 상태에서 본래부터 가지고 있었던 각 개인의 권리(자연권)는 국가에 전부 양도한다는 자연권의 전부 양도설을 주장한다.
- 계약에 의해 만들어진 법과 규범의 위반자를 제재하기 위해서는 주권자에게 절대적인 권한을 부여해야 하므로 자연권을 전부 위임받은 정부는 절대적인 권한을 갖게 된다.

① 홉스
② 벤담
③ 데카르트
④ 스피노자

91 홉스는 절대 권력을 옹호하고 있으면서도, 다른 한편으로는 '국민 주권의 민주주의 원리를 함축'하고 있다. 홉스의 정치 사상은 계몽 사상가(로크, 루소)의 국민 주권 사상에 영향을 주었고, 근대 시민 국가 형성의 이론적 토대를 제공하였으며, 경험을 강조한 19세기 영국 공리주의(벤담과 밀)와 미국 실용주의(듀이) 사상의 이론적 토대를 제공하였다.

92 벤담의 고전적 공리주의에 대한 설명으로 옳은 것은?

① 감각적 쾌락보다 내적인 교양이 뒷받침된 정신적 쾌락을 중시하였다.
② 인격의 존엄을 바탕으로 하는 쾌락의 추구가 행복의 근원이라고 보았다.
③ 도덕의 본질이 동정과 인애를 토대로 공익과 정의를 실현하는 것이라고 보았다.
④ '강도, 지속성, 확실성, 근접성, 생산성, 순수성, 범위'를 기준으로 쾌락을 계산하였다.

92 벤담은 쾌락에 질적 차이는 없고 양적 차이만 존재한다고 보면서 최대 다수의 최대 행복을 행위의 원칙으로 삼았다.
①·②·③은 밀의 공리주의 입장에 대한 설명이다.

정답 91 ① 92 ④

93 다음 중 칸트가 주장한 내용이 아닌 것은?

① 이성적 존재는 정언 명령에 따라야만 한다.
② 자신에게 있어서나 다른 사람에게 있어서나 인격을 언제나 동시에 목적으로 대하고 결코 수단으로 대하지 말라고 주장했다.
③ 모든 인간이 국가 안에 존재한다는 것은 필연적이다. 왜냐하면 국가는 절대적인 이성의 의지이며 윤리적 이념의 현실적 모습이기 때문이다.
④ 이성은, 그 자체로서 선한 의지에 도달하도록 돕기 위해 우리에게 주어져 있다. 이성의 요구에 따라 욕구에 대한 유혹을 뿌리치고, 오직 의무감에서 우리가 행동할 때 그 행동은 도덕적인 가치를 갖는다.

93 칸트는 절대적 보편적 도덕 법칙의 입장에서 자연론적 인간관을 비판하였으며 선의지와 실천 이성을 강조하고 의무론적 윤리설의 입장에서 행위의 동기와 과정을 중시하였다.
③ 헤겔의 이상주의 관념론에 해당하는 내용이다.

94 다음과 같이 칸트와 공리주의를 비교한 표에서 옳지 않은 것은?

구분	칸트	공리주의
윤리설	① 의무론적 윤리설 (순수한 동기와 의무 중시)	② 목적론적 윤리설 (행동의 과정 중시)
장점	③ 도덕의 정언적 성격과 인간 존엄성의 정신을 잘 표현하고 있다는 점	이기적 윤리가 내포한 자기 중심적 관점을 넘어 사회적 존재로서의 인간이 살아가야 할 길을 잘 제시해 주었다는 평가
단점 (비판)	현실 사회 속에서 살아가야 하는 인간들에게 구체적인 삶의 지침을 제공해 주지 못하였다는 점	④ • 양적으로 계산할 수 없는 여러 가치를 제대로 다루지 못하였다는 비판 • 인간의 내면적 동기의 문제를 너무 소홀히 하였다는 점

94 공리주의는 인생의 목적을 행복과 쾌락의 추구에 두면서 어떤 행동의 결과가 쾌락과 행복을 증진시키면 선(善)이고, 고통과 불쾌감을 초래하면 악(惡)이라는 목적론적 윤리설의 입장으로 행동의 결과를 중시하였다.

정답 93 ③ 94 ②

95 다음 중 현대 실용주의에 대한 설명으로 옳지 않은 것은?

① 이성 중심의 철학 사상이다.
② 19세기 말에 미국에서 대두되었다.
③ 영국의 경험론과 공리주의를 계승하였다.
④ 참된 지식이란, 일상생활에서 유용하다고 검증된 실용적 지식을 의미한다.

95 실용주의는 경험론과 공리주의를 계승하며 유용성을 중시하는 경험 중심의 철학 사상이다.

96 다음 중 듀이의 사상과 거리가 먼 것은?

① 상대론적 윤리설
② 개선주의적 세계관
③ 진보주의 교육 사상
④ 이성적 · 과학적 지식에 대한 비판

96 듀이는 실용주의를 체계적으로 확립하여 모든 가치를 유용성의 입장에서 판단하고 도구주의 입장에서 지식은 새로운 탐구를 위한 도구의 역할을 한다고 보았다. 인간의 관념과 사고를 문제 해결을 위한 도구로 보면서 도덕적 가치는 항상 변화하고 성장한다고 보았으며 인간의 현실 문제를 개선하고 그에 따른 도덕적 진보를 강조하였다.
④는 실존주의의 입장에 대한 설명이다.

97 다음에서 공통적으로 설명하고 있는 이념의 대표적인 사상가는?

- 생명에 대한 신비와 존엄성을 강조하는 사상
- 환경 파괴와 인간 생명에 대한 위협이 증가하면서 대두
- 현대 사회의 생명 윤리학이나 환경 윤리학에 중요한 이론적 토대를 제공

① 롤스
② 콜버그
③ 나딩스
④ 슈바이처

97 슈바이처는 살아 있는 생명 그 자체를 존중하라고 권고하면서 도덕적 선(善)은 생명을 유지하고 촉진 · 발전시키는 것이며, 악(惡)은 생명을 파괴하고 훼손하는 것이라고 보았다. 생명에의 외경을 주장하여 살아 있는 모든 생명은 존중받아야 한다고 하면서 인간은 다른 생명체가 가진 삶의 의지를 북돋워야 할 의무가 있으며, 다른 생명체를 보존해야 할 책임을 지닌다고 하였다.

정답 95 ① 96 ④ 97 ④

98 **책임 윤리에 대한 설명으로 옳지 않은 것은?**

① 막스 베버가 심정 윤리와 대비하면서 처음 사용한 개념이다.
② 예견할 수 있는 행위의 결과에 대한 엄중한 책임을 중시한다.
③ 보편적인 규칙이나 원리에 따라 옳고 그름의 도덕 판단을 내리는 것에 초점을 둔 윤리이다.
④ 책임 윤리는 개인의 익명성이 커지는 현대 사회에서 무엇보다 자신의 행위에 대한 책임을 강조한다.

98 책임 윤리는 자신의 행위에 대해서는 자신이 책임을 져야 함을 강조하는 윤리로 자연과 생 태 문제를 다루는 데 있어 책임의 범위를 어떻게 설정하느냐에 따라 인류의 미래가 달라진다는 점을 강조한다. 인간은 결코 혼자서 살 수 없으며 다른 사람, 나아가 다른 생명체와 어울려 살 수밖에 없는 연대적 존재라고 보았다. ③은 정의 윤리의 특징이다.

99 **다음과 같이 주장한 사상가에 대한 설명으로 옳은 것을 〈보기〉에서 모두 고른 것은?**

> 우리는 이 지구상에서 인류의 생존에 방해되는 어떤 행위도 하지 말아야 한다. 즉, 그 행동의 결과가 생명이 살 수 있는 미래를 파괴하지 않도록 행위하여야 한다.

보기

ㄱ. 현대 과학 기술 문명이 초래한 위기를 극복하는 방안으로 책임 윤리를 제창하였다.
ㄴ. 보편적 원리와 절대적 원리를 하나의 도덕 원리로 강조하여 현실적 도덕 문제를 해결하고자 하였다.
ㄷ. 인간이 책임질 수 있는 능력을 가졌다는 것 자체가 책임을 져야만 한다는 의무로 연결된다고 주장하였다.
ㄹ. 기존의 윤리가 인간 삶의 전 지구적 조건과 미래, 즉 인류의 존속이라는 문제를 진지하게 고려하지 않는다고 비판하였다.

① ㄱ, ㄴ, ㄷ
② ㄱ, ㄷ, ㄹ
③ ㄴ, ㄷ, ㄹ
④ ㄱ, ㄴ, ㄷ, ㄹ

99 제시문은 요나스의 주장이다. 요나스는 인류와 미래에 대한 책임의 한계를 규정하면서 인간은 다른 생명체와 어울려 살 수밖에 없는 존재이며 자신을 포함한 다른 사람, 다른 존재에 대한 연대 책임이 있다고 보았다. ㄴ. 덕 윤리에 대한 설명이다.

정답 98 ③ 99 ②

100 현대 사회의 도덕적 타락 현상은 '인간이 오로지 과학적 지식을 탐구하는 정신 능력만을 숭상하고 자율적 이성을 상실한 데서 오는 것'이라고 한다. 이러한 자율적 이성과 관련이 깊은 것은?

① 순수 이성
② 판단력
③ 실천 이성
④ 감성

100 **실천 이성**
스스로 도덕 법칙을 세우고 이에 따라 자율적으로 행위하도록 명령하는 도덕적 의지 규정의 능력이다.

정답 100 ③

제 4 장

사회 사상

지식에 대한 투자가 가장 이윤이 많이 남는 법이다.

– 벤자민 프랭클린 –

제 4 장 사회 사상

제1절 사회 사상의 흐름

1 사회 사상의 특징과 현대적 의의

(1) 사회 사상의 특징과 역할

① **사회 사상의 의미** 기출 20

㉠ 사회를 종합적으로 이해하는 이성의 작용으로, 사회의 바람직한 모습에 관한 체계적인 생각이나 태도

㉡ 여러 학문 분야에 담긴 생각과 의견을 수용 → 자연 과학 분야처럼 새로운 발명이나 발견에 의해 이론적 발전이 급속하게 이루어지기보다는 사회 문제에 대해 비판적이고 분석적인 탐구를 진행하면서 점진적으로 발전

㉢ 인간은 사회적 존재이므로 그 사회가 윤리적이고 올바른 사회일 때 인간다운 삶을 살아갈 수 있으므로 사회 사상이 필요함

② **사회 사상의 특징**

㉠ 가변성 : 사회 구성원들의 의사는 항상 변하고 사회도 끊임없이 변함

㉡ 개혁성 : 사회를 더 나은 방향으로 발전시키려 하므로 개혁시키는 기능을 가지게 됨

㉢ 실천성 : 단순한 이념적 성격만을 가지는 것이 아니라 더욱 바람직한 사회로의 변혁을 지향함

㉣ 다양성 : 사회적 삶에 대한 다양한 관점을 제시하며, 상호 유기적 관계를 유지함

③ **사회 사상의 역할**

㉠ 개념적 가치 : 사회 사상은 주변의 사회적 현상과 구성원들의 삶의 가치를 올바르게 이해할 수 있는 틀을 제공

㉡ 설명적 가치 : 사회 사상은 사회 구성원들의 삶이 특정한 방식으로 이루어지는지를 설명함

㉢ 규범적 가치 : 사회 사상은 그 사회를 정당화시키거나 비판하는 규범적 기준을 제시

㉣ 실천적 가치 : 사회 사상은 사회 구성원이 자신의 삶을 선택할 때 선택의 범위를 확정시켜 주는 기능을 함

더 알아두기

사회 사상과 자연 과학의 비교 중요

구분	사회 사상	자연 과학
탐구 대상	사회, 사회 구성원	자연 현상
연구 목적	사회현상을 극복하고 바람직한 방향으로 개선	관찰, 실험을 통해 탐구하고 원리를 이해하고 설명하려 함
연구 방법	사회 구성원의 주관적 의사 개입, 다양한 가치 등을 하나로 통합	객관적, 과학적, 관찰과 검증
합의 여부	같은 사회 문제에 대해 서로 다른 고유한 사상을 제시	자연 현상을 보는 관점에 대하여 비교적 합의가 쉬움

(2) 사회 사상의 현대적 의의

① 사회 사상은 지역이나 시대에 따라 그 성격이 변화하는 특성이 있음

㉠ 초기 자본주의 : 개인의 자유와 자율성, 국가의 소극적 역할 중시

㉡ 현대의 복지 자본주의 : 평등의 가치와 분배 정의 실현, 국가의 적극적 역할 강조

㉢ 동아시아의 자본주의 : 영국과 미국의 자유주의적 자본주의에 비해 집단의 이익을 강조하고 국가의 적극적인 개입을 특징으로 함

② 사회 사상은 미래의 이상 사회 모습과 실현 방안을 제시함

㉠ 이상적인 모습 제시 : 사회 사상은 바람직한 사회의 모습에 대한 이상을 제시 → 인간의 기본 권리인 자유, 평등, 정의, 행복 등을 보장하는 이상 사회를 실현하기 위해서 우리 사회가 나아가야 할 방향을 알려줌

- 포스트모더니즘 : 합리성에 대한 고정 관념의 해체, 개성의 중시, 다원화 등이 존중되는 사회 추구
- 여성주의 : 사랑, 포용, 보살핌과 같은 여성의 도덕적 · 심리학적 성향을 반영하는 배려 윤리에 주목
- 복지주의 : 사회의 모든 구성원이 쾌적한 환경 속에서 안녕과 행복을 누리는 삶을 지향
- 생태주의 : 인간을 생태계의 일부로 보고 자연과 조화를 이루어야 한다고 강조함

㉡ 비판적 인식 가능 : 사회 사상은 다양한 형태의 사회 문제들을 비판하고 개선할 수 있는 기준을 제공

㉢ 바람직한 삶의 영위를 위한 지침 제공 : 사회 사상은 사회적 존재로서 바람직한 삶의 추구는 무엇인지, 또한 개인이 살아가는 방향을 제공함

더 알아두기

사회 사상의 흐름

- 고대 그리스 : 사회 사상은 철학자들에 의해 체계화됨 → 플라톤(참된 지혜를 지닌 철학자), 아리스토텔레스(사회와 국가만이 개인의 선한 삶과 자아실현이 가능함)
- 로마 : 스토아 학파의 보편적 이성, 자연법 사상 강조
- 근대 : 계약론적 사회 사상 → 국가 권력은 시민에게서 나옴
- 동양의 유교 : 왕도 정치 강조(민본과 덕치를 근본에 둠)
- 법가 : 법을 통해 질서 확립을 주장
- 도가 : 무위자연을 중심에 두고 소국과민(小國寡民)을 이상사회로 봄

2 사회 정의를 위한 윤리 사상

(1) 사회 정의의 등장과 관련 이론

① 사회 정의의 등장

㉠ 개인의 욕구 충족과 사회적 협력의 필요성 때문에 사회 제도가 정의로워져야 함

㉡ 사회 제도의 정의로움에 대한 판단 기준은 사람에 따라 다를 수 있음

더 알아두기

개인 윤리와 사회 윤리의 차이점

- 개인 윤리
  - 개인의 양심과 도덕성 타락이 윤리 문제의 원인으로, 양심과 이타심, 도덕성 함양을 통해 해결
  - 이타심과 도덕성 실현을 추구
- 사회 윤리
  - 사회 구조 및 제도의 부조리가 윤리 문제의 원인으로, 법과 정책 등 정치적인 강제력 등을 통하여 해결
  - 공동선과 사회 정의 실현을 추구

② 사회 정의에 대한 다양한 관점

㉠ 분배적 정의 : 이익과 부담을 공정하게 분배하는 것 → **일한 만큼 분배**(형식・실질적 정의와 결과・절차적 정의)

- 형식적 정의와 실질적 정의

형식적 정의	형식적 정의는 누구에게나 공정하고 일관되게 적용되는 정의 → 1인 1표, 법 앞의 평등
실질적 정의	• 각각의 입장과 형편을 고려하여 그에 상응하는 합리적인 처분의 정의(평등, 업적, 능력 등으로 고려하여 분배) → 누진세, 장애인 의무고용제도 • 형식적 정의만으로 공정한 분배가 어려워 실질적 정의가 필요

• 결과적 정의와 절차적 정의 기출 24

결과적 정의	• 결과적 정의는 최종적 결과에 초점을 맞추어 분배하는 원리로 능력과 성과, 노력, 사회적 효용, 필요 등을 기준으로 삼음 • 공리주의의 '최대 다수의 최대 행복' : 공리는 어떤 것이든 이해관계가 있는 당사자에게 혜택, 이점, 쾌락, 선, 행복을 가져다주거나 불운, 고통, 악, 불행이 일어나는 것을 막아 주는 속성을 의미함
절차적 정의	• '정의로운' 또는 '공정한' 과정을 통하여 발생한 결과는 공정하다는 원리 → 게임, 스포츠 경기의 법칙 • 시민의 참여와 합의된 원칙을 중시 • 개인의 자유와 권리를 존중 • 대표적 사상가 : 롤스(J. Rawls) → 사회 구성원들이 사회적 상황이나 개인적인 성향에 대해 영향을 받지 않음

㉡ 교정적 정의 : 국가의 법을 집행하여 실현 → 배상 또는 형벌적 정의

㉢ 교환적 정의 : 물건의 교환 상황에서 적용되는 정의

(2) 롤스의 정의론 기출 22, 21, 20

① **이론적 기초** : 밀, 그린(적극적 자유), 라스키[최선아(最善我) 실현]

② **롤스의 사회 정의론의 원칙** 기출 24, 23

㉠ 제1원칙(평등한 자유의 원칙) : 모든 사람은 기본적 자유에 대해 평등한 권리를 가짐

㉡ 제2원칙(차등의 원칙) : 사회 경제적 불평등은 (i) 최소 수혜자에게 최대의 이익을 보장하도록 조정, (ii) 불평등의 계기가 되는 직위와 직책은 공정한 기회균등의 원칙에 따라 모든 사람에게 개방

㉢ 두 원칙의 충돌 시 : 평등한 자유의 원칙 > 차등의 원칙, (ii) 원칙 > (i) 원칙

③ **롤스의 정의론 특징**

㉠ 최소 수혜자에게 최대의 이익을 보장하는 원칙

㉡ 실질적 기회균등을 보장할 수 있는 사회적 장치를 마련하고자 함

㉢ 누진세, 무거운 상속세, 광범위한 공공 교육 등 복지 정책과 복지 제도의 필요성 인정 → 복지 국가적 개입에 의해 사회정의와 평등을 실현할 것을 주장

더 알아두기

롤스의 정의론

• 롤스가 생각한 기본적 자유 : 투표권과 공직에 대한 피선거권과 같은 정치적 자유, 언론과 집회의 자유, 신체적 자유, 법적으로 정당한 이유가 없는 체포나 구금을 거부할 수 있는 자유 등이다.

• 롤스의 제1원칙 : 모든 사람에게 동등한 자유를 최대한 보장하는 것이다. 즉, 정치적 의미에서 평등한 '자유의 원리'이다. 여기에 포함되는 자유는 참정권, 언론의 자유, 양심의 자유, 신체의 자유, 사유재산권 등이다.

• 롤스의 제2원칙 : '차등의 원칙'이라 불리는 것으로, 천부적으로나 사회적으로 가장 혜택받지 못한 계층을 비롯한 모든 사람에게 인간다운 생활을 위한 최소한의 조건이 보장되어야 한다는 것과, 일단 그 조건이 충족된 다음에는 각자의 능력이나 업적에 따른 차등 분배가 이루어져야 한다는 것을 천명한 것이다.

• 정의로운 사회(롤스의 정의 원칙)
- 각각의 사람은 다른 모든 사람의 자유와 양립할 수 있는 평등한 기본적 자유를 최대한 누릴 수 있는 사회이다.
- 사회적 · 경제적 불평등은 최소 수혜자에게 최대의 이익을 보장하되, 후세를 위한 절약의 원칙에 위배되지 않도록 조정되고, 또 그 불평등의 계기가 되는 지위는 공정한 기회 균등의 원칙에 따라 모든 사람에게 개방되는 사회이다.
- 롤스가 주장하는 정의의 원칙은 '원초적 상황'에서 이루어진 합의의 결과이다.

④ **정의론에 대한 다른 관점**

㉠ 노직의 정의론(소유 권리로서의 정의론) 기출 20

• 개인의 소유권 중시 : 재산에 대한 정당한 소유권을 갖는 방법은 최초의 취득, 자발적 이전(양도), 교정 등
- 취득의 원칙 : 과정이 정당하다면 타인의 처지를 악화시키지 않는 한 해당 소유물을 취득할 권한을 가짐 기출 23
- 이전(양도)의 원칙 : 타인이 이전한 것에 대해서도 정당한 소유권을 가짐
- 교정의 원칙 : 취득과 이전의 과정에서 부당한 절차가 생길 시 이를 바로잡아야 함

• 국가는 사람들의 소유권에 최대한 간섭하지 않는 '최소 국가'로, 세금이나 복지정책 등 국가에 의한 재분배 행위 반대

㉡ 왈처의 정의론(다원적 평등으로서의 정의론) 기출 23, 22

• 모든 재화를 공정하게 분배할 수 있는 하나의 정의 원칙만이 존재하지 않는다는 이론으로 다양한 정의 원칙과 분배 원칙의 적용을 주장

• '같은 경우에는 같게, 다른 경우에는 다르게' 적용해야 한다는 형평성과 현실 사회에서 정치권력의 위험성을 견제할 필요가 있음

(3) 사회 윤리학적 분배의 정의

① **사회 윤리학의 등장** : 근대적 인간 중심의 인간관과 도덕관에 대한 반성이며, 이성주의 도덕 교육의 한계에 대한 인식을 바탕으로 함

② **분배 방식**

㉠ 자유주의적 분배 방식 : 자유로운 시장질서 강조 → 로버트 노직

㉡ 평등주의적 분배 방식 : 모든 사람이 평등하게 분배받는 방식 → 칼 마르크스

㉢ 수정주의적 분배 방식 : 자유로운 능력 발휘 + 분배의 차이를 줄이려는 방식 → 존 롤스

(4) 법적 정의와 공정한 처벌

① 법적 정의

㉠ 교정적 정의라고도 하며, 분배적 정의와 더불어 정의로운 사회를 반영하는 대표적 지표

㉡ 응보주의적 관점과 공리주의적 관점으로 나눔

㉢ 사회 정의를 실현하기 위해 국가 권력에 의해 제도화된 것

㉣ 개인과 사회에 부적절한 피해를 주는 행위를 규제하는 강제 규범

② 처벌의 예방 효과

㉠ 일반적 예방 : 범죄자에 대한 처벌이 본보기가 되어 범죄가 예방되며, 사회 전체의 범죄 예방 효과를 가짐

㉡ 특수한 예방 : 처벌을 받은 범죄자가 두려움을 느껴 추가 범죄를 저지르지 않음. 범죄자의 재범 방지 및 교화 효과

(5) 불공정한 사회 제도의 윤리적 문제들

① 공정한 제도와 불공정한 제도

㉠ 공정한 제도 : 인간의 기본권 보장, 공동선 추구, 사회 구성원들의 합의에 근거

㉡ 불공정한 사회 구조에서 나타나는 현상

- 불공정한 법과 제도의 운영 : 헌법·법률에 의한 인권 침해, 사회 집단의 불공정한 제도로 개인 기본권 침해
- 차별적인 사회 구조 : 지역, 학력, 성별 등으로 차별

㉢ 불공정한 조세 제도 : 돈을 많이 가진 사람은 높은 세금, 그렇지 않은 사람은 낮은 세금을 낸다는 생각에서 벗어난 불공정

㉣ 빈익빈 부익부 구조 : 개인의 노력과는 무관하게 가난의 대물림 현상 초래

② 불공정한 제도로 인한 사회 문제

㉠ 불공정한 사회 제도의 폐해

㉡ 욕구와 꿈이 좌절되어 국민들의 저항 발생

㉢ 사회의 규범 체계에 대한 회의

㉣ 사회적 갈등과 분쟁 → 사회의 불안과 혼란 초래

㉤ 국적, 인종, 나이, 학력, 외모, 장애 등을 이유로 차별을 조장

㉥ 사회 구성원들의 인권 침해, 사회적 약자에 대한 권리 보장 미흡

㉦ 개인에게 많은 피해를 줌, 다양한 사회적 갈등과 분쟁의 씨앗

㉧ 개인의 자유권, 평등권, 행복 추구권 등 인간의 가장 기본적인 권리 침해

㉨ 사회적·경제적 재화와 직책 등의 불공정한 분배, 사회적 분열과 갈등 조장

③ 불공정한 제도의 해결 사례

㉠ 동성동본 불허 제도 : 지금은 개인의 기본권 권리를 침해하는 것으로 인정되어 '8촌 이내의 부계, 모계 혈족'을 제외하고는 모든 혼인 가능

㉡ 공무원 임용 시험의 연령 제한 제도 : 지금은 헌법 재판소에서 위헌 판결로 개선이 이루어짐

(6) 니부어(R. Niebuhr)의 도덕적 인간과 비도덕적 사회

① 사회 도덕 문제의 원인 분석

㉠ 사회 집단의 도덕성은 개인의 도덕성보다 현저하게 떨어짐

㉡ 개인적으로 도덕적인 사람도 자기가 소속된 집단의 이익을 위해서는 이기적으로 행동하기 쉬움

② 전통적인 입장에 대한 비판

㉠ 개인적인 양심과 덕목의 실천, 개인의 선한 의지만으로는 복잡한 사회 문제를 해결하기 어려움

㉡ 개인의 선한 의지만으로는 정의를 실현할 수 없음

③ 해결 방안 제시

㉠ 사회 정책과 제도의 개선을 통한 문제 해결을 강조

㉡ 개인의 도덕성 함양뿐만 아니라, 개인의 도덕성이 올바르게 표현될 수 있는 사회적 여건을 마련하는 데에도 노력을 기울여야 함

㉢ 환경 문제, 지역 이기주의, 부정부패, 이익 집단 간의 갈등은 개인의 도덕성과도 관계가 있지만, 정책이나 제도의 개선이 선행되어야 함

3 자유주의, 공동체주의, 공화주의 윤리 사상

(1) 개인과 자율

① 개인의 선택권과 자율성

㉠ 선택권과 자율성 : 자유로운 삶을 위해 필요함 → 개인의 선택을 중시하는 개인주의와 자유주의를 토대로 근대 서양 민주주의가 발전

㉡ 자율성 : 스스로의 의지(자유의지)로 자신의 행동을 규제함 → 자기 입법의 원리

- 인간적 · 도덕적 자율 : 삶의 원칙과 도덕 법칙을 스스로 정하여 실천 → 칸트(인간은 자율적인 도덕적 존재)
- 시민적 · 정치적 자율 : 시민으로 삶을 규제하는 원칙을 스스로 결정 → 사회계약론(구성원의 자율적 계약 · 합의 강조), 롤스(사회 정의 원리에 복종)

체크 포인트

자유의지
외부의 구속 없이 어떤 목적을 스스로 세우고 실행할 수 있는 의지

② 자유의 실현을 위한 국가관 기출 20

㉠ 자유주의 : 개인의 자유가 가장 소중한 가치라고 보는 사상

㉡ 자연권 사상

- 자연권 : 인간이 태어날 때 하늘로부터 부여받은 권리를 말함 → 천부인권
- 자유주의에서 자연권은 모든 인간에게 보편적으로 내재 → 개인의 자유와 권리를 보장하는 근거

㉢ 자유주의 인간관 : 모든 인간은 억압이나 구속으로부터 자유로운 존재

㉣ 자유주의 국가관 : 국가는 개인의 자유(언론・출판・집회・결사・종교의 자유)를 보장하기 위해 존재하며 **다양한 신념 체계에 대해 중립을 유지**

㉤ 법의 간섭 최소화 : 공권력과 법은 개인이 다른 인간의 자유와 권리를 침해할 때 이외에는 그 행동을 제약할 수 없음

③ **자유의 역설**

㉠ 의미 : 자유에 대한 어떠한 구속력도 없다면 강한 사람이 약한 사람을 마음대로 지배할 수 있기 때문에 무제한적 자유는 훨씬 큰 구속을 가져옴 → 진정한 의미의 자유는 '자율'

㉡ 칼 포퍼 : 서로의 자유를 최대한 보장받기 위해 어느 정도의 자유를 제한하는 것이 필요

㉢ 홉스 : 무제한의 자유를 가진 '자연 상태'에서는 '만인의 만인에 대한 투쟁'을 가져옴

④ **자유를 적절히 제한하기 위해 기초해야 할 원리**

㉠ 해악의 원리 : 살인, 폭력, 절도, 명예훼손 등과 같이 타인에게 발생할 해악이나 피해를 미리 방지하기 위해 자유를 제한할 수 있다는 원리

㉡ 혐오의 원리 : 어떤 행위가 공개적으로 사람들에게 혐오감을 주는 경우에 그러한 자유를 제한할 수 있다는 원리

㉢ 도덕 강제의 원리 : 사회의 존속과 안정을 위협하는 부도덕한 행위를 법으로 규제할 수 있다는 원리

㉣ 가부장적 간섭의 원리 : 개인이 자신의 행동으로 자신의 중요한 이익을 심각하게 해치거나 확보하지 못할 경우 그의 자유를 제한할 수 있다는 원리

(2) 자유주의와 공동선 중요

① **자유주의와 개인의 자율성**

㉠ 자유주의 : 좋은 삶에 대한 특정한 가치를 전제하지 않고 모든 개인의 자유와 권리를 동등하게 보장함을 강조 → 공정성의 가치를 중시

㉡ 자유주의와 공동체 : 자유주의는 개인의 자율성과 권리가 온전하게 구현될 수 있도록 돕는 것이 목적 → 공동체 구성

② **자유주의와 공동체주의의 특징**

㉠ 자유주의 : 개인의 자유와 권리를 보장함으로써 좋은 질서를 가진 공동체를 추구

㉡ 공동체주의 : 개인과 공동체의 유기적인 관계 속에서 개인과 사회의 행복을 추구

③ **자유주의 사상가들의 입장**

㉠ 로크 : 모든 인간은 생명, 자유, 재산에 대한 천부적 권리를 가지고 태어나므로 누구도 이를 빼앗을 수 없음

㉡ 밀 : 개인의 자유는 '타인에게 해를 끼치지 않는 한' 절대적으로 보장됨

더 알아두기

자유주의

- 르네상스와 종교 개혁을 배경으로 등장
- 인간 본연의 존엄성에 대한 신뢰를 바탕으로 개인의 인격과 자유를 중시
- 개인은 자신의 인격을 표현할 능력을 소유하고 있다고 여기며, 자유에 대한 신념을 보호하는 제도와 정책을 지지함

(3) 공동체주의와 연대

① 공동체주의의 의미 기출 24

㉠ 개인주의에 바탕을 둔 자유주의를 비판하고 공동체가 인간의 삶에서 느끼는 중요성을 강조하는 사상 → 개인보다 공동체를 우선시함

㉡ 구성원 간의 사회적 유대감과 책임감, 공동체 구성원에 대한 배려와 사랑 등 공동체의 유지와 발전을 위해 필수적인 가치를 강조

더 알아두기

공동체의 범주

- 가정 : 자신의 의지와 상관없이 최초로 속하게 되는 사랑과 신뢰의 공동체
- 지역 공동체 : 일정한 지역을 범위로 형성되는 공동체
- 국가 공동체 : 개인이나 사회의 힘으로 해결할 수 없는 다양한 문제를 해결함
- 세계 공동체 : 전 지구적 문제 해결과 평화 유지를 위해 세계 시민 의식이 필요

② 공동체주의의 특징

㉠ 개인주의와 자유주의의 문제점을 개선하고자 등장

㉡ 자유주의 인간관을 '무연고적 자아'라고 비판함

㉢ 인간은 공동체를 중심으로 자신의 정체성을 형성하고, 공동체에 뿌리를 둔 존재임

㉣ 공동체와 개인은 상호 보완적 관계에 있음

③ 공동체의 구분

㉠ 도구적 공동체

- 근대 사회 이래 발달된 공동체관
- 개인이 자신의 이익을 위한 도구로 선택하는 공동체
- 자유주의가 지향하는 공동체에 가까움
- 회사, 동호회, 정당 등

㉡ 구성적 공동체
- 개인의 자아 정체성을 구성
- 삶의 방향 등을 형성하는 데 기반이 되는 공동체
- 자아에 깊이 스며드는 공동체관
- 구성원들에 의해 도덕적으로 결속되어 있는 성원 의식에 의해 규정
- **공동체주의가 지향하는 공동체에 가까움**

④ **공동선과 개인적 선의 조화**

㉠ 공동선과 개인적 선 : 상호 보완적 관계로 양립 가능성
- 공동선 : 한 사회가 지향하는 공동의 목표와 공동의 가치를 말함 → 공공의 이익(공동체주의에서 강조)
- 개인적 선 : 개인의 행복과 관련됨 → 개인의 이익, 자아실현(자유주의에서 강조)

㉡ 공동선과 개인적 선의 연대 의식 : 개인이 공동체 안에서 서로 상호적으로 함께 살아가는 의식 → **자유주의적 공동체**를 위한 기본 정신

㉢ 공동선과 개인적 선의 조화 추구 : 배려와 공감, 자신의 행동에 대한 책임
- 공동선만을 추구할 때의 문제점 : 개인의 자유 억압
- 개인적 선만을 추구할 때의 문제점 : 공동체의 가치 경시 → 공동체의 해체

더 알아두기

공동선의 내용

모든 사회 구성원들이 사회의 공동선을 위해 참여하고 헌신해야 한다는 데는 재론의 여지가 없으나, 그 내용에 대해서는 자유주의자들은 자유를, 사회주의자들은 평등을 최고의 공동선으로 간주하고, 이의 추구 방법을 다르게 제시한다.

(4) 자유주의와 공동체주의의 조화

① **자유주의와 공동체주의의 공통점**

㉠ 개인의 행복한 삶과 살기 좋은 사회적 조건을 추구함

㉡ 공동체주의도 개인의 자유와 권리를 경시하지 않음

② **자유주의와 공동체주의의 조화가 담겨 있는 관점**

㉠ 사회계약론
- 자유주의적 입장 : 사회는 구성원의 자유와 권리를 보호할 의무를 진다는 점 강조
- 공동체주의 입장 : 구성원들의 자유와 평등을 최대한 확보하면서 공동의 이익을 지키려고 약속하고 국가의 필요성을 역설

㉡ 공리주의
- 각자 개성에 따라 자신의 삶을 자유롭게 살고, **타인의 행복에 관심을 둠**. 자신의 이익과 타인의 이익이 조화될 수 있도록 노력함을 동시에 강조
- 자신의 자유가 가져올 사회적 결과를 고려할 줄 아는 사람만이 진정한 자유를 누릴 자격이 있음을 강조

(5) 공화주의 기출 21

① **공화주의의 의미**

㉠ 개인의 삶을 중시하고 공동체적 삶을 소홀히 할 수 있는 자유주의의 문제점을 보완하기 위해 등장 → 인간의 상호 의존성 중시

㉡ 공익을 중시하며 공동체에서 맡은 역할을 책임있게 수행하는 등 공동선의 증진을 위해 노력하는 사람이 이상적인 시민

② **법에 의한 지배**

㉠ 시민(개인)의 자유와 권리는 공동체의 법과 제도를 통해 실현 → 자신이 만든 법에 대해 자신의 의지에 따라 복종

㉡ 비지배로서의 자유 : 타인의 자의적인 지배에서 벗어나고 사적으로 종속되지 않음
→ 법이 자의적 지배로부터 시민을 보호해주는 방패의 역할
→ 권력자의 자의적 지배가 없으므로 권력의 타락 방지

㉢ 법에 의한 지배를 실현하기 위해서는 시민의 참여가 필요

③ **공화주의와 공동체주의의 차이**

㉠ 근원

- 공화주의 : 마키아벨리의 영향을 받은 로마 전통 공화주의
- 공동체주의 : 아리스토텔레스의 영향을 받은 아테네의 시민적 공화주의, 인간의 자연적 사회성 강조

㉡ 정치 참여

- 공화주의 : 외세와 폭정으로부터 시민의 자유를 지키기 위한 수단
- 공동체주의 : 시민의 덕무이자 자유를 행사하는 것
  → 덕성을 함양하고 윤리를 실현하는 중요한 수단

㉢ 공동선

- 공화주의 : 모든 시민들이 자유롭게 사는 것
  → 모든 사람들을 만족시킬 순 없으므로 정치적인 갈등에 대해 긍정하며 조율함
- 공동체주의 : 공동체 구성원들 모두가 동의하는 하나의 선
  → 개인의 권리나 이익보다 정치적 의무를 중요시함

4 민족주의 윤리 사상

(1) 민족과 민족 정체성

① **민족의 의미**

㉠ 객관적 측면

- 같은 지역을 배경으로 객관적 요소인 혈연, 지연, 언어, 역사, 문화, 생활양식, 같은 조상 등을 가지고 있는 집단

- 끈끈한 유대와 이익을 같이 하면서 지속적인 방식으로 스스로 결집되어 있다고 생각하는 사람들의 공동체

ⓒ 주관적 측면

- 민족을 구성하는 주관적 요소로는 민족의식이나 일체감과 같은 정신 및 의식적인 것 → **민족 정체성**(National Identity)
- 운명 공동체에 속한다는 공통된 믿음을 함께 나누는 정서적 공동체

② **민족 정체성의 의미** : 동일한 민족에 속한다는 소속감으로서 **민족의 외적 변화와 상관없이 민족을 유지시켜 주는 역할**

③ **민족의 역할**

㉠ 영토의 통일 및 국가 형성에 중요한 역할

㉡ 민족을 중심으로 영토와 주권을 확보하려는 경향

더 알아두기

민족의 역할 사례

- 웨스트팔리아 조약에서 유럽 각국이 영토 주권과 통치권을 보장받았을 때, 각 민족을 중심으로 하는 민족 국가가 형성됨
- 1990년 무렵 이데올로기를 중심으로 결합되어 있던 국가들이 공산주의의 붕괴와 더불어 민족 단위의 국가로 독립하기도 하였음
- 중국이나 캐나다와 같이 여러 민족이 하나의 나라를 구성하는 경우도 있음
- 슬라브족처럼 하나의 민족이 여러 나라를 구성하는 경우도 있음

(2) 세계화 시대의 민족 정체성

① **세계화의 의미**

㉠ 국제 사회에서 상호 의존성이 증가함에 따라 세계가 단일한 사회 체계로 나아가고 있음을 가리키는 말

㉡ 전 세계가 하나로 연결되고, 그 속에서 **상호 의존성이 심화됨**을 뜻함

㉢ 정보화를 기반으로 인간 활동의 영역이 하나의 국가 단위를 넘어서 전 세계적으로 확대됨을 뜻함

② **세계화의 양상**

㉠ 경제의 세계화

- 국민 국가가 아닌 자본 그 자체를 기본 단위로 하는 세계 경제가 출현함
- 세계 경제를 구성한 다양한 단위들의 통합과 초국적 기업의 확대를 핵심으로 하고 있음

㉡ 정치의 세계화

- 주권 국가의 기능을 약화시키며, 국내 정치와 국제 정치라는 전통적 구분을 의미 없는 것으로 만들고 있음
- 국가는 더 이상 자족적인 정치적 단위가 아니라, 세계적 규모의 정치・경제・사회 체제의 한 부분에 지나지 않음
- 민간 기업과 기구, 국제기구 등의 역할이 더욱 커지고 있음

㉢ 문화의 세계화
- 전 세계의 모든 문화가 그 다양성을 인정받고 서로 소통하면서 영향을 주고받는 것
- 다양하고 이질적인 문화의 공존을 의미
- 가장 지역적인 것이 가장 세계적인 것이라는 주장이 가능

㉣ 세계화(지구촌) 시대와 민족 정체성 : 활발한 국가 간 교류로 세계가 하나의 생활 영역으로 통합되면서 민족 정체성의 문제가 발생

㉤ 민족 정체성의 변화 : 세계화의 진전과 다문화 사회로의 진입으로 혈연, 핏줄 중심(객관적 요소)보다 민족의식, 소속감(주관적 요소) 등을 중요시하게 됨

(3) 민족주의 중요

① 열린 민족주의와 닫힌 민족주의

㉠ 열린 민족주의 기출 23
- 민족의 주체성을 유지하면서 동시에 다른 민족의 문화와 삶의 양식을 포용하는 민족주의 → 다른 민족을 포용하는 의미(세계주의 + 민족주의)
- 배타적이지 않으면서도 자민족의 정체성을 지켜 낸 간디의 사상

㉡ 닫힌 민족주의
- 자민족의 이익과 발전을 위해서는 다른 민족의 희생도 당연하다는 폐쇄적 민족주의
- 타국과의 긴장과 대립을 통해 국민을 하나로 묶어세우고자 했던 것

② 세계화 시대의 민족주의의 방향

㉠ 안으로는 민족 구성원의 행복한 삶을 보장하기 위해 노력

㉡ 밖으로는 인류 공동체 전체의 삶의 방식을 이해하고 협력하는 열린 민족주의로 발전

㉢ 보편적 가치와 민족적 가치의 조화로운 발전이 필요

㉣ 소수의 권리를 인정하며 문화적 차이 또한 인정하는 태도 필요

㉤ 다른 민족의 권리를 인정하고 여러 민족 사이의 공유를 생각할 때 실현 가능

㉥ 다문화 가정은 여러 가지 측면에서 자신에 대한 정체감을 지니고 있음을 인정하고 수용해야 함

(4) 자민족 중심주의 중요

① 자민족 중심주의의 의의

㉠ 자기 민족과 문화의 모든 것(가치관, 도덕성, 정치 체제, 경제 제도, 생활 방식 등)이 옳고, 합리적이며 윤리적이라고 생각하고, 다른 민족의 문화를 배척 또는 경멸하는 태도

㉡ 자기 민족의 모든 것이 우월하므로 다른 민족의 종교, 가치관, 생활 방식, 여러 사회 제도, 나아가서는 생물학적인 특성까지도 배척하거나 말살하고 자기 민족의 모든 것을 따르도록 강요하는 문화 제국주의로 확대될 수 있음

㉢ 자민족 중심주의는 자민족의 우월성을 절대적으로 신봉하기 때문에 다른 민족을 멸시하고, 나치스의 홀로코스트와 같은 비극을 일으키게 됨

㉣ 자민족 중심주의가 자국 내에서 강조될 때에는 민족의 자부심, 긍지, 일체감 조성 등 민족 감정을 고무시킬 수 있는 긍정적인 기능을 함

② **자민족 중심주의의 사례**

㉠ 일제 강점기 일본의 문화적 우월주의(조선인 차별과 학대)

㉡ 게르만 민족이 우월하다는 나치즘(유태인 학살)과 이탈리아 무솔리니가 주장한 파시즘

㉢ 1990년대 다수 민족으로 구성되었던 옛 유고슬라비아 연방 해체 과정에서 다른 민족이라는 이유로 무차별 학살

③ **자민족 중심주의의 문제점**

㉠ 자민족 중심주의가 다른 민족이나 국가 간의 관계에서 강조될 때에는 다른 민족에 대해 배타적인 편견을 갖게 됨

㉡ 다른 민족에 대한 극도의 편협한 시각과 배타적인 태도는 결국 인류 평화를 위협함

㉢ 세계화가 진전되고 있는 오늘날에는 국가 간 또는 민족 간의 교류가 더욱 활발해지면서 자문화 우월주의에 따른 문화적 차원의 갈등이 많이 발생하고 있음

㉣ 자민족의 이익만을 추구하는 배타적인 민족주의는 인도주의적 차원에서 용납될 수 없으며, 상호 의존성이 증대되는 세계화 시대에 옳지 않은 것으로, 다른 민족과 공존·공영하기 위한 노력이 필요함

(5) 세계시민주의

① **세계시민주의의 의의**

㉠ 등장 배경 : 교통·통신 기술의 발달, 전 지구적 문제 발생, 제1·2차 세계 대전

㉡ 민족주의의 반대 개념으로 세계 연방이 실현되어 전 인류가 그 시민이 되고 이를 바탕으로 국가 간의 대립·갈등의 해결을 추구하는 태도

㉢ 인간의 본질은 이성이며, 이성에 있어서 평등하다고 보아 인류를 하나의 이성적 국가로 포섭하려는 사상

㉣ 세계의 공동 이익을 추구

② **극단적 세계시민주의와 문제점**

㉠ 극단적 세계시민주의 : 각각의 민족 역사와 전통을 부정하고, 특정한 문화만 세계적인 문화로 받아들여야 한다는 논리

㉡ **획일화의 문제** : 극단적 세계시민주의는 민족 문화의 정체성을 잃게 하여 문화의 획일성이라는 결과를 가져옴

㉢ 강대국의 논리를 약소국에게 강요 : 강대국의 주장을 약소국에 강요할 수 있음

㉣ 지역적 공동체나 문화를 배제하는 비현실성 : 세계화 시대에도 민족의 구분이나 국경은 현실 속에 존재하고 있기 때문에 세계의 공동 이익 추구라는 이상의 실현에도 한계가 있음

③ **세계시민주의 사례**

㉠ 스토아 학파 : 존재의 본질은 인간 이성이고 인간은 이성에 있어서 평등함

㉡ 칸트 : 보편적 인류 공동체의 이념 → **"너의 행동의 격률이 항상 보편적 법칙에 타당하도록 하라."** 라는 명령을 도덕 원리로 삼음

제 1 절 핵심예제문제

01 **다음 중 사회 사상에 대한 설명으로 옳은 것은?**

① 사회 사상의 연구 목적은 관찰, 실험을 통해 탐구한 원리를 이해하고 설명하는 것이다.
② 사회 사상 학자들은 자연현상을 분석하고 설명하는 것을 탐구의 목표로 삼는다.
③ 사회 사상의 연구 방법은 실험과 관찰을 통해 얻은 객관적인 자료로 한다.
④ 사회 사상의 합의 여부는 같은 사회 문제에 대해 서로 다른 고유한 사상을 제시한다.

01 ① 자연 과학의 연구 목적이다.
② 자연 과학 학자들의 탐구 목표이다.
③ 자연 과학의 연구 방법이다.

02 **다음 중 롤스의 정의론의 특징으로 옳지 않은 것은?**

① 최소 수혜자에게 최대의 이익을 보장하는 원칙이다.
② 부가가치세 등 복지 제도의 필요성에 대해 인정하였다.
③ 실질적 기회 평등을 보장할 수 있는 사회적 장치를 마련하고자 하였다.
④ 복지 국가적 개입에 의해 사회 정의와 평등을 실현할 것을 주장하였다.

02 롤스는 누진세, 상속세, 공공 교육 등 광범위한 복지 정책과 제도의 필요성을 인정하고, 이와 같은 복지 국가적 개입에 의해 사회 정의와 평등을 실현할 것을 주장하였다.

정답 01 ④ 02 ②

03 차등의 원칙이란, 사회적 · 경제적 불평등은 최소 수혜자에게 최대의 이익을 보장하도록 조정되어야 하며, 그 불평등의 계기가 되는 직위와 직책은 공정한 기회 균등의 원칙에 따라 모든 사람에게 개방되어야 한다는 것이다.

04 개인주의를 바탕으로 발전된 것이 자유주의이다.

정답 03 ② 04 ①

03 사회적 · 경제적 불평등의 계기가 되는 직위와 직책은 공정한 기회 균등의 원칙에 따라 모든 사람에게 개방되어야 한다는 롤스의 원칙은?

① 평등의 원칙
② 차등의 원칙
③ 자유의 원칙
④ 계급의 원칙

04 다음 글에서 괄호 안에 들어갈 말을 바르게 연결한 것은?

> 인간을 사회적으로 독립된 존재이고 사회보다 우선적으로 가치가 있다고 보는 (㉠)는 역사적으로 (㉡)의 발전을 가져왔다. 하지만 (㉠)가 사회적 유대와 공동체 정신을 약화시킴으로써 이기주의로 변질될 가능성이 있듯이, (㉡) 또한 타인에게 해를 끼치지 않는 이상 무엇이든 할 수 있다는 환상을 무제한으로 부채질함으로써 무질서를 가져올 위험을 안고 있다.

	㉠	㉡
①	개인주의	자유주의
②	자유주의	개인주의
③	개인주의	공동체주의
④	공동체주의	자유주의

05 사회 사상의 특징과 그에 대한 설명으로 옳지 않은 것은?

① 가변성 – 사회 구성원들의 의사는 항상 변하고 사회도 끊임없이 변한다.
② 다양성 – 사회적 삶에 대한 다양한 관점을 제시하며 상호 유기적 관계를 유지한다.
③ 개혁성 – 사회를 더 나은 방향으로 발전시키려 하므로 개혁시키는 기능을 가지게 된다.
④ 실천성 – 사회 현상은 사상가의 입장이나 가치관에 따라 다른 관점에서 해석되며 각각의 사회 사상들은 고유한 가치를 지닌 것으로 이해한다.

05 사회 사상은 단순한 이념적 성격만을 가지는 것이 아니라 더욱 바람직한 사회로의 변혁을 지향하는 실천을 가진다.
④는 사회 사상의 다양성에 대한 설명에 해당한다.

06 사회 사상과 자연 과학의 비교에 대한 설명으로 옳지 않은 것은?

① 자연 과학보다 사회 사상의 경우 비교적 합의가 쉽다.
② 자연 과학은 자연 현상을, 사회 사상은 사회나 사회 구성원을 탐구 대상으로 한다.
③ 자연 과학은 객관적·과학적·관찰과 검증을 통해 연구하지만 사회 사상은 사회 구성원들의 주관적 의사 개입, 다양한 가치 등을 하나로 통합하는 과정을 통해 연구한다.
④ 자연 과학은 관찰과 실험을 통해 탐구하고 원리를 이해하며 설명하려 하지만, 사회 사상은 사회현상을 극복하고 바람직한 방향으로 개선하는 것이 연구의 목적이다.

06 자연 과학은 자연 현상을 보는 관점에 대하여 비교적 합의가 쉽지만, 사회 사상은 같은 사회 문제에 대해 서로 다른 고유한 사상을 제시하므로 합의에 도달하는 것이 쉽지 않다.

정답 05 ④ 06 ①

07 다음 글에서 공통적으로 설명하고 있는 사회 정의의 종류는?

- '정의로운' 또는 '공정한' 과정을 통해 발생한 결과는 공정하다는 원리로, 게임이나 스포츠 경기의 법칙이 이에 해당한다.
- 대표적인 사상가는 롤스로, 그는 사회 구성원들이 사회적 상황이나 개인적인 성향에 대해 영향을 받지 않는다고 보았다.

① 형식적 정의
② 실질적 정의
③ 결과적 정의
④ 절차적 정의

07 절차적 정의란 과정과 절차의 정당성을 강조하면서 과정의 투명성과 공정성을 강조한 정의 개념이다. 그에 비해 결과적 정의는 형식의 엄격성과 평등을 강조하면서 객관적 측정과 비교가 편리하지만 다른 요소를 배제하고 오직 결과로만 평가한다.

08 다음 내용에서 설명하는 사회 윤리학적 분배 정의의 방식은?

개인의 자유로운 능력을 발휘・보장하면서 동시에 분배의 격차를 줄이려는 분배 방식이다. 이는 사회가 개입하여 억지로 분배의 결과를 비슷하게 만드는 것은 개인의 자유를 침해하는 일이지만 분배의 절차를 공정하게 하여 가능한 한 결과의 차이를 줄이기 위해 노력해야 한다는 것이다.

① 다원주의적 분배 방식
② 자유주의적 분배 방식
③ 수정주의적 분배 방식
④ 평등주의적 분배 방식

08 수정주의적 분배 방식은 자유주의적 분배 방식과 평등주의적 분배 방식을 절충하여 개인의 자유로운 능력을 발휘할 수 있도록 보장함으로써 분배의 격차를 줄이기 위한 방식이다.

정답 07 ④ 08 ③

09 다음 설명에서 괄호 안에 공통적으로 들어갈 말로 알맞은 것은?

- 한 사회가 지향하는 공동의 목표와 공동의 가치를 (　　)(이)라고 한다.
- (　　)만 추구하는 경우에는 개인의 자유가 억압될 수도 있다.

① 연대
② 공동선
③ 자율성
④ 선택권

09 개인이 공동체 안에서 함께 살아가며 상호 협력해야 한다는 의식은 공동선과 개인적 선의 연대 의식을 통해 가능한데 이는 자유주의적 공동체를 위한 기본 정신에 해당한다.

정답 09 ②

제2절 민주주의 이념과 전개

1 민본주의의 의미와 특성

(1) 민본주의의 의미

① 백성을 위주로 하는 정치 이념

② 위민과 애민 정신을 강조, 동양 정치에 많은 영향을 끼침

③ "백성이 나라의 근본이니, 근본이 튼튼해야 나라가 평안하다."

(2) 민본주의의 특성

① **인륜성** : 가족 관계에서 효제(孝悌)를 근본으로 삼고 충서(忠恕)의 도를 중시함. 인륜 공동체가 확장된 것이 국가이며 군주가 나라를 다스리는 일도 가족을 보살피는 일과 같다고 봄

② **도덕성** : 정치의 핵심은 민생을 돌보는 것이고 이는 민의를 존중하는 덕치를 통해 실현되어야 한다고 봄

③ **호혜성** : 인간 존중의 원리와 평등을 전제로 하는 상호 호혜성의 원리를 담고 있음

④ **저항 가능성** : 군주와 백성 간의 상호 호혜성에 근거하여 제한적이지만 저항의 가능성을 포함하고 있음

(3) 공자와 맹자의 민본주의

① **공자의 덕치**

㉠ 인간 존중과 유덕한 개인들의 합리적인 인간관계를 중시하는 덕치예교의 이념

㉡ 정치에서 가장 중요한 것은 민생을 돌보는 것이고 그 방법은 형벌에 의한 통치가 아니라 민의를 존중하는 덕치여야 함을 강조

㉢ 민본주의 정신의 도덕성을 강조

② **맹자의 왕도 정치**

㉠ 시작 : 형벌을 줄이고 세금을 가볍게 하여 민생 문제를 해결해 줌

㉡ 완성 : 교화를 통해 백성에게 인륜의 도리를 가르쳐 인간다움을 실현하게 함

㉢ 민본과 위민의 정치 구현을 위해서는 군주의 도덕성이 우선적으로 요구됨

(4) 우리나라의 민본주의 중요

① **우리나라 민본주의 전통의 시원** : 홍익인간 정신

② **정도전** : 민본 사상을 실현하기 위해 정치·사회 전반에 걸친 개혁을 주도함 → 경연의 제도화(군주의 도덕적 자질 함양), 어사 및 감사 제도 도입(관료제의 자체 정화 기능)

③ **세종** : 백성을 사랑하여 『훈민정음』을 창제·반포함

④ **정약용의 민본주의** 기출 23, 21

㉠ 백성을 단순히 통치의 대상이 아닌 통치자를 추대하는 존재로 봄

㉡ 백성의 경제 문제 해결과 백성의 뜻이 반영된 법 제정을 강조함

㉢ 전정, 군정, 환곡의 문란을 바로잡기 위한 개혁책을 제시함

더 알아두기

정약용의 '일표이서(一表二書)' 기출 22

- 『경세유표』 – 토지 문제와 농업 문제 전반의 개혁을 다룸
- 『목민심서』 – 지방관의 치민(治民)의 도리를 언급함
- 『흠흠신서』 – 형옥(刑獄)의 개선책을 논함

(5) 민본주의와 민주주의의 공통점과 민본주의의 한계

① **민주주의와의 공통점** : '국민을 위한(for the people) 정치'를 지향함 → 정치의 근간을 백성에 두고 백성의 복지를 위한 정치를 지향하며, 백성을 편안하고 이롭게 하고자 함

② **민본주의의 한계**

㉠ 국민을 통치의 대상으로 삼음

㉡ 절대 권력의 군주를 전제하고 군주 세습을 인정함

㉢ 군주의 심각한 도덕적 · 인륜적 결함이나 학정이 아닌 경우 권력의 교체나 제한을 가할 수 없음

㉣ 과거제의 응시 자격이 일부 사람들에게만 한정됨

더 알아두기

민본주의의 현대적 의의

- **민본주의와 민주주의의 유사점** : 인간 존엄성을 바탕으로 함. 통치권의 근원이 국민에게 있다는 것을 근거로 통치의 정당성을 인정함. 정치의 본질적인 목적이 국민의 삶의 질을 향상시키고 복지를 증진하는 데 있다고 봄
- **민본주의가 민주주의에게 주는 시사점** : 정치적 이상을 실현함에 있어 통치자의 높은 덕망과 도덕성은 절차적 공정성을 강조하는 현대 민주주의 공직자들에게도 중요함. 민본주의에서 강조하는 통치자의 역량과 도덕성은 '국민을 위한 정치'의 기초로 오늘날 민주주의 사회의 공직자들이 반드시 갖춰야 함

2 민주주의의 개념 중요

(1) 민주주의의 의미

① **좁은 의미** : 모든 국민이 통치 작용에 동의하고 그 작용에 자유롭고 평등한 입장에서 참여하는 국민이 지배하는 정치체제

② **넓은 의미** : 국민의 국가사회 생활의 실천 원리

> 체크 포인트
>
> **민주주의(Democracy)**
> 국가의 주권을 국민이 가지고 국민을 위하여 정치를 행하는 제도 또는 그러한 정치를 지향하는 사상을 뜻하는 것으로, 그리스어의 demos(국민)와 kratos(권력)가 합쳐진 democratia에서 나온 말이다. 그리스의 도시국가에서 발생하여 근세에 여러 국가에서 발전되었다.

(2) 인권 존중

① **의의** : 민주주의의 가장 근원적인 기본이념 중요

㉠ 모든 사람의 천부적 권리를 존엄하게 생각하고 모든 개인은 무한한 가치를 지닌 존재로 존중하는 사상

㉡ 인간은 목적 자체(모든 사물가치보다 우월)이며, 수단으로 취급할 수 없음 → 모든 인간은 평등함

㉢ 칸트(Kant) : "너의 인격 및 여러 다른 인격을 대할 때 항상 목적으로 대하고 결코 다른 수단으로 대하지 말라." → 『실천이성비판』

② 인간 존중은 민주주의 사회에서 자연법적 원리로서 민주 헌법의 최고 원리이며, 인간의 모든 기본권의 이념적 출발점이 됨 → 미국 독립 선언(1776), 프랑스 인권 선언(1789), 세계 인권 선언(1947)

> 체크 포인트
>
> **프랑스 인권 선언**
> 프랑스 혁명에 기초한 인권 선언이다. 자연법의 영향으로 자유와 평등 등 인간이 가지고 있는 천부적 권리는 장소와 시간을 초월하여 보편적임을 서술하였다.

(3) 자유

① **자유의 의미**

㉠ 소극적 의미 : 구속이 없는 상태, 즉 외부로부터 부당한 지배 및 강제를 받지 않는 상태

㉡ 적극적 의미 : 모든 개인이 스스로 자기 자신을 지배하는 자율, 이성에 따른 지배

② **자유의 역설**

㉠ 인간은 사회적 존재이므로 인간이 누리는 자유는 '사회에서의 자유'

㉡ 자유의 실현을 위해서는 사회공동체의 유지를 해치지 않는 범위 내에서만 허용되어야 함

㉢ 자유를 보장하기 위해서는 자유에 대한 제한이 뒤따라야 하며, 평등의 원리와 책임의 원리 두 요인의 제한을 받음

③ **자유에 따르는 제약**

㉠ 평등의 원칙 : 타인의 자유를 존중하는 평등의 원칙에 따라서 자신의 자유도 향유함

㉡ 책임 : 진정한 자유는 그에 따른 책임을 져야 함

㉢ 개인성과 사회성의 공존 : 개인의 성장을 위함과 동시에 사회의 진보에 기여해야 함을 의미함

④ **자유와 필연**

㉠ 자유에 대한 극단적 견해

- 숙명론(결정론) : 자유는 외적인 조건에 의해 결정 → 자유의 여지 없음
- 자유의지론(칸트) : 인간을 전적으로 자유의 주체, 자율적 존재로 인정

㉡ 헤겔(G. W. F. Hegel)

- "자유란 필연성에 대한 인식이다."
- 자연적 필연성에 대한 인식하에 자기 자신과 외적 자연을 지배할 수 있는 능력으로부터 자유가 주어진다고 해석, 자유는 필연적으로 인류의 지식 발달과 결부되어 있으며 그런 의미에서 역사 발전의 산물임

더 알아두기

자유의 개념

- 국가 권력으로부터의 자유(Freedom from the state)
  - 소극적 자유(근대적 의미)
  - 외부로부터의 부당한 압력이나 구속, 타율적 강제를 받지 않는 상태, 즉 강제・위협・불안・공포로부터 해방을 의미함
- 국가 권력에의 자유(Freedom to the state)
  - 적극적 의미(현대적 의미)
  - 자율적으로 목적을 선택하고 실현하기 위한 자율적 행동의 적극적 힘을 의미함

(4) 평등

① **평등의 의미**

㉠ 인간의 존엄성과 동등한 인격적 가치에 따라 인격 완성을 추구함에 있어 본질적인 권리에 차별이 없다는 의미 → 자유를 누리기 위한 전제 조건

㉡ 민주주의에서 요구되는 평등 : 인권 존중의 평등, 법 앞에서 평등, 정치적・경제적・사회적 평등

② **자유와 평등에 대한 견해**

㉠ 자유와 평등이 서로 배치된다고 보는 견해

- 자유는 경험적 사실로 매우 직접적이고 구체적인 데 반해 평등은 형식적이고 당위적이라고 주장함 → 초기 자본주의 사회에서 자유주의자들의 견해
- 평등보다는 자유의 이념을 우위에 놓음

㉡ 자유와 평등이 서로 조화를 이룰 수 있다고 보는 견해

- 평등한 결과가 아닌 평등한 대우를 주장함 → 수정주의자들의 견해
- 획일적 평등이 아닌 다양성 위의 평등

더 알아두기

기회의 평등과 결과의 평등

- 기회의 평등(상대적 · 비례적 평등) : 자유 민주주의 사회가 추구하는 평등으로 '같은 것은 같게, 다른 것은 다르게' 대우하는 것 → 한계 : 부(富)의 독점을 가져올 수 있음
- 결과의 평등(절대적 · 산술적 평등) : 주로 사회주의 사회에서 추구하는 평등으로, 절대적인 양이 동등해야 하는 것 → 한계 : 타인의 재산권과 자유를 침해할 수 있음

더 알아두기

자유와 평등의 관계

- 자유와 평등은 자유 민주주의 핵심 요소
- 하나는 상호보완적인 면으로서의 조화로운 관계이고, 다른 하나는 상호대립적인 면으로서 이율배반적인 관계
- 자유를 강조하면 방종한 사회가 될 것이고 평등이라는 바퀴를 크게 하면 통제와 감시의 사회가 될 것
- 자유를 절대화하여 무제한 허용하면 무정부화와 약육강식의 상태가 되어 평등이 부정되고, 반대로 평등을 절대화하여 평등을 강제하면 인간의 자유는 그 존립이 불가능하게 됨
- 자유와 평등은 이율배반적이기 때문에 상호보완적으로 조화를 이루어야 함

3 민주주의의 기원과 발전

(1) 고대의 민주주의

① 그리스 아테네의 직접 민주주의

㉠ 특징 : 시민이 정책 결정뿐만 아니라 집행까지도 직접 참여

㉡ 대표적인 사상가

- 헤로도토스 : 법 앞의 평등 사상, 국민의 토론 정신, 정치 지도자에 대한 견해들을 민주주의의 원칙으로 파악
- 페리클레스 : 아테네 민주주의는 모든 시민의 평등한 정치적 권리와 공직에의 참여를 보장
- 플라톤과 아리스토텔레스 : 아테네 민주주의는 소수 부자들에 대한 다수 빈자들의 지배, 우매한 천민의 지배가 초래되며 전반적인 정치적 책임의 부재가 우려됨

㉢ 한계 : 노예, 여성, 외국인은 제외 → 제한적 민주 정치

더 알아두기

아테네와 현대 민주정치의 비교

구분	아테네 민주정치	현대 민주정치
공통점	시민은 다스리는 자인 동시에 다스림을 받는 자(= 피치자)	
차이점	• 직접 민주 정치 • 일정한 연령에 도달한 성인 남자만 정치에 참여(여자, 노예 배제)	• 간접 민주 정치 • 신분이나 성별에 구분 없이 모든 사람들이 정치에 참여

② **로마의 자연법 사상**

㉠ 로마 민주주의의 특징 : 광대한 로마 제국의 통합을 위한 법의 필요성 역설

㉡ 키케로의 자연법 사상

- 천부인권 인정, 자연법 앞에서 모든 인간은 평등하고 동등한 권리를 갖는다고 주장 → 민주주의 발전에 공헌
- 법의 분류
  - 자연법 : 모든 인간에게 적용되는 법 → '키케로'에 의해 완성 → 자연법이 만민법과 시민법에 우선
  - 만민법 : 국가 간의 관계를 규정하는 법
  - 시민법 : 국가 및 사회에 적용되는 국내법 또는 헌법

㉢ 자연법 사상의 영향 : 중세 아퀴나스, 17세기 홉스, 로크, 루소 등에 영향을 주어 사회계약설로 전개됨

체크 포인트

자연법 중요

실정법에 반대되는 개념이다. 실정법이 민족이나 사회에 따라 내용이 달라지는 것에 비해, 민족・사회・시대를 초월해 영구불변의 보편타당성을 지니는 것이 자연법의 특징이다. 이러한 사상은 시대에 따라 다양한 형태로 존재해왔으며, 특히 고대 그리스 시대에는 실정법과의 관계에 대해 많은 이견이 있었다.

(2) 근대의 자유주의적 민주주의

① **민주주의 사상의 부활**

㉠ 시민 혁명의 과정에서 봉건주의의 잔재를 타파하고 민주주의 사상이 나타남

㉡ 로크의 사상

- 자연권 : 자연 상태에서 모든 사람은 생명・자유・재산에 대한 권리를 가지며 이를 통틀어 소유(Property)라고 칭함
- 사회계약 중요 : 자연 상태에서는 권리의 보장이 확실치 않으므로 계약에 의해 정부를 조직하여 이에 자연권 일부를 신탁

- 이권 분립 : 입법권과 행정권을 분리
- 저항권 : 국가가 국민의 의사에 반할 경우 위임하였던 권리를 회수할 수 있음
- 미국 독립 선언서에 반영

㉢ 루소의 사상 기출 24

- 『사회계약론』에서 개인은 태어나면서 자연적 자유를 부여받은 존재라 규정(천부인권설)
- 일반 의지에 기초한 입법을 강조
- 인민 주권론 : 전 국민의 국정에의 평등한 참가, 지배와 복종의 자동성의 원리 포함

㉣ 몽테스키외의 사상

- 『법의 정신』에서 절대주의의 폭정을 인간이 아닌 권력 기관의 분립을 통한 상호 견제와 균형으로 방지하자는 **삼권 분립** 주장
- 권력 분립을 통해 국가 권력의 집중으로 인한 권력 남용의 경향을 시정하고, 민주 정치를 실현하고자 하는 의도가 있었음

> **더 알아두기**
>
> **자유주의 사상의 발전**
> - **로크** : 인간을 지적·도덕적 존재로 보고 자연법이 모든 인간에게 공평하게 적용되어야 한다고 주장
> - **스미스** : 경제적 방임주의
> - **벤담** : 공리주의
> - **밀** : 고전적 자유주의 맹점을 수정하고 자유주의를 집대성

② **근대 자유주의적 민주주의의 특징 및 평가**

㉠ 특징 : 개인의 자유 보장, 형식적 원리 존중, 소극적 정치(야경국가관), 시민 민주주의

- 자유주의적 민주주의 : 정부 권력이 강해지는 것을 방지하고, 정부로부터 개인의 자유를 보장하는 것이 주목적임(국민의 자발적 참여, 공정한 비판)
- 야경국가 : 국가 임무는 대외적인 국방과 대내적인 치안유지 확보 및 최소한의 국가 존립 등에 국한하고, 개인의 자유에 방임하려는 소극적 의미의 자유주의적 국가관
- 시민 민주주의 : 근대의 자유주의적 민주주의는 정치 참여 계층도 일정한 재산과 교양을 갖춘 시민만이 참여하는 형태

㉡ 평가

- 성립 시부터 개인주의, 자유주의 및 자본주의와 결합된 근대 민주주의는 자본가와 노동자의 대립, 빈부격차 심화, 주기적 공황 등으로 '국민에 의한 정치'는 실현되지 못함
- 자유방임의 야경국가 사상은 적극적 국가로 전환하게 됨

> **체크 포인트**
>
> **야경국가론**
> 국가의 임무는 대외적인 국방과 대내적인 치안 유지 확보 및 최소 한도의 국가 존립에 국한하고, 기타는 개인의 자유에 방임하라는 소극적 의미의 자유주의적 국가관

(3) 현대의 대중 민주주의

① **대중 민주주의의 대두**

㉠ 일반 대중의 참정권 부여(보통 선거)로 대중 민주주의 시작

㉡ 노동자, 농민, 여성 등의 지속적인 선거권 쟁취 운동으로 가능

㉢ 1918년 영국에서 처음으로 남녀 보통 선거제가 실시 → 보통 선거제를 실시함으로써 시민 민주주의 하에서는 체제 외적 존재였던 대중이 체제 내적 존재로 편입되었고, 시민 사회는 대중 사회로, 근대 국가는 현대 국가로 변모하게 되었음

② **대중 민주주의의 특징**

㉠ 보통 선거제 실시

㉡ 현대의 정부는 야경국가에서 대정부로 바뀜

㉢ 소극적인 정치에서 적극적 정치로 바뀜

더 알아두기

직접 민주정치와 현대 민주정치 비교

구분	직접 민주정치	간접 민주정치
의미	시민이 직접 주권을 행사하는 정치 형태	시민이 선출한 대표자가 간접적으로 주권을 행사하는 정치 형태
장점	국민 자치의 원리를 가장 충실하게 실현할 수 있음	영토가 넓고 인구가 많은 대규모 집단에서도 효율적으로 실시할 수 있음
단점	대규모 집단에서는 실현하기 곤란함	시민의 의사가 정확히 전달되기 어렵고, 국민의 정치적 무관심을 초래할 가능성이 있음
기타	운영 사례 : 고대 아테네의 민회, 스위스 켄톤의 주민 총회	보완책 : 국민 발안, 국민 소환, 국민 투표, 지방 자치 제도 등

더 알아두기

선거의 4원칙

- **보통 선거** : 선거인의 자격에 재산・신분・성별・교육 정도 따위의 제한을 두지 아니하고, 성년에 도달하면 누구에게나 선거권이 주어지는 선거
- **평등 선거** : 유권자의 투표권이 교육・성별・신분・재산 정도 등의 영향을 받지 않는 선거
- **직접 선거** : 국민이 자신이 지지하는 정치인을 대리인을 통하지 않고 직접 선출하는 선거
- **비밀 선거** : 투표 내용을 다른 사람들에게 밝히지 않을 수 있는 선거

③ **현대 대중 민주주의의 문제점** 중요

㉠ 관객 민주주의화의 문제

- 대중 사회 : 공동체 의식과 동질성 상실, 원자화, 획일화, 무관심화, 유동화, 아노미화
- 문제점 : 소비적・수동적 대중, 정보의 홍수 속 선택의 혼란, 무감각, 거부 반응, 정치를 하나의 오락적 소비물로 인식, 경제적으로 풍요롭고 안정된 사회 → 정치는 관객적 흥미의 대상으로 전락하기 쉬움

더 알아두기

대중 사회의 성립 배경

- 공업화에 의한 대량 생산
- 대중 민주주의의 발전
- 도시화와 교통 통신의 발달
- 매스커뮤니케이션과 대중문화의 발전

㉡ 대중의 심리 조작 가능성 : 동조성에 의한 지배, 정치로부터의 소외

㉢ 의회주의에 대한 회의 : 행정 국가화 현상으로 입법부의 역할 축소, 의회는 거수기의 역할로 전락

㉣ 관료제적 민주주의화의 문제 : 기술적 관리로부터 행정적 지배, 정당과 관료 기구와의 밀착 현상

더 알아두기

맥퍼슨(Macpherson)의 민주주의 발전 단계

1. **방어적 민주주의** : 민주주의에 대한 최초의 모형. 국민들의 정치 의식과 정치 제도의 수준이 매우 낮은 나라에서 시행하는 자유 민주주의. 시장의 원리를 강조하고 사유 재산의 원리에 따르며 제한된 선거권을 내세움. 억압적인 통치로부터 국민을 보호하는 초기 수준
2. **발전적 민주주의** : 방어적 민주주의에 비해 제도 및 국민의 의식이 향상. 국민은 국가의 역할을 인지하고 있는 상태이나 정부에 대한 비판이나 요구를 적극적으로 개진하지는 못함
3. **균형적 민주주의** : 발전적 민주주의보다 높은 수준의 민주주의로 국민들이 정부를 선택하고 권위를 부여할 수 있는 메커니즘 사회. 다원적 사회를 이루기 위해 다당제 및 다양한 이익집단의 활동이 허용되고 비판 문화 활발
4. **참여적 민주주의** : 최고 수준에 도달한 이상적 민주주의로 '국민의 행복'이 이루어지는 민주주의. 국가가 완벽하게 국민에 의해 주도되고 운영되며 국가 경영을 통한 이익도 온전히 국민에게 되돌아가는 상태

4 민주주의의 기본 원리 및 제도 규범

(1) 국민 주권

① **의의** : 바람직한 국가의 정치 형태를 최종적으로 결정하는 권력이 국민에게 있다는 원리

② **이론적 기초** : 사회계약설

구분	홉스	로크	루소
대표 저서	리바이어던	시민정치이론	사회계약론
인간의 본성	성악설, 이기적이며 충동적	백지설, 자연의 빛인 이성	성선설, 이성과 애정

자연 상태	만인의 만인에 대한 투쟁 상태	자유・평등한 상태지만 인간관계 확대로 자연권 유지 불안	자유・평등 상태이나 사유 재산으로 인해 불평등 발생
계약 당사자	국민과 국왕	국민 상호 간	국민 상호 간
사회 상태	국왕에 복종 (이성적 판단을 위해)	저항권의 유보 (권력 분립론 최초 제시)	인민주권의 발휘로 사회악 지정
주권의 소재	군주 주권론	국민 주권론	국민 주권론
정치 체제	절대 군주제	입헌 군주제	직접 민주제
저항권	불인정	인정	인정
국가의 설립	평화・안전	생명・자유 및 재산권	–

(2) 대의 정치

① **의의** : 국민이 투표를 통해 일정 기간 권력의 행사를 자신들이 선택한 자에게 위탁하는 방식 → 모든 국민이 정치에 직접 참여하는 것은 현실적으로 불가능하기 때문임

② 대의제는 지도자 선출 방식과 선출된 지도자의 정치권력에 대한 견제라는 두 요소가 동시에 갖추어져야 함

③ **국민의 정치 참여 방법** : 정당 가입, 주민 청원, 언론기관에 투고, 시민단체 활동, 선거나 투표 참여, 이익집단 활동

(3) 권력 분립 기출 23

① 국가 작용(입법・사법・행정)을 각기 다른 구성을 가진 독립 기관이 담당하게 하여 기관 상호 간 견제 균형을 유지하도록 하는 제도

② **목적** : 국가 권력의 집중과 남용을 방지함으로써 국민의 자유와 인권을 보장 → 절대 권력은 절대적으로 부패

③ **대표적인 사상가** : 로크(행정과 입법의 이권 분립), 몽테스키외(삼권분립)

체크 포인트

권력 분립

국가 작용을 입법, 사법, 행정이라는 3개의 다른 작용으로 나누어, 각 작용을 각기의 다른 구성을 가진 독립 기관이 담당하게 하여 기관 상호 간의 견제, 균형을 유지하도록 함으로써 국가 권력의 집중과 남용을 막고, 국민의 자유를 보호하기 위한 자유주의적인 정치 조직 원리이다. '절대 권력은 절대적으로 부패한다.'는 말이 있듯이, 권력에 대한 인간의 욕망은 자칫하면 남용되기 쉬워서 권력 담당자의 자제에 일임하기에는 너무나도 많은 위험성이 도사리고 있다. 이와 같은 위험성을 방지하기 위해서 권력을 분립하고 상호 견제시켜 국민의 자유와 인권을 보장하는 것이 권력 분립의 의의이다.

(4) 다수결

① **의미** : 다수의 결정을 국민 전체의 합의로 인정하여 모든 국민이 여기에 복종함을 의미

② **다수결 원리의 선행 조건**

㉠ 자유 토론을 거친 의사 결정

㉡ 이성적이고 합리적 판단 가능

㉢ 결정은 국민 전체가 존중

㉣ 내려진 결정에 승복

㉤ 다수와 소수의 위치는 상호 유동적이어야 함

㉥ 반대 의사에 선 소수들도 결정에 승복하고 반성의 태도를 가져야 함

더 알아두기

민주주의 이념을 구현하기 위한 민주 정치의 기본 원리

- 다원주의 또는 상대주의
- 다수결의 원칙
- 경쟁과 타협의 원리
- 국민의 참여

(5) 법치주의

① **의의** : 정해진 법에 의해 정치 → 자의적 정치 배격 → 사회생활의 예측 가능성 → 개인의 자유 보장

② 법에 의한 재판, 죄형 법정주의, 법에 의한 행정 등

5 민주주의의 운영 규범

(1) 민주주의의 운영원리 중요

국민 주권, 대의 정치, 권력 분립, 다수결, 법치주의

(2) 민주주의의 생활 원리

① "민주주의란 단순한 정치 형태 이상의 것으로서 그것은 일차적으로 공동 생활의 한 양식이며 또 서로 교섭하는 경험의 한 양식이다." – 듀이(J. Dewey)

② 민주주의의 이념을 구현하는 생활양식 중 가장 중요한 것은 인간관계 원리

③ 사람의 가치를 매우 귀중한 요소로 생각하고 행동하는 것, 인간 이성의 능력을 믿고 다른 사람들과 지혜를 공유하는 사회

(3) 민주사회의 성격

① 인권을 인정하고 존중하며 자유와 평등을 실현하고자 하는 사회
② 개성을 존중하는 사회
③ 이성 우위의 사회
④ 진보 사회, 개방 사회

(4) 민주주의의 실천원리 중요

① **다원주의** : 획일주의 배격
② **경쟁과 타협** : 민주주의 사회는 대립과 갈등을 조정하고 타협하는 것
③ **합의의 원리** : 의사 결정에 대한 선택
④ **참여의 원리** : 민주주의는 국민이 정치에 참여하는 것

(5) 민주사회의 행동 규범 중요

① 책임과 의무의 완수
② 규칙과 법률의 준수
③ 공익 · 공동의 목표 추구
④ 문제와 갈등의 민주적 해결

제 2 절 핵심예제문제

01 민본주의의 의미
- 백성을 위주로 하는 정치 이념
- 위민과 애민 정신을 강조·발전하여 동양 정치에 많은 영향을 끼침

01 다음 내용에 해당하는 이념으로 가장 옳은 것은?

> "백성이 나라의 근본이니, 근본이 튼튼해야 나라가 평안하다."

① 자유주의
② 민본주의
③ 사회주의
④ 공동체주의

02 정도전의 사회 사상
- 민본 사상을 실현하기 위해 정치·사회 전반에 걸친 개혁을 주도함
- 경연의 제도화(군주의 도덕적 자질 함양)
- 어사 및 감사제도 도입(관료제의 자체 정화 기능)

02 민본 사상을 실현하기 위해 정치·사회 전반에 걸친 개혁을 주도하고, 경연의 제도화나 어사 및 감사 제도를 도입한 조선 시대 사상가는?

① 정도전
② 정약용
③ 이황
④ 이이

정답 01 ② 02 ①

03 다음 글의 내용이 강조하고 있는 것은?

> 인간의 존엄성을 인정하고 존중하려면 개인이 가지는 기본적 인권을 존중하지 않으면 안 된다.

① 민주정치 과정
② 민주정치 형태
③ 민주주의 이념
④ 민주정치 제도

03 인간의 존엄성을 존중하는 것이 민주주의의 근본 이념이다.

04 자유와 평등의 관계에 대한 설명으로 가장 적절한 것은?

① 평등은 자유로운 삶을 보장한다.
② 자유에 비례하여 평등이 확대된다.
③ 자유와 평등은 쉽게 조화를 이룬다.
④ 자유와 평등은 대립되는 측면이 존재한다.

04 자유와 평등은 상호 보완적인 면에서 조화로운 관계이고, 다른 하나는 서로 대립적인 면에서 이율배반적인 관계이므로 양자는 조화를 이루어야 한다.

05 고대 아테네 민주주의의 특징으로 적절한 것은?

① 대중에 의한 지배
② 다수결의 원칙
③ 권력 분립
④ 대의제

05 ②·③·④는 근대 민주주의의 특징이다. 아테네 민주주의의 특징은 시민 다수가 야외 광장에 모여 행정권을 담당할 대표를 뽑고, 법을 제정하는 민회를 구성하고, 범법자에 대한 형을 결정하는 등 국가 정책의 결정과 행사에 직접 참여하는 대중에 의한 지배, 즉 직접 민주주의였다.

정답 03 ③ 04 ④ 05 ①

06 대중 민주주의는 일반 대중의 정치 참여와 밀접한 관계를 맺는다.

06 대중 민주주의 시대와 직접적인 관계가 있는 것은?

① 보통선거 제도
② 자연권적 자유
③ 법 앞의 평등권
④ 시장 경제 체제

07 **민주사회의 행동 규범**
책임과 의무의 완수, 규칙과 법률의 준수, 공익·공동의 목표 추구, 문제와 갈등의 민주적 해결

07 민주사회 시민의 바람직한 행동 규범으로 옳은 것은?

① 복지부동
② 절대적 자유 보장
③ 선거 불참의 권리
④ 공익·공동의 목표 추구

08 자유 민주주의는 자유주의와 민주주의가 결합된 정치 원리이다. 인간의 존엄성을 바탕으로 하여 개인의 자유와 권리를 보장하는 헌법을 세우고 민주적 절차 아래 선출된 대표자들이 국민주권주의와 입헌주의의 틀 내에서 의사 결정을 하는 체제이다. 이러한 자유 민주주의가 발전하려면 국민의 자발적 참여와 공정한 비판이 필요하다.

08 자유 민주주의가 발전할 수 있는 조건으로 옳은 것은?

① 전체의 복지보다 개인의 권리를 앞세우는 제도 확보
② 경제적 안정보다 정치적 경쟁에서의 우위 추구
③ 절대적인 지도자에 의한 국민적 일체감 조성
④ 국민의 자발적 참여와 공정한 비판의 풍토 조성

정답 06 ① 07 ④ 08 ④

09 **정약용의 민본주의에 해당하는 내용을 〈보기〉에서 모두 고른 것은?**

보기

ㄱ. 전정, 군정, 환곡의 문란을 바로잡기 위한 개혁 정책을 제시하였다.
ㄴ. 백성의 경제 문제 해결과 백성의 뜻이 반영된 법 제정을 강조하였다.
ㄷ. 어사 및 감사 제도를 도입하여 관료제의 자체 정화 기능을 갖추도록 하였다.
ㄹ. 백성을 통치의 대상으로만 보지 않고, 군주는 백성을 위해 존재하고 백성에 의해 추대된다고 보며, 백성은 자주지권을 가진 정치의 주체로 존중되어야 한다고 주장하였다.

① ㄱ, ㄴ, ㄷ
② ㄱ, ㄴ, ㄹ
③ ㄴ, ㄷ, ㄹ
④ ㄱ, ㄴ, ㄷ, ㄹ

09 정약용은 민본주의의 실현을 위해 진일보한 사상을 제시하면서 군주의 도덕적 감화에 의하여 백성을 다스려야 함을 강조하였고, 백성의 경제적 문제 해결 및 백성의 뜻이 반영된 법 제정을 강조하였다.
ㄷ은 정도전이 주도하였던 정책으로 민본주의에 바탕을 두고 있다.

10 **다음 내용에서 공통적으로 설명하고 있는 민주주의의 기본 이념은?**

- "너의 인격 및 여러 다른 인격을 대할 때 항상 목적으로 대하고 결코 다른 수단으로 대하지 말라." – 칸트
- 모든 사람의 천부적 권리를 존엄하게 생각하고 모든 개인은 무한한 가치를 지닌 존재로 파악하고 존중하는 사상이다.
- 민주주의 사회에서 자연법적 원리로서 민주 헌법의 최고 원리이며 인간의 모든 기본권의 이념적 출발점이 된다.

① 자유
② 평등
③ 인권 존중
④ 대의 정치

10 인권 존중은 민주주의의 가장 근원적인 기본 이념으로, 인간은 모든 사물의 가치보다 우월하며 수단으로 취급할 수 없는 평등한 존재로 보는 것으로서, '미국 독립 선언, 프랑스 인권 선언, 세계 인권 선언' 등의 이념적 출발점이 되었다.

정답 09 ② 10 ③

11 로마의 자연법 사상에 대한 설명으로 옳지 않은 것은?

① 자연법은 인간의 법인 만민법과 시민법에 우선하며 모든 인간이 자연법 앞에서 동등한 권리를 갖는다고 보았다.
② 사회와 국가는 자유롭고 평등한 개인들의 동의, 즉 계약에 의해 설립되고 그 목적은 소유의 보전인 것이다.
③ 자연법 사상은 사회나 인간의 자연적 성질에 기인하는 법칙인 자연법을 보편적이고 항구적인 기준으로 간주한다.
④ 자연법은 신의 이성의 표현이므로 인간의 법이나 국가에 우선하며 인간의 자연권도 국가에 우선하다는 것을 뜻한다.

11 광대한 로마 제국의 통합을 위해 법의 필요성이 역설되면서 등장한 로마 자연법 사상은 통치자와 피치자에게 다 같이 적용되는 법의 정신을 중시함으로써 민주주의 발전에 공헌하였다.
② 로크의 사회계약설에 대한 설명이다.

정답 11 ②

제3절 자본주의와 사회주의

1 자본주의와 사회주의 사상의 기원과 발전

(1) 자본주의 사상의 배경 및 특징

① **자본주의의 사상적 배경**

㉠ 자유주의 : 사유 재산과 경제적 자유의 토대가 됨. 부르주아에 의한 시민적 자유권과 경제적 자유권 획득

㉡ 자본주의의 기본 정신 : 개인이 스스로 경제적 이익을 가지도록 경제적 자율성을 최대한 보장하는 것 → 근면, 성실, 절약, 금욕 등을 통한 부의 획득을 긍정

㉢ 자본주의 사상의 기원 : 칼뱅이즘(부의 축적 옹호), 베버의 금욕주의(프로테스탄트의 직업 윤리)

② **자본주의의 특징**

㉠ 자유 민주주의의 경제적 표현 : 경제적 개인주의 + 자유 시장 제도 + 생산의 무정부 상태

㉡ 자본주의 경제 질서의 원리 : 이윤 추구, 자유 생산, 자유 교환, 자연 분배, 자유 소비, 사유 재산제, 자유 시장 경제

> **더 알아두기**
>
> **자본주의의 특징**
> - 개인의 이익 추구를 인정
> - 시장에서 자율적인 경쟁 허용
> - 생산 수단을 사적으로 소유 가능
> - 인간은 합리적이므로 부의 축적을 위한 활동을 자유롭게 선택 가능함

③ **자본주의의 전개 과정**

㉠ 상업 자본주의

- 15~16세기 서구 열강의 중상주의 정책 실시
- 중상주의 : 식민지 개척과 해외 무역 확대에 주력, 국내 산업의 보호 중시
- 상업 혁명의 발생으로 인한 상업 자본주의

㉡ 산업(고전적) 자본주의(애덤 스미스)

- 기계화 → 대량 생산 → 대규모의 자본 축적과 산업 자본의 증가
- 성숙한 단계의 자본주의로 전환
- 애덤 스미스는 사익의 추구가 결과적으로 공익에 기여하게 된다고 여겨 '보이지 않는 손'에 의한 자유방임 자본주의를 주장함
- 정부 역할은 국방 치안・공공사업 등 최소한의 영역에 국한 → 개인의 경제 활동을 최대한 보장

㉢ 수정 자본주의(케인스)
- 1930년대 미국의 경제 대공황 : 대량 실업, 농산물 가격의 폭락 → 시장 실패
- 케인스의 수정 자본주의 등장 : 1970년대 제1차 석유 파동까지 서구 경제학에서 중심적인 위치를 차지함
- 정부 역할의 대폭적인 확대 요구 → 큰 정부로 전환 : 루즈벨트 대통령의 뉴딜 정책으로 경제 대공황 극복

㉣ 신자유주의(하이에크)
- 1970년대 불경기 속의 가격 폭등, 생산성 하락, 정부의 무능과 부패 → 정부 실패
- 1980년대 시장 경제의 효율성을 강조하는 신자유주의가 영국, 미국에서 등장 → 작은 정부로 전환
- 개인의 자유와 시장 경제의 확대, 정부 기금 축소, 세금 감면, 복지 제도 축소, 공기업 민영화 강조

더 알아두기

신자유주의
- **대두 배경** : 정부의 거대화로 인한 정부의 무능과 부패, 정부 실패에 대한 비판과 반성, 오일 쇼크로 인한 복지 재정의 압박
- **특징**
  - 정부의 시장 개입 비판
  - 정부 권한과 기능 축소, 자유 시장 경제의 확대 주장
  - 세금 감면, 규제 축소, 정부 기구 축소, 공기업의 민영화, 노동 시장의 유연화
  - 복지 제도의 감축 요구(생산적 복지로 전환), 무역과 자본 이동의 자유화(자유 무역 추구)
- **양면성**
  - 긍정적 측면 : 자유의 위축과 비(非)능률 해소, 경쟁 시장의 효율성 강화
  - 부정적 측면 : 경제의 불안정, 불황과 실업, 빈부 격차 확대, 선진국과 후진국 간의 갈등 초래

(2) 사회주의 사상의 배경 및 특징

① **등장 배경** : 초기 자본주의(= 고전적 자본주의, 산업 자본주의)에서의 경제적 불평등

㉠ 자본주의의 특징 : 자유주의 이념을 기반으로, 사유 재산제, 자유 계약 및 자유 시장 제도를 근간으로 함 → 유럽의 정신적, 경제적 성장에 크게 기여

㉡ 초기 자본주의의 문제점 : 불평등 심화, 경제 공황

② **사회주의의 특징**

㉠ 사회 중심의 인간관 : 인간은 상호 의존적 존재이며, 개인의 능력과 인간성 자체는 사회적 토대를 지닌 것으로 개인적 소유물이 아니라고 봄

㉡ 생산 수단의 공동 소유와 통제 : 자본주의의 문제점이 사유 재산제에서 비롯되므로, 생산 수단의 공유화가 불평등을 해소할 수 있다고 봄

㉢ 경제적 불평등의 해소 중시
- 물질적 결핍(= 가난)으로부터의 인간 해방 강조
- 물질적 재화의 생산보다는 분배 문제에 초점을 맞춤

(3) 사회주의의 형성 과정

① **사상적 기원**

㉠ 플라톤의 이상 국가론 : 통치 계급의 재산 공유와 국가에 의한 자녀의 공동 양육

㉡ 초기 그리스도교들의 생활 : 공동 작업을 토대로 한 소박한 생활

㉢ 모어(T. More)의 유토피아 : 공동 사회의 생산과 분배 제도의 기초로 '공유제'를 강조

② **초기 사회주의의 등장**

㉠ 19세기 초부터 영국과 프랑스를 중심으로 학파(생시몽, 오웬, 프리에) 형성

㉡ 산업 사회의 현실을 인정하고 이것을 유토피아의 출발점으로 삼아 새로운 사회의 원리를 구상

㉢ 구체적인 사회 개혁을 목표로 하는 운동과는 거리가 먼 공상적 수준에 머무름

③ **마르크스주의의 등장(과학적 사회주의)** 중요

㉠ 현대 사회주의 운동의 기원 : 1848년 '공산당 선언'에 의해 대표되는 마르크스주의

㉡ 마르크스는 자신의 사상을 '과학적 사회주의'로 명명

㉢ 자본주의 붕괴와 프롤레타리아(= 노동자 계급) 독재 및 계급 없는 사회의 도래를 역사적 필연성의 차원에서 설명

㉣ 공산주의 이데올로기로 등장 → 사회주의 운동의 연원이 됨

㉤ 마르크스의 역사 발전 5단계설
원시 공산 사회(계급 없는 사회) → 고대 노예 사회(자유인과 노예) → 중세 봉건 사회(영주와 농노) → 근대 자본주의 사회(자본가와 노동자) → 공산주의 사회(계급 없는 평등 사회)

더 알아두기

마르크스의 주요 이론과 주장

- **유물론** : 사회·경제적인 물질적 토대 위에서 인간의 의식이나 마음이 규정된다는 이론
- **변증법적 유물론** : 세계의 발전이 정신이나 이념 대신, 물질이 모순에 의해 자체를 전개시켜 나가는 과정으로 봄
- **소외론** : 소외의 개념을 사회 분석의 중요 도구로 삼고, 자본주의 사회에서 노동자의 소외를 주로 지적함
- **국가관** : 국가는 가진 자들의 이익에 봉사하기 위한, 계급의 지배를 영속화하기 위한 것에 지나지 않는다고 주장함
- **평등주의적 분배 입장** : 사회 민주주의가 주장하는 자본주의 체제 속에서의 '공정한 분배' 논리를 비판하면서 "능력에 따라 일하고 필요에 따라 분배해야 한다."라는 사회주의 노동 분배 원칙을 주장함

④ **민주 사회주의**

㉠ 소련 중심의 사회주의는 1950년대 중반 이후 유고슬라비아, 중국 등이 독자 노선을 걸음

㉡ 서구 사회주의자들이 1951년 '사회주의 인터내셔널'을 결성, '프랑크푸르트 선언'을 통해 민주 사회주의를 선언

㉢ 마르크스 사상을 벗어나 의회 민주주의, 언론 및 사상의 자유, 사회 보장 제도의 확대 주장

㉣ 소련식 사회주의의 급진적 폭력 혁명론을 비판하고 민주적 방법으로 사회주의 이상을 실현

㉤ 주요 부문에서 사적 소유 인정 → 서구 복지 자본주의 발전에 이바지함

더 알아두기

사회주의 체제의 생성 및 변화

- 1917년 : 러시아에서 레닌의 주도로 최초의 사회주의 정권이 탄생함
- 1950년대 중반 : 중국과 유고슬라비아의 독자 노선 → 사회주의의 다양화
- 1980년대 후반 : 소련과 동구권의 몰락 → 자본주의 체제로 전환, 중국과 베트남 → 자본주의 요소 도입
- 민주 사회주의 등장 : 급진적 폭력 혁명 비판 → 점진적 사회 개혁론 주창, 민주적 방법으로 사회주의의 이상을 추구함

2 자본주의 사회에서의 윤리

(1) 자본주의의 윤리적 장점

① **개인의 자유와 권리 신장에 기여** : 다른 사람의 권리를 침해하지 않고 개인적 소유권을 보장하고 개인의 선택을 존중 → 자유로운 직업을 선택하여 자유로운 소비를 함으로써 개인의 자유와 권리를 신장시킴

② **개인의 근면성과 창의성을 증진** : 개인의 능력과 노력으로 더 많은 이익과 풍요로움을 강조 → 개인 능력이나 노력에 따른 소득 차이 인정

③ **민주주의 발전에 기여** : 자유 경쟁과 다원적인 경쟁 사회를 통해 대의 민주주의를 발전시킴

(2) 자본주의 사회의 윤리적 문제점

① **경제적 불평등 심화**

㉠ 원인 : 개인 간에는 육체적·정신적 능력에 차이가 있을 수밖에 없고, 또 교육을 어느 정도 받았느냐에 따라 생산성에 차이가 나타날 수밖에 없음

㉡ 문제점

- 빈곤층이 발생하여 계층 간 갈등 발생 → 상대적 박탈감, 사회 발전과 통합 불가능, 높은 실업률 등
- 경제적 불평등 심화 : 계층 간 갈등으로 사회 통합에 어려움이 생기고, 공동체 구성원 간의 신뢰라는 사회적 자본이 파괴

② **가치 전도 현상**

㉠ 가치의 순서나 위치를 바꾸어 거꾸로 하는 것을 뜻함 → 물질적 가치를 지나치게 중요시하여 물질이 본질적 가치가 됨

㉡ 가치의 순서나 위치를 바꾼다는 것은 목적적 가치를 지닌 것을 수단으로 삼고, 수단적 가치를 지니는 것을 목적으로 삼는 것

③ **인간 소외 현상**

㉠ 인간이 스스로의 필요에 의해 만든 문화를 지배하지 못하고, 오히려 지배되는 현상

㉡ 인간을 기계나 부속품처럼 대우함

④ **불공정한 경쟁**

㉠ 시장의 자율적 경쟁이 불공정하게 이루어져 자본주의 근본을 흔드는 일을 하는 것

㉡ 시장 지배적 지위 남용 행위, 기업 결합, 경제력 집중 억제, 부당한 공동 행위, 그리고 불공정 거래 행위 등

(3) 자본주의 사회의 문제를 극복하기 위한 노력

① **국가적 차원** : 경제적 불평등을 완화시키고 공정하게 경쟁이 이루어질 수 있도록 제도와 정책을 마련

② **시민 사회 차원** : 공동체 의식 함양, 기업의 부당한 행동 감시, 사회적 기업 분위기 조성 등

③ **개인적 차원** : 삶의 질과 연관된 정신적 가치 강조, 윤리적 경제 행위, 배려와 나눔 실천 등

3 사회주의 사상의 윤리적 함의

(1) 사회주의에 대한 평가

① **긍정적 평가**

㉠ 모든 사회 구성원의 최소한의 인간다운 삶을 보장할 수 있음

㉡ 인간의 존엄성이라는 도덕적 이상을 추구

㉢ 노동자들의 열악한 위치에 대한 인식 강조

② **부정적 평가**

㉠ 경제적으로 비효율적일 수 있음

㉡ 경제적 평등이 강조될 경우 개인의 자유와 권리가 침해됨

㉢ 노력에 대한 보상을 알 수 없음

(2) 사회주의 현실의 한계

① **경제 침체** : 생산 수단의 공유나 균등 분배를 강조하여 개인 근로 저하 → 생산성까지 저하되면 기본적인 생활이 어려움

② **인권 침해** : 개인의 이익보다 사회 전체의 이익과 국가에 대한 희생을 강조 → 전체주의

체크 포인트

전체주의

구소련 스탈린 시대에 나타난 것으로, '개인은 민족이나 국가 등 전체를 위해 존재한다.'라는 사상

③ **새로운 불평등 등장** : 중앙 집권적 계획 경제 때문에 관료들이 권력을 독점할 가능성이 높음 → 관료와 국민 사이에 불평등 심화

체크 포인트

노멘클라투라
특권적 간부 포스트의 명부를 뜻하는 라틴어에서 파생된 단어였으나, 개념이 확대되어 공산당 위원회로부터 국가, 정당, 노동조합 등에서의 결원에 대해 후보로 선출된 특권 간부 또는 특권적 관료 체제

(3) 사회주의가 자본주의 사회에 주는 윤리적 시사점

① **의식적 측면** : 인간은 사회에서 독립적이지 않고 상호 의존하는 존재임을 알게 함 → 공동선 추구의 필요성 인식

② **제도적 측면** : 경제적 평등이나 분배의 정의의 중요성을 깨닫게 함 → 최저 임금제, 사회 보장 제도, 공정한 세금 비율 적용 등

③ **사회주의 몰락에 관한 측면** : 자유의 가치에 대한 인식 → 자유는 훼손될 수 없는 가치임을 인식해야 함

④ **사회주의의 이상 수용 측면** : 평등의 가치를 중시해야 함 → 복지 자본주의

(4) 자유 경쟁 사회와 평등 사회의 조화

① **복지 자본주의** : 서구에서 시작된 복지 자본주의는 완전 고용, 최저 임금, 사회 보장 제도 등을 통해 경기 침체, 실업 문제, 빈부 격차 등의 문제를 해결하는 데 이바지함

② **민주 사회주의** : 경제적 평등이라는 이상의 강조로 나타나는 사회주의의 문제점을 해결하기 위해 개인의 자유를 중시하는 민주주의를 도입하여 자유 경쟁 사회의 조화를 모색함

③ **복지 국가** : 국민의 생존권을 보장하고 복지의 증진과 확보 및 행복의 추구를 국가의 중요한 임무로 하는 국가 → 자유와 평등의 조화를 추구하는 이상적인 국가 형태

제 3 절 핵심예제문제

01 자본주의의 발전 과정 중 다음 내용에 해당하는 자본주의는?

> • 19세기 공장제 기계 공업을 통한 대량 생산 체계
> • 애덤 스미스는 '보이지 않는 손'에 의한 자유방임 자본주의를 주장함

① 상업 자본주의
② 산업 자본주의
③ 수정 자본주의
④ 신자유주의

01 산업 자본주의
- 기계화 → 대량 생산 → 대규모의 자본 축적과 산업 자본의 증가
- 성숙한 단계의 자본주의로 전환
- 애덤 스미스는 사익의 추구가 결과적으로 공익에 기여하게 된다고 여겨 '보이지 않는 손'에 의한 자유방임 자본주의를 주장함

02 다음 중 신자유주의의 특징이 <u>아닌</u> 것은?

① 정부의 시장 개입 비판
② 정부 권한과 기능 축소
③ 복지 제도의 증가 요구
④ 자유 시장 경제 체제의 확대 주장

02 신자유주의의 특징
- 정부의 시장 개입 비판
- 정부 권한과 기능 축소, 자유 시장 경제의 확대 주장
- 세금 감면, 규제 축소, 정부 기구 축소, 공기업의 민영화, 노동 시장의 유연화
- 복지 제도의 감축 요구(생산적 복지로 전환), 무역과 자본 이동의 자유화(자유 무역 추구)

정답 01 ② 02 ③

03 사회주의와 자본주의에 대한 설명으로 옳지 않은 것은?

① 사회주의는 경제적 평등의 실현으로 모두 평등하게 살아가는 사회이다.
② 사회주의는 개인의 근로 의욕을 감소시켜 경제 침체가 올 수 있다.
③ 자본주의는 개인의 소유권 보장 및 계약 자유의 원칙과 시장의 원리로 작동한다.
④ 자본주의는 분배의 정의를 중요시하여 균등 분배를 추구한다.

03 사유 재산을 부정하고, 균등 분배를 추구하는 것은 사회주의이다.

04 다음 내용은 마르크스의 역사 발전 5단계설이다. 괄호 안에 들어갈 용어에 대한 설명으로 옳은 것은?

> 원시 공산 사회 → 고대 노예 사회 → 중세 봉건 사회 → (　　) → 공산주의 사회

① 잉여 생산물의 발생
② 영주와 농노의 투쟁
③ 자유민과 노예의 투쟁
④ 자본가와 노동자의 투쟁

04 마르크스의 역사 발전 5단계설
- 원시 공산 사회 – 잉여 생산물 발생
- 고대 노예 사회 – 자유민과 노예의 발생
- 중세 봉건 사회 – 영주와 농노의 투쟁
- 근대 자본주의 사회 – 자본가와 노동자의 투쟁
- 공산주의 사회 – 계급 없는 평등 사회

05 자본주의의 전개 과정 중 수정 자본주의에 대한 설명으로 옳지 않은 것은?

① 정부 역할의 대폭적인 확대를 요구하였다.
② 1930년대 미국의 경제 대공황의 시장 실패를 배경으로 제기되었다.
③ 1970년대 불경기 속의 가격 폭등, 생산성 하락 등 정부 실패를 배경으로 제기되었다.
④ 큰 정부로 전환하는 루즈벨트 대통령의 뉴딜 정책으로 당시 경제 상황을 극복할 수 있었다.

05 수정 자본주의는 1930년대 미국의 경제 대공황으로 대량 실업과 농산물 가격의 폭락 등 시장 실패를 원인으로 제기되었다. 케인스가 주장한 수정 자본주의는 1970년대 제1차 석유 파동까지 서구 경제학에서 중심적인 위치를 차지하였다.

정답 03 ④ 04 ④ 05 ③

06 **사회주의의 특징에 해당하는 것을 〈보기〉에서 모두 고른 것은?**

보기

ㄱ. 물질적 결핍으로부터의 인간 해방을 강조하였다.
ㄴ. 물질적 재화의 생산보다는 분배 문제에 초점을 맞추었다.
ㄷ. 생산 수단의 공유화가 불평등을 해소할 수 있다고 보았다.
ㄹ. 인간은 상호 의존적이며 개인의 능력과 인간성 자체는 개인적 소유물이 아니라고 보았다.
ㅁ. 경제 주체는 자신의 자유로운 결정과 선택에 따라 경제 행위를 하므로 자신의 생계유지와 생활수준에 대해 책임을 진다.

① ㄱ, ㄴ, ㄷ
② ㄴ, ㄷ, ㄹ
③ ㄱ, ㄴ, ㄷ, ㄹ
④ ㄴ, ㄷ, ㄹ, ㅁ

06 사회주의는 '사회 중심의 인간관, 생산 수단의 공동 소유와 통제, 경제적 불평등의 해소 중시' 등을 특징으로 한다.
ㅁ은 자본주의에 대한 설명이다.

07 **자본주의 사회의 윤리적 문제점에 해당하지 <u>않는</u> 것은?**

① 인권 침해
② 불공정한 경쟁
③ 인간 소외 현상
④ 가치 전도 사상

07 자본주의 사회의 윤리적 문제점에는 '경제적 불평등 심화, 가치 전도 현상, 인간 소외 현상, 불공정한 경쟁' 등이 있다. 사회주의 사회의 문제점에는 '경제 침체, 인권 침해, 관료와 국민들 사이의 불평등 심화' 등이 있다.

정답 06 ③ 07 ①

제4절 인간과 국가

1 국가의 필요성과 바람직한 국가

(1) 국가의 의미와 구성 요소

① **국가의 의미**

㉠ 동양에서는 가족 공동체의 확장된 의미로 보았고, 서양에서는 통치자가 영토를 관리하고 국가의 일을 수행하는 상태나 신분을 의미했다가 점차 통치자의 신분과는 독립적인 권력 기구를 지칭하게 됨

㉡ 우리 모두를 하나로 묶어주는 것으로 물질적으로나 정신적으로 안정된 삶을 살 수 있게 함

② **국가의 구성 요소** : 국민, 영토, 주권, 연대 의식

㉠ 연대 의식 : 사회 구성원 상호 간 또는 구성원과 사회 간 상호 의존을 통해 국가의 구성원들이 하나로 묶여지는 정신적인 요소

더 알아두기

국가의 변천

- **씨족사회** : 사냥과 채집을 중심으로 한 경제의 발달 수준이 낮았으므로 개인의 권리는 평등함
- **최초의 국가 유형** : 경제가 발달하고 재산이 생겨나면서 족장, 군사 지휘자, 평범한 성원 등 개인의 사회적 지위가 나누어졌으며, 이 질서를 유지하기 위해 국가가 등장함
- **중세의 국가 유형** : 농노, 기사, 군주, 영주 등 신분의 세습을 보장하는 봉건제 국가였음
- **근대의 국가 유형** : 프랑스 대혁명의 이념을 상징하는 자본주의 국가였음

(2) 국가의 기원에 대한 학설

① **아리스토텔레스** : 국가는 인간의 사회적·정치적 본성에 의해 생겨난 것으로, 인간이 시민적 유대감과 결속을 누리며 행복한 삶을 살기 위해 국가가 존재 → 인간 본성 기원론

② **사회계약론자** : 인간의 자연법상의 권리를 보장하기 위해 사회 구성원의 동의를 거쳐 국가가 탄생

㉠ 홉스 : 자연 상태의 인간이 '만인의 만인에 대한 투쟁' 상태에 있다고 보고, 생명과 안전을 보장받기 위해서 계약을 통해 자신의 권리를 국가에 양도하게 됨

㉡ 로크 : 인간은 이성을 가졌지만 오류의 가능성이 있어 자연 상태에서 인간은 분쟁을 겪게 되고 이를 해결하기 위해 국가가 필요함(백지설 → 인간의 본성은 선하지도 악하지도 않음)

㉢ 루소 : 인간의 본성은 선했으나 사유 재산이 생겨나면서 사회적 불평등과 갈등이 생겨났고, 자유와 평화를 보장하기 위해 국가가 탄생함(일반 의지 → 모든 사람의 의지를 종합 통일)

③ **동양의 유가 사상** : 가족이 확대되어 국가를 이룬다고 생각하여 국가를 하나의 커다란 가족으로 여김

(3) 국가의 필요성

① 외적이나 자연재해로부터 국민의 생명과 재산을 보호함

② 국제 사회에서 국민들이 정당한 대우를 받을 수 있도록 함

③ 국민들에게 소속감 같은 정신적 안정감을 줌으로써 더 행복하게 살 수 있게 함

④ 법을 제정하고 집행하면서 사회 질서를 확립함

더 알아두기

국가와 인간에 대한 입장

- **국가주의적 입장** : 구성원 개개인은 오직 국가를 위해서 살 때에만 진정한 존재의 의미를 가짐 → 국가 공동체가 절대적으로 필요하다고 주장함
- **무정부주의적 입장** : 국가를 포함한 모든 정치적 제도와 조직, 권위 등이 없어져야 인간이 진정한 자유를 실현할 수 있음

(4) 바람직한 국가의 모습

① 국가의 역할에 대한 다양한 입장

㉠ 소극적 국가관

- 국가의 임무를 대외적인 국방과 대내적인 치안 유지의 확보 및 최소한의 공공사업에 국한하고, 나머지는 개인의 자유에 방임하라는 소극적 의미의 자유주의적 국가관
→ '**야경국가**'와 관련이 깊은 국가관으로 국가를 필요악으로 보는 견해(애덤 스미스의 야경국가)
- 개인의 경제 활동에 대한 자유를 최대한 보장하면 이익이 늘어난다는 장점이 있지만, 빈부 격차가 심해지는 문제가 생기기도 함

㉡ 적극적 국가관 **기출** 23

- 국가의 기능을 치안 유지와 외교, 국방에 한정하는 소극적 국가관인 '야경국가'와 대비되는 개념
→ '**복지국가**'에 해당하는 국가관(케인스의 복지국가)
- 사회 구성원의 복지 증진을 국가의 가장 중요한 임무로 규정하고, 이를 위하여 국가의 자원을 사용하는 국가를 말하는 것으로 민간 경제 질서에 적극적으로 개입함으로써 경제적 이해의 대립을 조화롭게 만들고 국민 생존의 실질적인 보장을 추구
- 복지국가에서는 국민들이 국가의 복지 정책에 의존하여 경제 활동을 게을리하게 되는 문제가 발생하기도 함

㉢ 국가주의적 국가관 : 개인과 국가를 유기적인 관계로, 국민의 목적 실현을 위한 도덕체로 파악하는 국가관으로 유가 사상과 비슷함

㉣ 자유주의적 국가관 : 국가를 개인의 자유롭고 평화로운 삶을 위한 하나의 필요악이라고 보는 견해

㉤ 마르크스주의적 국가관 : 국가를 지배 계급이 피지배 계급을 억압하고 착취를 위한 기구로 보는 국가관

㉥ 무정부주의적 국가관 : 국가의 강제력을 부인함으로써 국가 존재 자체를 의문시하는 국가관

② **바람직한 국가를 만들기 위한 노력** : 국가의 소극적인 역할만을 강조하다 보면 빈부 격차, 실업 등 자본주의가 초래하는 많은 폐단이 나타나게 되고, 적극적인 역할만을 강조하면 국민의 자유를 제약하여 국가에 과도하게 의존하게 되는 문제를 초래하기 때문에 적극적인 국가관과 소극적인 국가관이 적절히 조화를 이루어야 함

③ **바람직한 국가가 추구하는 가치**

㉠ 자유 기출 22 : 자유에는 그에 합당한 책임이 뒤따르므로 다른 사람의 자유를 함부로 침해해서는 안 됨

- 소극적 자유 : 국가로부터의 자유, 외부로부터 부당한 지배 및 강제를 받지 않는 상태
- 적극적 자유 : 국가에 의한 자유, 국가에 의해 최소한의 인간다운 삶을 보장받는 상태, 자율적으로 목적을 선택하고 실현하기 위한 자율적 행동의 적극적인 힘이 타 인권에 대한 무자비함으로 작용할 수 있는 부작용이 있음

㉡ 평등 : 권리, 의무, 자격 등이 모든 사람에게 고르게 적용되는 것 → 사회적 불평등인 빈부 격차의 문제를 해결하기 위해서는 평등의 가치를 실현해야 함

㉢ 민주 : 국민이 국가의 주인이라는 의미로 주권이 국민으로부터 나온다는 말과 동일함
→ 민주의 가치를 실현하기 위해서는 국민들의 다양성과 의견을 존중해야 함

㉣ 인권 : 사람으로서 당연히 누려야 할 인간답게 살 권리, 단순히 생명을 유지하는 것에서 더 나아가 인간의 존엄성을 누리는 삶 → 국가는 국민의 인권이 침해되지 않도록 법으로 보장하는 노력을 기울여야 함

㉤ 정의 : 사회를 유지하고 구성하는 데에 있어서 옳고 그름을 중립적인 입장에서 객관적으로 평가하는 공정함 → 국가는 이러한 정의를 바탕으로 사회 문제를 해결해야 국민들로부터 신뢰와 지지를 얻을 수 있음

㉥ 평화 : 국민 개개인이나 집단 사이에서 갈등이나 대립이 일어나지 않는 상태 → 국가는 사회의 불안정한 요소를 제거하고 국가의 발전을 도모하기 위해서 평화를 추구해야 함

㉦ 복지 : 삶의 질을 높이고, 국민 전체가 행복하게 살아갈 수 있도록 하는 정책적인 노력 → 국가는 사회적 약자들이 기본적인 생활 수준을 유지할 수 있도록 보호해야 하는 의무를 가지고 있기 때문에 복지의 가치를 실현하기 위해 노력해야 함

2 국가의 권위와 개인의 자율성

(1) 국가 권력의 의미와 목적

① **국가 권력의 의미**

㉠ 국민의 공동 이익을 보장해 주기 위해 국가 조직을 통해 행사되는 물리적 강제력

㉡ 국가가 국민들에게 강제적으로 행사하는 질서 유지, 국가 안보, 갈등 해결 등을 위한 실질적 통치권

㉢ 국가 권력의 주체 : 국민 → 국가는 국민의 지지와 동의를 통해 정당성을 얻어야 함

② **국가 권력의 목적** : 인간 존엄성 보장, 개인의 생명과 자유 및 재산 보호, 사회 복지 추구, 갈등을 해결하여 국민 대통합, 사회의 공동 이익 추구

③ **국가의 역할**

㉠ 국가 안보 유지 : 외부의 침략으로부터 국민을 보호

㉡ 치안 유지 : 법이나 규칙을 통해 국민의 생명과 자유・안전을 보호

㉢ 사회 정의 실현 : 개인이나 집단 간의 갈등과 분쟁을 효율적으로 해결

㉣ 복지 실현 : 최소한의 인간다운 삶을 보장

㉤ 경제 관리 : 공정한 경제 질서 유지

㉥ 환경 관리 : 환경과 자원을 보존・유지하여 국민의 삶 보장

④ **법과 국가 권력의 관계**

㉠ 법의 지배의 발달 과정

- 고대 그리스 사회 : 아테네에도 법은 있었지만, 법의 보호를 받을 수 있는 사람은 일부에 불과
- 중세 사회 : 법은 성직자와 봉건 영주들의 통치 수단이었을 뿐, 일반 백성들의 존엄성 존중에 기여하지 못함
- 근대 이후 : 국가나 지배자보다 개인이 더 소중한 존재라는 생각이 늘어나면서 인간의 존엄성을 보장하기 위한 법의 제정이 요구됨

㉡ 법과 국가 권력

- 도덕・관습은 구성원의 자율성에 기반하는 규범
- 법은 인간이 사회 질서를 유지하기 위해 지켜야 할 사회 규범

㉢ 국가 권력 정당성에 대한 입장

- 밀(J. S. Mill) : **자유의 가치 역설** → "국가의 가치는 국가를 구성하는 개인의 가치에 있으며, 개인을 경시하는 국가는 존립하지 못한다."
- 맹자 : **백성의 삶의 보장은 국가 권력의 임무** → "백성이 가장 귀하고, 사직(社稷)이 그 다음이며, 임금이 가장 가볍다."

㉣ 국가 권력의 남용

- 국가 권력의 남용 : 국가 권력이 국민 생활에 깊이 관여하거나 권력자의 이익을 위해 권력 행사
- 국가 권력의 남용 폐해 또는 문제점
  - 국가 권력의 남용으로 구성원들 간의 공정한 협력과 혜택이 결여
  - 개인의 자유가 침해되며, 사회 구성원의 혜택이 보장되지 않고, 공정한 협력이 어려움 → 불공정한 상황 발생
  - 국민들이 도덕적인 삶을 유지하기 어려움
  - 평상시 개인의 인권 침해로 인간의 존엄성이 상실되면 성숙한 인격이 불가능
  - 국가적 혜택이 정당하게 노력한 사람에게 공정하게 나누어지지 않으면 사회 구성원 간의 협력이 불가능하고 정부 정책에도 비협조적

(2) 개인의 자율성

① 개인의 권리

㉠ 본질적 권리 : '인간의 존엄과 가치', '행복 추구'로 태어나면서부터 가지는 권리

㉡ 자유권 : 신체와 생명의 자유, 양심과 종교의 자유, 언론 출판 및 집회와 결사의 자유, 학문과 예술의 자유 등

㉢ 평등권 : 모든 사람이 인종, 성별, 신분, 종교, 재산상의 이유로 차별받지 않을 권리

㉣ 참정권 : 선거권이나 피선거권(공무원이 될 수 있는 권리)

㉤ 청구권적 기본권 : 인간다운 생활을 하기 위해 국가에 요구할 수 있는 권리

② 개인의 의무

㉠ 민주 국가의 구성원으로서 준수해야 할 책임과 의무 → 공동체의 안정과 명예, 사회질서, 공공복리, 환경 보존 등 공동선 증진을 위한 책무

㉡ 의무의 종류

- 헌법에 규정되어 있는 의무 : 교육의 의무, 근로의 의무, 납세의 의무, 국방의 의무, 환경 보전의 의무
- 권리인 동시에 의무 : 교육의 의무, 근로의 의무, 환경 보전의 의무, 재산권 행사의 공공복리 적합 의무
- 사회의 구성원으로서 성실히 수행해야 할 기타 의무 : 부정과 불의를 개선하려는 노력, 올바른 여론을 형성하려는 노력, 자신의 일에 최선을 다하고 투표나 선거에도 적극적으로 참여하려는 노력 등

더 알아두기

국민의 의무

- **국방의 의무** : 외부의 공격에 대해 국가를 방어할 의무를 지는 것
- **납세의 의무** : 국가의 유지에 필요한 경비를 부담해야 하는 것은 국민의 기본적인 의무
- **교육의 의무** : 국민 개개인이 보호하는 자녀에게 초등 교육과 법률이 정하는 교육을 받게 할 의무
- **근로의 의무** : 개인의 기본적인 생활을 유지하며 행복을 누리고, 국가의 경쟁력을 향상시키기 위해 근로를 해야 하는 의무

③ 권리와 의무의 조화를 위한 노력

㉠ 권리와 의무의 관계 : 민주 사회에서 권리와 의무는 유기적으로 연결되어 있으므로 조화가 필요

㉡ 조화를 위한 노력 : 타인의 권익 존중, 국민으로서 지켜야 할 의무의 충실한 이행, 개인의 권리 보장, 국가 정체성의 긍정적 형성, 국가 권력에 대한 감시와 비판의 기능 수행, 국민의 권리 보장과 국가 권력의 정당한 행사 등

3 인간 존엄성과 인권 존중

(1) 인간의 존엄성 중요

① 인간은 성별, 종교, 피부색, 국적, 빈부 차이, 사회적 지위 등 조건에 관계없이 누구나 평등하게 존엄성을 유지하며 살아가야 함

② 인간이 가지는 천부적 인권이자 기본적인 인권으로, 존엄성을 유지하며 살아가는 삶이 인간다운 삶

> **더 알아두기**
>
> **인간의 존엄성**
>
> • 대한민국 헌법 제10조 : 모든 국민은 인간으로서의 존엄과 가치를 가지며 행복을 추구할 권리를 가진다.
>
> • 공자 : 다른 사람을 대할 때 그 사람의 몸도 내 몸같이 소중히 여겨라. 내 몸만 귀한 것이 아니다. 남의 몸도 소중하다는 것을 잊지 마라.
>
> • 세계 인권 선언 제1조 : 모든 사람은 태어날 때부터 자유롭고, 존엄하며, 평등하다.

(2) 인간 존중과 인간 존엄성의 실천

① **인간 존중에 대한 다양한 사상**

㉠ 석가모니 : 자비 정신 → 자연으로 확대되어 생명 존중 사상으로 발전

㉡ 공자 : 인(仁) → 어진 사람은 남을 사랑하는 사람이며, 자기가 하기 싫은 일을 남에게 시키지 않는 사람

㉢ 소크라테스 : "**너 자신을 알라.**" → 편견이나 선입견에서 벗어나 무지하다는 것을 깨달을 때에 인간답게 산다는 것이 어떤 의미인지 알 수 있다고 봄

㉣ 예수 : "네 이웃을 네 몸과 같이 사랑하라." → 모든 사람은 하느님 앞에서 평등하고, 하느님은 모든 인간을 똑같이 사랑한다고 봄

㉤ 고조선 시대 : "널리 인간을 이롭게 한다."라는 **홍익인간(弘益人間) 사상** → 인간 존중 사상이 자연의 미물까지도 소중히 여기는 마음으로 확장

㉥ 동학 : '사람이 곧 하늘[인내천(人乃天)]', '하늘의 마음이 곧 인간의 마음[천심즉인심(天心卽人心)]' → 하늘과 사람과 자연은 하나이며, 모든 사람은 평등하기 때문에 근본적으로 귀천이 있을 수 없다고 봄

② **인간 존중의 실천**

㉠ 먼저 자신이 소중하고 귀한 존재라는 것을 알고 소중한 존재가 되도록 노력해야 함

㉡ 자신을 소중히 여기는 만큼 타인의 존재를 소중하게 생각해야 함

㉢ 인간 존중은 서로가 서로를 존중해 줄 때 비로소 가능함

㉣ 인간 존중의 실천 사례

- 내 집 앞의 눈 치우기
- 재일 한국인 유학생 故 이수현 씨의 살신성인
- 장애를 극복한 故 스티븐 호킹 박사

③ **인간 존엄성의 실천**

㉠ 타인의 고통 공감하기

- **역지사지(易地思之)의 태도** : 타인의 고통을 공감하기 위해서는 상대방의 입장에서 처지를 바꾸어 생각해 보는 역지사지의 태도가 필요함
- 잘못된 습관의 정정 : 다른 사람의 기분을 상하게 하는 잘못된 습관이 있는지 생각해 보고 바로 고칠 수 있도록 노력해야 함

④ **사회적 약자와 인간 존엄성**

㉠ 사회적 약자 : 사회적으로 불리한 조건에 처해 있는 사람들을 일컫는 말
→ 장애인, 이주 노동자, 북한 이탈 주민 등

㉡ 사회적 약자의 인간 존엄성

- 장애인, 이주 노동자와 같은 사회적 약자들은 우리 사회에서 인간 존엄성을 존중받지 못하는 경우가 많음
- 인간의 존엄성은 사회적 지위나 신체적 또는 정신적 조건과 상관없는 가치이므로 이들 역시 존중받아야 할 권리가 있음
- 차별받고 소외당하는 사회적 약자를 배려하는 것은 우리 사회를 더욱 도덕적으로 만듦

(3) 인권의 의미와 인권 존중 기출 22

① **인권** : 인간이면 마땅히 누려야 할 권리, 인간 존엄성을 유지하며 자유롭고 평등하게 살아갈 권리

㉠ **칸트** : 인간은 자유롭고 평등하며, 수단이 아닌 목적으로 대우해야 할 존엄한 존재

㉡ **로크** : 인간은 남에게 양도할 수 없는 자연권(생명권, 자유권, 재산권)을 지니고 있음

② **인권 존중의 중요성** : 인류가 추구해야 할 보편적 윤리이며, 사회의 도덕성과 정의로움에 대한 평가 척도임

③ **인권 사상의 발전 과정**

㉠ 제1세대 인권(자유권) : 간섭받지 않을 권리를 요구. 경제활동의 자유를 강조함으로써 자본주의의 확립과 발전을 보장했을 뿐 아니라 그로 인한 인간 소외 등을 은폐하는 기능을 하기도 했으며, 이후 그 한계를 넘어서기 위한 사회권 개념이 등장

㉡ 제2세대 인권(사회권) : 분배의 정의와 인간다운 삶을 요구. 이 권리는 자유권에 비해 그 당위성에도 불구하고 실질적인 실현 수단을 갖지 못하여 소기의 목적을 이루지 못하고 있음

㉢ 제3세대 인권(연대권, 집단권) : 성, 인종, 지역 등의 차별과 핵전쟁 등의 위협, 생태 위기 등에 대한 각성으로 나온 집단적 권리 혹은 연대의 권리. 앞의 두 가지 개념에 비해 아직 생성 중인 권리 개념

④ **인권의 특징** 기출 24

㉠ 보편성 : 인종, 피부색, 성, 언어, 종교에 관계없이 모든 사람이 누려야 함

㉡ 천부성 : 인권은 태어날 때부터 가지는 권리임

㉢ 불가침성 : 어떠한 경우에도 절대로 침해할 수 없음

㉣ 항구성 : 인권은 박탈당하지 않고 영구히 보장되어야 함

⑤ **인권의 종류**

㉠ 소극적 인권(자유권) : '~로부터 벗어날 권리'로 남에게 양도할 수 없는 자연권. 생명・자유・재산에 대한 권리이며 양심, 종교, 언론, 집회, 신체의 자유도 포함됨

㉡ 적극적 인권(복지권) : '~에 대한, ~에 의한 권리'를 요청하는 것으로 사회의 공정성과 삶의 질을 평가하는 척도임

⑥ **인권 존중의 실천을 위한 노력**

㉠ 인간 존엄성을 바르게 이해하고 인권 감수성을 기르도록 노력해야 함

㉡ 자유와 평등이 보장되는 사회 여건을 만들기 위해 노력해야 함

㉢ 모든 사람이 인간답게 생활할 수 있는 제도적 기반을 마련해야 함

체크 포인트

우리나라 헌법에 보장된 인권(헌법 제10조)

"모든 국민은 인간으로서의 존엄과 가치를 지니며, 행복을 추구할 권리를 가진다. 국가는 개인이 가지는 불가침의 기본적 인권을 확인하고 이를 보장할 의무를 진다."

(4) 국가와 복지

① **복지** : 건강, 생활, 환경 등 삶의 질에 대한 기준을 높여 행복을 누릴 수 있도록 하는 것

② **현대 국가에서의 복지**

㉠ 사람은 누구나 행복하게 살 권리가 있으며, 이런 권리를 보장하는 것은 국가의 기본적인 책무임

㉡ 국가는 사회보험, 공적 부조 등을 통해 국민의 기본적인 생활 수준을 보장해야 함

㉢ 복지를 향상시키는 것은 경제적 불평등을 해소하고 국민의 인간다운 삶에 영향을 미침

㉣ 민주주의를 바탕으로 한 복지 국가의 실현 → 국가의 정당성 인정

③ **사회 복지**

㉠ 사회 복지의 의미와 등장 배경

- 의미 : 사회 구성원이 기본적 욕구를 충족시킬 수 있게 하기 위한 사회적인 체계
- 등장 배경 : 초기 자본주의 사회의 자유방임적인 체제 때문에 빈부 격차가 발생하면서 최소한의 인간다운 삶을 국가에서 보장해 주어야 한다는 인식이 확대됨
- 사회 정책 : 사회 보장 제도, 각종 사회 정책(강제적, 포괄적) 등 복지의 향상을 위해 국가가 시행하는 모든 사회적인 정책

㉡ 사회 보장 제도

• 의미 : 사회적 위험으로부터 국민을 보호하고 국민의 삶의 질을 향상시키는 데 필요한 소득, 서비스를 국가가 보장하는 정책

• 사회 보장 제도의 구분

구분	사회 부조	공공 부조	사회 복지 서비스
주체	정부	중앙정부 및 지방자치단체	중앙정부 및 지방자치단체, 민간 단체 및 사회복지법인
객체	소득 혹은 재산이 있는 자	생계 유지가 힘든 생활 무능력자	보호가 필요한 취약 계층
목적	빈곤 예방	빈곤 치료	사회적 적응
내용	• 국민연금 • 국민건강보험 • 고용보험 • 산업재해보상보험	• 국민기초생활보장제도 • 의료급여제도 • 긴급복지지원제도 • 기초연금제도	• 장애인 복지 • 노인 복지 • 아동 복지 • 여성 복지
특징	• 비영리 보험으로 강제 가입 • 능력별 부담 • 상호 부조	• 일방적 지원으로 최저 생활 보장 • 소득 재분배 • 조세 부담 증가	• 취약 계층의 자립 지원 (취업, 시설 지원 등) • 비경제적 지원
재정	근로자, 사용자, 국가	조세	국가 보조금, 민간 재원

㉢ 복지의 기능

• 긍정적 기능 : 생활 안정을 통한 인간 존엄성의 실질적 보장, 소득 재분배를 통한 사회 불평등 극복, 사회 안정

• 부정적 기능 : 복지에 의존하면서 생산성과 효율성 저하, 국가의 재정 악화, 비용 부담 증가에 따른 조세 저항

제 4 절 핵심예제문제

01 국가를 구성하는 정신적 요소로서 국가의 구성원들을 끈끈하게 묶어 주는 중요한 역할을 하는 것은?

① 국민
② 영토
③ 주권
④ 연대 의식

01 국가의 구성요소
- 3요소 : 국민, 영토, 주권
- 연대 의식 : 한 국가의 국민으로서 운명을 함께 한다는 '연대 의식'은 국가를 구성하는 정신적 요소로, 국가의 구성원들을 끈끈하게 묶어 주는 중요한 역할을 한다.
- 국민, 영토, 주권과 연대 의식이 결합되었을 때 비로소 국가는 완전한 모습을 갖추게 된다.

02 다음 내용과 같이 국가의 기원에 관해 주장한 사상가는?

> 인간은 악한 본성을 지닌 이기적인 존재로 국가가 생기기 이전에는 '만인이 만인에 대해 투쟁하는 상태'였다. 이러한 불안한 삶에서 벗어나기 위해 계약을 맺어 비로소 국가를 만들게 되었다.

① 홉스
② 루소
③ 로크
④ 몽테스키외

02 '만인이 만인에 대해 투쟁하는 상태'는 홉스와 관련된 내용이다.

정답 01 ④ 02 ①

03 다음 주장과 가장 관련 있는 것은?

> "너 자신에게 있어서나 다른 사람에게 있어서나 인간을 언제나 목적으로 대하고 결코 수단으로 대하지 말라."

① 인격
② 인간의 존엄성
③ 평등
④ 이성

03 인간 존엄성의 중요성에 대하여 독일의 철학자인 칸트가 한 말이다. 인간은 어떠한 상태로 태어나든 인간이기 때문에 가장 소중한 존재이며 존엄하게 대우받아야 한다.

04 다음 중 인간 존중에 대한 사상과 그 주체의 연결이 바르지 않은 것은?

① 동학 – 인내천 사상
② 공자 – 인(仁) 사상
③ 고조선 – 홍익인간 사상
④ 석가모니 – 평등 사상

04 석가모니는 서로를 가엾게 여기고 사랑하는 것을 강조하는 한편, 자연으로까지 확대하여 생명 존중 사상을 발전시켰으며, 자비 정신을 강조하였다.

05 다음 내용과 같이 주장한 학자는 누구인가?

> • 국가는 인간의 이성에 의해 생겨난 것이다.
> • 사람은 본래 다른 사람으로부터 고립되어 살아갈 수 없는 정치적 동물이다.

① 아리스토텔레스
② 루소
③ 홉스
④ 로크

05 **아리스토텔레스**
국가는 인간의 이성에 의해 생겨난 것으로, 인간이 시민적 유대감과 결속을 누리며 행복한 삶을 살기 위해 국가가 존재 → 인간 본성 기원론

정답 03 ② 04 ④ 05 ①

06 **국가는 평화로운 삶을 위한 하나의 필요악으로서 개인의 자유와 권리를 보장하기 위해 존재한다고 보는 국가관은?**

① 마르크스주의적 국가관
② 자유주의적 국가관
③ 무정부주의적 국가관
④ 국가주의적 국가관

06 자유주의적 국가관에서는 국가가 개인의 인권, 시민적 자유와 경제활동의 자유를 보장해 주어야 하고 간섭하지 말아야 한다는 입장에서 국가를 하나의 필요악이라고 본다.

07 **다음 중 국가의 필요성에 대한 설명으로 옳지 않은 것은?**

① 법을 제정하고 집행하면서 사회 질서를 확립한다.
② 외적이나 자연재해로부터 국민의 생명과 재산을 보호한다.
③ 국제 사회에서 국민들이 정당한 대우를 받을 수 있도록 해준다.
④ 국민들에게 정신적 안정감을 주지는 못하지만 제도적인 안정감은 줄 수 있다.

07 국가는 국민들에게 소속감과 같은 정신적인 안정감을 줄 수 있다.

08 **다음 중 바람직한 국가가 추구하는 가치와 그 설명이 바르게 연결된 것은?**

① 평등 – 국민이 국가의 주인이라는 의미로 국민들의 다양성과 의견을 존중함
② 정의 – 국민 개개인이나 집단 사이에서 갈등이나 대립이 일어나지 않는 상태
③ 인권 – 사람으로서 당연히 누려야 할 인간답게 살 권리로 인간의 존엄성을 누리는 삶
④ 자유 – 사회를 유지하고 구성하는 데에 있어서 옳고 그름을 중립적인 입장에서 객관적으로 평가하는 공정함

08 ①은 민주, ②는 평화, ④는 정의에 대한 설명이다.

정답 06 ② 07 ④ 08 ③

09 개인의 권리와 의무에 대한 설명으로 옳지 않은 것은?

① 개인의 자유와 권리는 언제, 어디서, 누구에게나 똑같이 적용되는 것이다.

② 개인의 본질적인 권리는 인간의 존엄과 가치, 행복 추구 등 태어나면서부터 가지는 권리이다.

③ 개인의 권리인 동시에 의무인 것에는 교육, 납세, 환경 보전, 재산권 행사의 공공복리 적합 의무 등이 있다.

④ 권리와 의무의 조화를 위해서는 타인의 권익을 존중하고 책무를 충실히 존중하며 국가 차원에서 권리를 보장하는 등의 노력이 필요하다.

09 헌법상 규정되어 있는 국민의 의무에는 교육, 근로, 납세, 국방, 환경 보전의 의무 등이 있는데 이 중에서 권리인 동시에 의무인 것에는 교육, 근로, 환경 보전 등이 있다.

10 다음 중 인권의 특징에 대한 설명이 바르게 연결된 것은?

① 천부성 – 인권은 태어날 때부터 가지는 권리이다.

② 불가침성 – 인권은 박탈당하지 않고 영구히 보장되어야 한다.

③ 보편성 – 어떠한 경우에도 절대로 침해될 수 없다.

④ 항구성 – 인종, 피부색, 성, 언어, 종교에 관계없이 모든 사람이 누려야 한다.

10 ②는 항구성, ③은 불가침성, ④는 보편성에 대한 설명이다.

정답 09 ③ 10 ①

제 4 장 실전예상문제

01 다음 내용에 해당하는 개념은?

> 인간이 사회적 존재로서 자신이 속한 공동체가 나아가야 할 방향과 이에 대한 생각을 체계화한 것

① 사회 구조
② 사회 운동
③ 사회 규범
④ 사회 사상

01 사회 사상의 의미
- 인간이 사회적 존재로서 자신이 속한 공동체가 나아가야 할 방향과 이에 대한 생각을 체계화한 것
- 인간은 그 사회가 윤리적이고 올바른 사회일 때 인간다운 삶을 살아갈 수 있음

02 다음 중 사회 사상의 특징이 아닌 것은?

① 고정성
② 개혁성
③ 다양성
④ 실천성

02 사회 사상의 특징
- 가변성 : 사회 구성원들의 의사는 항상 변하고 사회도 끊임없이 변함
- 개혁성 : 사회를 더 나은 방향으로 발전시키려 하므로 개혁시키는 기능을 가지게 됨
- 실천성 : 단순한 이념적 성격만을 가지는 것이 아니라 더욱 바람직한 사회로의 변혁을 지향함
- 다양성 : 사회적 삶에 대한 다양한 관점을 제시하며, 상호 유기적 관계를 유지함

정답 01 ④ 02 ①

03 사회 사상의 역할
• 개념적 가치 : 사회 사상은 주변의 사회적 현상과 구성원들의 삶의 가치를 올바르게 이해할 수 있는 틀을 제공
• 설명적 가치 : 사회 사상은 사회 구성원들의 삶이 특정한 방식으로 이루어지는지를 설명함
• 규범적 가치 : 사회 사상은 그 사회를 정당화시키거나 비판하는 규범적 기준을 제시
• 실천적 가치 : 사회 사상은 사회 구성원이 자신의 삶을 선택할 때 선택의 범위를 확정시켜 주는 기능을 함

04 [문제 하단의 표 참고]

정답 03 ① 04 ③

03 사회 사상의 역할 중 다음 설명에 해당하는 가치는?

사회 사상은 주변의 사회적 현상과 구성원들의 삶의 가치를 올바르게 이해할 수 있는 틀을 제공

① 개념적 가치
② 설명적 가치
③ 규범적 가치
④ 실천적 가치

04 다음과 같이 사회 사상과 자연 과학을 비교한 표에서 옳지 않은 것은?

구분	사회 사상	자연 과학
① 탐구 대상	사회, 사회 구성원	자연 현상
② 연구 목적	사회현상을 극복하고 바람직한 방향으로 개선	관찰, 실험을 통해 탐구하고 원리를 이해하고 설명하려 함
③ 연구 방법	객관적, 과학적, 관찰과 검증	사회 구성원의 주관적 의사 개입, 다양한 가치 등을 하나로 통합
④ 합의 여부	같은 사회 문제에 대해 서로 다른 고유한 사상을 제시	자연 현상을 보는 관점에 대하여 비교적 합의가 쉬움

»»

구분	사회 사상	자연 과학
탐구 대상	사회, 사회 구성원	자연 현상
연구 목적	사회현상을 극복하고 바람직한 방향으로 개선	관찰, 실험을 통해 탐구하고 원리를 이해하여 설명
연구 방법	사회 구성원의 주관적 의사 개입, 다양한 가치 등을 하나로 통합	객관적, 과학적, 관찰과 검증
합의 여부	같은 사회 문제에 대해 서로 다른 고유한 사상을 제시	자연 현상을 보는 관점에 대하여 비교적 합의가 쉬움

05 다음 설명에서 괄호 안에 들어갈 말로 알맞은 것은?

> 인간은 사회를 떠나서는 살아가기 힘든 (　　)이다. 따라서 인간은 사회 속에서 여러 사람들과 활동과 교류를 하면서 인간다운 삶을 살려고 노력한다.

① 사회적 존재
② 개인적 존재
③ 실천적 존재
④ 가변적 존재

05 인간은 사회를 떠나서는 살 수 없는 사회적 존재이다. 인간은 사회 속에서 생존에 필요한 활동을 하고 인간다운 삶을 살 수 있다.

06 다음 중 사회 제도의 기능으로 볼 수 없는 것은?

① 구성원의 기본적인 욕구와 목표를 충족시켜 준다.
② 개인의 삶을 예측 가능하게 해 준다.
③ 사회의 유지・존속을 위한 사회적 요건을 충족시켜 준다.
④ 개인적 행동의 틀을 제공한다.

06 사회적 행동의 틀을 제공한다.

07 다음 내용에서 공통적으로 설명하는 것은?

> • 동양 사상에서 이것은 '의로움', 서양에서는 '각자에게 그의 몫을 주는 것'이다.
> • 사회 제도가 추구해야 할 가장 핵심적이고 기본적인 덕목이다.

① 도덕
② 행복
③ 사랑
④ 정의

07 정의는 사회 제도를 구성하고 운영함으로써 질서 유지의 역할을 하고 구성원과 사회의 관계를 원활하게 유지시켜 준다.

정답 05 ① 06 ④ 07 ④

08 다음 중 사회 제도가 지향하는 가치로 볼 수 없는 것은?

① 인간의 존엄성 보호・증진
② 공동선 추구
③ 정의 지향
④ 도덕의 정당화

08 사회 제도가 지향하는 가치
- 인간의 존엄성 보호・증진
- 공동선 추구
- 정의 지향

09 다음 내용에 해당하는 정의는?

- 공리주의의 '최대 다수의 최대 행복'
- 분배의 기준 : 능력과 성과, 노력, 사회적 효용 등

① 형식적 정의
② 실질적 정의
③ 결과적 정의
④ 절차적 정의

09 결과적 정의는 최종의 결과에 초점을 맞추어 분배하는 원리로 능력과 성과, 노력, 사회적 효용, 필요 등을 기준으로 삼는다.

10 사회 집단의 도덕성은 개인의 도덕성보다 현저하게 떨어진다고 비판한 사람은?

① 스피노자
② 니부어
③ 롤스
④ 헤겔

10 니부어는 사회 집단의 도덕성은 개인의 도덕성보다 현저하게 떨어진다고 하였다. 도덕적인 개인도 자기가 소속된 집단의 이익을 위해 이기적으로 행동하기 쉽다고 보았다.

정답 08 ④ 09 ③ 10 ②

11 **롤스(J. Rawls)의 정의론에서 언급된 기본적 자유와 관련 있는 것을 〈보기〉에서 모두 고른 것은?**

보기

ㄱ. 신체적 자유
ㄴ. 참정권
ㄷ. 체납의 자유
ㄹ. 사유 재산권
ㅁ. 체포의 자유
ㅂ. 언론의 자유

① ㄱ, ㄷ, ㄹ, ㅂ
② ㄱ, ㄴ, ㄹ, ㅂ
③ ㄴ, ㄷ, ㄹ, ㅁ
④ ㄴ, ㄹ, ㅁ, ㅂ

11 **롤스의 기본적 자유**
정치적 자유(참정권), 언론과 집회의 자유, 신체적 자유, 법적으로 정당한 이유가 없는 체포나 구금을 거부할 수 있는 자유, 양심의 자유, 사유 재산권 등

12 **다음 내용과 관련된 윤리적 문제의 해결 방안으로 적절한 것은?**

니부어(R. Niebuhr)는 개인은 도덕적이라고 할지라도 사회는 비도덕적일 수 있으며 개인의 행위와 사회 집단의 행위는 구분되어야 한다고 주장하였다. 즉, 개인적인 윤리로는 제대로 파악할 수 없는 사회적・정치적 영역이 존재한다는 것이다. 예컨대, 도덕적이고 양심적인 개인들이 모여 종교단체, 계급, 민족, 국가 등을 구성함에도 불구하고 이들 집단 사이에는 종교 분쟁, 제국주의의 침략 등 비윤리적 문제가 발생하고 있다.

① 개인의 도덕성을 더욱 고취시킨다.
② 사회 구조와 제도를 정의롭게 만든다.
③ 도덕 교육을 통해 개인의 이기심을 억제한다.
④ 집단적 행동을 자제하고 평화주의를 지향한다.

12 개인적인 윤리가 있더라도 사회적인 윤리 체제가 필요하다는 내용이므로 사회 구조와 제도의 규제가 필요하다.

정답 11 ② 12 ②

13 **롤스(J. Rawls)의 주장에서 '차등의 원칙'을 적용해야 할 부분은?**

① 복지 혜택을 제공한다.
② 평등한 재산 분배를 한다.
③ 누구에게나 참정권을 보장한다.
④ 안전하게 살 수 있는 권리를 준다.

13 **롤스의 제2의 원칙(차등의 원칙)**
소득, 권력 등 사회・경제적 불평등은 최소 수혜자에게 최대 이익이 되도록 조정(복지권 보장)

14 **롤스(J. Rawls)가 제시한 정의 사회 실현의 원칙에 해당하는 내용을 〈보기〉에서 모두 고른 것은?**

보기
ㄱ. 최소한의 정부
ㄴ. 결과적 평등 보장
ㄷ. 평등한 기본적 자유
ㄹ. 사회적 약자 우선 배려

① ㄱ, ㄴ
② ㄱ, ㄹ
③ ㄴ, ㄷ
④ ㄷ, ㄹ

14 **롤스가 제시한 정의로운 사회**
- 개인이 타인과 양립할 수 있는 선에서 평등한 기본적 자유를 최대한 누릴 수 있는 사회
- 사회적・경제적 불평등은 최소 수혜자의 최대 이익을 보장하는 사회
- 공정한 기회 균등의 원칙에 따라 지위를 모든 사람에게 개방하는 사회

15 **다음 내용에 해당하는 것은?**

외부의 구속 없이 어떤 목적을 스스로 세우고 실행할 수 있는 의지

① 자아실현
② 자유의지
③ 개인의 정체성
④ 관용

15 자유의지란 외부의 구속 없이 어떤 목적을 스스로 세우고 실행할 수 있는 의지를 말한다.

정답 13 ① 14 ④ 15 ②

16 구성적 공동체에 대한 설명으로 적절한 것은?

① 근대 사회 이래 발달된 공동체관이다.
② 자유주의가 지향하는 공동체에 가깝다.
③ 대표적인 예로는 회사, 동호회, 정당 등이 있다.
④ 자아에 깊이 스며들어 개인의 자아 정체성을 구성한다.

16 구성적 공동체는 개인의 자아 정체성을 구성하고 삶의 방향을 설정하는 기반이 되는 공동체로, 구성원들에 의해 도덕적으로 결속되어 있는 성원 의식에 의해 규정된다.
①・②・③은 도구적 공동체로, 개인이 자신의 이익을 위해 도구로 선택하는 공동체를 말한다.

17 공동체주의의 특징으로 옳지 않은 것은?

① 사회주의와 전체주의의 문제점을 개선하고자 등장하였다.
② 자유주의 인간관을 '무연고적 자아'라고 비판하였다.
③ 인간은 공동체를 중심으로 자신의 정체성을 형성하고, 공동체에 뿌리를 둔 존재이다.
④ 공동체와 개인은 상호 보완적 관계에 있다.

17 공동체주의는 개인주의와 자유주의의 문제점을 개선하고자 등장하였다.

18 다음 중 자유주의의 기본 입장으로 옳지 않은 것은?

① 국가는 개인의 자유와 권리를 보호해야 한다고 본다.
② 개인이 가지고 있는 자유로운 표현을 존중한다.
③ 자유로운 표현에 대한 신념을 보호하는 제도를 지지한다.
④ 다양한 사람들과 관계를 맺고 영향을 받는 것을 중시한다.

18 ④는 공동체주의의 관점이다.

정답 16 ④ 17 ① 18 ④

19 공화주의와 공동체주의에 대한 설명으로 잘못된 것은?

① 공화주의는 로마 전통 공화주의로부터 영향을 받았으며, 공동체주의는 아테네의 시민적 공화주의의 영향을 받았다.
② 공동체주의에서의 정치는 외세와 폭정으로부터 시민의 자유를 지키기 위한 활동이다.
③ 공화주의는 정치적 갈등에 대해 긍정하며 조율한다.
④ 공화주의와 공동체주의 모두 공동선을 강조한다.

19 ②는 공화주의에 대한 설명이다. 공동체주의에서의 정치란 시민의 덕무이자 자유를 행사하는 것으로, 덕성을 함양하고 윤리를 실현하는 중요한 수단이다.

20 다음 설명에서 괄호 안에 들어갈 말로 알맞은 것은?

(　　)은 자유의지를 바탕으로, 이성에 따라 스스로 삶에 필요한 원칙을 세우고 그것에 따르는 것이다.

① 선택권
② 자율성
③ 자연권
④ 도덕성

20 스스로의 의지(자율성)로 자신의 행동을 규제함 → 자기 입법의 원리

21 다음 내용과 관련 있는 자유 제한의 원리는?

사회의 존속과 안정을 위협하는 부도덕한 행위를 법으로 규제할 수 있다는 원리

① 해악의 원리
② 혐오의 원리
③ 도덕 강제의 원리
④ 가부장적 간섭의 원리

21 ① 살인, 폭력, 절도, 명예 훼손 등과 같이 타인에게 발생할 해악이나 피해를 미리 방지하기 위해 자유를 제한할 수 있다는 원리
② 어떤 행위가 공개적으로 사람들에게 혐오감을 주는 경우에 그러한 자유를 제한할 수 있다는 원리
④ 개인이 자신의 행동으로 자신의 중요한 이익을 심각하게 해치거나 확보하지 못할 경우 그의 자유를 제한할 수 있다는 원리

정답 19 ② 20 ② 21 ③

22 **다음 내용에 해당하는 개념은 무엇인가?**

> 한 사회가 지향하는 공동의 목표와 공동의 가치를 말한다. 즉, 사회 전체에 이익이 되는 공익을 추구하는 것이다.

① 공동체
② 공동선
③ 구성원
④ 정체성

22 공동선은 개인을 포함한 공동체 전체를 위한 공동의 가치를 말한다. 공동선과 개인적 선은 상호 보완적 관계이다.

23 **특정 지역에서 유행하는 음식이나 음악이 단기간에 세계 곳곳에서 유행하는 현대 사회의 변화 양상은?**

① 세계화
② 정보화
③ 다원화
④ 조용한 혁명

23 한 지역에서 유행하는 것이 국가 단위를 넘어서 전 세계적으로 확대되는 것은 세계화·다양화 현상이다.

24 **다음 중 세계화의 의미로 가장 알맞은 것은?**

① 정보 통신 기술을 사회생활의 각 부문에 응용하는 과정
② 인간의 지적 활동의 결과로 얻는 무형의 생산물
③ 컴퓨터와 통신이 결합되고, 여기에 디지털 기술이 이용됨으로써 개발되는 새로운 정보 통신 미디어
④ 국제사회에서 상호 의존성이 증가함에 따라 세계가 단일한 사회 체계로 나아가고 있음을 가리키는 말

24 ①은 정보화, ②는 정보, ③은 뉴미디어에 대한 설명이다.

정답 22 ② 23 ① 24 ④

25 민족의 의미 중 객관적인 의미에 해당하는 것은?

① 민족의식
② 일체감
③ 생활양식
④ 정서적 유대감

25 **민족의 의미**
- 객관적 측면 : 같은 지역을 배경으로 객관적 요소인 혈연, 지연, 언어, 역사, 문화, 생활양식, 같은 조상 등을 가지고 있는 집단
- 주관적 측면 : 민족의식이나 일체감과 같은 정신 및 의식적인 것 → 민족 정체성

26 다음 설명에서 괄호 안에 들어갈 말로 알맞은 것은?

> (　　)는 자기 민족이 다른 민족보다 우월하다고 믿으며 배타적인 태도를 취하는 것이다. 이는 불가피하게 다른 민족과 갈등을 만들고 오랜 기간 동안 전쟁과 대립의 역사를 만들어 왔다.

① 문화 보편주의
② 문화적 상대주의
③ 자민족 중심주의
④ 열린 민족주의

26 자민족 중심주의란 자기 민족의 모든 것이 타 민족 · 인종의 그것보다 우월하다고 믿어 다른 민족의 문화를 배척하는 이념을 말한다.

27 다음 중 주관적 측면에서 민족의 의미로 옳은 것은?

① 같은 언어를 사용하는 인간 집단이다.
② 같은 혈연 집단으로 연결되어 있다.
③ 민족의식, 일체감 등 정신적인 의미가 강하다.
④ 동일한 역사를 공유하는 집단이다.

27 주관적 측면의 민족의 구성 요소는 정서적 유대감이나 민족의식, 소속감, 일체감을 가지고 있는 것을 말한다.

정답 25 ③ 26 ③ 27 ③

28 **다음 설명에서 괄호 안에 들어갈 말로 알맞은 것은?**

> 극단적 세계주의는 각각의 민족 역사와 전통을 부정하고, 특정한 문화만 세계적인 문화로 받아들여야 한다는 주의로 민족 문화의 (　　)을 잃게 하여 획일화의 문제가 발생한다.

① 유사성
② 보편성
③ 정체성
④ 주체성

28 극단적 세계주의는 민족 문화의 정체성을 잃게 하여 문화의 획일화가 발생한다.

29 **민족의 주체성을 유지하면서 동시에 다른 민족의 문화와 삶의 양식을 포용하는 민족주의는?**

① 닫힌 민족주의
② 열린 민족주의
③ 세계주의
④ 극단적 세계주의

29 **열린 민족주의**
- 민족의 주체성을 유지하면서 동시에 다른 민족의 문화와 삶의 양식을 포용하는 민족주의
- 배타적이지 않으면서도 자민족의 정체성을 지켜낸 간디의 사상

정답 28 ③　29 ②

30 다음과 같은 내용을 추구하는 사상이 아닌 것은?

> 현재 존재하고 있는 여러 국가의 대립이 없어지고, 오직 세계 연방이 실현되어 전 인류가 그 시민이 되는 것을 이상으로 하는 것

① 홍익인간
② 스토아 사상
③ 그리스도교의 종교적 세계주의
④ 성리학적 우주론

30 성리학은 우주 만물에 위계질서가 있다고 보았다.
①・②・③ 세계주의의 사례이다.

31 게르만 민족이 우월하다는 나치즘, 세르비아인과 알바니아인의 대립이었던 코소보 사태의 공통적 사상 배경은?

① 자유주의
② 전체주의
③ 세계주의
④ 민족주의

31 게르만 민족이 우월하다는 나치즘, 세르비아인과 알바니아인의 대립이었던 코소보 사태는 민족주의와 연관된 갈등이다.

32 민족 공동체에 대한 단순한 소속감 이상의 연대감은?

① 정체성
② 민족애
③ 한민족
④ 동질성

32 민족애의 의미
- 민족 공동체에 대한 단순한 소속감 이상의 연대감
- 민족이 어렵거나 하나로 통합할 때 뭉칠 수 있는 힘
- 민족에 대한 큰 사랑

정답 30 ④ 31 ④ 32 ②

33 **다음 내용에서 말하려는 요점으로 가장 적절한 것은?**

> 오늘날 여러 나라들은 그 발전 단계에 따라서 현실적 과제가 서로 다르고, 또 지역마다 발전 편차가 크다. 따라서 국민 국가의 장래를 일률적으로 말하기는 어렵다. 또한 국제 경쟁에서 이기려면 사회 간접 자본을 축적하고 인적 자원을 개발하는 등 국가와 민족 차원에서 해야 할 일이 많다.

① 세계주의 관점에서 자민족 중심주의를 추구해야 한다.
② 열린 민족주의를 추구해야 한다.
③ 국가와 민족의 개념은 사라지지 않고 중요한 역할을 담당한다.
④ 여러 가지 기업의 활동이 늘어나고 있다.

33 세계화 시대에도 국가와 민족의 개념은 없어지지 않으며, 중요한 역할을 하고 있다. 오히려 민족과 국가 차원에서 해결해야 할 문제들이 발생하고 있다.

34 **다음 내용에서 밑줄 친 ㉠과 관련된 설명으로 옳은 것은?**

> 앞으로의 민족주의는 닫힌 민족주의의 성격에서 벗어나 ㉠ <u>열린 민족주의</u>로 거듭나야 한다

① 민족적 가치와 보편적 가치의 조화를 이루려는 입장이다.
② ㉠을 극복하기 위해서는 선진국의 문화 전파를 통한 획일화가 필요하다.
③ 자기 민족이 타민족보다 우월하다고 믿는 입장이다.
④ 민족 간의 차이를 인정하지 않는 비현실적 입장이다.

34 열린 민족주의는 민족의 주체성을 유지하면서 동시에 다른 민족의 문화와 삶의 양식을 포용하는 민족주의로, 배타적이지 않으면서도 자민족의 정체성을 지켜 낸 간디의 사상을 말한다. 열린 민족주의는 민족적 가치와 보편적 가치의 조화를 이루려는 입장이다.

정답 33 ③ 34 ①

35 다음 중 민주주의의 근본이념에 해당하는 것은?

① 개인의 자유와 권리 존중
② 인간의 존엄성 실현
③ 기본권 보장 확대
④ 인간의 평등 보장

35 민주주의의 근본이념은 인간의 존엄성 실현이다. 이는 우리나라의 건국이념인 홍익인간과도 일맥상통한다. 인간의 존엄성 실현을 위한 필수 요소는 자유와 평등이지만 지나친 자유의 강조는 극심한 빈부의 차이를 가져오고, 지나친 평등의 강조는 공산주의를 가져온다. 즉, 자유와 평등은 수단일 뿐 목적이 아님을 알 수 있다.

민주주의의 이념

- 인권 존중 : 민주주의의 기본 이념 가운데 가장 근원적인 것으로서 인간의 존엄성을 인정하고 보장하는 것, 즉 모든 사람의 천부적 권리를 존엄하게 생각하고 각 개인이 무한한 가치를 지녔다고 보아 존중하는 사상이다.
- 자유 : 민주주의가 지향하는 인권 존중을 실현하고 모든 인간이 가지고 있는 무한한 가치를 발휘하여 누구나 행복하게 살아야 한다는 소망을 실현하기 위해서 자유는 반드시 보장되어야 한다.
- 평등 : 자유와 함께 생각해야 할 민주주의의 기본 이념이 평등이다. 민주주의는 역사적으로 평등 이념에서 출발했다. 사람은 태어날 때부터 누구나 다 동등한 대우를 받을 권리를 가지고 있다는 평등 이념은 민주주의 이념이 탄생할 때부터 있었다.

정답 35 ②

36 **다음 중 민주주의의 생활양식이 아닌 것은?**

① 민주사회는 이성이 지배하는 이성 우위의 사회이다.
② 민주사회는 개성을 존중하는 사회이다.
③ 민주사회는 진보 사회이자 개방 사회이다.
④ 민주사회는 모든 사람의 평등한 삶의 실현을 위해서 다른 가치가 희생되는 사회이다.

36 **민주주의의 생활양식**
- 인권을 인정하고 존중하며 자유와 평등을 실현하고자 하는 사회
- 개성을 존중하는 사회
- 이성에 따라 행동하고 이성에 의해 다스려지며 이성이 지배하는 이성 우위의 사회
- 진보 사회이자 개방 사회

37 **국가와 개인의 관계에 있어서, 국가는 국민 개개인의 집합에 불과하며 개인의 자유와 생명을 보호하기 위한 법적 조직체일 뿐이라고 보는 원리는?**

① 전체주의 원리
② 개인주의 원리
③ 복지국가 원리
④ 공동체주의 원리

37 개인주의 원리는 일반적으로 전체와 부분의 관계에 대하여 전체가 그 구성 부분들의 합일 뿐이라고 보는 원리이다.
① 개인은 전체 속에서 비로소 존재 가치를 갖는다는 주장 아래, 강력한 국가 권력으로 국민 생활을 간섭·통제하는 사상 및 그 체제이다.
③ 극단적인 개인주의·자유방임주의를 지양하고 국민의 공공복리를 국가의 주요 기능으로 하는 주의를 말한다.
④ 개인의 자유를 중시하는 전통적인 자유주의와 개인의 책임을 강조하는 보수주의의 입장을 절충한 중도주의이다.

38 **민주주의에서 말하는 평등의 의미에 해당하지 않는 것은?**

① 각자에게 자기의 몫을 주는 것
② 모두에게 똑같이 분배하는 것
③ 각자의 재능을 마음껏 발휘하게 하는 것
④ 모두에게 동등한 기회를 주는 것

38 **평등의 의미**
민주주의에서 말하는 평등은 법적·정치적 평등을 의미하는 것이며, 경제적 평등이나 결과의 평등을 의미하지는 않는다. 경제적 평등은 현대 복지국가의 평등과 관계된다.

정답 36 ④ 37 ② 38 ②

39 사회 발전의 이상을 실현하기 위한 요건의 하나인 자유에 관한 설명이다.

39 다음 내용에서 '이것'에 해당하는 것은?

- '이것'의 폭이 넓을수록 그 개인과 집단의 삶의 질이 높아진다.
- '이것'이 무제한적으로 주장되면 상호 간의 다툼으로 모두의 욕구 실현은 불가능하다.

① 믿음
② 평등
③ 박애
④ 자유

40 평등이란 법적·정치적 기회 균등을 의미하고, 경제적 평등은 현대 복지국가의 평등과 관계된다.

40 자유 민주주의에서 말하는 평등의 의미와 가장 거리가 먼 것은?

① 출발선에서의 평등
② 정치적 평등
③ 경제적 평등
④ 법적 평등

41 국민 주권은 국가의 정치 형태를 최종적으로 결정하는 권력이 국민에게 있다는 원리로 민주주의 운영 원리이다.

41 국가 사회의 문제 해결을 위한 국정의 최고 의사 결정권이 국민에게 있다는 원칙은?

① 국민 주권 원칙
② 법치주의 원칙
③ 다수결의 원칙
④ 의사소통 원칙

정답 39 ④ 40 ③ 41 ①

42 **다음 중 법치주의의 원칙에 해당하지 않는 것은?**

① 법에 의한 행정
② 법에 의한 재판
③ 법 없는 지배
④ 법 없이는 형벌이 없음

42 사람이나 폭력이 아닌 법이 지배하는 국가원리를 말한다. 명확하게 규정된 법에 의해 국가 권력을 제한・통제함으로써 자의적인 지배를 배격하는 것을 핵심으로 한다. 이 법치주의는 구체적으로는 '법에 의한 행정, 법에 의한 재판, 법 없이는 형벌이 없음' 등의 원칙을 뜻한다.

43 **다음 중 정치 참여의 기능이 아닌 것은?**

① 대의 민주정치의 보완
② 정부의 이익 증진
③ 시민 주권 의식 신장
④ 정당한 절차를 거쳐 행해지는 정치 참여

43 **정치 참여의 기능**

- 대의 민주정치의 보완 : 시민의 의사를 정책 결정 과정에 투입
- 시민의 이익 증진 : 시민의 이익 옹호
- 대표자에 대한 통제 : 정치인의 자의적인 정책 결정 억제
- 시민 주권 의식 신장 : 책임 있고 공동의 이익을 고려하는 시민 정신 고취

44 **다음 내용에서 강조하고 있는 민주 사회의 덕목은?**

> 사람을 채용할 때 가장 중요한 기준은 후보자가 담당 업무에 얼마나 적합한 능력과 역량을 갖추었는지의 여부이다. 만일 이런 기준보다 지연, 학연이 중시될 경우 연고주의에 의한 인사로 유능한 적임자를 선임할 수 없다.

① 정직성
② 책임감
③ 공정성
④ 준법정신

44 공정성이란 선악, 시비 등을 따질 때, 객관적이고 중립적인 입장에서 정확하게 판단하는 것이다.

정답 42 ③ 43 ② 44 ③

45 다음 중 홉스와 관련된 내용이 아닌 것은?

① 리바이어던
② 성선설
③ 만인의 만인에 대한 투쟁 상태
④ 절대 군주론

45 홉스는 성악설을 주장하였다.

46 다음 중 삼권 분립을 주장한 사상가는?

① 몽테스키외
② 로크
③ 애덤 스미스
④ 포이에르바하

46 **삼권 분립**
자유주의적 요청에 따라 국가 권력으로부터 국민의 자유를 지키려는 데 그 목적이 있다. 권력 분립의 필요성을 최초로 주장한 사람은 영국의 로크였다. 그는 『정치이론』에서 입법권과 집행권의 구별 및 이권 분립의 필요성을 주장하였다. 그 뒤 프랑스의 몽테스키외가 『법의 정신』에서 입법・행정・사법의 삼권 분립을 주장하였다.

47 다음 내용에서 강조하고 있는 민주주의의 특징은?

> 민주주의란 단순한 정치형태 이상의 것으로서, 그것은 일차적으로 공동생활의 한 양식이며 서로 교섭하는 경험의 한 양식이다.

① 민주주의 생활 원리
② 민주주의 실천 원리
③ 민주주의 법치주의
④ 민주주의 국민 주권

47 국민 모두가 사고하고 행동하며 민주주의 이념이 국가 전체의 생활양식에 반영되었을 때 진정한 민주주의를 확립할 수 있다.

정답 45 ② 46 ① 47 ①

48 **다음 내용에서 설명하는 정치이념은?**

> 시민에게 의사 결정 과정에서 의미 있는 일을 할 기회를 주며, 그런 기회에 접근하는 사람들의 범위를 확장하는 방법을 모색한다. '풀뿌리 민주주의'라고 불리는 지방 자치제는 이를 실천하는 중요한 방법이다.

① 참여 민주주의
② 대의 민주주의
③ 직접 민주주의
④ 간접 민주주의

48 참여 민주주의는 대의제의 한계를 보완하기 위한 대안으로 강조되었다.

49 **다음 중 민주주의의 실천 원리가 아닌 것은?**

① 다원주의
② 획일주의
③ 경쟁과 타협의 원리
④ 참여의 원리

49 민주주의는 개인의 존엄성과 능력을 믿는 정신적 터전 위에 세워지기 때문에 민주주의의 발전은 개인의 능력과 태도에 크게 의존한다. 민주주의는 외부로부터 주어지는 기성품이 아니며, 개인이 스스로 생각하고 행동하면서 가꾸어 가는 생활 원리이기 때문에 결국 각 개인의 구체적인 실천 정도에 따라 민주주의 발전 정도가 결정된다.

민주주의의 실천 원리
- 다원주의
- 경쟁과 타협의 원리
- 합의의 원리
- 참여의 원리

정답 48 ① 49 ②

50 다음 설명에서 괄호 안에 들어갈 말로 알맞은 것은?

> • 시민의 권리는 헌법에 따라서 보장되며, 국가의 요구는 시민의 (㉠) 이행에 의해서만 실현될 수 있다.
> • 지방 자치제는 (㉡) 민주주의를 실천하는 중요한 방법이다.

	㉠	㉡
①	권리	직접
②	의무	간접
③	의무	참여
④	권리	참여

50 국가의 요구는 시민의 의무 이행에 의해서만 실현될 수 있으며, 다수가 의사 결정 과정에 자발적으로 참여하는 민주주의는 '참여 민주주의'로 지방 자치제가 대표적이다.

51 다음 설명에서 괄호 안에 공통으로 들어갈 말로 알맞은 것은?

> 민주주의 이념의 실현은 인간이 합리적이고 도덕적인 본성을 지니고 있다는 전제 하에 가능하며, 그 논리적 · 도덕적 정당성은 모든 인간이 동등하다는 (　　) 사상에 기초한다. 인간이 만든 법률은 모두 (　　)을 위배하지 않는 범위 내에서 이루어져야 한다는 이념은 근대 민주주의 이론이 발전하게 된 사상적 기초를 제공하였다.

① 시민법
② 만민법
③ 자연법
④ 국제법

51 자연법은 인간에 의해 인위적으로 정형화된 시민법이나 만민법이 존재하기 이전부터 존재한 것으로, 자연법 앞에서 모든 인간은 양도할 수 없는 평등한 권리를 가진다. 자연법은 인간이 만든 법에 우선하는 대자연의 원리이다.

정답 50 ③ 51 ③

52 **아테네의 민주정치와 현대의 민주정치의 공통점은?**

① 일정한 연령에 도달한 성인 남자만이 정치에 참여할 수 있다.
② 신분이나 성별에 따른 차별 없이 모든 사람들이 정치에 참여할 수 있다.
③ 시민은 다스리는 자인 동시에 다스림을 받는 자이다.
④ 간접 민주정치이다.

[아테네 민주정치와 현대 민주정치]

구분	아테네 민주정치	현대 민주정치
공통점	시민은 다스리는 자인 동시에 다스림을 받는 자(= 피치자)	
차이점	• 직접 민주 정치 • 일정한 연령에 도달한 성인 남자만 정치에 참여(여자, 노예 배제)	• 간접 민주정치 • 신분이나 성별 구분 없이 모든 사람들이 정치에 참여

52 [문제 하단의 표 참고]

53 **다음 중 헤로도토스의 견해와 관련이 없는 것은?**

① 법 앞의 평등
② 국민의 토론 정신
③ 정치 지도자들에 대한 견제
④ 자연법 사상

53 자연법은 키케로와 관련된 내용이다. 헤로도토스는 고대 그리스의 민주주의를 대표하는 철학자로 법 앞의 평등, 국민의 토론 정신, 정치 지도자들에 대한 견제를 민주주의의 원칙이라고 주장하였다.

정답 52 ③ 53 ④

54 다음 중 자연법 사상에 대한 설명으로 옳은 것은?

① 자연법은 국가보다 개인의 평등을 우선한다.
② 자연법은 실정법의 하위 영역에 속한다.
③ 자연법의 규칙은 반드시 보편적으로 행하여진다.
④ 자연법 사상이 국가의 인권 탄압에 맞설 때는 그 효력을 상실한다.

54 자연법은 누구에 의해서도 부정될 수 없으며, 모든 사람에게 적용되는 보편적 법률로 모든 다른 법에 우선한다는 사상이다.

② 자연법과 실정법은 법 규범으로서 상하관계에 있으며, 상위 규범으로서의 자연법은 실정법을 정당화하거나 또는 무효로 한다.
③ 자연법은 불변의 인간 본성에 기초를 둔 도덕적 법 원리로써 보편타당성과 윤리성을 그 특색으로 하지만, 실제 자연법의 규칙은 반드시 어떠한 시대·사회·민족에서나 보편적으로 행하여지고 있는 것은 아니다.
④ 자연법 사상은 현재의 법률, 즉 실정법을 거부하거나 기존 권력에 투쟁할 때 사용되었다. 이러한 현상이 일어날 경우, 반란 세력의 자연법과 기존 권력의 실정법은 서로 대립되는 관계가 된다.

55 자연법 사상에서 구체화된 이론끼리 바르게 짝지어진 것은?

① 공리주의 – 자유방임주의
② 자유방임주의 – 사회계약설
③ 천부인권설 – 사회계약설
④ 천부인권설 – 청교도 정신

55 • 천부인권설 : 인간은 태어날 때부터 똑같은 권리를 가지고 있다는 이론
• 사회계약설 : 국가 권력이 모든 국민의 합의에 바탕을 둔 계약으로부터 기원했다는 이론

정답 54 ① 55 ③

56 로마의 철학자 키케로에 대한 내용으로 옳지 않은 것은?

① 키케로에 의해 자연권과 자연법이 규정되었다.
② 통치자와 피치자 모두 적용되는 법의 정신을 구현함으로써 민주주의 발전에 공헌하였다.
③ 인간에게 부여된 자연권은 부정될 수 있다고 보았다.
④ 자연법이 만민법과 시민법에 우선한다고 주장하였다.

56 키케로는 인간에게 부여된 자연권을 최초로 규정하고, 자연권은 누구에 의해서도 부정될 수 없다는 자연법 사상을 주창하였다.

57 다음 중 직접 민주정치제도에 해당하는 것은?

① 국민소환
② 선거제도
③ 대의정치
④ 의원내각제

57 국민소환은 투표에 의해 선출된 대표 중 부적격하다고 생각되는 자를 다시 투표를 실시해서 그 직위에서 물러나게 하는 제도이다.

58 다음 중 대중 민주주의 시대와 직접적 관계가 있는 것은?

① 보통 선거제
② 자연권적 자유
③ 법 앞의 평등
④ 시장 경제 체제

58 대중 민주주의는 일반 대중의 정치 참여와 밀접한 관계를 맺는다.

정답 56 ③ 57 ① 58 ①

59 다음에서 설명하는 요소로 옳은 것을 〈보기〉에서 모두 고른 것은?

> 민주주의의 존속과 균형 있는 발전에 꼭 필요한 요소이다. 시민 혁명에 성공한 영국, 미국, 프랑스에서 오늘날 민주주의가 발전한 것은 그 사회의 구성원 대다수가 이 요소들을 행사하고 이행했기 때문이다.

보기

ㄱ. 권리　　ㄴ. 권력
ㄷ. 의무　　ㄹ. 명예

① ㄱ, ㄴ
② ㄱ, ㄷ
③ ㄴ, ㄹ
④ ㄷ, ㄹ

59 민주주의는 시민이 자신의 권리와 의무를 주인으로서 행사할 때 존속·발전할 수 있다. 시민의 권리는 사회 속에서 주권자로서 자유를 행사하는 권리이고, 시민의 의무는 사회 질서의 유지를 위해 수행해야 하는 임무이다.

60 다음 중 대중 민주주의가 대두된 역사적 배경은?

① 산업 혁명
② 시민 혁명
③ 프랑스 혁명
④ 제1차 세계 대전

60 19세기에 산업 혁명이 진전되고 자본주의가 고도화됨에 따라 생활 수준의 향상, 교육 보급에 따른 지식수준의 향상, 과학 기술과 매스 미디어의 발달에 따른 대중의 정치적 의식화와 같은 변화들을 낳았다.

정답 59 ② 60 ①

61 현대의 대의 민주주의에 대한 설명으로 옳지 않은 것은?

① 간접 민주주의 방식인 대의 정치의 형태를 취한다.
② 선거를 통하여 선출된 시민들의 대표가 의정 활동을 통하여 시민들의 의사를 대표한다.
③ 일정한 요건을 갖추면 누구나 동등한 선거권과 피선거권을 가진다.
④ 시민들은 민주적으로 이루어진 의사 결정에 따를 의무가 꼭 있는 것은 아니다.

61 시민들은 민주적으로 이루어진 의사 결정에 따를 의무가 있다.

현대 민주주의
간접 민주주의 방식인 대의 민주주의 방식을 취하고 있다. 선거를 통하여 선출된 시민들의 대표가 의정 활동을 통하여 시민들의 의사를 대표한다. 그리고 누구나 일정한 요건을 갖추면 동등한 선거권과 피선거권을 가진다.

62 인민의 지배가 이루어지고 있는 통치 형태를 민주주의로 보는 관점이 아닌 것은?

① 고대 그리스
② 루소
③ 로베스피에르
④ 로크

62 로크는 민주주의에 대해서 단지 하나의 정부 형태로만 해석하고 있다.
① 고대 그리스는 한 사람의 지배가 아니라 시민 전체가 지배하는 형태를 민주주의라 하였다.
② 루소는 민주주의 통치권은 전체 시민 또는 최소한 다수에게 속한다고 주장하였다.
③ 로베스피에르는 독재 정부의 권력의 기초는 노동자, 농민, 소부르주아의 연합으로 보면서 이러한 통치 체제를 민주주의라고 칭하였다.

63 관객 민주주의의 부정적인 양상으로 볼 수 없는 것은?

① 규제하는 대중
② 무관심한 대중
③ 비합리적인 정치 참여
④ 소비자 대중

63 현대 사회는 교육의 확대와 보급으로 대중의 정치적 의식이 각성되고 합리적인 판단 능력이 신장되었으며 능동적이고 긍정적인 측면이 있는 데 비해, 무관심한 대중, 비합리적인 정치 참여, 소비자 대중 등 비이성적이고 피동적인 존재로 나타나는 부정적 양상을 드러내기도 한다.

정답 61 ④ 62 ④ 63 ①

64 다음에 제시된 대의 민주주의의 문제점을 극복하기 위해 요구되는 것은?

지역 대표 중심으로 구성되는 의회 제도를 바탕으로 운영되어 다양한 집단과 계층 간의 이해관계를 충분히 반영하지 못하는 한계점을 가지고 있다.

① 소득의 균등한 분배
② 국민의 적극적 참여
③ 행정의 효율성 제고
④ 저소득층에 대한 지원 강화

64 오늘날 대의 민주주의는 지역 대표 중심으로 구성되는 의회 제도를 바탕으로 운영되고 있다. 따라서 다양한 집단과 계층 간의 이해관계를 충분히 반영하지 못하는 한계점을 가지고 있다. 그러므로 국민의 직접적인 정치 참여가 꼭 필요하다.

65 다음 설명에서 괄호 안에 들어갈 말을 바르게 나열한 것은?

(㉠)는 (㉡)를 준수하고 있다면 어느 정도 민주주의가 실현되었다고 보는 관점이다. 즉, 민주주의를 실현하려면 이를 실행하는 과정과 연관된 절차를 지키는 것이 중요하다고 본다.

	㉠	㉡
①	직접 민주주의	민주적 절차
②	절차적 민주주의	민주적 절차
③	참여 민주주의	형식적 절차
④	심의 민주주의	형식적 절차

65 ㉠은 절차적 민주주의, ㉡은 민주적 절차이다. 절차적 민주주의란 민주적 절차를 준수하고 있다면 어느 정도 민주주의가 실현되었다고 보는 관점을 말한다.

정답 64 ② 65 ②

66 다음 내용에 해당하는 개념과 관련된 설명으로 옳지 않은 것은?

> 국제 사회에서 상호 의존성이 증가함에 따라 세계가 하나의 체계로 나아가고 있는 현상을 가리키는 말이다.

① 세계가 경제를 중심으로 상호 의존성이 심화되고 있다.
② 사람, 물건, 물자, 정보, 돈 등의 이동과 흐름이 자유로워지게 되었다.
③ 정치, 환경, 사회, 문화 등 다양한 측면에서 세계화가 진행되고 있다.
④ 다른 지역과의 차이점을 특성화하여 경쟁력을 높일 수 있다.

66 제시문은 세계화에 대한 설명이다. ④는 지역화에 대한 설명이다.

67 다음 설명에서 괄호 안에 들어갈 내용으로 가장 적절한 것은?

> 민본주의는 민주주의와 상통하는 정신이 있다. 서양의 전통에서 비롯된 민주주의나 동양의 전통인 민본주의는 모두 (   ) 정치를 지향한다는 점에서 공통점이 있다.

① 국민의
② 국민에 의한
③ 국민을 위한
④ 군주에 의한

67 서양의 전통인 민주주의와 동양의 전통인 민본주의는 정치의 근간을 백성에 두고, 백성의 복지를 위한 정치를 지향하며, 백성을 편안하고 이롭게 한다는 점에서 '국민을 위한 정치'를 추구한다고 할 수 있다.

정답 66 ④ 67 ③

68 다음 내용에 해당하는 사상은?

> 하늘이 듣고 보시는 것은 우리 백성들이 듣고 보는 것을 따르는 것이고, 하늘이 밝히시고 억누르심은 우리 백성들이 밝히고 억누르는 것을 따르는 것이다. 이처럼 하늘과 백성은 통하는 것이니, 땅을 다스리는 이들은 공경해야 한다.

① 민주주의
② 민본주의
③ 애국주의
④ 열린주의

68 민본주의는 백성을 근본으로 생각하고 우선시하는 정치 이념을 말한다. '백성은 나라의 근본이니 근본이 튼튼해야 나라가 평안하다.'라는 의미이다. 동양에서는 민본주의를 바탕으로 정치 사상이 발전하였다.

69 과학적 사회주의에 대한 설명으로 옳은 것은?

① 생시몽, 오엔, 프리에 등을 중심으로 형성된 학파이다.
② 구체적인 사회 개혁을 목표로 하는 운동과는 거리가 먼 공상적 수준에 머물러 있었다.
③ 산업 사회의 현실을 인정하고 이것을 유토피아의 출발점으로 삼아 새로운 사회의 원리를 구상하였다.
④ 자본주의 붕괴와 프롤레타리아 독재 및 계급 없는 사회의 도래를 역사적 필연성의 차원에서 설명하였다.

69 과학적 사회주의는 현대 사회주의 운동의 기원이며 1848년 '공산당 선언'에 의해 대표되는 마르크스주의이다. 이는 공산주의 이데올로기로 등장하여 사회주의 운동에 자극을 주었다.
①·②·③은 초기 사회주의에 대한 설명이다.

정답 68 ② 69 ④

70 **다음과 같이 주장한 고대 중국 사상가에 대한 설명으로 옳은 것을 〈보기〉에서 모두 고른 것은?**

- 한 집안의 가장이 인애(仁愛)의 덕으로 가족을 이끌어 가듯이, 군주도 법령이나 형벌로 백성을 다스릴 것이 아니라 인을 중심으로 다스려야 한다.
- 정치에 있어서 가장 중요한 것은 민생을 돌보는 것이고, 그 방법은 형벌에 의한 통치가 아니라 인(仁)과 서(恕)의 정신을 바탕으로 한 덕치여야 한다.

보기

ㄱ. 왕도 정치를 제시하여 민본주의를 확고히 하였다.
ㄴ. 인격을 갖춘 군주가 솔선수범하여 덕으로써 다스리는 정치를 강조하였다.
ㄷ. 혁명을 통해 잘못된 군주를 교체하는 것은 인륜을 저버리는 범죄가 아니라고 보았다.
ㄹ. 인간 존중과 유덕한 개인들의 합리적 인간관계를 중시하는 덕치예교(德治禮敎)의 이념을 제시하였다.

① ㄱ, ㄴ
② ㄱ, ㄷ
③ ㄴ, ㄹ
④ ㄷ, ㄹ

70 제시문의 내용은 공자의 주장이다. 공자는 인격을 갖춘 군주가 솔선수범하여 덕으로써 나라를 다스리는 정치를 강조하였다. 그의 민본주의 사상은 인간 존중과 유덕한 개인들의 합리적 인간관계를 중시하는 덕치예교(德治禮敎)의 이념이라 할 수 있다.

정답 70 ③

71 다음 내용에서 주장하는 정치사상으로 가장 적절한 것은?

> 본래 선한 본성을 타고난 인간은 옳은 것을 좋아하고 불의를 경계하는 성품을 지녔다. 이러한 인격적 존재인 인간이 곧 민(民)이며, 민의(民意)는 천명(天命)이므로 군주가 민의를 존중하여 덕치를 행하는 것은 군주로서 당연한 도리이다.

① 정치의 요체는 법(法)과 술(術)에 있다.
② 강력한 형법으로 백성을 엄하게 다스려야 한다.
③ 차별 없는 사랑을 바탕으로 나라를 다스려야 한다.
④ 백성이 가장 귀하고, 사직은 그 다음이며, 군주가 가장 가볍다.

71 제시문의 내용은 맹자의 주장이다. 맹자는 백성이 가장 귀하며, 사직(나라)은 그 다음이고, 군주가 가장 가볍다고 보면서 왕도 정치를 주장하였다.

72 다음 내용에서 괄호 안에 들어갈 사상가는?

> 조선의 건국을 주도했던 (   )은(는) 군주의 도덕적 자질을 함양하기 위한 경연의 제도화, 관료제의 자체 정화 기능으로서의 어사 및 감사 제도 등을 도입하였다.

① 정몽주
② 정도전
③ 이인임
④ 이성계

72 **정도전**
- 민본 사상을 실현하기 위해 정치·사회 전반에 걸친 개혁을 주도함
- 경연의 제도화 : 군주의 도덕적 자질 함양
- 어사 및 감사 제도 도입 : 관료제의 자체 정화 기능

정답 71 ④ 72 ②

73 근대 자유주의적 민주주의에 대한 설명으로 옳지 않은 것은?

① 소극적인 정치에서 적극적인 정치로 바뀌었다.
② 정치 참여 계층도 일정한 재산과 교양을 갖춘 시민만이 참여하는 형태였다.
③ 시민혁명의 과정에서 봉건주의의 잔재를 타파하고 민주주의 사상이 나타났다.
④ 정부 권력이 강해지는 것을 방지하고 정부로부터 개인의 자유를 보장하는 것이 주목적이었다.

73 근대 자유주의적 민주주의는 개인의 자유를 보장하고 형식적 원리를 존중하며 소극적 정치의 야경국가관의 입장으로 시민 민주주의였다.
① 현대 대중 민주주의의 특징이다.

74 신자유주의에 대한 설명으로 옳지 않은 것은?

① 복지 제도의 감축을 요구한다.
② 정부의 시장 개입을 비판한다.
③ 식민지 개척과 해외 무역의 확대에 주력하였다.
④ 개인의 자유와 시장 경제의 확대를 주장한다.

74 신자유주의는 정부 실패에 대한 비판과 반성의 결과로 1980년을 전후로 시장 경제의 효율성을 강조하는 이론으로 영국과 미국을 중심으로 발전하였다.
③ 상업 자본주의에 대한 설명이다.

정답 73 ① 74 ③

75 사회주의 현실의 한계에 대한 설명으로 옳지 않은 것은?

① 개인의 이익보다 사회 전체의 이익과 국가에 대한 희생을 강조하였다.

② 생산 수단의 공유나 균등 분배를 강조하여 개인의 근로 의욕을 저하시켰다.

③ 계획 경제 때문에 관료들이 권력을 독점할 가능성이 높고 관료와 국민 사이에 불평등이 심화되었다.

④ 계층 간 갈등으로 사회 통합에 어려움이 생기고 공동체 구성원 간의 신뢰라는 사회적 자본이 파괴되었다.

75 사회주의는 경제적 불평등이 개인의 자율성을 침해하므로 경제적으로 비효율적일 수 있고, 전체주의로 인한 인권 침해 가능성 등의 문제점이 있다.
④ 자본주의 사회의 윤리적 문제점에 해당한다.

76 다음 내용에서 공통적으로 설명하고 있는 정의의 종류는?

- 일한 만큼 주어라.
- 이익과 부담을 공정하게 분배하는 것이다.

① 분배적 정의

② 교정적 정의

③ 배상적 정의

④ 교환적 정의

76 분배적 정의는 각자에게 각자의 정당한 몫을 돌려줌으로써 아무도 불만을 제기하지 않는 방식으로 분배하는 것을 말한다. 교정적 정의는 국가의 법을 집행하면서 실현되는 배상 또는 형벌적 정의이다. 교환적 정의는 물건의 교환 상황에서 적용되는 정의이다.

정답 75 ④ 76 ①

77 **다음 내용과 관련 있는 사상가의 주장으로 옳은 것을 〈보기〉에서 모두 고른 것은?**

> "우리가 저녁 식사를 기대할 수 있는 것은 정육업자, 양조업자, 제빵업자들의 자비심 때문이 아니라 그들 개인의 이익 추구 때문이다. 사람은 누구나 가치가 극대화되는 방향으로 자신의 자원을 활용하려고 노력한다. 그들은 공익을 증진하려고 의도하지 않으며, 또 얼마나 증대시킬 수 있는지도 알지 못한다. 그는 단지 자신의 안전과 이익을 위하여 행동할 뿐이다. 그러나 이렇게 행동하는 가운데 보이지 않는 손의 인도를 받아서 원래 의도하지 않았던 목표를 달성할 수 있게 된다."

보기

ㄱ. 국가의 간섭이 오히려 힘없는 자에게 해가 된다.
ㄴ. 정부가 시장에 적극 개입하는 것이 경제 발전에 필수적이다.
ㄷ. 자본가 계급은 경제가 나빠지면 가장 큰 고통을 받는 부류이다.
ㄹ. 모든 사람이 자신의 이익을 추구하면 개인과 사회 모두의 이익으로 이어진다.

① ㄱ, ㄴ ② ㄱ, ㄹ
③ ㄴ, ㄷ ④ ㄷ, ㄹ

77 제시문은 애덤 스미스의 『국부론』이다. 그는 당시 자유로운 시장 활동의 규제가 많은 중상주의를 비판하였다. 중상주의는 권력과 부의 상호 보완적인 관계를 형성하기 때문에 결국 권력과 부의 악순환을 초래한다고 보았기 때문이다.

정답 77 ②

78 다음 글에 제시된 민주주의의 문제에 대해 시사점을 제공하는 민본주의의 요소로 가장 적절한 것은?

> 민주주의에 대한 반성 중 하나는, 오늘날의 민주주의가 기본적으로 대의제를 통한 간접 민주주의의 틀에서 벗어날 수 없다는 점이다. 참정권의 확대와 보통 선거 제도의 확립으로 민의를 충실하게 반영할 수도 있지만, 현대 민주주의에서 정치 지도자의 정통성은 다수의 의견을 대변하는 선거와 투표 등 기계적 선출에서 비롯된다는 점에서 문제를 피해가기가 어렵다는 것이 중론이다.

① 통치권의 근원은 국민에게 있다.
② 정치는 인간의 존엄성을 바탕으로 삼아야 한다.
③ 정치의 목적은 국민의 삶의 질을 향상시키는 것이다.
④ 통치자에게는 높은 수준의 덕망과 도덕성이 요구된다.

78 민본주의는 통치자의 자질과 도덕성을 강조하는데 민주주의에서는 다수결이라는 형식에 의해서만 선출되어 무관심해지기 쉽다. 또한 도덕 정치를 강조하는 민본주의는 법에만 의존하는 현대 민주 정치와 구별되는 장점이 있다.

79 다음 글을 읽고 난 후 이에 대한 의견으로 옳지 않은 것은?

> • '세계'가 정원이라면 '한국'은 꽃에 비유할 수 있다. 수많은 꽃들이 각자 자신의 아름다움을 뽐내며 정원을 아름답게 꾸미고 있다.
> • 여러 문화는 샐러드처럼 그 본연의 모습, 맛, 향을 유지하면서도 소스와 어우러져 맛깔스러운 음식으로 재탄생한다.
> • 지역성과 지구성은 서로 배제하는 것이 아니라, 서로 끌어당기고 만나는 것으로 이해해야 한다.

① 우리의 관점에서 세계를 바라보는 시각이 더욱 필요하다.
② '가장 한국적인 것이 가장 세계적인 것이다.'와 의미가 통한다.
③ 국제 사회에서 보편적으로 통용되는 가치들을 수용하고 함께 문제를 해결하도록 노력해야 한다.
④ 전 세계인들과 평화와 공존의 관점을 견지하며 더불어 살아가는 열린 자세를 갖출 수 있도록 노력해야 한다.

79 한 국가의 국민이자 세계 시민으로서의 자세를 가져야 하고 세계 시민과 국가의 일원으로서 가져야 할 각각의 도덕적 가치가 조화를 이루어야 한다는 것이다.

정답 78 ④ 79 ①

80 **다음 내용은 한 · 중 · 일 청소년들에게 전쟁이 발생할 경우 어떻게 행동할지에 대해 비교 설문 조사한 결과이다. 이를 통해 추론할 수 있는 사실을 〈보기〉에서 모두 고른 것은?**

> "전쟁이 나면 어떻게 행동할 것인가?"에 대한 물음에 "상황 보며 결정하겠다."라고 한 응답자는 한국이 34.4%, 중국이 24.6%, 일본이 11%로 나타났고, "일단 몸을 피하겠다."라고 한 응답자는 한국이 13.2%, 중국은 1.5%, 일본이 8.4%로 나타났으며, "할 수 있는 역할을 수행하겠다." 라고 한 응답자는 한국이 3.8%, 중국이 55.7%, 일본이 4.4%로 나타났다.

보기

ㄱ. 세계화 · 지구촌 시대에 애국심이나 국가 정체성은 의미가 없다.
ㄴ. 세계주의를 바탕으로 지역 공동체나 민족 구분을 생략할 수 있어야 한다.
ㄷ. 애국심과 민족애가 부족하면 국가 발전이 저해되고 안보까지 위협을 받을 수 있다.
ㄹ. 우리는 '나 하나쯤이야.'라는 사고에서 벗어나 '나부터 먼저'라는 솔선수범하는 자세를 가져야 한다.

① ㄱ, ㄴ
② ㄱ, ㄹ
③ ㄴ, ㄷ
④ ㄷ, ㄹ

80 세계화가 이루어지거나 지구촌 시대가 되었다고 해도 여전히 국가나 민족은 중요하며 필요하므로 민족주의와 애국심 및 세계화의 관계를 잘 알고 있어야 한다는 것을 자료를 통해 추론할 수 있다.

정답 80 ④

81 다음 글에서 설명하고 있는 국가의 구성 요소는?

> 이것은 한 개인이 국가라는 집단에 속하여 있다는 소속감을 뜻한다. "나는 대한민국이 자랑스러워. 나는 대한민국 사람이야."라고 자신 있게 말할 만큼 국가에 대한 긍지와 소속감을 가질 때 이것이 바르게 형성될 수 있다.

① 국민
② 영토
③ 주권
④ 연대 의식

81 연대 의식이란 사회 구성원 상호 간 또는 구성원과 사회 간 상호 의존을 통해 국가의 구성원들이 하나로 묶여지는 정신적인 요소를 말한다.

82 다음 글에서 설명하는 국가의 구성 요소와 관련이 있는 내용을 〈보기〉에서 모두 고른 것은?

> (가) 인간은 누군가의 도움이 필요한 약한 존재로 태어나기 때문에 서로 협동하여 어려움을 이겨내야 했단다.
> (나) 그래서 인간들은 혼자서는 살 수 없기 때문에 서로 힘을 모으는 과정에서 가정을 이루고, 마을을 형성하게 되었고, 이것이 커져서 국가가 생겨나게 된 것이군요.

보기

ㄱ. 홉스
ㄴ. 아리스토텔레스
ㄷ. 사회계약설
ㄹ. 사회적 동물
ㅁ. 만인의 만인에 대한 투쟁 상태

① ㄱ, ㄴ
② ㄱ, ㄷ
③ ㄴ, ㄹ
④ ㄴ, ㅁ

82 대화의 내용은 아리스토텔레스의 자연발생설에 관한 것이다. 아리스토텔레스는 인간은 본래 사회적 본성을 지니고 있으며 이를 '사회적 동물'이라고 표현하였다.

정답 81 ④ 82 ③

83 **다음 내용과 관련된 국가가 추구하는 가치는?**

> 인간다운 삶이란, 단순히 생명을 유지하는 것이 아니라 인간의 존엄성을 충분히 누릴 수 있는 삶을 의미한다. 이는 그 어떤 것에 의해서도 침해되어서는 안 되는 본질적 가치에 속하며, 국가가 헌법과 법률을 통해 이러한 본질적 가치를 보장하기 위해 최대한 노력하여야 한다.

① 민주
② 복지
③ 정의
④ 인권

83 '인간의 존엄성'과 이러한 본질적 가치를 보장하는 가치는 '인권'이다.

84 **다음 내용에서 괄호 안에 들어갈 용어를 바르게 나열한 것은?**

> 외적의 침입을 막고 치안을 유지하는 것 외에는 국민의 삶에 개입하지 않는 국가를 (㉠)라고 하고, 국가가 직접 개입하여 경제를 통제하고 복지 정책을 실시하여 국민의 삶의 질을 개선하려고 하는 국가를 (㉡)라고 한다.

	㉠	㉡
①	소극적 국가	적극적 국가
②	적극적 국가	소극적 국가
③	독재 국가	민주 국가
④	민주 국가	독재 국가

84 외적의 침입을 막고 치안을 유지하는 것 외에는 국민의 삶에 개입하지 않는 국가를 소극적 국가(야경 국가)라고 하고, 국가가 직접 개입하여 경제를 통제하고 복지 정책을 실시하여 국민의 삶의 질을 개선하려고 하는 국가를 적극적 국가(복지 국가)라고 한다.

정답 83 ④ 84 ①

85 다음 글과 관련 있는 국가의 역할은?

> 도로에 교통 신호등이 없다면 교통사고 위험이 높아지고, 도로가 차들로 뒤엉켜서 꼼짝도 못할 것이다. 국가는 각종 재난이 나 범죄로부터 국민들의 생명과 재산을 지켜주는 데에 힘을 쏟기 때문에 국민들이 하루하루 안심하고 살아갈 수 있다.

① 외적에 대한 대비
② 사회 질서의 유지
③ 국민 간의 갈등 해결
④ 국민 복지의 실현

85 교통 신호등, 재난이나 범죄로부터 국민을 보호하는 것은 모두 사회 질서 유지와 관련된다.

86 바람직한 국가가 추구하는 가치와 그에 따른 설명이 바르게 연결되지 않은 것은?

① 평등 – 권리, 의무, 자격 등이 모든 사람들에게 고르게 적용되는 것
② 복지 – 국민 개개인이나 집단 사이에서 갈등이나 대립이 일어나지 않는 상태
③ 인권 – 단순히 생명을 유지하는 것에서 더 나아가 인간의 존엄성을 누리는 삶
④ 민주 – 국민이 국가의 주인이라는 의미로 주권이 국민으로부터 나온다는 말과 동일함

86 복지는 삶의 질을 높이고 국민 전체가 행복하게 살 수 있도록 하는 정책이다. 국가는 사회적 약자들이 기본적인 생활 수준을 유지할 수 있도록 보호해야 하는 의무를 가지고 있기 때문에 복지의 가치를 실현하기 위해 노력하여야 한다.

정답 85 ② 86 ②

87 **개인의 권리와 의무에 대한 설명이 바르게 연결된 것은?**

① 자유권 – 선거권이나 공무원이 될 수 있는 권리(피선거권)
② 참정권 – 인간다운 생활을 하기 위해 국가에 요구할 수 있는 권리
③ 교육의 의무 – 국가의 유지에 필요한 경비를 부담해야 하는 것은 국민의 기본적인 의무
④ 근로의 의무 – 개인의 기본적인 생활을 유지하며 행복을 누리고 국가의 경쟁력을 향상시키기 위해 노력해야 할 의무

87 ①은 참정권, ②는 청구권적 기본권, ③은 납세 의무에 대한 설명이다. 여기서 권리인 동시에 의무인 것에는 교육의 의무, 근로의 의무, 환경 보전의 의무, 재산권 행사의 의무, 공공복리 적합 의무 등이 있다.

88 **인간의 존엄성에 대한 설명으로 옳지 않은 것은?**

① 다수를 위해서 소수의 의견이 무시되는 일은 옳지 못하다.
② 인간의 가치는 돈으로 계산할 수도, 수단으로 이용할 수도 없다.
③ 한 사람의 생명을 바쳐서 모든 사람들이 더 잘 살 수 있게 된다면, 우리는 그 사람을 희생시킬 수밖에 없다.
④ 사람은 세상의 어떤 것과도 비교하거나 바꿀 수 없는 절대적 가치를 지닌다.

88 인간의 존엄성이란 단 한 사람의 생명도 존중하고 소중히 여기는 가치이다.

정답 87 ④ 88 ③

89 다음 글에서 공통적으로 주장하는 내용으로 가장 적절한 것은?

- 모든 국민은 인간으로서의 존엄과 가치를 가지며 행복을 추구할 권리를 가진다(헌법 제10조).
- 다른 사람을 대할 때 그 사람의 몸도 내 몸같이 소중히 여겨라. 내 몸만 귀한 것이 아니라 남의 몸도 소중하다는 것을 잊지 마라(공자).
- 모든 사람은 태어날 때부터 자유롭고 존엄하며 평등하다(세계 인권 선언 제1조).

① 주인 의식
② 국가 권력
③ 본질적 권리
④ 인간의 존엄성

89 인간의 존엄성은 인간이 가지는 천부적 인권이자 기본적인 인권이다. 단 한 사람의 인간도 존엄과 가치를 가지며 이를 유지하며 살아가는 삶이 인간다운 삶이다.

90 국가의 역할과 입장에 대한 설명으로 옳지 않은 것은?

① 적극적 국가관 – 국가의 강제력을 부인하면서 국가 존재 자체를 의문시함
② 자유주의적 국가관 – 국가를 개인의 자유롭고 평화로운 삶을 위한 하나의 필요악이라고 봄
③ 국가주의적 국가관 – 개인과 국가를 유기적인 관계로 보면서 국민의 목적 실현을 위한 도덕체로 파악
④ 소극적 국가관 – 국가의 임무를 대외적인 국방과 대내적인 치안 유지의 확보 및 최소한도의 공공사업에 국한

90 적극적 국가관은 복지 국가에 해당하는 국가관으로 사회 구성원의 복지 증진을 국가의 가장 중요한 임무로 규정하고 이를 위하여 국가의 자원을 사용하는 국가를 말한다.
① 무정부주의적 국가관에 대한 설명이다.

정답 89 ④ 90 ①

부록

최종모의고사

행운이란 100%의 노력 뒤에 남는 것이다.

– 랭스턴 콜먼 –

제1회 최종모의고사 | 현대사회와 윤리

제한시간: 50분 | 시작 ___시 ___분 - 종료 ___시 ___분

정답 및 해설 447p

01 **무엇을 억지로 하지 않고 자연의 순리대로 살아가는 소박하고 순수한 이상적 삶을 추구한 것은?**

① 노자의 이상사회
② 부처의 이상사회
③ 공자의 이상사회
④ 맹자의 이상사회

02 **다음 내용과 같이 주장하는 윤리적 입장은?**

> 행위의 결과와 상관없이 행위 그 자체가 옳다면 우리는 마땅히 그 행위를 따라야 한다. 비록 거짓말이 좋은 결과를 낳는다고 할지라도 거짓말 자체가 나쁘기 때문에 우리는 거짓말을 해서는 안 된다.

① 의무론적 윤리설
② 상대론적 윤리설
③ 회의론적 윤리설
④ 목적론적 윤리설

03 **다음 글에 나타난 인간의 특성으로 가장 적절한 것은?**

> 부자임에도 인색했던 스크루지는 크리스마스 전날, 유령들에 의해 자신의 모습을 보게 된다. 돈을 벌기 위해 행복을 놓쳤던 과거, 자신이 외면했던 조카가 자신을 걱정하는 현재, 아무도 자신의 죽음을 슬퍼하지 않는 미래를 보며 그는 자신의 삶을 되돌아보게 된다. 꿈에서 깨어난 스크루지는 그동안 모질게 대했던 주변 사람들을 돌아보며 나눔을 실천하게 된다.

① 삶의 즐거움을 위해 끊임없이 유희를 추구한다.
② 개인의 이익을 극대화하기 위해 도구를 사용한다.
③ 자연을 이용하여 불리한 환경적 제약을 극복한다.
④ 반성적 사고를 통해 바람직한 삶의 가치를 지향한다.

04 다음 글의 내용을 가장 잘 설명하고 있는 것은?

> 공동체에 대하여 무엇을 기대하기 이전에, 공동체를 위하여 무엇을 할 것인가를 생각하는 자세도 중요하다.

① 비판과 타협의 정신을 기른다.
② 개척 정신과 창조의 힘을 기른다.
③ 자유와 권리에 따르는 책임과 의무를 다한다.
④ 국가 건설에 참여하고 봉사하는 국민 정신을 드높인다.

05 공리주의에 대한 설명으로 옳지 않은 것은?

① 의무론적 윤리설에 포함된다.
② 밀(J. S. Mill)은 쾌락의 질적 차이를 강조하였다.
③ 행위의 결과를 가치판단의 주요 기준으로 삼는다.
④ 벤담(J. Bentham)은 쾌락의 양을 계산할 수 있다고 보았다.

06 다음 내용에서 공통적으로 설명하는 것은?

> • 공자가 가장 중요하게 여긴 도덕적 덕목이다.
> • 인간이 본래 타고나는 내면적인 도덕성을 가리킨다.
> • 사랑의 정신과 인격체로서의 인간다움을 의미한다.

① 법(法)
② 예(禮)
③ 충(忠)
④ 인(仁)

07 다음 내용은 무엇에 관한 것인가?

> • 사회적 평가 과정에서 형성된 사회 현상
> • 문제 상황의 해결 지침을 제공하는 삶의 지혜
> • 합리적으로 수정된 관습의 일반화된 모습으로 가장 근본적인 규범

① 법
② 도리
③ 윤리
④ 관습

08 사단(四端)에 나오는 수오지심(羞惡之心)의 의미는?

① 겸손하게 사양할 줄 아는 마음
② 잘잘못을 분별할 줄 아는 마음
③ 남의 불행을 보고 불쌍히 여기는 마음
④ 불의를 부끄러워하고 미워하는 마음

09 다음 중 환경오염과 관련된 이론에 대한 설명으로 옳지 않은 것은?

① 기술 결정론 – 환경오염은 과학 기술을 더 발달시켜 해결해야 한다.
② 사회 결정론 – 환경오염은 자본주의 사회의 이윤 추구 경향 때문에 생겨난다.
③ 생태주의 – 과학을 통해 자연을 아는 것이 바로 자연을 지배할 수 있는 힘이다.
④ 기술 결정론 – 수질 오염은 오염 물질을 먹어치우는 미생물을 만들어 해결할 수 있다.

10 단군 신화의 특징으로 옳지 않은 것은?

① 단군 신화의 배경은 농본사회이다.
② 하늘과 땅을 대립적 관계로 본다.
③ 우주의 기원이 없다는 점을 통해 현실 긍정을 담고 있는 현세적 신화라 할 수 있다.
④ 홍익인간을 통해 평화애호의 틀을 볼 수 있으며, 마늘, 쑥, 비, 구름, 바람 등의 주술적 요소도 확인할 수 있다.

11 다음에 제시된 자연관에 대한 설명으로 옳은 것은?

> 지구는 유기체처럼 자기 조절 능력을 갖고 있다. 예를 들면, 오존층은 지구의 온도를 적절하게 유지시켜 주고 생물체에 유해한 자외선을 차단해 준다. 이처럼 지구는 스스로 모든 생물들에게 적합한 환경 조건을 만들어 준다.

① 인간은 자연의 주인이므로 자연을 보호해야 한다.
② 자연은 인간의 편익을 위한 도구적 존재로 파악된다.
③ 자연은 생명력이 없는 입자들의 인과관계로 파악된다.
④ 자연의 모든 존재들은 상호의존적 관계를 이루고 있다.

12 대승 불교에 대한 설명으로 옳지 않은 것은?

① 석가의 가르침에 대한 이해가 아닌 실천을 주장하였다.
② 대승 운동에 걸맞은 이상적 모델로 '보살'의 이념을 제시하였다.
③ 기존 교단의 자구 구제 방식을 지양하고, 타인 구제까지도 염두에 둔 방식을 채택해야 한다.
④ 기원 전후에 구제에서 제외된 재가신자들이 직접 종교 혁신 운동을 광범위하게 전개하였다.

13 실학에 대한 설명으로 옳지 않은 것은?

① 정약용은 경세치용파의 학맥을 이어 실학사상을 종합하였다.
② 북학론은 청의 앞선 문물을 배우고 나아가 세계 정세와 흐름을 알고자 한 것이었다.
③ 유형원의 『반계수록』은 전국의 토지를 재분배하는 매우 상세하고 구체적인 토지제도 개혁안이었다.
④ 권근의 『입학도설』은 생산력 발전을 위한 과학 기술론에 관심을 불러 일으켰다.

14 오늘날의 무속 신앙에 대한 설명으로 옳지 않은 것은?

① 농촌마다 동제를 열어 마을의 안녕을 기원하고 있다.
② 봄이 되면 산에 모여 춤추고 노래하는 종교적 풍속이 있다.
③ 어촌에서는 풍성한 수확을 기원하는 풍어제가 아직도 열리고 있다.
④ 건물을 신축하거나 새로운 사업을 시작할 때 고사를 지내는 풍속이 있다.

15 **다음 중 양명학의 내용과 관련이 없는 것은?**

① 왕수인
② 성즉리
③ 치양지
④ 지행합일

16 **다음 내용과 같은 입장을 비판하는 것으로 옳은 것은?**

> 인간은 목적을 이루기 위해 자연을 마음대로 사용하고, 인간이 자연의 주인이라고 생각한다. 따라서 자연을 인간의 도구로 본다.

① 생명에 대한 불간섭을 생명에 대한 존중이라 볼 수 없다.
② 인간이 아닌 존재를 윤리적 대상으로 보는 것은 옳지 않다.
③ 자연 훼손을 정당화하여 생태계를 위협하는 환경 문제가 초래된다.
④ 모든 생명체를 도덕적으로 판단한다면 인간의 생존에 위협이 온다.

17 **다음 중 사형 제도에 대한 견해가 다른 사람은?**

> A : 종신형이 오히려 비인간적일 수 있어.
> B : 지은 죄와 동일한 수준의 벌을 받는 것은 평등의 원리에 부합해.
> C : 범죄를 방지하려면 범죄자의 교화와 개선이 중요해.
> D : 사회의 안전을 위해 범죄자를 완전히 격리해야 해.

① A ② B
③ C ④ D

18 **다음 내용과 같은 사상에서의 하늘에 대한 관점으로 볼 수 없는 것은?**

> 하늘이 명한 것을 성(性)이라고 하고, 성에 따름을 도(道)라고 한다. 또한 도를 닦는 것을 교화(敎)라고 한다.

① 하늘은 우주 만물의 근원일 뿐만 아니라 도덕규범의 원천이다.
② 하늘은 단순히 자연의 이치에 따라 운행되는 하늘만을 의미하지 않는다.
③ 하늘은 인간이 가지고 있는 도덕적인 본성에서 온 것이다.
④ 하늘은 인간사에 관여하지 않는 자연 그 자체이다.

19 **현실적인 측면에서 통일의 당위성을 설명한 것으로 옳은 것을 〈보기〉에서 모두 고른 것은?**

> 보기
> ㄱ. 막대한 군사비를 절감해야 한다.
> ㄴ. 이산가족의 고통을 해소해야 한다.
> ㄷ. 한민족의 번영을 실현해야 한다.
> ㄹ. 단일한 민족 문화를 보존해야 한다.

① ㄱ, ㄴ
② ㄱ, ㄹ
③ ㄴ, ㄷ
④ ㄷ, ㄹ

20 **대중 민주주의가 발전하게 된 계기로 옳은 것은?**

① 자연법의 제정
② 야경 국가의 체제
③ 보통 선거제 실시
④ 사회주의 경제의 시작

21 **다음 내용에서 강조하고 있는 사상은?**

> • 백성은 나라의 근본이니, 근본이 견고해야 나라가 평안하다.
> • 하늘과 백성은 통하는 것이니, 땅을 다스리는 사람은 백성을 공경해야 한다. 백성이 나라의 운명을 좌우한다.

① 경로 사상
② 정명 사상
③ 민본 사상
④ 생명 존중 사상

22 **루소가 주장한 이상적 사회에 대한 설명으로 옳은 것은?**

① 사유 재산과 계급이 소멸한 사회
② 직접 민주주의에 의해 스스로를 다스리는 사회
③ 인간의 건강, 행복, 능력이 증진되는 과학적 유토피아 사회
④ 통치자들이 '좋음의 이데아'라고 하는 도덕적 선에 관한 절대적 지식을 성취한 사회

23 **학자와 관련된 사상의 내용이 옳게 짝지어진 것은?**

① 칸트 – 인간의 도덕적 행위를 위한 신체적·도덕적·정치적·종교적 제재의 필요성을 강조했다.
② 헤겔 – 개인과 국가 성원 전체의 역사적·사회적 현실 속에서 드러나 있는 윤리를 밝히려 했다.
③ 홉스 – 인간의 본성은 본래 선한 것인데 문명과 사회 제도의 영향을 받아 악하게 되었다고 주장했다.
④ 소크라테스 – 덕은 단순히 앎에서 비롯되는 것이 아니라 선의지로부터 생겨난다고 주장했다.

24 **스스로 삶의 재미를 찾고자 하는 인간의 특성을 설명하는 개념은?**

① 이성적 존재
② 문화적 존재
③ 사회적 존재
④ 유희적 존재

25 **벤담의 공리주의에 담긴 사상과 거리가 <u>먼</u> 것은?**

① 공중적 쾌락주의
② 전체주의적 사회관
③ 평등 사상
④ 양적 공리주의

26 입법과 행정의 이권 분립의 영향을 받아 삼권 분립을 주장한 사람은?

① 로크
② 루소
③ 홉스
④ 몽테스키외

27 배려 윤리에 대한 설명으로 옳지 않은 것은?

① 여성과 남성의 도덕적 지향성이 동일하다고 주장하였다.
② 정의 윤리가 여성의 '다른 목소리'를 간과했다고 주장하였다.
③ 남성이 가지고 있는 것은 '정의'이고, 여성이 가지고 있는 것은 '배려'로 보았다.
④ 공감이나 타인의 감정을 생각하는 것 등을 통해 도덕 문제를 해결한다고 주장하였다.

28 다음 내용에 해당하는 국가관은?

> 국가를 지배 계급이 피지배 계급을 억압하고 착취하기 위한 수단으로 본다.

① 전체주의적 국가관
② 다원주의적 국가관
③ 권위주의적 국가관
④ 마르크스주의적 국가관

29 사회공동체 내에서 차지하는 개인의 지위와 노력, 업적과 노력 등을 기준으로 하여 권한과 의무를 적절히 부여하는 일반적인 정의의 원칙은?

① 교환 정의
② 분배 정의
③ 법적 정의
④ 평균 정의

30 공동체주의 관점에 대한 설명으로 옳은 것은?

① 국가는 개인의 자유와 권리를 보호해야 한다고 본다.
② 개인이 가지고 있는 자유로운 표현을 존중한다고 본다.
③ 자유로운 표현에 대한 신념을 보호하는 제도를 지지한다.
④ 다양한 사람들과 관계를 맺고 영향을 받는 것을 중시한다.

31 소크라테스와 플라톤, 아리스토텔레스에게서 찾아볼 수 있는 공통점은?

① 중용의 덕을 강조한 점
② 진리의 상대성을 강조한 점
③ 대화법에 의해 무지를 자각하게 한 점
④ 이성적인 인간을 인간다운 인간으로 본 점

32 **다음에서 설명하는 롤스(J. Rawls)의 정의 원칙은?**

> 자신의 선천적 능력이나 자질을 모른다고 가정하는 '무지의 베일' 상태에서 사람들은 최소 수혜자에게 최대의 혜택이 주어지는 분배 방식을 선택한다. 즉, 사회적 약자를 배려하는 분배 원칙을 선택하는 것이다. 이 원칙은 사회적 약자에게 이익이 주어질 때에만 경제적 불평등이 정당화된다는 것을 의미한다.

① 공리의 원칙
② 차등의 원칙
③ 기회 균등의 원칙
④ 평등한 자유의 원칙

33 **통일 비용에 대한 설명으로 옳은 것을 <보기>에서 모두 고른 것은?**

> 보기
> ㄱ. 통일 비용이 늘어날수록 국민의 부담도 커진다.
> ㄴ. 통일이 이루어지는 순간 사라지는 비용이다.
> ㄷ. 남과 북의 이질화를 극복하기 위한 비용이다.
> ㄹ. 분단이 장기화될수록 분단 비용과 통일 비용 모두 증가하게 된다.

① ㄱ
② ㄱ, ㄴ
③ ㄱ, ㄷ
④ ㄱ, ㄷ, ㄹ

34 **다음 중 (가), (나)에 대한 설명으로 가장 적절한 것은?**

> (가) 인간은 공동체를 선택하기 이전에 공동체 안에서 태어나 그 속에서 자신의 역할을 요구받는 존재이다. 개인의 삶은 공동체가 부여하는 가치에 영향을 받는다.
> (나) 인간은 외부의 간섭 없이 자신의 생각과 행동을 선택할 권리를 가진 존재이다. 그 누구도 이 권리를 빼앗을 수 없으며, 인간은 어떤 삶을 살지 스스로 결정할 수 있다.

① (가)는 공동체를 개인의 자유를 보장하는 수단으로 본다.
② (가)는 개인의 정체성이 사회관계 속에서 형성된다고 본다.
③ (나)는 인간을 독립적 존재가 아닌 연고적 존재로 본다.
④ (나)는 공동체의 목적이 개인의 권리보다 우선한다고 본다.

35 **근대 계몽사상가로, 시민적 정치 이론을 인민 주권론으로 발전시킨 사람은?**

① 로크
② 루소
③ 홉스
④ 몽테스키외

36 우리가 추구해야 할 바람직한 통일 조국의 미래상으로 적절하지 않은 것은?

① 평화 문화국가
② 자주적 민주국가
③ 전체주의적 국가
④ 자유로운 민주국가

37 다음과 같은 문제점이 발생할 수 있는 '공정한 분배'의 기준은?

> 모든 사람들에게 똑같이 분배한다는 것인데, 이는 기회와 혜택을 골고루 나누어 줄 수 있으나, 생산 의욕 저하와 책임의식 약화를 가져올 수 있다.

① 업적에 따른 분배
② 능력에 따른 분배
③ 필요에 따른 분배
④ 절대적 평등에 따른 분배

38 세계화 시대의 민족주의의 방향으로 옳지 않은 것은?

① 안으로는 민족 구성원의 행복한 삶을 보장하기 위해 노력한다.
② 이해하고 협력하는 열린 민족주의로 발전한다.
③ 다른 민족의 권리를 인정하고 여러 가지 민족 사이의 공유를 생각할 때 실현 가능하다.
④ 소수보다 다수의 권리를 인정하며 문화적 차이를 줄이려는 태도가 필요하다.

39 다음 내용에서 설명하는 사회 사상은 무엇인가?

> • 한 집안의 가장이 인애(仁愛)의 덕으로 가족을 이끌어 가듯이, 군주도 법령이나 형벌로 백성을 다스릴 것이 아니라 인을 중심으로 다스려야 한다.
> • 정치에 있어서 가장 중요한 것은 민생을 돌보는 것이고, 그 방법은 형벌에 의한 통치가 아니라 인(仁)과 서(恕)의 정신을 바탕으로 한 덕치여야 한다.

① 민본 사상
② 정명 사상
③ 경로 사상
④ 생명 존중 사상

40 규범 윤리학자의 사상에 대한 설명으로 옳지 않은 것은?

① 마르크스 – 모든 사람이 평등하게 분배받는 방식
② 벤담 – 최대 다수의 최대 행복을 가져오는지의 여부
③ 칸트 – 행위의 결과에 관계없이 그 자체로 옳은 선천적 선의지에 따른 행동
④ 아리스토텔레스 – 행복은 중용을 지키며 살아가는 이성의 법칙에 따르는 것

제2회 최종모의고사 | 현대사회와 윤리

제한시간 : 50분 | 시작 ___시 ___분 - 종료 ___시 ___분

정답 및 해설 452p

01 플라톤의 이상주의에 대한 설명으로 옳지 않은 것은?

① 4주덕으로 지혜, 용기, 절제, 정의가 있다.
② 현상 세계는 이데아 세계의 불완전한 모임이다.
③ 참된 삶을 위해 최고의 이데아인 '선의 이데아'를 모방·실현해야 한다.
④ 인격과 지혜를 구비한 군인이 나라를 통치할 때 이상 국가가 달성될 수 있다.

02 도덕적 추론 능력을 향상시키기 위한 노력으로 옳지 않은 것은?

① 단기적인 결과 고려
② 다양한 이론적 관점 적용
③ 보편적 도덕 원리에 맞게 판단
④ 도덕적 책임 및 배려 범위 확대

03 '극기복례'에 대한 설명으로 옳지 않은 것은?

① 자기를 이겨 예(禮)로 돌아가는 것을 의미한다.
② 인(仁)의 체현을 위해 맹자가 제시한 구체적 실천 방법이다.
③ "예가 아니면 보지도 듣지도 말하지도 행동하지도 말라."라는 실천 방법이다.
④ 인간은 극기복례를 통해 생물학적 자아의 욕구를 통제하고 도덕적 생활을 영위할 수 있다.

04 자연을 이용하고 정복하려는 사고에서 벗어나 자연과 상호작용하여 다양성을 통해 환경 문제를 해결하려는 것은?

① 환경 윤리
② 기술결정론
③ 사회결정론
④ 생태주의

05 다음 내용은 동양의 자연관에 대한 것이다. 괄호 안에 들어갈 말을 바르게 나열한 것은?

> (㉠)은(는) 인간은 자연의 섭리에 순응하고 자연과 조화를 이루어야 한다는 (㉡)을 주장한다.

	㉠	㉡
①	도가	무위자연
②	불교	풍수지리설
③	불교	연기설
④	유학	천인합일

06 사이버 공간에서 필요한 윤리를 〈보기〉에서 모두 고른 것은?

보기

ㄱ. 존중　　ㄴ. 책임감
ㄷ. 자신감　　ㄹ. 정의로움

① ㄱ, ㄴ
② ㄱ, ㄴ, ㄷ
③ ㄱ, ㄴ, ㄹ
④ ㄱ, ㄴ, ㄷ, ㄹ

07 다음 내용과 공통적으로 관련 있는 사상으로 옳은 것은?

- 대표적 철학자로는 토마스 아퀴나스가 있다.
- 아리스토텔레스의 철학에 입각하여 신학과 철학을 설명하였다.
- 신앙과 이성은 상호 보완적인 관계에 있으며, 신의 존재를 이론적으로도 증명할 수 있다고 주장하였다.

① 교부 철학
② 스토아 학파
③ 스콜라 철학
④ 에피쿠로스 학파

08 다음에 제시된 문제들과 관련된 윤리는?

낙태, 자살, 안락사, 뇌사

① 성 윤리
② 생명 윤리
③ 환경 윤리
④ 정보 윤리

09 다음 내용과 같은 주장을 펼친 학파 또는 사상가는?

인간은 누구나 자연법을 파악할 수 있는 이성을 가지고 있으므로 모든 인간은 동등하게 대우받아야 한다.

① 칸트
② 벤담
③ 스토아 학파
④ 토마스 아퀴나스

10 유전자 조작을 반대하는 입장에 대한 설명으로 옳은 것은?

① 생태계의 질서를 파괴한다.
② 경제적 이윤을 얻기 어렵다.
③ 사회적 행복 증진에 장애가 된다.
④ 식량 부족 문제를 더 어렵게 한다.

11 홍익인간(弘益人間)의 이념에 해당하지 <u>않는</u> 것은?

① 이타주의
② 인본주의
③ 평화애호
④ 실사구시

12 **화랑도에 대한 설명으로 옳지 않은 것은?**

① 국선도, 풍월도, 풍류도라고 한다.
② 청소년들의 자발적 민간수련 단체이다.
③ 불교와 도교는 배제하고 유교의 정신을 따르고자 하였다.
④ 화랑이 지켜야 했던 다섯 가지 계율을 '세속오계'라고 한다.

13 **공자의 윤리 사상에서 인(仁)에 대한 설명으로 옳지 않은 것은?**

① 인간의 본질을 이루고 있는 사랑의 정신이다.
② 사회적 존재로 완성된 인격체의 인간다움이다.
③ 인간이 수행을 통해서만 얻을 수 있는 후천적 도덕성이다.
④ 선행을 좋아하고 악을 미워하는 사람이 행하는 참된 사랑이다.

14 **생명 중심주의 윤리에 대한 설명으로 옳은 것은?**

① 생태계 전체를 고려하였다.
② 슈바이처는 생명에 대한 사랑과 책임을 강조하였다.
③ 인간이 자연에 개입해야만 이로운 경우를 고려하였다.
④ 일반적인 상식과 일치하지 않는 경우는 발생하지 않는다.

15 **다음 글을 통해 알 수 있는 출생의 윤리적 문제로 옳지 않은 것은?**

> 현대 사회에 들어와서는 자연 임신 못지않게 의료 기술의 도움을 받아 임신하게 되는 경우가 늘어나고 있다. 사람들은 아이를 갖기 위해 많은 노력을 하는데, 건강한 아이를 위해, 특정 성별을 낳기 위해, 출산율을 필요에 따라 늘리거나 줄이기 위해 임신과 출산의 과정에 인위적인 개입을 하게 된다.

① 가족 제도에는 영향을 미치지 않는다.
② 인간의 존엄성을 심각하게 훼손할 수가 있다.
③ 생명 윤리 및 의료 윤리 등의 새로운 윤리 규범이 필요하다.
④ 비배우자 수정의 문제, 생식 세포의 매매 문제 등이 발생한다.

16 **성 상품화에 반대하는 입장으로 옳은 것은?**

① 이윤 극대화를 추구하는 자본주의 논리에 부합한다.
② 외모지상주의를 조장한다.
③ 성의 자기결정권을 인정해야 한다.
④ 자본주의에서 성 문제를 봐야 한다.

17 **맹자의 정치 사상에 대한 설명으로 옳지 않은 것은?**

① 왕도 정치를 주장하였다.
② 군주들의 부국강병책을 주장하였다.
③ 백성이 가장 귀하고 국가가 그 다음이라고 하였다.
④ 백성을 나라의 근본으로 하여 인의(仁義)의 덕으로 다스리는 덕치를 주장하였다.

18 이황의 사상에 대한 설명으로 옳지 않은 것은?

① 경(敬) 사상을 중시하였다.
② 주자의 이기론을 수용하였다.
③ 보편적인 것으로 '이'는 통하고, 특수한 것으로서 '기'는 국한된다고 보았다.
④ 사단과 칠정을 각각 이발과 기발로 나누어 설명하는 이기호발설을 주장하였다.

19 실학의 학파와 학자의 연결이 옳지 않은 것은?

① 북학파 – 박제가
② 북학파 – 홍대용
③ 경세치용파 – 박지원
④ 실사구시파 – 김정희

20 서양 윤리 사상의 특징으로 옳지 않은 것은?

① 개인의 행복한 삶을 중시한다.
② 의무론적 윤리설과 목적론적 윤리설로 양분된다.
③ 도덕의 기준을 절대적인 하나의 기준으로 정하여 제시한다.
④ 자연, 신, 우주, 세계에 관한 진리관에 의거하여 인간관을 도출한다.

21 스토아 학파와 에피쿠로스 학파에 대한 설명으로 옳지 않은 것은?

① 에피쿠로스 학파는 인간이 이성적 존재라고 하였다.
② 두 학파 모두 절제하고 검소한 삶의 방식을 추구하였다.
③ 스토아 학파는 이성의 힘으로 욕정을 억제하고자 하였다.
④ 에피쿠로스 학파는 정신적이고 지속적인 쾌락을 추구하였다.

22 공리주의에 대한 설명으로 옳지 않은 것은?

① 벤담은 쾌락에는 질적 차이가 없고 양적 차이만 존재한다고 하였다.
② 공리주의는 다수결의 원리와 연결되어 근대 민주주의의 성립에 기여하였다.
③ 규칙 공리주의는 유용성을 먼저 계산한 후 최대의 유용성을 산출할 대안을 선택한다.
④ 밀은 쾌락의 양뿐만 아니라 질적인 차이도 고려해야 한다는 질적 공리주의를 주장하였다.

23 주자학의 윤리 사상 중 성인(聖人)이 되기 위한 방법이 아닌 것은?

① 경세치용(經世致用)
② 존양성찰(存養省察)
③ 격물치지(格物致知)
④ 존천리거인욕(存天理去人慾)

24 롤스의 정의론에서 밑줄 친 ㉠~㉣에 대한 설명으로 옳지 않은 것은?

> ㉠ 원초적 입장에서 ㉡ 무지의 베일을 쓴 합리적 개인들은 다음과 같은 정의의 원칙에 합의하게 된다. 첫째, 모든 사람이 ㉢ 기본적 자유에서 동등한 권리를 가진다. 둘째, 사회적·경제적 불평등은 사회의 ㉣ 최소 수혜자에게 최대의 이익을 보장하고, 불평등의 계기가 되는 지위는 공정한 기회균등의 원칙에 따라 모든 사람에게 개방된다.

① ㉠ : 정의로운 공동체를 구성하기 위한 가상적 상황이다.
② ㉡ : 자신의 재능이나 지위, 재산 등에 대해서 모른다는 가정이다.
③ ㉢ : 누구나 동등한 자유를 누려야 함을 의미한다.
④ ㉣ : 약자에 대한 배려를 위해 ㉢보다 항상 우선이다.

25 칸트의 윤리에 대한 설명으로 옳지 않은 것은?

① 보편화 가능성과 인간 존엄성을 중시한다.
② 인간의 본성에 근거하는 절대적인 법을 중시하였다.
③ 이성적이고 자율적인 인간은 보편적인 도덕 법칙을 의식할 수 있다고 보았다.
④ "네 의지의 준칙이 언제나 동시에 보편적 입법의 원리가 되도록 행위하라."라고 하였다.

26 다음 내용과 관련 있는 윤리 사상과 사상가를 바르게 연결한 것은?

> • 덕을 함양한 사람이 할 법한 판단과 행위의 실천에 관심을 갖는다.
> • 훌륭한 성품이 당면한 윤리 문제를 해결하는 데 도움이 된다.

① 의무론 - 벤담
② 규칙 공리주의 - 밀
③ 행위 공리주의 - 벤담
④ 덕 윤리 - 아리스토텔레스

27 오륜에 대한 설명이 바르게 연결되지 않은 것은?

① 붕우유신 - 친구 사이에는 믿음이 있어야 한다.
② 부부유별 - 부부 사이에는 구별이 있어야 한다.
③ 군신유의 - 임금과 신하 사이에는 의로움이 있어야 한다.
④ 장유유서 - 어버이와 자식 사이에는 친함이 있어야 한다.

28 **베이컨의 윤리 사상에 대한 설명으로 옳지 않은 것은?**

① 종족의 우상은 전통・권위・학설의 맹종에서 오는 편견을 말한다.
② 동굴의 우상은 개인의 특성, 습관, 환경에서 오는 편견을 말한다.
③ 시장의 우상은 언어의 부적당한 사용이나 오해에서 오는 편견을 말한다.
④ 실제 생활에서 참된 지식을 인식하지 못하게 하는 선입견이나 편견을 우상이라고 하였다.

29 **다음 내용과 같은 배경으로 등장한 윤리에 해당하는 것은?**

> 기존의 남성 중심적이고 정의(正義) 중심적인 윤리를 보완하기 위해 등장하였다.

① 덕 윤리
② 공리주의
③ 배려 윤리
④ 자연법 윤리

30 **소크라테스가 주장한 윤리 사상의 특성이 아닌 것은?**

① 절대주의적・보편주의적 진리관을 주장하였다.
② 악(惡)을 행하는 이유는 옳고 그름을 알지 못하기 때문이라고 하였다.
③ '의지'를 주요한 기반으로 삼아 행복에 이르는 것이 옳다고 주장하였다.
④ 보편적 진리를 발견하고 반드시 실천해야 한다는 '지행합일설'을 주장하였다.

31 **북한 이탈 주민의 정착을 돕기 위한 노력으로 옳지 않은 것은?**

① 직업 훈련과 취업 알선 등의 제도적 지원이 이루어져야 한다.
② 북한 이탈 주민이 경제적 안정을 이룰 수 있도록 도와야 한다.
③ 같은 민족으로 존중하고 한없이 동정하는 마음으로 대해야 한다.
④ 남한 사회 전반에 대한 이해를 돕기 위한 교육과 훈련이 제도적으로 이뤄져야 한다.

32 **인간 존중을 실천하기 위한 자세가 아닌 것은?**

① 타인의 존재를 소중히 생각한다.
② 신체적・정신적 조건에 따라 사람을 대우한다.
③ 사람을 도구가 아닌 목적으로 대한다.
④ 타인의 생활에 대하여 관심을 기울인다.

33 **사이버 공간의 익명성, 비대면성과 가장 관련이 있는 것은?**

① 친밀감
② 몰입 체험
③ 탈억제 효과
④ 현실과 비현실의 괴리

34 **다음 내용과 관련 있는 아리스토텔레스의 윤리 사상에 해당하는 개념은?**

- 선 의지, 도덕적 실천 의지의 함양을 위한 덕
- 이성에 의하여 충동이나 정욕, 감정을 억제함으로써 한쪽으로 치우치지 않으려는 의지를 습관화한 덕(실천적인 덕)

① 중용의 덕
② 지성적인 덕
③ 품성적인 덕
④ 용기 있는 덕

35 **다음 대화에서 갑과 을이 다른 나라의 문화에 대해 취하는 태도는 무엇인가?**

갑 : 다중 이용 시설에 무슬림들을 위한 기도 공간을 설치하는 것은 적절하다고 생각해.
을 : 동감이야. 무슬림들은 하루에 다섯 번씩 메카를 향해 기도하는 것을 종교적 의무로 여기기 때문이야.

① 문화 사대주의
② 문화 상대주의
③ 문화 제국주의
④ 자문화 중심주의

36 **미래 세대에 대한 책임과 관련하여 다음과 같이 주장한 사람은 누구인가?**

"네 행위의 결과가 지구상의 인간의 삶에 대한 미래의 가능성을 파괴하지 않도록 행위하라. 우리의 책임은 일차적으로 미래 세대의 존재를 보장하는 것이며 이차적으로는 그들의 삶의 질을 배려하는 것이다."

① 롤스
② 벤담
③ 요나스
④ 나딩스

37 **다음 중 과학 기술의 궁극적인 목적으로 옳은 것은?**

① 세계의 평화
② 진리의 발견과 활용
③ 생태계 보존과 환경 보호
④ 인간의 존엄성 구현과 삶의 질 향상

38 **다음 중 인간 복제를 법으로 금지한 가장 큰 이유는?**

① 생태계 파괴
② 환경 오염 문제
③ 사회적 질서 혼란
④ 인간 존엄성 훼손

39 **다음 내용에서 (가), (나)의 입장에 해당하는 통일의 방법을 〈보기〉에서 바르게 짝지은 것은?**

(가) 전쟁을 통한 통일은 그동안 우리가 쌓아 놓은 사회·경제적 기반을 한 순간에 무너뜨릴 수 있으며, 통일 이후의 사회 통합을 가로막을 수 있다.
(나) 남북한의 다양한 문화적 교류를 통해 민족의 동질성을 재확인하고 민족 공동체 의식을 회복한 후 체제의 통합으로 나아가야 한다.

보기

(가)	ㄱ. 평화적으로 이루어야 한다.
	ㄴ. 국민적 이해와 합의를 토대로 민주적으로 이루어야 한다.
(나)	ㄷ. 점진적이고 단계적으로 이루어야 한다.
	ㄹ. 주변국과의 협력을 강화해야 한다.

① ㄱ, ㄴ
② ㄱ, ㄷ
③ ㄴ, ㄷ
④ ㄴ, ㄹ

40 **통일에 따른 비용에 관련된 설명으로 옳지 않은 것은?**

① 통일 비용은 분단으로 인해 소요되는 비용을 뜻한다.
② 분단 비용, 평화 비용, 통일 비용, 투자 비용 등이 있다.
③ 통일 비용으로는 북한 경제 재건 비용, 통일 후 위기 관리 유지 비용 등이 있다.
④ 평화 비용은 한반도의 평화를 유지하고 정착시키기 위해 지불해야 하는 모든 형태의 비용이다.

제1회 정답 및 해설 | 현대사회와 윤리

01	02	03	04	05	06	07	08	09	10	11	12	13	14	15	16	17	18	19	20
①	①	④	③	①	④	③	④	③	②	④	④	④	②	②	③	③	④	①	③
21	22	23	24	25	26	27	28	29	30	31	32	33	34	35	36	37	38	39	40
③	②	②	④	②	④	①	④	②	④	④	②	④	②	②	③	④	④	①	①

01 정답 ①

노자의 사상

자연의 섭리대로 살아가는 소박한 삶, 인간 본래의 자기 모습대로 살아가는 삶(무위자연), 상선약수의 삶

02 정답 ①

② 상대론적 윤리설 : 근본적으로 절대적인 도덕 원칙은 없으며 인간의 습관, 계약, 합의 등 필요에 의해서 도덕 법칙이 정해진다.
③ 회의론적 윤리설 : 인간의 사고로는 절대적인 진리를 파악할 수 없다고 보고 인식의 확실성과 진리의 절대성을 부인한다.
④ 목적론적 윤리설 : 삶의 궁극적 목적은 인간이 마음대로 정할 수 있는 것이 아니라 이미 선천적으로 주어진 절대적인 것이다.

의무론적 윤리설

자신이 마땅히 지켜야 할 도덕 규칙이 있고 어떠한 경우에서도 그것을 어기면 안 된다는 입장이므로, 거짓말 자체가 나쁘기 때문에 거짓말을 해서는 안 된다는 제시문과 상통한다.

03 정답 ④

제시문의 주인공은 자신의 과거, 현재, 미래의 모습을 보게 되는 꿈을 계기로 삶을 되돌아보고, 모질게 대했던 주변 사람들에게 나눔을 실천하게 된다. 이를 통해, 반성적 사고를 바탕으로 바람직한 삶의 가치를 추구하는 인간의 특성을 파악할 수 있다.

04 정답 ③

③ 자유와 권리를 주장하기에 앞서서 책임과 의무를 다하는 자세가 중요하다.

05 정답 ①

공리주의는 목적론적 윤리설에 포함된다.

06 정답 ④

공자는 사회 혼란의 근본적인 원인은 인간의 도덕적 타락이라고 하면서 인간의 내면적 도덕성인 인(仁)의 회복을 중요시하였다.

07 정답 ③

① 법은 최소한의 윤리로 강제적인 성격을 지닌다.
② 도리는 사람이 어떤 입장에서 마땅히 행해야 할 바른 길을 뜻한다.
④ 관습은 사회적 삶의 반복을 통해 형성된 관념이나 행태이다.

08 정답 ④

맹자는 인간이 본래부터 가지고 있는 착한 본성을 강조하였으며 인간은 사단(四端)을 가지고 있다고 하였다.

사단(四端)

- 수오지심(羞惡之心) : 불의를 부끄러워하고 미워하는 마음[의(義)]
- 측은지심(惻隱之心) : 남을 사랑하여 측은히 여기는 마음[인(仁)]
- 사양지심(辭讓之心) : 서로 양보하고 공경하는 마음[예(禮)]
- 시비지심(是非之心) : 옳고 그름을 판단하는 마음[지(智)]

09 정답 ③

③ 생태주의는 인간이 지구라는 생태계의 일부라는 입장으로, 인간이 자연을 지배한다는 이론과 반대되는 입장이다.

10 정답 ②

② 단군 신화에서는 하늘과 땅을 상보적 관계로 본다.

11 정답 ④

지구와 지구 내의 생물이 유기체적 관계를 가지고 있으므로 자연을 하나의 생명체와 유사한 것으로 보는 것이다. 생명체의 각 기관들이 각자의 존재적 자율성을 유지하면서도 긴밀하게 유기적으로 결합되어 있듯이 하나의 통일적 전체를 이루고 있으므로, 상호의존적 관계를 맺고 있음을 알 수 있다.

12 정답 ④

④ 기원 전후에 구제에서 소외된 재가신자들의 불만을 간파한 기존 교단 내부의 진보적 비구들은 새로운 종교 혁신 운동을 광범위하게 전개하였다.

13 정답 ④

④ 권근의 『입학도설』은 초학자를 위한 성리학 입문서이다. 그리고 실학에서 생산력 발전을 위한 과학 기술론에 관심을 불러일으킨 것은 경세론을 강조하는 경향이다.

14 정답 ②

② 우리 고유 사상인 무속 신앙은 종교적 풍습이라고 볼 수 없으며 현대 사회에서의 동제, 풍어제, 고사 등은 아직도 이어져 오는 무속 신앙의 전통을 보여주는 예이다.

15 정답 ②

양명학은 성리학에 대한 비판으로 왕수인이 제시한 학문이다. 만물일체의 이상사회 실현을 지향하는 심즉리(心卽理)・지행합일(知行合一)・치양지(致良知) 등의 사상을 주장하였다.

② 성즉리는 성리학(주자학)의 기본 사항이다.

16 정답 ③

자연의 지배를 정당화하는 인간 중심주의는 인간이 마음대로 자연을 휘둘러 생태계 전체를 위협하는 환경 문제를 야기할 수 있다.

17 정답 ③

A, B, D는 사형 제도에 찬성하는 입장이고, C는 반대하는 입장이다.

사형 제도 존속	사형 제도 폐지
• 범죄 억제의 효과가 매우 큼 • 흉악범의 생명을 박탈하는 것은 정당함(응보주의) • 종신형은 경제적으로 부담이 크고 비인간적일 수 있음 • 사회 방위를 위해서 범죄인을 완전히 격리	• 범죄 억제 효과가 미비 • 응보주의보다 교화와 개선이 중요함 • 생명권과 인간 존엄성을 침해함 • 오판 가능성이 있음 • 정치적 이유에서 악용될 수 있음

18 정답 ④

④ 제시문은 유교의 경전인 『중용』에 나오는 내용으로, 유교에서의 하늘은 자연 그 자체가 아니라 인간과 우주 만물을 낳은 근원이며 인간이 가진 도덕규범의 원천이다.

19 정답 ①

ㄷ・ㄹ은 이념적 측면에 해당한다.

20 정답 ③

보통 선거제를 실시함으로써 시민 민주주의 하에서 체제 외적 존재였던 대중이 체제 내적 존재로 편입되었고, 시민 사회는 대중 사회로, 근대 국가는 현대 국가로 변모하게 되었다.

21 정답 ③

제시문은 백성을 근본으로 보고, 백성의 뜻을 하늘의 뜻으로 여겨야 한다는 민본 사상에 대한 내용이다. 민본주의는 통치가가 백성을 근본으로 해야 한다는 사상으로, 군주의 도덕적 자질과 도덕적 통치를 강조하였다.

22 정답 ②

① 마르크스의 공산 사회

③ 베이컨의 과학적 유토피아 사회

④ 플라톤의 이상 국가

23 정답 ②

① 벤담의 제재론에 대한 설명이다.

③ 루소의 성선설에 대한 설명으로, 홉스는 성악설과 관련된 학자이다.

④ 아리스토텔레스의 주의주의적 입장에 대한 설명으로, 소크라테스와 플라톤은 주지주의적 입장과 관련이 있다.

24 정답 ④

인간은 이해관계를 떠나서 인간으로서의 삶의 재미를 적극적으로 추구하는 '유희적 존재'이다.

25 정답 ②

전체주의

국가가 개인들의 집합 이상으로 독자적인 가치를 가지고 있다고 보는 원리이다.

벤담의 공리주의

최대 다수의 최대 행복을 추구해야 한다는 원리이다. 기본적으로 개인주의를 바탕으로 한다.

26 정답 ④

몽테스키외는 로크의 권력 분립설에 영향을 받아 그의 저서 『법의 정신』을 통하여 절대주의의 폭정을 인간이 아닌 권력 기관의 분립을 통한 상호 견제 및 균형으로 방지하려는 삼권 분립론을 주장하였다.

27 정답 ①

① 여성과 남성의 도덕적 지향성은 동일하지 않다.

28 정답 ④

마르크스의 국가관

국가는 가진 자들의 이익에 봉사하기 위한, 계급의 지배를 영속화하기 위한 것에 지나지 않는다고 주장하였다.

29 정답 ②

오늘날에는 한 사회에서 생산한 재화를 어떤 원리에 따라 분배하는 것이 정당한가라는 분배 정의에 대한 문제가 중요하게 부각되고 있다.

30 정답 ④

①·②·③ 자유주의의 기본 입장이다.

31 정답 ④

소크라테스, 플라톤, 아리스토텔레스, 스토아 학파는 인간 중심의 사상으로 이성주의적 인간관을 강조한다.

32 정답 ②

롤스는 사회·경제적 불평등은 최소 수혜자에게 최대의 이익을 보장하도록 조정하는 차등의 원칙을 충족시킬 경우에만 허용될 수 있다고 주장하였다.

33 정답 ④

통일 비용이 증가할수록 세금도 증가하게 되므로 국민의 부담이 커지게 되며, 분단이 장기화될수록 분단 상태를 유지하기 위한 분단 비용뿐만 아니라 남과 북의 심화된 이질화를 극복하기 위한 통일 비용도 동시에 증가하게 된다. 통일 비용을 최소화하기 위해서는 북한의 경제적 난관을 해소하는 방향으로 남북한 협력이 확대되어야 한다.

34 정답 ②

공동체주의와 자유주의의 입장을 비교하여 이해해야 한다. (가)는 공동체주의, (나)는 자유주의이다. 공동체주의는 자아 정체성이 개인이 속한 공동체와의 관계를 통해 형성된다고 본다.

35 정답 ②

루소는 로크의 정치 이론인 '개인의 자유를 바탕으로 하는 고전적인 시민적 정치 이론'을 인민주권론으로 발전시켰다.

36 정답 ③

③ 전체주의란 국가나 민족의 전체를 개인보다 도 우위에 두고, 개인은 전체의 존립과 발전을 위해 희생하여야 한다는 이념이다. 바람직한 통일의 모습은 개인의 자아실현과 국가의 발전을 도모할 수 있는 사회 건설이다.

37 정답 ④

공정한 분배의 기준

- 절대적 평등에 따른 분배 : 모든 사람에게 똑같이 분배하는 것으로, 기회와 혜택을 골고루 나누어 줄 수 있으나, 생산 의욕 저하와 책임 의식 약화를 가져온다.
- 필요에 따른 분배 : 사람마다 다르게 분배하는 것으로 모든 구성원들을 충족시킬 수 없고 경제적 효율성을 높이기 어렵다.
- 능력에 따른 분배 : 능력이 뛰어난 사람에게 더

많이 분배하는 것으로 구성원들의 자격이나 경력에 따른 대우를 보장하지만 평가 기준을 마련하기 어렵다.

- 업적에 따른 분배 : 업적과 기여도에 따른 분배로 객관적 평가와 측정이 용이하나 서로 다른 업적의 양과 질을 평가하기 어렵다.

38 정답 ④

④ 소수의 권리를 인정하며 문화적 차이 또한 인정하는 태도가 필요하다.

39 정답 ①

제시된 자료는 공자의 주장이다. 공자는 인격을 갖춘 군주가 솔선수범하여 덕으로써 나라를 다스리는 정치를 강조하였다. 그의 민본 사상은 인간 존중과 유덕한 개인들의 합리적 인간관계를 중시하는 덕치예교(德治禮敎)의 이념이라 할 수 있다.

40 정답 ①

① 마르크스는 능력에 따라 일하고 필요에 따라 분배해야 한다고 주장하였다.

제2회 정답 및 해설 | 현대사회와 윤리

01	02	03	04	05	06	07	08	09	10	11	12	13	14	15	16	17	18	19	20
④	①	②	④	①	③	③	②	③	①	④	③	③	②	①	②	②	③	③	③
21	22	23	24	25	26	27	28	29	30	31	32	33	34	35	36	37	38	39	40
①	③	①	④	②	④	④	①	③	③	③	②	③	①	②	③	④	④	②	①

01 정답 ④

④ 플라톤은 인격과 지혜를 구비한 철학자가 나라를 통치할 때 이상 국가가 달성될 수 있다는 '철인 통치'를 주장하였다.

02 정답 ①

① 지금 당장의 결과만을 고려하는 단계에서 장기적인 결과까지 고려하는 단계로 나아가야 도덕적 추론의 수준이 높아진다.

03 정답 ②

② '극기복례'는 공자가 제시한 실천 방법이다.

04 정답 ④

생태주의

환경문제는 과학 기술이나 사회 체제의 측면에서만 접근해서는 해결할 수 없다. 따라서 그동안 자연을 이용하고 정복하려는 사고에서 벗어나 자연과의 공존, 다양성을 통해 환경문제를 해결하고자 하는 입장을 말한다.

05 정답 ①

제시문은 도가의 자연관인 무위자연(無爲自然)에 대한 설명이다.

② 풍수지리설은 땅에도 생명이 있다고 보고 땅과 인간이 조화를 이루어야 한다는 이론이다.

③ 불교의 연기설(緣起說)은 상호 의존성을 인식하고 모든 생명을 소중히 여기며 자비를 베풀어야 한다는 것이다.

④ 유학의 천인합일(天人合一)은 자연과 하나가 되는 경지를 인생의 궁극적인 목표로 제시한 것이다.

06 정답 ③

사이버 공간에서 필요한 윤리에는 다른 사람을 자신과 같이 소중하게 여기는 존중, 사이버 공간의 익명성을 악용하여 무책임하게 행동하지 않는 책임감, 타인의 기본적인 자유와 권리를 침해하지 않고 모든 사람을 평등하게 대우하는 정의로움 등이 있다.

07 정답 ③

스콜라 철학에서는 신앙과 이성의 조화를 추구하였으며, 완전한 행복은 신을 따르며 인간의 본성 속에 들어 있는 자연법에 따라 행동하는 데 있다고 하였다.

08 정답 ②

제시된 문제들과 관련된 윤리는 출생과 죽음, 생명의 가치에 대한 논의에 초점을 두는 생명 윤리이다. 이외에 인체 실험, 생명 복제 등도 생명 윤리의 핵심 문제이다.

09 정답 ③

스토아 학파는 그리스 철학의 한 학파로 자연법에 따라 인간은 누구나 평등하다고 보았다. 또한 윤리를 중요하게 다루었고, 금욕과 극기로 자연에 순응하는 생활을 이상으로 내세웠다.

④ 토마스 아퀴나스는 인간이 본성적으로 지니는 자연적 성향으로 자기 보존, 종족 보존, 신과 사회에 대한 진리 파악을 제시하였다.

10 정답 ①

유전자 조작을 반대하는 입장은 유전자 변형 농산물의 안전성을 담보하기 어렵고, 생태계의 질서를 파괴할 수 있다는 점을 내세운다.

11 정답 ④

홍익인간은 널리 인간 세상을 이롭게 한다는 뜻으로 인간존중, 이타주의, 인본주의, 평화애호, 만민평등 등의 이념이 담겨 있다.

④ 실사구시는 실학 사상의 이념이다.

12 정답 ③

③ 화랑도는 유교, 불교, 도교의 정신을 포용하여 조화시켰다.

13 정답 ③

③ 인(仁)은 인간이 본래 타고나는 내면적인 도덕성이다.

14 정답 ②

생명 중심주의 윤리의 한계점은 일반적인 상식과 일치하지 않는 경우가 발생할 수 있다는 점, 인간이 자연에 개입해야만 이로운 경우를 고려하지 못한 점, 생태계 전체를 고려하지 못한 점 등이다. 슈바이처는 생명은 그 자체로 선이며 본래적 가치를 지니므로 모든 생명을 존중해야 한다는 생명 외경 사상을 강조하였다.

15 정답 ①

의료 기술의 발달로 불임 문제를 해결할 수 있게 되었지만 더불어 그에 따른 많은 윤리적 문제도 야기되었다. 예를 들어 비배우자 수정의 문제, 생식 세포의 매매, 성 감별 및 선별의 문제, 대리모, 인공 유산의 만연 등의 새로운 문제가 등장하게 된 것이다. 이에 따라 새로운 생명 윤리 및 의료 윤리의 정립이 필요한 시점이다.

① 가족 제도에도 영향을 미친다.

16 정답 ②

성 상품화 반대 입장

- 성의 본질적 가치와 의미 변질
- 외모지상주의 조장(과도한 성형이나 다이어트 유도)
- 인격 무시(칸트의 입장)

17 정답 ②

② 맹자는 군주들의 부국강병책과 패도 정치를 비판하면서, 왕도 정치와 민본주의적 혁명 사상을 주장하였다.

18 정답 ③

③ 이이의 이통기국론의 내용이다.

19 정답 ③

③ 박지원은 북학파의 학자이며, 경세치용파 학자에는 이익과 정약용이 있다.

20 정답 ③

③ 서양 윤리 사상에서는 도덕의 기준을 다양하게 제시한다.

21 정답 ①

① 에피쿠로스 학파는 인간이 경험적 존재라고 하였다.

22 정답 ③

③ 규칙 공리주의는 더 큰 유용성을 산출하는 규칙을 따라야 한다고 주장한다.

23 정답 ①

① 경세치용은 학문이 세상을 다스리는 데에 실질적인 이익을 줄 수 있는 것이어야 한다는 유교의 주장 중 하나이다.

24 정답 ④

④ 롤스는 평등한 자유의 원칙이 어떠한 경우에도 침해될 수 없으며, 차등의 원칙과 기회균등의 원칙보다 우선한다고 보았다.

25 정답 ②

② 인간의 본성에 근거하는 절대적인 법은 자연법으로 칸트의 윤리와는 구분된다. 자연법 윤리의 기초는 스토아 학파가 제시하였다.

26 정답 ④

덕 윤리는 아리스토텔레스의 윤리 사상적 전통을 계승하였고, 행위자의 품성과 덕성을 중요시하였다. 또한 덕 윤리에서는 의무론과 공리주의가 행위자 내면의 도덕성과 인성의 중요성을 간과하며, 개인의 자유와 권리를 강조하여 공동체의 전통을 무시한다고 비판하였다.

27 정답 ④

④ 장유유서는 어른과 아이 사이에는 차례와 질서가 있어야 한다는 내용이고, 부자유친이 아버지와 자식 사이에는 친함이 있어야 한다는 내용이다.

28 정답 ①

베이컨의 우상에 관한 논의

- 종족의 우상 : 모든 사물을 인간 본위에 근거하여 규정하는 데서 오는 편견
- 동굴의 우상 : 개인적인 특성 때문에 사실을 있는 그대로 파악하지 않는 편견
- 시장의 우상 : 말 때문에 생기는 편견
- 극장의 우상 : 전통 · 권위 · 학설의 맹종에서 오는 편견

29 정답 ③

배려 윤리는 길리건과 나딩스가 주장한 윤리이다. 윤리적 의사 결정을 할 때 관계 및 맥락에 대한 고려를 강조한다. 따라서 정의 중심의 추상적 도덕 원리로 해결할 수 없는 윤리 문제를 해결하는 데 도움을 준다.

30 정답 ③

③ 주의주의(主意主義)의 내용이다. 소크라테스는 지식을 주요한 기반으로 삼아 행복에 이르는 것이 옳다는 주지주의를 주장하였다.

31 정답 ③
③ 편견을 가지고 무시하는 태도로 대하거나 지나치게 동정하지 않도록 한다.

32 정답 ②
② 인간은 인간이라는 이유만으로 존중을 받아야 하므로 성별, 나이, 신체적·정신적 조건에 따라 사람을 차별적으로 대우해서는 안 된다.

33 정답 ③
탈억제 효과는 무언가 얽매여 있다는 느낌을 적게 가지며, 보다 개방적으로 자신을 표현하는 현상을 말한다. 어떤 행위를 한 사람이 누구인지 드러나지 않는 특성인 익명성과 서로 얼굴을 마주 보고 대하지 않는 특성인 비대면성과 밀접한 관련이 있다.
② 몰입 체험은 원하는 어느 한 곳에 자신의 모든 정신을 집중하는 것으로, 현실 도피나 인터넷 중독으로 이어질 수 있다.

34 정답 ①
아리스토텔레스는 행복하려면 필수적으로 선(善)이 요구되며, 이를 위해 지성적인 덕, 품성적인 덕, 중용의 덕이 필요하다고 보았다. 제시문은 이중 지나침과 모자람 그 어느 쪽으로도 기울지 않는 중간 지대의 덕인 '중용의 덕'에 대한 설명이다.

35 정답 ②
문화 상대주의는 각각의 문화가 지닌 고유성과 상대적 가치를 이해하고 존중하는 태도이다.
① 문화 사대주의는 자기 문화를 비하하고 다른 문화를 무조건 추종하는 태도이다.
③ 문화 제국주의는 다른 나라를 문화적으로 정복함으로써 영향력과 패권을 확보하려는 태도이다.
④ 자문화 중심주의는 자국의 문화를 우월하게 여기며 다른 문화를 일방적으로 판단하는 태도이다.

36 정답 ③
요나스의 책임 윤리는 인류가 존속해야 한다는 당위적 요청에 근거해 인류 존속에 대한 현 세대의 책임을 강조하면서 생태학적 정언 명령을 제시하고 있다.

37 정답 ④
과학 기술 자체의 목적은 진리의 발견과 활용이고, 궁극적 목적은 인간의 존엄성 구현과 삶의 질 향상이라는 윤리적 목적과 밀접한 관련이 있다.

38 정답 ④
인간 복제의 윤리적 문제에는 인간의 존엄성 훼손, 인간의 자연스러운 출산 과정의 위배, 인간의 고유성 위협 등이 있다. 이 중 가장 큰 문제점은 인간의 존엄성 훼손이다.

39 정답 ②
(가)는 평화적 통일에 대한 설명이고, (나)는 점진적·단계적 통일에 관한 내용이다.

40 정답 ①
① 통일 비용은 통일에 따라 발생하게 되는 비용, 즉 통일 이후 남북 간의 격차를 해소하고 이질적인 요소를 통합하는 데 드는 비용을 뜻한다. 분단 비용은 분단으로 인해 소요되는 비용, 즉 남북한 사이의 대결과 갈등으로 발생하고 있는 군사비, 안보비 등의 지출성 비용을 뜻한다.

또 실패했는가? 괜찮다. 다시 실행하라. 그리고 더 나은 실패를 하라!

– 사뮈엘 베케트 –

컴퓨터용 사인펜만 사용

독학학위제 1단계 교양과정인정시험 답안지(객관식)

★ 수험생은 수험번호와 응시과목 코드번호를 표기(마킹)한 후 일치여부를 반드시 확인할 것.

전공분야	
성 명	

수 험 번 호

과목코드	응시과목		
	1 ① ② ③ ④	21 ① ② ③ ④
	2 ① ② ③ ④	22 ① ② ③ ④
	3 ① ② ③ ④	23 ① ② ③ ④
	4 ① ② ③ ④	24 ① ② ③ ④
	5 ① ② ③ ④	25 ① ② ③ ④
	6 ① ② ③ ④	26 ① ② ③ ④
	7 ① ② ③ ④	27 ① ② ③ ④
	8 ① ② ③ ④	28 ① ② ③ ④
	9 ① ② ③ ④	29 ① ② ③ ④
	10 ① ② ③ ④	30 ① ② ③ ④
교시코드 ① ② ③ ④	11 ① ② ③ ④	31 ① ② ③ ④
	12 ① ② ③ ④	32 ① ② ③ ④
	13 ① ② ③ ④	33 ① ② ③ ④
	14 ① ② ③ ④	34 ① ② ③ ④
	15 ① ② ③ ④	35 ① ② ③ ④
	16 ① ② ③ ④	36 ① ② ③ ④
	17 ① ② ③ ④	37 ① ② ③ ④
	18 ① ② ③ ④	38 ① ② ③ ④
	19 ① ② ③ ④	39 ① ② ③ ④
	20 ① ② ③ ④	40 ① ② ③ ④

과목코드	응시과목		
	1 ① ② ③ ④	21 ① ② ③ ④
	2 ① ② ③ ④	22 ① ② ③ ④
	3 ① ② ③ ④	23 ① ② ③ ④
	4 ① ② ③ ④	24 ① ② ③ ④
	5 ① ② ③ ④	25 ① ② ③ ④
	6 ① ② ③ ④	26 ① ② ③ ④
	7 ① ② ③ ④	27 ① ② ③ ④
	8 ① ② ③ ④	28 ① ② ③ ④
	9 ① ② ③ ④	29 ① ② ③ ④
	10 ① ② ③ ④	30 ① ② ③ ④
교시코드 ① ② ③ ④	11 ① ② ③ ④	31 ① ② ③ ④
	12 ① ② ③ ④	32 ① ② ③ ④
	13 ① ② ③ ④	33 ① ② ③ ④
	14 ① ② ③ ④	34 ① ② ③ ④
	15 ① ② ③ ④	35 ① ② ③ ④
	16 ① ② ③ ④	36 ① ② ③ ④
	17 ① ② ③ ④	37 ① ② ③ ④
	18 ① ② ③ ④	38 ① ② ③ ④
	19 ① ② ③ ④	39 ① ② ③ ④
	20 ① ② ③ ④	40 ① ② ③ ④

※ 감독관 확인란

㊞

관 리 번 호

(연번) (응시자수)

답안지 작성시 유의사항

1. 답안지는 반드시 **컴퓨터용 사인펜을 사용**하여 다음 보기와 같이 표기할 것.
   보기 잘 된 표기: ● 잘못된 표기: ⓥ ⊗ ◑ ⊙ ◕ ○ ▩
2. 수험번호 (1)에는 아라비아 숫자로 쓰고, (2)에는 "●"와 같이 표기할 것.
3. 과목코드는 뒷면 "과목코드번호"를 보고 해당과목의 코드번호를 찾아 표기하고, 응시과목란에는 응시과목명을 한글로 기재할 것.
4. 교시코드는 문제지 전면의 교시를 해당란에 "●"와 같이 표기할 것.
5. 한번 표기한 답은 긁거나 수정액 및 스티커 등 어떠한 방법으로도 고쳐서는 아니되고, 고친 문항은 "0"점 처리함.

[이 답안지는 마킹연습용 모의답안지입니다.]

절취선

컴퓨터용 사인펜만 사용

독학학위제 1단계 교양과정인정시험 답안지(객관식)

★ 수험생은 수험번호와 응시과목 코드번호를 표기(마킹)한 후 일치여부를 반드시 확인할 것.

전공분야	
성 명	

수 험 번 호													
(1)	1	–			–			–					
(2)	● ② ③ ④	–	①②③④⑤⑥⑦⑧⑨⓪	①②③④⑤⑥⑦⑧⑨⓪	–	①②③④⑤⑥⑦⑧⑨⓪	①②③④⑤⑥⑦⑧⑨⓪	–	①②③④⑤⑥⑦⑧⑨⓪	①②③④⑤⑥⑦⑧⑨⓪	①②③④⑤⑥⑦⑧⑨⓪	①②③④⑤⑥⑦⑧⑨⓪	①②③④⑤⑥⑦⑧⑨⓪

※ 감독관 확인란

㊞

관 리 번 호
(연번) (응시자수)

과목코드				
①②③④⑤⑥⑦⑧⑨⓪	①②③④⑤⑥⑦⑧⑨⓪	①②③④⑤⑥⑦⑧⑨⓪	①②③④⑤⑥⑦⑧⑨⓪	①②③④⑤⑥⑦⑧⑨⓪

교시코드
① ② ③ ④

응시과목			
1	① ② ③ ④	21	① ② ③ ④
2	① ② ③ ④	22	① ② ③ ④
3	① ② ③ ④	23	① ② ③ ④
4	① ② ③ ④	24	① ② ③ ④
5	① ② ③ ④	25	① ② ③ ④
6	① ② ③ ④	26	① ② ③ ④
7	① ② ③ ④	27	① ② ③ ④
8	① ② ③ ④	28	① ② ③ ④
9	① ② ③ ④	29	① ② ③ ④
10	① ② ③ ④	30	① ② ③ ④
11	① ② ③ ④	31	① ② ③ ④
12	① ② ③ ④	32	① ② ③ ④
13	① ② ③ ④	33	① ② ③ ④
14	① ② ③ ④	34	① ② ③ ④
15	① ② ③ ④	35	① ② ③ ④
16	① ② ③ ④	36	① ② ③ ④
17	① ② ③ ④	37	① ② ③ ④
18	① ② ③ ④	38	① ② ③ ④
19	① ② ③ ④	39	① ② ③ ④
20	① ② ③ ④	40	① ② ③ ④

과목코드				
①②③④⑤⑥⑦⑧⑨⓪	①②③④⑤⑥⑦⑧⑨⓪	①②③④⑤⑥⑦⑧⑨⓪	①②③④⑤⑥⑦⑧⑨⓪	①②③④⑤⑥⑦⑧⑨⓪

교시코드
① ② ③ ④

응시과목			
1	① ② ③ ④	21	① ② ③ ④
2	① ② ③ ④	22	① ② ③ ④
3	① ② ③ ④	23	① ② ③ ④
4	① ② ③ ④	24	① ② ③ ④
5	① ② ③ ④	25	① ② ③ ④
6	① ② ③ ④	26	① ② ③ ④
7	① ② ③ ④	27	① ② ③ ④
8	① ② ③ ④	28	① ② ③ ④
9	① ② ③ ④	29	① ② ③ ④
10	① ② ③ ④	30	① ② ③ ④
11	① ② ③ ④	31	① ② ③ ④
12	① ② ③ ④	32	① ② ③ ④
13	① ② ③ ④	33	① ② ③ ④
14	① ② ③ ④	34	① ② ③ ④
15	① ② ③ ④	35	① ② ③ ④
16	① ② ③ ④	36	① ② ③ ④
17	① ② ③ ④	37	① ② ③ ④
18	① ② ③ ④	38	① ② ③ ④
19	① ② ③ ④	39	① ② ③ ④
20	① ② ③ ④	40	① ② ③ ④

답안지 작성시 유의사항

1. 답안지는 반드시 **컴퓨터용 사인펜을 사용**하여 다음 (보기)와 같이 표기할 것.
   (보기) 잘 된 표기: ● 잘못된 표기: ⓥ ⊗ ◑ ⊙ ◕ ○ ▩
2. 수험번호 (1)에는 아라비아 숫자로 쓰고, (2)에는 "●"와 같이 표기할 것.
3. 과목코드는 뒷면 "과목코드번호"를 보고 해당과목의 코드번호를 찾아 표기하고, 응시과목란에는 응시과목명을 한글로 기재할 것.
4. 교시코드는 문제지 전면의 교시를 해당란에 "●"와 같이 표기할 것.
5. 한번 표기한 답은 긁거나 수정액 및 스티커 등 어떠한 방법으로도 고쳐서는 아니되고, 고친 문항은 "0"점 처리함.

[이 답안지는 마킹연습용 모의답안지입니다.]

절취선

컴퓨터용 사인펜만 사용

독학학위제 1단계 교양과정인정시험 답안지(객관식)

★ 수험생은 수험번호와 응시과목 코드번호를 표기(마킹)한 후 일치여부를 반드시 확인할 것.

전공분야	
성 명	

수 험 번 호													
(1)	1	–			–			–					
(2)	●②③④	–	①②③④⑤⑥⑦⑧⑨⓪	①②③④⑤⑥⑦⑧⑨⓪	–	①②③④⑤⑥⑦⑧⑨⓪	①②③④⑤⑥⑦⑧⑨⓪	–	①②③④⑤⑥⑦⑧⑨⓪	①②③④⑤⑥⑦⑧⑨⓪	①②③④⑤⑥⑦⑧⑨⓪	①②③④⑤⑥⑦⑧⑨⓪	①②③④⑤⑥⑦⑧⑨⓪

과목코드				
①②③④⑤⑥⑦⑧⑨⓪	①②③④⑤⑥⑦⑧⑨⓪	①②③④⑤⑥⑦⑧⑨⓪	①②③④⑤⑥⑦⑧⑨⓪	①②③④⑤⑥⑦⑧⑨⓪

교시코드			
①	②	③	④

응시과목			
1	①②③④	21	①②③④
2	①②③④	22	①②③④
3	①②③④	23	①②③④
4	①②③④	24	①②③④
5	①②③④	25	①②③④
6	①②③④	26	①②③④
7	①②③④	27	①②③④
8	①②③④	28	①②③④
9	①②③④	29	①②③④
10	①②③④	30	①②③④
11	①②③④	31	①②③④
12	①②③④	32	①②③④
13	①②③④	33	①②③④
14	①②③④	34	①②③④
15	①②③④	35	①②③④
16	①②③④	36	①②③④
17	①②③④	37	①②③④
18	①②③④	38	①②③④
19	①②③④	39	①②③④
20	①②③④	40	①②③④

과목코드				
①②③④⑤⑥⑦⑧⑨⓪	①②③④⑤⑥⑦⑧⑨⓪	①②③④⑤⑥⑦⑧⑨⓪	①②③④⑤⑥⑦⑧⑨⓪	①②③④⑤⑥⑦⑧⑨⓪

교시코드			
①	②	③	④

응시과목			
1	①②③④	21	①②③④
2	①②③④	22	①②③④
3	①②③④	23	①②③④
4	①②③④	24	①②③④
5	①②③④	25	①②③④
6	①②③④	26	①②③④
7	①②③④	27	①②③④
8	①②③④	28	①②③④
9	①②③④	29	①②③④
10	①②③④	30	①②③④
11	①②③④	31	①②③④
12	①②③④	32	①②③④
13	①②③④	33	①②③④
14	①②③④	34	①②③④
15	①②③④	35	①②③④
16	①②③④	36	①②③④
17	①②③④	37	①②③④
18	①②③④	38	①②③④
19	①②③④	39	①②③④
20	①②③④	40	①②③④

※ 감독관 확인란
㊞

관 리 번 호
(연번) / (응시자수)

답안지 작성시 유의사항

1. 답안지는 반드시 **컴퓨터용 사인펜을 사용**하여 다음 [보기]와 같이 표기할 것.
   [보기] 잘 된 표기: ● 잘못된 표기: ⓥ ⊗ ◑ ⊙ ◕ ○ ▩
2. 수험번호 (1)에는 아라비아 숫자로 쓰고, (2)에는 "●"와 같이 표기할 것.
3. 과목코드는 뒷면 "과목코드번호"를 보고 해당과목의 코드번호를 찾아 표기하고, 응시과목란에는 응시과목명을 한글로 기재할 것.
4. 교시코드는 문제지 전면의 교시를 해당란에 "●"와 같이 표기할 것.
5. 한번 표기한 답은 긁거나 수정액 및 스티커 등 어떠한 방법으로도 고쳐서는 아니되고, 고친 문항은 "0"점 처리함.

[이 답안지는 마킹연습용 모의답안지입니다.]

절취선

컴퓨터용 사인펜만 사용

독학학위제 1단계 교양과정인정시험 답안지(객관식)

★ 수험생은 수험번호와 응시과목 코드번호를 표기(마킹)한 후 일치여부를 반드시 확인할 것.

전공분야	

성 명	

수 험 번 호													
(1)	1	–			–			–					
(2)	● ② ③ ④	–	①②③④⑤⑥⑦⑧⑨⓪	①②③④⑤⑥⑦⑧⑨⓪	–	①②③④⑤⑥⑦⑧⑨⓪	①②③④⑤⑥⑦⑧⑨⓪	–	①②③④⑤⑥⑦⑧⑨⓪	①②③④⑤⑥⑦⑧⑨⓪	①②③④⑤⑥⑦⑧⑨⓪	①②③④⑤⑥⑦⑧⑨⓪	①②③④⑤⑥⑦⑧⑨⓪

과목코드				
①②③④⑤⑥⑦⑧⑨⓪	①②③④⑤⑥⑦⑧⑨⓪	①②③④⑤⑥⑦⑧⑨⓪	①②③④⑤⑥⑦⑧⑨⓪	①②③④⑤⑥⑦⑧⑨⓪

교시코드			
①	②	③	④

응시과목			
1	① ② ③ ④	21	① ② ③ ④
2	① ② ③ ④	22	① ② ③ ④
3	① ② ③ ④	23	① ② ③ ④
4	① ② ③ ④	24	① ② ③ ④
5	① ② ③ ④	25	① ② ③ ④
6	① ② ③ ④	26	① ② ③ ④
7	① ② ③ ④	27	① ② ③ ④
8	① ② ③ ④	28	① ② ③ ④
9	① ② ③ ④	29	① ② ③ ④
10	① ② ③ ④	30	① ② ③ ④
11	① ② ③ ④	31	① ② ③ ④
12	① ② ③ ④	32	① ② ③ ④
13	① ② ③ ④	33	① ② ③ ④
14	① ② ③ ④	34	① ② ③ ④
15	① ② ③ ④	35	① ② ③ ④
16	① ② ③ ④	36	① ② ③ ④
17	① ② ③ ④	37	① ② ③ ④
18	① ② ③ ④	38	① ② ③ ④
19	① ② ③ ④	39	① ② ③ ④
20	① ② ③ ④	40	① ② ③ ④

과목코드				
①②③④⑤⑥⑦⑧⑨⓪	①②③④⑤⑥⑦⑧⑨⓪	①②③④⑤⑥⑦⑧⑨⓪	①②③④⑤⑥⑦⑧⑨⓪	①②③④⑤⑥⑦⑧⑨⓪

교시코드			
①	②	③	④

응시과목			
1	① ② ③ ④	21	① ② ③ ④
2	① ② ③ ④	22	① ② ③ ④
3	① ② ③ ④	23	① ② ③ ④
4	① ② ③ ④	24	① ② ③ ④
5	① ② ③ ④	25	① ② ③ ④
6	① ② ③ ④	26	① ② ③ ④
7	① ② ③ ④	27	① ② ③ ④
8	① ② ③ ④	28	① ② ③ ④
9	① ② ③ ④	29	① ② ③ ④
10	① ② ③ ④	30	① ② ③ ④
11	① ② ③ ④	31	① ② ③ ④
12	① ② ③ ④	32	① ② ③ ④
13	① ② ③ ④	33	① ② ③ ④
14	① ② ③ ④	34	① ② ③ ④
15	① ② ③ ④	35	① ② ③ ④
16	① ② ③ ④	36	① ② ③ ④
17	① ② ③ ④	37	① ② ③ ④
18	① ② ③ ④	38	① ② ③ ④
19	① ② ③ ④	39	① ② ③ ④
20	① ② ③ ④	40	① ② ③ ④

※ 감독관 확인란
인

관 리 번 호
(연번) / (응시자수)

답안지 작성시 유의사항

1. 답안지는 반드시 **컴퓨터용 사인펜을 사용**하여 다음 보기와 같이 표기할 것.
   보기 잘 된 표기: ● 잘못된 표기: ✓ ⊗ ◑ ⊙ ◕ ○ ▩
2. 수험번호 (1)에는 아라비아 숫자로 쓰고, (2)에는 "●"와 같이 표기할 것.
3. 과목코드는 뒷면 "과목코드번호"를 보고 해당과목의 코드번호를 찾아 표기하고, 응시과목란에는 응시과목명을 한글로 기재할 것.
4. 교시코드는 문제지 전면의 교시를 해당란에 "●"와 같이 표기할 것.
5. 한번 표기한 답은 긁거나 수정액 및 스티커 등 어떠한 방법으로도 고쳐서는 아니되고, 고친 문항은 "0"점 처리함.

[이 답안지는 마킹연습용 모의답안지입니다.]

절취선

컴퓨터용 사인펜만 사용

독학학위제 1단계 교양과정인정시험 답안지(객관식)

★ 수험생은 수험번호와 응시과목 코드번호를 표기(마킹)한 후 일치여부를 반드시 확인할 것.

전공분야	
성 명	

수험번호													
(1)	1	–			–			–					
(2)	● ② ③ ④	–	①②③④⑤⑥⑦⑧⑨⓪	①②③④⑤⑥⑦⑧⑨⓪	–	①②③④⑤⑥⑦⑧⑨⓪	①②③④⑤⑥⑦⑧⑨⓪	–	①②③④⑤⑥⑦⑧⑨⓪	①②③④⑤⑥⑦⑧⑨⓪	①②③④⑤⑥⑦⑧⑨⓪	①②③④⑤⑥⑦⑧⑨⓪	①②③④⑤⑥⑦⑧⑨⓪

과목코드				
①②③④⑤⑥⑦⑧⑨⓪	①②③④⑤⑥⑦⑧⑨⓪	①②③④⑤⑥⑦⑧⑨⓪	①②③④⑤⑥⑦⑧⑨⓪	①②③④⑤⑥⑦⑧⑨⓪

교시코드
① ② ③ ④

응시과목	
1 ① ② ③ ④	21 ① ② ③ ④
2 ① ② ③ ④	22 ① ② ③ ④
3 ① ② ③ ④	23 ① ② ③ ④
4 ① ② ③ ④	24 ① ② ③ ④
5 ① ② ③ ④	25 ① ② ③ ④
6 ① ② ③ ④	26 ① ② ③ ④
7 ① ② ③ ④	27 ① ② ③ ④
8 ① ② ③ ④	28 ① ② ③ ④
9 ① ② ③ ④	29 ① ② ③ ④
10 ① ② ③ ④	30 ① ② ③ ④
11 ① ② ③ ④	31 ① ② ③ ④
12 ① ② ③ ④	32 ① ② ③ ④
13 ① ② ③ ④	33 ① ② ③ ④
14 ① ② ③ ④	34 ① ② ③ ④
15 ① ② ③ ④	35 ① ② ③ ④
16 ① ② ③ ④	36 ① ② ③ ④
17 ① ② ③ ④	37 ① ② ③ ④
18 ① ② ③ ④	38 ① ② ③ ④
19 ① ② ③ ④	39 ① ② ③ ④
20 ① ② ③ ④	40 ① ② ③ ④

과목코드				
①②③④⑤⑥⑦⑧⑨⓪	①②③④⑤⑥⑦⑧⑨⓪	①②③④⑤⑥⑦⑧⑨⓪	①②③④⑤⑥⑦⑧⑨⓪	①②③④⑤⑥⑦⑧⑨⓪

교시코드
① ② ③ ④

응시과목	
1 ① ② ③ ④	21 ① ② ③ ④
2 ① ② ③ ④	22 ① ② ③ ④
3 ① ② ③ ④	23 ① ② ③ ④
4 ① ② ③ ④	24 ① ② ③ ④
5 ① ② ③ ④	25 ① ② ③ ④
6 ① ② ③ ④	26 ① ② ③ ④
7 ① ② ③ ④	27 ① ② ③ ④
8 ① ② ③ ④	28 ① ② ③ ④
9 ① ② ③ ④	29 ① ② ③ ④
10 ① ② ③ ④	30 ① ② ③ ④
11 ① ② ③ ④	31 ① ② ③ ④
12 ① ② ③ ④	32 ① ② ③ ④
13 ① ② ③ ④	33 ① ② ③ ④
14 ① ② ③ ④	34 ① ② ③ ④
15 ① ② ③ ④	35 ① ② ③ ④
16 ① ② ③ ④	36 ① ② ③ ④
17 ① ② ③ ④	37 ① ② ③ ④
18 ① ② ③ ④	38 ① ② ③ ④
19 ① ② ③ ④	39 ① ② ③ ④
20 ① ② ③ ④	40 ① ② ③ ④

※ 감독관 확인란
㊞

관 리 번 호
(연번) / (응시자수)

답안지 작성시 유의사항

1. 답안지는 반드시 **컴퓨터용 사인펜을 사용**하여 다음 보기와 같이 표기할 것.
   보기 잘 된 표기: ● 잘못된 표기: ⓥ ⓧ ◑ ⊙ ◕ ○ ▩
2. 수험번호 (1)에는 아라비아 숫자로 쓰고, (2)에는 "●"와 같이 표기할 것.
3. 과목코드는 뒷면 "과목코드번호"를 보고 해당과목의 코드번호를 찾아 표기하고, 응시과목란에는 응시과목명을 한글로 기재할 것.
4. 교시코드는 문제지 전면의 교시를 해당란에 "●"와 같이 표기할 것.
5. 한번 표기한 답은 긁거나 수정액 및 스티커 등 어떠한 방법으로도 고쳐서는 아니되고, 고친 문항은 "0"점 처리함.

[이 답안지는 마킹연습용 모의답안지입니다.]

절취선

컴퓨터용 사인펜만 사용

독학학위제 1단계 교양과정인정시험 답안지(객관식)

★ 수험생은 수험번호와 응시과목 코드번호를 표기(마킹)한 후 일치여부를 반드시 확인할 것.

전공분야	

성 명	

수 험 번 호													
(1)	1	–			–			–					
(2)	● ② ③ ④	–	①②③④⑤⑥⑦⑧⑨⓪	①②③④⑤⑥⑦⑧⑨⓪	–	①②③④⑤⑥⑦⑧⑨⓪	①②③④⑤⑥⑦⑧⑨⓪	–	①②③④⑤⑥⑦⑧⑨⓪	①②③④⑤⑥⑦⑧⑨⓪	①②③④⑤⑥⑦⑧⑨⓪	①②③④⑤⑥⑦⑧⑨⓪	①②③④⑤⑥⑦⑧⑨⓪

과목코드				
①②③④⑤⑥⑦⑧⑨⓪	①②③④⑤⑥⑦⑧⑨⓪	①②③④⑤⑥⑦⑧⑨⓪	①②③④⑤⑥⑦⑧⑨⓪	①②③④⑤⑥⑦⑧⑨⓪

교시코드			
①	②	③	④

응시과목									
1	①	②	③	④	21	①	②	③	④
2	①	②	③	④	22	①	②	③	④
3	①	②	③	④	23	①	②	③	④
4	①	②	③	④	24	①	②	③	④
5	①	②	③	④	25	①	②	③	④
6	①	②	③	④	26	①	②	③	④
7	①	②	③	④	27	①	②	③	④
8	①	②	③	④	28	①	②	③	④
9	①	②	③	④	29	①	②	③	④
10	①	②	③	④	30	①	②	③	④
11	①	②	③	④	31	①	②	③	④
12	①	②	③	④	32	①	②	③	④
13	①	②	③	④	33	①	②	③	④
14	①	②	③	④	34	①	②	③	④
15	①	②	③	④	35	①	②	③	④
16	①	②	③	④	36	①	②	③	④
17	①	②	③	④	37	①	②	③	④
18	①	②	③	④	38	①	②	③	④
19	①	②	③	④	39	①	②	③	④
20	①	②	③	④	40	①	②	③	④

과목코드				
①②③④⑤⑥⑦⑧⑨⓪	①②③④⑤⑥⑦⑧⑨⓪	①②③④⑤⑥⑦⑧⑨⓪	①②③④⑤⑥⑦⑧⑨⓪	①②③④⑤⑥⑦⑧⑨⓪

교시코드			
①	②	③	④

응시과목									
1	①	②	③	④	21	①	②	③	④
2	①	②	③	④	22	①	②	③	④
3	①	②	③	④	23	①	②	③	④
4	①	②	③	④	24	①	②	③	④
5	①	②	③	④	25	①	②	③	④
6	①	②	③	④	26	①	②	③	④
7	①	②	③	④	27	①	②	③	④
8	①	②	③	④	28	①	②	③	④
9	①	②	③	④	29	①	②	③	④
10	①	②	③	④	30	①	②	③	④
11	①	②	③	④	31	①	②	③	④
12	①	②	③	④	32	①	②	③	④
13	①	②	③	④	33	①	②	③	④
14	①	②	③	④	34	①	②	③	④
15	①	②	③	④	35	①	②	③	④
16	①	②	③	④	36	①	②	③	④
17	①	②	③	④	37	①	②	③	④
18	①	②	③	④	38	①	②	③	④
19	①	②	③	④	39	①	②	③	④
20	①	②	③	④	40	①	②	③	④

※ 감독관 확인란
⑪

관 리 번 호
(연번) (응시자수)

답안지 작성시 유의사항

1. 답안지는 반드시 **컴퓨터용 사인펜을 사용**하여 다음 보기와 같이 표기할 것.
   보기 잘 된 표기: ● 잘못된 표기: ⓥ ⊗ ◑ ⊙ ◕ ○ ◙
2. 수험번호 (1)에는 아라비아 숫자로 쓰고, (2)에는 "●"와 같이 표기할 것.
3. 과목코드는 뒷면 "과목코드번호"를 보고 해당과목의 코드번호를 찾아 표기하고, 응시과목란에는 응시과목명을 한글로 기재할 것.
4. 교시코드는 문제지 전면의 교시를 해당란에 "●"와 같이 표기할 것.
5. 한번 표기한 답은 긁거나 수정액 및 스티커 등 어떠한 방법으로도 고쳐서는 아니되고, 고친 문항은 "0"점 처리함.

[이 답안지는 마킹연습용 모의답안지입니다.]

절취선

2025 시대에듀 A+ 독학사 1단계 교양과정 현대사회와 윤리 한권합격

개정16판1쇄 발행	2025년 01월 08일 (인쇄 2024년 08월 20일)
초 판 발 행	2008년 03월 10일 (인쇄 2008년 01월 31일)
발 행 인	박영일
책 임 편 집	이해욱
편 저	독학학위연구소
편 집 진 행	송영진
표지디자인	박종우
편집디자인	김기화 · 고현준
발 행 처	(주)시대고시기획
출 판 등 록	제10-1521호
주 소	서울시 마포구 큰우물로 75 [도화동 538 성지 B/D] 9F
전 화	1600-3600
팩 스	02-701-8823
홈 페 이 지	www.sdedu.co.kr

I S B N	979-11-383-7464-4 (13190)
정 가	26,000원

컴퓨터공학과 2 · 3 · 4단계

2단계 기본서 [6종]

논리회로 / C프로그래밍 / 자료구조 / 컴퓨터구조 / 운영체제 / 이산수학

3단계 기본서 [6종]

인공지능 / 컴퓨터네트워크 / 임베디드시스템 / 소프트웨어공학 / 프로그래밍언어론 / 정보보호

4단계 기본서 [4종]

알고리즘 / 통합컴퓨터시스템 / 통합프로그래밍 / 데이터베이스

간호학과 4단계

4단계 기본서 [4종]

간호연구방법론 / 간호과정론 / 간호지도자론 / 간호윤리와 법

4단계 적중예상문제집 [1종]

4단계 4과목 벼락치기 [1종]

국어국문학과 2 · 3단계

2단계 기본서 [6종]

국어학개론 / 국문학개론 / 국어사 / 고전소설론 / 한국현대시론 / 한국현대소설론

3단계 기본서 [6종]

국어음운론 / 한국문학사 / 문학비평론 / 국어정서법 / 국어의미론 / 고전시가론

※ 4단계는 2 · 3단계에서 동일 과목의 교재로 겸용

영어영문학과 2 · 3단계

2단계 기본서 [6종]

영어학개론 / 영문법 / 영어음성학(근간) / 영국문학개관(근간) / 중급영어(근간) / 19세기 영미소설(근간)

3단계 기본서 [6종]

영어발달사(근간) / 고급영문법(근간) / 영어통사론(근간) / 미국문학개관(근간) / 20세기 영미소설(근간) / 고급영어(근간)

※ 4단계는 2 · 3단계에서 동일 과목의 교재로 겸용
영미소설(19세기 영미소설+20세기 영미소설), 영미문학개관(영국문학개관+미국문학개관)

※ 본 도서의 이미지 및 구성은 변동될 수 있습니다.

나는 이렇게 합격했다

당신의 합격 스토리를 들려주세요
추첨을 통해 선물을 드립니다

베스트 리뷰
갤럭시탭 / 버즈 2

상/하반기 추천 리뷰
상품권 / 스벅커피

인터뷰 참여
백화점 상품권

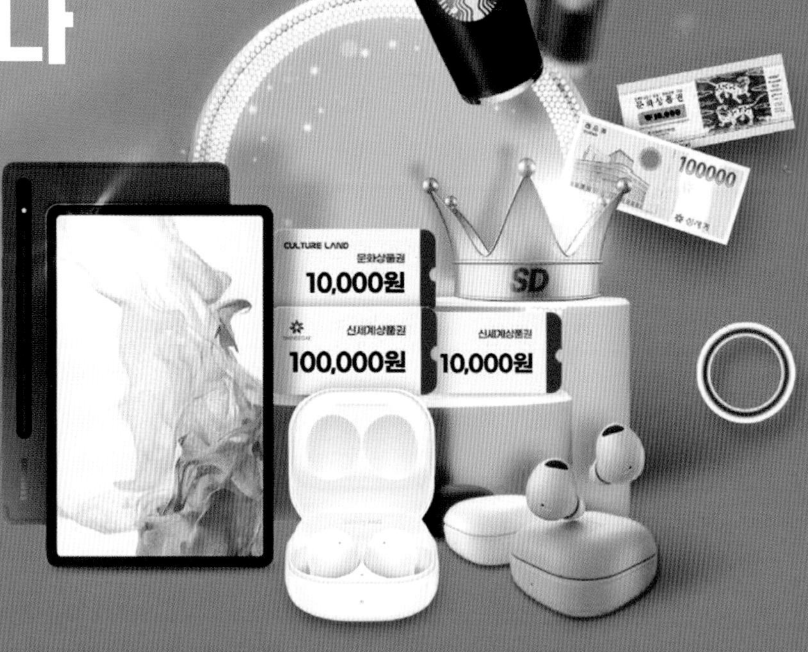

이벤트 참여방법

합격수기

시대에듀와 함께한 도서 or 강의 **선택** > 나만의 합격 노하우 정성껏 **작성** > 상반기/하반기 추첨을 통해 **선물 증정**

인터뷰

시대에듀와 함께한 강의 **선택** > 합격증명서 or 자격증 사본 **첨부**, 간단한 **소개 작성** > 인터뷰 완료 후 **백화점 상품권 증정**

이벤트 참여방법

다음 합격의 주인공은 바로 여러분입니다!

QR코드 스캔하고 ▷▷▶
이벤트 참여하여 푸짐한 경품받자!

합격의 공식
시대에듀